Manual fundamental de
Excel 2002

MANUAL FUNDAMENTAL

RESPONSABLE EDITORIAL:
Víctor Manuel Ruiz Calderón
Susana Krahe Pérez-Rubín

AUTOEDICIÓN:
Tomás Eisman Cano
(Tábula Digital)

DISEÑO DE CUBIERTA:
Gracia Fernández Pacheco

Manual fundamental de
Excel 2002

Roberto Troncoso Egea
Sagrario Bravo de Pablo

ANAYA MULTIMEDIA

Juan Ignacio Luca de Tena, 15. 28027 Madrid
Depósito legal: M. 14.561 - 2002
ISBN: 84-415-1265-5
Printed in Spain
Imprime: Artes Gráficas Guemo, S.L.
Febrero, 32. 28022 Madrid.

A Gurús

"Los malos libros provocan malas costumbres,
y las malas costumbres provocan buenos libros"
René Descartes (1596 - 1650)

Agradecimientos

La culminación de esta obra ha sido posible gracias a cuatro «gurús» que mediante su esfuerzo diario intentan perfeccionar y favorecer su desarrollo profesional y personal.

Pero se trata de un trabajo que únicamente se verá recompensado si esta guía le sirve de ayuda a aquellas personas que la consultan. Esperamos que cubra las expectativas de todas ellas.

En cuanto al incremento de la riqueza personal, es un valor que con el quehacer y la convivencia diaria se sustenta a la vez se acentúa.

Índice

Prólogo

La evolución cronológica del desarrollo de la informática, y particularmente la del ordenador personal, es fundamental para interpretar conceptos y alcanzar conclusiones sobre los actuales hitos tecnológicos y, especialmente, sobre la evolución de una aplicación como Excel, hasta llegar a su versión 2002.

El ordenador actual es un aparato de gran complejidad, resultado y reflejo de ideas puestas en marcha hace varias decenas de años en el campo de los materiales semiconductores, la mecánica, la lógica, el álgebra y la programación.

Diodos, transistores, circuitos integrados y microprocesadores han hecho que hayamos olvidado que la revolución de la informática se remonta incluso al tiempo de los antiguos ábacos, y que tiene su comienzo en la máquina de cálculo de Blaise Pascal, físico y matemático francés.

El desarrollo de las máquinas hasta llegar a la descomunal potencia de los ordenadores personales actuales o el avance imparable de paquetes como Excel, no es fruto de la casualidad. Por esto, la evolución cronológica de una aplicación como la que nos ocupa puede hacernos comprender su importancia.

Si echamos la vista atrás hasta 1978, veremos que fue un año clave para lo que hoy conocemos como Excel 2002. Fue el año de la aparición de indudables avances tecnológicos, como la puesta de largo del nuevo microprocesador 8086 de Intel con capacidades de 16 bits y velocidad de 4,77 Mhz.

Pero hay un lanzamiento, si cabe, aún más clave. Se trata de VisiCalc para el Apple II, una aplicación creada por Daniel Bricklin y Bob Frankston, bajo el sello de Software Arts, que generó un antes y un después en cuanto al nivel de desarrollo que hasta la fecha se había llevado a cabo para el parque de máquinas existentes. Fue la gran revolución.

VisiCalc fue la primera hoja de cálculo del mercado. Disponía de un nivel de facilidad y usabilidad desconocidas hasta la fecha. Su calidad hizo que fuera la base del "look and feel" de los posteriores desarrollos, entre los que está Excel.

Sin embargo, es necesario esperar hasta 1982 para que, en el Comdex de ese año, Lotus anuncie la madre de todas las hojas de cálculo creadas para PC. Es la época del lanzamiento del microprocesador 80286, pero, sobre todo, un momento clave para la evolución de las hojas de cálculo. Fue el año del nacimiento de Lotus 123.

Tuvieron que pasar cinco años, hasta octubre de 1987, para que Microsoft desvelase los secretos de su próximo lanzamiento, la hoja de cálculo Microsoft Excel para Windows. Su importancia fue tal que se trató de la primera gran aplicación para Windows. Por aquel entonces, tan sólo unos meses después, Lotus vendía ya la copia número 4.000.000 de su afamada hoja de cálculo 123.

Mucho ha llovido desde entonces, sobre todo para Lotus. La tormenta que ha debido soportar Lotus 123 ha desembocado en el éxito más arrollador de Excel.

Si bien las primeras versiones de Excel poco tenían que ver con métodos intuitivos, y cualquier parecido con la interactividad era pura coincidencia, hoy Excel se ha convertido en la hoja de cálculo más utilizada en el mundo y es, desde hace muchos años ya, el estándar para la gestión de datos profesionales.

Bajo una gran sencillez, el actual Excel permite procesar e intercambiar datos con una potencia difícil de imaginar hace tan sólo unos años. A pesar de ello sigue teniendo que luchar contra las críticas más feroces sobre su dificultad de uso.

Varios estudios realizados por la propia Microsoft, sumados al "feedback" obtenido de los usuarios gracias a su soporte técnico, han demostrado de una forma concluyente que muchas de las características más importantes de la hoja de cálculo de Microsoft no son utilizadas por los usuarios debido a que son demasiado complicadas de manejar.

Dejando aparte el tópico típico que dice aquello de que "el 70% de las posibilidades de cualquier programa nunca llegarán a ser utilizadas, ni incluso conocidas, por el usuario medio" o los veraces estudios que demuestran claramente que "si bien las hojas de cálculo son utilizadas por un muy importante volumen de usuarios con resultados aparentemente satisfactorios, menos del 2% de esos usuarios optimiza totalmente su utilización", es indudable que incluso aquellos usuarios acostumbrados a manejar horas y horas la hoja de cálculo, aún están por descubrir una especie de nuevo universo de posibilidades que se abre ante su tradicional instrumento de análisis tras la aparición de una nueva versión.

Microsoft Excel 2002 propone un importante ahorro de tiempo y un aumento en la calidad del trabajo. En pocas palabras, la productividad en el siglo XXI.

Nosotros prometemos un libro que mejorará enormemente su experiencia de uso con la mejor de las hojas de cálculo. En pocas palabras, el salvavidas perpetuo.

1. Introducción

En muchas ocasiones trabajar con hojas de cálculo es una tarea desalentadora. Si uno es un usuario novato, demasiado frecuentemente resulta complejo encontrar las herramientas que se necesitan para realizar una determinada tarea. Si por el contrario, uno es un usuario avanzado, es frustrante no disponer de funcionalidades adicionales para poder utilizar ante imprevistos y urgencias.

Una de las metas que se propuso Microsoft en el diseño previo de la versión 2002 de Excel fue la de intentar ofrecer, tanto a un grupo de usuarios como a otro, las herramientas necesarias para trabajar de modo operativo y, por lo tanto, aportar más confianza a la hora de utilizar un instrumento tan complicado como es una hoja de cálculo.

La realidad objetiva no existe, pero lo que sí es cierto es que Excel 2002 ofrece al usuario una mejorada experiencia de trabajo, ha perfeccionado considerablemente su funcionalidad y facilita mucho más las cosas para que no se cometan errores operativos.

Mejoras y novedades de la versión 2002

Excel es un producto de sobra conocido, de hecho es uno de los pocos estándares efectivos de la industria del software. Todos los días millones de usuarios confían en esta aplicación para acceder, procesar, analizar, compartir y mostrar datos muy importantes para ellos. Véase figura 1.1.

Por esta razón queremos presentarle el producto que va a manejar durante muchas horas, tal vez demasiadas, a través de una pequeña descripción general de sus novedades con respecto a anteriores versiones.

Productividad y eficiencia

- **Euro Conversor**. Con esta función los usuarios europeos van a poder convertir las divisas europeas en Euros y viceversa con un solo clic de ratón.

Figura 1.1. La nueva versión de Office XP incluido Excel 2002

- **Etiqueta inteligente de verificación de error**. Esta función alerta, a través de una etiqueta inteligente, de un posible error en una celda. El usuario puede seleccionar un comando para resolver el error, ignorarlo o acceder a las opciones de Verificación de error.

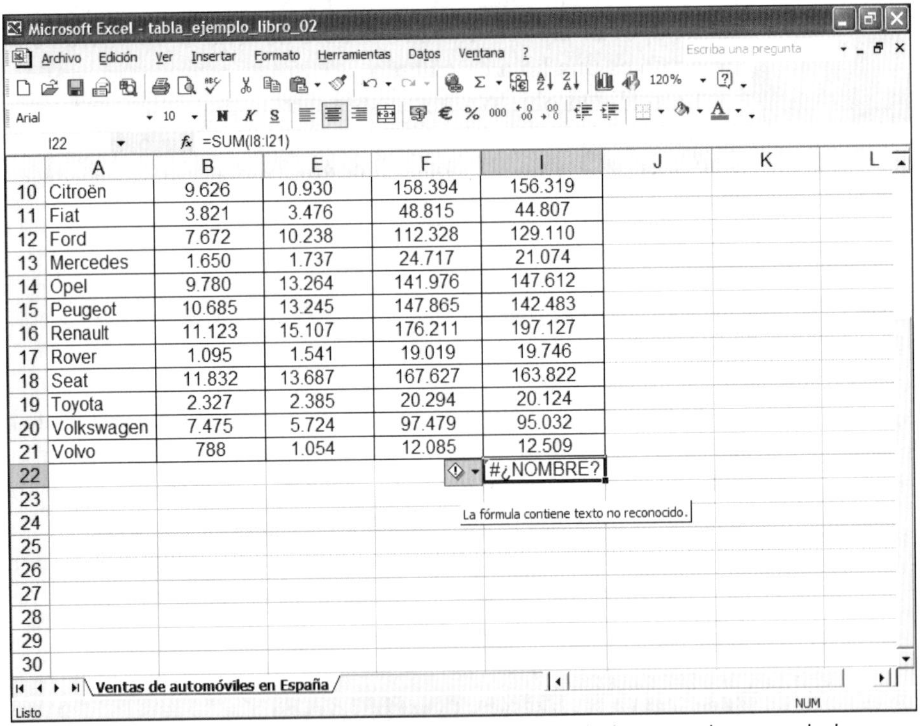

Figura 1.2. Las etiquetas inteligentes son una de las grandes novedades de Excel 2002

- **Pistas de herramientas de argumentos de funciones**. Muestra información acerca de los argumentos de las funciones al mismo tiempo que los usuarios construyen una nueva fórmula. El usuario simplemente debe hacer clic sobre cualquier nombre de función o argumento dentro de Pistas de herramientas.

- **Ventana de Inspección**. El usuario puede dar seguimiento de manera sencilla a los resultados de varias celdas aun cuando esté trabajando en una hoja o libro diferente. Esto evita que tenga que estar cambiando o desplazándose de una hoja a otra para mantener el seguimiento de datos importantes.
- **Evaluador de fórmulas**. El usuario puede evaluar fácilmente los cálculos que resultaron de su fórmula. Esta función permite ir a través de cada operación para entender la manera en que Excel está calculando el resultado.
- **Barra de herramientas Auditoría de fórmulas**. Ofrece un conjunto de herramientas para vincularse a las funciones de auditoría, tales como el Evaluador de fórmula y la ventana Observación.
- **Trazado de bordes**. Con el lápiz de trazado de bordes se pueden dibujar bordes de celdas fácilmente. Las opciones incluyen cambiar el color de la línea, el ancho y el estilo e incluso agregar una rejilla de borde a la hoja de cálculo.
- **Alertas**. Excel ha mejorado las alertas más comunes, frustrantes y confusas. Esto incluye volver a crear alertas para que sean más comprensibles, eliminando por completo las alertas innecesarias y añadiendo funcionalidad para que sea más sencillo resolver el problema fundamental.
- **Colores de las pestañas**. El usuario puede mantener los libros de trabajo organizados, al asignar un código de color a las pestañas de las hojas de trabajo. Se puede elegir entre una amplia gama de colores para organizar las secciones de un libro de trabajo.
- **Administración de vínculos**. Ahora Excel ofrece una retroalimentación más rica en vínculos a otros libros de trabajo. El usuario puede verificar el estado, fijar, actualizar o, incluso, deshacer los vínculos fácilmente sin necesidad de realizar un proceso de actualización largo.
- **Localizador de rangos**. El Localizador de rangos se habilita cuando un usuario crea una nueva fórmula o edita una fórmula existente. El Localizador de rango ofrece a los usuarios una mejor retroalimentación visual para mover y ajustar el tamaño del rango del Localizador de rango.
- **AutoSuma ampliada**. AutoSuma ampliada tiene funciones más comunes añadidas a la herramienta de AutoSuma. Éstas incluyen Promedio, Cuenta,

CuentaA, Max y Min. También cuenta con otras mejoras tales como ofrecer una ruta para crear cualquier función desde la interfaz AutoSuma.

- **Etiquetas de datos de gráficas**. La creación de gráficas mejoradas permite tener más control sobre el contenido y el formato de las etiquetas de datos de gráficas.

- **Asistente de funciones**. El usuario puede buscar fácilmente la función que necesita al elegir de la lista disponible de funciones. El Asistente de funciones también ofrece una nueva manera de acceder a la Ayuda en una función específica.

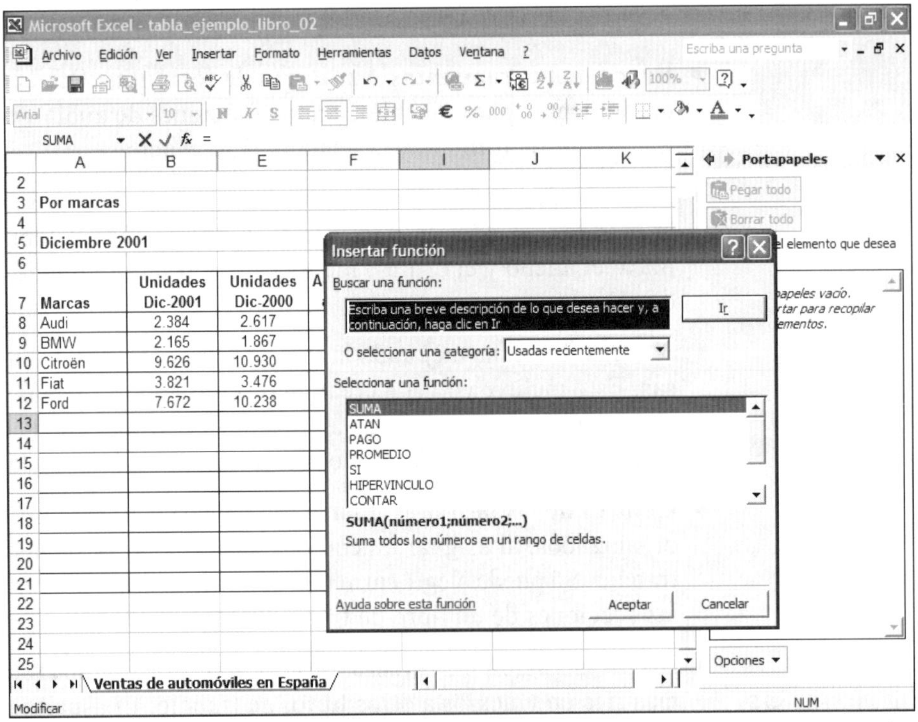

Figura 1.3. Se incluyen nuevos asistentes que facilitan en gran medida el trabajo con el programa

- **Aviso para columnas estrechas**. Ahora Excel despliega un aviso que identifica el contenido de una celda que contiene "###" debido a que la columna es demasiado estrecha para mostrar el número.

- **Encontrar y reemplazar**. El usuario cuenta con una interfaz y funcionalidad mejoradas para Encontrar y reemplazar funciones. Ahora se puede ejecutar un único Buscar/Reemplazar a través de todas las hojas en un libro de trabajo, volver a utilizar las búsquedas pasadas, ver una interfaz sin modo y encontrar nuevos elementos tales como el formato.

- **Impresión**. La funcionalidad de impresión mejorada automáticamente realiza funciones tales como cambiar entre papel carta y papel A4, autoescalar y cancelar la impresión de las páginas en blanco rezagadas y los valores de error para que no contengan "#REF".
- **Encabezados/ Pies de Página**. Las imágenes o dibujos ahora se pueden insertar directamente como encabezados o pies de página.
- **Fusión de celdas**. Con el botón **Combinar y centrar** en la Barra de herramientas Formato se puede separar un grupo de celdas tan fácilmente como fusionar un grupo de celdas. Es posible también, dividir las celdas si la opción deshacer no está disponible.
- **Clasificar texto como números**. Esta función evita resultados de clasificación inesperados al detectar listas mixtas de número y texto y al habilitar la función de clasificar texto como números.
- **Evitar la clasificación de una sola columna**. Esta función dispone del mismo nivel de detección y retroalimentación que las herramientas Clasificar en la barra de herramientas para ayudar a evitar que el usuario de forma accidental "deshaga" una lista al clasificarla en una sola columna.

Acceso a la información

- **Etiqueta inteligente de cotizaciones de la bolsa**. En versiones anteriores, Excel reconocía URLs y vínculos asignados asociados con estos objetos. Los usuarios podían activar los vínculos al hacer clic en ellos. Excel 2002 extiende esta funcionalidad al reconocer símbolos de bolsa al momento en que se capturan y al ofrecer a los usuarios un icono de Etiqueta inteligente. La Etiqueta inteligente permite tener acceso a información adicional en esa bolsa desde la Web o incluso insertar en Excel una consulta actualizable en la Web de esa información de la bolsa.
- **Consultas en la Web**. El usuario puede acceder, analizar y actualizar datos fácilmente desde la Web justo desde Excel. Cuando la información de la Web se copia a Excel, aparece una etiqueta inteligente que proporciona al usuario la opción de crear una consulta actualizable. Una vez que los datos se llevan a Excel desde la Web, el usuario puede actualizar los datos de forma manual o incluso identificar cuán seguido Excel debe actualizar automáticamente los datos. El usuario también puede crear estas

Consultas Web simplemente arrastrando y colocando una página Web en Excel.

- **Volver a Publicar**. Guardar datos de Excel en una página Web puede ocurrir automáticamente cada vez que se guarda un archivo Excel. Por ejemplo, si el archivo contiene un rango de datos o una gráfica que comparte con otros en una página Web, cada vez que se guarde el archivo Excel, la página Web se actualizará automáticamente.
- **Asistente de conexión de datos**. El Asistente de Conexión de datos lleva al usuario a través del proceso de conectarse a una fuente de datos OLE DB y continuar la información de conexión en un Archivo de conexión de datos. El Asistente también puede editar la información de conexión en los archivos de conexión de datos existentes.
- **Archivos de conexión de datos Office**. Los archivos de conexión de datos, que están almacenados en una carpeta Mis fuentes de datos de usuarios, permiten al usuario restaurar fácilmente una conexión a una fuente de datos sin necesidad de invertir tiempo buscando la conexión.
- **Conexión directa a Actives Data Objects (ADO)**. El componente de la Web de la hoja de cálculo ahora se puede conectar directamente a ActiveX Data Objects (ADO), permitiendo analizar datos desde fuentes de datos tales como SQL Server.
- **Datos en tiempo real (RTD)**. Una nueva función de Datos en tiempo real lleva los datos en tiempo real a Excel para su análisis.
- **Tablas Dinámicas OLAP**. Se han realizado varias mejoras a las vistas OLAP Tabla Dinámica, incluyendo la habilidad de crear grupos ad-hoc personalizados y obtener totales visuales.
- **Edición de la Web**. Independientemente de si los usuarios guardan sus archivos Excel en la Web con o sin interactividad, se pueden integrar más funciones de Excel desde la Web. Por ejemplo, más formato como tales colores y fuentes y más funciones, como filtración, protección y validación de datos son funcionales cuando los usuarios editan una página Web en Excel. Significa que exportar datos desde los componentes de la Web de Excel hacia Excel proporciona a los usuarios una experiencia más rica.

Fiabilidad y recuperación de datos

- **Recuperación de documentos**. Excel proporciona a los usuarios la opción de guardar sus archivos actuales en el momento que se presente un error en una aplicación. Como resultado, los usuarios pasan menos tiempo volviendo a hacer sus hojas de cálculo.

- **Informe de errores en la aplicación**. Permite al usuario avisar automáticamente de cualquier error que se presente directamente a Microsoft o al departamento de informática corporativa. Esto ofrece a Microsoft o a las organizaciones los datos necesarios para diagnosticar y corregir en el futuro estos errores así como ofrecer a los usuarios acceso directo a las soluciones u otra información del error.
- **Recuperación de documentos y aplicaciones**. Esta función ofrece un método más seguro para desactivar Excel en caso de que no responda. Los usuarios pueden elegir desactivarlo mientras se inicia la recuperación del documento.
- **Abrir y Reparar**. Ofrece una función para reparar y recuperar un documento dañado que se invoca automáticamente en el caso de que se presente un error o un fallo al descargar un archivo. Los usuarios también pueden invocar esta funcionalidad al elegir Abrir y reparar desde el cuadro de diálogo Abrir Archivo (el botón desplegable **Abrir**). Véase la figura 1.4.
- **Recuperación automática**. Se puede elegir la frecuencia en la que se guardan los archivos automáticamente. Si se presenta un error, se abre el archivo recuperado, y el usuario tiene la opción de ignorar el archivo, guardarlo sobre el original o guardarlo como un archivo separado.
- **Protección de hoja de cálculo**. La protección de la contraseña está disponible a un nivel mucho más corto, lo que permite a los usuarios proteger rangos especificados dentro de una hoja. La protección de la contraseña también puede aplicarse a más funciones que antes (por ejemplo, Formato de celdas). Ahora puede utilizarse la seguridad de nivel de dominio para balancear la protección a un usuario o grupos particulares de usuarios.
- **Mejoras a recálculos**. Excel 2002 hace que el motor de cálculo sea más fiable y robusto con mejoras tales como recalcular globalmente (el orden de los cálculos ya no depende de los nombres de la hoja de cálculo) y permite volver a realizar cálculos de manera continua.

Revisión de colaboración

- **Enviar para revisión**. Excel 2002 entiende el rol específico de cada usuario en el ciclo de revisión y le ofrece aquellas herramientas necesarias para colaborar satisfactoriamente en las hojas de cálculo. Cuando se envía una hoja de cálculo para su revisión (**Archivo>Enviar a**), las herramientas correctas de revisión se encienden automáticamente para que otros la revisen. Además, cuando la hoja de cálculo se envía de regreso, los usuarios pueden fusionar los cambios en el documento original.

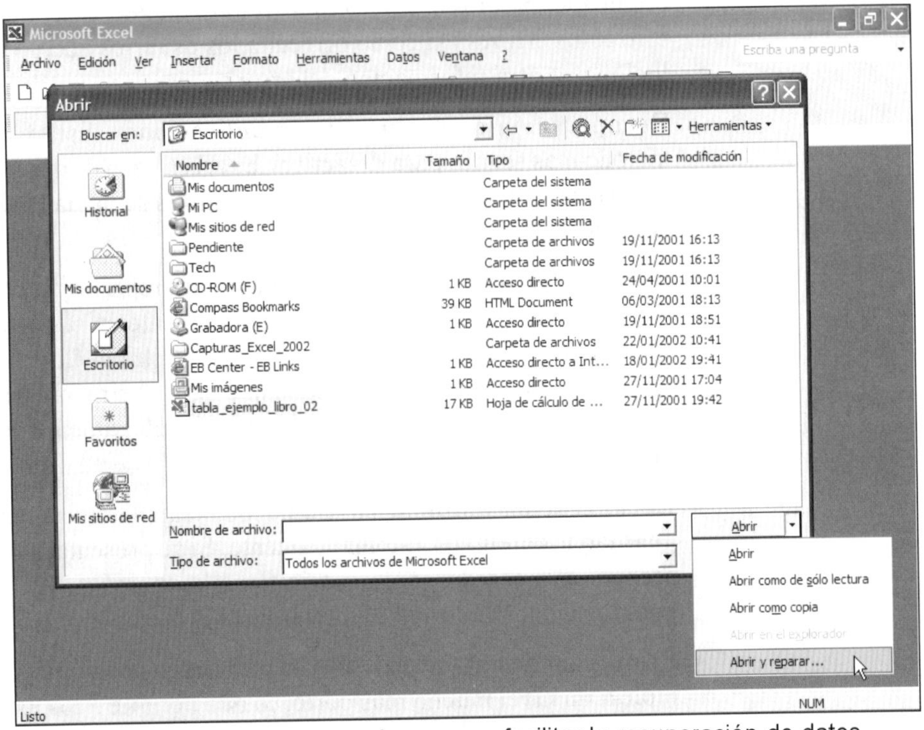

Figura 1.4. Las nuevas opciones para facilitar la recuperación de datos son muy potentes

- **Comparar y fusionar**. Ofrece la capacidad de fusionar comentarios y revisiones de múltiples revisores. El autor (el propietario de la hoja de cálculo) puede entonces aceptar o rechazar una o todas las revisiones.
- **Barra de herramientas Revisión**. Como parte de la funcionalidad Enviar para revisar que se ha descrito anteriormente, la Barra de herramientas Revisión ofrece a los usuarios la capacidad de contestar al propietario de un documento los cambios o terminar el proceso de revisión. Véase la figura 1.5.
- **Enviar esta selección**. La funcionalidad Enviar a Excel tiene soporte robusto para enviar partes de un libro de trabajo a otras personas. Por

ejemplo, los usuarios pueden enviar cualquier rango de datos, gráficas o Tablas Dinámicas desde su archivo Excel. También pueden elegir añadir interactividad a lo que están enviando para que el receptor utilice los componentes Web de Office apropiados dentro del mensaje de correo electrónico que recibe.

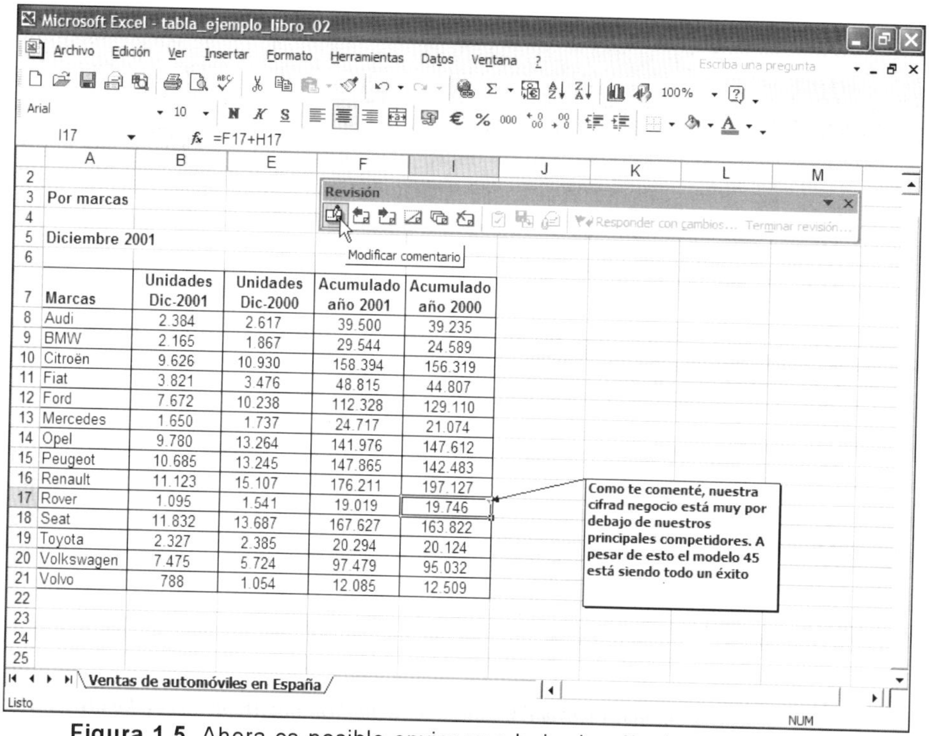

Marcas	Unidades Dic-2001	Unidades Dic-2000	Acumulado año 2001	Acumulado año 2000
Audi	2.384	2.617	39.500	39.235
BMW	2.165	1.867	29.544	24.589
Citroën	9.626	10.930	158.394	156.319
Fiat	3.821	3.476	48.815	44.807
Ford	7.672	10.238	112.328	129.110
Mercedes	1.650	1.737	24.717	21.074
Opel	9.780	13.264	141.976	147.612
Peugeot	10.685	13.245	147.865	142.483
Renault	11.123	15.107	176.211	197.127
Rover	1.095	1.541	19.019	19.746
Seat	11.832	13.687	167.627	163.822
Toyota	2.327	2.385	20.294	20.124
Volkswagen	7.475	5.724	97.479	95.032
Volvo	788	1.054	12.085	12.509

Figura 1.5. Ahora es posible enviar una hoja de cálculo a otro usuario para que revise los cambios realizados de forma automática

Soluciones de análisis de datos

- **Soporte a XML**. Ofrece soporte a cargar y guardar datos XML. Es posible cargar y guardar los formatos genéricos, bien formados y hojas de cálculo.

- **Componentes Web de Office**. Los componentes Web de Office (la hoja de cálculo, gráficos y componentes Web Tabla Dinámica) ahora tienen menús y barras de herramientas personalizados en donde se pueden añadir y eliminar. También se pueden agregar nuevos botones y menús usando scripts.

- **Componente Web de hoja de cálculo**. El componente Web de la hoja de cálculo tiene más soporte para las funciones del libro de trabajo de Excel, incluyendo la descarga de archivos XML de hoja de cálculo, soporte a rangos con nombre, fórmulas de arreglos, varias hojas de cálculo, texto envuelto y la habilidad de publicar libros de trabajo completos con interactividad en la Web. Además, el componente Web de la hoja de cálculo ahora da soporte a todas las funciones integradas en Excel.
- **Componente de la Web para gráficas**. El componente Web para gráficas ahora da soporte a gráficas en tercera dimensión utilizando la interfaz de programación de aplicación DirectX y Office Art Fill Effects. El componente Web para gráficas también ha incorporado soporte total de las funciones de las vistas dinámicas Gráfico Dinámico de Excel, además de nuevas capacidades tales como la realización de gráficas múltiples dentro del mismo componente de la Web y formato condicional. Por último, los controles de diseño y de dibujo completamente personalizables permiten al usuario crear tipos de gráficas totalmente nuevos y anotaciones personalizadas dentro de la gráfica.
- **Componentes Web de Tabla Dinámica**. El componente Web Tabla Dinámica ahora da soporte a la creación y presentación de propiedades de miembros personalizados y grupos personalizados. También ofrece capacidades de filtración mejoradas, lo que permite analizar de forma más efectiva datos importantes a un nivel inferior. Y el componente Web de Tabla Dinámica permite a los usuarios realizar ediciones directamente a los datos. Las ediciones se pueden realizar directamente en la base de datos.
- **Capacidad de extensión de los componentes Web de Office**. El Modelo de objeto de componente Web se ha ampliado para exponer todo el teclado integrado y los comandos de la interfaz a través del modelo de programación. Los desarrolladores ahora pueden usar el script para crear macros sofisticadas dentro de los componentes Web utilizando sólo comandos integrados en Excel 2002.
- **Tabla Dinámica**. Una interfaz de Tabla Dinámica mejorada facilita a los usuarios trabajar con campos de Tabla Dinámica, resolver problemas tales como nombres de campo truncados y la incapacidad de ver tanto la jerarquía como los niveles. También, las Tablas Dinámicas ahora permiten una vista inmediata de los campos de Tabla Dinámica aun antes de que el campo de datos esté poblado.
- **Análisis**. La integración con el Diseñador Office permite la funcionalidad con un solo botón para crear una consulta en Excel en los datos en una

solución del Diseñador Office. Esto permite a los usuarios utilizar la funcionalidad familiar de Excel para poder analizar los datos del Diseñador Office.

Requerimientos del sistema

Antes de comenzar a trabajar con Excel 2002 es necesario conocer las características del sistema en el que se trabajará. El programa requiere ciertas características del equipo informático para que su ejecución sea adecuada. A continuación se describen los aspectos técnicos más importantes.

Requerimientos mínimos

- Procesador Intel Pentium a 133 MHz. o 100% compatible.
- Microsoft Windows 98, Windows 98 Second Edition, Windows 2000, Windows Millennium, Windows NT 4.0 con Service Pack 6 o Windows XP Home Edition y Professional.
- 32 MB de memoria RAM.
- 150 MB de espacio disponible en disco duro, con 115 MB en el disco duro donde esté instalado el sistema operativo. Los usuarios que no dispongan de Windows 2000, Windows Me u Office 2000 Service Release 1 (SR-1) necesitarán 50 MB adicionales para la actualización de archivos del sistema (System Files Update).
- Tarjeta gráfica con capacidad para visualizar 256 colores simultáneos.
- Monitor Super VGA (640×480).
- Unidad de CD-ROM para la instalación.
- Dispositivo señalador compatible.

Requerimientos recomendados

- Procesador Intel Pentium 4 a 800 MHz. o 100% compatible.
- Windows 2000 o Windows XP Home Edition y Professional.
- 128 Mb. de memoria RAM.

- Tarjeta gráfica con capacidad para visualizar color verdadero 32 bits en resoluciones iguales o superiores a 1024×768 píxeles.
- Disco duro de alta capacidad.
- Unidad de CD-ROM 32x o superior para la instalación.
- Microsoft Mouse, Microsoft IntelliMouse o bien un dispositivo señalador compatible.

2. Conocer Excel

Antes de comenzar a trabajar con Excel es muy conveniente que se detenga ante la aplicación y que pierda (o gane) unos minutos de su tiempo visualizando una interfaz cargada de información que le ayudará a realizar sus tareas de manera más sencilla, precisa y también más rápida. No estar familiarizado con esta hoja de cálculo significa no poder entender la función de botones, barras de herramientas, cuadros de texto, etc., y, por lo tanto, no sacar el máximo partido a un programa tan completo como es Excel 2002, o, lo que es peor, menospreciarlo.

Por esta razón, con este capítulo queremos que conozca la interfaz tal y como se la va a encontrar cuando ejecute Excel 2002 por primera vez, de forma que su seguridad a la hora de enfrentarse a un trabajo aumente, sobre todo si no ha utilizado este programa en muchas ocasiones.

Interfaz de Excel

Una vez que haya iniciado este programa, es importante que conozca las distintas zonas que componen la interfaz de Excel, y que aparecen por defecto al ejecutarlo por primera vez. Por supuesto, no debe olvidar que esta aplicación ofrece un alto grado de personalización que trataremos en posteriores capítulos. Véase la figura 2.1.

- **Barra de título**. Indica la aplicación en la que se encuentra, así como el título de la hoja de cálculo en la que está trabajando. A la derecha están situados los botones de control.
- **Barra de menús**. Permite ejecutar todas las opciones del programa, y facilita el acceso a aquellas más usadas o más recientemente usadas. Cuenta con un cuadro de texto donde formular una pregunta y que permite acceder directamente a la opción Ayuda de Microsoft Excel.
- **Barra de herramientas Estándar**. Cuenta con una serie de botones y listas desplegables que posibilitan la ejecución de las funciones más comunes o frecuentes.

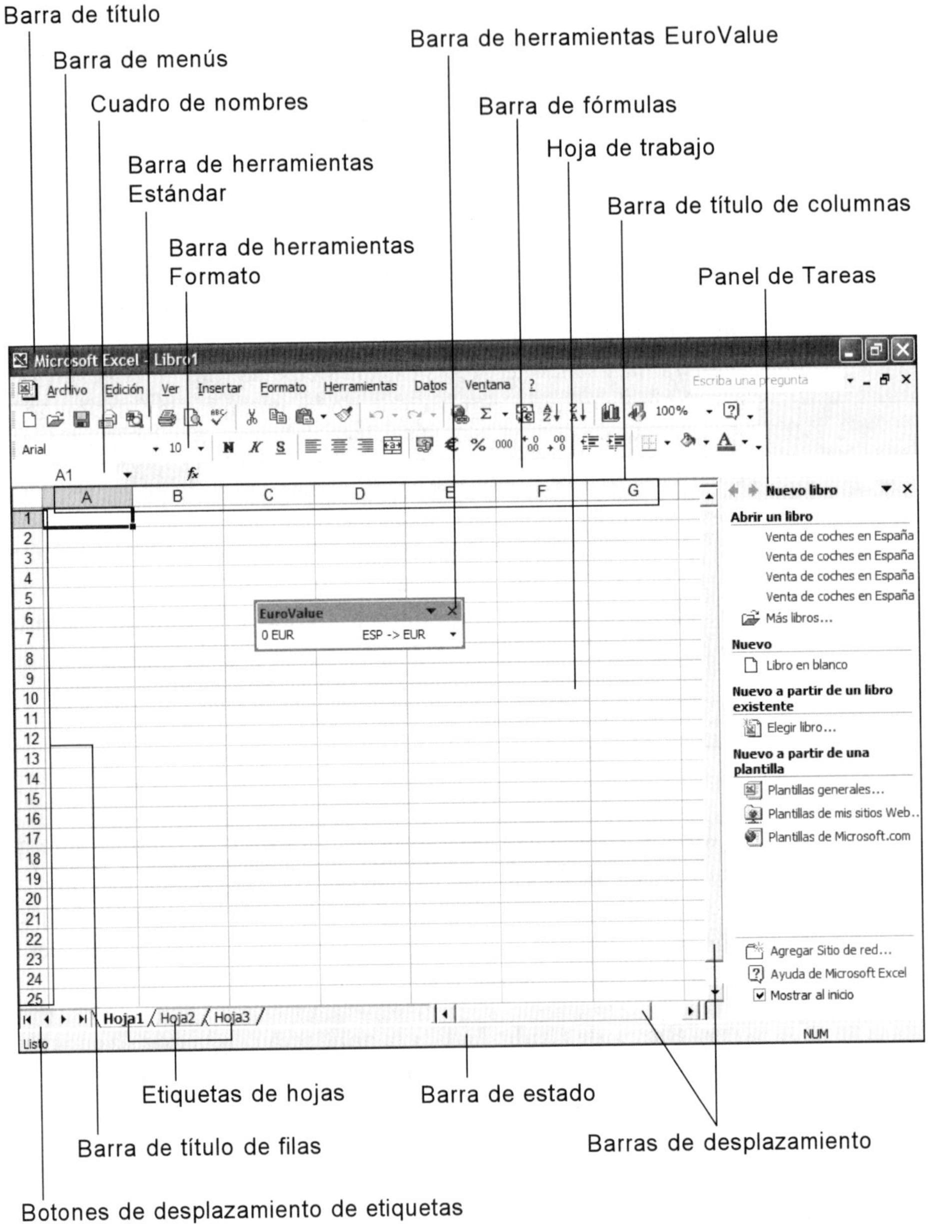

Figura 2.1. Aspecto de una hoja de calculo abierta en Excel

- **Barra de herramientas Formato**. Cuenta con una serie de botones y listas desplegables que permiten modificar el formato de los datos incluidos en la hoja de cálculo.

- **Cuadro de nombres**. Muestra el nombre de la celda seleccionada.
- **Barra de fórmulas**. Muestra el contenido de la celda activa o, en el caso de que éste sea el resultado de una fórmula, indica la fórmula introducida.
- **Barra de herramientas EuroValue**. Permite conocer el valor de una moneda (que pertenezca a un miembro de la UE que haya adoptado la moneda única) en Euros, y viceversa.
- **Panel de tareas**. Aparece situado a la derecha de la pantalla. Puede estar ocupado por distintas herramientas: Nuevo libro, Portapapeles, Búsqueda básica e Insertar imagen prediseñada.
- **Botones de desplazamiento de etiquetas**. Permite visualizar las etiquetas que quedan ocultas, en caso de que las haya.
- **Etiquetas de hojas**. Pestañas que corresponden a cada una de las hojas que contiene el libro.
- **Barra de estado**. Muestra el estado en el que se encuentra la aplicación. Los mensajes que proporciona le permiten estar informado sobre Excel.
- **Barras de desplazamiento**. Permiten visualizar la parte de la hoja de cálculo que queda oculta en la pantalla.
- **Hoja de trabajo**. Se trata de la hoja de cálculo o área de trabajo donde se almacenan y manipulan los datos. Está compuesta por filas, identificadas por números (Barra de título de filas), y columnas, identificadas por letras (Barra de título de columnas). En la intersección de cada fila y columna hay una celda.

Nota: Puede determinar los elementos (objetos, barras, opciones de ventana, etc.) que desea que muestre la interfaz a través del cuadro de diálogo Opciones (más concretamente la pestaña Ver), que aparece al ejecutar la secuencia de comandos **Herramientas>Opciones**.

Barra de herramientas Estándar

La Barra de herramientas Estándar, y todas en general, sirven para agilizar las tareas más comunes y sencillas, las cuales, en la mayoría de las ocasiones, se pueden realizar únicamente pulsando sobre el botón adecuado.

Esta barra, cuya activación y desactivación se lleva a cabo seleccionando la opción Estándar en el menú que aparece tras realizar la secuencia de comandos

Ver>Barras de herramientas, cuenta, por defecto, con los botones que aparecen a continuación:

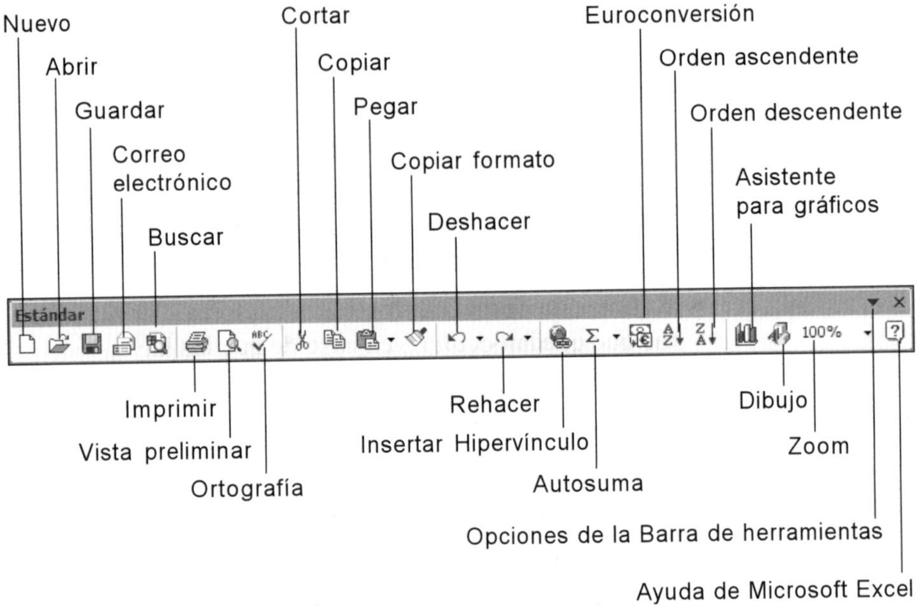

Figura 2.2. Barra de herramientas Estándar

- **Nuevo**. Crea un documento en blanco basado en una plantilla de libro predeterminada.
- **Abrir**. Permite buscar y abrir el documento deseado.
- **Guardar**. Guarda el archivo abierto con el nombre, ubicación y formato actuales. En caso de guardar el archivo por primera vez, le va a pedir un nombre.
- **Correo electrónico**. Permite enviar la hoja de cálculo activa a través del gestor de correo electrónico que tenga predeterminado.
- **Buscar**. Posibilita la localización de títulos o contenidos en archivos de Microsoft Office, Outlook y páginas Web.
- **Imprimir**. Imprime el documento activo o los elementos seleccionados.
- **Vista preliminar**. Permite saber cómo será un documento al imprimirlo.
- **Ortografía**. Realiza una revisión ortográfica del documento activo.
- **Copiar**. Copia en el portapapeles la selección realizada en un documento.

- **Cortar**. Elimina de un documento la selección realizada y después la coloca en el portapapeles.
- **Pegar**. Inserta el contenido del portapapeles en el lugar donde sitúe el punto de inserción o donde realice una selección.
- **Copiar formato**. Copia el formato (aspecto y estilo) del objeto o texto que haya seleccionado y lo aplica al objeto o texto sobre el que haga clic o seleccione.
- **Deshacer**. Deshace la última acción realizada. Para invertir varias acciones hay que utilizar la flecha situada a la derecha del botón.
- **Rehacer**. Invierte la acción realizada por el botón Deshacer. Si desea rehacer varias acciones deberá utilizar la flecha situada a la derecha del botón.
- **Insertar hipervínculo**. Inserta un hipervínculo en el documento o modifica uno que haya sido seleccionado.
- **Autosuma**. Realiza la suma de los valores que hayan sido seleccionados. Con la flecha que está situada a la derecha del botón se puede acceder a otras funciones.
- **Euroconversión**. Permite convertir un valor en euros, euros en la moneda de los países de la UE que han adoptado la moneda única, etc.
- **Orden ascendente**. Ordena el elemento seleccionado comenzando por el principio del alfabeto, por el valor numérico menor o por la fecha más antigua.
- **Orden descendente**. Ordena el elemento seleccionado comenzando por el final del alfabeto, por el valor numérico mayor o bien por la fecha más reciente.
- **Asistente para gráficos**. Asistente que muestra los pasos que hay que seguir para crear o modificar un gráfico en la hoja de cálculo.
- **Dibujo**. Muestra la Barra de herramientas Dibujo, o bien la oculta si está activa.
- **Zoom**. Reduce o amplía la presentación del documento.
- **Ayuda de Microsoft Excel**. Acceso a la Ayuda de este programa.
- **Opciones de la Barra de herramientas**. Permite modificar el aspecto de la Barra de herramientas y agregar o quitar botones.

Barra de herramientas Formato

La presentación de un trabajo mediante la aplicación Excel requiere la utilización de aquellos botones que permiten modificar el aspecto físico de la hoja de cálculo y de los elementos que posee, de forma que resulte más clara, fácil de entender y, estéticamente, del gusto del creador. Estos botones aparecen recogidos en la Barra de herramientas Formato.

Su activación y desactivación se puede llevar a cabo seleccionando la opción Formato en el menú que aparece tras realizar la secuencia de comandos **Ver>Barras de herramientas**. Cuenta, por defecto, con los comandos que se detallan a continuación:

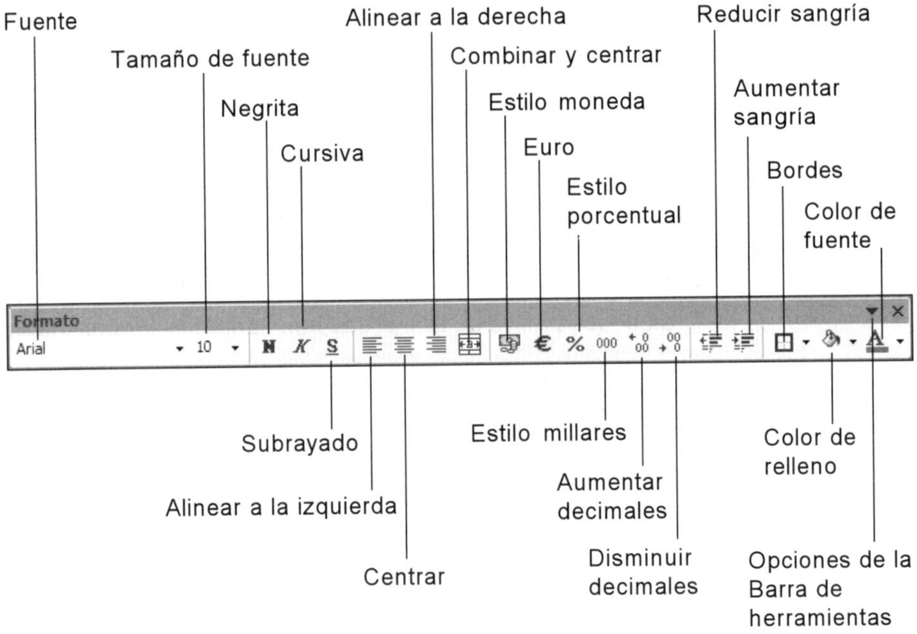

Figura 2.3. Barra de herramientas Formato

- **Fuente**. Cuadro de texto que permite cambiar la fuente del texto o números seleccionados.
- **Tamaño de fuente**. Cuadro de texto que permite cambiar el tamaño del texto o números seleccionados.
- **Negrita**. Cambia el texto o números seleccionados a negrita (si lo está ya, quita este formato).

- **Cursiva**. Cambia el texto o números seleccionados a cursiva (si lo está ya, quita este formato).
- **Subrayado**. Subraya el texto o números seleccionados (si lo está ya, quita este formato).
- **Alinear a la izquierda**. Alinea los elementos seleccionados (texto, números, etc.) a la izquierda, dejando la zona derecha irregular.
- **Centrar**. Centra los elementos seleccionados (texto, números, etc.), dejando las zonas izquierda y derecha irregulares.
- **Alinear a la derecha**. Alinea los elementos seleccionados (texto, números, etc.) a la derecha, dejando la zona izquierda irregular.
- **Combinar y centrar**. Combina celdas que estén contiguas y hayan sido seleccionadas, y crea una única celda. Esta celda conservará los datos del extremo superior izquierdo.
- **Estilo moneda**. Aplica el estilo de moneda que se haya definido en el cuadro de diálogo Configuración regional de Windows.
- **Euro**. Aplica formato a los valores seleccionados en el estilo de moneda del euro.
- **Estilo porcentual**. Aplica el estilo porcentual a los valores que están seleccionados.
- **Estilo millares**. Aplica el estilo millares a los valores seleccionados.
- **Aumentar decimales**. Aumenta el número de decimales que van a mostrar las celdas seleccionadas.
- **Disminuir decimales**. Disminuye el número de decimales que van a mostrar las celdas seleccionadas.
- **Reducir sangría**. Reduce la sangría del contenido de las celdas que están seleccionadas.
- **Aumentar sangría**. Aumenta la sangría del contenido de las celdas que están seleccionadas.
- **Bordes**. Aplica un borde a la celda o celdas seleccionadas. Puede elegirse el lado donde se va a agregar un borde pulsando sobre la flecha situada a la izquierda.
- **Color de relleno**. Aplica color de relleno (o de fondo) a la celda o celdas que están seleccionadas. La flecha de la derecha permite seleccionar el color deseado.

- **Color de fuente**. Aplica color al contenido (textos, números, etc.) de la celda o celdas seleccionadas. La flecha de la derecha permite seleccionar el color deseado.
- **Opciones de la Barra de herramientas**. Permite modificar el aspecto de la Barra de herramientas y agregar o quitar botones.

Barra de fórmulas

La Barra de fórmulas cuenta con dos partes (ambas cuadros de texto) claramente diferenciadas: Barra de fórmulas (propiamente dicha) y Cuadro de nombres. Desplegando el menú Ver podrá activar o desactivar esta opción.

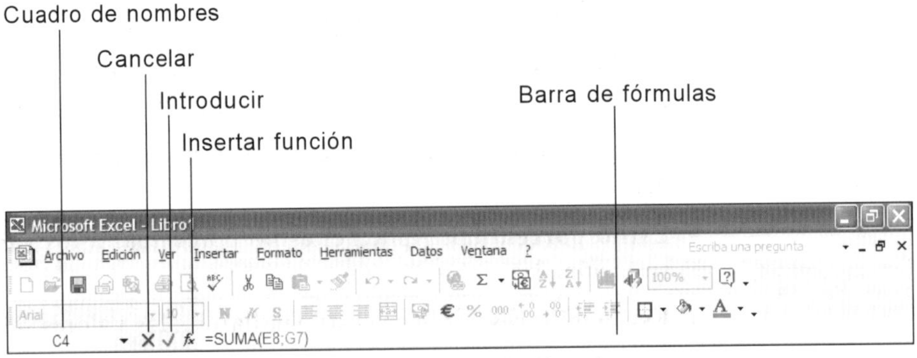

Figura 2.4. Barra de fórmulas

- **Cuadro de nombres.** Aparece el nombre de la celda, objeto o gráfico seleccionado. Por defecto, en el caso de las celdas se trata de la combinación de una letra de la columna y un número de la fila, aunque es posible asignar otros nombres más lógicos a las celdas o grupos de celdas seleccionados. A la derecha de este cuadro de texto hay una flecha que despliega una lista con todos los nombres asignados, y que permite situarse rápidamente en el que se seleccione.
- **Barra de fórmulas**. Permite introducir y editar datos en hojas de cálculo o en gráficos. Al seleccionar una celda, esta barra muestra su contenido. En el caso de que se trate del resultado de una fórmula, la celda muestra el resultado, pero la fórmula aparece en este cuadro de texto.
- **Introducir y Cancelar**. Al escribir los datos que se desean incluir en una celda aparecen dos botones que permiten introducir éstos (verificador verde) o cancelar la acción (cruz roja).

- **Insertar función**. Aparece siempre activo y, como su propio nombre indica, posibilita la inserción de una función, aquella que se determine.

Panel de tareas

Facilitar el trabajo al usuario, permitir el acceso a ciertas opciones y comandos de forma rápida y ofrecer una visualización clara de muchas de las acciones que se pueden llevar a cabo con este programa son algunas de las razones por las que Excel incluye una Barra de herramientas denominada Panel de tareas. Es una ventana situada en la zona derecha de la pantalla (aunque puede desplazarse u ocultarse), que aparece al iniciar la aplicación o a través del menú Ver, y que recoge algunas de las opciones básicas del programa: Nuevo libro, Portapapeles, Buscar e Insertar imagen prediseñada. Este panel ofrece la posibilidad de acceder a dichas opciones a través de las flechas de avance situadas en el lado izquierdo de la ventana o mediante la flecha negra que se encuentra en el lado derecho y que despliega una lista con las opciones a seleccionar.

Nuevo libro

Este panel se puede abrir al ejecutar **Archivo>Nuevo...** Consta de varias secciones. Véase la figura 2.5.

- **Abrir un libro**. Este apartado permite ejecutar directamente los últimos archivos guardados o buscar otros a través de la opción Más libros.
- **Nuevo**. Para abrir un libro en blanco.
- **Nuevo a partir de un libro existente**. Como su propio nombre indica, ofrece la posibilidad de crear un libro nuevo eligiendo entre libros ya existentes. Para ello cuenta con la opción Elegir libro...
- **Nuevo a partir de una plantilla**. Este programa cuenta con varias opciones: Plantillas generales..., que las aporta el propio programa; Plantillas de mis sitios Web (la opción Agregar Carpeta Web... le permite, entre otras cosas, crear una carpeta en un servidor de Internet o de la intranet) y Plantillas de Microsoft.com.

> **Nota:** Si desea que aparezca el panel al iniciar la aplicación, active o desactive la casilla de verificación al final de la ventana (Mostrar al inicio).

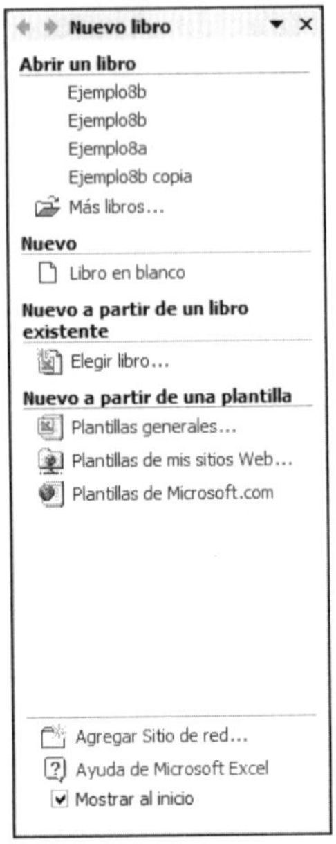

Figura 2.5. Panel de tareas. En este caso se muestra la opción Nuevo libro

Portapapeles

Si este panel no aparece en pantalla, puede activarlo realizando dos veces seguidas la combinación de teclas **Control-C** o mediante la siguiente secuencia de comandos: **Edición>Portapapeles de Office...** Encontrará los elementos que se describen a continuación. Véase la figura 2.6.

- **Pegar todo**. Pega cada elemento del portapapeles en el documento actual del más antiguo al más moderno.
- **Borrar todo**. Elimina todos los elementos del portapapeles de Office. Una vez realizada esta acción no es posible volver atrás.
- **Lista de elementos**. Cuadro de texto donde aparecen todos los elementos que posee el portapapeles y que pueden ser pegados en el documento o eliminados. Es capaz de almacenar hasta 24 elementos.
- **Opciones**. Muestra diferentes acciones para poder mostrar u ocultar el portapapeles de Office, entre ellas situar su icono en la Barra de tareas de forma que se pueda acceder a esta opción más fácilmente, mostrar de forma automática el Portapapeles de Office, recopilar elementos sin mostrarlo, etc.

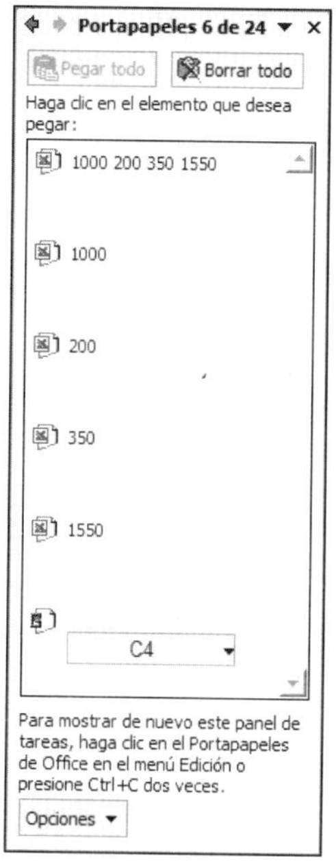

Figura 2.6. Panel de tareas. En este caso se muestra la opción Portapapeles

> **Nota:** El Portapapeles de Office proporciona un lugar temporal para colocar los elementos copiados o cortados desde distintos orígenes, ya sean otras aplicaciones de Office o páginas Web.

Buscar

Para mostrar la opción Búsqueda básica también se puede realizar la secuencia de comandos **Archivo>Buscar**, o bien pulsar sobre el botón **Buscar** situado en la Barra de herramientas Estándar. Véase figura 2.7. Cuenta con la siguiente distribución:

- **Buscar**. Posee un cuadro de texto donde incluir la palabra o frase a buscar en los archivos, nombres de archivo y propiedades de un archivo, y dos botones, **Buscar**, que inicia o detiene la búsqueda, y **Restaurar**, que restaura la anterior configuración de búsqueda.
- **Opciones de búsqueda avanzada**. Posee dos cuadros de texto. El primero permite definir la ruta de acceso o bien, seleccionar la búsqueda de ubicaciones. En el segundo hay que definir el tipo de elementos que se desea buscar.

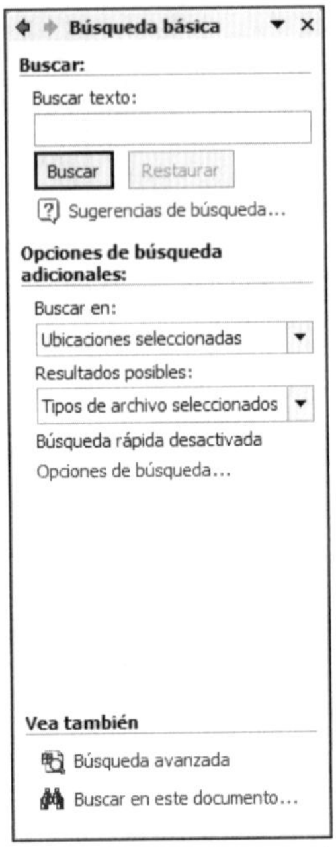

Figura 2.7. Panel de tareas. En este caso se muestra la opción Búsqueda básica

- **Vea también**. Cuenta con las opciones Búsqueda avanzada, que realiza una búsqueda más compleja, con criterios basados en las propiedades de archivo, y Buscar en este documento..., que, como su propio nombre indica, busca texto en el documento actual.

Insertar imagen prediseñada

En el caso de que el panel Insertar imagen prediseñada no aparezca, realice la secuencia de comandos **Insertar>Imagen>Imágenes prediseñadas...** Véase la figura 2.8.

La distribución de tareas con la que cuenta esta ventana es muy similar a la que posee el panel Búsqueda:

- **Buscar**. Posee un cuadro de texto donde describir el tipo de imágenes que se desea buscar o el nombre del archivo de la imagen, y dos botones: **Buscar**, que inicia o detiene la búsqueda, y **Restaurar**, que restaura la anterior configuración de búsqueda.
- **Otras opciones de búsqueda**. Posee dos cuadros de texto. El primero permite seleccionar una o más colecciones a buscar. En el segundo hay que definir los tipos de clips multimedia a buscar.

Figura 2.8. Panel de tareas. En este caso se muestra la opción Insertar imagen prediseñada

- **Vea también**. Cuenta con las opciones Galería multimedia, que abre la galería multimedia de Microsoft; Galería multimedia en línea, para buscar más clips multimedia en línea, y Sugerencia para buscar clips, que muestra información para encontrar clips multimedia.

Barra de herramientas EuroValue

Al iniciar por primera vez Excel, aparecerá en el centro de la pantalla una barra de herramientas denominada EuroValue. Por supuesto, esta barra se puede colocar en el lugar que se desee e incluso integrarla con el resto de barras en la zona superior de la pantalla. Se trata de un conversor de monedas que permite conocer el valor de una moneda (que pertenezca a un miembro de la UE que haya adoptado el Euro) en Euros, y viceversa. Véase la figura 2.9.

Cuando la Barra de herramientas EuroValue no aparece en pantalla tan sólo hay que ejecutar la secuencia de comandos **Ver>Barras de herramientas>EuroValue** para poder visualizarla. Consta de dos partes o cuadros de texto (si se selecciona la opción Desactivar, sólo contaría con una) relacionados entre sí. El situado a la derecha es realmente una lista desplegable donde elegir el tipo de conversión que se desea realizar, y en el de la izquierda es donde se muestra automáticamente el resultado del cálculo o conversión ya realizada tras seleccionar una celda que posee un valor numérico.

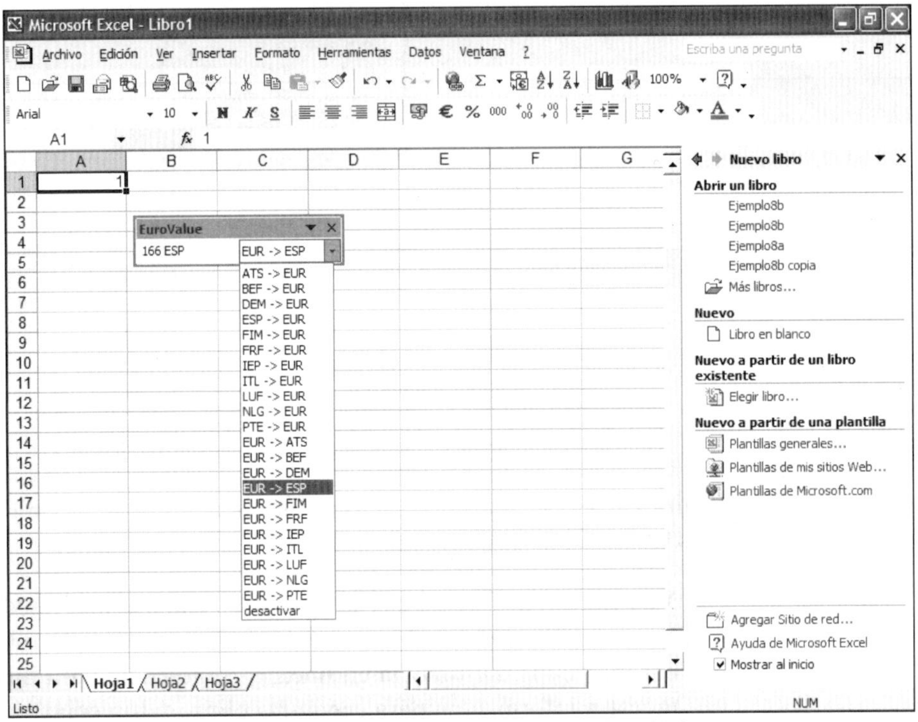

Figura 2.9. Barra de herramientas EuroValue

Barra de estado

La Barra de estado de Excel se encuentra situada en la parte inferior de la ventana de la aplicación. Ejecutar la secuencia de comandos **Ver>Barra de estado** permite visualizarla o no. Véase la figura 2.10.

Su función es muy importante si se tiene en cuenta que muestra información sobre el estado de ciertos elementos relacionados con este programa y del contexto de trabajo en el que se encuentra el usuario.

La zona izquierda de la barra indica el estado actual de la hoja de cálculo. Algunos de los mensajes que aparecen en este caso son: Listo, que significa que la aplicación está preparada para trabajar; Introducir, si se están introduciendo nuevos datos o elementos; Modificar, en el caso de modificar datos ya existentes; Señalar, cuando se hace referencia a una celda al escribir una fórmula, etc. También pueden aparecer textos explicativos referentes a los pasos a seguir tras realizar acciones como Cortar, Copiar, etc.

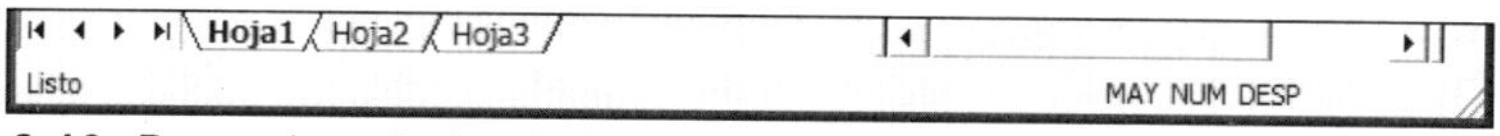

Figura 2.10. Barra de estado. Sobre ella aparecen los botones de desplazamiento de etiquetas, las etiquetas de hojas y la Barra de desplazamiento horizontal

En la zona derecha de la barra aparecen una serie de casillas que indican el estado de varias teclas de conmutación binaria. Si aparecen las letras NUM (tecla **BloqNum**), MAY (tecla **BloqMayús**) o DESP (tecla **BloqDespl**), significa que dichas funciones están activadas.

Por otro lado, esta barra también muestra un cálculo rápido (mediante una operación matemática) de los elementos (cifras, valores) que se hayan seleccionado en ese momento.

Nota: Si pulsa con el botón derecho del ratón sobre la Barra de estado, aparecerá un menú que contiene distintas posibilidades de operaciones matemáticas. Elija la que desee llevar a cabo y, al seleccionar las celdas que contienen los valores, el resultado aparecerá en la casilla de cálculo rápido indicada anteriormente.

3. Primeros pasos. La hoja de cálculo

En este capítulo se describen los aspectos básicos necesarios para comprender el funcionamiento de una hoja de cálculo. Porque, realmente, llegar a un pleno entendimiento de la aplicación significa comenzar por cuestiones tan simples, pero esenciales, como qué es una hoja de cálculo, la diferencia entre un libro y una hoja de cálculo o cómo desplazarse de la forma más rápida e intuitiva por el área de trabajo de un libro. Sin embargo, no cabe duda de que la mejor forma de conocer este programa es aprender a gestionar y trabajar (abrir, guardar, compartir, etc.) con los archivos que genera y que son compatibles con Excel 2002. Además, este capítulo le enseña a utilizar y crear plantillas, modelos de libros y hojas predefinidos que integran todos los elementos necesarios para desarrollar un trabajo donde únicamente falte introducir los datos.

Conceptos básicos

Para muchos usuarios expertos, Microsoft Excel es una tecnología en la que confían día a día, que les permite tener acceso, procesar, analizar, compartir y mostrar la información con la que trabajan tanto en su negocio como en su propia casa, ya que el uso de Excel no se encuentra relegado únicamente a los departamentos de contabilidad y finanzas de las empresas. Por el contrario, para los más noveles o principiantes, trabajar con hojas de cálculo puede resultar a menudo desalentador, no porque se trate de una aplicación complicada, sino por el propio desconocimiento del programa. En este caso, los usuarios más inexpertos suelen tener dificultades a la hora de encontrar las características que necesitan para llevar a cabo una tarea, algo que se soluciona con paciencia, trabajo y una buena guía.

La información que recoge este capítulo ofrece a los usuarios de Excel, tengan experiencia o no, la posibilidad de conocer la estructura de un libro y la forma de moverse por una hoja de cálculo. Estamos seguros de que estos aspectos les aportarán una mayor confianza a la hora de trabajar con hojas de cálculo.

Qué es una hoja de cálculo

Una hoja de cálculo es un programa utilizado para realizar operaciones de contabilidad o cálculos matemáticos basados en fórmulas y/o operaciones matemáticas. En esencia, se trata de un ambiente interactivo que permite trabajar con números y texto en una gran malla de celdas. Las hojas de cálculo posibilitan la realización de todo tipo de análisis, proyectos, presupuestos, estados de explotación y, en general, de cualquier trabajo que requiera un tratamiento masivo de números, con una rapidez y seguridad sorprendente. Adicionalmente, este tipo de aplicación incorpora un sistema para producir gráficos a partir de los datos y resultados de la hoja de cálculo, que permite analizar los resultados de forma más sencilla y prácticamente al instante. Véase la figura 3.1.

Los archivos de Excel se conocen como libros de trabajo. Un solo libro de trabajo puede almacenar tantas hojas como quepan en la memoria, y estas hojas se gestionan como las páginas de una libreta. Las hojas pueden ser hojas de cálculo (una hoja de cálculo normal) y hojas de gráfico (una hoja especial que contiene gráficos).

Las hojas de cálculo están dispuestas en filas y columnas. La intersección de una fila/columna se denomina celda. Cada celda puede contener un dato numérico, texto e incluso fórmulas que hagan referencia a los contenidos de otras celdas. Una hoja de cálculo contiene exactamente 65.536 filas y 256 columnas. Las filas están numeradas de 1 a 65.536 y las columnas están marcadas con letras. La columna 1 es A, la columna 26 es Z, la columna 27 es AA, la columna 52 es AZ, la columna 53 es BA y así sucesivamente hasta la columna 256 que es la IV. Véase la figura 3.2.

Libros y hojas de cálculo

Los documentos en Excel se denominan libros, y están compuestos por varias hojas de cálculo que pueden contener modelos matemáticos, gráficos e incluso macros. Para poder moverse entre las distintas hojas de un libro, en la parte inferior de la ventana existen unas etiquetas que permiten seleccionar la hoja de cálculo deseada. Cada vez que se ejecuta Microsoft Excel, aparece, por defecto, un libro en blanco con tres hojas denominadas Hoja1, Hoja2 y Hoja3. Véase la figura 3.3.

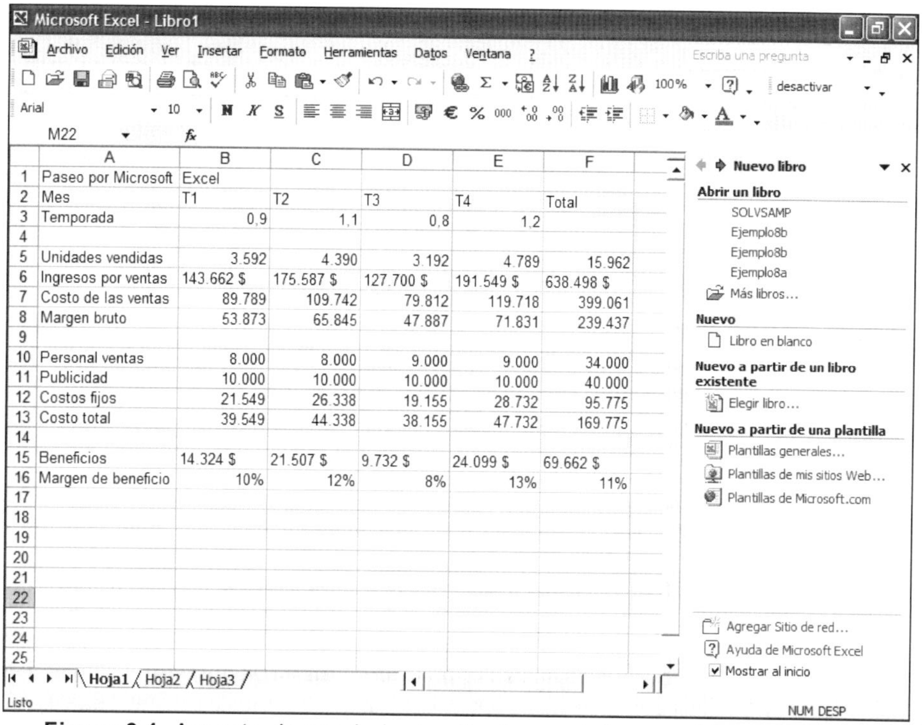

Figura 3.1. Aspecto de una hoja de cálculo con datos numéricos y de texto

Una hoja de cálculo es el documento principal que se utiliza en Excel para introducir datos y trabajar con ellos. También puede tratarse de una hoja de gráfico, muy útil si se desea ver un gráfico o un informe dinámico de manera independiente.

Estructura de una hoja de cálculo

Las distintas hojas de cálculo que componen un libro están dividas en filas y columnas. Estas filas y columnas crean una cuadrícula, donde cada intersección forma una celda en la que se introducirán los datos. Las filas se identifican mediante números consecutivos, siendo el 1 el número de la primera fila de la hoja de cálculo, y las columnas mediante letras mayúsculas, correspondiendo la A a la primera. Los principales elementos de una hoja de cálculo son:

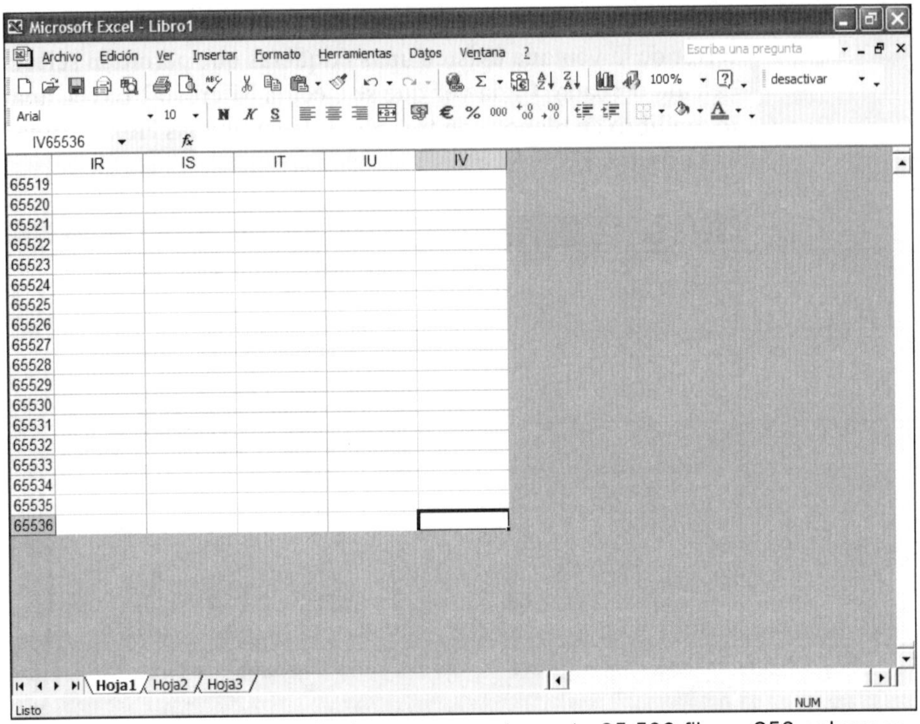

Figura 3.2. Una hoja de cálculo posee exactamente 65.536 filas y 256 columnas

- **Fila**. Conjunto de celdas dispuestas en sentido horizontal.
- **Barra de título de fila**. Está situada a la izquierda del área de trabajo, y nombra a las filas mediante números que van desde el 1 hasta el 65.536.
- **Columna**. Conjunto de celdas dispuestas en sentido vertical.
- **Barra de título de columna**. Está situada en la zona superior del área de trabajo, y nombra a las columnas mediante letras que van desde la A hasta la IV. Después de la columna Z viene la AA, AB, AC, etc.; tras la AZ viene la BA, la BB, la BC, etc., y así sucesivamente.
- **Celda**. Intersección de una fila y una columna. En ella se introducen los datos. Por defecto, el nombre de una celda se compone del nombre de la columna seguido del nombre de la fila. Por ejemplo, la celda que es la intersección de la fila 1 con la columna A, se denomina A1. Claro está, estos nombres se pueden modificar.
- **Rango**. Los rangos son una referencia a un conjunto de celdas de una hoja de cálculo. Su nombre está compuesto por letras y números. De hecho, en él aparece la celda de una esquina del rango (generalmente la superior

izquierda), luego dos puntos y por último la celda de la esquina opuesta. Por ejemplo, el rango que comprende las celdas A1, A2, A3, A4, B1, B2, B3, B4, C1, C2, C3 y C4 se denomina A1:C4. Véase figura 3.4.

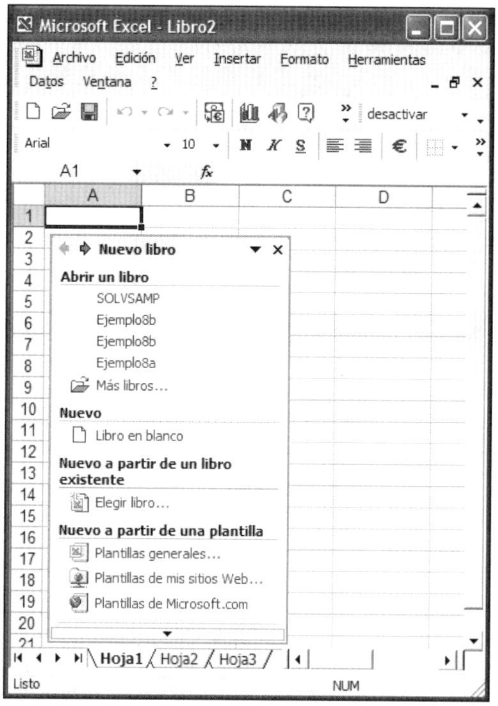

Figura 3.3. Un libro de Excel contiene por defecto tres hojas denominadas Hoja1, Hoja2 y Hoja3

Aspecto de una hoja de cálculo con elementos de entrada

La estructura básica de una hoja de cálculo no cambia cuando se introducen o se seleccionan datos, pero sí aparecen nuevos elementos que son fáciles de localizar como el puntero, el foco de entrada y el cursor.

- **Puntero del ratón**. En Excel, el puntero del ratón posee el aspecto de un icono en forma de cruz. Si se pulsa sobre una celda con ese puntero, ésta se activará, quedando marcada mediante el foco de entrada.
- **Foco de entrada**. Indica qué celda está seleccionada. Se diferencia de las demás en los bordes, que en este caso son más gruesos de lo habitual. Al hacer doble clic sobre una celda, el foco de entrada se marcará mediante unos bordes de menor grosor que cuando sólo está seleccionada, y permitirá introducir datos en ella mediante el cursor. Cuando se marca una celda

con el foco de entrada, el número de la fila y la letra de la columna que la conforman aparecen resaltados con una sombra.

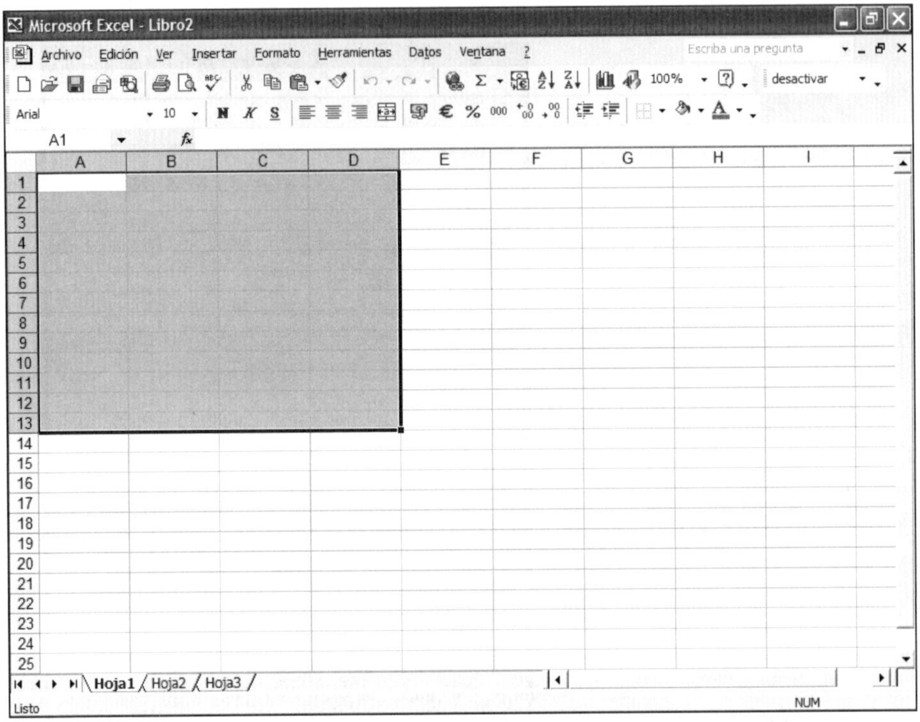

Figura 3.4. Un rango es una referencia a un conjunto de celdas de una hoja de cálculo

- **Cursor**. Este elemento únicamente aparece cuando se está editando una celda. Indica la posición dentro de ella. De esta forma, es posible desplazarse por los datos que contiene y poder corregirlos si fuese necesario. Véase la figura 3.5.

Nota: Al ejecutar Excel aparece, por defecto, un libro en blanco compuesto por tres hojas de cálculo y con la primera celda, es decir, la A1, marcada por el foco de entrada.

Moverse por una hoja de cálculo

Como ya hemos comentado anteriormente, una hoja de cálculo contiene 65.536 filas y 256 columnas exactamente; es decir, se trata de una inmensa área de trabajo llena de celdas, donde es fundamental conocer las técnicas de desplazamiento más precisas para desarrollar perfectamente cualquier trabajo. Sin lugar a dudas, el mejor sistema para desplazarse por las más de 16 millones de celdas de una hoja de cálculo de Excel es utilizar el teclado.

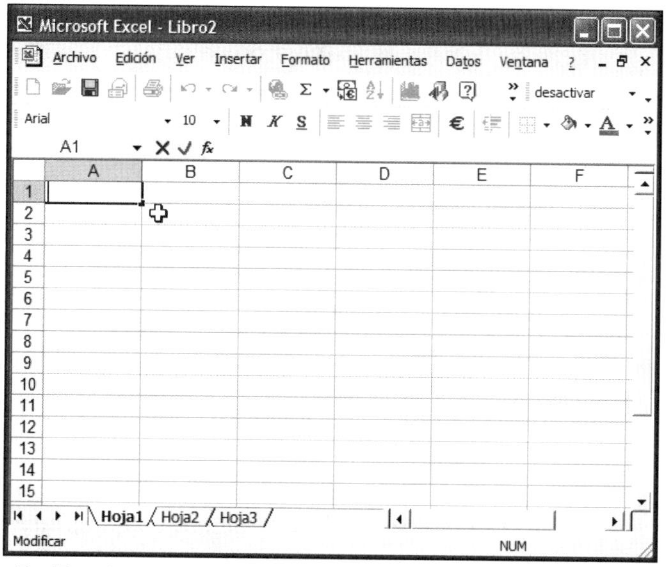

Figura 3.5. En Excel, el puntero del ratón posee el aspecto de un icono en forma de cruz

Para moverse entre celdas

Las funciones del teclado que facilitan el movimiento entre las celdas de una hoja de cálculo son las siguientes:

Teclado	Función
Teclas de dirección	Mueve una celda hacia arriba, hacia abajo, hacia la izquierda o hacia la derecha.
Tab	Desplaza una celda hacia la derecha.
Intro	Desplaza una celda hacia abajo.
Mayús-Tab	Desplaza una celda hacia la izquierda.
Mayús-Intro	Desplaza una celda hacia arriba.
Control-Retroceso	Muestra la celda activa, si no aparece visualizada en la pantalla.

Teclado	Función
Control-Teclas de dirección	Desplaza el foco de entrada a los extremos de la región de datos actual (una región de datos es un conjunto de celdas que contiene datos y que está delimitado por celdas vacías o por los bordes de la hoja de cálculo).

Para desplazarse por la hoja de cálculo

Utilizando las distintas combinaciones de teclas que se describen a continuación es mucho más fácil desplazarse por una hoja de cálculo:

Teclado	Función
Inicio	Desplaza el foco de entrada hasta el comienzo de una fila.
Control-Inicio	Desplaza el foco de entrada hasta el comienzo de una hoja de cálculo.
Control-Fin	Desplaza el foco de entrada hasta la última celda de la última fila y la última columna utilizadas.
AvPág	Avanza una pantalla hacia abajo.
RePág	Avanza una pantalla hacia arriba.
Alt-AvPág	Avanza una pantalla hacia la derecha.
Alt-RePág	Avanza una pantalla hacia la izquierda.

También es posible ver otra sección de la hoja de cálculo sin desplazar la celda activa, utilizando las Barras de desplazamiento horizontal y vertical que integra la propia aplicación.

Nota: Si se activa la tecla **BloqDespl**, Excel permitirá emplear las teclas de dirección para desplazarse por la hoja de cálculo como si se estuvieran utilizando las Barras de desplazamiento horizontal y vertical de la aplicación.

Moverse entre las hojas de cálculo de un libro

Desplazarse entre las distintas hojas de cálculo que componen un libro es muy sencillo, tan sólo hay que pulsar con el ratón sobre la etiqueta que define cada una de ellas. Pero, por supuesto, utilizando las siguientes combinaciones de teclas podrá acceder a ellas de forma más rápida.

Teclado	Función
Control-AvPág	Avanza a la siguiente hoja del libro.
Control-RePág	Retrocede a la hoja anterior del libro.

Como podrá ver en capítulos posteriores, Excel permite añadir a un libro un gran número de hojas de cálculo (con un límite). Esta acción provoca que no todas las etiquetas se puedan visualizar en la pantalla principal de Excel. Para poder acceder a ellas es necesario utilizar los botones de desplazamiento de etiquetas, situados a la izquierda de las etiquetas de las hojas de cálculo.

Truco: Si en un libro existen numerosas hojas de cálculo en uso, y desplazarse por las etiquetas con el ratón resulta una tarea muy pesada, pulse con el botón derecho del ratón sobre uno de los botones de desplazamiento de etiquetas, y accederá a una lista con todas las hojas de cálculo del libro. En esa lista, seleccione la hoja que desea activar.

Desplazarse mediante otras herramientas

Cuando una hoja de cálculo es muy extensa y posee muchos datos, la forma más eficaz de moverse por ella es utilizando otras técnicas que ofrece Excel, como, por ejemplo, las funciones Ir a y Buscar.

- El comando **Ir a** se encuentra en el menú Edición, aunque también puede activarse pulsando sobre la tecla **F5** o mediante la combinación de teclas **Control-I**. Esta herramienta muestra una ventana independiente en la que aparece una lista con todas las referencias de celda con contenido. En el cuadro de texto Referencia se puede escribir la referencia de una celda (por ejemplo E8) para desplazarse directamente a ella.

Truco: Es posible desplazarse a una celda específica escribiendo en el Cuadro de nombres la localización de la celda a la que se desea ir y pulsando posteriormente sobre la tecla **Intro**.

- La orden **Buscar...** también se encuentra en el menú Edición, y puede ser activada mediante la combinación de teclas **Control-B**. Esta herramienta permite localizar tanto texto como datos numéricos. Para realizar una búsqueda más precisa se pueden utilizar comodines como el signo de in-terrogación (?), que sustituye cualquier carácter, o un asterisco (*), que sustituye una cadena de caracteres (por ejemplo, pa?a localizar palabras como "pasa" o "paja" y *este encontrará "noreste" o "sudeste").

Nota: Si desea cancelar una búsqueda en curso, deberá presionar la tecla **Esc**.

Gestionar los libros

Gestionar los libros en Excel es como trabajar con cualquier documento de otra aplicación de Microsoft. Excel permite guardar los libros que contienen las hojas de cálculo en diferentes formatos, abrir un libro ya existente compatible con Excel 2002 o también crear libros nuevos en blanco o a partir de una plantilla.

Abrir un libro nuevo

Cada vez que se ejecuta Excel 2002, en pantalla aparece un libro nuevo denominado Libro1 donde se puede comenzar a trabajar de forma inmediata. Pero existen diferentes maneras de crear un libro nuevo en blanco cada vez que se necesite:

- Pulse sobre el botón **Nuevo** de la Barra de herramientas Estándar, y se abrirá automáticamente un libro al que Excel denominará Libro? (el signo de interrogación equivale a un número).
- Realice la siguiente combinación de teclas: **Control-U**.
- Ejecute la secuencia de comandos **Archivo>Nuevo** y, a continuación, pulse sobre la opción Libro en blanco del Panel de tareas.
- Una novedad que integra Excel 2002 es la posibilidad de abrir un documento Office desde el menú de Inicio, a través de un comando denominado Nuevo documento de Office. Si pulsa sobre esta orden, accederá a un cuadro de diálogo que le permitirá seleccionar un Libro en blanco de Excel. Véase la figura 3.6.

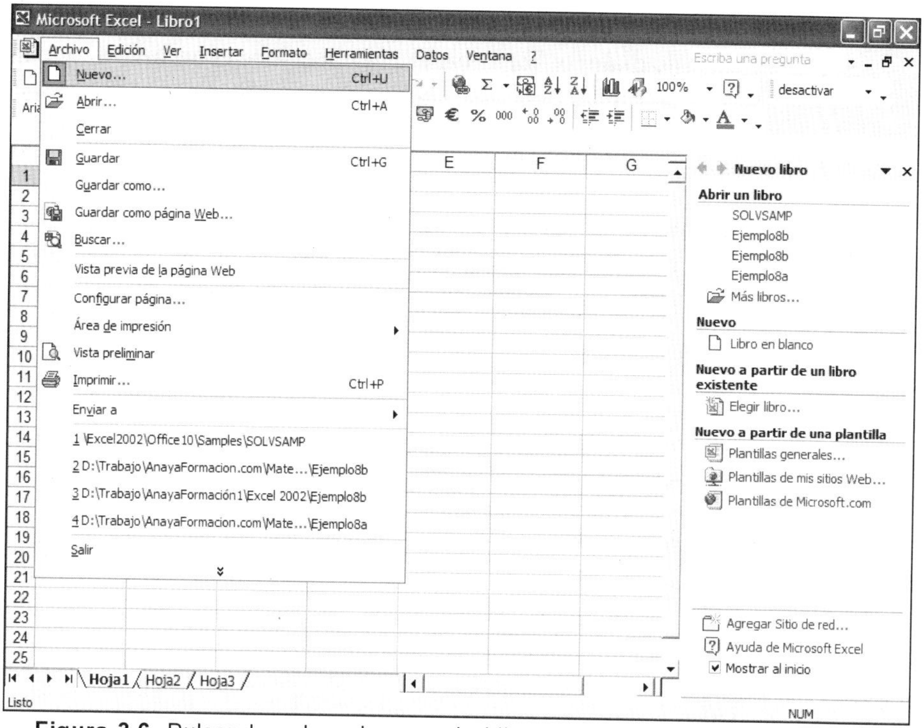

Figura 3.6. Pulsando sobre el comando Libro en blanco del Panel de tareas se abrirá un libro nuevo

Abrir un libro ya existente

Una vez ejecutado Excel 2002, si no desea introducir datos, pero necesita abrir un libro ya creado, lo primero que debe hacer es cerrar la hoja de cálculo que aparece nada más iniciar el programa. Para ello ejecute la secuencia de comandos **Archivo>Cerrar** o haga clic sobre el botón **Cerrar ventana**. Esta acción provoca que el área de trabajo se despeje, evitando así una posible confusión entre ambos libros. Para abrir un libro ya existente puede realizar una de las siguientes acciones:

- Pulse sobre el botón **Abrir** de la Barra de herramientas Estándar para acceder al cuadro de diálogo Abrir. Busque y seleccione el archivo al que desea acceder y, a continuación, pulse sobre el botón **Abrir**.
- Ejecute la secuencia de comandos **Archivo>Abrir** y, en el cuadro de diálogo Abrir, busque y seleccione el archivo al que desea acceder. Por último pulse sobre el botón **Abrir**.

- En el Panel de tareas, pulse sobre el comando **Más libros...** En el cuadro de diálogo Abrir, busque y seleccione el archivo al que desea acceder. A continuación pulse sobre el botón **Abrir**.

- Active ahora el menú de Inicio y después pulse sobre el comando denominado Abrir documento de Office. A continuación, accederá al cuadro de diálogo Abrir documento de Office, donde deberá buscar y seleccionar el archivo al que desea acceder. Para finalizar deberá pulsar sobre el botón **Abrir**.

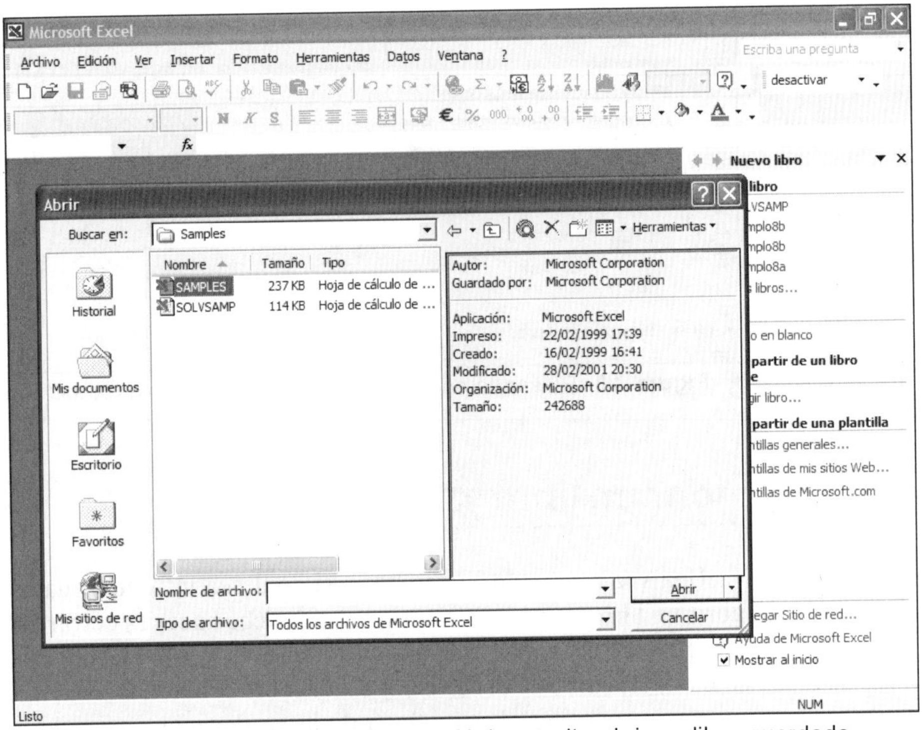

Figura 3.7. El cuadro de diálogo Abrir permite abrir un libro guardado previamente

Nota: Excel 2002 permite abrir libros ya creados como copia o como sólo lectura (esta opción es la más indicada cuando únicamente se desea visualizar el libro y no realizar ningún cambio). Para ello, seleccione el archivo que desea abrir, pulse sobre la flecha que está situada junto al botón **Abrir** y, por último, elija entre Abrir como de sólo lectura o Abrir como copia.

Buscar un archivo Excel

Cuando no esté seguro de la ubicación de un libro, lo más aconsejable es que utilice la herramienta de búsqueda que posee Excel 2002. Esta función se puede encontrar dentro del Panel de tareas dividida en dos opciones, Búsqueda básica y Búsqueda avanzada. Para usar la Búsqueda básica siga estos pasos:

1. En el caso de que el Panel de tareas no se encuentre activo, ejecute la secuencia de comandos **Ver>Barras de herramientas>Panel de tareas**.
2. Pulse sobre el botón **Panel de tareas adicionales**. En el menú contextual que aparece, seleccione la opción Buscar.
3. En el cuadro de texto Buscar texto, escriba una o varias palabras. La búsqueda básica devuelve los archivos que contengan estas palabras, ya estén en el texto del archivo o en otras propiedades de éste.
4. En Opciones de búsqueda adicionales, utilice los cuadros de lista desplegables Ubicaciones seleccionadas y Tipos de archivos seleccionados para determinar en qué unidades o carpetas se debe realizar el rastreo y para especificar el tipo de archivo que se va a buscar.
5. Para ver los resultados de la búsqueda, pulse sobre el botón **Buscar**.

En la búsqueda básica se pueden usar caracteres comodín:

- El carácter asterisco "*" representa un grupo de uno o varios caracteres. Por ejemplo, si escribe "presupues*", localizará todos los documentos que contengan "presupuesto", "presupuestos", "presupuesta", etc.
- El carácter interrogación "?" representa cualquier carácter que no sea doble. Por ejemplo, si introduce "pag?", buscará todos los documentos que contengan "pago" o "paga", pero no los que contengan "pagos" o "pagas". Véase la figura 3.8.

Nota: La búsqueda básica realiza una búsqueda de archivos que contengan derivados de las palabras escritas en el cuadro Buscar texto.

Búsqueda avanzada

La búsqueda avanzada permite establecer propiedades y condiciones de rastreo. Cada tipo de propiedad, como especificaciones de texto o fechas, tiene una serie de condiciones relevantes que la búsqueda avanzada muestra automáticamente, de forma que pueda seleccionar una de ellas para configurar la búsqueda. Por ejemplo, si dentro de la lista desplegable Propiedad selecciona la opción Nombre de archivo (para realizar un rastreo que parta de una palabra o palabras que aparecen en el nombre que designa al libro), en la lista desplegable Condición se mostrará el requisito Incluye. Esto significa que el texto que introduzca en el cuadro de texto Valor deberá formar parte del nombre de archivo que aparecerá en los resultados de la búsqueda.

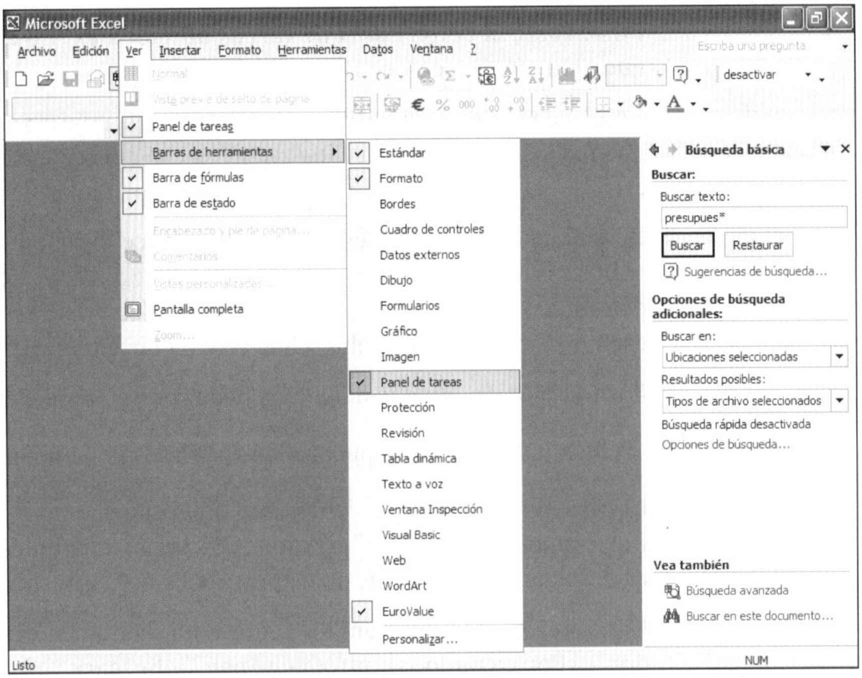

Figura 3.8. La búsqueda básica se realiza desde el Panel de tareas

Tras especificar las propiedades y condiciones es necesario agregar los valores a la lista de cláusulas pulsando sobre el botón **Agregar**. Posteriormente, y antes de comenzar el rastreo (haciendo clic sobre el botón **Buscar**), utilice las Opciones de búsqueda adicionales para determinar en qué unidades o carpetas se debe realizar el rastreo y especificar el tipo de archivo que se va a buscar.

Nota: Las opciones Búsqueda básica y Búsqueda avanzada también se pueden activar a través del cuadro de diálogo Abrir (**Archivo>Abrir**). Ambas están en el cuadro de lista desplegable denominado Herramientas.

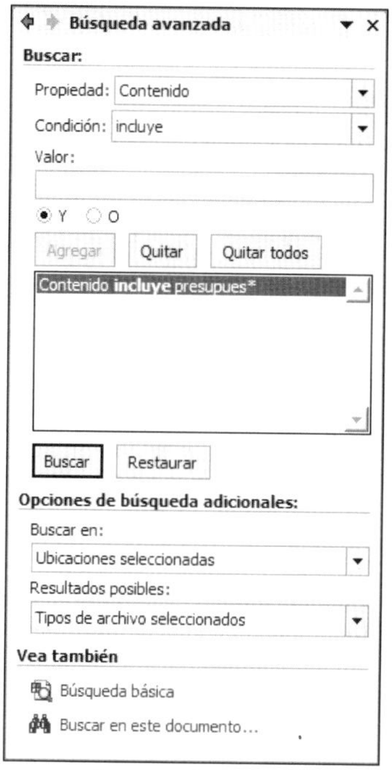

Figura 3.9. La búsqueda avanzada permite especificar propiedades y condiciones de rastreo

Abrir un libro a partir de una plantilla

Una plantilla es un libro que se crea y utiliza como base para otros libros similares. Existen plantillas predeterminadas para libros y para hojas de cálculo; las primeras suelen aparecer como Libro.xlt y las segundas como Hoja.xlt. Las plantillas que incluye Excel automatizan tareas comunes como pueden ser rellenar facturas, informes de gastos, etc. Para crear un libro que está basado en una plantilla, realice los siguientes pasos:

1. En el Panel de tareas (si no visualiza el Panel de tareas, ejecute la secuencia de comandos **Ver>Barra de herramientas>Panel de tareas**) pulse sobre la orden Plantillas generales... de la sección Nuevo a partir de una plantilla.
2. En el cuadro de diálogo Plantillas, pulse sobre la pestaña Soluciones de hoja de cálculo.
3. Seleccione la plantilla que desea usar y pulse sobre el botón **Aceptar**. La plantilla aparecerá automáticamente sobre el área de trabajo.

Nota: Cuando se abre una plantilla, Excel automáticamente le otorga un nuevo nombre para que no se guarde por error con modificaciones, y de esta forma volver a utilizarla siempre que se desee.

Si ha realizado una actualización de Microsoft Office 95 y 97 o de Excel 95 y 97, las plantillas antiguas de estas aplicaciones estarán disponibles, dentro del cuadro de diálogo Plantillas, en las fichas denominadas Plantillas de Office 95 ó 97.

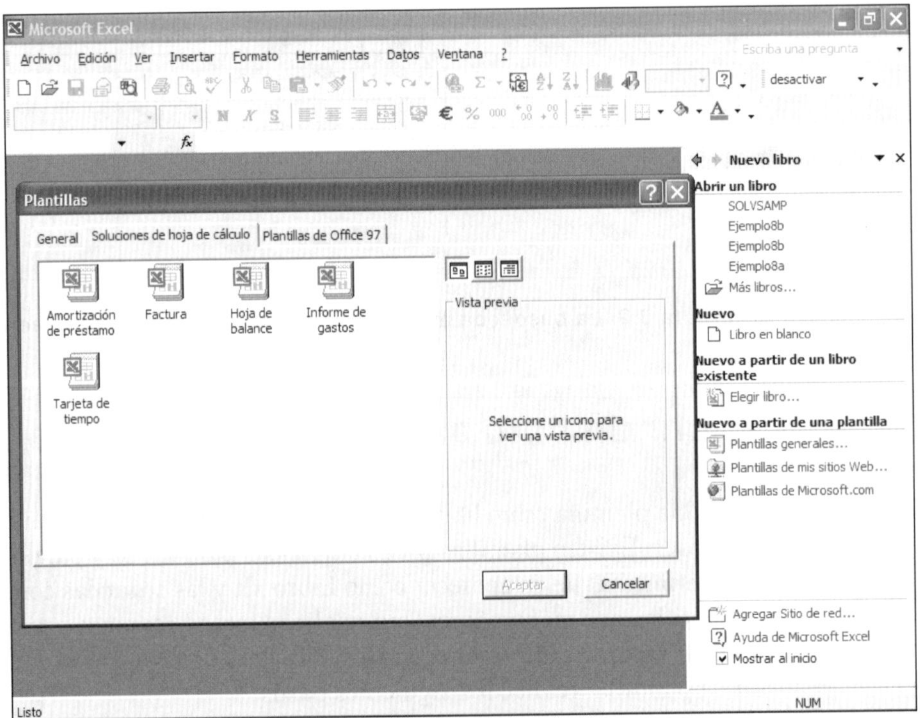

Figura 3.10. El cuadro de diálogo Plantillas permite utilizar las plantillas predeterminadas que integra Excel

Abrir un libro mediante plantillas Web

Con la inclusión del Panel de tareas, Microsoft ha integrado nuevas funciones en Excel, como, por ejemplo, la posibilidad de usar plantillas que no se instalen con Office XP o Excel 2002. Estas plantillas están disponibles a través de Internet, y se puede acceder a ellas (desde el Panel de tareas) de las dos formas siguientes:

- Mediante la orden Plantillas de mis sitios Web..., que permite crear un nuevo archivo basado en una plantilla desde un sitio Web.
- Mediante el comando Plantillas de Microsoft.com, que abre la Galería de plantillas de Microsoft Office Update.

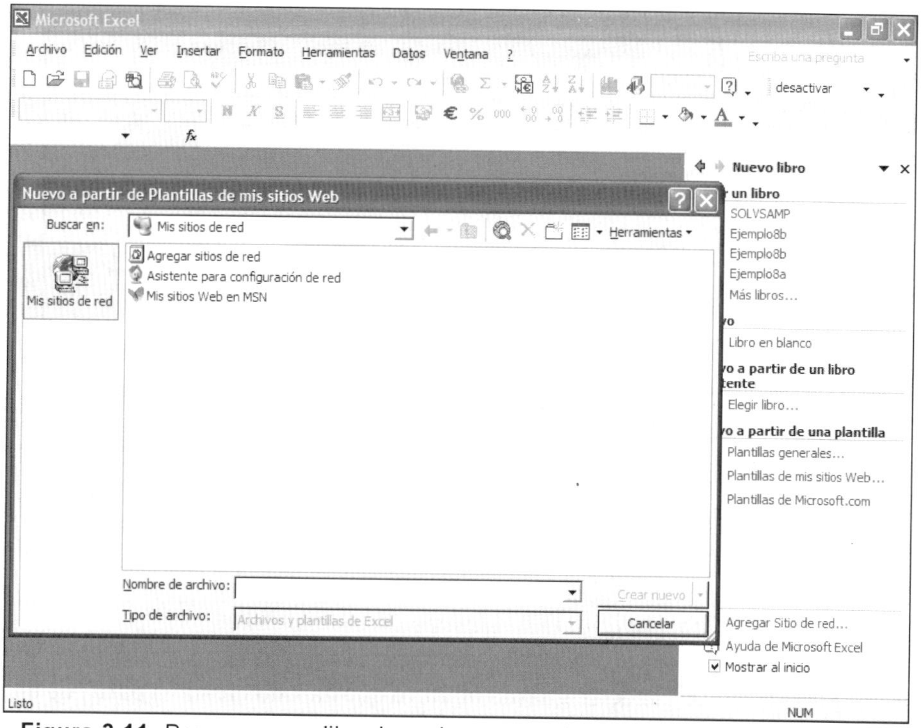

Figura 3.11. Para crear un libro basado en una plantilla de un sitio Web, utilice la orden Plantillas de mis sitios Web

Abrir una plantilla de hoja

Excel 2002 también permite insertar una plantilla de hoja de cálculo en el libro activo. Para ello, realice los siguientes pasos:

1. Pulse con el botón derecho del ratón sobre la etiqueta de la hoja donde desea integrar la plantilla.
2. A continuación, seleccione la opción Insertar del menú emergente que aparece.
3. Haga doble clic en el icono de la plantilla que quiere integrar para crear un documento basado en ella. Véase la figura 3.12.

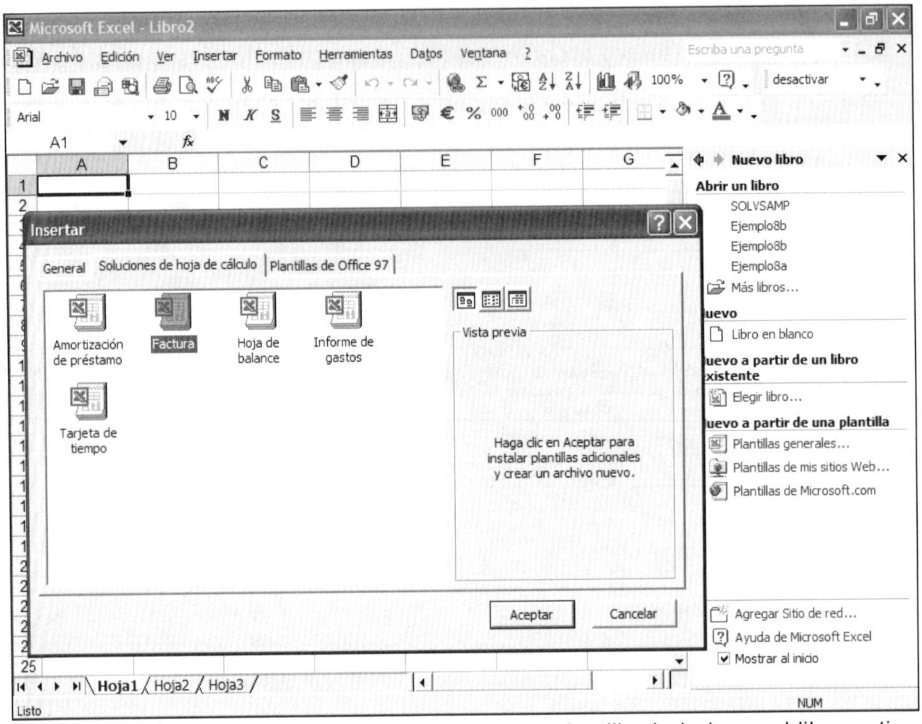

Figura 3.12. Excel también permite insertar una plantilla de hoja en el libro activo

Guardar un libro

Cuando se guarda un libro que ha sido creado a partir de un libro en blanco, Excel otorga a ese archivo un nombre (Libro1, Libro2, Libro3, etc.). Estos nombres hacen alusión a los libros que se han ido guardando, pero no son una referencia precisa de los datos que están integrados en la hoja de cálculo. Por ejemplo, si está realizando el balance de un año, le será de gran ayuda nombrar al archivo como hoja de balance 2001, puesto que esta referencia le permitirá saber el contenido del libro y recuperarlo cuando desee abrirlo otra vez. Excel ofrece numerosos caminos para guardar un libro por primera vez:

- Pulse sobre el botón **Guardar** de la Barra de herramientas Estándar para acceder al cuadro de diálogo Guardar como. Seleccione la carpeta donde desea guardarlo, e introduzca el nombre que quiere dar al archivo en el cuadro de texto Nombre de archivo. Por último, pulse sobre el botón **Guardar**.
- Ejecute la secuencia de comandos **Archivo>Guardar** para acceder al cuadro de diálogo Guardar como. Seleccione la carpeta donde desea archivar

el libro, e introduzca el nombre que quiere para él en el cuadro de texto Nombre de archivo. Por último, pulse sobre el botón **Guardar**.

- Realice la combinación de teclas **Control-G** para acceder al cuadro de diálogo Guardar como. Seleccione la carpeta donde desea guardar el libro, e introduzca el nombre que quiere para el archivo en el cuadro de texto Nombre de archivo. Por último, pulse sobre el botón **Guardar**.

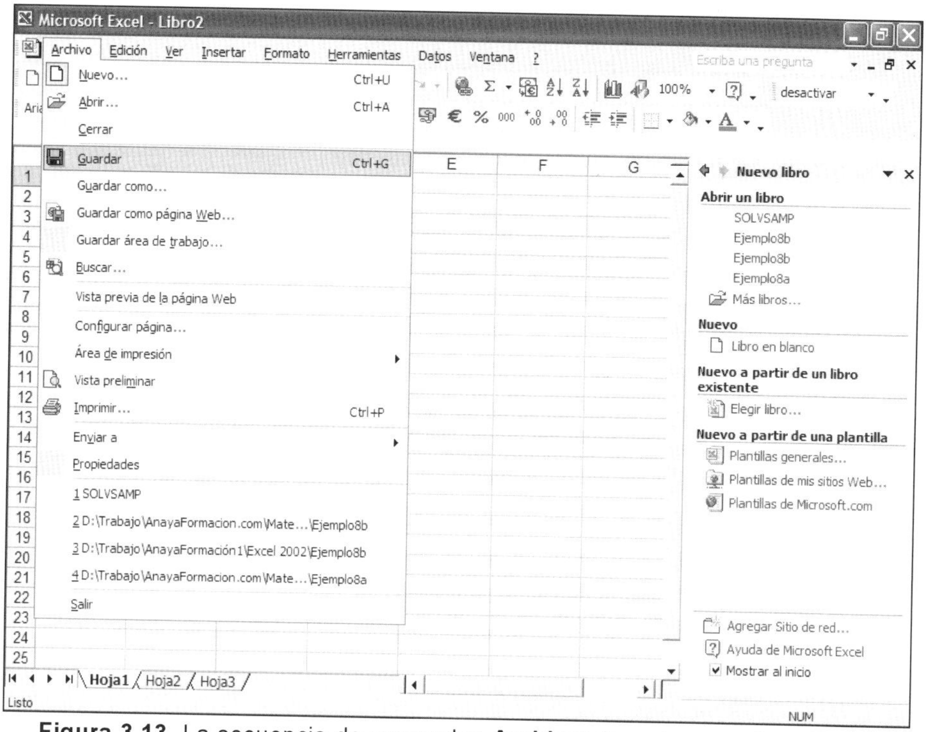

Figura 3.13. La secuencia de comandos **Archivo>Guardar** permite acceder al cuadro de diálogo Guardar como

Truco: Si dispone de varios libros abiertos que necesita guardar antes de cerrar Microsoft Excel, y desea ahorrarse algunos pasos, ejecute la secuencia de comandos **Archivo>Salir**, y pulse sobre el botón **Sí** en todos los cuadros de diálogo que aparezcan.

Guardar libros en formatos de archivo distintos

Al guardar un archivo por primera vez, Excel le asigna de forma automática la extensión .XLS, que es la que designa a un Libro de Microsoft Excel. Si desea guardar un libro en un formato diferente debe utilizar el cuadro de lista desplegable Guardar como tipo. En él encontrará numerosos formatos, así por ejemplo, si necesita que otro usuario pueda abrir el libro en Microsoft Excel 97 deberá guardarlo como Libro Microsoft Excel 97; o si el usuario al que va dirigido el libro dispone de la hoja de cálculo Lotus 1-2-3, deberá seleccionar el formato de archivo de la versión de Lotus 1-2-3 que quiere. Excel 2002 incluye las equivalencias de Lotus 1-2-3 de las versiones 1 (.WKS), 2 (.WK1), 3 (.WK3) y 4 (.WK4).

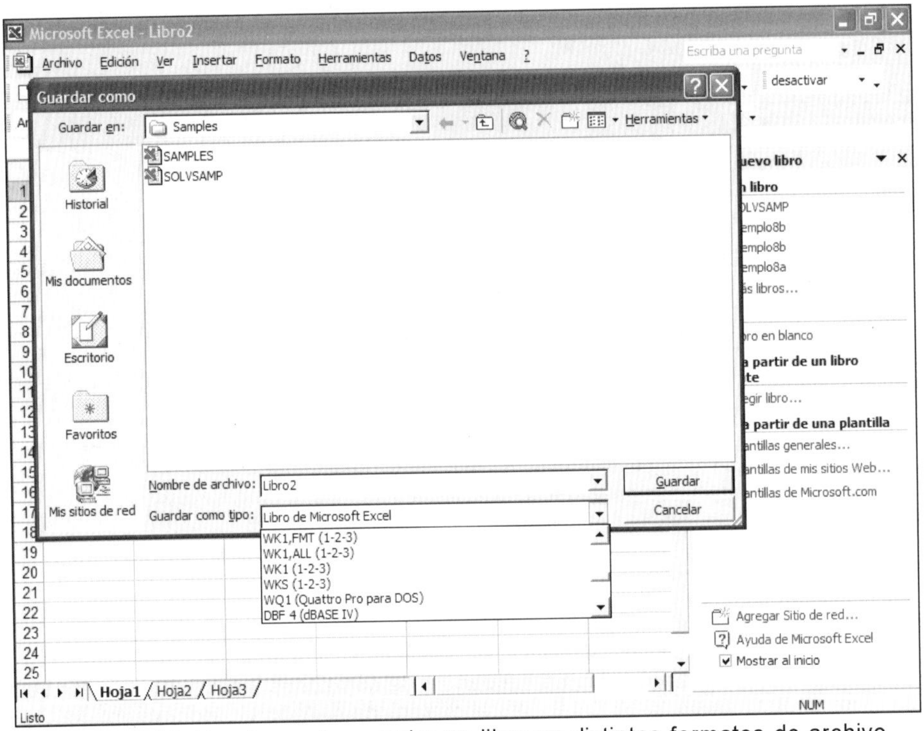

Figura 3.14. Excel permite guardar un libro en distintos formatos de archivo

Guardar un libro que ya existe con otro nombre o formato

Cuando necesite guardar con otro nombre o formato un libro que ya había creado y guardado con anterioridad, realice estos pasos:

1. Ejecute la secuencia de comandos **Archivo>Guardar como** para acceder al cuadro de diálogo Guardar como.
2. En el cuadro de texto Nombre de archivo, escriba el nombre que va a dar al libro.

3. Si desea modificar el formato de archivo del libro, seleccione el que quiera en el cuadro de lista desplegable Guardar como tipo.
4. Por último, pulse sobre el botón **Guardar**.

Guardar como página Web

Excel 2002, lo mismo que en su anterior versión, permite guardar automáticamente un libro como página Web con extensión .HTM para su posterior publicación en la Red. Para guardar un libro en formato .HTM, siga estos pasos:

1. Ejecute la secuencia de comandos **Archivo>Guardar como página Web...**
2. En el cuadro de diálogo que aparece, busque y seleccione la carpeta don-de quiere guardarlo.
3. Mediante los botones de opción del área Guardar, indique si desea archivar todo el libro o una selección (puede ser un rango de celdas o una hoja del libro).
4. Marque la casilla de selección Agregar interactividad para conservar las opciones actuales de formato durante la exportación.
5. Puede cambiar el título de la página que aparecerá en la Barra de título del explorador Web, pulsando sobre el botón **Cambiar título** e introduciendo el nuevo título.
6. Por último, pulse sobre el botón **Guardar**. Véase la figura 3.15.

> **Nota:** Excel 2002 incluye también la posibilidad de abrir y guardar archivos XML (Lenguaje de marcas extensible), guardar libros completos en formato de hoja de cálculo XML y crear consultas a orígenes de datos XML.

Guardar el área de trabajo

En el caso de que trabaje diariamente con el mismo libro o el mismo conjunto de libros, Excel le permite guardar información acerca de cuáles son los que están activos, así como de su colocación en pantalla. De esta forma, la próxima vez que necesite trabajar con ellos, únicamente tendrá que abrir el archivo área de trabajo, y todos los libros se abrirán tal y como estaban cuando guardó el archivo.

Esta función crea un archivo con extensión .XLW, que contiene el nombre y la ubicación de cada libro dentro del área de trabajo y la posición que cada libro tenía cuando se guardó el área de trabajo. Para generar un archivo área de trabajo, realice estos pasos:

1. Active y organice los libros como desee guardarlos en el área de trabajo.
2. Ejecute la secuencia de comandos **Archivo>Guardar área de trabajo...**
3. Asigne un nombre a ese fichero escribiéndolo en el cuadro de texto Nombre de archivo.
4. Pulse sobre el botón **Guardar**.

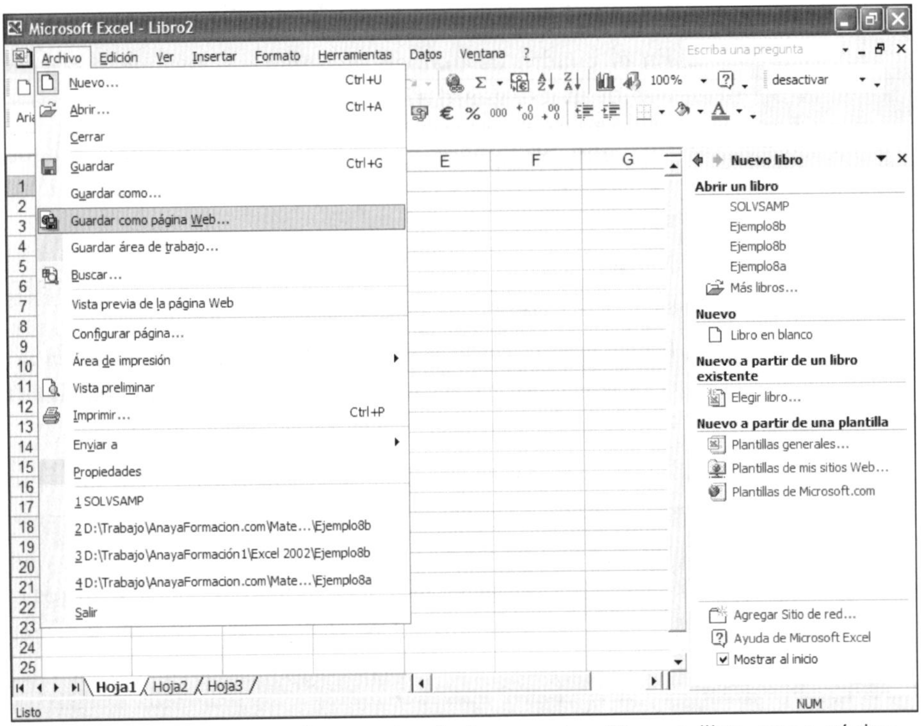

Figura 3.15. Excel permite guardar de forma automática un libro como página Web

Nota: Un archivo área de trabajo se abre como cualquier otro fichero de Excel. Cuando se realicen cambios sobre un libro del área de trabajo, hay que guardar el archivo realizando la secuencia de comandos **Archivo>Guardar**, ya que la orden Guardar como área de trabajo únicamente guarda información acerca de qué libros están abiertos y cómo están organizados en pantalla.

Opción Autorrecuperación

Cada vez que se realiza un cambio en una hoja de cálculo es recomendable que esa modificación quede para siempre, por ello, lo aconsejable es guardar esos datos de forma inmediata, por ejemplo, realizando la combinación de teclas **Control-G**. Esto puede provocar que se pase la mitad del tiempo pulsando sobre estas teclas, o lo más probable, que se olvide y cuando surja un imprevisto piense que ha perdido toda la información. Para evitar este tipo de incidentes, Excel 2002 incorpora la opción Autorrecuperación. Por defecto, esta opción viene activada, pero para modificar su configuración debe realizar los siguientes pasos:

1. Ejecute la secuencia de comandos **Herramientas>Opciones...** para acceder al cuadro de diálogo Opciones.
2. Pulse sobre la pestaña Guardar. Si la casilla de selección Guardar información de Autorrecuperación cada, no esta marcada, selecciónela.
3. Mediante el teclado numérico, escriba en la casilla de texto Minutos el intervalo de tiempo (entre 1 y 120) que debe pasar para que Excel cree de forma automática un archivo de recuperación de libros.
4. Pulse sobre el botón **Aceptar**.

Si el equipo se queda bloqueado (deja de responder) o se desconecta inesperadamente, Excel abrirá el archivo recuperado la próxima vez que se inicie la aplicación. Véase la figura 3.16.

> **Nota:** Es importante recordar que la opción Autorrecuperar no reemplaza al comando Guardar, es decir, debe seguir guardando el libro cada cierto tiempo y, sobre todo, cuando termine de trabajar en él.

Crear plantillas a partir de un libro

Excel 2002 permite crear plantillas globales, como son los libros, e individuales, como son las hojas de cálculo. Generar estos modelos predefinidos significa partir de un libro existente, creado anteriormente, que integre todos los elementos necesarios para desarrollar un trabajo donde únicamente falte introducir los datos. Para crear una plantilla de libro, realice estos pasos:

1. Determine el tipo de plantilla que desea generando un libro que contenga las hojas, el texto predeterminado (como, por ejemplo, los encabezados

de página y los rótulos de filas y columnas), las fórmulas, las macros, los estilos (características de formato tales como fuente, tamaño de fuente, sangrías, etc.) o cualquier otra información referente al formato que quiera incluir en los nuevos libros basados en la plantilla, o abra un libro ya creado que disponga de todos los elementos necesarios.

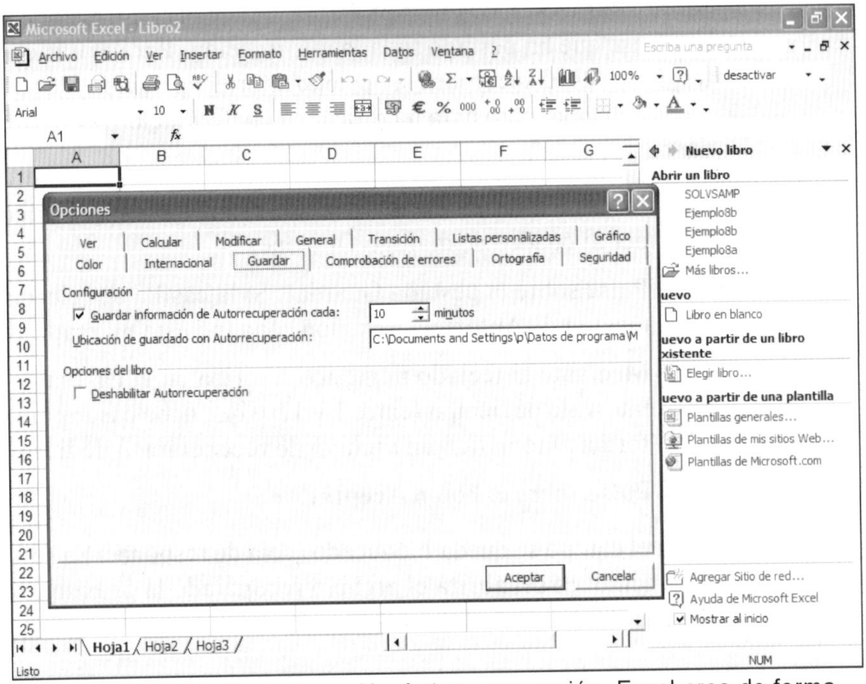

Figura 3.16. Mediante la opción Autorrecuperación, Excel crea de forma automática un archivo de recuperación de los libros activos

2. Realice la secuencia de comandos **Archivo>Guardar como...** y seleccione o cree, mediante el botón **Crear una nueva carpeta**, la carpeta donde desea archivar la plantilla.
3. Escriba en el cuadro de texto Nombre de archivo el nombre con el que va a identificar a esa plantilla.
4. En el cuadro de lista desplegable Guardar como tipo, seleccione la opción Plantilla y después, pulse sobre el botón **Guardar**. Véase la figura 3.17.

Nota: Excel asigna a las plantillas la extensión .XLT de forma automática. En el caso de los libros las denomina Libro.xlt, y en el de las hojas de cálculo, Hoja.xlt.

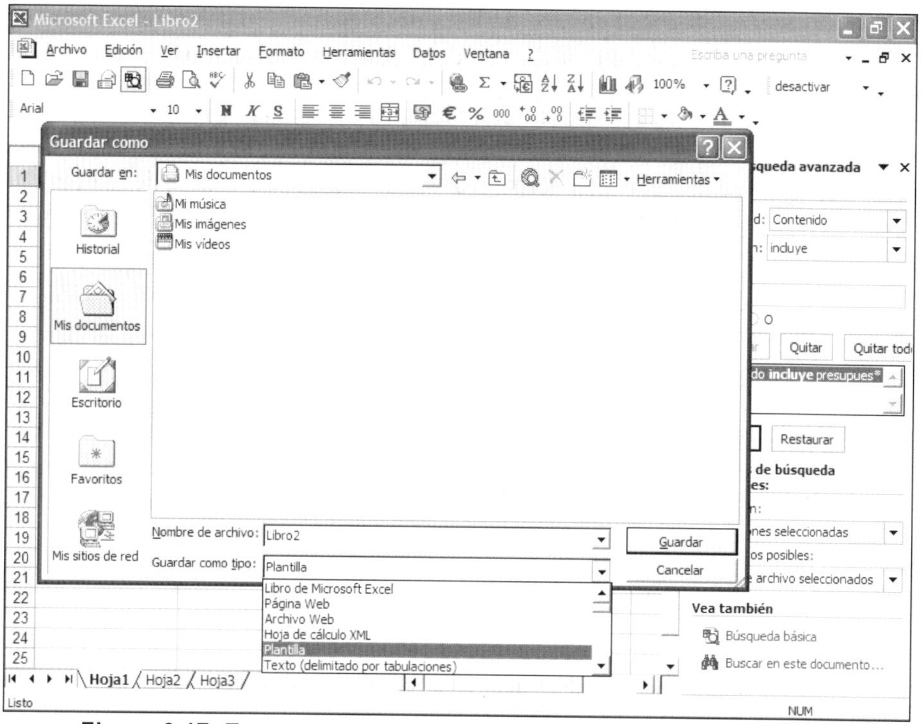

Figura 3.17. Tras generar y configurar un libro, es posible guardarlo como una plantilla

Crear una plantilla de libro como predeterminada

Excel permite asignar una plantilla como predeterminada para crear un libro en blanco cuando se inicia el programa. Si desea configurar una plantilla como predeterminada, realice los siguientes pasos:

1. Cree un libro que contenga todos los elementos necesarios de una plantilla o abra una plantilla ya existente.

2. Realice la secuencia de comandos **Archivo>Guardar como...** y busque la carpeta XLStart. Esta carpeta suele estar en el directorio donde se haya instalado Excel, dentro de una carpeta denominada Office10, o en el directorio donde se haya instalado Microsoft Office, dentro de la carpeta Office. En el caso de Office, en vez de denominarse XLStart se puede llamar InicioXL.

3. Escriba en el cuadro de texto Nombre de archivo el nombre con el que desea identificar a esa plantilla.

4. En el cuadro de lista desplegable Guardar como tipo, seleccione la opción Plantilla y, a continuación, pulse sobre el botón **Guardar**.

Para configurar una plantilla de hoja de cálculo como predeterminada, cree un libro con una única hoja de cálculo (para eliminar una hoja de cálculo, pulse con el botón derecho del ratón sobre la etiqueta de la hoja de cálculo que desee borrar y, en el menú contextual que aparece, seleccione la opción Eliminar) y realice los pasos 2, 3 y 4 que se han descrito anteriormente.

Compartir libros

Un libro compartido permite a varios usuarios de una red trabajar con él de forma simultánea. El autor original del libro o el usuario que posea el original debe configurarlo como compartido y colocarlo en una ubicación de la red (no en un servidor Web) disponible para todos sus usuarios. Para compartir un libro de Excel, realice los pasos que se describen a continuación:

1. Abra en Excel el libro que desea compartir.
2. Pulse sobre el menú Herramientas, seleccione el comando Compartir libro... y después, en el cuadro de diálogo que aparece, active la pestaña de Modificación.
3. Active la casilla de verificación Permitir la modificación por varios usuarios a la vez y, a continuación, pulse sobre el botón **Aceptar**.
4. Cuando se solicite, guarde el libro. Para ello, en el menú Archivo, haga clic en Guardar como y guarde el libro compartido en una ubicación de red a la que otros usuarios puedan tener acceso. Véase la figura 3.18.

Nota: Al compartir un libro hay que tener en cuenta que algunas funciones del programa no estarán disponibles. Estas funciones se encontrarán visibles en la aplicación, pero no se podrán utilizar una vez que el libro esté compartido.

Actualizar los cambios de un libro compartido

Tras abrir un libro compartido, puede introducir y modificar los datos igual que si se tratara de un libro normal. Sin embargo, hay algunos aspectos que difieren del trabajo con un libro normal, como, por ejemplo, la posibilidad de ver los cambios que realizan los demás usuarios. Para poder apreciar dichos cambios, es necesario que se notifiquen:

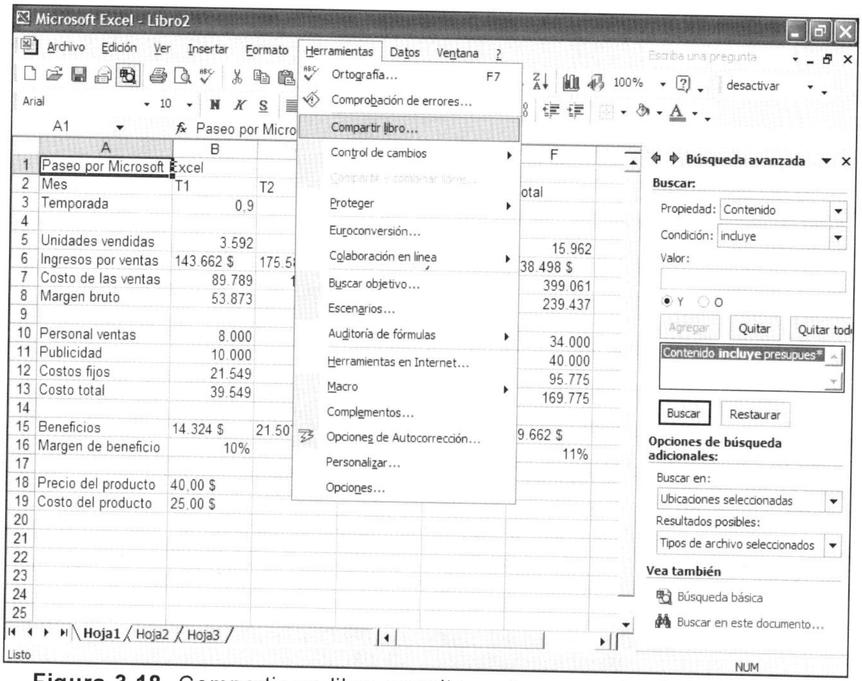

Figura 3.18. Compartir un libro permite a otros usuarios trabajar con él desde su estación de trabajo

1. Con el libro compartido activo, realice esta secuencia de comandos **Herramientas>Compartir libro...**, y seleccione la pestaña Uso avanzado en el cuadro de diálogo que aparece.
2. En el área Actualizar cambios, active el botón de selección **Automáticamente cada**.
3. En la casilla de texto Minutos, escriba el espacio de tiempo que desea que transcurra entre cada actualización de datos. De esta forma, se producirá la actualización de los cambios realizados y guardados por otros usuarios en el intervalo especificado.
4. Para finalizar, pulse sobre el botón **Aceptar**.

Nota: Cuando se comparte un libro no se pueden realizar las siguientes acciones: eliminar hojas, eliminar o insertar un rango de celdas, insertar o modificar gráficos e imágenes, trabajar con las herramientas de dibujo, combinar celdas en una celda, aplicar formatos condicionales a las celdas, aplicar una validación de datos a las celdas, trabajar con escenarios y crear subtotales automáticamente.

4. Introducir datos

Una vez revisados en el capítulo anterior los aspectos básicos de una hoja de cálculo y de la aplicación en general, hay que comenzar a trabajar. En Excel, comenzar a trabajar significa introducir los distintos tipos de datos y valores que se necesitan para crear un libro o una hoja de cálculo, es decir, realizar entradas de texto, valores numéricos, fechas, horas y fórmulas. Una vez iniciada esta labor, el trabajo puede resultar más sencillo si se usan las herramientas que Excel integra para ahorrar tiempo y esfuerzo. Funciones como Autorrellenar o Autocompletar sirven para que la tarea de introducir datos no sea tan tediosa o aburrida como puede parecer.

Datos numéricos y texto

Fundamentalmente, Excel acepta dos tipos de datos: valores numéricos y texto. Ambos tipos permiten realizar entradas de texto, números, fechas, horas y fórmulas en las celdas de la hoja de cálculo.

Para introducir cualquiera de estas entradas en Excel, primero es necesario activar la celda donde se van a incluir. Para ello, únicamente hay que pulsar sobre ella con el botón izquierdo del ratón. Una vez realizada la entrada, comprobará que los datos se muestran tanto en la celda activada como en la Barra de fórmulas. Cuando se comienza a introducir los datos en la celda, entre la Barra de fórmulas y la de Nombres aparecen los botones de validación de la entrada. Si se ha equivocado y desea rechazar la entrada puede pulsar sobre el botón **Cancelar** (icono en forma de X) o bien directamente sobre la tecla **Esc**. Si por el contrario, da por correcta la entrada, puede pulsar sobre el botón **Introducir** (icono en forma de V) o bien directamente sobre la tecla **Intro**. Véase la figura 4.1.

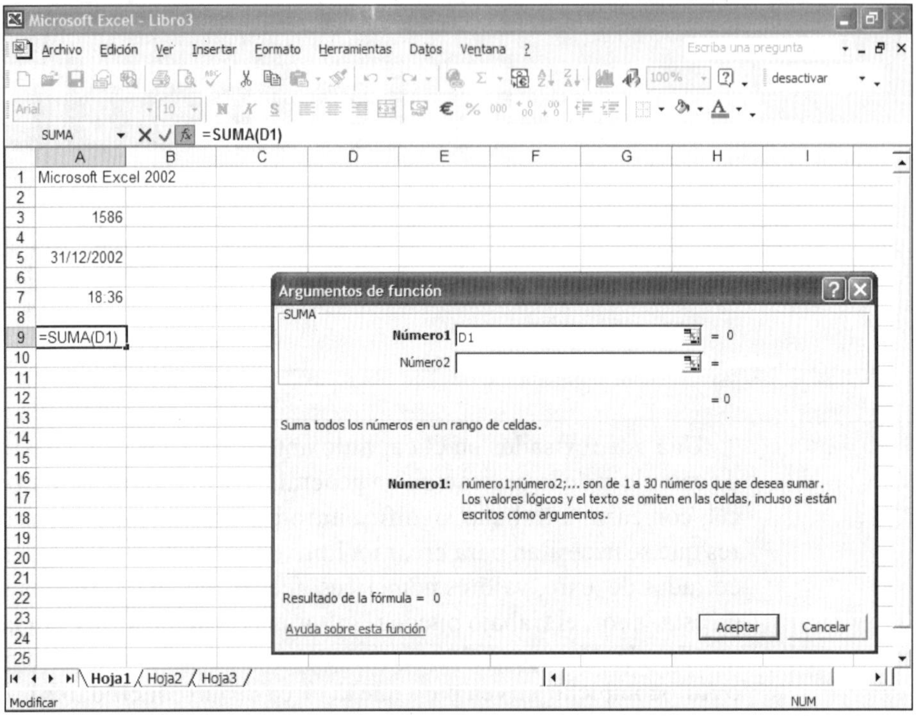

Figura 4.1. Excel acepta entradas de texto, números, fechas, horas, fórmulas y funciones

Nota: De forma predeterminada, si se introduce una entrada que no es un valor numérico, Excel lo trata como texto.

Introducir texto

Las entradas de texto consisten en caracteres alfanuméricos como letras, números y símbolos, que al introducirlos en un libro nuevo en blanco se almacenan automáticamente como texto y lo alinea a la izquierda de la celda.

Nota: En una sola celda es posible introducir hasta 32.000 caracteres. Según los que incluya, tal vez Excel no sea capaz de mostrar todos ellos, si la celda no es suficientemente ancha o si la entrada aparece alineada a la derecha de la celda.

Iniciar las entradas de texto

Para comenzar a realizar entradas de texto, proponemos trabajar con un pequeño ejemplo, que será utilizado a lo largo del capítulo (y capítulos posteriores) y que va a servir para comprender todos los apartados del mismo.

Este sencillo ejemplo consiste en realizar una hoja de cálculo que permita comparar las unidades de venta de turismos por marcas en España en el mes de diciembre del año 2000 y el 2001, así como el total de los vehículos vendidos al final de cada año. Para comenzar, lo primero que hay que hacer es abrir un libro nuevo en blanco usando cualquiera de los métodos que se han indicado en el apartado "Abrir un libro nuevo" del capítulo anterior. Nada más abrirlo, guárdelo en el directorio que desee; puede emplear para ello uno de los métodos descritos en el apartado "Guardar un libro" del capítulo anterior. Lo puede guardar, por ejemplo, con el nombre Venta de coches en España o con cualquier otro que identifique el contenido del libro.

Con el libro nuevo ya abierto, es hora de comenzar a estudiar los datos de texto que se deben introducir en la hoja. Las marcas de automóviles que van a configurar la comparativa son Audi, BMW, Citroën, Fiat, Ford, Mercedes, Opel, Peugeot, Renault, Rover, Seat, Toyota, Volkswagen y Volvo. Las unidades de venta de cada marca están recogidas en cuatro apartados de datos que corresponden a: unidades vendidas en diciembre de 2001, unidades vendidas en diciembre de 2000, unidades acumuladas a lo largo del año 2001 y unidades acumuladas a lo largo del año 2000. De esta forma, la estructura de la hoja de cálculo deberá disponer de, por lo menos, cinco columnas y quince filas.

Títulos para las columnas

El primer paso que puede dar es identificar las columnas que va a necesitar. Para ello, debe proporcionar un título a cada una de ellas. La primera columna va a identificar las marcas que componen la comparativa, por lo que el mejor título quizás sea "Marcas". Esta entrada se puede introducir directamente en la celda A1.

Nota: Nada más realizar la primera entrada es recomendable guardar el libro con un nombre que sea una referencia clara de los datos que contiene el libro.

Ahora debe asignar los títulos a las cuatro columnas que integran los cuatro apartados de datos que corresponden a: Unidades vendidas en diciembre de

2001, Unidades vendidas en diciembre de 2000, Unidades acumuladas a lo largo del año 2001 y Unidades acumuladas a lo largo del año 2000. Estos títulos pueden ser:

Celda	Título
B1	Unidades dic-01
C1	Unidades dic-00
D1	Acumulado año 2001
E1	Acumulado año 2000

La entrada de texto asignada como título de las columnas B, C, D y E es más larga que el ancho de la columna, por lo que parte del texto quedará oculto, sin mostrarse (aunque éste sigue estando dentro de la celda). Para evitarlo, dé un formato determinado a la celda o modifique el ancho de la columna como se explica en el apartado "Alinear texto y números" del capítulo 8.

En este ejemplo vamos a optar por ajustar el ancho de columna con el valor mínimo necesario para que se muestre el contenido de las celdas. Para ello, únicamente tiene que realizar dos sencillos pasos:

1. Active la celda B1 pulsando sobre ella con el botón izquierdo del ratón.
2. Realice la siguiente secuencia de comandos: **Formato>Columna>Autoajustar a la selección**.

Para ajustar el ancho de las celdas C1, D1 y E1 vuelva a realizar los dos pasos descritos anteriormente.

Truco: Si desea que un texto largo sea visible aunque ocupe más que el ancho de la columna, puede combinar dos o más celdas para crear una única celda que muestre todo el contenido.

Títulos para las filas

Una vez configuradas las columnas de la hoja, es hora de realizar las entradas de los títulos de las filas. Estos títulos van a servir para identificar cada una de las filas utilizadas con las marcas de los coches de la comparativa (recuerde que las marcas utilizadas son: Audi, BMW, Citroën, Fiat, Ford, Mercedes, Opel, Peugeot, Renault, Rover, Seat, Toyota, Volkswagen y Volvo).

Como en el apartado anterior ya se definió la primera columna de la hoja con el título de "Marcas", los títulos de las filas se deben ir insertando de forma sucesiva debajo de ésta. Es decir, en la celda A2 iría la marca Audi, en la A3 BMW, en la A4 Citroën, etc., así hasta llegar a la celda A15 donde se insertaría la última marca, es decir, Volvo.

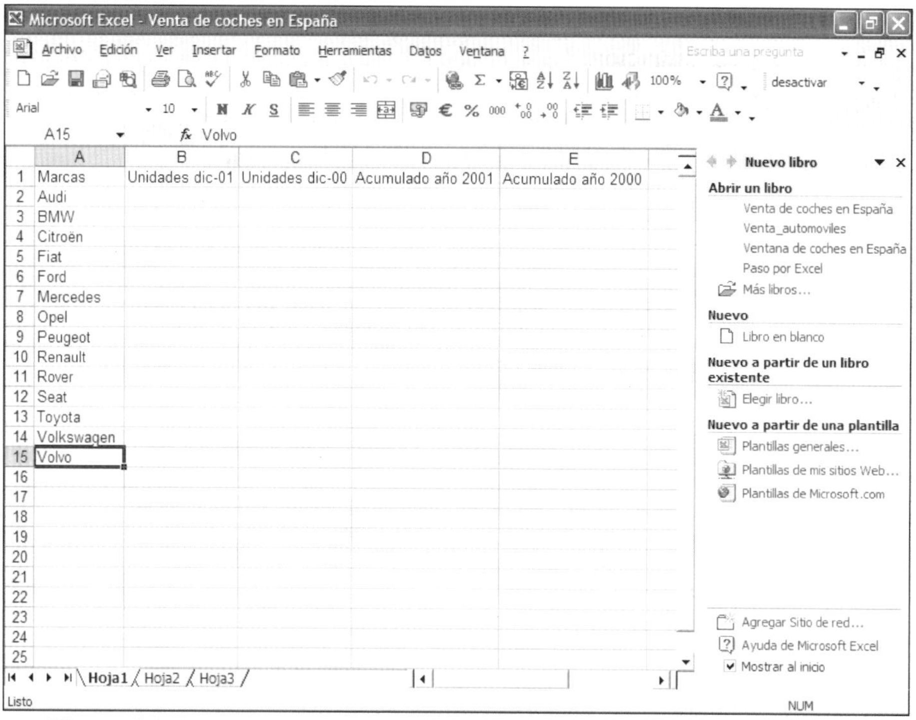

Figura 4.2. Inserción de títulos para las filas del ejemplo Venta de coches en España

Forzar una entrada de texto

En algunas ocasiones, Excel puede considerar una entrada de texto como un valor (por ejemplo, una fecha). Por esta razón, el mismo programa ofrece la posibilidad de forzar esa entrada y convertirla en texto.

Para mostrar esta característica, y siguiendo con el ejemplo de la comparativa de la venta de automóviles en España, se puede introducir un identificativo que dé constancia de, por ejemplo, la fecha de realización.

Si escribe el texto "Diciembre 2001" en la celda A17, apreciará que Excel modifica la entrada, justificándola a la derecha y convirtiendo el texto en "dic-01". Si activa la celda, en la Barra de fórmulas aparece la fecha 01/12/2001.

Para evitar que la aplicación atribuya a esta entrada un valor de fecha, debe introducir un apóstrofo delante del texto ('Diciembre 2001). Este signo ortográfico indica a Excel que debe forzar la entrada y darle valor de texto.

Como la entrada Diciembre 2001 es más larga que el ancho de la columna, y en la celda contigua no se va a realizar ninguna entrada, es posible hacer que la celda A17 se combine con la A18 para crear así una única celda donde se muestre todo el texto. Para ello, deberá realizar los pasos que se describen a continuación:

1. Seleccione las celdas A17 y A18 pulsando sobre la primera y arrastrando el puntero del ratón hacia la segunda.
2. Realice la secuencia de comandos **Formato>Celdas...** y, en el cuadro de diálogo que aparece, seleccione la pestaña Alineación.
3. Dentro de la zona denominada Control del texto, seleccione ahora la casilla de verificación Combinar celdas y, a continuación, pulse sobre el botón **Aceptar**.

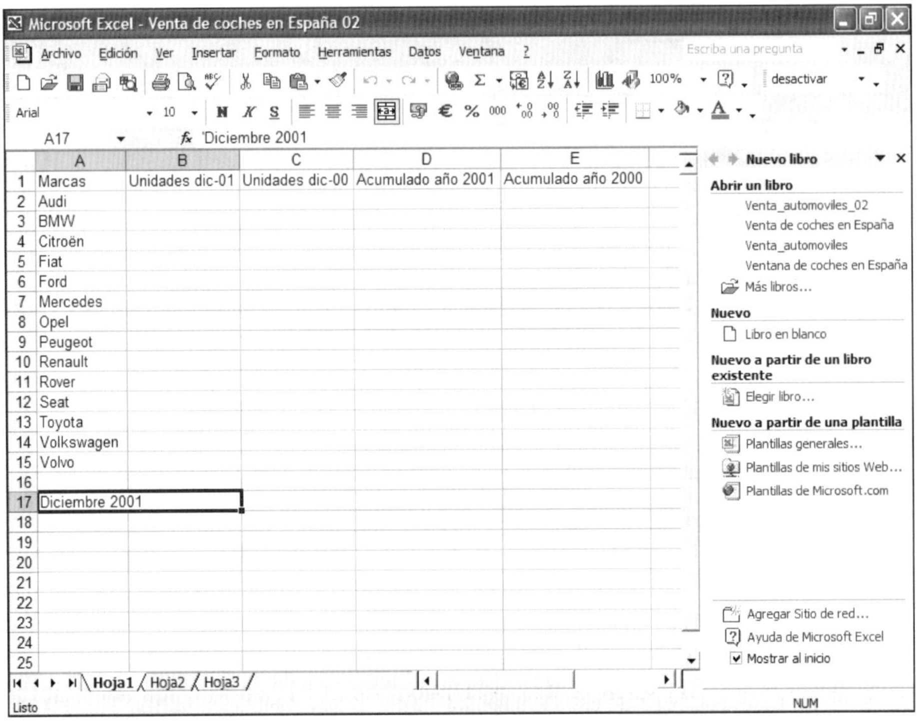

Figura 4.3. Excel permite combinar celdas para ajustar una entrada larga en una única celda

Nota: Si no desea combinar celdas, pero necesita que el texto ocupe una única celda, puede usar las funciones Ajustar texto y Reducir hasta ajustar. Dichas opciones se encuentran en la ficha Alineación del cuadro de diálogo Formato de celdas (**Formato>Celdas...**).

Entrada de datos numéricos

Las entradas numéricas en Excel son valores constantes y consisten únicamente en valores numéricos. Pueden introducirse números enteros (545), fracciones decimales (5,45), fracciones enteras (1 1/2) y valores de notación científica (5,45455E+18).

En el ejemplo que irá desarrollando a lo largo de este capítulo realizará entradas de números enteros, pero utilizando el separador de miles. Los datos numéricos deben introducirse en el rango de celdas B2:E15, y son los que aparecen a continuación:

Celda	Datos	Celda	Datos	Celda	Datos	Celda	Datos
B2	2384	C2	2617	D2	39500	E2	39235
B3	2165	C3	1867	D3	29544	E3	24589
B4	9626	C4	10930	D4	158394	E4	156319
B5	3821	C5	3476	D5	48815	E5	44807
B6	7672	C6	10238	D6	112328	E6	129110
B7	1650	C7	1737	D7	24717	E7	21074
B8	9780	C8	13246	D8	141976	E8	147612
B9	10685	C9	13245	D9	147865	E9	142483
B10	11123	C10	15107	D10	176211	E10	197127
B11	1095	C11	1541	D11	19019	E11	19746
B12	11832	C12	13687	D12	167627	E12	163822
B13	2327	C13	2385	D13	20294	E13	20124
B14	7475	C14	5724	D14	97479	E14	95032
B15	788	C15	1054	D15	12085	E15	12509

Una vez incluidos todos los datos del ejercicio, debe indicar el formato de número que quiere utilizar. En este caso, el separador de miles. Para ello, realice los siguientes pasos:

1. Seleccione el rango de celdas B2:E15. Para ello, pulse con el puntero del ratón sobre la celda B2, arrástrelo hasta la celda E15 y suéltelo.
2. Ejecute la secuencia de comandos **Formato>Celdas...** y seleccione la pestaña Número.
3. En el cuadro Categoría, pulse sobre la opción Número.
4. Active la casilla de verificación Usar separador de miles (.) y, a continuación, pulse sobre el botón **Aceptar**.

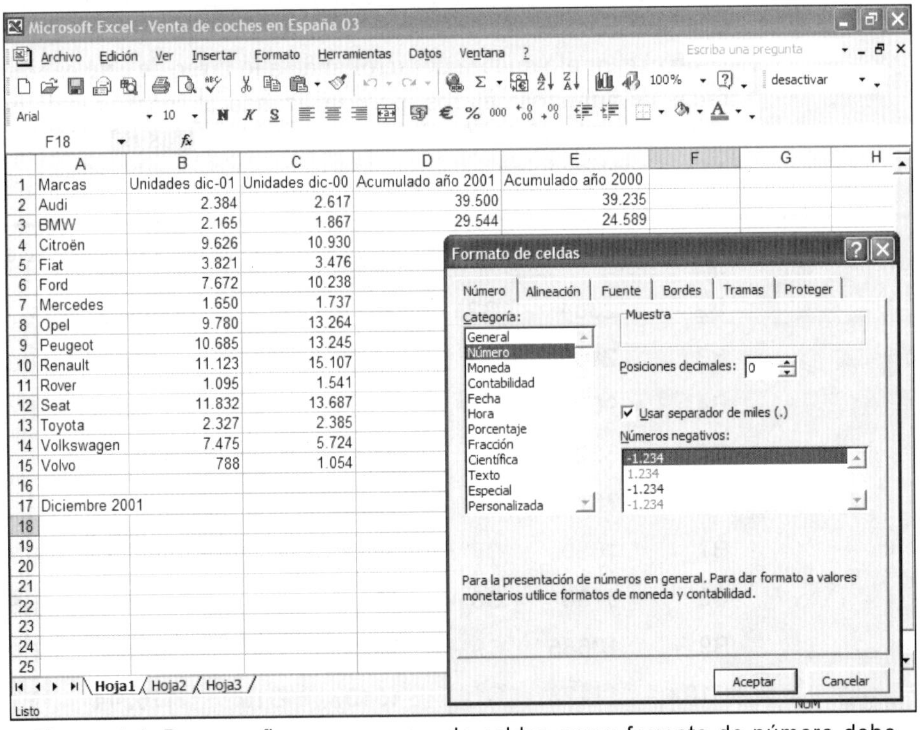

Figura 4.4. Para configurar un rango de celdas como formato de número debe utilizar el cuadro de diálogo Formato de celdas

Introducir datos numéricos grandes

Cuando se realiza una entrada numérica (o bien se valida el resultado de una fórmula) más larga que el ancho de la columna, Excel acomoda estos datos a un ancho de columna que no supere los 11 caracteres, siempre que el ancho de la columna no haya sido ajustado previamente. Si no ha sido así, el programa mostrará el número con el estilo de formato numérico que mejor se ajuste al ancho de la celda. Quizás un ejemplo le ayude a entender esta característica. Abra un libro nuevo y realice los siguientes pasos:

1. Active la celda A1 y realice la entrada numérica 1234567890.
2. En la Barra de título de columna, coloque el puntero del ratón en la línea que divide la columna A de la B. Observará cómo modifica su forma éste y adquiere el aspecto de dos flechas que apuntan hacia derecha e izquierda.
3. Cuando el puntero adquiera este aspecto, pulse con el botón izquierdo del ratón y arrastre el borde de la columna hacia la izquierda para disminuir su tamaño.
4. Cuando deje de ver el último carácter suelte el ratón.
5. Comprobará que el número se ha ajustado al nuevo ancho de columna, adquiriendo el estilo de formato numérico equivalente al formato científico, 1,235E+09. Pero en la Barra de fórmulas sigue apareciendo el primer valor que introdujo, es decir, 1234567890.
6. Si continúa reduciendo el ancho de la columna, observará que llegado un momento, Excel, en vez de mostrar un valor numérico, muestra signos de almohadilla (####), aunque en la Barra de fórmulas sigue apareciendo el primer valor que introdujo.

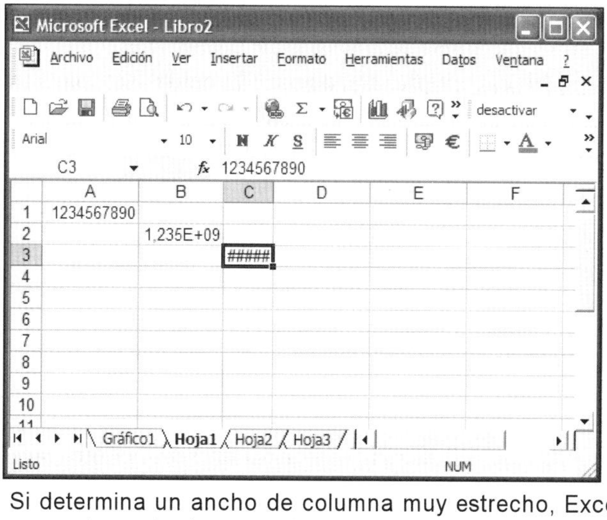

Figura 4.5. Si determina un ancho de columna muy estrecho, Excel mostrará las entradas con signos de almohadilla

Introducir fechas y horas

Excel, además de reconocer texto y valores numéricos, distingue automáticamente cuándo se está realizando una entrada de una fecha o de una hora en una celda. Al introducirla el programa convierte la entrada en un número serial de fecha, para que se puedan realizar los cálculos en base a fechas y horas. Pero la información de la celda se muestra en formato normal de fecha y hora.

Nota: Excel convierte las fechas y horas en números de serie para permitir realizar cálculos a partir de estos valores como se hace con cualquier otro valor numérico. Así, es posible calcular el número de días, meses o años entre dos fechas, ordenar una rango de celdas en base a las fechas de una columna o encontrar todos los registros de una base de datos.

En el momento de realizar una entrada de fecha y hora, Excel reconoce numerosos estilos o formatos de introducción; por ejemplo:

Fecha	Hora
31/12/01	22:10
31-12-01	10:10 pm
31-dic-2001	22:10:30
31/dic/12	10:10:30 pm

En el ejemplo, puede usar la celda A19 para introducir la fecha 31-12-01 y la B19 para realizar una entrada de hora, 22:10:30. Véase la figura 4.6.

Nota: Los distintos formatos en los que Excel puede mostrar una fecha y una hora aparecen dentro del cuadro de diálogo Formato de celdas, en las opciones Fecha y Hora del cuadro Categoría **(Formato>Celdas...)**.

Insertar la fecha y la hora actuales

Excel 2002 permite, mediante una combinación de teclas, insertar en una celda la fecha y hora actual de forma estática, es decir, que no se actualice cada vez que se ejecute el libro. Para ello:

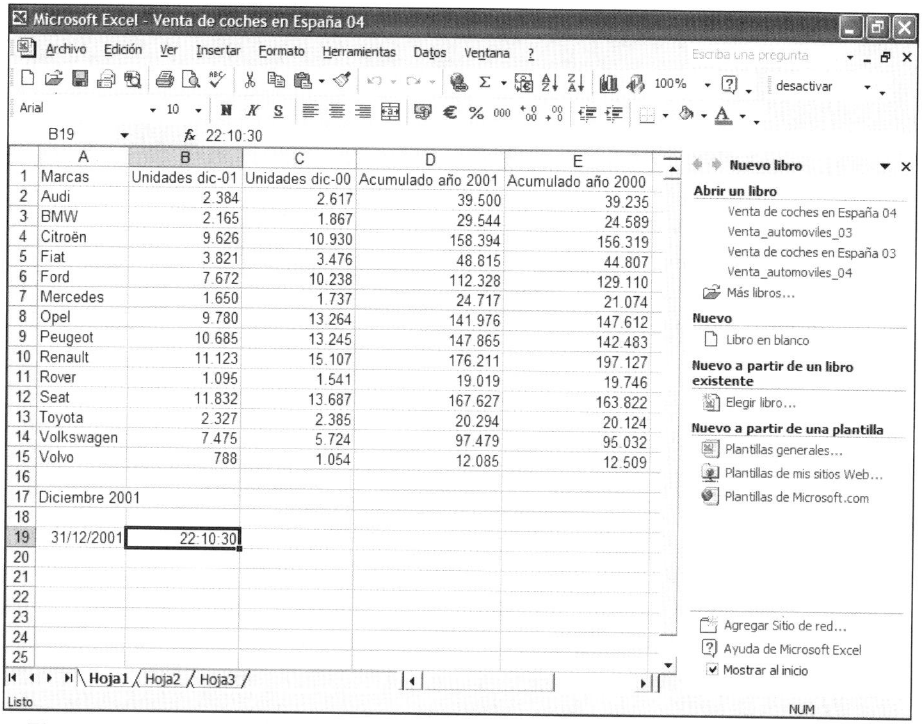

Figura 4.6. En Excel, una entrada de fecha u hora se puede realizar utilizando diveros estilos o formatos

1. Active la celda donde necesite insertar la fecha o la hora actual pulsando sobre ella.

2. Si desea insertar la fecha, realice la secuencia de comandos **Control-Mayús-;**.

3. Si quiere realizar una entrada de la hora, ejecute la secuencia de comandos **Control-Mayús-:**.

4. Si prefiere insertar la fecha y la hora en una misma celda, presione **Control-Mayús-;**. A continuación pulse la barra espaciadora una vez y realice **Control-Mayús-:**.

Nota: Excel también permite insertar la fecha y la hora en un encabezado o pie de página. Para ello debe personalizar el encabezado y el pie de página en el cuadro de diálogo Configurar página (**Ver>Encabezado y pie de página...**).

Introducir fórmulas

En capítulos posteriores trataremos con más detalle cómo se trabajan y se utilizan las fórmulas; no obstante, en este apartado vamos a definir algunos aspectos de la capacidad de Excel para calcular valores por medio del uso de fórmulas. Las fórmulas que Excel es capaz de ejecutar incluyen desde operaciones simples a operaciones muy complejas. Los datos de una fórmula son números, valores de texto, funciones o direcciones de celdas que se pueden combinar con operadores aritméticos.

Entre las operaciones simples que Excel puede realizar a través de operadores aritméticos se encuentran la suma y la resta, con los habituales signos + y -, y la multiplicación (*) y división (/). Excel reconoce una fórmula en una celda si la entrada comienza con el signo igual (=). De no ser así, la aplicación considerará la entrada como texto simple y no como una fórmula. Por lo tanto, para introducir una fórmula es necesario escribir el signo igual (=), y después los datos que van a componer la fórmula. También es posible comenzar la entrada de una fórmula con los signos + y -, pero, de todas formas, la aplicación añadirá el signo igual (=) al principio de la misma.

Nota: Además de la suma, la resta, la multiplicación y la división, Excel permite realizar la función de potenciación (^), que consiste en multiplicar un valor por sí mismo una cierta cantidad de veces. Por ejemplo, 2^3, significa 2*2*2.

Operaciones sencillas

Excel permite calcular valores en base a los números introducidos directamente en una única celda. Por ejemplo, si abre un libro nuevo en blanco, escribe directamente en la celda A1 la fórmula =1000*5/2+500 y, a continuación, pulsa **Intro**, en la celda aparecerá el resultado de la función, o sea, 3.000. Si vuelve a activar la celda A1, en la Barra de fórmulas aparecerá la fórmula que ha dado ese resultado.

Sin embargo, el potencial de Excel radica en el hecho de que las fórmulas también pueden referirse a datos de otras celdas de la hoja de cálculo. Para explicarlo mejor, volvamos al ejemplo que hemos utilizado a lo largo de todo el capítulo. Realice las siguientes operaciones:

1. En primer lugar, deberá activar la celda F2, y a continuación, introducir el signo =.

2. Pulse sobre la celda D2 (con el dato 39.500), introduzca el signo + y pulse sobre la celda E2 (con el dato 39.235).

3. Pulse **Intro**. Observará cómo en la celda F2 aparece el resultado de la suma de las dos celdas, es decir, el valor 78.735, indicando que la marca Audi ha vendido entre el año 2001 y 2000 un total de 78.735 turismos en España. Si vuelve a activar la celda F2, en la Barra de fórmulas se mostrará la fórmula =B2+C2.

Si desea identificar esta columna con el título Ventas 2001/2000, puede activar la celda F1 y seguir los pasos descritos en el apartado "Títulos para las columnas" de este mismo capítulo.

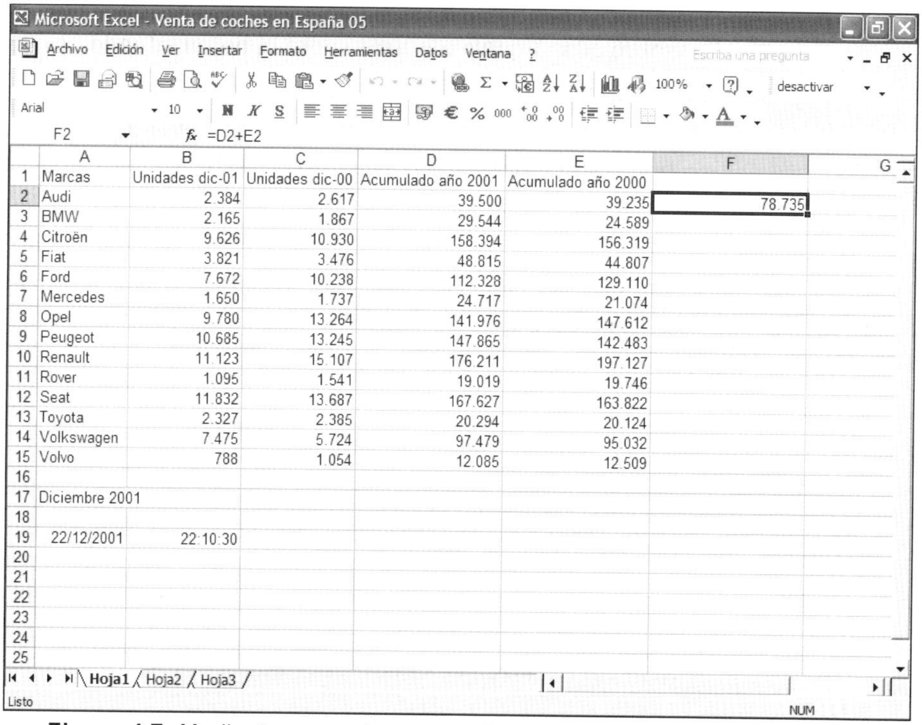

	A	B	C	D	E	F
1	Marcas	Unidades dic-01	Unidades dic-00	Acumulado año 2001	Acumulado año 2000	
2	Audi	2.384	2.617	39.500	39.235	78.735
3	BMW	2.165	1.867	29.544	24.589	
4	Citroën	9.626	10.930	158.394	156.319	
5	Fiat	3.821	3.476	48.815	44.807	
6	Ford	7.672	10.238	112.328	129.110	
7	Mercedes	1.650	1.737	24.717	21.074	
8	Opel	9.780	13.264	141.976	147.612	
9	Peugeot	10.685	13.245	147.865	142.483	
10	Renault	11.123	15.107	176.211	197.127	
11	Rover	1.095	1.541	19.019	19.746	
12	Seat	11.832	13.687	167.627	163.822	
13	Toyota	2.327	2.385	20.294	20.124	
14	Volkswagen	7.475	5.724	97.479	95.032	
15	Volvo	788	1.054	12.085	12.509	
16						
17	Diciembre 2001					
18						
19	22/12/2001	22:10:30				

Figura 4.7. Mediante operaciones sencillas, Excel permite calcular valores en base a datos introducidos directamente en una celda

Función Insertar fórmula

Además de introducir manualmente una función, Excel dispone de un comando específico para insertar funciones en las hojas de cálculo. Esta herramienta es de gran ayuda a la hora de realizar entradas de fórmulas. Para aprender a utilizarla, vuelva a recurrir al ejemplo de las ventas de turismos en España:

1. Active la casilla F3 y pulse sobre el botón **Insertar función** de la Barra de fórmulas. Aparecerá un cuadro de diálogo con ese mismo nombre.
2. Seleccione la opción SUMA en el cuadro Seleccionar una función, y pulse sobre el botón **Aceptar**.
3. En el cuadro que aparece (Argumentos de función), especifique los argumentos de la función. Para ello, pulse sobre el botón situado al final del cuadro de texto Número 1. Esto provocará que el cuadro de diálogo Argumentos de la función se minimice, permitiendo ver la hoja de cálculo.
4. Dirija el puntero del ratón hacia la celda D3 (con el dato 29.544) y pulse sobre ella. Vuelva a pulsar sobre el botón situado al final del cuadro de texto.
5. De vuelta al cuadro de diálogo Argumentos de función, pulse sobre el botón situado al final del cuadro de texto Número 2 para minimizarlo, y, en la hoja de cálculo, haga clic sobre la celda E3 (con el dato 24.589). Vuelva a pulsar sobre el botón situado al final del cuadro de texto.
6. Por último, haga clic sobre el botón **Aceptar** del cuadro de diálogo Argumentos de función.

Observará cómo en la Celda F3 aparece el valor del resultado de la suma, y si activa la celda en la Barra de fórmulas, aparece la función =SUMA(D3;E3). Véase la figura 4.8.

Truco: Si una fórmula aparece como texto en una celda, seguramente será porque se haya olvidado de introducir el signo igual (=) al principio de ésta. Para solucionar dicho problema haga lo siguiente: active la celda y pulse la tecla **F2** para editarla; posteriormente, pulse sobre la tecla **Inicio** e introduzca el signo =; por último, pulse **Intro**.

Función Autorrellenar

La función autorrellenar consiste en copiar el valor, estilo o formato de la celda que se tiene activa en ese momento, y rellenar con esos datos las celdas que se deseen. Se trata de una operación muy interesante ya que permite identificar y repetir secuencias de datos.

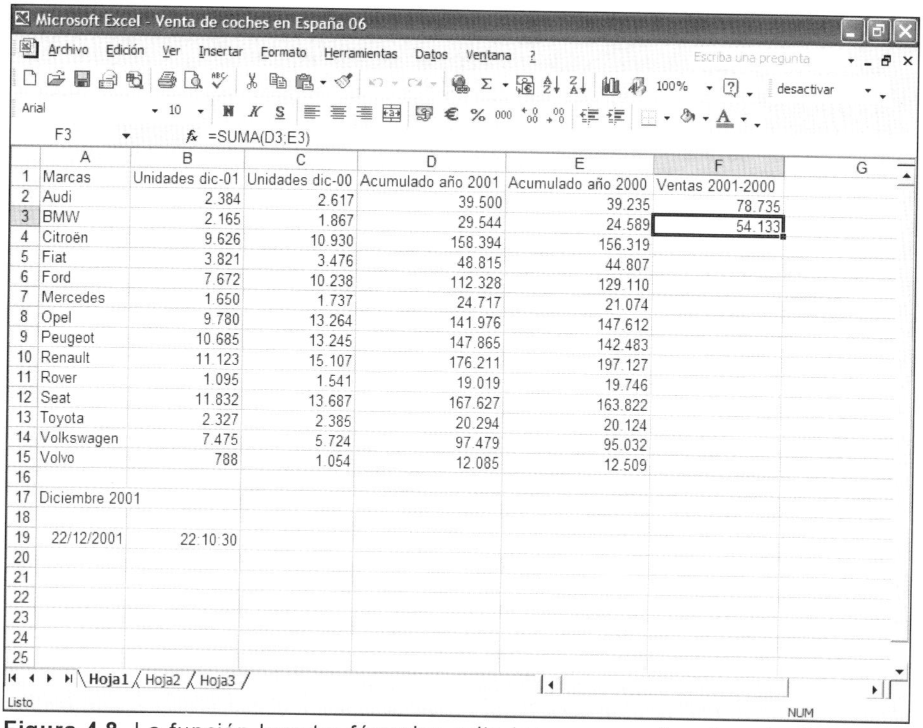

	A	B	C	D	E	F
1	Marcas	Unidades dic-01	Unidades dic-00	Acumulado año 2001	Acumulado año 2000	Ventas 2001-2000
2	Audi	2.384	2.617	39.500	39.235	78.735
3	BMW	2.165	1.867	29.544	24.589	54.133
4	Citroën	9.626	10.930	158.394	156.319	
5	Fiat	3.821	3.476	48.815	44.807	
6	Ford	7.672	10.238	112.328	129.110	
7	Mercedes	1.650	1.737	24.717	21.074	
8	Opel	9.780	13.264	141.976	147.612	
9	Peugeot	10.685	13.245	147.865	142.483	
10	Renault	11.123	15.107	176.211	197.127	
11	Rover	1.095	1.541	19.019	19.746	
12	Seat	11.832	13.687	167.627	163.822	
13	Toyota	2.327	2.385	20.294	20.124	
14	Volkswagen	7.475	5.724	97.479	95.032	
15	Volvo	788	1.054	12.085	12.509	
16						
17	Diciembre 2001					
18						
19	22/12/2001	22:10:30				

Figura 4.8. La función Insertar fórmulas evita tener que realizar la entrada manual de la fórmula en la hoja de cálculo

Puesto que este concepto puede ser algo ambiguo, lo comprenderá mucho mejor utilizando, de nuevo, el ejemplo de la venta de coches en España. Como recordará introdujo en la celda F3 una función que le permitía sumar el valor de las celdas D3 y E3. Pues bien, partiendo del valor de la celda F3, realice los pasos que se describen a continuación:

1. Active la celda F3 y coloque el puntero del ratón sobre la esquina inferior derecha de la celda (un recuadro negro denominado Controlador de relleno). Observará cómo éste modifica su aspecto, adquiriendo forma de signo +. Pulse sobre esa esquina cuando el puntero cambie de aspecto.
2. Con el botón izquierdo del ratón, arrastre el puntero hacia abajo hasta llegar a la celda F15 (la celda que corresponde a la última marca de la comparativa) y suelte el botón.

Como puede observar, Excel ha rellenado todas las celdas de la selección (de la F4 a la F15) con una secuencia de valores que corresponde a la función que debería haber introducido de forma manual en cada celda de la columna F. Véase la figura 4.9.

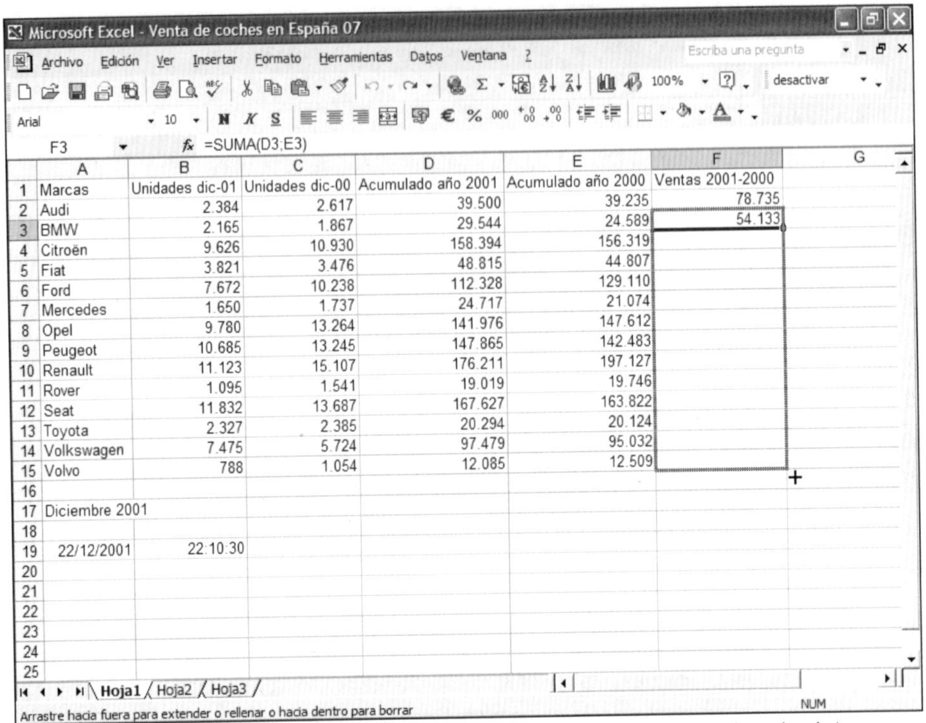

Figura 4.9. La función Autorrellenar permite repetir secuencias de datos sin ningún tipo de dificultad

Crear series a partir de la función autorrelleno

Trabajar con una hoja de cálculo significa incluir fechas, texto y valores numéricos de forma consecutiva, es decir, formando series o secuencias. Con la función autorrellenar es posible crear automáticamente secuencias a partir de cualquier entrada (esta aplicación puede continuar automáticamente una serie de números, combinaciones de números y texto, fechas o períodos de tiempo basados en un diseño que se establezca). Excel 2002 permite autorrellenar secuencias de entradas de dos formas:

1. De forma manual, usando el ratón para arrastrar el controlador de relleno.
2. Utilizando el comando Series de la opción Rellenar del menú Edición.

Crear series de texto de forma manual

Excel reconoce entradas de texto común, como días, meses y abreviaturas de texto. Para rellenar un rango de celdas con una entrada de texto, siga este ejemplo:

1. Introduzca la entrada Enero en la celda A1.
2. Arrastre el controlador de relleno por el rango de celdas adyacentes de la derecha, hasta la celda F1. Verá que según pasa sobre una celda aparece una etiqueta informativa indicando el mes que corresponde a esa celda.
3. Suelte el botón del ratón. Excel rellenará el rango de celdas seleccionadas con la entrada de texto apropiada, los seis primeros meses del año.

Si arrastra el controlador de relleno por el rango de las celdas adyacentes de la zona inferior (por ejemplo hasta la celda A6) comprobará que ocurre lo mismo que lo descrito en la explicación anterior.

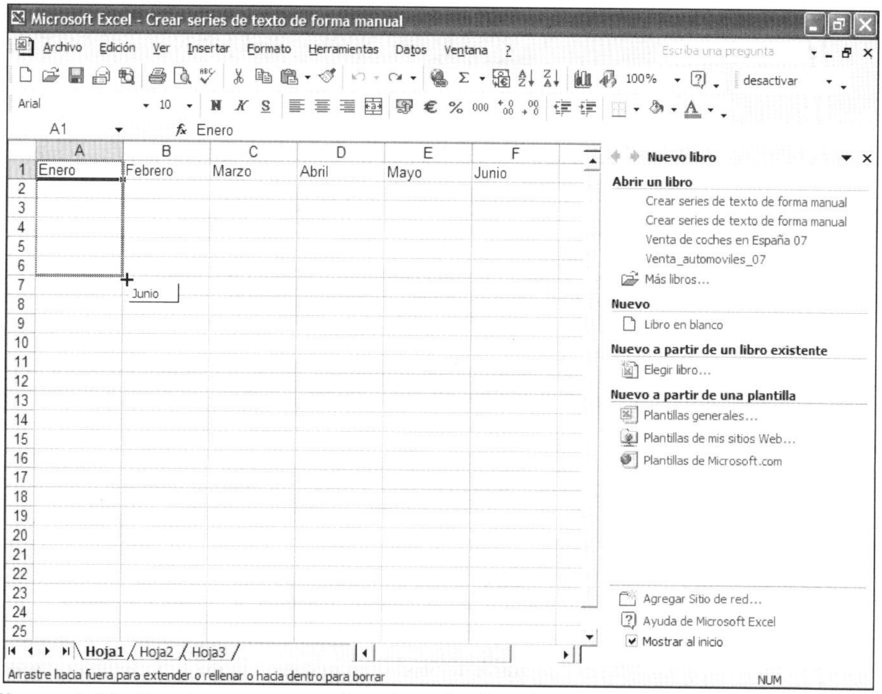

Figura 4.10. Excel reconoce series de entradas de texto común y permite rellenar las celdas adyacentes continuando la serie

En la tabla 4.1. se muestra un ejemplo de las secuencias que se pueden originar con la función de autorrelleno.

Nota: Si no desea que Excel realice una secuencia de autorrelleno, mantenga pulsada la tecla **Control** mientras arrastra el control de relleno de la celda activa.

Tabla 4.1. Ejemplo de entradas y secuencias que se crean con el autorrelleno

Entrada	Secuencia
Lunes	Martes, Miércoles, Jueves, Viernes, Sábado y Domingo.
Lun	Mar, Mié, Jue, Vie, Sáb y Dom.
Enero	Febrero, Marzo, Abril, Mayo, Junio, Julio, etc.
Ene	Feb, Mar, Abr, May, Jun, Jul, etc.
Trimestre 1	Trimestre 2, Trimestre 3 y Trimestre 4.
Trim 1	Trim 2, Trim 3 y Trim 4.
Producto 1	Producto 2, Producto 3, Producto 4, Producto 5, Producto 6, Producto 7, etc.
Texto 1	Texto 2, Texto 3, Texto 4, Texto 5, Texto 6, Texto 7, etc.
1er período	2do período, 3er período, 4to período, 5to período, 6to período, 7mo período, etc.

Crear secuencias numéricas de forma manual

Excel permite introducir, mediante la función de autorrelleno, una serie numérica que se incremente de uno en uno o con los valores especificados. Para rellenar un rango de celdas con una secuencia de números, siga estos pasos:

1. Introduzca el número inicial de la secuencia en la primera celda del rango que quiere rellenar.
2. Para incrementar la serie numérica de acuerdo con el valor especificado, escoja una de estas dos opciones:
   - Mantenga pulsada la tecla **Control** mientras arrastra el control de relleno de la celda activa hasta el final del rango deseado.
   - Introduzca un valor en la celda adyacente para especificar al programa la secuencia que debe realizar. Posteriormente, seleccione el rango que contiene los valores y arrastre el control de relleno de la última celda seleccionada hasta donde desee. Véase la figura 4.11.

Crear una serie de fechas u horas de forma manual

Con Excel también es posible rellenar un rango de celdas con una secuencia de fechas u horas que se incrementen según un valor específico. Para ello, realice los siguientes pasos:

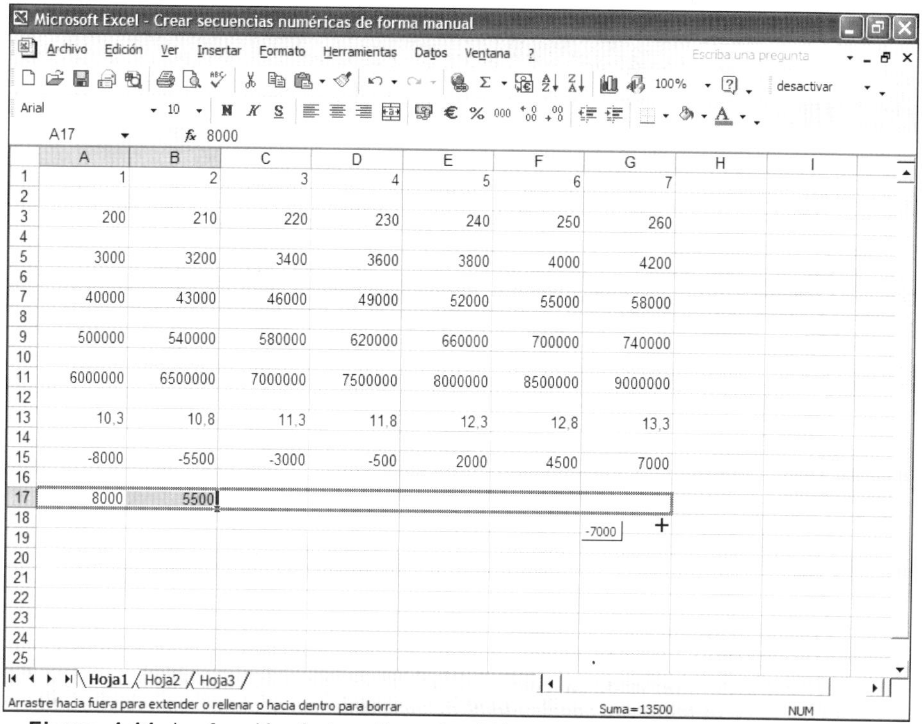

Figura 4.11. La función Autorrelleno también se puede utilizar para completar secuencias numéricas

1. En primer lugar introduzca la entrada de fecha ú hora de inicio en la primera celda del rango. Si quiere incrementar la fecha o la hora de acuerdo a una secuencia específica, debe realizar una segunda entrada en la celda adyacente.
2. Seleccione el rango que contiene la fecha o la hora.
3. Ahora arrastre el control de relleno de la última celda seleccionada hasta la celda que desea como fin del rango y suelte el botón del ratón. Véase figura 4.12.

Crear secuencias mediante el comando Series

El comando Series... de la opción Rellenar del menú Edición permite realizar "rellenos" con mayor precisión que haciéndolo manualmente con el ratón, arrastrando el control de relleno de la celda. Por ejemplo, puede especificar un valor que indique la cifra en que desea que se incremente o disminuya una serie, así como el valor en que quiere que finalice la serie. Para usar este comando, lleve a cabo los siguientes pasos:

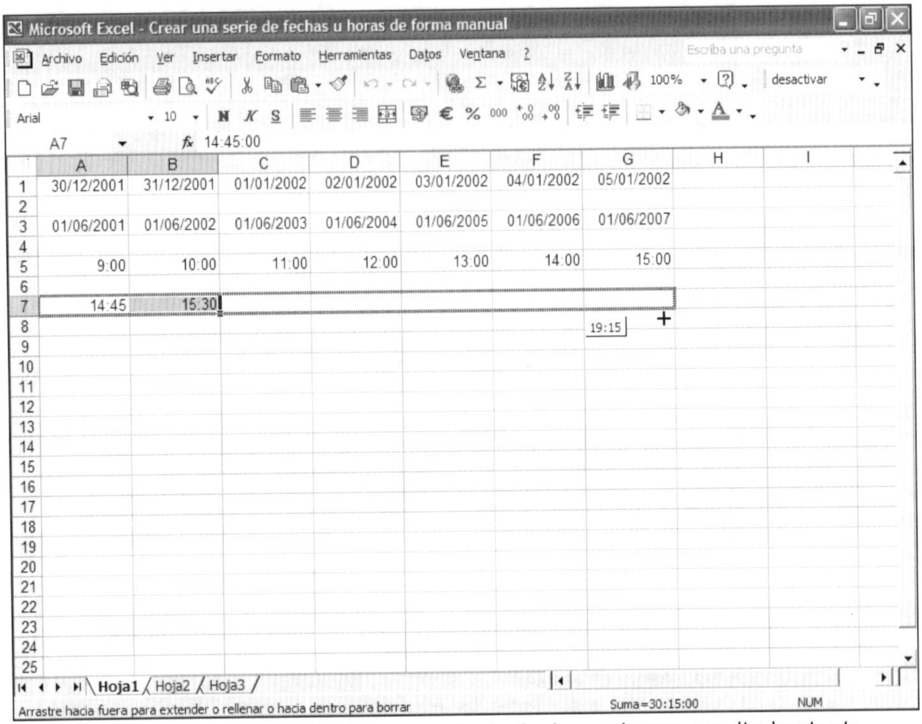

Figura 4.12. La entrada de una serie de fechas u horas resulta bastante más sencilla si utiliza el autorrelleno

1. Introduzca un valor numérico o una fecha de inicio en la primera celda del rango que desea rellenar.

2. A continuación, deberá seleccionar el rango de las celdas que quiere rellenar ahora.

3. Ahora ejecute la secuencia de comandos **Edición>Rellenar>Series...** para abrir el cuadro de diálogo Serie.

4. En el área Series en, indique si desea rellenar la secuencia en Filas o bien en Columnas.

5. Para especificar el tipo de serie, seleccione una de las cinco casillas de verificación del área Tipo:

   - **Lineal**. Crea una serie lineal o la tendencia lineal que mejor se ajuste. En una serie lineal, el incremento o la diferencia entre el primer valor de una serie y el siguiente se agrega al valor inicial y, a continuación, a cada valor subsiguiente. Por ejemplo:

Selección inicial	Secuencia lineal
1, 2	3, 4, 5, 6, etc.
1, 3	5, 7, 9, 11, etc.
100, 50	0, -50, -100, -150, etc.
-100. -50	0, 50, 100, 150, etc.

- **Geométrica**. Crea una serie o tendencia geométrica. En una serie geométrica, el valor inicial se multiplica por el incremento para obtener el siguiente valor de la serie. Por lo tanto, es necesario introducir un valor en la casilla de texto Incremento. El producto resultante y cada producto posterior se multiplican, a su vez, por el incremento.

Selección inicial	Incremento	Secuencia geométrica
1	2	4, 8, 16, 32, etc.
1	3	9, 27, 81, 243, etc.
2,5	2	5, 10, 20, 40, 80, etc.
5	5	125, 625, 3125, 15625, etc.

- **Cronológica**. Rellena una serie con fechas. El tipo de serie de datos que se incremente dependerá de la opción seleccionada en Unidad de tiempo.
- **Autorrellenar**. Rellena las celdas en blanco de una selección con una serie basada en los datos incluidos en la selección. Si se selecciona esta opción, se generarán los mismos resultados que si se arrastra el controlador de relleno para rellenar una serie.

6. Si está creando una serie de fechas, utilice las casillas de verificación del área Unidad de tiempo para especificar si la serie de fechas se incrementará por días, días de la semana, meses o años.
7. Utilice la casilla de texto Incremento para introducir un número positivo o negativo que indique la cifra en que desea que se incremente o disminuya una serie.
8. Use la casilla de texto Límite para introducir un número positivo o negativo que indique el valor en que quiere que finalice la serie. Si se rellena la selección antes de que la serie alcance el valor final, la serie se detendrá

en ese punto. En el caso de que la seleccióno sea mayor de lo necesario para rellenar la serie, las celdas restantes de la selección van a quedar en blanco.

9. Por último, pulse sobre el botón **Aceptar** para iniciar el relleno de la selección.

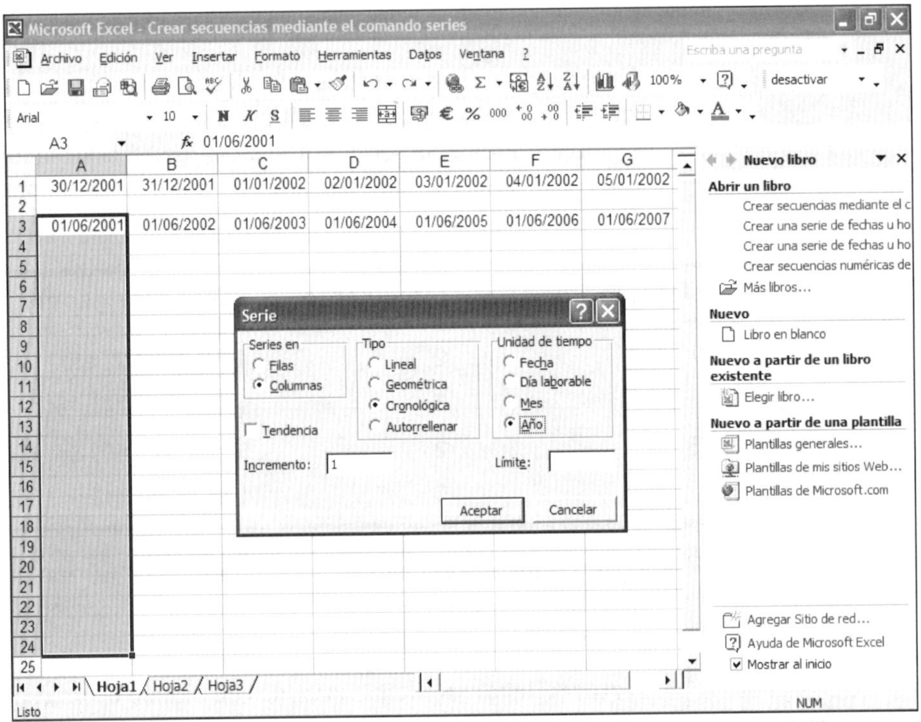

Figura 4.13. El comando Series permite realizar rellenos con una precisión mayor que la técnica de arrastrar y soltar

Crear listados personalizados de autorrelleno

Además de hacer posible la creación de secuencias mediante el comando Series, Excel también permite generar series o secuencias de autorrelleno personalizadas. Las listas personalizadas pueden ser prácticamente de cualquier cosa. Para que comprenda esta función, vamos a usar como ejemplo el organigrama de un departamento de finanzas y sistemas de una empresa ficticia. La relación de puestos de este departamento es Vicepresidente, Director de Contabilidad, Director de Sistemas, Director de Estadísticas y Director de Compras. Realice los siguientes pasos:

1. Ejecute la secuencia de comandos **Herramientas>Opciones** para abrir el cuadro de diálogo Opciones, y, a continuación, active la pestaña Listas personalizadas.
2. En el cuadro Listas personalizadas, seleccione la opción NUEVA LISTA.
3. En el cuadro Entradas de lista, introduzca los elementos de la lista personalizada que va a crear. Pulse **Intro** después de escribir cada elemento.
4. Para finalizar, pulse sobre el botón **Agregar** y luego haga clic sobre el botón **Aceptar**.

Ahora, cada vez que desee introducir la relación de puestos del departamento financiero y de sistemas, únicamente tiene que escribir el valor Vicepresidente como entrada inicial para rellenar las celdas de las filas o columnas adyacentes. Si desea comprobarlo, una vez creada la lista personalizada, escriba en la celda A1 la entrada Vicepresidente y arrastre el control de relleno hasta la celda A5. Posteriormente vuelva a arrastrar el control de relleno de la celda A1 hasta la celda E1.

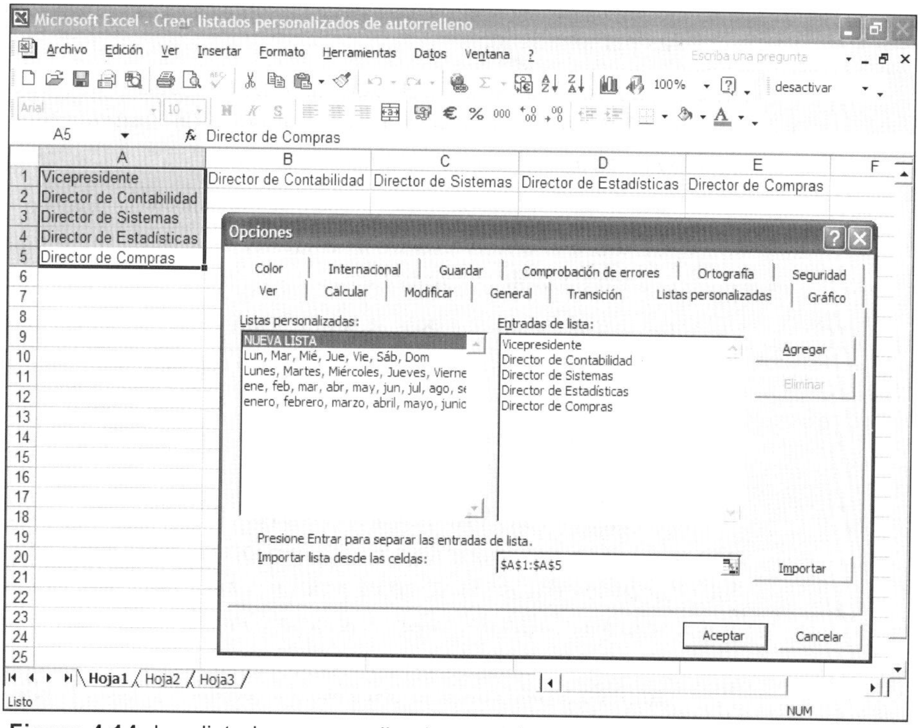

Figura 4.14. Los listados personalizados permiten introducir secuencias de datos previamente configuradas

Añadir una lista personalizada desde una hoja de cálculo

Si, por ejemplo, ha escrito en la hoja de cálculo una lista como la del ejemplo del apartado anterior, y desea usarla como lista personalizada, puede hacerlo realizando los pasos que se describen a continuación:

1. Seleccione la lista arrastrando el puntero del ratón desde el primer elemento al último.
2. Ejecute la secuencia de comandos **Herramientas>Opciones** para abrir el cuadro de diálogo Opciones, y active la pestaña Listas personalizadas.
3. Pulse sobre el botón **Importar** para añadirla a la lista y, a continuación, haga clic sobre el botón **Aceptar**.

También es posible importar los elementos de una hoja de cálculo a una lista personalizada sin necesidad de seleccionar de forma previa las celdas donde están integrados dichos elementos:

1. Una vez realizada la entrada de los elementos, abra el cuadro de diálogo Opciones (**Herramientas>Opciones**) y luego pulse sobre la pestaña Listas personalizadas.
2. Pulse sobre el botón situado al final del cuadro de texto Importar lista desde las celdas para contraer el cuadro de diálogo Opciones y permitir visualizar la hoja de cálculo.
3. Seleccione los elementos de la lista en la hoja de cálculo, y vuelva a pulsar sobre el botón situado al final del cuadro de texto para maximizar el cuadro de diálogo Opciones.
4. Por último, pulse sobre el botón **Importar** para añadir la lista, y haga clic sobre el botón **Aceptar**.

Autocompletar

Otra función muy útil que integra Excel 2002 es la herramienta Autocompletar. Esta técnica permite a Excel memorizar cada entrada a medida que se introducen los datos. Si se comienza una entrada con un texto similar al que posee otra ya realizada, el programa lo completará de forma automática. Por ejemplo, si en la celda A1 ha escrito la entrada Venta de automóviles en España, y empieza a introducir la letra V en la celda A2, Excel incluirá automáticamente la entrada Venta de automóviles en España (luego tan sólo debe pulsar **Intro** o bien hacer clic en otra celda de la hoja de cálculo). Esta función, además de ayudar a reducir el tiempo de introducción de los datos, sirve para prevenir errores.

Nota: Si aprecia que la herramienta de autocompletar no funciona, lo más probable es que se encuentre desactivada. Para activarla, pulse sobre el menú Herramientas, haga clic en el comando Opciones y elija la ficha Modificar. Seleccione la casilla de verificación Habilitar Autocompletar para valores de celda y pulse sobre el botón **Aceptar**.

5. Gestionar rangos y hojas de cálculo

La mayoría de las acciones que se llevan a cabo en Excel requieren de la selección de una celda, una fila, una columna o bien un rango de celdas. Como ya habrá podido comprobar, seleccionar una celda es bastante sencillo, únicamente hay que pulsar sobre ella. Pero según vaya avanzando en el conocimiento de la aplicación y en el trabajo con ella, las necesidades irán aumentando y se verá en la obligación de trabajar con los rangos (copiando, pegando y moviendo datos de una hoja a otra o bien a otro libro), de ampliar el área de trabajo insertando filas y columnas, o también, en el propio libro agregándole nuevas hojas. Cuando los datos casi superen el límite de las hojas será imprescindible que sepa buscar el dato concreto o bien reemplazar algún dato erróneo por el correcto.

Trabajar con rangos

En Excel se denomina rango a cualquier combinación de dos o más celdas de una hoja de cálculo. Es posible trabajar con dos tipos de selección de rangos que se detallan a continuación:

- Selección de rango de celdas adyacentes. El grupo de celdas adyacentes que se visualizan de forma continua en una única hoja de cálculo.
- Selección de rango de celdas no adyacentes. Distintos grupos de celdas agrupados en una única selección.

Seleccionar un rango de celdas adyacentes

Para seleccionar un rango en una única hoja puede usar tanto el ratón como el teclado. En este caso, realice los pasos que se describen a continuación para realizar una selección con el ratón. A modo de ayuda, utilizaremos el ejemplo de la venta de coches en España.

1. Pulse con el botón izquierdo del ratón sobre la celda que desea como primera del rango. Volviendo al ejemplo, pulse sobre la celda B2 (la que posee el valor de las unidades vendidas por la marca Audi en el mes de diciembre de 2001).
2. Arrastre el puntero, con el botón izquierdo del ratón pulsado, hasta la celda F15 (que posee el valor de las unidades vendidas por la marca Volvo durante el 2000 y el 2001).
3. Suelte el botón izquierdo del ratón para activar la selección.

Observará cómo las celdas seleccionadas son resaltadas mediante un borde negro que delimita la selección y un color de fondo diferente al del área de trabajo, exceptuando la primera celda del rango que sigue con el fondo blanco característico. Véase la figura 5.1.

Truco: Para seleccionar toda una fila o una columna pulse con el botón izquierdo del ratón sobre la letra o el número de la Barra de título de la columna o la fila que desea seleccionar.

Para realizar esta misma selección, pero con el teclado, realice los siguientes pasos:

1. Utilice las teclas de dirección para desplazarse hasta la celda que prefiere como primera del rango. En este caso la celda B2.
2. Pulse sobre la tecla **Mayús**. Sin soltarla, utilice las teclas de dirección para configurar la selección del rango deseado. En el caso del ejemplo, hasta llegar a la celda F15.

Nota: Excel también permite combinar el teclado y el ratón para seleccionar un rango. Para ello, pulse sobre la primera celda del rango, y mientras mantiene pulsada la tecla **Mayús**, haga clic con el ratón sobre la última celda que delimita el rango seleccionado.

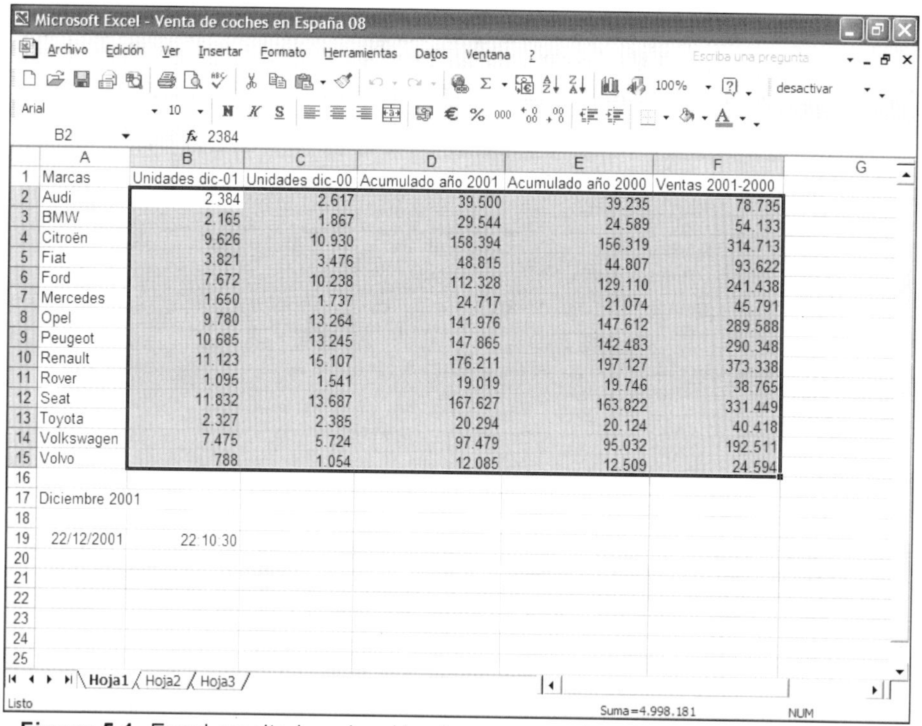

Figura 5.1. Excel resalta la selección de un rango de celdas mediante un borde negro y un color de fondo

Seleccionar un rango de celdas no adyacentes

Excel permite seleccionar más de un rango de celdas que no se encuentran adyacentes con la misma facilidad con que se selecciona un único rango. Esta selección se puede realizar con la utilización conjunta del teclado y el ratón o sólo con el teclado. Para seleccionar varios rangos con el ratón sobre el ejemplo de la venta de automóviles en España, siga estos pasos:

1. Seleccione el primer rango que desee. Por ejemplo, B5:B9.
2. Tras realizar la primera selección, pulse sobre la tecla **Control** y, sin soltarla, realice la segunda selección de rango, por ejemplo, D5:D9.
3. Ahora suelte la tecla **Control**.
4. Si quiere realizar otra selección, vuelva a pulsar sobre la tecla **Control** y realícela. En este caso, el rango a seleccionar será F5:F9. Observará que las tres selecciones quedan resaltadas, de forma que pueda operar con ellas como desee. Véase la figura 5.2.

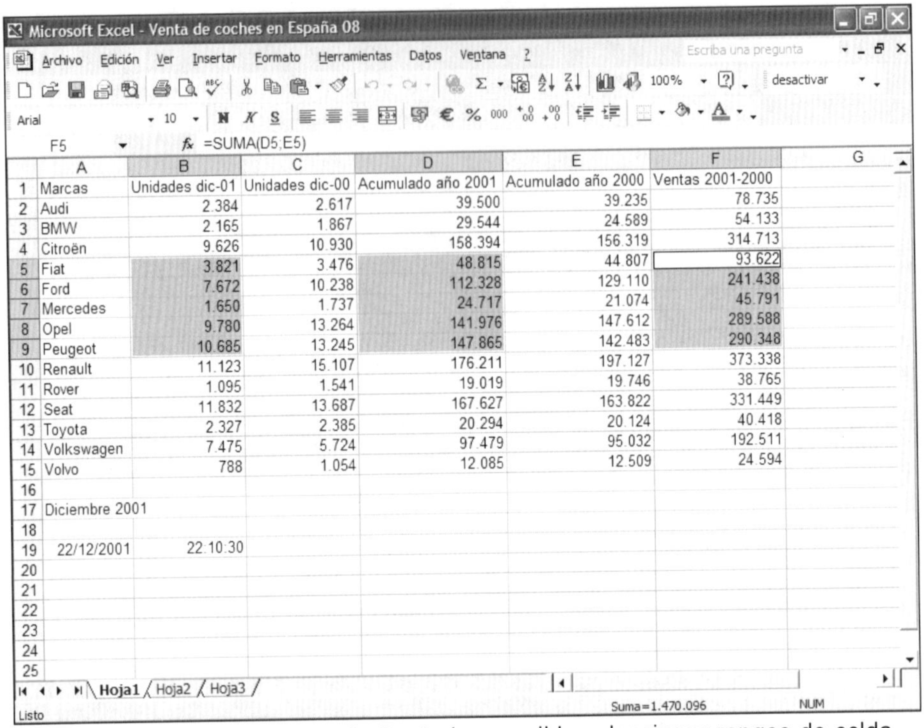

	A	B	C	D	E	F
1	Marcas	Unidades dic-01	Unidades dic-00	Acumulado año 2001	Acumulado año 2000	Ventas 2001-2000
2	Audi	2.384	2.617	39.500	39.235	78.735
3	BMW	2.165	1.867	29.544	24.589	54.133
4	Citroën	9.626	10.930	158.394	156.319	314.713
5	Fiat	3.821	3.476	48.815	44.807	93.622
6	Ford	7.672	10.238	112.328	129.110	241.438
7	Mercedes	1.650	1.737	24.717	21.074	45.791
8	Opel	9.780	13.264	141.976	147.612	289.588
9	Peugeot	10.685	13.245	147.865	142.483	290.348
10	Renault	11.123	15.107	176.211	197.127	373.338
11	Rover	1.095	1.541	19.019	19.746	38.765
12	Seat	11.832	13.687	167.627	163.822	331.449
13	Toyota	2.327	2.385	20.294	20.124	40.418
14	Volkswagen	7.475	5.724	97.479	95.032	192.511
15	Volvo	788	1.054	12.085	12.509	24.594
16						
17	Diciembre 2001					
18						
19	22/12/2001	22:10:30				

Figura 5.2. Utilizando la tecla Control es posible seleccionar rangos de celda no adyacentes

Para realizar la misma selección con el teclado sobre el ejemplo de la venta de turismos en España, haga lo siguiente:

1. Use las teclas de dirección para desplazarse hasta la primera celda del primer rango a seleccionar. En este caso la celda B5.
2. Pulse sobre la tecla **Mayús** y, sin soltarla, utilice las teclas de dirección para configurar la selección del rango deseado. En el caso del ejemplo, hasta llegar a la celda B9.
3. Realice la combinación de teclas **Mayús-F8**. En la Barra de estado aparecerá el indicador AGR advirtiendo que se puede ampliar la selección.
4. Desplácese hasta la primera celda de la siguiente selección, es decir, D5, y pulse sobre la tecla **Mayús**. Sin soltarla, utilice las teclas de dirección para configurar la selección del rango; debe llegar hasta la celda D9. El indicador AGR habrá desaparecido de la Barra de estado.
5. Para realizar la última selección vuelva a pulsar sobre **Mayús-F8** y desplácese hasta la primera celda de la última selección, es decir, F5. Pulse sobre

la tecla **Mayús** y, sin soltarla, utilice las teclas de dirección para configurar la selección, llegando hasta la celda F9.

Nota: Para seleccionar toda la hoja de cálculo pulse sobre la casilla que separa las Barras de título de columna y de fila.

Asignar nombres a los rangos

Un nombre de rango es un título identificativo que se puede asignar a un rango de celdas o a una única celda. Esta función resulta muy útil si, por ejemplo, se desea identificar un área con una serie de datos concretos. De esta forma, una vez que se haya definido el nombre, es posible referirse a ese rango por su nombre en vez de por sus coordenadas de celda. Para definir el nombre de un rango volveremos al ejemplo que hemos estado utilizando en este capítulo y en el anterior:

1. Ahora con el libro Venta de coches en España abierto, seleccione el rango B2:B15 correspondiente a las unidades de venta que han realizado las marcas de la lista en España durante el mes de diciembre de 2001.
2. Ejecute la secuencia de comandos **Insertar>Nombre>Definir...** para abrir el cuadro de diálogo Definir nombre.
3. A continuación, en el cuadro de texto Nombres en el libro escriba "Unidades_dic_01".
4. Pulse sobre el botón **Agregar** y, posteriormente, sobre **Aceptar**. Véase la figura 5.3.

Otra forma de definir un nombre para un rango de celdas o una celda es utilizando el Cuadro de nombres. Para ello, sobre el mismo ejemplo, realice los pasos que se describen a continuación:

1. Seleccione el rango C2:C15 correspondiente a las unidades de venta que han realizado las marcas de la lista en España durante el mes de diciembre de 2000.
2. A continuación, haga clic sobre el Cuadro de nombres y escriba "Unidades_dic_00".
3. Pulse sobre la tecla **Intro**.

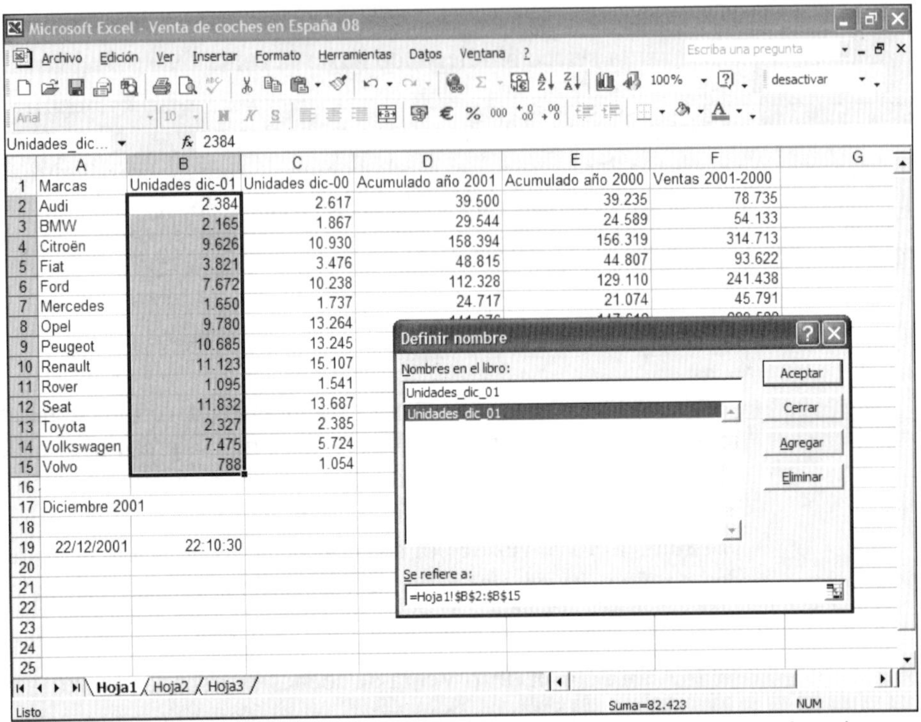

Figura 5.3. Para identificar un rango de celdas es aconsejable asignarle un nombre que lo defina

Nota: Para asignar un nombre a un rango o a una celda hay que tener en cuenta algunas limitaciones. Por ejemplo, un nombre puede tener un máximo de 255 caracteres, pero es recomendable no abusar de los nombres largos, ya que no se visualizan bien en el Cuadro de nombres. No es posible introducir espacios entre las palabras, por eso es recomendable usar el carácter "_" (Unidades_dic_01).

Modificar o eliminar un nombre de rango

Si desea eliminar o modificar las propiedades de un nombre de rango, es necesario que acceda al cuadro de diálogo Definir nombre (**Insertar>Nombre>Definir...**). Para eliminar uno, por ejemplo Unidades_dic_00, selecciónelo en la lista y pulse sobre el botón **Eliminar**.

En el caso de que quiera modificar la dirección de rango de un nombre, selecciónelo y pulse sobre el icono situado al final del cuadro de texto Se refiere a: (de esta forma minimizará el cuadro de diálogo). Posteriormente, seleccione el nuevo rango de celdas y pulse sobre el icono situado al final del cuadro de texto Definir nombre – Se refiere a: (maximizará el cuadro de diálogo). Para finalizar, haga clic sobre el botón **Aceptar**.

Nota: Para seleccionar un rango al que se le ha asignado un nombre, únicamente debe pulsar sobre la flecha que despliega la lista del Cuadro de nombres y seleccionar el nombre que identifica al rango. En el caso de que pretenda seleccionar dos o más rangos con nombre, pulse sobre un nombre en el Cuadro de nombres y, a continuación, manteniendo presionada la tecla **Control**, seleccione los demás rangos.

Trabajar con el contenido de las celdas

Trabajar con el contenido de las celdas significa gestionar los datos utilizando, en ocasiones, acciones tan sencillas como pueden ser Cortar, Copiar o Pegar, las cuales, no siempre tienen por qué alterar los valores de las celdas, aunque sí la composición de la hoja de cálculo. Para acciones como Cortar o Pegar, Excel utiliza el Portapapeles, una herramienta que está mucho más presente en esta nueva versión que en versiones anteriores de la hoja de cálculo de Microsoft.

Copiar y pegar datos

Excel permite copiar y mover datos de varias formas, y aunque la manera más rápida sea utilizando los atajos de teclado **Control-C** (Copiar) **y Control-V** (Pegar), estas acciones también se puede llevar a cabo empleando técnicas, como, por ejemplo, la de arrastrar y soltar. Este método, como su propio nombre indica, consiste en arrastrar los datos que se desean copiar a otro área de la hoja de cálculo. Para ayudar en la explicación vamos a volver a usar el ejemplo de la ventana de automóviles en España:

1. Seleccione el rango de celdas que necesita copiar. En el ejemplo, el rango sería B2:E15.
2. Coloque el puntero en cualquiera de los bordes del recuadro de selección, excepto en la esquina inferior derecha. Por ejemplo, en el borde superior. Observará cómo el puntero modifica su aspecto, adquiriendo la forma de cuatro flechas que apuntan hacia arriba, abajo, derecha e izquierda.

3. Pulse sobre la tecla **Control**. Esta acción provoca que el puntero vuelva a cambiar, adquiriendo ahora el aspecto de una flecha con un signo + en la parte superior.

Nota: Si desea copiar y arrastrar una selección, no se olvide de pulsar la tecla **Control**. Si no pulsa sobre ella, la selección se movería a una nueva ubicación, no se copiaría.

4. Cuando el puntero adquiera esta forma, pulse sobre el botón izquierdo del ratón y arrastre la selección hasta la zona de la hoja de cálculo donde quiere ubicarla. Por ejemplo, hasta la fila 21, ocupando el rango B21:E34. Mientras arrastra la selección, Excel muestra el contorno indicando el tamaño y el lugar por donde va pasando.

5. Ahora suelte el botón del ratón para colocar los datos copiados en la nueva ubicación.

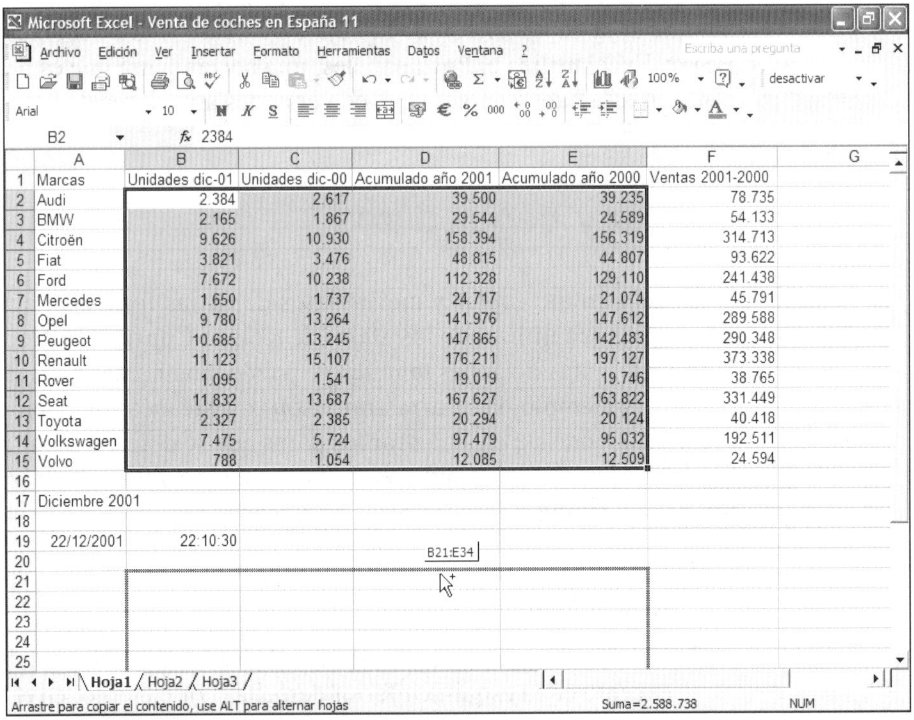

	A	B	C	D	E	F	G
1	Marcas	Unidades dic-01	Unidades dic-00	Acumulado año 2001	Acumulado año 2000	Ventas 2001-2000	
2	Audi	2.384	2.617	39.500	39.235	78.735	
3	BMW	2.165	1.867	29.544	24.589	54.133	
4	Citroën	9.626	10.930	158.394	156.319	314.713	
5	Fiat	3.821	3.476	48.815	44.807	93.622	
6	Ford	7.672	10.238	112.328	129.110	241.438	
7	Mercedes	1.650	1.737	24.717	21.074	45.791	
8	Opel	9.780	13.264	141.976	147.612	289.588	
9	Peugeot	10.685	13.245	147.865	142.483	290.348	
10	Renault	11.123	15.107	176.211	197.127	373.338	
11	Rover	1.095	1.541	19.019	19.746	38.765	
12	Seat	11.832	13.687	167.627	163.822	331.449	
13	Toyota	2.327	2.385	20.294	20.124	40.418	
14	Volkswagen	7.475	5.724	97.479	95.032	192.511	
15	Volvo	788	1.054	12.085	12.509	24.594	
16							
17	Diciembre 2001						
18							
19	22/12/2001	22:10:30					
20							
21							
22							
23							
24							
25							

Figura 5.4. La técnica de arrastrar y soltar permite copiar o mover un rango de celdas previamente seleccionado

Truco: Si la técnica arrastrar y soltar no le convence, puede deshabilitarla accediendo al cuadro de diálogo Opciones (**Herramientas>Opciones...**) y desactivando la casilla de verificación Permitir arrastrar y colocar de la pestaña Modificar.

Comandos Copiar y Pegar

Cuando necesite copiar datos para pegarlos después en otra hoja de cálculo, en otro libro o en otra aplicación, lo más sencillo y útil es que use los comandos Copiar y Pegar del menú Edición. Al utilizar el comando Copiar, los datos se almacenan en el Portapapeles. Para utilizar estos comandos siga los pasos que se describen a continuación:

1. Seleccione el mismo rango que en el apartado anterior, es decir, B2:E15.
2. Ejecute la secuencia de comandos **Edición>Copiar**, o pulse sobre el icono Copiar de la Barra de herramientas Estándar. Como alternativa, puede pulsar sobre la selección con el botón derecho del ratón y elegir la opción Copiar del menú emergente. Cuando realice cualquiera de estas acciones, Excel marcará el rango copiado con un recuadro, y en la Barra de estado aparecerá el mensaje Seleccione el destino y presione ENTRAR o elija pegar.
3. Seleccione la celda donde desea pegar los datos. En el ejemplo que estamos utilizando, active la celda B4 de la Hoja 2.
4. Elija la secuencia de comandos **Edición>Pegar**, o pulse sobre el icono Pegar de la Barra de herramientas Estándar. Como alternativa, puede pulsar sobre la celda con el botón derecho del ratón y elegir la opción Pegar del menú emergente. Véase la figura 5.5.

Nota: Al pegar la selección copiada aparecerá una etiqueta inteligente de opciones de pegado. Este menú emergente contiene las siguientes casillas de verificación: Mantener el formato de origen, Coincidir con formato de destino, Formatos de números y valores, Mantener ancho de las columnas de origen, Sólo formato y Vincular celdas.

Copiar datos con la función Autorrelleno

La orden Autorrelleno permite copiar de forma rápida el contenido de una celda en celdas adyacentes. Pero hay un inconveniente: si la entrada consiste en una fecha o en un elemento alfanumérico, por ejemplo, Marca 1, Excel autorrellena la serie automáticamente en las celdas seleccionadas (Marca 2, Marca 3, Marca 4, etc.). Para aprender a utilizar la orden de copiar con el comando Autorrelleno, usaremos el ejemplo de la venta de automóviles en España:

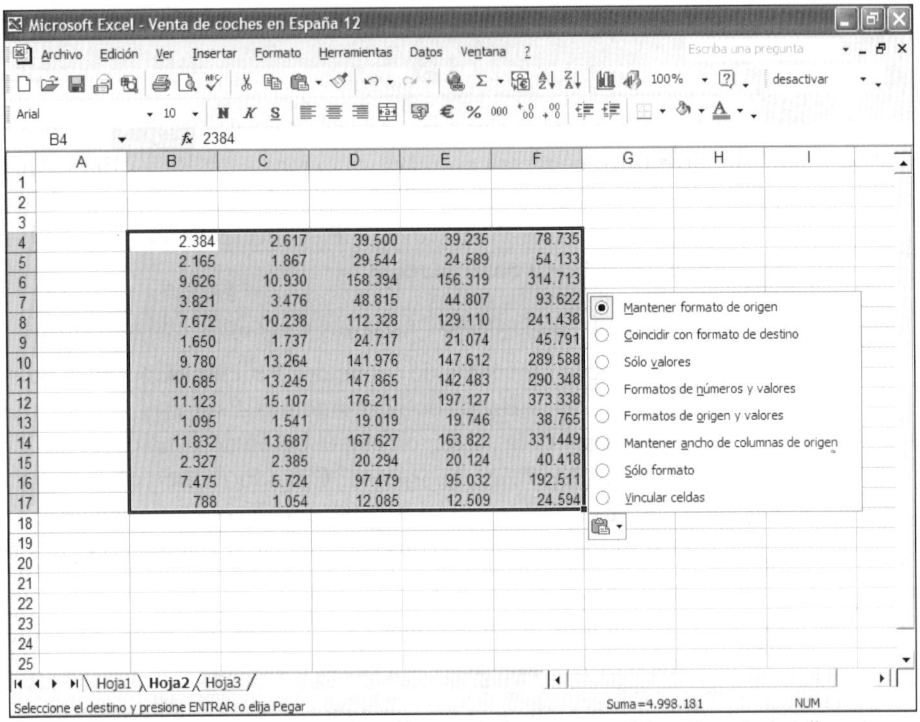

Figura 5.5. Al pegar una selección copiada aparecerá la etiqueta inteligente de opciones de pegado

1. En la Hoja 2 del ejemplo active la celda A4 y después, introduzca la entrada Marca 1.
2. Coloque el puntero del ratón en la esquina inferior derecha de la celda o control de relleno.
3. Pulse sobre el control de relleno y arrástrelo hasta la celda A17.
4. Suelte el botón del ratón.
5. Observará cómo Excel ha autorrellenado la serie automáticamente asignando a la celda A5 el dato Marca 2, a la celda A6 el dato Marca 3, y así hasta la celda A17 a la que ha asignado el valor Marca 14. Al mismo tiempo, en la esquina inferior derecha de la selección ha aparecido la etiqueta inteligente de opciones de autorrelleno. Véase la figura 5.6.

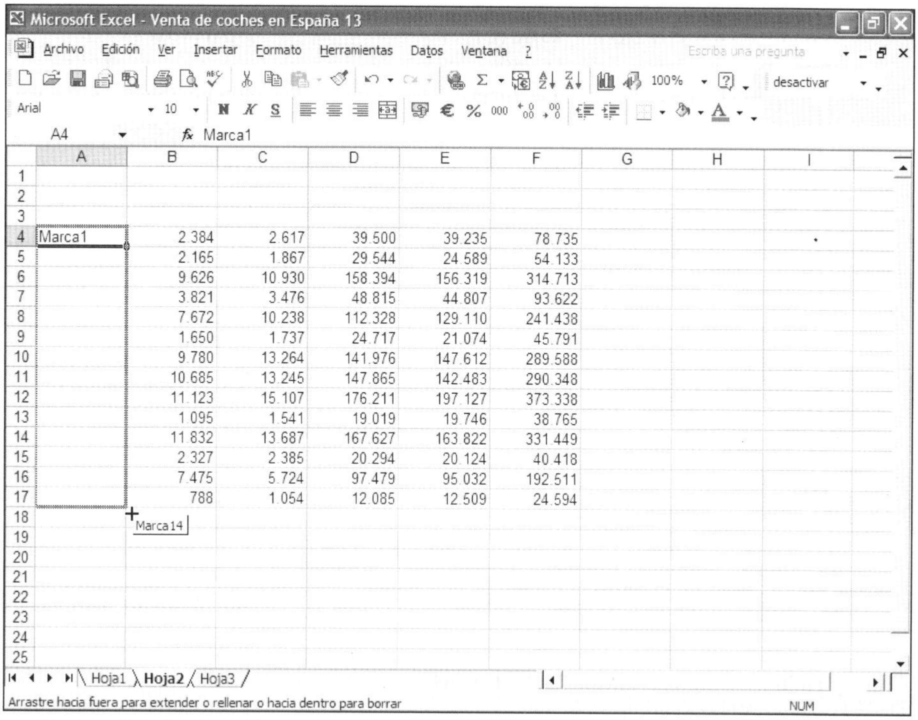

Figura 5.6. La función autorrelleno permite copiar datos a la vez que se crea una secuencia o serie

6. Despliegue el menú contextual de la etiqueta inteligente de opciones de autorrelleno y seleccione la casilla de verificación Copiar celdas. Los datos han cambiado y ahora aparece en todas las celdas el valor Marca 1.

Pegado especial

Excel integra una herramienta adicional en el menú Edición denominada Pegado especial, la cual permite configurar distintas opciones que afectan directamente a la acción de pegar. Dichas opciones se encuentran, dentro del cuadro de diálogo Pegado especial, divididas en dos apartados: Pegar y Operación.

Apartado	Opción	Función
Pegar	Todo	Pega el contenido y el formato de todas las celdas.
	Fórmulas	Pega únicamente las fórmulas tal como se han escrito en la Barra de fórmulas.

Apartado	Opción	Función
Pegar	Valores	Pega únicamente los valores como se presentan en las celdas.
	Formatos	Pega solamente el formato de la celda.
	Comentarios	Pega únicamente los comentarios adjuntos a la celda.
	Validación	Pega las reglas de validación de datos de las celdas copiadas en el área de copiado.
	Todo excepto bordes	Pega el contenido y el formato de una celda en las celdas copiadas, excepto los bordes.
	Ancho de columnas	Pega el ancho de una columna o rango de columnas en otra columna o rango de columnas.
	Formatos de números y fórmulas	Pega sólo las fórmulas y todas las opciones de formato de número de las celdas seleccionadas.
	Formatos de números y valores	Pega únicamente los valores y todas las opciones de formato de número de las celdas seleccionadas.
Operación	Ninguna, Sumar, Restar, Multiplicar y Dividir	Especifica la operación matemática que desea aplicar a los datos copiados.

Las dos opciones que se visualizan en la parte inferior del cuadro de diálogo afectan al rango de destino de la siguiente forma:

- **Saltar blancos**. Evita reemplazar los valores en el área de pegado cuando haya celdas en blanco en el área de copiado.
- **Transponer**. Cambia las columnas de los datos que se han copiado a filas, y viceversa.

Mover rangos de datos

Para mover datos es aconsejable usar la técnica de arrastrar y soltar (*drag & drop*). Este método permite mover físicamente el rango de datos de un área a otra. No se debe confundir mover con copiar, ya que en la copia los datos originales permanecen intactos. Para mover un rango de datos con el método de arrastrar y soltar, realice los siguientes pasos:

1. Seleccione el rango de datos que desea mover.
2. Sitúe el puntero del ratón en cualquiera de los bordes del rectángulo de selección. El puntero modificará su aspecto, adquiriendo forma de cruz con cuatro flechas direccionales.
3. Pulse sobre el borde y comience a arrastrar la selección hacia la nueva ubicación de los datos.
4. Cuando haya precisado la nueva situación, suelte el ratón.

Nota: Excel no permite sobreescribir automáticamente datos existentes cuando se usa el método de arrastrar y soltar. Cada vez que ocurre esta situación, aparece un mensaje advirtiendo de que se está a punto de reemplazar el contenido de las celdas de destino. Si no quiere reemplazar los datos, pulse sobre **Cancelar** y busque una nueva ubicación.

Evitar errores al mover rangos

Aunque Excel advierte y permite cancelar la acción de sobreescribir datos, también ofrece la posibilidad de aceptar la operación de reemplazarlos. Es posible que esta acción cree algún que otro problema, sobre todo si se reemplazan datos de una fórmula. Cuando se mueve un rango o una celda sobre un elemento de una fórmula, ésta pierde una referencia y Excel mostrará el mensaje de error #¡REF!. Para comprenderlo mejor, lleve a cabo este ejemplo:

1. En la celda A1 introduzca el valor numérico 1.500 y en la B1 el valor de 4.500.
2. En la celda C1 introduzca la fórmula =SUMA(A1+B1); el resultado, como es obvio, es 6.000.
3. En la celda A3 introduzca la entrada de texto Total.
4. Seleccione la celda A3 y desplácela hasta la celda B1. En el cuadro de diálogo que aparece pulse sobre el botón **Aceptar**. Observará cómo en la celda C1 ha aparecido un triángulo pequeño de color verde y el mensaje de error #¡REF!.
5. Pulse sobre la celda C1. Al lado de la celda aparecerá la etiqueta inteligente de Error de comprobación.

6. Esta etiqueta indica que existe un "Error de referencia de celda no válida" y permite desplegar un menú contextual con varias opciones. Pulse sobre el comando Modificar en la barra de fórmulas.

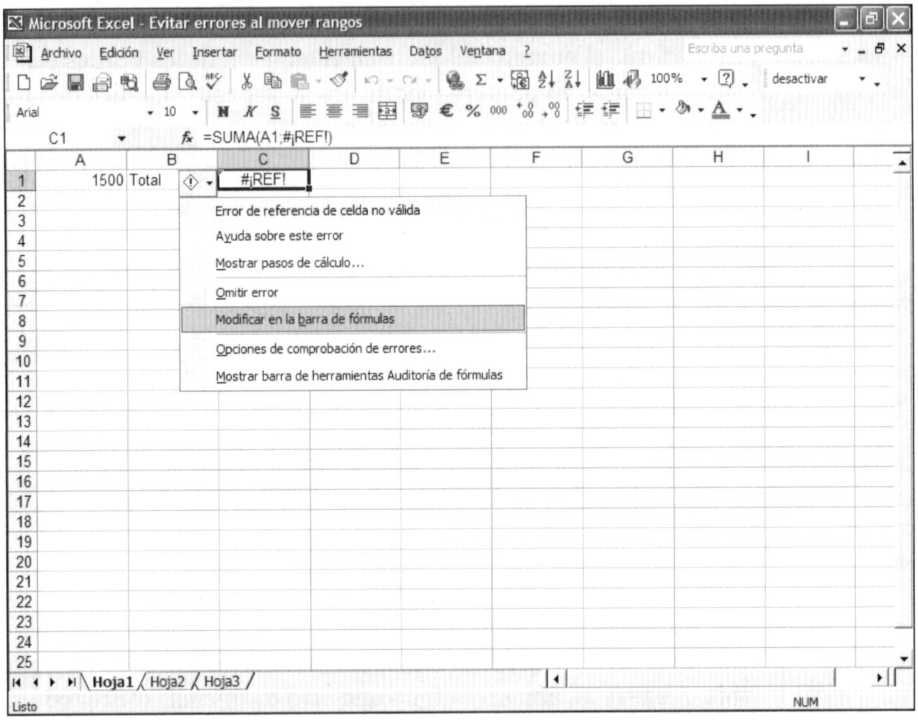

Figura 5.7. La etiqueta inteligente Error de comprobación permite subsanar errores al mover datos

7. En la Barra de fórmulas modifique la fórmula. Para ello, sustituya el rango de celda B2 por A2 y pulse sobre la tecla **Intro**.

8. Introduzca en la celda A2 el valor numérico 4.500 y pulse sobre la tecla **Intro**. La fórmula quedará restaurada y el valor reflejado en la celda C1.

Portapapeles de Office

El nuevo Panel de tareas de Excel, además de permitir crear nuevos documentos, buscar información, e insertar imágenes, muestra el contenido del Portapapeles de Office. El Portapapeles de Excel es una herramienta de Office que almacena información de forma temporal. Tradicionalmente, esta herramienta sólo podía almacenar un elemento, de forma que, cada vez que se utilizaban funciones como copiar o cortar, la información que poseía el portapapeles quedaba reemplazada por la más reciente. En Excel 2002, el Portapapeles puede contener hasta 24 operaciones, permitiendo su uso cada vez que sea necesario, gracias a su presencia en el Panel de tareas.

Funcionamiento del Portapapeles de Excel

Si desea usar el Portapapeles de Office, pero no lo visualiza, pruebe a ejecutar la secuencia de comandos **Edición>Portapapeles de Office**, o, en el Panel de tareas, pulse sobre el botón desplegable Paneles de tareas adicionales y seleccione la opción Portapapeles (si no visualiza el Panel de tareas realice la secuencia de comandos **Ver>Panel de tareas** o **Ver>Barra de herramientas >Panel de tareas**). El Portapapeles posee las siguientes funciones:

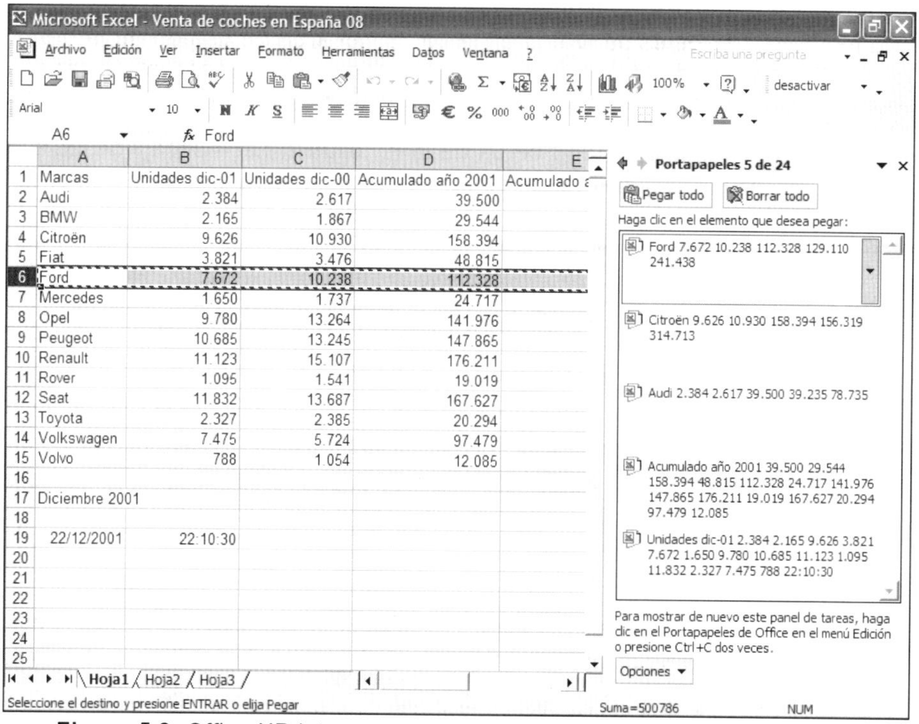

Figura 5.8. Office XP integra un nuevo portapapeles que puede contener hasta 24 operaciones distintas

- **Pegar todo**. Pega cada elemento del portapapeles en el documento actual del más antiguo al más reciente.
- **Borrar todo**. Elimina todos los elementos del portapapeles de Office. Esta acción no se puede deshacer.

- **Lista de elementos**. Muestra los elementos que se encuentran temporalmente en el Portapapeles. Si sitúa el cursor sobre uno de ellos, aparecerá en el lado derecho una lista desplegable que permite acceder a las funciones de pegar o eliminar el elemento.
- **Opciones**. Permite activar o desactivar estas opciones de comandos:

Opción	Descripción
Mostrar automáticamente el Portapapeles de Office	Se muestra automáticamente el Portapapeles de Microsoft Office al copiar elementos.
Recopilar sin mostrar en el Portapapeles de Office	Copia automáticamente elementos en el Portapapeles de Office sin mostrarlo.
Mostrar el icono del Portapapeles de Office en la barra de tareas	Muestra el icono Portapapeles de Office en el área de estado de la barra de tareas del sistema cuando el Portapapeles de Office está activo.
Mostrar estado cerca de la barra de tareas al copiar	Muestra el mensaje de los elementos reunidos al copiar elementos en el Portapapeles de Office.

Buscar y reemplazar datos

Excel ofrece la posibilidad de buscar y, opcionalmente, de reemplazar unos datos por otros. Los comandos Buscar y Reemplazar se encuentran en el menú Edición, también se accede a ellos utilizando los atajos de teclado **Control-B** y **Control-L**. Estas herramientas se pueden utilizar en diversas áreas de la hoja:

- Si tiene una única celda activa, la acción buscar o reemplazar se efectuará en la hoja activa en esos momentos.
- Si desea buscar o reemplazar en una serie de celdas específicas, debe seleccionar previamente el rango donde desea realizar dicha acción.
- Para buscar o reemplazar en varias hojas, selecciónelas antes de comenzar la acción.

Buscar datos

Buscar datos en Excel significa contar con la posibilidad de rastrear de forma específica por filas o columnas en busca de fórmulas, valores y comentarios. Para realizar una búsqueda, ejecute las siguientes acciones:

1. Acceda al cuadro Buscar y reemplazar ejecutando la secuencia de comandos **Edición>Buscar...**

2. En el cuadro de texto Buscar escriba los datos que desea encontrar. Para ayudar a realizar la búsqueda, Excel permite usar caracteres comodín. Los siguientes caracteres comodín pueden usarse como criterios de comparación para buscar y reemplazar contenido.

Comodín	Cómo
?	Único carácter. Por ejemplo, Gr?cia buscará "Gracia" y "Grecia".
*	Varios caracteres. Por ejemplo, *este buscará "Nordeste" y "Sudeste".

3. Pulse sobre el botón **Buscar todo** si desea buscar todas las apariciones del elemento de búsqueda en el documento. En el caso de que prefiera buscar y revisar cada aparición individualmente, haga clic en **Buscar siguiente** en vez de hacer clic en **Buscar todo**.

4. Pulse sobre el botón **Cerrar** para finalizar la búsqueda y cerrar el cuadro de diálogo.

Para acceder a funciones adicionales que permitan realizar una búsqueda más específica, pulse sobre el botón **Opciones**. Esto provoca que el cuadro de diálogo Buscar y reemplazar aumente de tamaño y muestre estas funciones:

Opción	Acción
Formato	Basa la búsqueda en las propiedades de formato de las celdas.
Dentro de:	Permite elegir entre Hoja, para restringir la búsqueda a la hoja de cálculo activa, o Libro, para buscar en todas las hojas del libro activo.
Buscar:	Permite seleccionar el sentido de búsqueda que desee: por columnas o por filas.
Buscar dentro de:	En este cuadro debe especificar si desea buscar el valor de las celdas, de sus fórmulas o de un comentario.
Coincidir mayúsculas y minúsculas	Distingue entre caracteres en mayúsculas y en minúsculas.

Opción	Acción
Coincidir con el contenido de toda la tabla	Busca una coincidencia exacta y completa de los caracteres especificados en el cuadro Buscar.

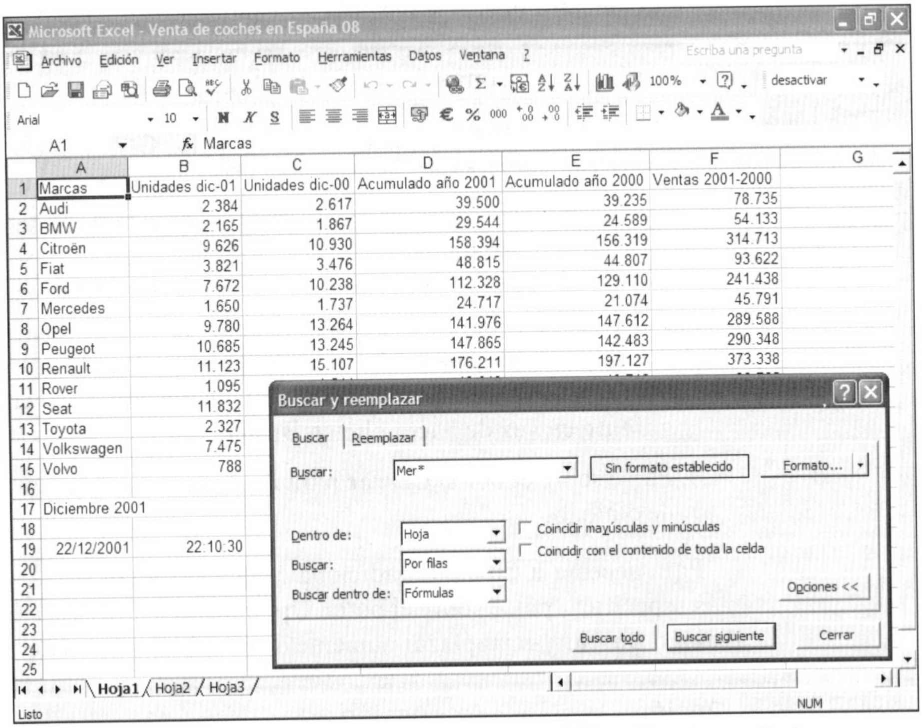

Figura 5.9. Como todas las aplicaciones de Office, Excel permite buscar y reemplazar datos

Buscar celdas con el mismo formato

Para buscar celdas que coincidan en su formato, acceda al cuadro de diálogo Buscar y reemplazar pulsando sobre la opción Buscar del menú Edición. Ya en el cuadro de diálogo, si hubiera algún tipo de dato en el cuadro de texto Buscar, bórrelo y siga el procedimiento que se describe a continuación:

1. Si desea especificar un formato, haga clic en Opciones, después pulse sobre la flecha situada a la derecha del botón **Formato** y seleccione el comando Formato... (haciendo clic sobre el propio botón accederá al mismo cuadro de diálogo), y, por último, elija las opciones apropiadas en el cuadro de diálogo Buscar formato. Para elegir un formato específico

de celda, haga clic en el comando Elegir formato de celda y, a continuación, haga clic en la celda que posee el formato que quiere buscar.

2. A continuación, para comenzar la búsqueda de coincidencias, pulse sobre el botón **Buscar todo** o en **Buscar siguiente**.

Truco: Si el cuadro de diálogo Buscar y remplazar obstaculiza la visualización de los resultados de la búsqueda o de la acción de reemplazar, pulse sobre su barra de título y arrástrela hasta una ubicación que permita ver la celda activa.

Reemplazar datos

Si desea reemplazar unos datos por otros en un documento debe seguir un proceso muy similar al detallado en el caso de la búsqueda; de hecho, Buscar y Reemplazar son dos acciones que están muy relacionadas.

1. Acceda al cuadro Buscar y reemplazar ejecutando la secuencia de comandos **Edición>Reemplazar...**
2. En el cuadro de texto Buscar, escriba los datos que pretende reemplazar. En el cuadro de texto Reemplazar con, escriba los datos con los que de-sea reemplazar los datos existentes. Para acceder a las funciones adicionales de búsqueda pulse sobre el botón **Opciones**.
3. Pulse sobre el botón **Reemplazar todos** si quiere reemplazar todas las apariciones en el documento. Si prefiere reemplazar y revisar cada aparición individualmente, haga clic en **Buscar siguiente** y posteriormente en **Reemplazar**.
4. Pulse sobre el botón **Cerrar** para finalizar y cerrar el cuadro de diálogo.

Nota: Para cancelar la acción de buscar o reemplazar en curso, presione la tecla **Esc**.

Insertar comentarios

Un comentario es una anotación especial que se puede añadir a una celda o a un rango de celdas. Los comentarios son muy útiles como avisos propios, por ejemplo, para anotar cómo funciona una fórmula compleja o para informar a otros usuarios. Si desea insertar un comentario en una celda, siga estos pasos:

1. Seleccione la celda donde desea adjuntar la nota y ejecute la secuencia de comandos **Insertar>Comentario**.
2. En el recuadro amarillo que aparece, escriba el comentario que quiera (el formato del texto puede modificarse seleccionándolo y utilizando las funciones de la Barra de herramientas Formato).
3. Pulse fuera de la nota cuando la haya finalizado. El comentario quedará adjunto a la celda seleccionada.

Ver los comentarios

Las celdas con comentarios poseen en la esquina superior derecha un pequeño indicador en forma de triángulo de color que advierte de la presencia de un comentario adjunto. Excel permite ver los comentarios de varios modos.

- Si sitúa el puntero sobre una celda que posee el indicador de mensajes, aparecerá el comentario adjunto al lado de la celda.
- Puede mostrar todos los comentarios de una hoja de cálculo si ejecuta la secuencia de comandos **Ver>Comentarios**. Para que Excel deje de mostrar las notas adjuntas vuelva a realizar la misma secuencia de comandos.
- Si activa la Barra de herramientas Revisión (**Ver>Barras de herramientas>Revisión**) podrá desplazarse secuencialmente por los comentarios de un libro utilizando los botones **Comentario anterior** y **Comentario siguiente**. Esta barra también posee un botón que permite mostrar todos los comentarios del libro. Véase la figura 5.10.

Nota: Cuando inserte un comentario, pero los indicadores no aparezcan, ejecute la secuencia de comandos **Herramientas>Opciones** y pulse sobre la pestaña Ver. En el área Comentarios, active el botón de opción Sólo indicador de comentario. Si desea ver el indicador y el comentario active el botón Indicador y comentario.

Modificar y mover un comentario

Para modificar el contenido, cambiar el tamaño o mover un comentario, haga clic con el botón derecho del ratón sobre la celda que contiene el comentario y seleccione el comando Modificar comentario del menú contextual que aparece.

Posteriormente, y ya con el comentario sobre el área de trabajo, puede realizar las siguientes acciones:

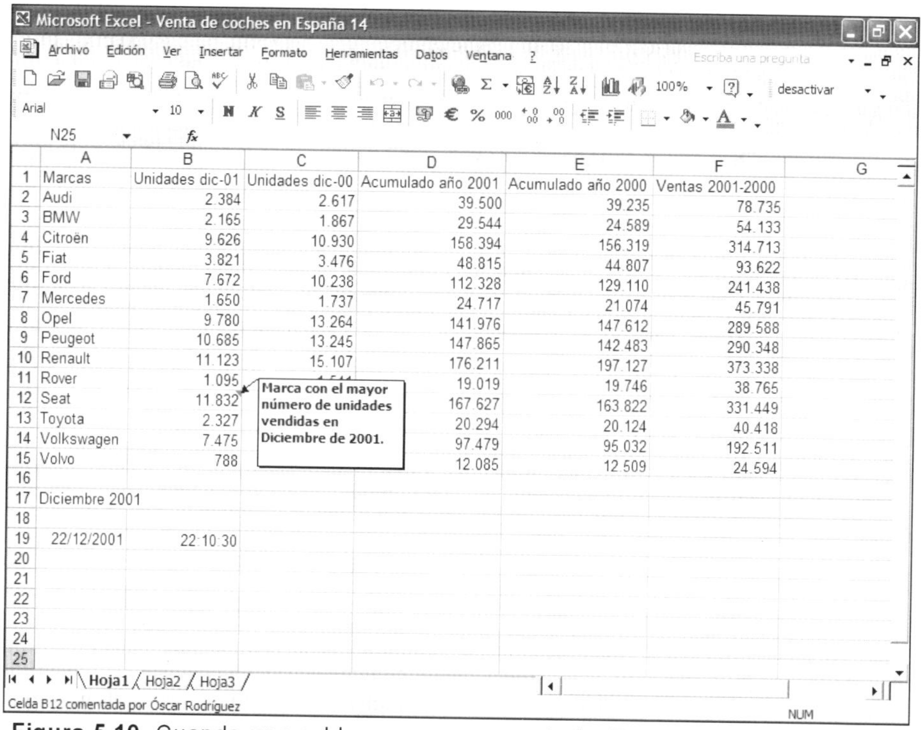

Figura 5.10. Cuando una celda posee un comentario, Excel muestra un triángulo rojo en la esquina superior derecha de la misma

- **Modificar el contenido**. Pulse dentro de la nota y modifique su contenido como en cualquier procesador de textos.
- **Cambiar de tamaño**. Sitúe el puntero del ratón sobre uno de los controladores de tamaño (son círculos que están presentes en el borde que rodea la nota). Ahora el puntero adquiere forma de doble flecha. Pulse sobre uno de esos controladores y arrástrelo hasta conseguir el tamaño deseado.
- **Desplazar el comentario**. Coloque el puntero en el borde de la nota, y cuando el puntero adquiera forma de cruz con cuatro flechas, pulse sobre él. Arrastre el comentario hacia su nueva ubicación.

Eliminar los comentarios insertados

Para eliminar uno o varios comentarios a la vez, realice una de las dos acciones siguientes:

- Seleccione la celda o el rango de celdas que posea comentarios adjuntos y, luego ejecute la secuencia de comandos **Edición>Borrar>Comentarios**.
- Pulse sobre la celda que posee el comentario adjunto con el botón derecho del ratón y seleccione, en el menú que aparece, la opción Eliminar comentario.

Borrar formatos, contenido y comentarios

Antes de describir cómo se eliminan formatos, contenidos o comentarios, es necesario aclarar la diferencia entre los comandos Borrar y Eliminar en Excel. Cuando se borran celdas, se elimina el contenido de las celdas (tanto fórmulas como datos), el formato (incluidos formatos de número, formatos condicionales y bordes) y los comentarios, pero se dejan las celdas vacías en la hoja de cálculo. Cuando se eliminan celdas usando el comando Eliminar del menú Edición, Excel elimina las celdas de la hoja de cálculo y desplaza las celdas vecinas para llenar el espacio. Para eliminar formatos, contenido o comentarios es necesario utilizar el comando Borrar del menú Edición:

1. Seleccione la celda, el rango de celdas, las filas o columnas en las que desee borrar el formato, el contenido o los comentarios.
2. En el menú Edición, elija el comando Borrar y luego una de las opciones:
    - **Todo**. Quita todo el contenido y el formato, incluidos los comentarios e hipervínculos, de las celdas seleccionadas.
    - **Formatos**. Quita sólo el formato de la selección; los comentarios y el contenido y permanecen inalterados.
    - **Contenido**. Borra el contenido (datos y fórmulas) de las celdas seleccionadas sin afectar a los formatos o a los comentarios de las celdas.
    - **Comentarios**. Elimina sólo los comentarios adjuntos a las celdas seleccionadas (en el caso de que la celda posea asociado algún comentario); el contenido de las celdas y los formatos permanecen invariables. Véase la figura 5.11.

Nota: Si activa una celda y, a continuación, presiona sobre la tecla **Supr** o **Retroceso**, Excel eliminará el contenido de la celda, pero no los comentarios ni el formato de la misma. Si se borra una celda, el valor de la celda será 0 (cero), y la fórmula que haga referencia a esa celda recibirá ese valor.

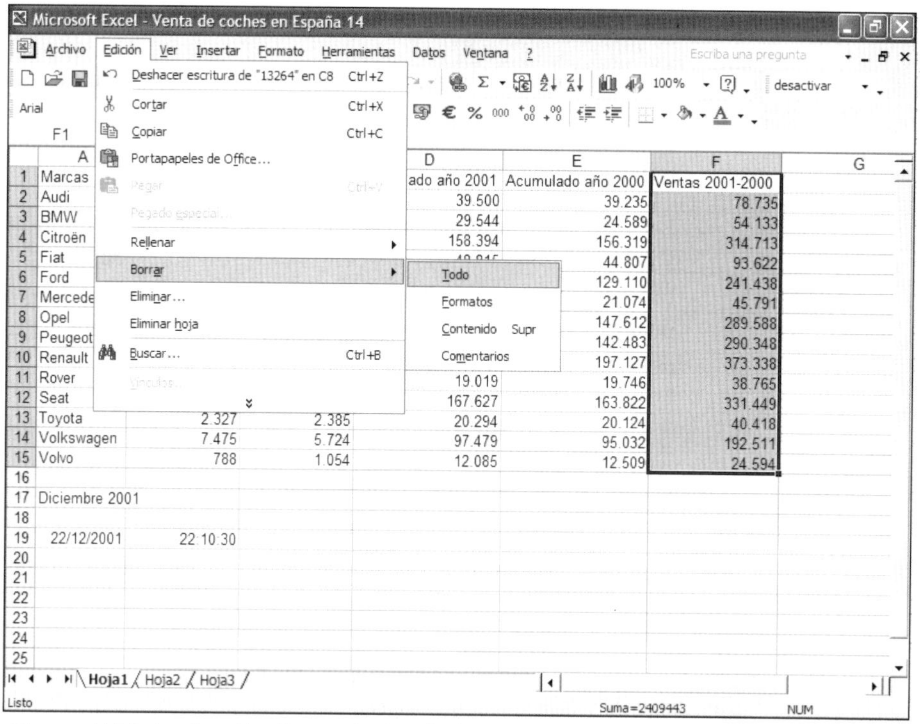

Figura 5.11. La función Borrar todo elimina el contenido y el formato de la celda, incluidos comentarios e hipervínculos

Gestionar hojas y libros

La gestión de las hojas permite administrar el área de trabajo de tal forma que se ajuste a las necesidades de cada usuario. Para ello, se pueden insertar y eliminar filas, columnas y celdas. En cuanto a la gestión de los elementos de un libro, Excel colabora con el usuario permitiendo que las hojas se renombren como uno desea, así como que se inserten, se eliminen o se desplacen según se necesite.

Insertar y eliminar filas, columnas y celdas

Si requiere de un espacio adicional en una hoja de cálculo, Excel permite insertar filas, columnas o celdas en medio de los datos ya existentes. Al llevar a cabo esta acción, las entradas ya realizadas se desplazan para adecuarse al nuevo estado.

Insertar filas

Para insertar una fila realice los pasos que se describen a continuación:

1. Seleccione la fila sobre la cual va a añadir otra fila pulsando sobre el número que la define.
2. Ejecute la secuencia de comandos **Insertar>Filas**, o bien pulse sobre la selección con el botón derecho del ratón y seleccione el comando Insertar. Observará que se ha creado una nueva fila que ocupa el número que poseía la fila seleccionada. Por supuesto, las filas que hay bajo ésta se desplazan un número hacia abajo.

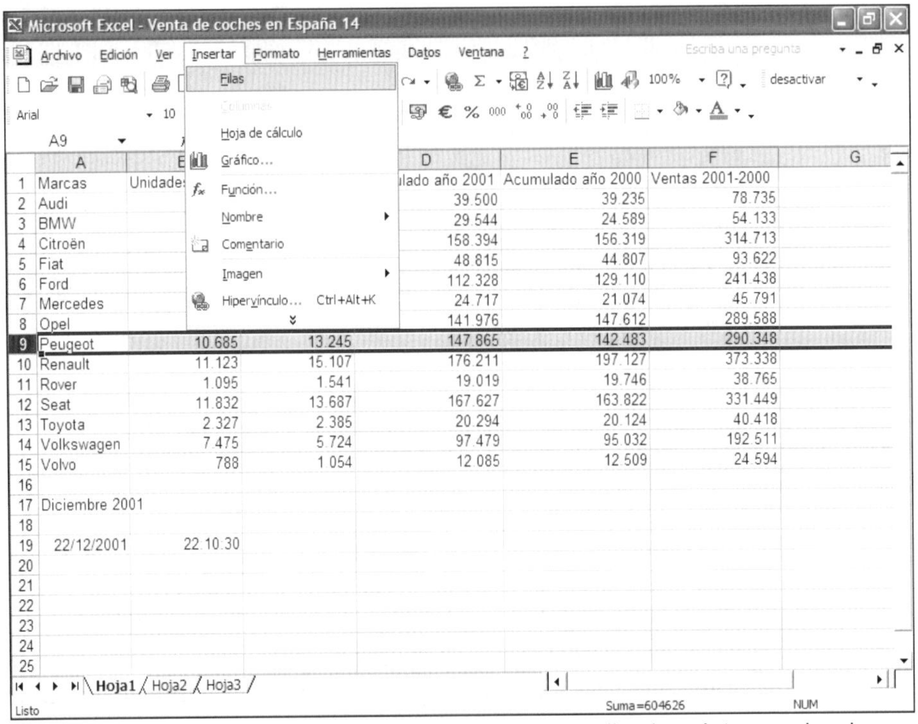

Figura 5.12. Al insertar una fila entre entradas ya realizadas, éstas se desplazan para adecuarse al nuevo estado

Insertar columnas

Para insertar una columna realice los siguientes pasos:

1. Seleccione la columna que va a quedar a la derecha de la columna añadida pulsando sobre la letra que la define.

2. Ejecute la secuencia de comandos **Insertar>Columnas**, o pulse sobre la selección con el botón derecho del ratón y seleccione el comando Insertar. Observará que se ha creado una nueva columna que ocupa la letra que poseía la columna seleccionada. Por supuesto, las columnas que hay a la derecha de ésta se desplazan una letra hacia la derecha.

Insertar celdas

Para insertar una celda o un rango de celdas realice los siguientes pasos:

1. Seleccione la celda o el rango donde deben aparecer las nuevas celdas.
2. Ejecute la secuencia de comandos **Insertar>Celdas**, o pulse sobre la selección con el botón derecho del ratón y seleccione el comando Insertar para que aparezca el cuadro de diálogo Insertar celdas.
3. En el cuadro de diálogo Insertar celdas seleccione una de estas cuatro opciones: Desplazar las celdas a la derecha, Desplazar las celdas hacia abajo, Insertar toda una fila o Insertar toda una columna.
4. Pulse sobre el botón **Aceptar**. Las celdas seleccionadas se desplazarán en la dirección especificada. Véase la figura 5.13. .

Eliminar columnas, filas o celdas

Excel permite eliminar columnas, filas y celdas de una hoja de cálculo. Así podrá, por ejemplo, deshacerse de datos que ya no le son necesarios. Al eliminar alguno de estos elementos, los datos existentes se desplazarán para cerrar el espacio dejado. Para eliminar columnas y filas realice este proceso:

1. Seleccione la fila o filas, columna o columnas pulsando sobre su número o su letra.
2. Ejecute la secuencia de comandos **Edición>Eliminar**, o pulse sobre la selección con el botón derecho del ratón y seleccione la opción Eliminar del menú contextual emergente.

Para ver claramente cómo se elimina un rango de celdas, utilice la Hoja2 del ejemplo de la venta de automóviles en España (recuerde que esta hoja únicamente contiene datos numéricos):

1. Seleccione el rango de celdas que desea eliminar. En este caso, por ejemplo, el rango C4:D17.
2. Elija la opción Eliminar del menú Edición, o pulse en la selección con el botón derecho del ratón y seleccione la opción Eliminar del menú contextual.

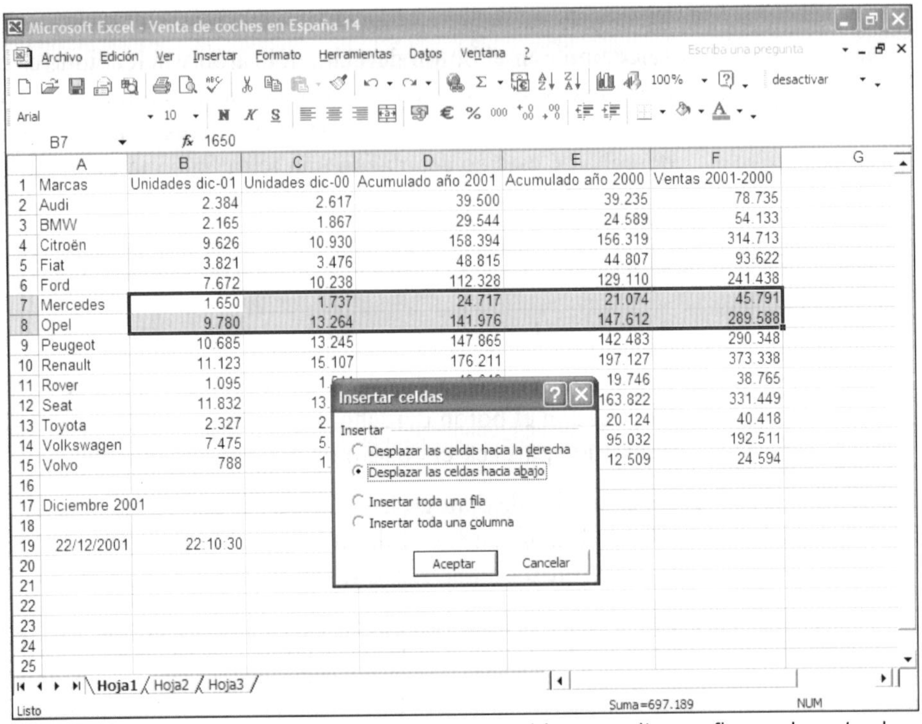

Figura 5.13. El cuadro de diálogo Insertar celdas permite configurar la entrada de la nueva celda

3. Aparecerá el cuadro de diálogo Eliminar celdas. Seleccione la opción Desplazar las celdas hacia la izquierda para trasladar el contenido de las celdas restantes a la izquierda. De esta forma, el espacio que sobra al eliminar las celdas se rellenará.

4. Para finalizar la acción, pulse sobre el botón **Aceptar**.

> **Nota:** Excel mantiene actualizadas las fórmulas adaptando las referencias a las celdas que se han desplazado para que reflejen sus nuevas ubicaciones. Sin embargo, una fórmula que haga referencia a una celda ya eliminada mostrará el valor de error #¡REF!.

Insertar y eliminar hojas de cálculo

Los libros predeterminados de Excel contienen tres hojas de cálculo, pero es posible añadir hojas adicionales, así como eliminar otras que ya no se necesiten.

Para añadir nuevas hojas, debe realizar una de las acciones que se describen a continuación:

- Realice la secuencia de comandos **Insertar>Hoja de cálculo** para insertar una hoja predeterminada que tenga el mismo aspecto que las demás hojas del libro.

- Pulse con el botón derecho del ratón sobre cualquiera de las etiquetas de las hojas del libro y seleccione la opción Insertar del menú emergente. Posteriormente, si desea insertar una hoja predeterminada que tenga el mismo aspecto que las demás hojas del libro, seleccione el archivo Hoja de cálculo de la pestaña General.

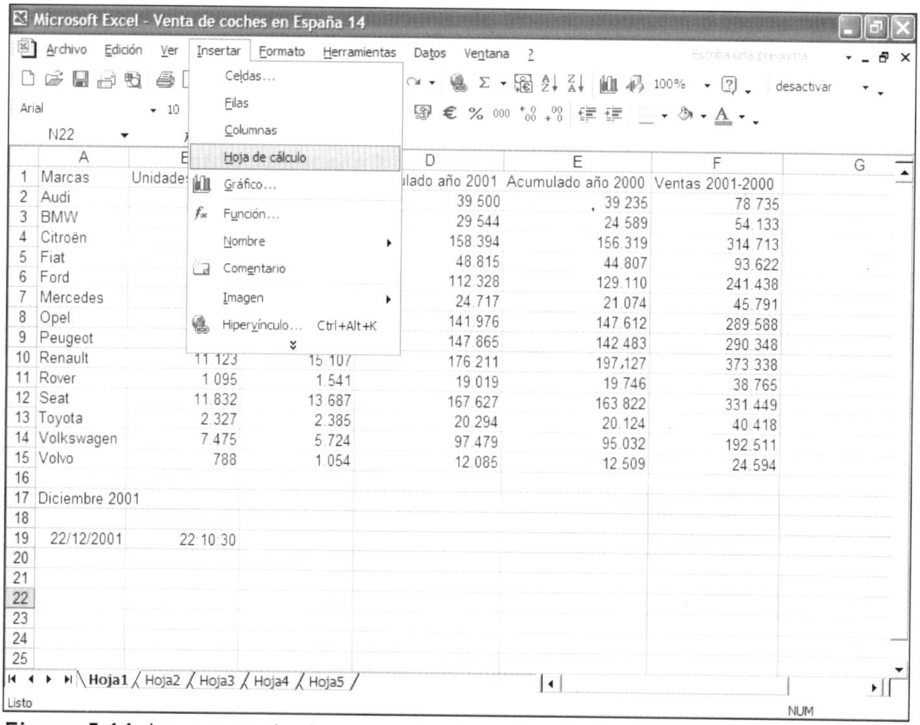

Figura 5.14. La secuencia de comandos **Insertar>Hoja de cálculo** agrega al libro una nueva hoja

> **Nota:** La herramienta Insertar permite agregar una nueva hoja basada en una plantilla personalizada creada previamente.

Eliminar hojas

Excel permite eliminar del libro activo una hoja o varias hojas al mismo tiempo. Pero antes de hacerlo, debe tener en cuenta que ni el comando Deshacer del menú Edición ni el botón **Deshacer** de la Barra de herramientas Estándar pueden restablecer la hoja u hojas eliminadas. Para eliminar una o varias hojas de un libro, primero selecciónelas y, a continuación, realice una de las siguientes acciones:

- Ejecute la secuencia de comandos **Edición>Eliminar hoja**.
- Pulse con el botón derecho del ratón sobre la etiqueta de la hoja que desea eliminar y seleccione la opción Eliminar del menú emergente.

Desplazar hojas de cálculo

Además de insertar y eliminar hojas de un libro, Excel permite reorganizar el libro desplazando las hojas a una nueva ubicación. Puede llevar a cabo este tipo de acciones utilizando la técnica de arrastrar y soltar:

1. Pulse con el botón izquierdo del ratón sobre la etiqueta de la hoja que desea desplazar.
2. Ahora sin soltar el botón del ratón, arrastre la hoja hasta su nueva ubicación y suéltela.
3. Cuando suelte el botón la hoja se colocará en su nueva posición.

Desplazar o copiar hojas de cálculo en otro libro

Para desplazar una hoja a otro libro ya existente o a uno nuevo, Excel dispone del comando Mover o copiar... Utilice esta función del siguiente modo:

1. Pulse con el botón derecho del ratón sobre la etiqueta de la hoja de cálculo que quiere desplazar.
2. Seleccione el comando Mover o copiar... del menú emergente para acceder a un cuadro de diálogo del mismo nombre. Éste permite mover o copiar únicamente la hoja u hojas seleccionadas.
3. Ahora en la lista desplegable del área Al libro, seleccione el libro abierto al que desea mover o copiar las hojas seleccionadas. Puede seleccionar Nuevo libro para crear un libro que contenga solamente las hojas movidas o copiadas.

4. A continuación, en el cuadro denominado Antes de la hoja, seleccione el nombre de la hoja delante de la cual prefiere ubicar las hojas movidas o copiadas. Puede seleccionar la opción Mover al final para ubicar las hojas al final de las hojas que contiene el libro abierto que se presenta en el cuadro Al libro.

5. Active la casilla de verificación Crear una copia, si desea copiar las hojas seleccionadas y dejar las hojas originales en su ubicación, y pulse sobre **Aceptar** para finalizar la operación.

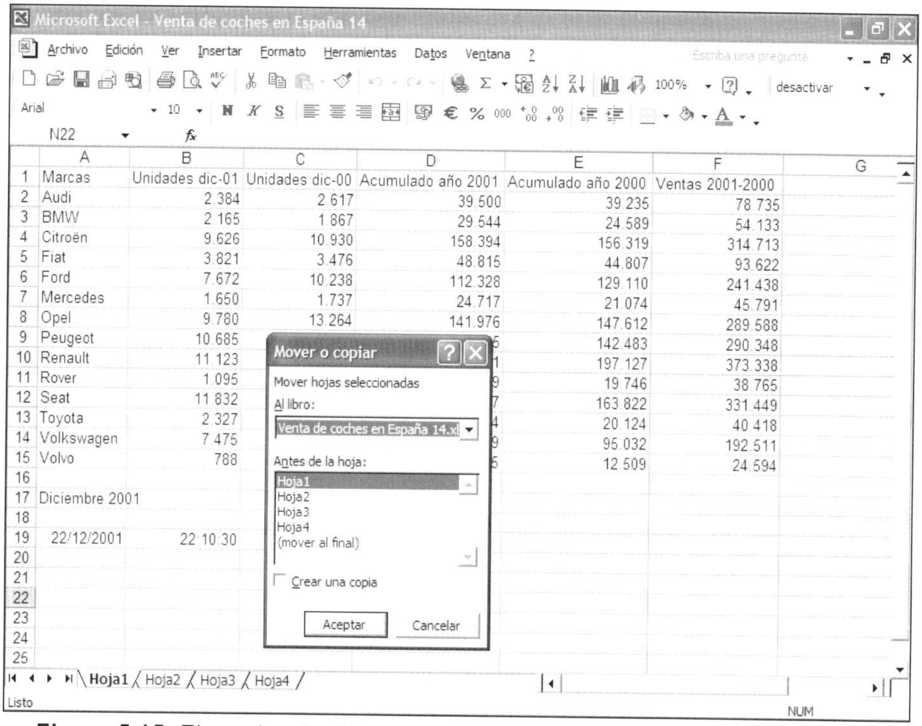

Figura 5.15. El cuadro de diálogo Mover o copiar permite desplazar o copiar hojas entre los distintos libros que estén activos

Asignar nombres a las hojas de un libro

De forma predeterminada, el programa asigna a cada hoja de un libro la denominación Hoja1, Hoja2 y Hoja3. Si se añade otra hoja le asignará Hoja4, y así sucesivamente. Pero con objeto de identificar mejor el contenido de una hoja, Excel permite asignarle un nuevo nombre. Para modificar el nombre de una hoja puede realizar una de estas dos acciones:

- Pulse dos veces sobre la etiqueta de la hoja de cálculo cuyo nombre quiere cambiar, y escriba directamente el nuevo nombre.
- Pulse con el botón derecho del ratón sobre la etiqueta de la hoja de cálculo cuyo nombre desea cambiar, y seleccione la opción Cambiar nombre del menú contextual que aparece.

Revisión ortográfica

Cuando se revisa la ortografía, Excel examina la hoja de cálculo activa completa, incluidos los valores de las celdas, los comentarios, los gráficos incrustados, los cuadros de texto, los botones, los encabezados y los pies de página. Pero el programa no revisará las hojas de cálculo protegidas, las fórmulas o el texto que resulte de una fórmula. Además de revisar errores ortográficos, Excel busca palabras repetidas y otras cuyas mayúsculas puedan no estar escritas de forma correcta.

Truco: Cuando no quiera examinar la ortografía de toda la hoja de cálculo, seleccione el rango que desea revisar y pulse sobre el botón **Ortografía** de la Barra de herramientas Estándar.

La herramienta Ortografía ofrece un diccionario estándar, y también permite crear uno personalizado. En este diccionario alternativo se pueden almacenar palabras usadas frecuentemente y que no se encuentran en el diccionario estándar. Al revisar la ortografía, Excel usa tanto el estándar como el personalizado. Para examinar la ortografía de una hoja de cálculo, siga estos pasos:

1. Seleccione el rango que desee revisar, o pulse sobre la celda A1 si desea examinar la ortografía de toda la hoja de cálculo.
2. Ejecute la secuencia de comandos **Herramientas>Ortografía...**, pulse sobre la tecla **F7** o haga clic sobre el botón **Ortografía** de la Barra de herramientas Estándar.
3. Use las distintas opciones que muestra el cuadro de diálogo Ortografía:

Opción	Acción
Omitir una vez	Omite la palabra y continúa con la revisión ortográfica.
Omitir todas	Omite la revisión de todas las apariciones en la hoja de cálculo de la palabra.

Opción	Acción
Agregar al diccionario	Agrega la palabra al diccionario personalizado.
Sugerencias	Muestra una lista de las palabras sugeridas como sustitutas tomadas del diccionario principal y del diccionario personalizado.
Cambiar	Cambia la palabra por la seleccionada en el cuadro Sugerencias. Si Microsoft Excel detecta una palabra duplicada, por ejemplo "de de", en la hoja de cálculo, utilice el botón Eliminar para eliminar la palabra duplicada.
Cambiar todas	Cambia todas las apariciones de la palabra por la seleccionada en el cuadro Sugerencias.
Autocorrección	Agrega una palabra a la lista Autocorrección para que pueda corregirla automáticamente según se escribe.
Idioma del diccionario	Permite seleccionar el idioma que desea usar para la corrección ortográfica.
Opciones...	Permite configurar ciertas opciones de la herramienta Ortografía.
Deshacer	Deshace la última acción realizada.
Cancelar	Cierra el cuadro de diálogo de Ortografía sin guardar los cambios realizados.
Cerrar	Cierra el cuadro de diálogo Ortografía guardando los cambios realizados.

Nota: Para revisar la ortografía de más de una hoja de cálculo de un libro, seleccione la etiqueta de cada una de las hojas que desee revisar antes de utilizar la herramienta de ortografía. Véase figura 5.16.

Herramienta Autocorrección

La función Autocorrección de Excel permite corregir errores de escritura comunes mientras trabaja. Esta herramienta, por ejemplo, cambia de forma automática "acesorios" por "accesorios", "recivir" por "recibir", etc. No se debe confundir la función Autocorrección con la de Autocompletar. La función

Autocompletar termina de escribir una cadena que se utiliza varias veces en una celda, cuando el usuario ha escrito las primeras letras de la palabra o frase. Para configurar las opciones de Autocorrección, realice los pasos que se describe a continuación:

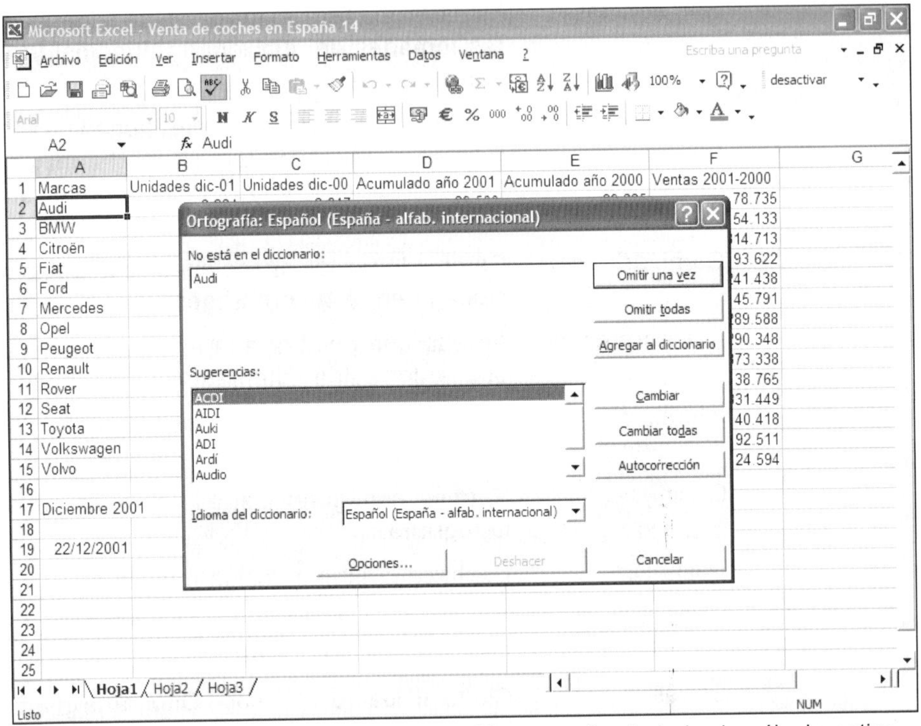

Figura 5.16. La función Revisión ortográfica examina la hoja de cálculo activa de forma completa

1. Ejecute la secuencia de comandos **Herramientas>Opciones de Autocorrección...** para acceder al cuadro de diálogo Autocorregir.
2. De las siguientes opciones active o desactive las que crea necesario:

Opción	Acción
Corregir DOs MAyúsculas SEguidas	Si escribe dos mayúsculas seguidas al principio de una palabra, la segunda mayúscula cambia a minúscula.
Poner en mayúscula la primera letra de una oración	Pone de forma automática en mayúsculas la primera letra de la primera palabra de cada oración.

Opción	Acción
Poner en mayúscula los nombres de los días	Automáticamente escribe en mayúscula la primera letra de los nombres de los días de la semana.
Corregir el uso accidental de BLOQ MAYÚS	Si escribe accidentalmente con la tecla **Bloq Mayús** activada, corrige las mayúsculas de las palabras escritas y desactiva esta tecla.
Reemplazar texto mientras escribe	Desactive esta casilla de verificación para interrumpir automáticamente el proceso de corrección y reemplazar texto mientras escribe.

3. Para agregar un error común a la lista de la función Autocorregir, escriba la palabra incorrecta en el cuadro de texto Reemplazar y la versión correcta en el cuadro Con. A continuación, pulse **Agregar**.
4. Si desea eliminar una entrada, selecciónela en la lista y pulse sobre el botón **Eliminar**. Para finalizar con todo el proceso, haga clic sobre **Aceptar**. Véase la figura 5.17.

Truco: La opción de Autocorrección es muy útil para reemplazar siglas o abreviaturas de palabras que se utilizan frecuentemente. Por ejemplo, utilizando esta herramienta es posible escribir "bfa" para que se cambie por "Balance Final del Año".

Excepciones de autocorrección

Las excepciones de autocorrección se pueden configurar si pulsa sobre el botón **Excepciones...** del cuadro de diálogo Autocorregir. Estas opciones muestran las abreviaturas o términos con mayúsculas y minúsculas mezcladas que no desea que Excel corrija automáticamente. El cuadro de diálogo Excepciones de autocorrección posee dos fichas denominadas Letra inicial y MAyúsculas INiciales:

- **Letra inicial**. Si no desea que se ponga automáticamente en mayúsculas la primera letra de una palabra que sigue a una abreviatura, escriba la abreviatura, incluyendo el punto. Por ejemplo, si escribe "etc.", no se pondrá en mayúsculas la primera letra de la siguiente palabra.
- **MAyúsculas INiciales**. Permite introducir palabras o abreviaturas cuyas mayúsculas o minúsculas no quiere que se corrijan automáticamente.

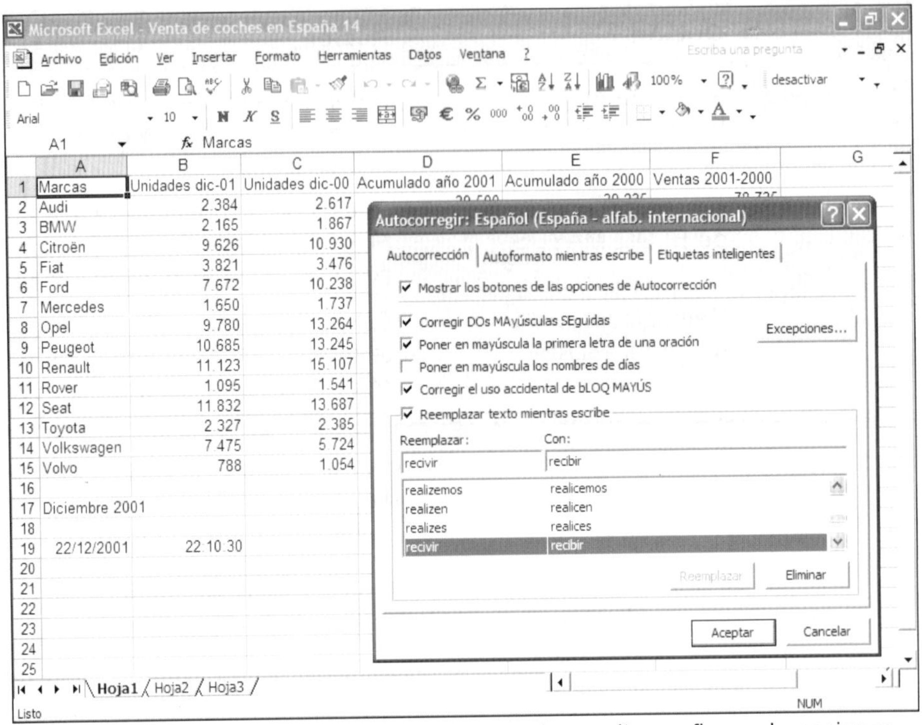

Figura 5.17. El cuadro de diálogo Autocorregir permite configurar la opciones de Autocorrección

Nota: Excel comparte los diccionarios ortográficos y las entradas de Autocorrección con otros programas de Microsoft Office.

6. Crear fórmulas

Este capítulo está dedicado a las fórmulas, un aspecto fundamental del trabajo en una hoja de cálculo. Para sacar el máximo provecho de una hoja cualquiera es necesario usar fórmulas, así como conocer los posibles problemas que se crean al utilizarlas.

Las fórmulas pueden emplearse en múltiples tareas: desde realizar operaciones sencillas, tales como sumas y restas, hasta complejos cálculos financieros, estadísticos y científicos.

Qué es una fórmula

De algún modo, las fórmulas son ecuaciones que efectúan cálculos con los valores incluidos en una hoja de cálculo. Una fórmula posibilita la realización de operaciones con el contenido de las celdas y produce un resultado directo. Por ejemplo, puede introducir en una celda cualquiera la expresión: =3+5, lo cual provocará que aparezca el resultado 8 en la misma celda. Esto constituye un ejemplo intuitivo de lo que es una fórmula básica que utiliza dos valores constantes.

Introducir una fórmula

Como ya habrá comprobado, las fórmulas necesitan celdas en las que quedar alojadas. Además, utilizan un operador aritmético y datos con los que operar. Véase la figura 6.1.

Para crear fórmulas propias hay que tener siempre en cuenta los siguientes parámetros:

- Todas las fórmulas deben comenzar con el signo igual (=).
- Siempre se debe determinar el rango o el bloque de celdas que interviene en la fórmula con el formato "CELDA INICIAL:CELDA FINAL", se

entiende por inicial y final las celdas que se encuentran en los extremos del bloque, y entre ellas, el signo dos puntos (:) (dos puntos).

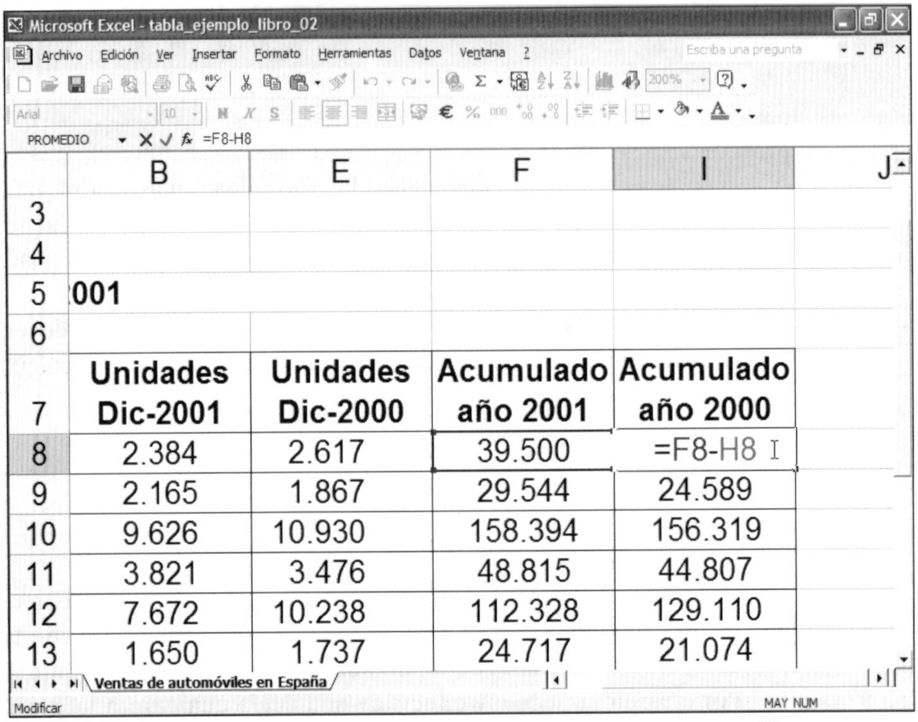

Figura 6.1. Ubicación de una fórmula en una celda específica

- Las celdas deben ser identificadas mediante su ubicación COLUMNA-FILA, por ejemplo: A4, K234, CD76, etc.
- Se deben usar siempre signos de separación, como paréntesis, entre los distintos bloques de celdas incluidos, o entre las operaciones a efectuar.

Nota: Puede construir una fórmula escribiendo directamente en la celda la combinación aritmética o función que desee, precedida por el signo =. El signo indica que es una fórmula y no del contenido normal de una celda.

Hacerlo tecleando directamente

Una vez seleccionada la celda en la que pretende introducir una fórmula, realice la siguiente operación:

1. Escriba el signo (=) o el signo (+). Tenga en cuenta que todas las fórmulas deben comenzar por un signo. En cualquier caso, si ha introducido el signo + (o el -, aportando valor negativo), el programa incluirá automáticamente un signo = al comienzo de la fórmula.
2. A continuación introduzca un valor, la referencia a una celda, un rango o nombre de rango, o el nombre de una función.

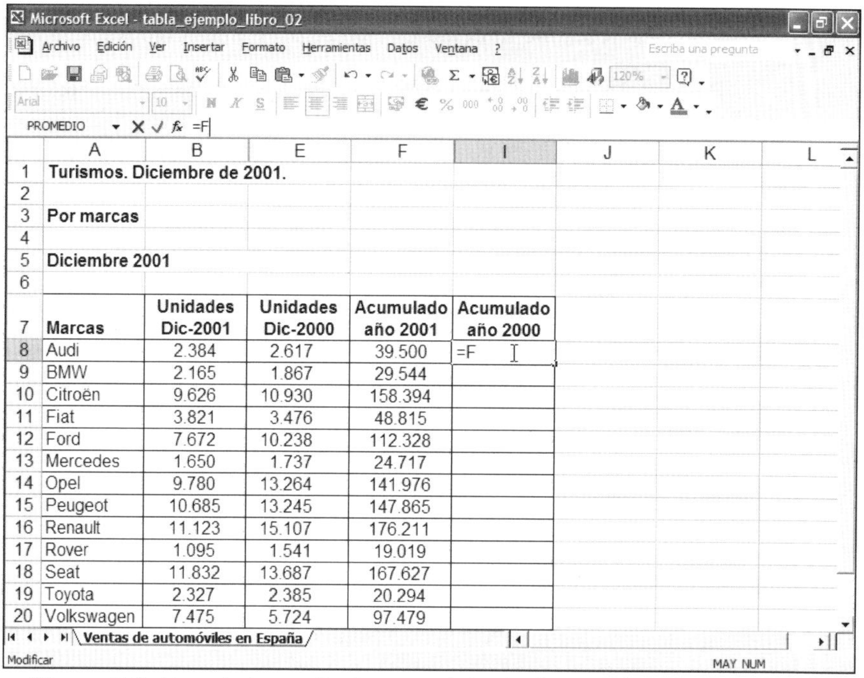

	A	B	E	F	I	J	K	L
1	Turismos. Diciembre de 2001.							
2								
3	Por marcas							
4								
5	Diciembre 2001							
6								
7	Marcas	Unidades Dic-2001	Unidades Dic-2000	Acumulado año 2001	Acumulado año 2000			
8	Audi	2.384	2.617	39.500	=F			
9	BMW	2.165	1.867	29.544				
10	Citroën	9.626	10.930	158.394				
11	Fiat	3.821	3.476	48.815				
12	Ford	7.672	10.238	112.328				
13	Mercedes	1.650	1.737	24.717				
14	Opel	9.780	13.264	141.976				
15	Peugeot	10.685	13.245	147.865				
16	Renault	11.123	15.107	176.211				
17	Rover	1.095	1.541	19.019				
18	Seat	11.832	13.687	167.627				
19	Toyota	2.327	2.385	20.294				
20	Volkswagen	7.475	5.724	97.479				

Figura 6.2. Uno de los métodos para introducir una fórmula es escribirla directamente sobre la Barra de fórmulas

3. Seguidamente incluya el operador que necesite. Más adelante encontrará un listado de todos los que se encuentran disponibles en Excel 2002.
4. Repita de nuevo el paso número 2 para completar su fórmula.
5. Pulse la tecla **Intro** o haga clic sobre el botón **Introducir**, situado a la izquierda de la Barra de fórmulas.

Aviso: Para que Excel reconozca que se va a introducir una fórmula, debe escribir primero el signo igual (=).

Hacerlo señalando con el ratón

Al escribir referencias de celda en una fórmula, resulta fácil cometer errores. Por esta razón, para evitar equivocaciones, lo más conveniente es crear una fórmula señalando las celdas con clics de ratón.

Supongamos que desea introducir en la celda B14 una fórmula que reste el total de la celda B11 del total de la celda B5. Cree la fórmula de este modo:

1. Seleccione la celda en la que pretende introducir la fórmula.
2. Escriba el signo igual (=) para comenzar. Por ejemplo, escriba = en la celda B14.
3. Haga clic en la celda cuya referencia desea añadir a la fórmula. En este caso, pulse en la celda B5.

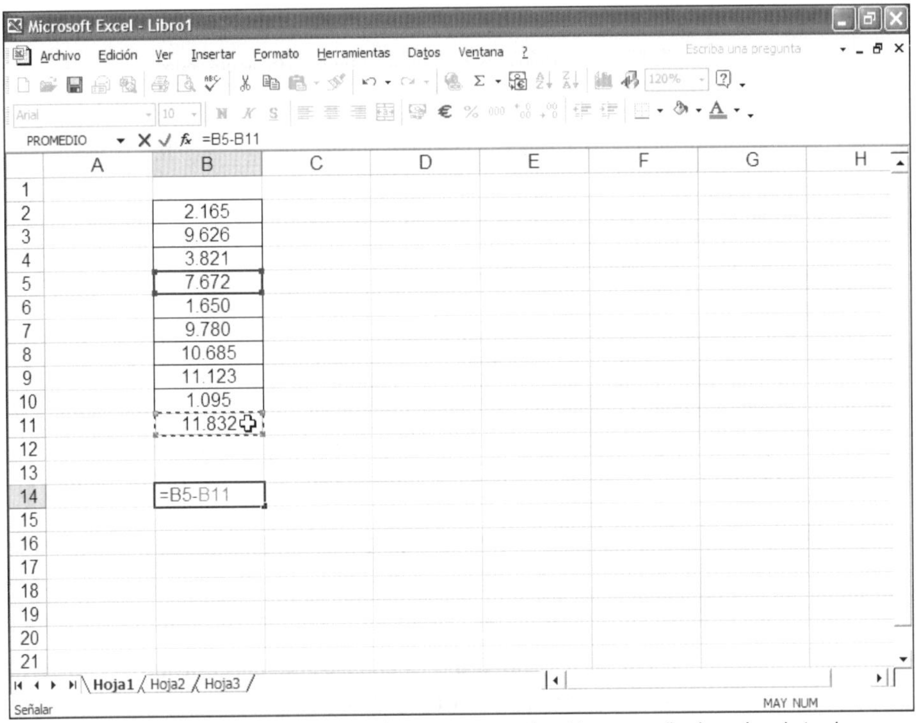

Figura 6.3. Seleccionando el rango con el ratón, se añade a la sintaxis de la fórmula

4. Escriba el signo menos (-).
5. Pulse en la siguiente celda que quiera añadir a la fórmula. En este ejemplo, pulse en la celda B11.

6. Pulse **Intro** para aceptar la operación. También puede validarla pulsando sobre el botón **Introducir**, situado a la izquierda de la Barra de fórmulas.

Tipos de fórmulas y sus operadores

Excel 2002 trabaja con distintos tipos de fórmulas. Éstas pueden ser aritméticas, de comparación, de texto o de referencia. Cada tipo de fórmula tiene sus propios operadores. A continuación se enumeran las más habituales, incluyendo los operadores con los que es posible trabajar.

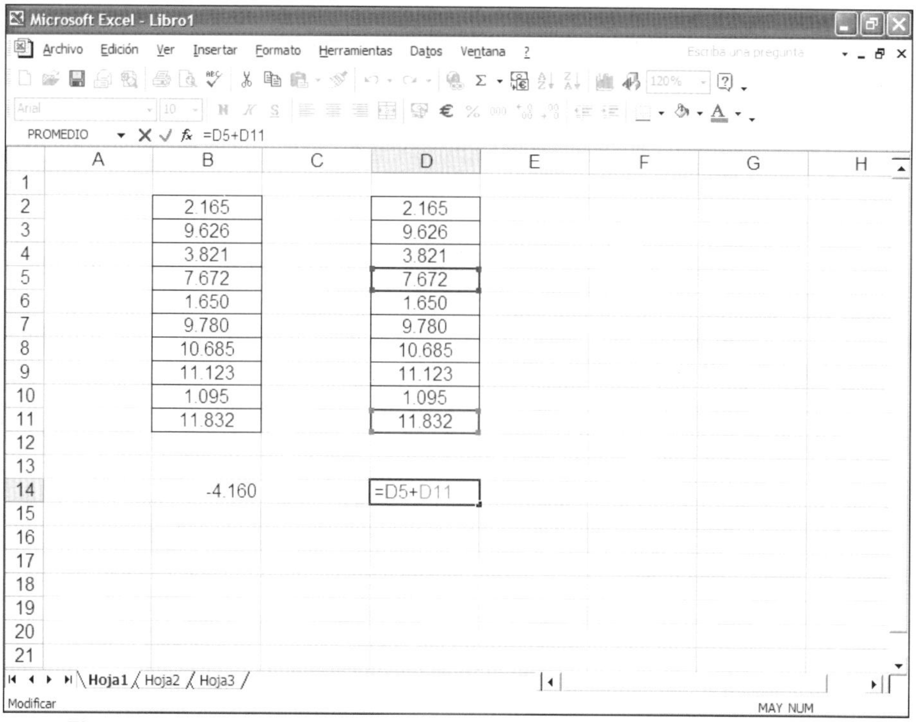

Figura 6.4. El resultado de una fórmula depende del operador utilizado

Fórmulas aritméticas

Son las más comunes. Combinan direcciones de celdas, números y funciones con operadores matemáticos. Permiten llevar a cabo operaciones matemáticas básicas como suma, resta o multiplicación, combinar números y generar resultados numéricos.

Nombre	Operador	Significado
Adición	+	Suma.
Resta	-	Resta.
Multiplicación	*	Multiplicación.
División	/	División.
Porcentaje	%	Porcentaje.
Exponenciación	^	Exponenciación.

El empleo de fórmulas aritméticas no reviste especial complejidad, excepto en el último caso: exponenciación. En principio, elevar un número a una potencia tiene el mismo efecto que multiplicar el número por sí mismo tantas veces como indica el exponente. De esta forma, si se escribe la fórmula =8^2, el resultado será 64. Esto equivale a multiplicar el número 8 (conocido como base) por sí mismo dos veces (exponente). Se puede escribir =8*8, obteniendo el mismo resultado. En estos exponentes fraccionarios, el numerador es siempre la unidad, pues representa a la base, y el denominador representa el índice de la raíz que hay que hallar.

Nota: Es esencial que el exponente fraccionario se coloque dentro de un paréntesis; en otro caso, el programa multiplicará el numerador por el número y lo dividirá entre el denominador. La relación de operaciones se alterará y el resultado no será correcto. Por ejemplo, cuando se escribe la fórmula =64^(1/2), la celda devuelve el valor 8, al ser 8 la raíz cuadrada de 64. Si escribe la fórmula =9^(1/3), la celda devolverá el valor 3, pues la raíz cúbica de 9 es 3 (el número que multiplicado por sí mismo tres veces devuelve el valor 9).

Fórmulas de comparación

Estas fórmulas permiten comparar dos o más números, contenidos de celdas, resultados de funciones o cadenas de texto. Si el objeto de la comparación resulta ser cierto, la celda mostrará el valor 1, en caso contrario indicará el valor 0. Véase la tabla siguiente.

Las fórmulas lógicas se emplean para determinadas comparaciones. Mediante este tipo de operadores, por ejemplo, es posible disponer de la información necesaria para saber si un empleado ha cumplido su horario, comparando el horario realizado con el que tendría que cumplir, descubrir los morosos que exceden de determinados saldos o días de pago, etc.

Nombre	Operador	Significado
Igual a	=	Suma.
Mayor que	>	Mayor que.
Menor que	<	Menor que.
Mayor o igual	>=	Igual o mayor que.
Menor o igual	<=	Igual o menor que.
Desigual	<>	Distinto de.

El uso de estos operadores es sencilla. Por ejemplo, si tiene en la celda A1 las horas realizadas por un empleado, y su jornada semanal es de 40 horas, en la B2 puede escribir la siguiente fórmula =A1>=40. Si ha trabajado igual o más de 40 horas, la celda devolverá VERDAD, y en caso contrario, aparecerá FALSO.

Fórmulas de texto

Estas fórmulas utilizan el signo (&) como operador, y el texto hay que introducirlo entre comillas. Una de sus funciones es la de unir cadenas de texto con el fin de generar un único elemento. Si escribe en una celda cualquiera la expresión ="cali"&"mocho", la celda devolverá la expresión "calimocho".

Nombre	Operador	Significado
Y comercial	&	Concatena dos valores de texto.

Fórmulas de referencia

Estas fórmulas utilizan dos celdas o rangos para crear una sola referencia.

Nombre	Operador	Significado
Dos puntos	:	Rango a partir de dos celdas.
Coma	,	Rango unión de dos rangos.

Nombre	Operador	Significado
Espacio	Espacio, con la barra espaciadora	Intersección de dos rangos.

Los operadores y su utilización

Como se ha señalado con anterioridad, no es indiferente el orden en que se ejecutan las operaciones. Esto se pone de manifiesto en las fórmulas más complejas, momento en el que se concatenan diversas operaciones, y el orden en que se ejecutan resulta crucial para la obtención de un resultado correcto.

Orden en la realización de los cálculos

Una misma fórmula puede devolver resultados distintos según el orden en que se ejecuten las operaciones. Sus resultados siempre serán correctos desde un punto de vista aritmético, si bien en algún caso el resultado no será el esperado. Por eso, es importante indicar qué parte de la fórmula ha de calcularse primero y cuál después.

Excel establece un orden de preferencias según el operador que se utilice. De modo esquemático el orden es el siguiente:

- **Primero.** Operador dos puntos (:) permite denominar la operación rango.
- **Segundo.** Operador espacio que denomina la operación intersección.
- **Tercero.** Operador coma (,) que permite la unión de dos rangos.
- **Cuarto.** Operador indicativo de números negativos (-).
- **Quinto.** Operador de porcentaje (%).
- **Sexto.** Exponenciación (^).
- **Séptimo.** Operador de multiplicación y división (*) y (/).
- **Octavo.** Operador de suma y resta (+) y (-).
- **Noveno.** Operador de concatenación (&).
- **Décimo.** Operadores lógicos o de comparación (=) (<) (>) (<=) (>=).

Realmente, el orden que sigue el programa al realizar el cálculo de una fórmula es el mismo que se utiliza en cualquier operación matemática, es decir, se evalúan los operadores comenzando por la izquierda. Como habrá comprobado en numerosas ocasiones, no es lo mismo realizar la operación 2*3+4, de izquierda a derecha que de derecha a izquierda. En el primer caso, 2*3+4=10, y en el segundo, 4+3*2=14. La celda en la que haya introducido la fórmula devolverá siempre el valor 10.

Orden de preferencias

Controlar el orden en que se realizan las operaciones es fundamental. Piense que todos los cálculos incluidos en su trabajo pueden estar viciados por una fórmula que devuelve un resultado que es incorrecto por el orden de preferencia de las operaciones.

La forma de controlar este orden es usando el paréntesis, ya que los términos incluidos entre paréntesis son los que se ejecutan primero. De ahí la diferencia en el resultado si se utilizan estos signos ortográficos o no. No hay ningún problema en anidar los paréntesis, es decir, en incluir unos dentro de otros.

Por ejemplo, puede escribir en una celda cualquiera la siguiente fórmula: =4^(25/(4*2-3)). Véase la figura 6.5.

Observe cómo Excel ejecuta las operaciones en distintas fases:

- La primera fase realizará la operación interna =4^(25/(8-3)).
- La segunda fase realizará la operación =4^(25/5).
- La tercera fase dejará la operación =4^5.
- La cuarta fase devolverá el resultado 1.024.

Si usa paréntesis anidados en una fórmula, y olvida el signo de apertura o cierre de alguno, la hoja de cálculo devolverá un error en la fórmula impidiendo que la introduzca en la celda. En este caso, observe, en la ventana que aparecerá, la corrección del error que el programa propone.

Tampoco estaría de más que se fijase en los colores que aparecen en la Barra de fórmulas mientras está introduciendo la operación a realizar, en concreto, que observase los paréntesis.

Cada paréntesis (signos de apertura y cierre), o más concretamente, cada nivel de paréntesis anidados, posee un color diferente. Al introducir el signo de apertura de un paréntesis anidado, éste muestra un color, mientras que cuando se cierra, durante unos instantes presenta un trazo más fuerte, indicando que cuenta con ambos signos. Lo mismo ocurre cuando el paréntesis no es anidado, aunque en este caso, el color es negro. Si recorre el cursor por ellos, irán marcándose con un trazo más fuerte.

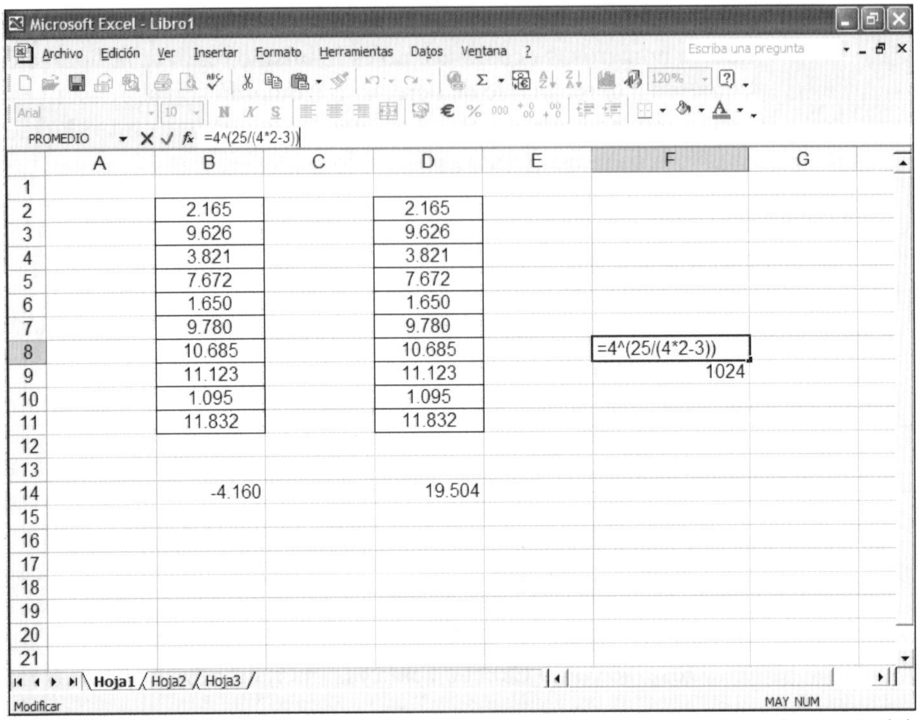

Figura 6.5. El orden en que se colocan las operaciones en una fórmula es crucial para su resultado

Control de los cálculos en la hoja

Excel 2002 vuelve a calcular de nuevo todas las fórmulas existentes en una hoja de cálculo al introducir cualquier modificación en ella. Cuando la hoja que se está manejando es reducida, no plantea grandes problemas, sin embargo, si se trata de un modelo complejo, la cuestión es bien distinta. La hoja puede tardar algunos minutos en recalcularse completamente. De hecho, su trabajo se paralizará y no podrá seguir introduciendo datos o efectuando modificaciones.

Para controlar las cuestiones relativas al proceso de cálculo, lleve a cabo el siguiente proceso:

1. Ejecute la secuencia de comandos **Herramientas>Opciones**. Aparecerá un cuadro de diálogo denominado Opciones.

2. Pulse sobre la pestaña correspondiente a la opción Calcular.

3. Para desactivar la opción de cálculo automático, marque, dentro de la sección Cálculo, el botón de opción Manual. La característica Automático

excepto tablas permite recalcular toda la hoja, excepto las tablas que tenga definidas.

4. Una vez hecho esto debe elegir si quiere que se efectúe el recálculo de toda la hoja antes de guardarla o bien desea que se guarde sin recalcular.

5. Para finalizar el proceso pulse sobre el botón **Aceptar**.

Reconocer los errores

Las fórmulas de Excel permiten crear rápidamente hojas de cálculo que incluyan en sus celdas cálculos y referencias a los contenidos de otras celdas. Sin embargo, cuando se introducen fórmulas incorrectamente o éstas hacen referencia a celdas no válidas, pueden generar errores. Afortunadamente, Excel ofrece varias formas de localizar y resolver errores dentro de sus fórmulas.

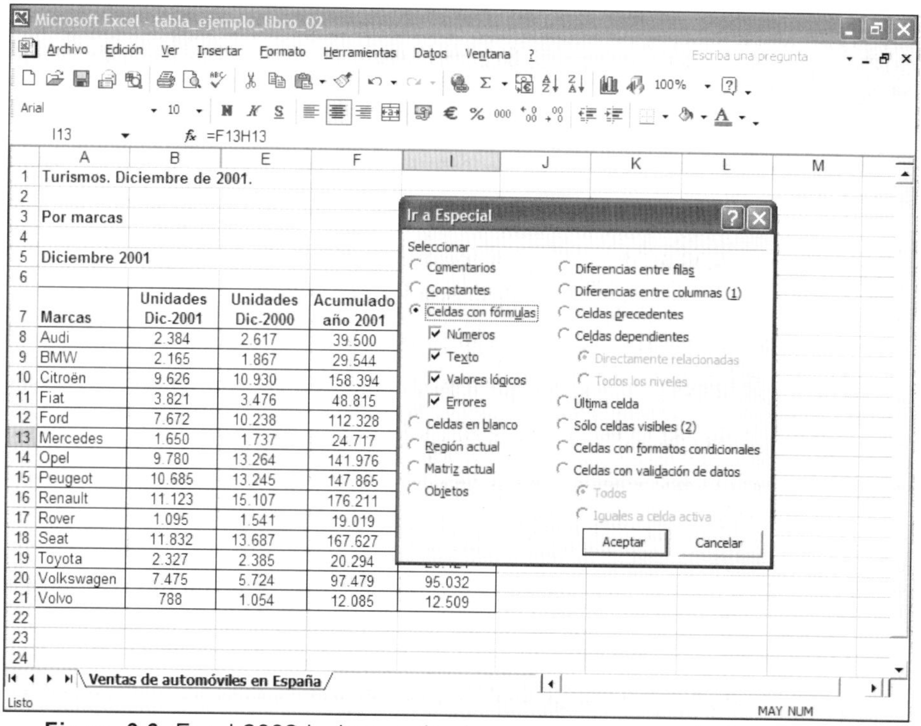

Figura 6.6. Excel 2002 incluye varias herramientas para solucionar errores en fórmulas

La vía más fácil de que dispone el programa para localizar celdas con errores es la siguiente:

1. Ejecute la secuencia de comandos **Edición>Ir a**.
2. En el cuadro de diálogo Ir a, pulse sobre el botón **Especial**.
3. A continuación marque el botón de opción Celdas con fórmulas.
4. Desactive todas las casillas de verificación que estén activas, menos la denominada Errores, haciendo clic sobre ellas con el ratón.
5. Finalmente pulse **Aceptar**, el cursor se posicionará en las celdas que contienen errores.

Mensajes de error

Al visualizar los errores de la hoja, obtendrá unos resultados con una codificación propia de Excel, que indicarán la causa del problema. En la lista que aparece a continuación se engloban los valores de error más comunes y sus posibles causas:

Error	Significado
#DIV/0!	La fórmula está intentando dividir entre cero.
#N/A	La fórmula referencia un valor no disponible.
#¿NOMBRE?	La fórmula usa un nombre que Excel no reconoce.
#¡NULO!	La fórmula contiene una referencia que especifica una intersección de celdas inválida.
#iNUM!	La fórmula usa un número incorrectamente.
#¡REF!	La fórmula referencia una celda que no es válida.
#¡VALOR!	La fórmula utiliza un argumento u operador incorrecto.

Usar la etiqueta inteligente para comprobar y resolver errores

Entre sus novedades, Excel 2002 cuenta con herramientas inteligentes que sitúan las propiedades de las fórmulas en un primer plano.

Gracias a las etiquetas inteligentes, además de poder visualizar inmediatamente el mensaje de error, es posible acceder de manera sencilla y rápida a un método de comprobación de errores e incluso a un evaluador de fórmulas que realiza un seguimiento, paso a paso, del error. Véase la figura 6.7.

Para acceder a las opciones disponibles cuando se utiliza un tipo de argumento o de operando incorrecto, basta con hacer clic en la celda que muestra el error y pulsar sobre la etiqueta.

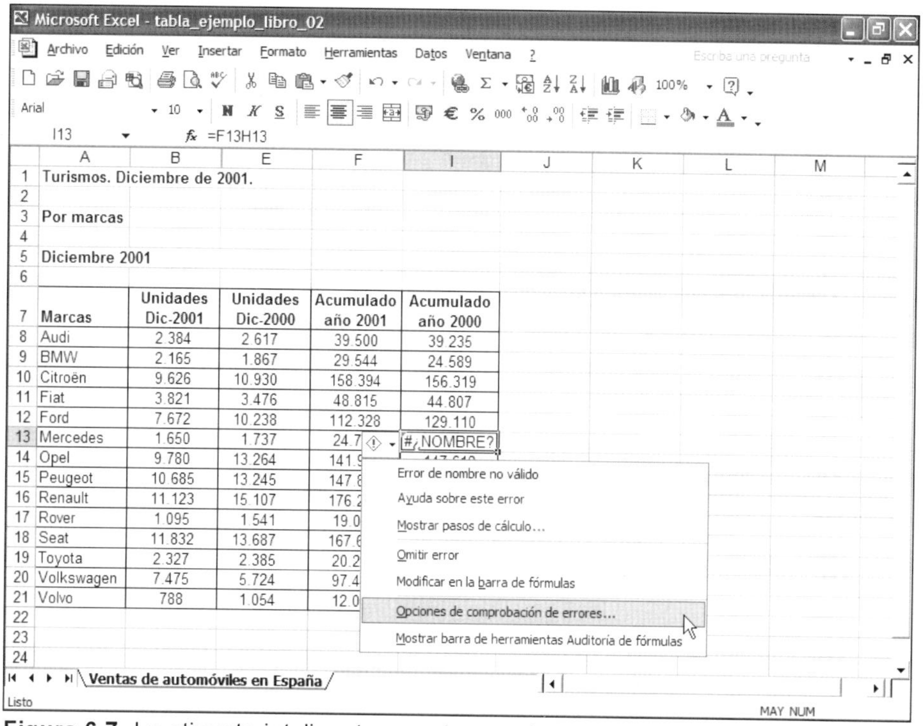

Figura 6.7. La etiqueta inteligente muestra que hay un error en la fórmula y ofrece opciones para solucionarlo

La etiqueta de error contiene las siguientes opciones:

- **Ayuda sobre este error**. Permite acceder a la información que contiene la ayuda sobre la corrección de errores en fórmulas.
- **Mostrar pasos de cálculo**. Muestra un asistente denominado Evaluar fórmula que, paso a paso, facilita la resolución del problema.
- **Omitir error**. Elimina la etiqueta de error y no la vuelve a mostrar.
- **Modificar en la barra de fórmulas**. Posiciona el cursor en la Barra de fórmulas, del mismo modo que si se hubiese hecho doble clic sobre la celda. De esta forma es posible observar los detalles de la fórmula.
- **Opciones de comprobación de errores**. Muestra el cuadro de diálogo Opciones, que contiene todos los detalles que aparecen activos por defecto en el proceso de comprobación de errores.
- **Mostrar barra de herramientas de auditoría de fórmulas**. Activa la barra de herramientas que contiene todas las opciones para llevar a cabo una auditoría de fórmulas.

Auditoría de fórmulas

La auditoría es una función muy útil que ayuda a corregir y controlar errores, localizar celdas que referencian una celda activa y adjuntar comentarios a sus celdas. Se puede usar para la resolución de problemas, así como para evitar errores repasando y poniendo comentarios en el trabajo desarrollado en la hoja.

Para acceder a las opciones de auditoría deberá pulsar sobre el comando Auditoría de fórmulas del menú Herramientas. Aunque, si lo desea, puede hacer visible la Barra de herramientas Auditoría ejecutando la secuencia de comandos **Herramientas>Auditoría de fórmulas>Mostrar barra de herramientas Auditoría de fórmulas**.

Las herramientas de auditoría de Excel 2002 permiten llevar a cabo cuatro tareas distintas:

- **Comprobar errores**. Muestra el cuadro de diálogo Comprobación de errores, que contiene todos los detalles que aparecen activos por defecto en el proceso de comprobación de errores.
- **Rastrear precedentes**. Señala las celdas incluidas en la fórmula de la celda seleccionada.
- **Rastrear dependientes**. Señala las celdas que incluyen una referencia de fórmula a la celda activa.
- **Evaluar fórmulas**. Permite observar las diferentes partes de una fórmula anidada, evaluadas en el orden en que se calculan los valores. Véase la figura 6.8.

Para auditar un error, siga estos pasos:

1. Seleccione la celda que quiera auditar.
2. En la Barra de herramientas Auditoría de fórmulas, pulse sobre el botón **Rastrear error**.
3. Compruebe los precedentes de la fórmula con el problema para poder encontrar una solución.
4. Puede localizar e identificar celdas que contienen datos no válidos haciendo clic sobre el botón **Rodear con un círculo datos no válidos**.

Si necesita información más detallada sobre este tema, consulte el apartado "Auditoría de celdas", de este mismo capítulo, o "Auditoría de fórmulas" del capítulo 11.

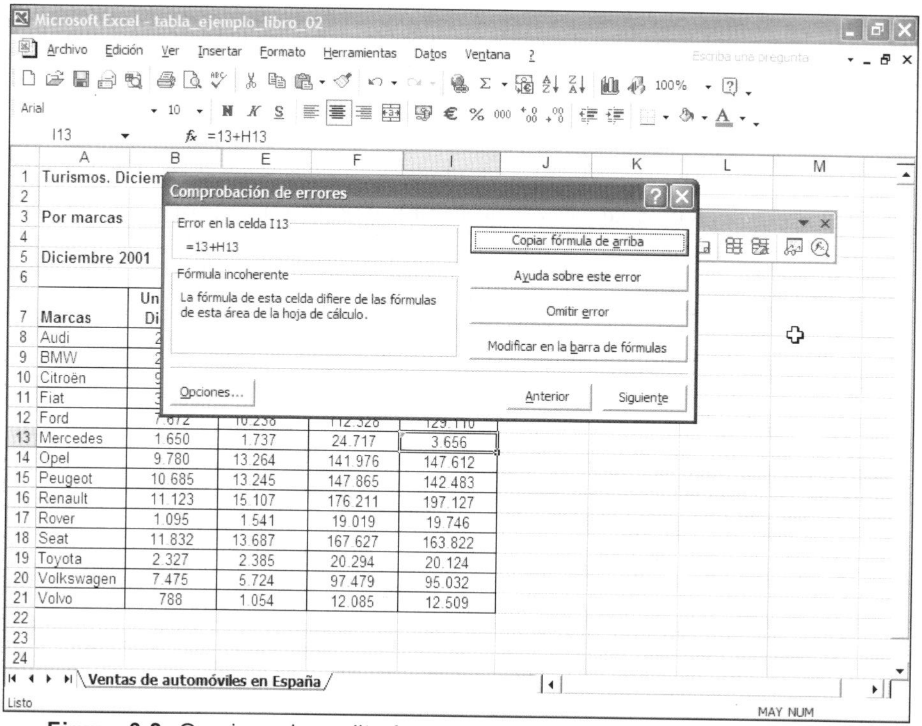

Figura 6.8. Gracias a la auditoría se pueden encontrar errores escondidos entre los datos

Edición y copia de fórmulas

Para adentrarse en la edición y copia de fórmulas es necesario tener clara la diferencia entre referencias absolutas y referencias relativas de las celdas. Porque, como ha podido ver anteriormente, una fórmula puede contener referencias a una o varias celdas.

Una referencia relativa se basa en la posición relativa de la celda que contiene la fórmula y de la celda a la que se está haciendo referencia, de forma que si cambia la posición de la celda que contiene la fórmula, se cambia la referencia, y si se copia la fórmula en filas o columnas, la referencia se ajustará de forma automática.

Una referencia absoluta siempre hace referencia a una celda en una ubicación específica (dirección exacta). Si cambia la posición de la celda que contiene la fórmula, la referencia absoluta permanece invariable. En este caso, si se copia, la referencia absoluta no se ajusta.

Copiar el valor de una fórmula

Gracias a las etiquetas inteligentes, implementadas por Microsoft en esta versión de Excel, el proceso de copia de fórmulas o simples números resulta mucho más sencillo y potente.

Vea cómo se puede copiar el valor de una fórmula en otra celda:

1. Seleccione la celda o celdas que desea copiar.
2. Realice la combinación de teclas **Control-C** o ejecute la secuencia de comandos **Edición>Copiar**.
3. Seguidamente, seleccione la celda o celdas en las que quiere copiar el valor que contiene la fórmula.
4. Para efectuar la copia del valor, use el comando Pegar **(Edición>Pegar)** o realice la combinación de teclas **Control-V**.
5. A continuación aparecerá la etiqueta inteligente Opciones de pegado.
6. Pulse sobre ella y elija la opción Sólo valores.

Hacer referencia a celdas

Como ya hemos comentado, generalmente, al crear fórmulas se hace referencia a distintas celdas de la cuadrícula. Excel ofrece varias opciones en este sentido: puede referenciar celdas que cambian para cada emplazamiento de fila o columna, celdas que permanecen absolutas en cada nueva ubicación o combinar ambas características.

Por supuesto, estas celdas pueden pertenecer a la misma hoja de cálculo en la que se encuentra la celda que contiene la fórmula, a otras hojas de cálculo o incluso a otros libros de trabajo.

Utilizar Referencias relativas

Cuando incluya referencias a celdas en una fórmula, la mayoría de las veces deberá utilizar una referencia relativa. De hecho, es la opción que emplea Excel de forma predeterminada.

Así, al copiar una fórmula que contenga referencias a celdas y pegarla en otro lugar, éstas se van a ajustar a su nuevo emplazamiento. Es decir, si crea una fórmula en base a los datos de la columna A, al mover esa fórmula a la columna B hará referencia a los datos de esta columna y no a los de la columna original.

Por ejemplo, si en la celda A2 tiene escrito =A1*2,5, al copiar esta fórmula en la celda B2, aparecerá =B1*2,5, y así en el resto de celdas donde copie la fórmula.

Copiar sin perder Referencias relativas

Puede copiar una fórmula sin perder las referencias relativas; de hecho hay varios métodos, pero el más práctico consiste en editar el contenido de la celda que contiene la fórmula. Hágalo del siguiente modo:

1. Una vez seleccionada la celda, edítela y escriba un apóstrofo (') delante. De esta forma Excel interpreta que se trata de un rótulo de texto.
2. Seguidamente basta con copiar dicha fórmula y pegarla en la celda en la que desea ubicar la copia.
3. Para finalizar, vuelva a editarla borrando el apóstrofo. En realidad debe eliminarlo de ambas celdas.

Utilizar Referencias absolutas

Las referencias absolutas son útiles si desea que su fórmula haga referencia a los datos de una celda específica, en lugar de permitir que la referencia cambie en base a la columna o fila.

Puede hacer que una referencia de columna, fila o celda sea absoluta poniendo el signo de dólar ($) delante de la referencia. $A$1, $B$7, $B$8 son ejemplos de referencias absolutas.

Para introducir una referencia absoluta en una fórmula, siga estos pasos:

1. En la Barra de fórmulas, escriba el signo igual (=) y la referencia de celda que quiere convertir en absoluta.
2. Pulse la tecla **F4** para activar la tecla de referencia absoluta.
3. Siga pulsando **F4** hasta que aparezca la combinación apropiada de letras y de signos de dólar.
4. Introduzca el resto de su fórmula.
5. Pulse **Intro**.

Utilizar Referencias mixtas

También puede combinar el uso de referencias relativas y absolutas en una referencia mixta. Por ejemplo, es posible que la columna permanezca absoluta y la fila relativa, o viceversa.

Introduciendo $A1, la fila podrá cambiar si copia datos, pero no lo hará la columna (columna absoluta y fila relativa). Por el contrario, una referencia de fila absoluta y columna relativa adopta la forma A$1.

Utilice la tecla de referencia absoluta **F4** para introducir la referencia mixta apropiada desplazándose por sus opciones. Por supuesto, también puede introducir el signo $ manualmente.

Hacer referencia a otras hojas

Recuerde que en sus fórmulas puede hacer referencia a otras hojas del mismo libro (referencias 3D). En este caso, siempre deberá comenzar la referencia a los rangos de otras hojas escribiendo delante el nombre de la hoja tal y como aparece en la pestaña de la misma y, posteriormente, poner el signo de cierre de admiración (!).

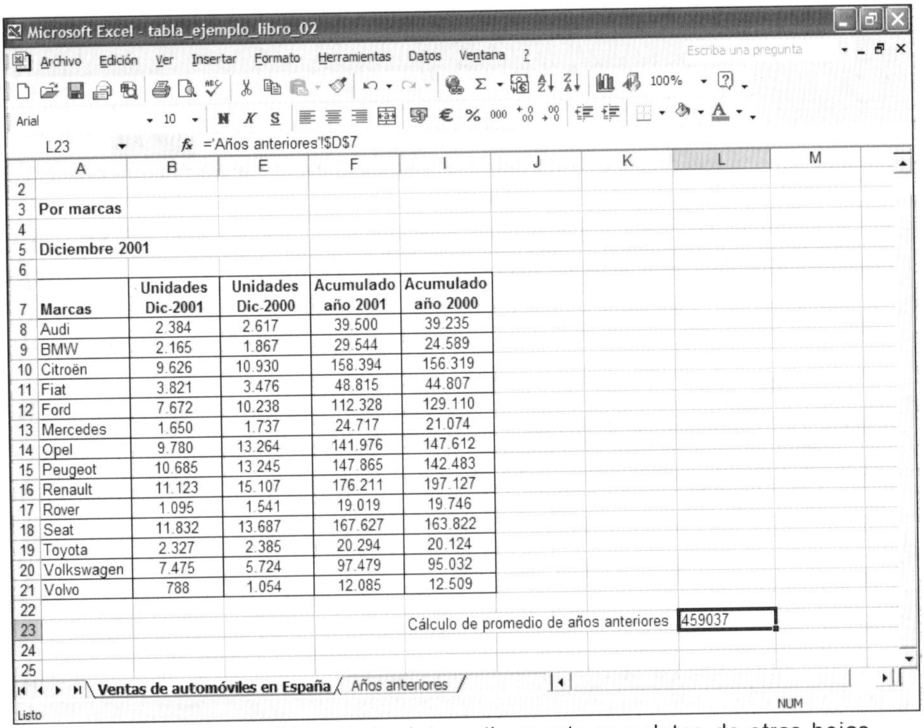

Marcas	Unidades Dic-2001	Unidades Dic-2000	Acumulado año 2001	Acumulado año 2000
Audi	2.384	2.617	39.500	39.235
BMW	2.165	1.867	29.544	24.589
Citroën	9.626	10.930	158.394	156.319
Fiat	3.821	3.476	48.815	44.807
Ford	7.672	10.238	112.328	129.110
Mercedes	1.650	1.737	24.717	21.074
Opel	9.780	13.264	141.976	147.612
Peugeot	10.685	13.245	147.865	142.483
Renault	11.123	15.107	176.211	197.127
Rover	1.095	1.541	19.019	19.746
Seat	11.832	13.687	167.627	163.822
Toyota	2.327	2.385	20.294	20.124
Volkswagen	7.475	5.724	97.479	95.032
Volvo	788	1.054	12.085	12.509

Figura 6.9. Es posible trabajar interactivamente con datos de otras hojas de cálculo del mismo libro

Así, una posible fórmula tendrá el siguiente aspecto, ='hoja3'!A4:C15; o, por ejemplo, también éste: =SUMA(A1:A4;Hoja2!A1:A6).

Nota: Si en una fórmula usa un nombre de un rango, debe saber que éste se vincula a una zona concreta de la hoja de cálculo. Por tanto, tenga especial cuidado al copiar la fórmula en la misma o en una hoja distinta. Podría tener problemas en su fórmula, y el resultado no sería correcto. En estas situaciones, verifique al copiar que ese es el rango al que quiere referirse en la fórmula. En otro caso, edite la fórmula y cambie el nombre del rango al que se refiere.

Convertir una fórmula en un valor

En ocasiones se utiliza una fórmula para calcular un determinado valor que se utilizará en operaciones posteriores. Y, por supuesto, no tiene mucho sentido copiar la fórmula con referencias absolutas tantas veces como se vaya a emplear esa cifra, ya que se trata de una cifra que va a permanecer inmutable.

Resulta más práctico operar con un valor en lugar de con una fórmula completa, y copiarlo a otras celdas. De ahí la conveniencia de convertir la fórmula en un valor numérico.

El proceso es bastante sencillo:

1. Seleccione la celda con la fórmula a convertir en valor.
2. Pulse la tecla **F2,** o haga doble clic sobre la celda, para activar la edición del contenido. A modo de curiosidad, observe que en la fórmula aparece coloreada cada referencia de celda o rango con un color que coincide con el que rodea la celda o rango de origen.
3. Pulse la tecla **F9,** el contenido de la fórmula se transforma en su valor, y, claro está, la fórmula desaparece.

Visualizar en pantalla las fórmulas de la hoja activa

Se trata de un proceso sencillo que permite obtener una vista completa del estado de la hoja de cálculo activa. La pantalla muestra la sintaxis de la fórmula y no su valor resultante.

Llevarlo a cabo es una operación rápida que se realiza del siguiente modo:

1. Ejecute la secuencia de comandos **Herramientas>Opciones**. Aparecerá un cuadro de diálogo con ese mismo nombre.

2. Pulse sobre la pestaña Ver.

3. La ficha mostrará las distintas opciones de visualización en la pantalla. Active, dentro del apartado Opciones de ventana, la casilla de verificación Fórmulas.

4. Para finalizar, pulse **Aceptar** para validar la acción. Verá cómo las columnas de la hoja se amplían y muestran el contenido de las distintas fórmulas en las celdas.

Auditoría de celdas

Con frecuencia, las celdas contienen fórmulas que hacen referencia a otras celdas. Son las llamadas Celdas dependientes, ya que su valor depende del valor que posean esas otras celdas. Por otro lado, esas celdas a las que hace referencia una fórmula se denominan Celdas precedentes.

Estas dependencias y enlaces se pueden visualizar en pantalla.

Visualizar las celdas precedentes a una concreta

Gracias a los trazos que enlazan las celdas se pueden comprobar las relaciones que existen entre las distintas celdas y, por lo tanto, localizar problemas, en el caso de que los haya. Para acceder a esta información, realice el siguiente proceso:

1. Seleccione la celda donde se encuentra la fórmula que posee referencias a otras celdas. Es decir, la celda dependiente.

2. Ejecute la secuencia de comandos **Herramientas>Auditoría de fórmulas>Rastrear precedentes**. Véase la figura 6.10.

Excel le mostrará una serie de flechas de rastreo a partir de las celdas que proporcionan directamente valores a la fórmula de la celda activa. Si vuelve a realizar esta secuencia de comandos (o pulsa sobre el botón **Rastrear precedentes** de la Barra de herramientas Auditoría de fórmulas), el programa dibujará más flechas, esta vez, aquellas que enlazan con las celdas que proporcionan valores a las celdas anteriores.

Visualizar las celdas dependientes de la actual

De un modo muy parecido al anterior se pueden conocer todas aquellas celdas que dependen de la celda activa. Para acceder a esta información, haga lo siguiente:

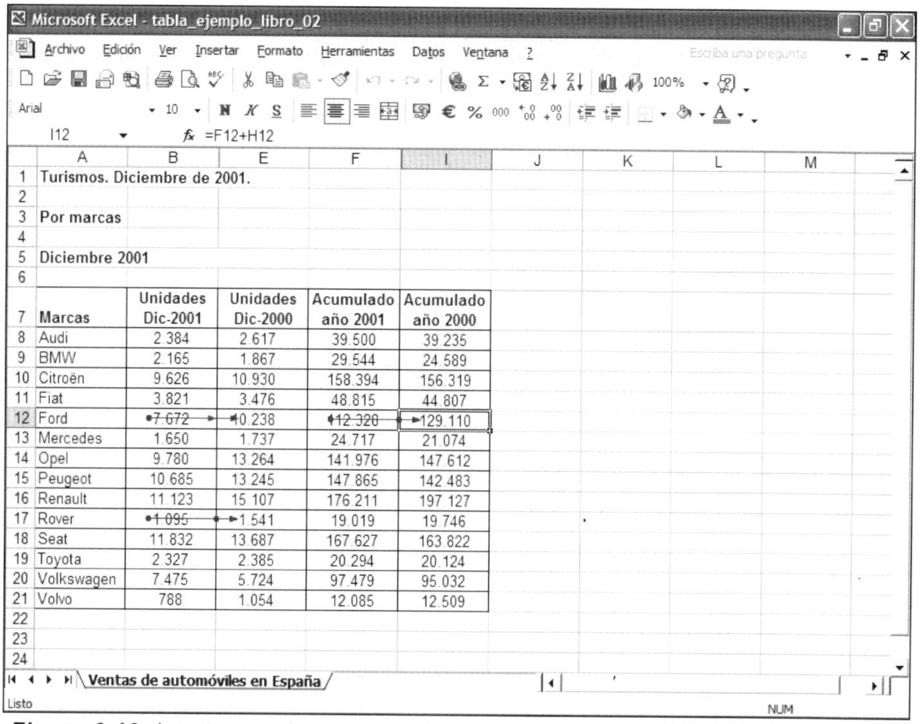

Figura 6.10. Los trazos de distinto color muestran las relaciones de las fórmulas con otras celdas

1. Seleccione la celda precedente. Es decir, aquella de cuyo valor dependen una o varias celdas.
2. Ejecute la secuencia de comandos **Herramientas>Auditoría de fórmulas>Rastrear dependientes**.

Excel mostrará flechas de rastreo que indican cuáles son las celdas dependientes de la elegida. También en este caso puede agregar niveles adicionales de dependientes indirectos ejecutando de nuevo esa secuencia de comandos (o pulsando sobre el botón **Rastrear dependientes** de la Barra de herramientas Auditoría de fórmulas).

Más información

Cuando la flecha de trazado finaliza en un pequeño icono que representa una hoja de cálculo, significa que se trata de una referencia externa. Para conocer a qué documento se refiere exactamente, es preciso hacer un doble clic sobre la flecha trazadora (es una flecha discontinua), de forma que se abra el cuadro de diálogo Ir a. Este cuadro aporta un listado de todas las referencias precedentes o dependientes (depende de lo que esté buscando) de la celda activa. Puede acceder a cualquiera de ellas, basta con seleccionar la referencia que desee y pulsar **Aceptar**.

Nota: Para eliminar las flechas, pulse sobre el botón **Quitar todas las flechas** de la Barra de herramientas Auditoría de fórmulas o bien ejecute la secuencia de comandos **Herramientas>Auditoría de fórmulas>Quitar todas las flechas**. Los botones **Quitar un nivel de precedentes** y **Quitar un nivel de dependientes** eliminan un nivel de flechas con cada pulsación.

Utilizar nombres de rangos

Después de aprender a utilizar fórmulas y manejarlas, lo más probable es que haya llegado a la conclusión de que las referencias de celda carecen de una descripción de los datos que contienen y que calculan. Es decir, observar una fórmula del tipo =B2-C7, no aporta información acerca de los datos que se están manejando.

Para solucionar este pequeño inconveniente es preciso trabajar con nombres de rangos de celdas. Al asignar un nombre a una celda o bien a un rango de celdas, puede describir los datos que contienen. La fórmula =+Total-Ventas-Total-Gastos, por ejemplo, informa de manera bastante clara sobre los datos utilizados.

Crear nombres de rango

Para crear un nombre de rango, siga estos pasos:

1. En primer lugar, seleccione la celda o el rango de celdas al que quiere asignar un nombre.
2. Pulse sobre el Cuadro de nombres, situado en el extremo izquierdo de la Barra de fórmulas.
3. Introduzca el nombre que desee asignar al rango seleccionado.
4. Pulse **Intro**.

Antes de asignar un nombre de rango es preciso que recuerde las siguientes normas:

- El primer carácter debe ser una letra o un guión bajo.
- El resto de los caracteres pueden ser letras, números, guiones bajos o bien puntos.
- No es posible utilizar espacios.
- No asigne nunca una referencia de celda como un nombre de rango (por ejemplo, B1 o C4).

Recuerde que puede visualizar la lista de los nombres de rango que se están utilizando en el libro de trabajo activo, pulsando sobre la persiana desplegable situada junto al Cuadro de nombres, en la Barra de fórmulas. La lista desplegable muestra todos los nombres de rango del libro de trabajo. Si pulsa sobre alguno de ellos, la celda o el rango de celdas al que representa se seleccionará.

Insertar nombres de rango en fórmulas

Una vez creado un nuevo nombre de rango o de celda, puede utilizarlo del mismo modo que si se tratara de una referencia de celda.

Si desea insertar un nombre de rango en una fórmula, siga estos pasos:

1. No olvide que para crear una fórmula debe escribir en primer lugar el signo = (igual).
2. Ejecute la secuencia de comandos **Insertar>Nombre>Pegar**.
3. Aparecerá el cuadro de diálogo Pegar nombre. Dentro de él, seleccione el nombre que quiere agregar a la fórmula.
4. Pulse en **Aceptar** para validar la acción y cerrar el cuadro de diálogo. Puede pegar más nombres repitiendo el mismo proceso.
5. Termine de completar la fórmula y pulse **Intro**.

Por supuesto, este proceso también se puede realizar manualmente, seleccionando con el puntero del ratón cada celda y añadiendo el operador.

Eliminar nombres de rango

Si cambia por completo el contenido de un rango, probablemente necesite eliminar su nombre. Para ello, haga lo siguiente:

1. Ejecute la secuencia de comandos **Insertar>Nombre>Definir**. Aparecerá el cuadro de diálogo Definir nombre.

2. En la lista Nombres en el libro, seleccione el título de rango que desea eliminar.

3. Pulse sobre el botón **Eliminar**.

4. Haga clic sobre **Aceptar**.

Si alguna fórmula hacía referencia a este nombre que ha eliminado, generará un error, a no ser que incluya en ella el nuevo nombre de la celda.

7. Utilizar funciones

Conocer las funciones

Como ya se ha comentado, todas las hojas de cálculo, y por supuesto Excel, son herramientas que están especialmente orientadas al trabajo con datos numéricos, lo que implica la necesidad de ofrecer simplicidad y versatilidad en el manejo de las fórmulas y funciones, así como de cualquier otro tipo de operaciones matemáticas.

Qué es una función

Dentro de una hoja de cálculo, una función es una operación automática que devuelve un resultado específico. Siempre está referida a un argumento de búsqueda, del cual el usuario necesita el resultado. Por ejemplo: Tangente de 10, donde 10 es el argumento de búsqueda y la función es Tangente, que para Excel es =TAN.

De un modo más sencillo podría decirse que las funciones son fórmulas predefinidas que ejecutan cálculos utilizando valores específicos, denominados argumentos, en un orden determinado.

Sintaxis de una función

La sintaxis de una función comienza con un signo igual (=), que va seguido del nombre de la función y un paréntesis que nos indica dónde comienzan y finalizan los argumentos. Los argumentos están separados entre sí por punto y coma (;) y son aquellos valores con los que opera la función para devolver un resultado.

Nota: Debe tener en cuenta que las funciones de Excel operan del mismo modo que si fueran fórmula propias del usuario, puesto que conservan el mismo formato, y se ubican en la celda donde, a la vista, sólo aparece el resultado provisto por la función utilizada.

Siempre tiene que haber un paréntesis de apertura y otro de cierre, sin espacios ni antes ni después de cada uno. Los argumentos pueden ser números, texto, valores lógicos, matrices, valores de error o referencias, y deben producir un valor válido. También pueden ser constantes o fórmulas, y las fórmulas contener otras funciones. Cuando el argumento para una función es otra función, se dice que está anidado. Recuerde que es posible anidar hasta siete niveles de funciones en una fórmula.

La sintaxis de cualquier función es:

=nombre de función(argumento1;argumento2;...;argumentoN)

Siguen las siguientes reglas:

- Cuando la función aparece al comienzo de una fórmula debe empezar por el signo =.
- Los argumentos o valores de entrada tienen que aparecer siempre entre paréntesis. No debe haber espacios antes o después de cada paréntesis.
- Los argumentos pueden ser valores constantes (número o texto), funciones o fórmulas.
- Los argumentos deben separarse por punto y coma (;). Véase figura 7.1.

Un ejemplo de función es la siguiente: =SUMA(A1:C8)

El operador dos puntos (:) identifica un rango de celdas, así A1:C8 indica todas las celdas incluidas entre la celda A1 y la C8. Así, la función anterior sería equivalente a:

=A1+A2+A3+A4+A5+A6+A7+A8+B1+B2+B3+B4+B5+B6+B7+B8+
C1+C2+C3+C4+C5+C6+C7+C8

Las fórmulas también pueden contener más de una función y tener funciones anidadas.

Un ejemplo de esto es: =SUMA(A1:B4)/SUMA(C1:D4)

Existen muchos tipos de funciones dependiendo del tipo de cálculo u operación que realizan. Así, hay funciones matemáticas y trigonométricas, estadísticas, financieras, de texto, de fecha y hora, lógicas, de base de datos, de búsqueda y referencia y de información.

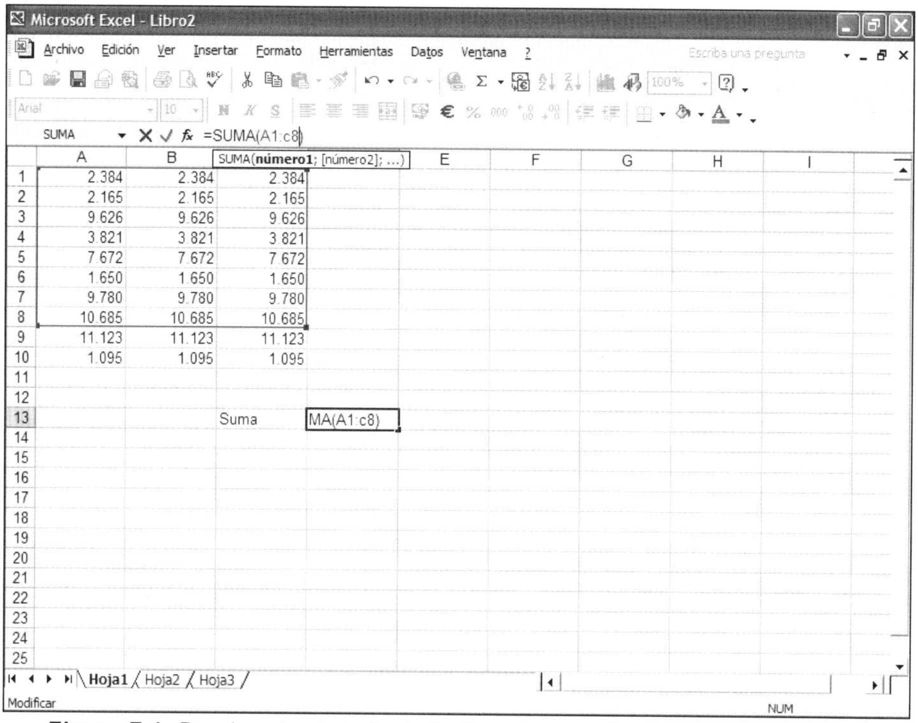

Figura 7.1. Dominar la sintaxis de la fórmula permite generar operaciones personalizadas

Trabajar con funciones

Insertar una función

Una función, como cualquier dato que se desee incluir en una hoja de cálculo, puede escribirse directamente sobre la celda.

Nota: Use la ayuda que le proporciona Excel 2002 para utilizar las funciones. Tanto en el apartado Buscar una función como la opción Ayuda sobre esta función, del asistente Insertar función, le van a proporcionar un vehículo muy rápido y sencillo para conseguir conocer qué función es la más adecuada para emplear en cada momento, e incluso también, disponer de una inestimable ayuda para utilizar su sintaxis de la manera más correcta.

En cualquier caso, Excel 2002 dispone de un asistente que facilita enormemente su utilización y hace que trabajar con complejas funciones sea una tarea muy sencilla.

Para introducir una función en una celda debe realizar el siguiente proceso:

1. Sitúe el cursor en la celda donde quiere introducir la función.
2. Seleccione la opción Función del menú Insertar o pulse sobre el botón **Insertar función**.
3. A continuación aparecerá en la pantalla el cuadro de diálogo Insertar función. En la persiana desplegable O seleccionar una categoría, elija la categoría a la que pertenece la función a utilizar. En caso de no estar muy seguro puede elegir Todas. Para continuar el ejemplo, elija Matemáticas y trigonométricas.
4. En el apartado Seleccionar una función debe marcar la función que desea utilizar, haciendo clic sobre su nombre. Observe cómo en la parte inferior aparecen los distintos argumentos y una breve descripción de la función marcada. En este caso, marque la función Suma.

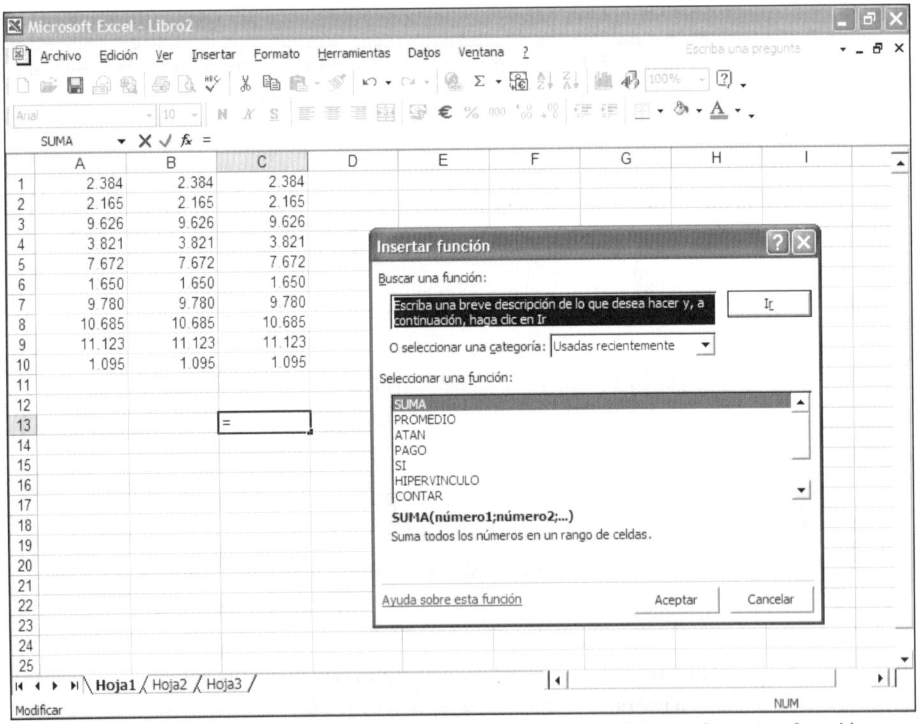

Figura 7.2. Elección de la función en el cuadro de diálogo Insertar función

5. Haga clic sobre el botón **Aceptar**. Inmediatamente después aparecerá el cuadro de diálogo Argumentos de función.
6. En el recuadro Número1 debe indicar el primer argumento, que será una celda o rango de celdas tipo A1:B4. Haga clic en el botón **Contraer diálogo** (situado a la derecha) para visualizar toda la hoja de cálculo activa.
7. A continuación seleccione el rango de celdas deseado como primer argumento, y pulse la tecla **Intro**, o de nuevo sobre el botón, para expandir el cuadro de diálogo.
8. En el recuadro Número2 puede indicar el segundo argumento.

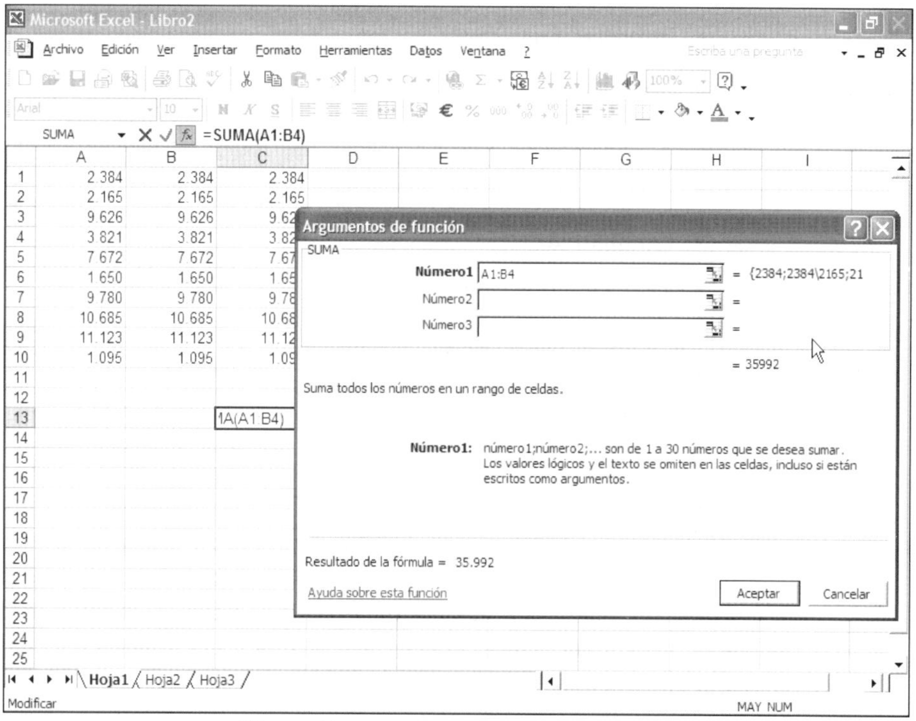

Figura 7.3. Introducción del argumento

9. Una vez introducidos todos los argumentos, haga clic sobre el botón **Aceptar** para finalizar.

> **Nota:** El asistente para insertar funciones permite elegir la función a utilizar, mostrando, además, cuál es el resultado que se obtiene con ella y la sintaxis que debe emplearse.

Tipos de funciones

De forma resumida, las podemos agrupar de la siguiente manera:

- Base de datos.
- Fecha y hora.
- Externas.
- Ingeniería.
- Financieras.
- Información.
- Lógicas.
- Búsqueda y referencia.
- Matemáticas y trigonométricas.
- Estadísticas.
- Texto y datos.

En el apéndice B encontrará un listado de todas las funciones que integran el programa y sus principales características.

Funciones de base de datos

Cada una de estas funciones, llamadas colectivamente BDfunciones, usa tres argumentos: base de datos, nombre de campo y criterios. Estos argumentos se refieren a los rangos de la hoja de cálculo empleados en la función para base de datos. En todas las funciones para bases de datos, si la referencia de base de datos corresponde a una celda dentro de una tabla dinámica, el cálculo se realiza únicamente con los datos de esa tabla.

Funciones de fecha y hora

Se emplea el sistema de fechas 1900, en el que los números de serie varían desde 1 a 65.380 y corresponden a fechas comprendidas entre el 1 de enero de 1900 y el 31 de diciembre de 2078. En este sistema, los dígitos a la derecha del separador decimal representan la hora y los números a la izquierda representan la fecha. Además, permite elegir otro sistema de fechas: el 1904. Con estas funciones se puede calcular el número de días entre fechas, número de día de la semana que se incluye como argumento de una función o el año que corresponde a un número o fecha concreta. Su utilización es especialmente útil para cálculos financieros o bien en todos aquellos que se plantean problemas con relación a la aparición de una obligación a partir de una fecha concreta u hora concreta (devengo).

Funciones de ingeniería

Permiten operar con números decimales, octales y hexadecimales, con números binarios, complejos y logaritmos de éstos, así como trabajar con la función de Bessel.

Funciones financieras

En toda operación financiera juegan una serie de entradas y salidas de tesorería disponibles en distintos momentos del tiempo, por lo que se está dispuesto a pagar un precio o percibir una ganancia: el tipo de interés. De ahí que en las funciones financieras, uno de los argumentos sea el tiempo y otro el tipo de interés que ha de ir referido a la misma unidad de medida del tiempo. Tenga presente que si el tiempo lo expresa en meses, el tipo de interés ha de ir referido en meses. Si emplea tiempo medido en años, el tipo de interés ha de referirse a un tipo anual. De no hacerlo así, obtendrá resultados incoherentes.

El problema que se plantea es el del cómputo del tiempo, ya que año comercial y civil no coinciden. Con frecuencia, verá que uno de los argumentos es Base, que se refiere a la base anual a utilizar. En este sentido, recuerde que lo habitual es introducir como argumento Base el valor 4, que corresponde a la práctica comercial de considerar el año de 360 días y los meses de 30 días.

Otro de los argumentos que ha de tener en cuenta es si los pagos previstos se realizan al principio del periodo o al final del mismo. El argumento que recoge este aspecto se llama Tipo, y se le asigna el valor 1 para los pagos realizados a comienzos del periodo y el valor 0 para los pagos realizados al final del periodo.

Funciones de información

Proporcionan información acerca de los datos que contienen las celdas o los errores que pueden generar. Alguna de estas funciones se incluye por problemas de compatibilidad con otras aplicaciones de hoja de calculo.

Funciones lógicas

Devuelven un resultado dependiendo de si cumple o no la condición establecida. Es decir, evalúan una expresión y devuelven dos posibles resultados, uno verdadero y uno falso. Son funciones muy importantes dentro de Excel, ya que suelen utilizarse con bastante frecuencia.

Funciones de búsqueda

Permiten localizar información dentro de un rango en el que se desarrolla la búsqueda. El rango puede ser de celdas adyacentes o no. Estas funciones son útiles en macros para comprobar si una referencia es una selección múltiple o no. En general, permiten transponer matrices, localizar números de filas o columnas dentro de un rango, etc.

Funciones matemáticas

Permiten operar con valores absolutos, radianes y todas las funciones trigonométricas. Cambiar números árabes y romanos; realizar diversos cálculos con raíces cuadradas; operar con redondeos, factoriales de números, matrices y logaritmos.

Funciones externas

Permiten conectar con una fuente de datos externa y ejecutar incluso una consulta desde una hoja de cálculo. Presentan el resultado como una matriz sin necesidad de programar una macro.

Funciones estadísticas

Se trata de un amplio grupo de funciones que permite realizar contrastes y pruebas estadísticas comúnmente utilizadas en diversos campos profesionales: marketing, control de calidad, planificación, etc. La utilización de métodos estadísticos en la gestión empresarial va afianzándose a medida que se generalizan los ordenadores y las aplicaciones de hojas de cálculo se perfeccionan. Posibilitan el trabajo con varias distribuciones de frecuencias (Beta, Normal, etc.) y permiten estudiar distintas características de una distribución de datos (curtosis, simetría, dispersión, correlación entre variables, etc.), así como realizar distintos tests y contrastes de hipótesis (test de chi cuadrado, F de Snedecor, T de Student, etc.)

Funciones de texto y datos

Las funciones para manipulación de texto proporcionan apoyo para que éste aparezca mejor en la hoja de trabajo. También facilitan ayuda para el tratamiento de celdas que contienen texto en cuanto a localizar una palabra especial, generar símbolos no convencionales y cambiar mayúsculas o minúsculas.

Un ejemplo práctico de cómo utilizar una función

Imagine que por fin ha encontrado la casa de sus sueños y ahora se le plantea el grave problema de cómo financiar la compra. Antes de ir al banco y que le mareen con datos y peticiones de información, necesita realizar sus propios números y calcular si podrá asumir la financiación.

La casa cuesta 90.151,82 € y calcula que tendrá que pagar 9.015,18 € para atender los gastos de notaría e impuestos. Por tanto, tendrá que desembolsar 99.167 € si quiere adquirir esa casa.

Actualmente dispone de unos ahorros depositados en una cuenta vivienda y en un fondo de inversión, que suman un total de 28.848,58 €. De éstos, va a reservar 1.803,04 € para gastos de mudanza e imprevistos. En consecuencia, necesita un crédito por importe de 72.121,45 €.

En la prensa ha visto anuncios de diversas entidades de crédito ofreciendo financiación, y que presentan como tipo de interés más habitual el 10% anual.

No tiene muy claro qué plazo de duración quiere dar al crédito, pero piensa que unos doce años puede ser un plazo razonable. La pregunta final es: ¿Cuánto tendré que pagar cada mes al banco?

Cálculo del pago mensual de la hipoteca

1. Sitúese en una hoja de cálculo nueva, active una celda y pulse sobre el botón **Insertar función** de la Barra de fórmulas.

2. A continuación aparecerá el asistente de funciones con su cuadro de diálogo Insertar función. Seleccione la categoría Financieras de la persiana desplegable Categoría.

3. En la opción Seleccionar una función, marque PAGO. Observará cómo, en la parte inferior, aparece la sintaxis de la función, sus argumentos y una breve descripción de la misma.

4. Pulse **Aceptar**. Aparecerá el cuadro de diálogo Argumentos de función, donde podrá introducir algunos de los datos necesarios. Véase figura 7.4.

5. En el apartado Tasa, escriba 0,1/12 por tratarse de un pago mensual. Tenga en cuenta que la opción Tasa se refiere al tipo de interés, que habrá de expresarse en tanto por uno o porcentaje (en este caso seguido del símbolo %) y referido al periodo de pago (mensual, trimestral, etc.).

6. En el apartado Nper, introduzca 12*12. En este caso, Nper recoge el número de pagos a realizar a lo largo de la operación.

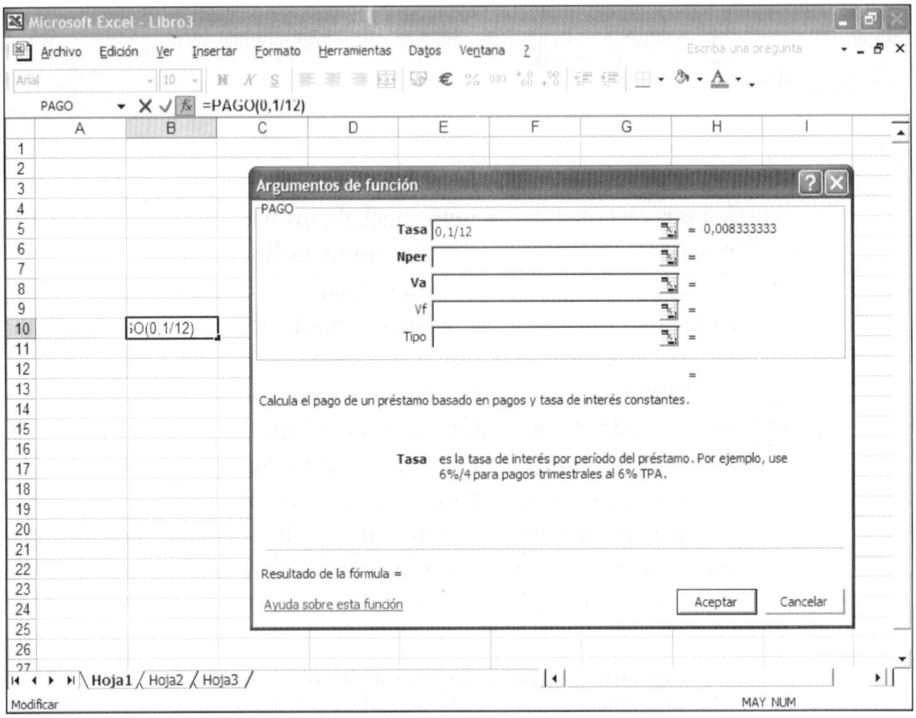

Figura 7.4. Propiedades de la función PAGO

7. Por último, en Va, escriba el importe del crédito a pedir, 72.121,45 €. Hágalo sin usar separador de miles, es decir 72121,45.
8. En el recuadro Vf no es necesario que escriba importe alguno. Al final no deberá nada al Banco. En cuanto a Tipo, ha de especificar 1 ó 0, según si el pago se realiza por anticipado o no.
9. Una vez incluidos estos datos en sus recuadros correspondientes, pulse **Aceptar**. Es importante no cometer errores en la introducción de los tipos de interés y el período al que refieren, pues los resultados pueden ser disparatados.
10. El cuadro de diálogo se cerrará y en la celda activa aparecerá el importe correspondiente: -861,91 €. No se extrañe de que el importe aparezca en rojo y con signo negativo. La explicación es que se trata de una salida de fondos de su tesorería. Al rellenar el recuadro correspondiente a Va, consignó la cifra de 72.121,45 € como valor positivo, pues es una entrada de tesorería para financiar la compra de la casa. Véase figura 7.5.
11. Éste es el importe que ha de pagar mensualmente durante los próximos 12 años. Si quiere estudiar otras alternativas, edite la función y cambie el

número de años o el tipo de interés. De esta forma, puede conocer, de antemano, qué pago es el que mejor se adapta a sus circunstancias y nivel de ingresos.

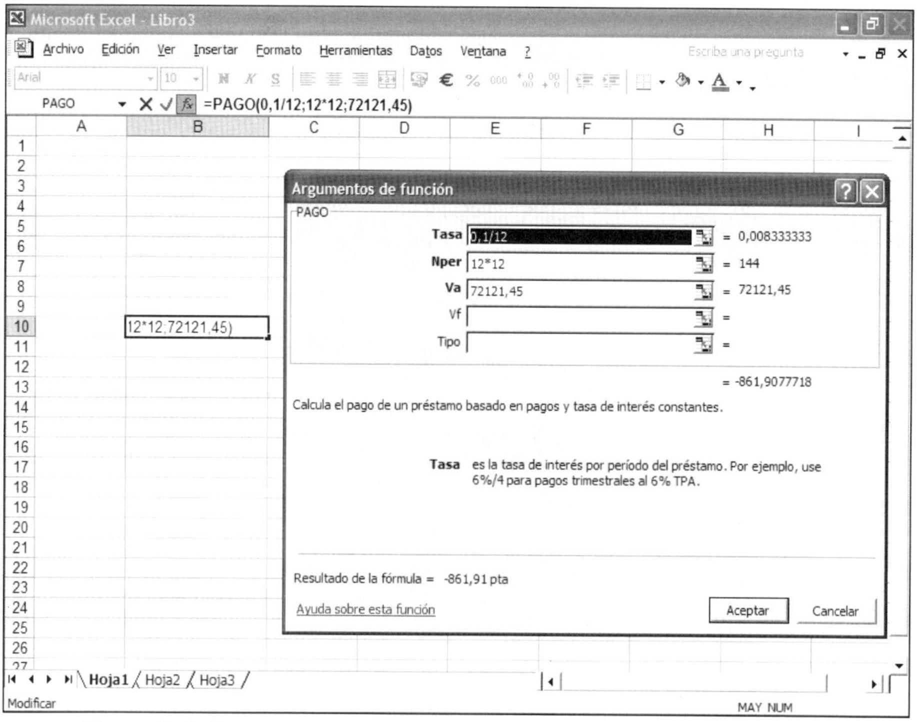

Figura 7.5. Resultado de la función PAGO con el ejemplo planteado

12. Para saber la cantidad total que se pagará durante la vida del préstamo, multiplique el valor devuelto por PAGO por el argumento Nper.

8. Modificar el aspecto de una Hoja de Cálculo

Incluir datos numéricos, textos, fórmulas o imágenes en una hoja de cálculo no significa terminar el trabajo. Es muy importante aplicarle un formato. Nos referimos a modificar el formato de una celda, fila, columna u hoja; establecer un determinado tipo de letra y de color; aplicar un estilo o el formato numérico indicado para cada valor, etc.

Esto es precisamente lo que vamos a tratar en este capítulo, es decir, cómo modificar el formato de una hoja de cálculo, sin modificar los datos, de manera que la visualización sea más clara, su uso mucho más fácil y cómodo y, por supuesto, su presentación mejore.

Cambiar el formato de las celdas

Modificar el formato de las celdas no significa variar el contenido, sino su apariencia. Si desea realizar cambios en su hoja de cálculo, debe conocer en primer lugar las posibilidades que le ofrece Excel respecto a la aplicación de distintos formatos al texto y valores numéricos que puede contener una celda o rango de celdas. Para ello, lleve a cabo los siguientes pasos:

1. En primer lugar, seleccione la celda o rango de celdas donde desea aplicar un nuevo formato.

2. Acceda al cuadro de diálogo Formato de celdas. Puede elegir entre varios caminos: ejecute la secuencia de comandos **Formato>Celdas**; realice la combinación de teclas **Control-1** o haga clic con el botón derecho del ratón sobre la selección y elija, en el menú que aparece, la opción Formato de celdas.

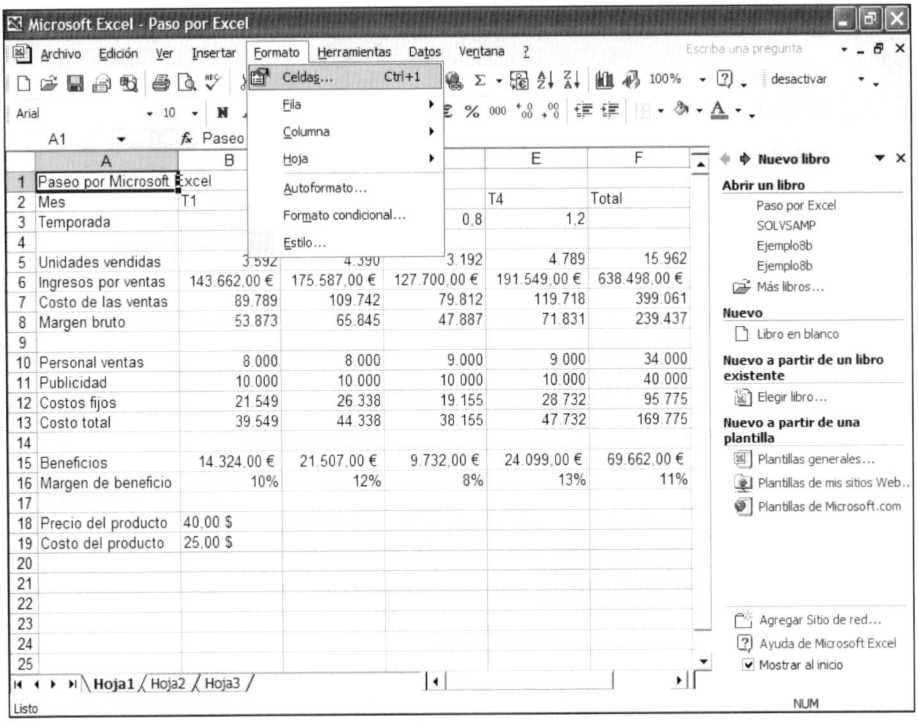

Figura 8.1. Acceso al cuadro de diálogo Formato de celdas a través del menú Formato

3. El cuadro de diálogo Formato de celdas cuenta con seis pestañas que le permitirán cambiar el formato de las celdas. Pulse sobre la que desee y comience a mejorar el aspecto de su hoja de cálculo. Encontrará estas:

   - **Número**. Posee 12 categorías diferentes entre las que elegir el formato de un valor numérico y modificarlo. Algunas de éstas son: Moneda, Decimal, Fecha, Hora, Fracción, Porcentaje, etc.

   - **Alineación**. Ofrece la posibilidad de ajustar el texto dentro de la celda y modificar su alineación vertical y horizontal, así como su orientación.

- **Fuente**. Su función es modificar la apariencia de los datos que contienen las celdas seleccionadas. Para ello cuenta con secciones como Fuente, Estilo, Tamaño, Color, etc.
- **Bordes**. Puede aplicar o quitar bordes a las celdas seleccionadas, así como definir su tamaño, estilo y color.
- **Tramas**. Permite aplicar sombreado a las celdas seleccionadas, así como modificar su trama.
- **Protección**. Evita que las celdas se modifiquen, desplacen o eliminen. También ofrece la posibilidad de ocultar una fórmula para que no aparezca cuando se seleccione una celda. Es muy importante saber que para que esto pueda ocurrir, primero deberá estar protegida la hoja de cálculo.

Aviso: Si en vez de seleccionar una o varias celdas, hace clic sobre una imagen, el menú Formato cambiará. El comando Celdas será sustituido por Imagen, y el resto de opciones aparecerán desactivadas; tan sólo el comando Libro le permitirá trabajar con alguna de sus funciones.

4. Pulse **Aceptar**.

Aplicar formato a los números

Si desea cambiar el aspecto de los valores numéricos, ya sea con el fin de mejorar su apariencia física o para realizar una presentación de la hoja de cálculo más clara, debe acceder al cuadro de diálogo Formato de celdas, tal y como hemos indicado en el apartado anterior, y, a continuación, elegir la pestaña Número. Una vez en ella ya puede comenzar a trabajar.

Definir el formato

La ficha Número cuenta con 12 categorías que le permitirán definir el tipo de formato que quiere dar al valor numérico seleccionado. También posee una sección donde especificar nuevas características para ese valor, y otra, denominada Muestra, que permite visualizar el resultado de los cambios antes de aplicarlos a la hoja de cálculo. Para realizar las modificaciones que desea, siga estos pasos:

1. Una vez que haya seleccionado las celdas a las que pretende aplicar este formato, y que se encuentre ante la ficha Número (recuerde, **Formato> Celdas**), haga clic en una opción del cuadro de lista Categoría.

2. A la derecha del apartado Categoría aparecerá una serie de cuadros de texto, casillas de verificación, etc. que le permitirán especificar las nuevas características para el formato de número.

3. Puede ver los cambios, según los vaya realizando, en la sección Muestra. Si está conforme, pulse sobre el botón **Aceptar**.

4. En el caso de que el número resultante sea demasiado grande (largo) para la celda en la que se encuentra, el programa, de forma automática, ampliará su ancho. Si el ancho de columna ya se ha modificado de forma manual, Excel no podrá ajustar el tamaño, en cuyo caso van a aparecer estos símbolos #####. Ante este problema dispone de varias posibilidades: puede aplicar una fuente más pequeña, cambiar de nuevo el formato o bien volver a modificar el ancho de la columna manualmente hasta que se vean los números.

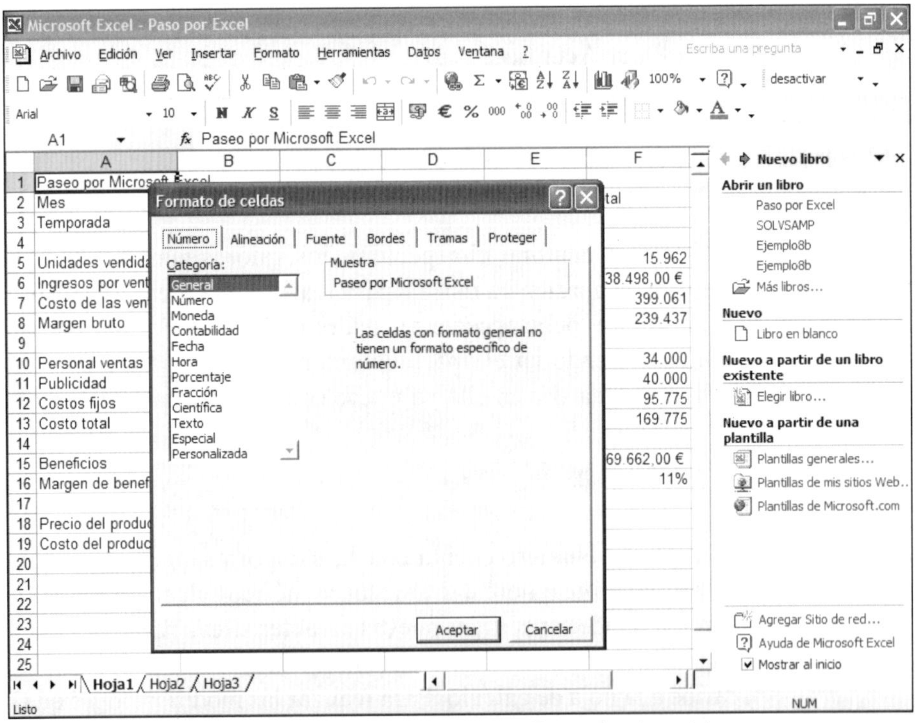

Figura 8.2. Cuadro de diálogo Formato de celdas

Nota: Si introduce directamente en la celda un valor numérico que corresponde a un formato determinado, Excel lo reconoce y aplica automáticamente ese formato a la celda.

General

Se trata del formato numérico predeterminado de una celda. De hecho, si selecciona una celda y, a continuación, accede a la ficha Número, ésta será la categoría que aparecerá marcada.

Hay que tener en cuenta que las celdas con formato general no tienen uno específico de número. En la sección Muestra comprobará que el valor numérico es el que introdujo. Si desea aplicarle un formato concreto, seleccione otra categoría y realice los cambios que crea precisos.

Número

Este formato se utiliza para la presentación de números en general. Las opciones de modificación con las que cuenta son las siguientes:

- **Posiciones decimales**. Permite especificar el número de dígitos que desea que aparezca a la derecha del separador decimal.
- **Usar separador de miles (.)**. Casilla de verificación que activa o desactiva esta posibilidad.
- **Números negativos**. Ofrece la posibilidad de elegir entre varias alternativas a la hora de mostrar un número negativo (números de color rojo, signos "-" delante, etc.).

Nota: El botón **Estilo millares** cumple la misma función que la casilla de verificación Usar separador de miles (.).

Moneda

El formato Moneda se usa con valores monetarios. Algunas de sus opciones de modificación son iguales a las de la categoría Número:

- **Posiciones decimales**. Permite especificar el número de dígitos que desea que aparezca a la derecha del separador decimal.

- **Símbolo**. Lista desplegable donde debe seleccionar el símbolo de moneda que desea que aparezca junto a los números.
- **Números negativos**. Ofrece la posibilidad de elegir entre varias alternativas la forma de mostrar un número negativo (números de color rojo, signos "-" delante, etc.).

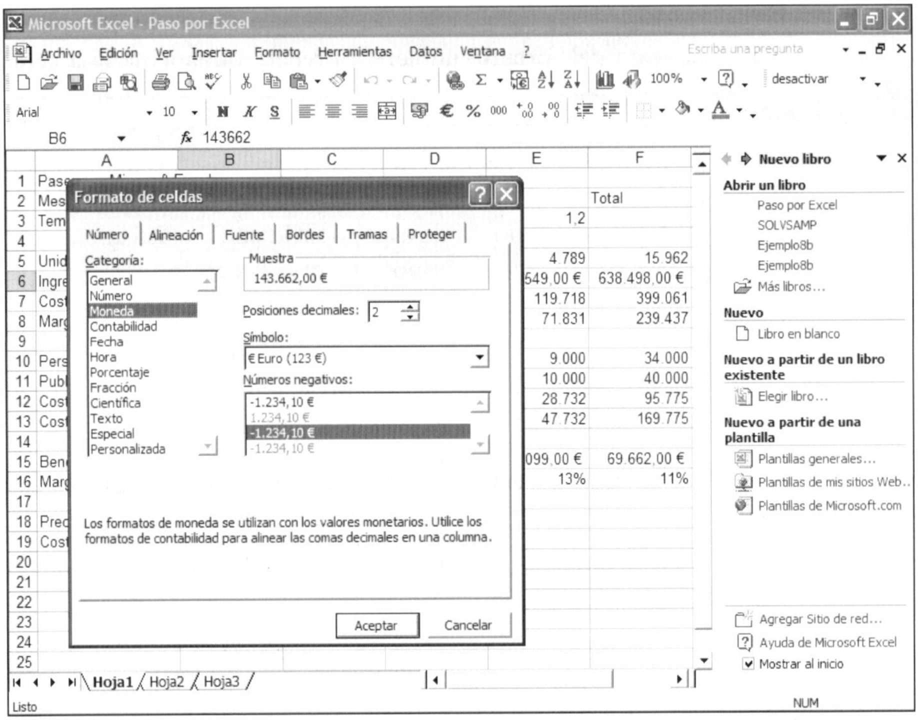

Figura 8.3. La ficha Número recoge distintas categorías para definir el formato de un número. En este caso, aparece seleccionada la opción Moneda

Nota: Si usa el botón Estilo moneda de la Barra de herramientas Formato, en el rango de celdas que haya seleccionado se mostrarán datos con formato monetario (el que haya definido). Lo mismo ocurre si pulsa sobre el botón **Euro** de esta misma barra, cambiará el formato a euros. No olvide que tan sólo cambiará el formato, no el valor numérico.

Contabilidad

Las posibilidades de modificación que incluye el formato Contabilidad son las siguientes:

- **Posiciones decimales**. Permite especificar el número de dígitos que desea que aparezca a la derecha del separador decimal.
- **Símbolo**. Lista desplegable donde debe seleccionar el símbolo de moneda que desea que aparezca junto a los números.

Fecha

El resultado que se obtiene al aplicar este formato es la representación de fechas y horas como valores de fechas. Cuenta con estas opciones:

- **Tipo**. Ofrece la posibilidad de especificar la forma como desea que aparezcan representadas las fechas, es decir, el tipo de presentación. Para ello muestra varias opciones.
- **Configuración territorial (ubicación)**. Al escoger una ubicación territorial u otra, el tipo de formato seleccionado anteriormente se modificará adecuándose a ella (idioma, formato, etc.).

Hora

Cuenta con la misma estructura que la categoría Fecha. En este caso, las fechas y horas se representan como valores de horas.

- **Tipo**. Ofrece la posibilidad de especificar la forma como desea que aparezcan representadas las horas, es decir, el tipo de presentación. Para ello muestra varias opciones.
- **Configuración territorial (ubicación)**. Al escoger una ubicación territorial u otra, el tipo de formato seleccionado anteriormente se modificará adecuándose a ella (idioma, formato, etc.). Véase la figura 8.4.

Porcentaje

Eligiendo esta categoría, el valor que haya incluido en la celda seleccionada se multiplicará por 100, y a la derecha del número aparecerá el símbolo porcentual (%). Posee la siguiente opción de cambio:

- **Posiciones decimales**. Permite especificar el número de dígitos que desea que aparezcan a la derecha del separador decimal.

Nota: Si utiliza el botón **Estilo porcentual** de la Barra de herramientas Formato, en el rango de celdas que haya seleccionado se mostrarán datos con formato Porcentual.

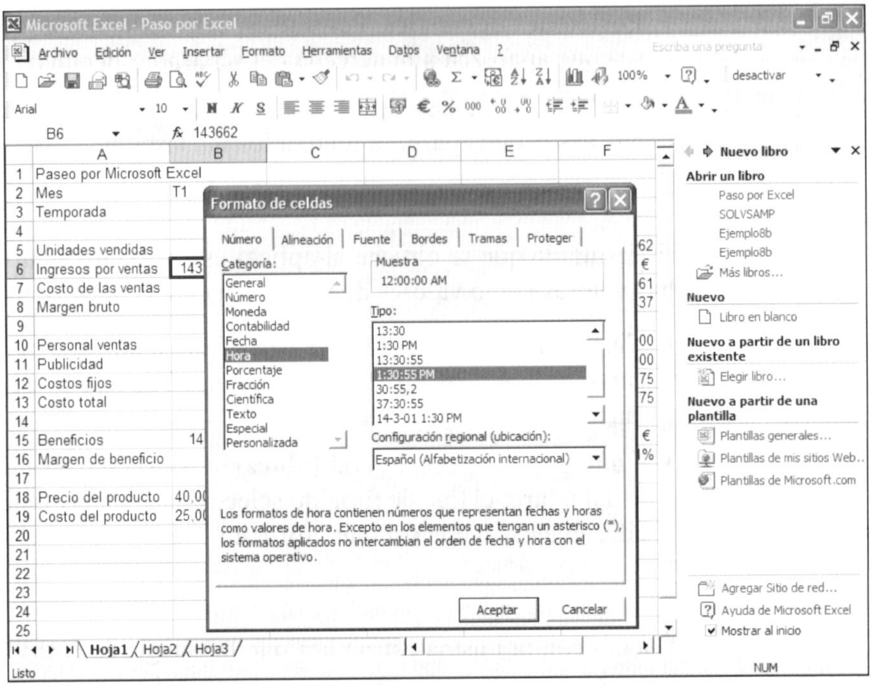

Figura 8.4. Categoría Hora. Ofrece varios formatos diferentes para mostrar la hora

Fracción

La categoría Fracción permite mostrar un valor numérico como fracción. Además, cuenta con la posibilidad de elegir el tipo de presentación.

- **Tipo**. Permite escoger entre varias posibilidades para representadar las fracciones, es decir, el tipo de presentación. Nos muestra varias opciones.

Científica

Muestra aquellos valores incluidos en las celdas seleccionadas con notaciones científicas. La única opción de cambio que posee es la siguiente:

- **Posiciones decimales**. Permite especificar el número de dígitos que desea que aparezcan a la derecha del separador decimal.

Nota: Por si no le ha quedado claro, le mostramos un ejemplo de un valor presentado en formato científico: 1,23E+02; es el mismo que 123.

Texto

Esta categoría no muestra ninguna opción para modificar el formato ya que las celdas cuyo formato sea de texto son tratadas como texto aunque haya números en la celda, por lo tanto, no se realizará ningún tipo de cambio con respecto al contenido introducido.

El único texto al que se le puede aplicar formato es al que incluyen algunas de las categorías mencionadas, como es el caso de las fechas.

Especial

Se trata de un formato muy útil si se desea hacer un seguimiento de valores de listas y bases de datos. Ofrece la posibilidad de dar formato a valores que se pretenden presentar como números de Seguridad Social, códigos postales o números de teléfono. Las opciones de cambio que posee son las siguientes:

- **Tipo**. Permite elegir la presentación del valor numérico entre varias posibilidades: números de teléfono, códigos postales, etc.
- **Configuración territorial (ubicación)**. Al escoger una ubicación territorial u otra, el tipo de formato seleccionado anteriormente se modificará adecuándose a ella (idioma, formato, etc.).

Personalizada

Usando como punto de partida los códigos existentes, permite dar formato a los valores seleccionados. Cuenta con la siguiente opción:

- **Tipo**. Ofrece varias posibilidades entre las que elegir la presentación de los formatos especificados. Además, los códigos de formato de número se pueden modificar para crear el formato deseado.

La categoría Personalizar también permite crear nuevos códigos personalizados que se irán añadiendo al final de la lista. Esta posibilidad la explicaremos más detalladamente en un apartado posterior. Véase figura 8.5.

Utilizar decimales

Posiblemente, muchos de los valores con los que va a trabajar en una hoja de cálculo llevarán decimales. Puede especificar el número de dígitos que desea que aparezcan a la derecha del separador decimal a través de la ficha Número anteriormente descrita, o bien mediante los botones **Aumentar decimales** y **Disminuir decimales** situados en la Barra de herramientas Formato.

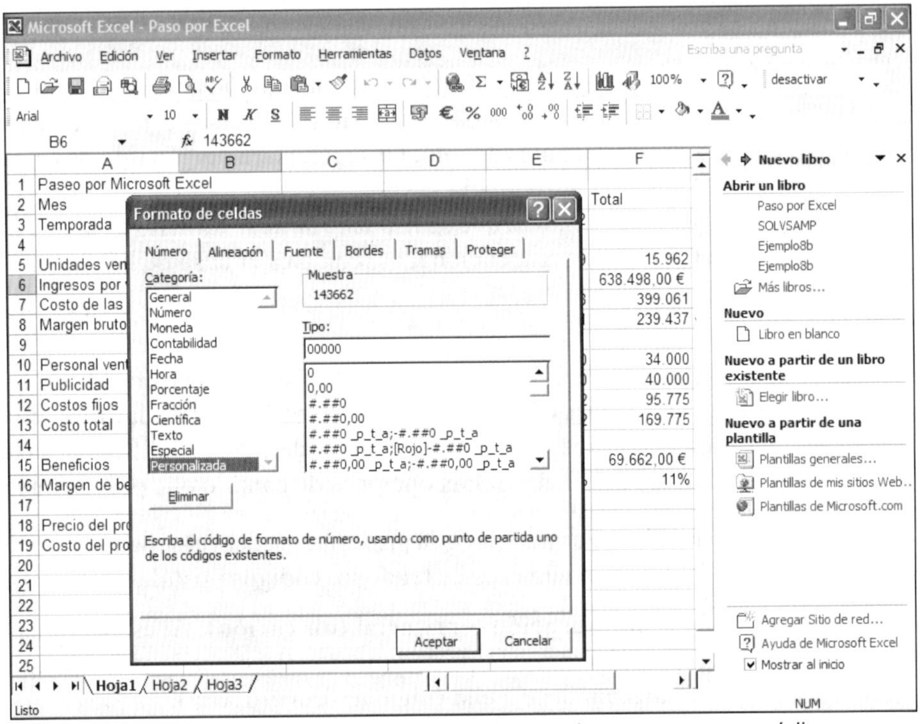

Figura 8.5. La categoría Personalizada permite crear nuevos códigos que se ajusten a las necesidades del trabajo

Pero antes de nada, es necesario que conozca la diferencia que existe entre el valor real de la celda y el valor que se muestra en ella. Que sean diferentes depende del formato que se le dé. De hecho, puede incluir un número con varios decimales, pero si quiere que en su hoja de cálculo no aparezcan, tan sólo debe aplicar a la celda un formato que no incluya dígitos decimales, y ésta mostrará el número entero, aunque su valor real (que podrá ver en la Barra de funciones) sí los contendrá. Por supuesto, también ocurre al contrario.

Ya hemos visto cómo la ficha Número permite en muchas de sus categorías definir el número de dígitos decimales que se desea mostrar. Pero hacerlo a través de los botones **Aumentar decimales** y **Disminuir decimales** es también muy sencillo, simplemente haga clic sobre uno de los botones, y los dígitos decimales irán aumentando o disminuyendo en la celda (si se trata de un número que no posee decimales, el valor de éstos será de 0). Como ya hemos comentado, esto no significa que su valor real se modifique, sólo lo hace la forma de mostrar el número; de hecho, cualquier cálculo matemático los tendrá en cuenta.

No cabe duda de que uno de los peligros de definir el número de dígitos decimales que deben aparecer es el llamado "redondeo". Al realizar una operación matemática, el resultado que aparece, si no se modifica el formato, también tendrá redondeo. Por esta razón no debe resultar extraño que 2+2=5, si se tiene en cuenta que el valor real es 2,4+2,4=4,8. Por supuesto, si no desea redondeo, puede aplicar un formato a la celda que permita mostrar todos los decimales que posee el número.

Nota: Excel cuenta con varias funciones que permiten redondear el número seleccionado, pero convirtiendo éste en el valor real de la celda. Se trata de la función REDONDEAR, y su estructura es =REDONDEAR(número;núm_decimales). Existen las funciones REDONDEAR.MAS; REDONDEAR.MENOS; REDONDEA.PAR o REDONDEA.IMPAR. El capítulo Funciones recoge cada una de ellas.

Aviso: Para ajustar el número de posiciones decimales que contiene un valor al formato numérico de la celda, realice la secuencia de comandos **Herramientas>Opciones**; a continuación pulse la pestaña Calcular y, por último, active la casilla de verificación Precisión de pantalla, situada en la sección Opciones del libro. Tenga en cuenta que cambiará todos los números del libro para que se ajusten a sus formatos, algo que ocurrirá automáticamente con los nuevos valores que introduzca.

Personalizar

Excel le ofrece la posibilidad de crear sus propios formatos numéricos, en el caso de que ninguno de los que la aplicación posee le sirvan.

Conocer los códigos que posee la categoría Personalizada

Existen códigos para todos los tipos de estilos numéricos, ya sean signos decimales o porcentuales, símbolos de monedas, etc.

Las siguientes tablas le servirán para conocer algunos de los códigos que debe utilizar si desea personalizar un formato numérico.

Códigos generales:

Código	Efecto
#	Muestra únicamente los dígitos significativos, y no los ceros sin valor.

Código	Efecto
0 (cero)	Muestra los ceros sin valor. Si no existen dígitos suficientes, muestra un cero.
?	Suele utilizarse en las fracciones que tengan un número de dígitos variable.
[Negro]	Define el color de una sección del formato, en este caso se trata de Negro. El color debe ser el primer elemento de la sección.
[>###];[<###] o [=###]]	Define los formatos de número que se aplicarán únicamente si coinciden con las condiciones especificadas. Al escribir el código no hay que poner el código # sino el valor deseado en la condición.
. (punto)	Usa separador de miles en el valor.
, (coma)	Sitúa una coma decimal en el valor.
%	Multiplica el valor por 100 y añade el símbolo % al final del número.
E+ y E-	Muestra los números en formato científico.
"texto"	Si desea que el formato personalizado posea texto, escriba éste entre comillas.
_ (guión bajo)	Crea un espacio con el ancho de un carácter en un formato de número. El subrayado se incluye antes del carácter.
* (asterisco)	Repite el carácter siguiente en el formato y llena el ancho de la columna.

Días, meses y años:

Código	Efecto
m; mm; mmm; mmmm y mmmmm	Muestra los meses como 1-12; 01-12; ene-dic; enero-diciembre y también, la inicial de cada mes, respectivamente.
d; dd; ddd y dddd	Muestra los días como 1-31; 01-31; lun-dom y enero-diciembre, respectivamente.
aa y aaaa	Muestra años como 00 y 2000 respectivamente.

Horas, minutos y segundos:

Código	Efecto
h y hh	Muestra las horas como 0-23 y 00-23, respectivamente.
m y mm	Muestra los minutos como 0-59 y 00-59, respectivamente.
s y ss	Muestra los segundos como 0-59 y 00-59, respectivamente.
a.m y p.m	Muestra las horas en el formato de 12 horas, seguido de a.m o p.m.
a y p	Muestra las horas en el formato de 12 horas, seguido de a o p.

Aviso: La letra "m" debe aparecer detrás del código "h" o "hh" o delante de "s" o "ss"; de lo contrario Excel mostrará el mes en lugar del minuto.

Crear un formato numérico personalizado

Cuando no logre encontrar un formato numérico que se adapte a sus necesidades, lo más lógico es que cree su propio formato. Para ello, nada tan fácil como modificar un estilo ya existente y que sea similar al deseado (por supuesto, también puede escribir directamente uno nuevo). Siga los pasos que le mostramos a continuación:

1. Seleccione las celdas a las que quiere dar formato.
2. Realice la secuencia de comandos **Formato>Celdas**, y, a continuación, pulse sobre la pestaña Número.
3. Seleccione una categoría que sea similar a la que desea y establezca las características que quiere dar al formato.
4. A continuación seleccione la categoría Personalizada.
5. En el cuadro Tipo aparecerá una copia del formato elegido. Modifique sus códigos para crear el formato que necesita. Puede especificar hasta cuatro secciones de código de formato. Éstas aparecen separadas por el carácter punto y coma (;) y definen los formatos de los números positivos, números negativos, valores cero y texto. En el caso de que sólo hubiese dos, la primera correspondería a los números positivos y cero y la segunda a los

números negativos. Si sólo especifica una sección, se utilizará para todos los números.

6. Pulse **Aceptar**.

Habrá creado un nuevo formato que se situará al final de la lista de tipos, y que podrá usar siempre que desee en ese libro como si se tratara de los formatos que muestra la aplicación por defecto. En el caso de que quiera incluirlo en otro libro, puede realizar el mismo proceso, aunque otra posibilidad es seleccionar las celdas a las que se ha aplicado algún formato, copiarlas (**Edición>Copiar**) y, a continuación, pegarlas (**Edición>Pegar**) en el nuevo libro. De esta forma Excel añadirá automáticamente a la lista de formato Personalizada todos los que se habían aplicado a la selección. Si no necesita los datos copiados puede borrarlos, los formatos personalizados no desaparecerán de la lista.

Cuando quiera eliminar los formatos creados con anterioridad, tan sólo tiene que seleccionarlos, pulsar sobre el botón **Eliminar** y, después, sobre **Aceptar**. Debe saber que únicamente puede eliminar los formatos que ha creado, no los que venían en el programa por defecto.

Nota: Excel aplicará el formato General a las celdas del libro a las que se haya dado formato mediante un formato personalizado que se ha eliminado después.

Alinear texto y números

Al introducir texto o números en las celdas, observará que éstos se colocan de una forma determinada. Por defecto, Excel alinea el texto a la izquierda y los valores numéricos a la derecha. También se encontrará con que los valores de error y lógicos aparecen centrados.

En el caso de que desee modificar la alineación del contenido de una celda, realice los siguientes pasos; eso sí, no olvide que este nuevo cambio sólo afecta a la apariencia de la celda y no a los valores reales que contiene.

1. En primer lugar, seleccione las celdas en las que va a modificar la alineación del contenido.

2. Ejecute la secuencia de comandos **Formato>Celdas** y, a continuación, en el cuadro de diálogo que aparece, pulse sobre la pestaña Alineación. La ficha Alineación posee las siguientes secciones:

- **Alineación del texto**. Cuenta con dos listas desplegables, Horizontal y Vertical, cada una de las cuales permite elegir las opciones de alineación en ambas direcciones. También posee un cuadro de texto donde especificar la sangría que se le desea dar a algunas de las posibilidades.
- **Control del texto**. Ofrece varias posibilidades para ajustar el texto en la celda. Para ello cuenta con varias casillas de verificación:
  - Ajustar texto. Ajusta el texto de la celda en varias líneas. El número de líneas depende del ancho de columna y la longitud del contenido.
  - Reducir hasta ajustar. Reduce el tamaño de los caracteres de la fuente para que se ajusten a la columna. Por supuesto, esto no significa que se cambie la fuente.
  - Combinar celdas. Combina dos o más celdas en una. En este caso, la celda de referencia es la superior izquierda del rango original.
- **De derecha a izquierda**. Cuenta con el cuadro Dirección del texto que permite especificar el orden de lectura y la alineación (De derecha a izquierda, De izquierda a derecha, etc.).
- **Orientación**. Permite cambiar la orientación del texto de las celdas seleccionadas. Pueden colocarse de forma vertical o bien con un ángulo específico.

3. Seleccione las opciones que desea entre las comentadas anteriormente. Una vez elegidas las características de su celda o rango de celdas, pulse **Aceptar**. Véase la figura 8.6.

Alinear el contenido de una celda de forma horizontal

Como hemos mencionado al principio de este capítulo, la ficha **Alineación**, más concretamente, la sección Alineación del texto, cuenta con una lista desplegable denominada Horizontal donde aparecen todas las opciones de alineación horizontal que se pueden aplicar al contenido de una celda o rango de celdas. Son las siguientes:

- **General**. Se trata de la alineación que muestra Excel por defecto. Es decir, texto a la izquierda, números a la derecha y los valores de error y lógicos centrados. La alineación será "General" si no aparecen pulsados los botones **Alinear a la izquierda**, **Alinear a la derecha** o **Centrar**.

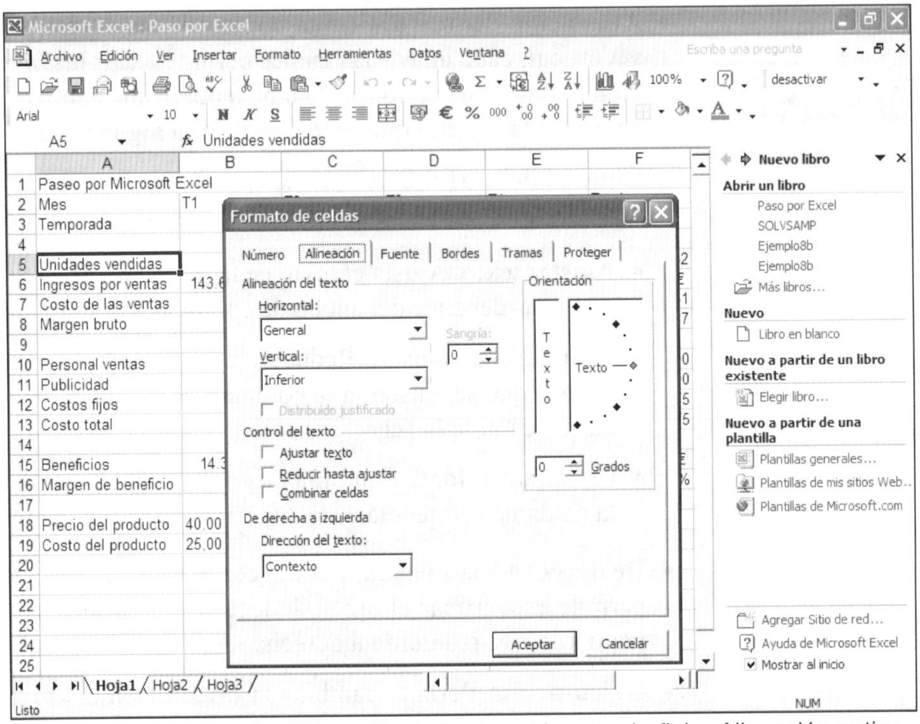

Figura 8.6. Cuadro de diálogo Formato de celdas con la ficha Alineación activa

- **Izquierda**. Alinea todas las entradas de las celdas seleccionadas en el borde izquierdo de la celda. Esta alineación también se puede realizar a través del botón **Alinear a la izquierda**, situado en la Barra de herramientas Formato. Si selecciona esta opción se activará el cuadro de texto Sangría, que le permitirá aplicar una sangría al contenido de las celdas. Cada incremento en el cuadro es equivalente al ancho de un carácter; el máximo valor que se puede incluir es 15.

> **Nota:** También es posible modificar la sangría a través de los botones **Reducir sangría** y **Aumentar sangría**, situados en la Barra de herramientas Formato.

- **Centrar**. Centra todas las entradas de las celdas seleccionadas. Por supuesto, se trata de su centro horizontal. Este tipo de alineación también se puede realizar a través del botón **Centrar**, situado en la Barra de herramientas Formato.

- **Derecha**. Alinea todas las entradas de las celdas seleccionadas en el borde derecho de la celda. Esta alineación también se puede realizar a través del botón **Alinear a la derecha**, situado en la Barra de herramientas Formato. Si selecciona esta opción, el cuadro de texto denominado Sangría se activará, y podrá aplicar una sangría al contenido de las celdas (tal y como comentamos en el caso de la alineación Izquierda).
- **Rellenar**. Repite el contenido de la celda seleccionada hasta que éste se ajuste al ancho de la celda. Si a las celdas en blanco que se encuentran a la derecha se les aplica el formato Rellenar, también se completarán con ese mismo contenido.
- **Justificar**. Justifica el contenido que está distribuido en una celda tanto a la derecha como a la izquierda, y aumenta el alto de la celda, si es necesario, de forma que aparezca todo el contenido.
- **Centrar en la selección**. Centra en las celdas seleccionadas el texto de cada una. Si sólo posee texto una, la situada a la izquierda, las celdas seleccionadas se combinan en una sola, y el contenido se centra en ellas. Las celdas siguen siendo independientes, de hecho, el texto continúa perteneciendo a la celda en la que originariamente se escribió el texto, de forma que si se añade texto a la siguiente, cada uno se centrará en su celda.

Nota: Nunca debe confundir la opción Centrar en la selección con el botón **Combinar y Centrar** de la Barra de herramientas Estándar, ya que en este último caso, cuando la selección contiene valores de datos múltiples, al combinar en una única celda se conservarán solamente los datos del extremo superior izquierdo, el resto se perderán. Al volver a pulsar el botón, las celdas volverán a su estado normal, pero únicamente mostrará texto la celda superior izquierda.

- **Distribuido**. Permite justificar horizontalmente el texto que no está distribuido en una celda. Para ello, debe activar la casilla de verificación Distribuido justificado. Otra posibilidad es aplicarle sangría a través del cuadro de texto Sangría. Véase la figura 8.7.

Alinear el contenido de una celda de forma vertical

Justo debajo de la opción Horizontal hay otra lista desplegable de iguales características, es decir, permite modificar la alineación del contenido de celdas o rangos de celdas, aunque, en este caso, la alineación es vertical. La lista desplegable Vertical cuenta con las siguientes opciones:

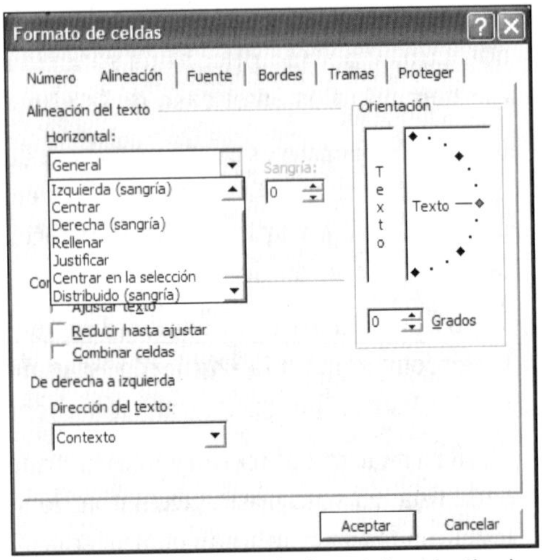

Figura 8.7. Las listas desplegables Horizontal y Vertical recogen distintas posibilidades de alineación de texto

- **Superior**. Alinea todas las entradas de las celdas seleccionadas en la parte superior de las celdas.
- **Centrar**. Centra todas las entradas en las celdas seleccionadas. Por supuesto, se trata de buscar su centro vertical.
- **Inferior**. Alineación que muestra Excel por defecto. Sitúa el contenido en la parte inferior de la celda o celdas seleccionadas.
- **Justificar**. Justifica el contenido en la celda, pero teniendo en cuenta que se trata de una alineación vertical, es decir, amplía automáticamente el alto de la fila para que aparezca todo el contenido, pero siempre justificando éste tanto en la parte superior como inferior.
- **Distribuido**. Permite justificar verticalmente el texto que no está distribuido en una celda.

Modificar la orientación del contenido de una celda

Es posible alinear el contenido de una celda horizontal y verticalmente, pero no hay que olvidar que otra de las posibilidades que se pueden barajar a la hora de mostrar un texto, un valor numérico, etc. en una hoja de cálculo es la de modificar también su orientación. De hecho, muchas de las opciones que ofrece la ficha Alineación están relacionadas entre sí; no hay ningún problema en establecer un ángulo para un texto y, a la vez, alinearlo horizontal y verticalmente. Por supuesto, hay que tener en cuenta que dependiendo de las opciones de alineación seleccionadas, se podrá o no disponer de opciones de giro (por ejemplo, no se podrá con Rellenar ni con Centrar la selección).

La sección Orientación cuenta con tres cuadros de texto. Puede establecer el ángulo que desea dar al contenido a través del cuadro Grado, incluyendo un valor positivo o negativo en él que varíe entre 0 y 90 grados. También arrastrando la flecha del indicador de ángulo, que aparece en el cuadro de texto situado más a la derecha, puede especificar la proporción de giro para el texto de la celda seleccionada, y hacerse una idea de cómo será el resultado. Si desea cambiar la orientación del contenido de la celda a vertical, pulse sobre el cuadro de texto situado a la izquierda del anterior (éste se volverá negro).

Por supuesto, la altura de las celdas cambiará para ajustarse al nuevo ángulo dado a la entrada, aunque no la anchura.

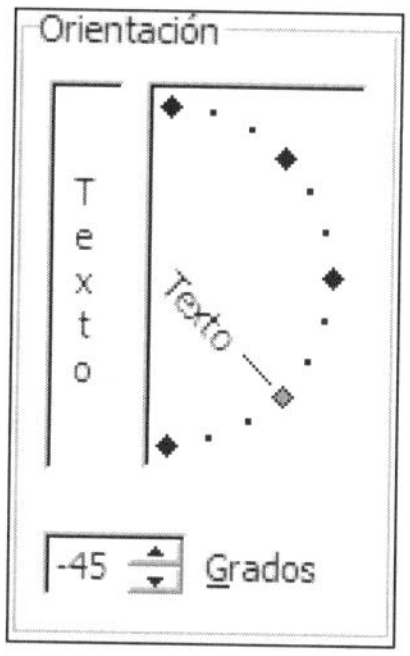

Figura 8.8. El apartado Orientación se encuentra integrado en la ficha Alineación

> **Nota:** En el momento que pulse sobre el cuadro de texto que cambia a vertical la orientación del contenido de una celda, la opción De derecha a izquierda aparecerá desactivada.

Cambiar la fuente

Si pretende dar un aspecto diferente a la hoja de cálculo, es importante que defina aquel que se adecúe más a sus necesidades. Para ello puede variar la fuente, tamaño, estilo o color del contenido incluido. Realice estos pasos:

1. Seleccione la celda o el rango de celdas al que desea aplicar una nueva fuente. Si prefiere aplicar el nuevo formato a unos caracteres determinados, seleccione éstos únicamente.

2. Ejecute la secuencia de comandos **Formato>Celdas** y, a continuación, en el cuadro de diálogo que aparece (Formato de celdas), pulse sobre la pestaña Fuente. Esta ficha cuenta con varios apartados donde poder realizar modificaciones:

   - **Fuente**. Permite seleccionar la fuente que se quiere dar al texto seleccionado (Arial, Tahoma, Times New Roman, etc.). La Barra de herramientas Formato cuenta con una lista desplegable de igual nombre y función.

> **Nota:** Si desea modificar la fuente y el tamaño de fuente estándar (predeterminada), acceda al cuadro de diálogo Opciones **(Herramientas>Opciones)** y, a continuación, en la ficha General, establezca las nuevas características en las opciones Fuente estándar y Tamaño. Pulse **Aceptar**.
> Cuando inicie Microsoft Excel de nuevo, ya utilizará este nuevo formato en su hoja de cálculo.

   - **Estilo**. Cambia el estilo de la fuente. Puede elegir entre Normal, Cursiva, Negrita y Negrita Cursiva. La Barra de herramientas Formato cuenta con dos de esas opciones en forma de botones, **Negrita** y **Cursiva**. Ambas posibilidades se pueden aplicar realizando la combinación de teclas **Control-N** y **Control-K** respectivamente.

   - **Tamaño**. Esta sección permite determinar un tamaño de fuente para el texto o los números seleccionados. La Barra de herramientas Formato cuenta con una lista desplegable denominada Tamaño de fuente con la misma función. Debe tener en cuenta que los tamaños dependen de la fuente seleccionada.

   - **Subrayado**. En el caso de que desee algún tipo de subrayado, despliegue la lista que recoge las distintas posibilidades: Simple, Doble, Simple contabilidad y Doble contabilidad. La Barra de herramientas Formato cuenta con un botón **(Subrayado)** que permite subrayar el texto o números de forma simple, aunque si realiza la combinación de teclas **Control-S**, el resultado será el mismo.

   - **Color**. Para modificar el color de los caracteres de la celda, despliegue la lista de colores que posee esta opción y elija el color que desea darles. La Barra de herramientas Formato también cuenta con un botón denominado **Color de fuente** que le permitirá seleccionar el color que quiera. El último que utilice será el que aparezca en el propio botón durante la sesión de trabajo.

Truco: Si le resulta más fácil contar con una paleta de colores independiente, despliegue la paleta de colores de la Barra de herramientas Formato, haga clic con el ratón en la parte superior de ésta y arrastre la paleta hasta el lugar donde desee situarla.

- **Efectos**. Este apartado cuenta con tres casillas de verificación que le permitirán aplicar efectos de texto a los datos seleccionados: Tachado, Superíndice y Subíndice.
- **Vista Previa**. Muestra cómo aparecerá la fuente seleccionada con las opciones de formato designadas.
- **Fuente normal**. Es una casilla de verificación que permite restablecer la fuente, estilo, tamaño y efectos al estilo predeterminado Normal.

3. Una vez realizados todos los cambios en la ficha Fuente, pulse **Aceptar**. Véase la figura 8.9.

Aplicar bordes a las celdas

Como podrá observar, la hoja de cálculo sobre la que trabaja está dividida en filas y columnas, las cuales, a su vez, se encuentran separadas por líneas tanto verticales como horizontales. Estas líneas permiten distinguir las celdas, y hacen que la hoja de cálculo aparezca como una cuadrícula. Pero no se lleve a engaños, no se trata de líneas reales, sino de elementos que ayudan a la edición, y que al imprimir la hoja no aparecerán, si no lo desea.

Nota: Si prefiere imprimir en su hoja de cálculo las líneas de división de celda horizontales y verticales, active la casilla de verificación Líneas de división, que se encuentra en el cuadro de diálogo Configurar página (**Archivo>Configurar página**), ficha Hoja, apartado Imprimir. A continuación, realice el proceso normal de impresión.

En el caso de que prefiera trabajar sin cuadrícula, puede desactivar esta opción de la siguiente forma:

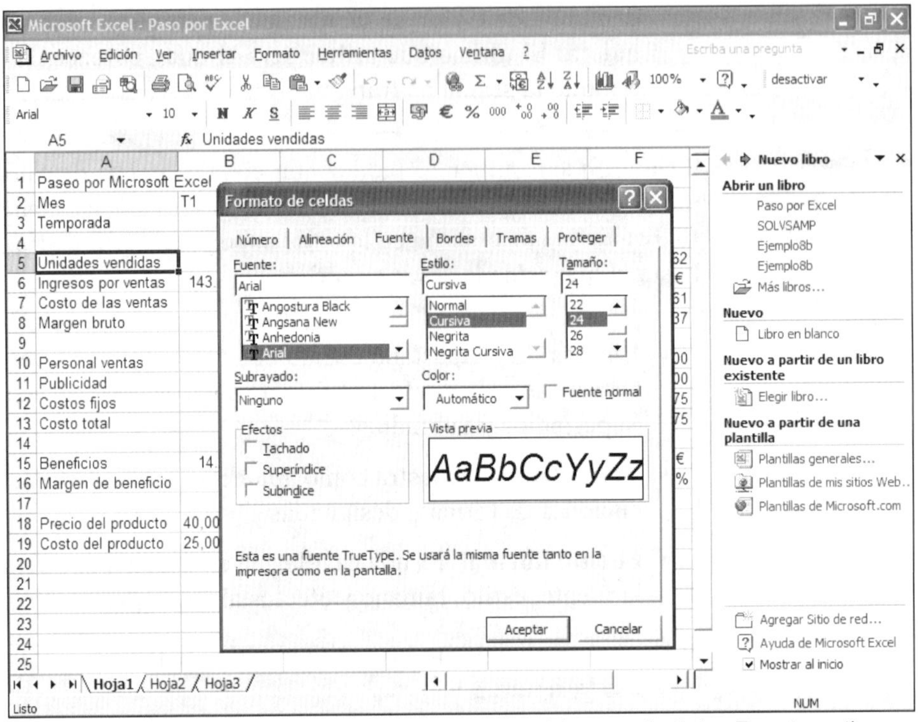

Figura 8.9. Cuadro de diálogo Formato de celdas con la ficha Fuente activa

1. Ejecute la secuencia de comandos **Herramientas>Opciones**.
2. Pulse, en el cuadro de diálogo Opciones, la pestaña Ver.
3. Esta ficha cuenta con varias secciones, entre ellas la denominada Opciones de ventana, donde se encuentra la casilla de verificación Líneas de división. Activar o desactivar esta casilla significa mostrar o no las líneas de división de las celdas.
4. Pulse **Aceptar**. Véase la figura 8.10.

Utilizar bordes en su cuadrícula

La existencia de líneas facilita la lectura de los datos que incluirá en su hoja de cálculo. Por eso, además de contar o no con estas líneas, Excel le permite aplicar bordes a las celdas, de forma que pueda crear el tipo de cuadrícula que desee. Esta vez sí se trataría de líneas reales. Para ello, debe seguir estos pasos:

1. Seleccione la celda o el rango de celdas al que quiere aplicar un borde.
2. Ejecute la secuencia de comandos **Formato>Celdas**.

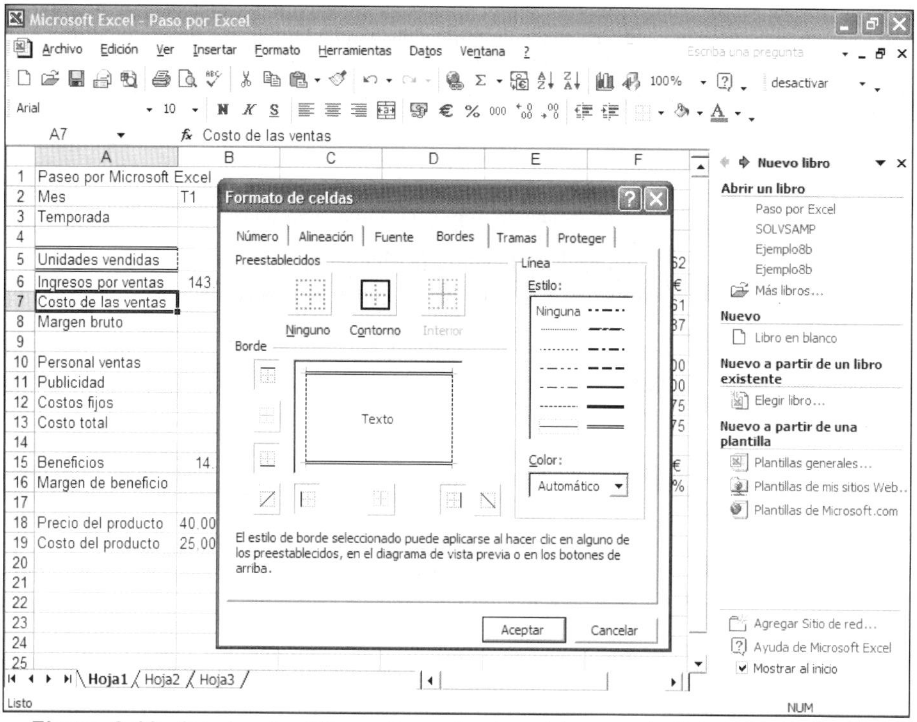

Figura 8.10. Cuadro de diálogo Formato de celdas con la ficha Bordes activa

3. En el cuadro de diálogo que aparece (Formato de celdas), pulse sobre la pestaña Bordes.

4. Esta ficha cuenta con varias opciones que permiten aplicar, quitar o especificar el estilo de dichos bordes. A continuación, se describen las distintas opciones:

   - **Preestablecido**. Cuenta con tres posibilidades de borde preestablecidas (Ninguno, Contorno e Interior). Pulsando sobre ellas quitará o añadirá bordes a las celdas seleccionadas.
   - **Borde**. Cumple una doble función. Por un lado cuenta con botones que recogen cada una de las posibilidades de borde que se pueden aplicar a una celda o a un rango de celdas. Por otro lado, posee un cuadro de texto (o diagrama de vista previa) en el centro que muestra los cambios que se van realizando en la cuadrícula y, a la vez, permite seguir modificando los bordes tan sólo haciendo clic en sus diferentes áreas.
   - **Línea**. Permite establecer el tamaño, estilo y color de un borde. Si necesita modificar el tamaño y estilo, acceda al apartado Estilo, seleccione

la opción que desea y haga clic en los botones antes mencionados o en el diagrama de vista previa para especificar el lugar donde quiere aplicar el estilo. Puede cambiar el color de un borde de la siguiente forma: acceda a la sección Color, despliegue la paleta de colores y seleccione uno de ellos. Para aplicarlo, realice los mismos pasos que en el caso anterior (Estilo).

5. Una vez que haya establecido el estilo y el lugar donde va a aplicar los bordes en su hoja de cálculo, pulse **Aceptar**.
6. No olvide que los bordes se pueden borrar del mimo modo, es decir, pulsando sobre el botón **Ninguno**, sobre los botones activados del apartado Bordes o haciendo clic sobre el diagrama de visualización.

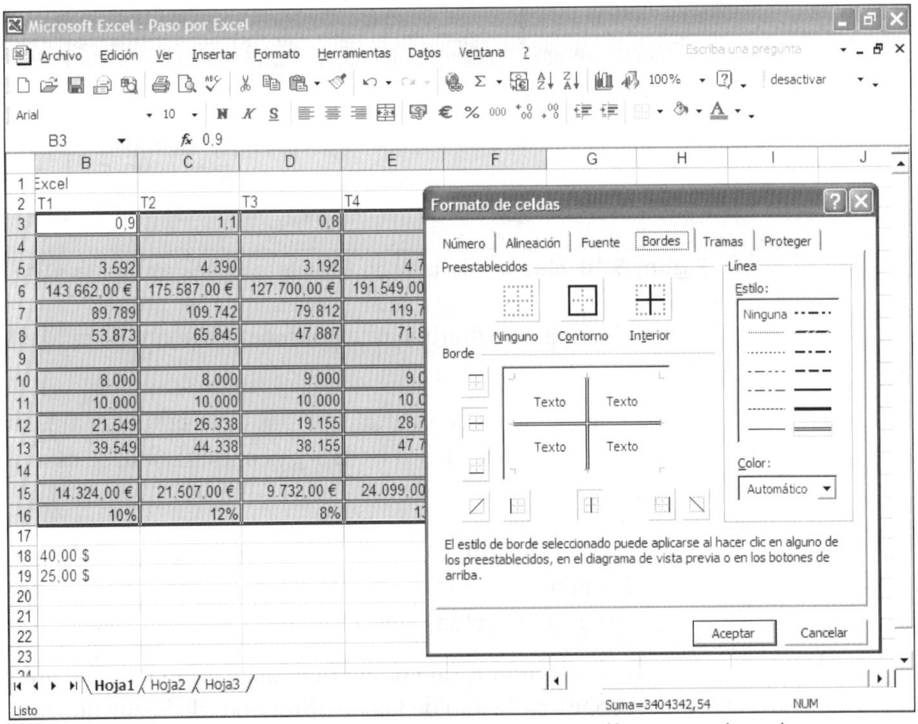

Figura 8.11. En el Diagrama de vista previa no sólo se pueden observar los cambios que se han hecho, sino realizarlos directamente

La Barra de herramientas Formato cuenta con el botón **Bordes**, que le permitirá aplicar o quitar bordes a sus celdas sin tener que acceder al cuadro de diálogo Formato de celdas. Si desea utilizar este botón, realice los siguientes pasos:

1. Seleccione la celda o rango de celdas al que quiere aplicar un borde.
2. El botón mostrará el último tipo de borde que haya utilizado en esa sesión de trabajo o el predeterminado en Excel, pero si pulsa sobre la flecha situada a su derecha, podrá desplegar la paleta que recoge las diferentes posibilidades. Seleccione una de ellas.
3. Esta paleta cuenta con la opción Dibujar bordes. Pulse sobre ella, aparecerá una nueva ventana (Bordes) que recoge los distintos estilos, tamaños y colores que se pueden aplicar a un borde, en forma de botones y listas desplegables (Dibujar borde, Borrar borde, Estilo de línea y Color de línea).
4. Pulse sobre la opción que desee. El puntero del ratón se convertirá en un lapicero (o en una goma, en caso de Borrar borde). Luego aplique o borre los bordes en su propia hoja de cálculo haciendo clic con el ratón o seleccionando las celdas. Manteniendo o no pulsada la tecla **Control**, puede alternar entre los modos Dibujar borde y Dibujar cuadrícula de borde.
5. Cierre la ventana cuando ya no la necesite.

Nota: Si le resulta más fácil trabajar con una paleta de bordes que sea independiente, despliegue la paleta (a través del botón situado en la Barra de herramientas Formato), haga clic con el ratón en la parte superior de ésta y arrastre la paleta hasta el lugar donde quiera situarla.

Aplicar color y tramas

Ya hemos comentado la forma de aplicar color a los caracteres que aparecen en una celda, pero otra posibilidad es aplicarlo a la celda, es decir, cambiar el color de fondo o la trama de una celda o rango de celdas. Siga estos pasos:

1. Seleccione la celda o rango de celdas donde desee aplicar color de fondo y tramas.
2. Ejecute la secuencia de comandos **Formato>Celdas**.
3. En el cuadro de diálogo que aparece (Formato de celdas), pulse sobre la pestaña Trama. Esta ficha cuenta con dos secciones: Sombreado de celda y Muestra.
4. En el apartado Sombreado de celda, elija un color en el cuadro Color y, a continuación, abra la lista desplegable Tramas y seleccione el formato de trama que desea dar a las celdas.

5. Observe el cuadro Muestra y asegúrese de que la trama y colores que aparecen son los que quería.

6. Pulse **Aceptar**.

Al igual que ocurría con el color de fuente, la Barra de herramientas Formato también cuenta con un botón **(Color de relleno)** destinado a cambiar el color de relleno o de fondo de una celda. Puede desplegar la paleta de colores y elegir uno de ellos, crear una paleta independiente haciendo clic con el ratón en la parte superior de ésta y arrastrándola hasta otro lugar, etc. El último color que use será el que aparezca en el propio botón durante la sesión de trabajo.

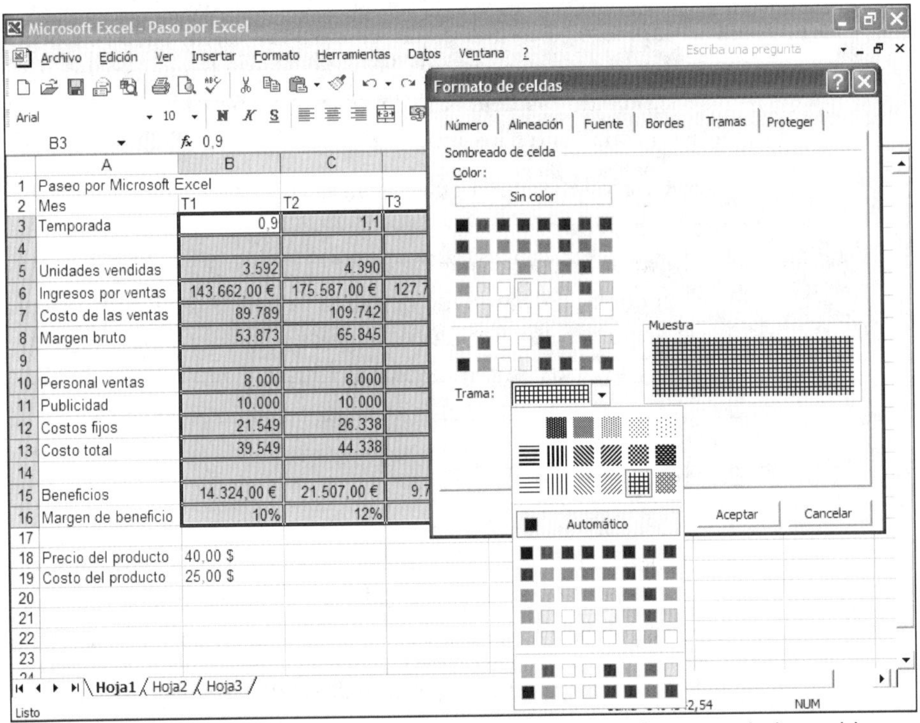

Figura 8.12. La ficha Tramas permite elegir el color y la trama de las celdas seleccionadas

> **Aviso:** Cuando utilice color de relleno en su hoja de cálculo asegúrese de que no es demasiado parecido al color de los caracteres, ya que podría ocultar el contenido de las celdas o dificultar su visualización. En el caso de que desee eliminarlo, realice el mismo proceso, pero seleccionando la opción Sin relleno o Sin color.

Nota: El botón **Color de relleno** controla también la apariencia de un objeto gráfico seleccionado. Es decir, puede dar formato al fondo de cuadros de texto y a determinadas autoformas.

Modificar el formato de filas y columnas

Todas las columnas de Excel tienen, inicialmente, el mismo ancho. Del mismo modo, todas las filas cuentan con la misma altura. Se trata de una estructura inicial, que puede personalizarse hasta llegar a adaptar la hoja de cálculo al aspecto que se desea, ya sea manual o automáticamente.

Este tipo de reestructuración de la hoja de cálculo sólo se podrá hacer si no está protegida. Se trata de un tema que trataremos al final del capítulo.

Modificar la altura de las filas

Hay varias posibilidades a la hora de establecer una altura determinada para las filas. Todo depende del resultado que desee obtener, es decir, si quiere uniformidad en la altura de todas las filas de la hoja de cálculo o no.

Antes de comenzar a realizar cambios en su hoja de cálculo, es muy importante que tenga en cuenta que ampliar la fila no significa necesariamente que vaya a visualizar todo el contenido de las celdas, ya que eso depende del tipo de alineación vertical que posean éstas. Consulte el apartado "Alinear el contenido de una celda verticalmente" de este mismo capítulo, y comprobará que dando formato a las celdas mediante las opciones Distribuir y Justificar conseguirá modificar la altura de sus filas tanto como lo necesite. Con la opción Ajustar texto tendrá el mismo resultado. En caso contrario, la altura de las filas se modificará contando únicamente con el formato que posee la celda y se visualizará una única línea, ya que la alineación vertical que posee por defecto es Inferior.

En cualquier caso, seguro que ha advertido que al cambiar el formato Fuente o Tamaño de una entrada, la altura de las filas cambia automáticamente.

Especificar una altura concreta

Si tiene claro la altura que quiere dar a las filas, realice el siguiente proceso:

1. Seleccione la fila o filas cuya altura desea modificar.

2. Ejecute la secuencia de comandos **Formato>Fila>Alto**, aparecerá la ventana Alto de fila.

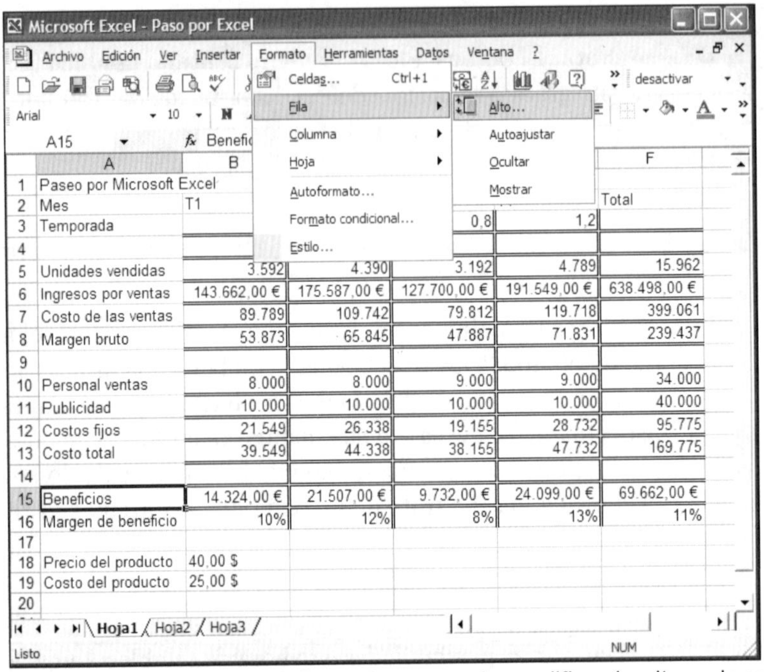

Figura 8.13. A través del menú Formato se puede modificar la altura de una fila

3. Determine en el cuadro de texto la altura de sus filas, entre 0 y 409 (este número representa la altura de la fila en puntos). Si incluye el número 0, la fila se ocultará.

4. Pulse **Aceptar**. Todas las filas tendrán la misma altura.

Arrastrar y soltar

El método Arrastrar y soltar también puede ser muy eficaz:

1. Seleccione la fila o filas cuya altura desea modificar.

2. Sitúe el puntero del ratón en una de las líneas de división de las filas seleccionadas. Cuando éste se convierta en una doble fecha con una línea negra en el centro, haga clic con el ratón y arrástrelo hasta conseguir la altura que necesite. Una etiqueta informativa le va a mostrar la altura que aplicará a las filas seleccionadas.

Utilizar métodos automáticos

Hay dos posibilidades más que le permiten realizar de forma automática esta variación. Seleccione la fila o filas cuya altura desea modificar y, a continuación, elija uno de estos dos procesos:

- Sitúe el puntero del ratón en una de las líneas de división de las filas seleccionadas. Cuando éste se convierta en una doble flecha con una línea negra en el centro, haga doble clic con el ratón. Se ajustará el alto de la fila con el valor mínimo necesario para que se muestre el contenido de la celda más alta (si éste está dividido en varias líneas, sólo se visualizará la primera). Si se cambia el formato de la celda, se producirá un nuevo ajuste.
- Realice la secuencia de comandos **Formato>Fila>Autoajustar**. Se ajusta el alto de la fila con el valor mínimo necesario para que se muestre el contenido de la celda más alta. Si se cambia el formato de la celda, se va a producir un nuevo ajuste. En el caso de que alguna fila se encuentre vacía de contenido, éstas mantendrán la altura que está predeterminada en el programa.

Modificar el ancho de las columnas

Los procesos a seguir para modificar el ancho de las columnas son similares a los comentados en el caso de las filas, aunque, por supuesto, con ciertos matices. El primero de ellos es que la anchura se va a medir por caracteres (en base a la fuente predeterminada del libro), y no por puntos como la altura.

Ajustar a un ancho específico

Puede dar un valor concreto a su hoja de cálculo de la siguiente forma:

1. Seleccione la columna o columnas cuyo ancho desee modificar.
2. Ejecute la secuencia de comandos **Formato>Columna>Ancho**, aparecerá la ventana Ancho de columna.
3. Determine en el cuadro de texto la anchura de sus columnas entre 0 y 255 (este número representa los caracteres que se mostrarán con tamaño de fuente estándar). Si incluye el número 0, la columna se ocultará.
4. Pulse **Aceptar**. Todas las columnas tendrán la misma anchura. Véase la figura 8.14.

Otra posibilidad es modificar el ancho estándar de toda la hoja:

1. Seleccione una celda, columna, fila o la hoja entera.
2. Ejecute la secuencia de comandos **Formato>Columna>Ancho estándar...**, aparecerá la ventana Ancho estándar.

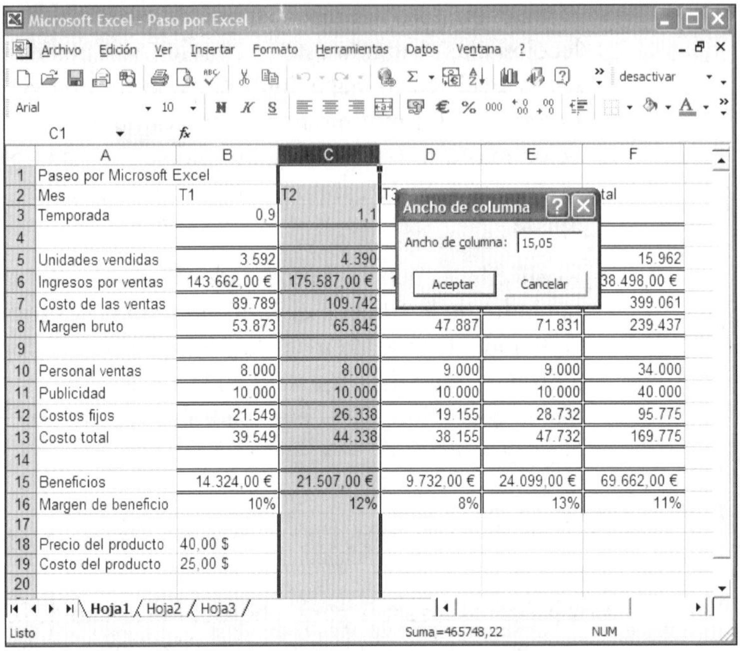

Figura 8.14. La ventana Ancho de columna permite especificar la medida exacta para la columna seleccionada

3. Determine en el cuadro de texto la anchura estándar que desea dar a todas las columnas de esa hoja de cálculo.
4. Pulse **Aceptar**.

> **Aviso:** Aquellas columnas cuyo ancho haya modificado ya manual o automáticamente no variarán su ancho a pesar de haber incluido un nuevo valor para el ancho estándar de la hoja.

Arrastrar y soltar

Se trata del mismo método que comentamos en el caso de las filas:

1. Ahora seleccione la columna o columnas cuya anchura necesita modificar.
2. Sitúe el puntero del ratón en una de las líneas de división de las columnas seleccionadas. Cuando éste se convierta en una doble flecha con una línea negra en el centro, haga clic con el ratón y arrástrelo hasta conseguir la anchura deseada. Una etiqueta informativa le mostrará la anchura que va a aplicar a las columnas seleccionadas.

Utilizar métodos automáticos

En el caso de las columnas también hay dos posibilidades de automatizar el proceso. Seleccione la columna o columnas cuya anchura quiere modificar y, a continuación, realice uno de los procesos que le indicamos a continuación:

- Sitúe el puntero del ratón en una de las líneas de división de las columnas seleccionadas. Cuando éste se convierta en una doble flecha con una línea negra en el centro, haga doble clic con el ratón. Se ajustará el ancho de la columna con el valor mínimo necesario para que se muestre todo el contenido de la celda más ancha. Si el formato cambia o se añaden caracteres, no se ajusta automáticamente.
- Realice la secuencia de comandos **Formato>Columna>Autoajustar a la selección**. Se ajustará el ancho de la columna con el valor mínimo necesario para que se muestre el contenido de la celda más ancha. Si el formato cambia o se añaden caracteres, no se ajusta automáticamente.

Nota: Cuando incluye una entrada numérica grande (más larga que el ancho de la celda), la altura de la columna aumenta automáticamente.

Ocultar filas y columnas

Si desea ocultar alguna de las filas o columnas con las que está trabajando, pero no eliminarlas, tan sólo debe seguir los pasos que le mostramos a continuación. Como podrá comprobar, los procesos son iguales en ambos casos:

1. Seleccione la fila o columna que quiere ocultar.
2. Ejecute la secuencia de comandos **Formato>Fila>Ocultar**, en el caso de una fila, y **Formato>Columna>Ocultar**, en el caso de una columna.

Otras formas de ocultar filas y columnas son las siguientes:

- Ejecute la secuencia de comandos **Formato>Fila>Alto**, aparecerá la ventana Alto de fila; si incluye en el cuadro de texto la altura 0, la fila se ocultará. Ejecute **Formato>Columna>Ancho**, y, en la ventana Ancho de columna, incluya el valor 0 para ocultar la columna.
- Sitúe el puntero del ratón en la línea inferior de la fila que pretende eliminar (Barra de título de fila). Cuando éste se convierta en una doble flecha,

haga clic con el ratón y arrástrelo hacia arriba hasta conseguir ocultar la fila. Suelte el ratón cuando la etiqueta informativa le muestre un valor de 0. Para ocultar la columna, realice el mismo proceso, en este caso en la línea derecha de la columna que va a ocultar (Barra de título de columna), y arrastre el ratón hacia la izquierda.

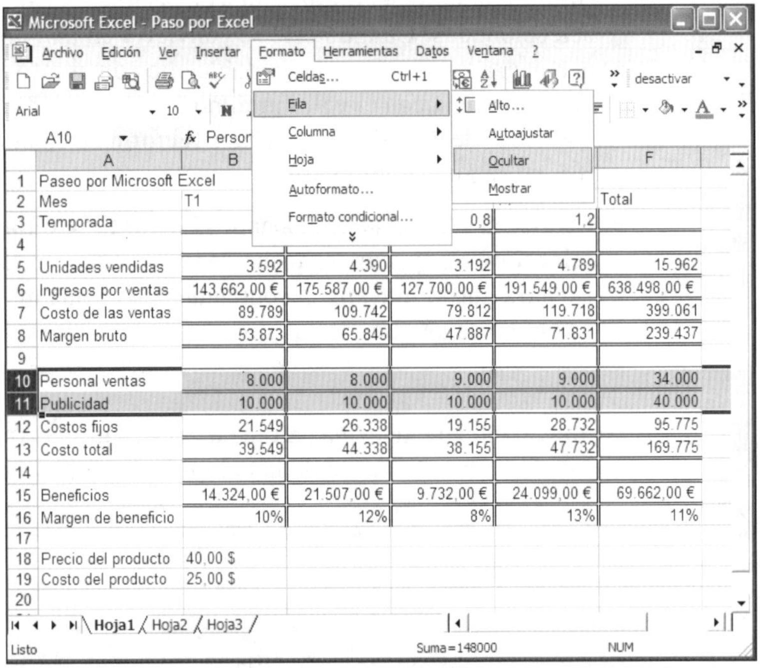

Figura 8.15. A través del menú Formato también se puede acceder a la opción Ocultar

Mostrar filas y columnas

Por supuesto, lo mismo que ha ocultado filas y columnas, también puede volver a mostrarlas. Realice uno de los pasos que le indicamos a continuación:

- Seleccione las filas situadas a ambos lados de la que se encuentra oculta y realice la secuencia de comandos **Formato>Fila>Mostrar**. O seleccione las columnas que se encuentran a ambos lados de la oculta y ejecute **Formato>Columna>Mostrar**.
- Observará que cuando ocultó la fila o columna, en sus barras de título apareció una línea de mayor grosor que en el resto de números o letras (representa a la fila o columna oculta). Sitúe el puntero del ratón sobre

ella hasta que éste se convierta en una doble flecha, pero que en vez de unirse por una pequeña raya negra, lo hace por dos independientes. Haga clic y arrastre el puntero hacia abajo hasta darle la altura que desea, o hacia la derecha si está situado en la Barra de título de columna y va a modificar su anchura.

Nota: Ya hemos comentado en muchas ocasiones lo útil que puede ser el botón derecho del ratón. De hecho, si hace clic con este botón sobre la Barra de título de columna o sobre la Barra de título de fila, accederá a un menú que cuenta con varias de las posibilidades ya comentadas, es decir, Formato de celdas, Ancho de columna, Alto de fila, Ocultar, Mostrar, etc.

Modificar el formato de una hoja

La hoja de cálculo no sólo se compone de celdas, filas y columnas, también cuenta con otros elementos como son sus etiquetas, fundamentales a la hora de llevar con orden el trabajo.

Cambiar el nombre y el color de una etiqueta

Posiblemente no le agrade que las hojas de cálculo que componen su libro se denominen Hoja1, Hoja2, Hoja3, y así sucesivamente. Si lo desea, puede cambiar el nombre de las hojas de la siguiente forma:

1. Haga clic sobre la etiqueta de la hoja que quiere modificar.
2. Ahora ejecute la secuencia de comandos **Formato>Hoja>Cambiar nombre**. El nombre actual de la etiqueta comenzará a parpadear.
3. Escriba en la etiqueta un nuevo nombre para su hoja.
4. Pulse **Intro**.

El proceso para cambiar de color la etiqueta es similar:

1. Haga clic sobre la etiqueta de la hoja cuyo color desee modificar. La selección predeterminada es sin color.
2. Ejecute la secuencia de comandos **Formato>Hoja>Color de etiqueta**.
3. En el cuadro de diálogo Formato de color de etiqueta, elija un color.

4. Pulse **Intro**. Cuando la hoja se encuentre activa, su nombre aparecerá subrayado por una línea de color. Si hace clic sobre otra etiqueta, la anterior se verá con el color de fondo elegido, y las letras modificarán el suyo (blanco o negro) para que se pueda leer.

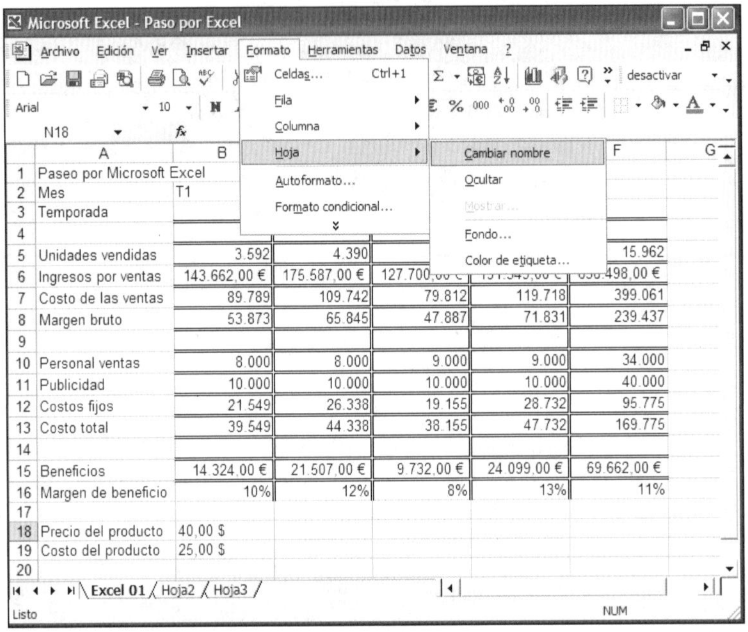

Figura 8.16. Cambiar el nombre y color de las etiquetas es sumamente sencillo

Nota: Si hace clic con el botón derecho del ratón sobre la etiqueta, aparece un menú desplegable que recoge opciones como Cambiar nombre, Color de etiqueta, Seleccionar todas las hojas, etc. También haciendo doble clic sobre la etiqueta podrá renombrar la hoja.

Nota: Puede cambiar el orden de las hojas de la siguiente forma: haga clic con el ratón en la etiqueta y arrástrela hasta otra posición.

Crear un fondo para la hoja de cálculo activa

Otra de las posibilidades que le ofrece Excel a la hora de modificar su hoja de cálculo es la de crear un fondo, el que desee, para ella. Además, se puede tratar de imágenes que recoge la galería de Office, o bien suyas, que tenga almacenadas en su equipo y que posean las extensiones .BMP, .GIF, .JPG, .TIF o .WMF.

1. Haga clic sobre la etiqueta de la hoja de cálculo en la que quiere añadir un fondo.
2. A continuación, ejecute la siguiente secuencia de comandos: **Formato> Hoja>Fondo**.
3. En el cuadro de diálogo Fondo de hoja, busque la unidad o carpeta donde se encuentra la imagen que va a utilizar.
4. Una vez localizado este archivo, haga clic sobre él. En la ventana de la derecha verá la imagen de que se trata.
5. Pulse sobre el botón **Insertar**. En el fondo de la hoja de cálculo aparecerá esa imagen, y se repetirá tantas veces como sea necesario para ocupar la hoja completamente.

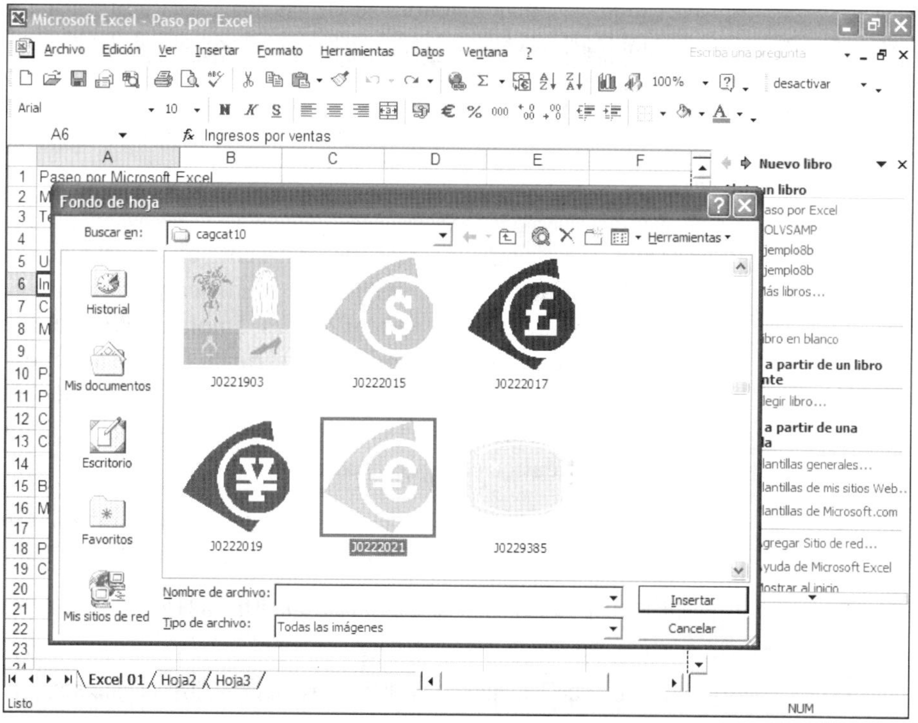

Figura 8.17. El cuadro de diálogo Fondo de hoja permite seleccionar la imagen que desee e insertarla en su hoja de cálculo

Ocultar y mostrar una hoja de cálculo

Si no quiere que todas las hojas de cálculo de su libro aparezcan visibles, bien porque se trata de un borrador o porque es un documento privado que nadie más debe ver, puede ocultar, no eliminar, las que desee, de la misma forma que lo puede hacer con una columna o una fila. Siga este proceso:

1. Haga clic sobre la etiqueta de la hoja de cálculo que pretende ocultar.
2. Ejecute la secuencia de comandos: **Formato>Hoja>Ocultar**.

Para volver a verla:

1. Ejecute la secuencia de comandos: **Formato>Hoja>Mostrar**.
2. En el cuadro de diálogo Mostrar encontrará los nombres de todas las hojas que tiene ocultas. Seleccione la que desee mostrar de nuevo.
3. Pulse **Aceptar**.

Nota: No se pueden ocultar todas las hojas de un libro. Siempre debe haber una activa.

Aplicar y quitar autoformatos

Tal vez piense que cambiar manualmente el aspecto de, por ejemplo, una tabla es demasiado trabajo. Tiene que modificar el formato de los títulos, de los datos, cambiar colores, aplicar bordes, ampliar celdas, etc., en fin, una tarea relativamente fácil, pero que puede quitarle un tiempo del que quizá no disponga. Por esta razón, antes de comenzar a modificar su hoja de cálculo, compruebe si la opción Autoformato cuenta entre sus posibilidades con un aspecto similar al que desea. Realice el siguiente proceso:

1. Seleccione el rango de celdas en el que se encuentra la tabla a la que va a aplicar Autoformato (tanto títulos como datos).
2. Ejecute la secuencia de comandos **Formato>Autoformato**.
3. El cuadro de diálogo que aparece (Autoformato) cuenta con varias posibilidades de formato de tabla. Haga clic sobre la que se ajuste más a sus necesidades. Todas ellas cuentan con diferentes combinaciones de formatos (números, alienaciones, fuentes, bordes, diseño, etc.).

4. Si todavía no ha encontrado el formato indicado, puede realizar cambios en las propias tablas. Para ello deberá pulsar el botón **Opciones**; aparecerá, al final del cuadro de diálogo, una sección denominada Formatos para aplicar.

5. En esta sección encontrará varias casillas de verificación entre las que podrá elegir los tipos de formato que desea aplicar (Número, Borde, Fuente, Tramas, Alineación y Ancho y alto). Por defecto aparecen todas las opciones activadas; desactive las que no quiera y compruebe los cambios en las tablas de muestra.

6. Si ya ha conseguido crear el formato que necesita, pulse **Aceptar**. Al rango de celdas que haya seleccionado se le aplicará el formato elegido.

En el caso de que cuente con un rango de celdas al que le ha dado formato ya, y desea quitarlo, acceda de nuevo al cuadro de diálogo Autoformato como le hemos indicado anteriormente, seleccione la opción Ninguno (situada en la parte inferior de la lista) y, por último, pulse **Aceptar**.

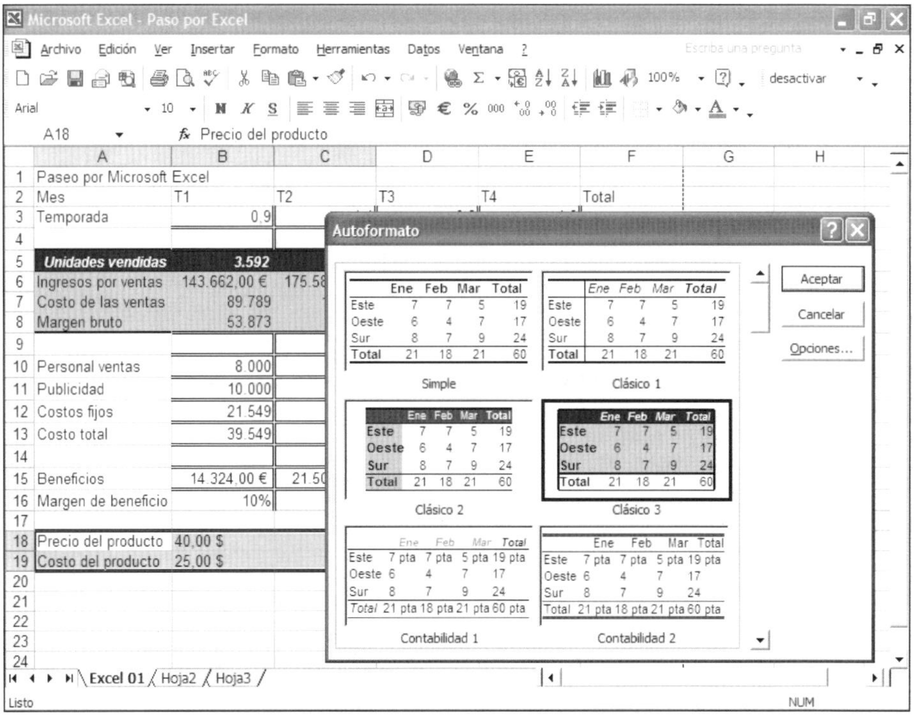

Figura 8.18. A través del cuadro de diálogo Autoformato podrá elegir el tipo de tabla que mejor se adapte a sus necesidades

Aplicar formatos condicionales

Hay ocasiones en las que es muy útil aplicar "Formatos condicionales" para resaltar determinados datos y facilitar la visualización de aquello que parece más importante. Esta opción, como su propio nombre indica, aplica un formato automáticamente si la condición que se especifica es cierta; eso sí, en primer lugar hay que definir los criterios. No entraña ninguna dificultad, y en cambio le será muy útil. Realice los siguientes pasos si desea aplicar un formato condicional en su hoja de cálculo. Las figuras que vamos a utilizar le servirán como guía explicativa.

1. Seleccione el rango de celdas al que pretende aplicar esta característica. En la figura 8.19 se ha seleccionado el rango de celdas B3:F16.

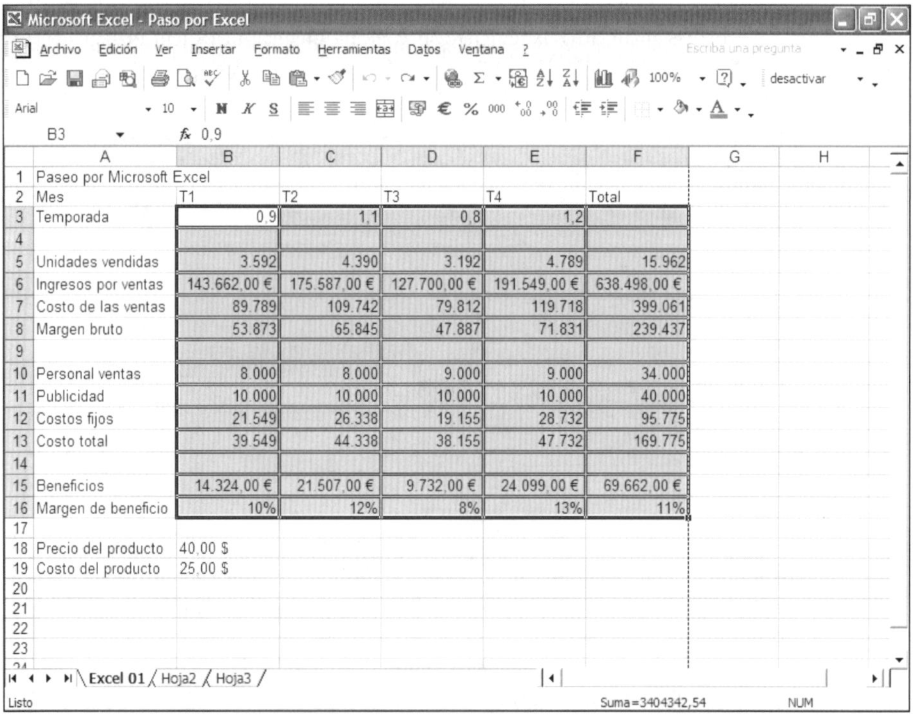

Figura 8.19. Selección del rango de celdas B3:F16

2. Ejecute la secuencia de comandos **Formato>Formato condicional**.

3. En el cuadro de diálogo que aparecerá, denominado Formato condicional, abra la primera lista desplegable que aparece. Encontrará dos posibilidades:

Valor de celda, que da un formato a una celda en función de su valor o de su contenido; y Fórmula, que da un formato de acuerdo a la fórmula establecida. En ambos casos, el valor que se genera deberá ser Verdadero o Falso.

4. Seleccione Valor de celda. A su derecha hay otra lista desplegable donde puede elegir el operador que desea utilizar para establecer la condición en el rango de celda seleccionado. Deberá tener en cuenta que según las opciones que vaya eligiendo, los cuadros de texto y sus posibilidades van a variar.

5. Elija la opción Entre. Al seleccionar esta opción aparecerán dos cuadros de texto a su derecha.

6. Incluya en ambos cuadros los valores para la condición a la que se quiere dar formato. Deberá incluir los valores máximo y mínimo que están incluidos en el rango en el que se van a aplicar los valores condicionales. Como puede apreciar, en la figura 8.20 se han introducido los valores 20.000 y 40.000.

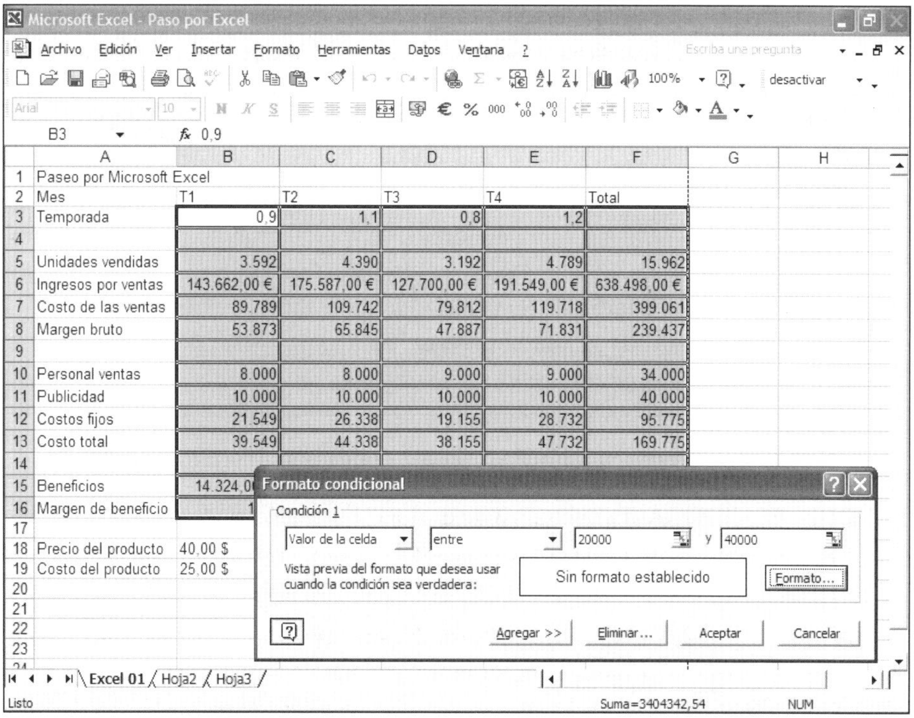

Figura 8.20. Cuadro de diálogo Formato condicional, con los valores del ejemplo incluidos

7. Pulse sobre el botón **Formato** para elegir el formato que desea que muestre cuando la condición sea verdadera. Aparecerá el cuadro de diálogo Formato de celdas con tres fichas: Fuente, Bordes y Tramas. Para el resultado final de la figura 8.20 se ha optado por el estilo Negrita y una trama de puntos.

8. Haga clic sobre **Aceptar** en el cuadro de diálogo Formato de celdas y compruebe el resultado en la vista previa del formato. Pulse también sobre **Aceptar** en el cuadro de diálogo Formato condicional.

Si quiere agregar condiciones adicionales, pulse sobre el botón **Agregar** del cuadro de diálogo Formato condicional y realice el mismo proceso. Puede especificar hasta 3 condiciones.

Observará cómo en la figura 8.21 aparecen las celdas cuyos valores coinciden con las condiciones especificadas. Es decir, los valores entre 20.000 y 40.000 están en Negrita y con una trama de puntos sobre fondo gris. Además, si se modifican valores o se incluye alguno nuevo en las celdas a las que se han aplicado estos criterios, también modificarán su formato, siempre que coincidan con las condiciones.

Debe tener en cuenta que si hay más de una condición especificada verdadera, el programa sólo aplicará los formatos de la primera condición verdadera.

Nota: En vez de incluir el valor directamente, también puede hacer lo siguiente: active el cuadro haciendo clic sobre él y pulse sobre la celda cuyo valor desea incluir. En este caso, la condición dependerá del valor que posea esa celda concreta, ya que realmente no aparecerá el valor sino la celda. Si pulsa sobre el botón **Contraer diálogo** (situado a la derecha del cuadro de texto), el cuadro de diálogo se minimizará, facilitando la visibilidad en la hoja de cálculo y, por lo tanto, la elección de la celda que va a incluir en él.

Si quiere eliminar alguna condición, haga lo siguiente:

1. Abra el cuadro de diálogo Formato condicional con todas las condiciones incluidas antes. Es decir, vuelva a seleccionar el rango de celdas anterior y realice la secuencia de comandos **Formato>Formato condicional**.

2. Pulse sobre el botón **Eliminar**. Aparecerá el cuadro de diálogo Eliminar formato condicional.

3. Seleccione las condiciones a borrar activando las casillas de verificación que aparecen (por ejemplo Condición 2 y Condición 3). Pulse **Aceptar**.

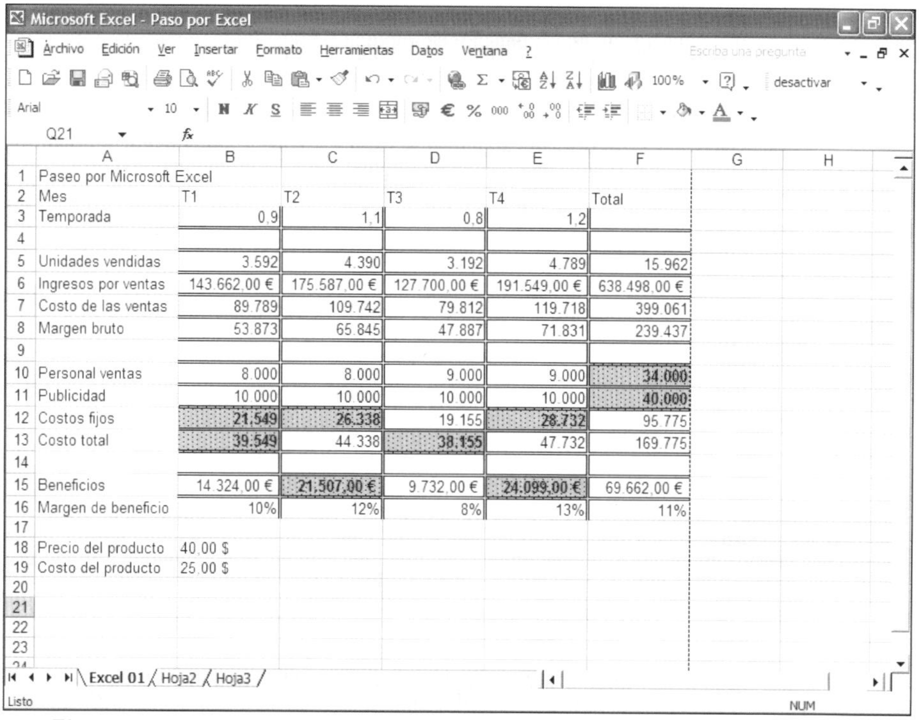

	A	B	C	D	E	F
1	Paseo por Microsoft Excel					
2	Mes	T1	T2	T3	T4	Total
3	Temporada	0,9	1,1	0,8	1,2	
4						
5	Unidades vendidas	3.592	4.390	3.192	4.789	15.962
6	Ingresos por ventas	143.662,00 €	175.587,00 €	127.700,00 €	191.549,00 €	638.498,00 €
7	Costo de las ventas	89.789	109.742	79.812	119.718	399.061
8	Margen bruto	53.873	65.845	47.887	71.831	239.437
9						
10	Personal ventas	8.000	8.000	9.000	9.000	34.000
11	Publicidad	10.000	10.000	10.000	10.000	40.000
12	Costos fijos	21.549	26.338	19.155	28.732	95.775
13	Costo total	39.549	44.338	38.155	47.732	169.775
14						
15	Beneficios	14.324,00 €	21.507,00 €	9.732,00 €	24.099,00 €	69.662,00 €
16	Margen de beneficio	10%	12%	8%	13%	11%
17						
18	Precio del producto	40,00 $				
19	Costo del producto	25,00 $				

Figura 8.21. Características del formato condicional creado, ya aplicadas a la tabla

4. Automáticamente, éstas desaparecerán del cuadro de diálogo Formato condicional, quedando únicamente Condición 1. Pulse **Aceptar**. Apreciará los cambios en su hoja de cálculo.

Utilizar estilos en una hoja de cálculo

Recuerde los formatos que se podían aplicar a una celda; nos referimos a Número, Alineación, Fuente, Bordes y Tramas. Aplicar cada uno de ellos puede resultar una tarea bastante ardua, si no fuera porque Excel ofrece la posibilidad de crear y utilizar estilos propios (algunos aparecen por defecto).

Un estilo es una combinación de características de formato, como fuente, color, tamaño, bordes, etc. que se nombran y almacenan como un conjunto. De esta forma, cuando se aplica un estilo, todas las instrucciones de formato de ese estilo se aplican al mismo tiempo, sin necesidad de realizar varios procesos. Además, cuenta con otra ventaja: si modifica ese estilo, las celdas que lo poseen también cambiarán su aspecto, adquiriendo las nuevas características.

Aplicar un estilo

Excel muestra, por defecto, varios estilos ya creados, como es el caso de Millares, Moneda, Normal y Porcentual. Como hemos comentado, cada estilo recoge ciertas características, aunque en este caso sólo contienen los formatos específicos de su definición. Para aplicar un estilo de los que ofrece Excel o de los que haya creado nuevos, realice los siguientes pasos:

1. Seleccione la celda o el rango de celdas al que desea aplicar un determinado estilo.
2. Realice la secuencia de comandos **Formato>Estilo**.
3. El cuadro de diálogo Estilo cuenta con una sección denominada Nombre del estilo. Se trata de una lista desplegable que recoge todos los estilos que se han creado para ese libro. Escoja uno de ellos.
4. En la sección El estilo incluye encontrará todas las características que posee el estilo que ha elegido. Si está conforme con ellas, pulse **Aceptar**.

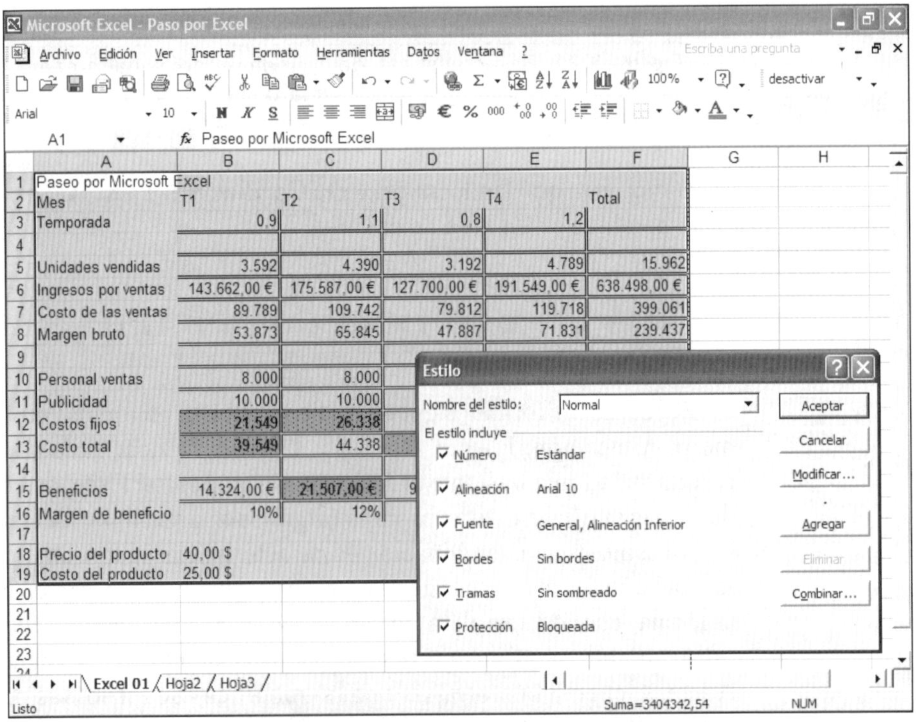

Figura 8.22. Cuadro de diálogo Estilo

Nota: Si desea quitar el estilo que posee una celda, elija, en la lista desplegable Nombre del estilo, la opción Normal.

Crear un estilo

Lo más probable es que los estilos que ofrece la aplicación no se adecúen a sus necesidades exactamente, ya que no incluyen más formato que el propio de su definición. En este caso, lo conveniente es que cree su propio estilo. Siga el proceso que le mostramos a continuación:

1. Realice la secuencia de comandos **Formato>Estilo**. Aparecerá el cuadro de diálogo Estilo.
2. En el cuadro de texto Nombre del estilo, escriba el nombre del nuevo estilo que va a crear.
3. En la sección El estilo incluye encontrará las características que puede aplicar o no al nuevo estilo. Por defecto, van a aparecer activas todas las casillas de verificación, pero si no desea incluir alguna de ellas, anule su selección. Por supuesto, se pueden realizar modificaciones en el formato, pero eso lo veremos en el siguiente apartado.
4. Pulse **Agregar**. Si no va a aplicar en ese momento el nuevo estilo a ninguna celda, pulse **Cancelar**. En el caso de que sí quiera aplicarlo a la celda, pulse **Aceptar**.

Truco: Si una celda posee el formato que desea aplicar al estilo, selecciónela y, a continuación, acceda al cuadro de diálogo Estilo (**Formato>Estilo**). Entonces escriba el nombre con el que va a denominar a ese estilo y pulse **Agregar**. Ese estilo tendrá las características de la celda que ha seleccionado.

Modificar un estilo

Puede modificar un estilo mientras lo está creando u otro ya existente. Siga estos pasos:

1. Realice la secuencia de comandos **Formato>Estilo**. Aparecerá el cuadro de diálogo Estilo.

2. Despliegue la lista de estilos Nombre del estilo y elija el que desee modificar.
3. Pulse el botón **Modificar**. Accede al cuadro de diálogo Formato de celdas.
4. Elija las características del nuevo estilo y pulse **Aceptar**. Recuerde que cuenta con las fichas Número, Alineación, Fuente, Bordes, Tramas y Proteger, ya tratadas en apartados anteriores.
5. De nuevo en el cuadro Estilo, compruebe que la sección El estilo recoge todas las características que desea aplicar al nuevo estilo.
6. Pulse **Agregar**. Si no va a aplicar ahora el nuevo estilo a ninguna celda, pulse **Cancelar**. Si quiere aplicarlo a la celda, pulse **Aceptar**.

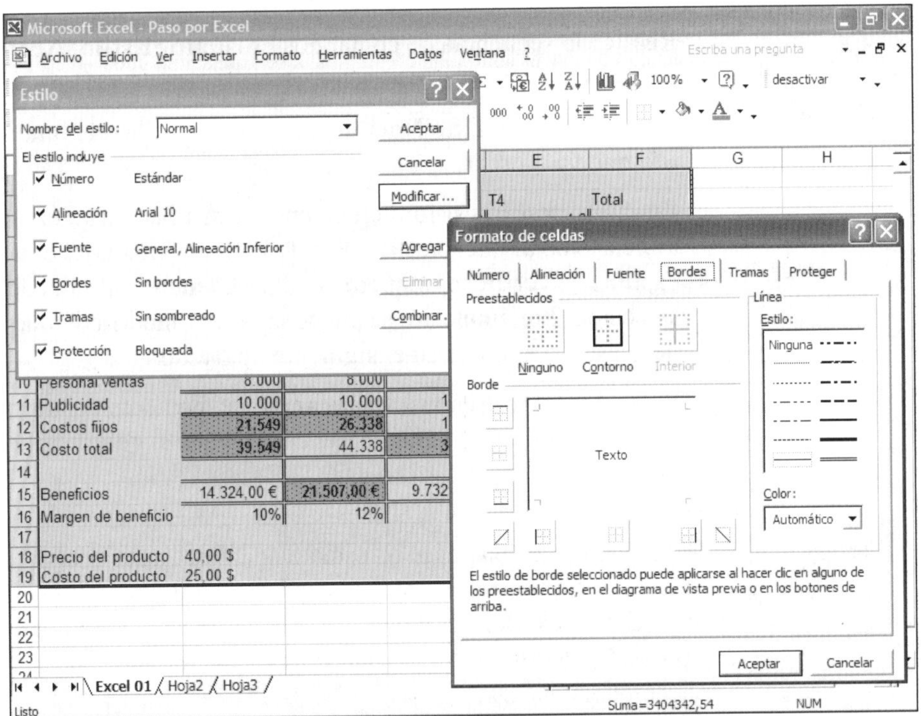

Figura 8.23. Mediante el cuadro de diálogo Formato de celdas se pueden definir las características de un estilo

Nota: Para aplicar un determinado estilo a un rango de celdas, pero sin una característica concreta, desactive la casilla de verificación que corresponda (en la sección El estilo incluye), y ésta no se aplicará. Eso sí, cuando quiera aplicarla, actívela de nuevo.

Copiar un estilo

A una persona que utilice con asiduidad este programa, seguro que no le apetece lo más mínimo crear los mismos estilos cada vez que abra un nuevo libro. Hay una opción muy sencilla para copiar los estilos de un libro en otro, sin necesidad de perder más que unos segundos de tiempo.

1. En primer lugar, abra el libro que posee los estilos que necesita y el libro donde quiere copiarlos.
2. Mantenga en pantalla el nuevo libro y realice la secuencia de comandos **Formato>Estilo**. Aparecerá el cuadro de diálogo Estilo.
3. Pulse sobre el botón **Combinar**. Accederá al cuadro de diálogo Combinar estilos.
4. En el cuadro Combinar estilos de encontrará todos los libros abiertos. Seleccione aquel del que desea copiar los estilos.
5. Pulse **Aceptar**.
6. Despliegue la lista de estilos del actual libro y compruebe que están todos los que quería.
7. Pulse **Cancelar** para cerrar el cuadro de diálogo.

Nota: Si copia una celda de un libro al que se le ha aplicado un estilo determinado, y la pega en otro libro, ese estilo pasará automáticamente a formar parte de la lista de estilos del nuevo libro.

Eliminar un estilo

Puede eliminar cualquier estilo que desee salvo el denominado Normal (aunque éste sí puede ser modificado). Realice los siguientes pasos:

1. Ejecute la secuencia de comandos **Formato>Estilo**. Aparecerá el cuadro de diálogo Estilo.
2. Despliegue la lista de estilos Nombre del estilo y elija el que desee eliminar.
3. Pulse el botón **Eliminar**. El estilo desaparecerá de forma automática del listado.
4. Pulse **Cancelar** para cerrar el cuadro de diálogo.

Aviso: Al eliminar un estilo, el cuadro de diálogo mostrará automáticamente la opción Normal. Si pulsa **Aceptar**, este estilo se aplicará a la celda que tenga seleccionada.

Copiar, pegar y borrar formatos

Sin lugar a dudas, copiar y pegar datos facilita en gran medida el trabajo en un hoja de cálculo, aunque podemos asegurar que no menos que copiar y pegar el formato de las celdas. Este proceso se puede llevar a cabo de varias maneras; eso sí, el primer paso que debe realizar en cualquiera de los casos es seleccionar la celda cuyo formato quiere copiar.

- Pulse sobre el botón **Copiar formato**, situado en la Barra de herramientas Formato, y, a continuación, haga clic sobre la celda cuyo formato desea modificar o seleccione el rango de celdas para aplicarlo a varias.
- Realice la secuencia de comandos **Edición>Copiar** (o **Control-C**). A continuación, haga clic sobre la celda cuyo formato desea modificar y péguelo (**Edición>Pegar** o **Control-V**). En la esquina inferior derecha aparecerá una etiqueta informativa con opciones de pegado. Pulse sobre ella y, en el menú que aparece, active una de las opciones; por ejemplo, Sólo formato.
- Copie el formato que desee (**Edición>Copiar** o **Control-C**). Seleccione la celda o celdas donde desea aplicar el nuevo formato y realice la secuencia de comandos **Edición>Pegado especial**. En el cuadro de diálogo que aparece (Pegado especial), active la casilla de verificación que desee, por ejemplo, en el apartado Pegar puede seleccionar Formatos, Formatos de números y fórmulas, Formatos de números y valores, etc. Por último, pulse **Aceptar**.

Nota: Haciendo clic con el botón derecho del ratón sobre una celda o un rango aparecerá un menú que contiene las opciones Cortar, Copiar, Pegar o Pegado especial.

Lo mismo que se puede copiar y pegar un formato de una celda sin necesidad de copiar y pegar los datos que posee, también se puede borrar su formato, sin borrar su contenido. Tan sólo debe seleccionar las celdas cuyo formato quiere eliminar y, a continuación, realizar la secuencia de comandos **Edición>Borrar>Formatos**.

Proteger la hoja de cálculo

No es ninguna tontería proteger una hoja de cálculo para que no se pueda producir ningún tipo de modificación, sobre todo si se trata de un documento muy importante a cuyos datos nadie debería tener acceso.

Por defecto, todas las celdas de la hoja de cálculo cuentan con un atributo que las bloquea. De hecho, esta opción se encuentra en la ficha Proteger del cuadro de diálogo Formato de celdas (recuerde, **Formato>Celdas**). Esta ficha cuenta con dos casillas de verificación: Proteger, que evita que las celdas se modifiquen, desplacen, cambien de tamaño o eliminen, y Oculta, que oculta una fórmula de forma que no aparezca en la Barra de fórmulas al seleccionar una celda.

No obstante, no se podrán bloquear u ocultar celdas a menos que la hoja de cálculo esté protegida. Para hacerlo, lleve a cabo el siguiente proceso:

1. Si no pretende bloquear todas las celdas de su hoja de cálculo, indíquelo en la ficha Proteger (seleccione dichas celdas, desactive la casilla Proteger y pulse **Aceptar**).
2. Realice la secuencia de comandos **Herramientas>Proteger>Proteger hoja**. El cuadro de diálogo que aparece se denomina Proteger hoja. Véase la figura 8.24.
3. La primera opción que muestra es Proteger hoja y contenido de celdas bloqueadas. Posiblemente aparecerá activada, si no, hágalo, se trata de la opción que impide que se realicen modificaciones.
4. Justo debajo hay un cuadro de texto en el que puede determinar una contraseña para desproteger la hoja, algo que impediría a otros usuarios modificar datos en ella. También puede no incluir ninguna, en cuyo caso, al intentar desprotegerla, el programa no le requerirá ninguna y desprotegerá la hoja directamente.
5. En el cuadro de texto Permitir a los usuarios de esta hoja de cálculo, seleccione las opciones que desee habilitar para todos los usuarios de la hoja de cálculo.
6. Pulse **Aceptar**.

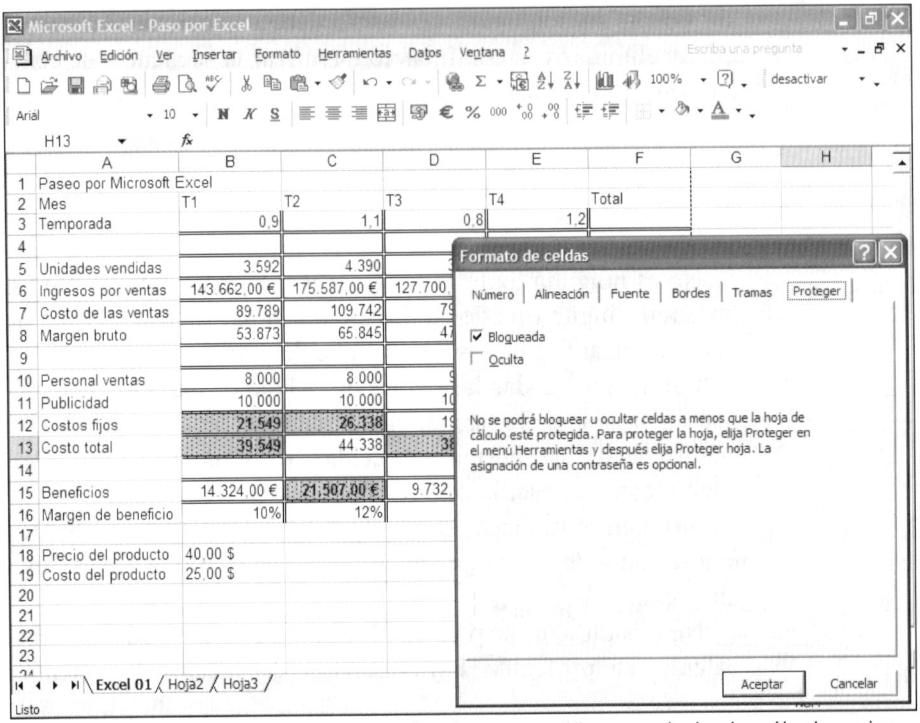

Figura 8.24. La opción Proteger evitará que modifique su hoja de cálculo quien no debe

7. Aparecerá otro cuadro de diálogo donde debe confirmar la contraseña. Escríbala de nuevo.

8. Pulse **Aceptar**.

Una vez protegida la hoja notará que ya no puede modificar ni añadir datos a ella, salvo en aquellas celdas para las que determinó lo contrario. Una forma rápida de localizarlas es pulsar sobre la tecla **Tab**; al hacerlo, el foco de entrada se desplaza a cada una de ellas, permitiendo incluir los datos deseados.

Para desproteger la hoja haga lo siguiente:

1. Sitúe el foco de entrada en una celda bloqueada.

2. Realice la secuencia de comandos **Herramientas>Desproteger hoja**. Si no especificó contraseña, la hoja se desprotegerá automáticamente.

3. En el cuadro de diálogo Desproteger hoja escriba la contraseña de la hoja de cálculo.

4. Pulse **Aceptar**.

Aviso: Si por algún motivo olvida la contraseña, no podrá desproteger la hoja.

No sólo puede proteger una hoja de cálculo, también puede proteger un libro (**Herramientas>Proteger libro**), compartirlo (**Herramientas>Proteger y compartir libro**) o bien permitir a los usuarios que modifiquen los rangos (**Herramientas>Permitir que los usuarios modifiquen rangos**). Los procesos son similares.

9. Crear gráficos

Este capítulo le ofrece la posibilidad de aprender a crear cualquier tipo de gráfico, de conocer cada uno de los objetos que lo integran o lo pueden integrar (algunos de los cuales, como es el caso de objetos, autoformas, etc., serán tratados en capítulos posteriores), así como de modificar y aplicar formato a aquellos que desee. Al fin y al cabo, en muchas ocasiones, para llegar a entender una hoja de cálculo (si se trata de tablas comparativas, por ejemplo) es necesaria su representación gráfica. Y dependiendo de los datos de que se hable, habrá que elegir un tipo u otro.

Insertar un gráfico en la hoja de cálculo

Contar con un gráfico en la hoja de cálculo facilita la visualización de comparaciones, tramas y tendencias de datos. De hecho, se trata de la representación gráfica de los datos que han sido incluidos con anterioridad en dicha hoja.

Se puede crear un gráfico incrustado en la misma hoja donde se encuentran los datos, en una hoja independiente o incluso publicarlo en una página Web. A continuación presentamos varias formas de crear un gráfico, el cual, por supuesto, puede ser modificado posteriormente tanto como sea necesario.

Gráficos simples

Antes de generar un gráfico es necesario incluir en la hoja de cálculo los datos que se desea que aparezcan reflejados en él. Recuerde la tabla que ha estado usando en los capítulos anteriores referente a la venta de coches. En esta ocasión la utilizaremos como ejemplo para mostrar la representación gráfica de los datos que contiene. Realice los siguientes pasos:

1. Seleccione el rango de celdas cuyos datos quiere que aparezcan en el gráfico (tanto títulos de columna y de fila como datos numéricos). Suponga que necesita obtener la comparativa de ventas de coches realizadas entre diciembre de 2000 y 2001; en este caso, seleccione el rango A1:C15.

2. Pulse **F11**.

3. Comprobará que ha aparecido una nueva hoja de cálculo en el libro activo denominada Gráfico1, que recoge todos los datos referentes a la tabla seleccionada en forma de gráfico. Por supuesto, es un gráfico simple, y en determinadas ocasiones suficiente, pero, lo más probable es que necesite modificarlo y añadirle más características e información.

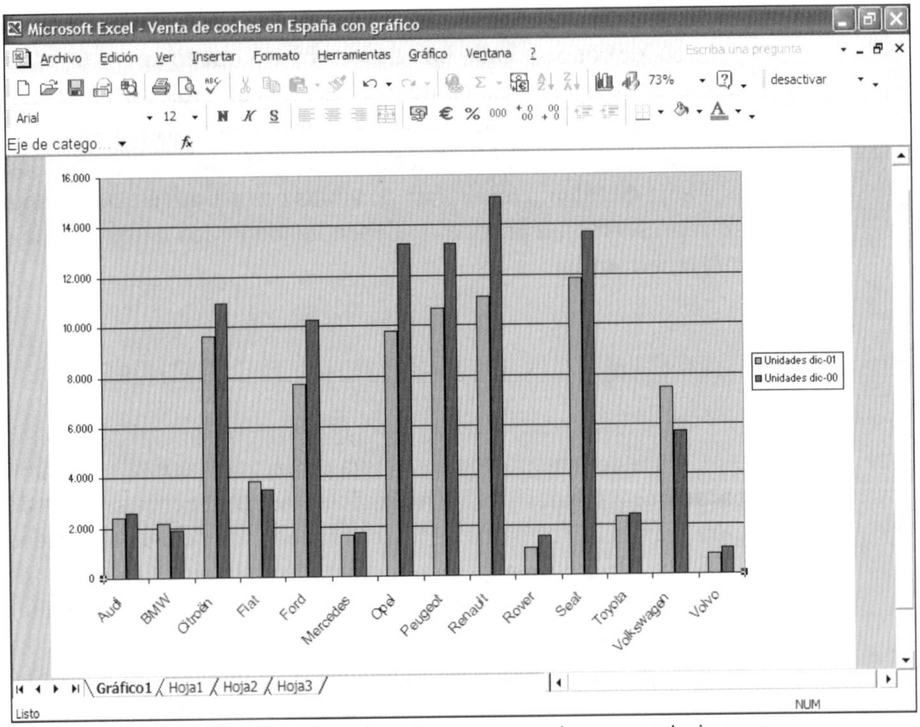

Figura 9.1. Gráfico de columnas creado en una hoja nueva

Que se muestre un tipo de gráfico u otro está relacionado con el formato que aparezca como preestablecido. En este caso se tratará de un gráfico de columnas, que Excel 2002 aplica por defecto. Si desea modificarlo haga lo siguiente:

1. Pulse sobre la pestaña Gráfico1.
2. Ejecute la secuencia de comandos **Gráfico>Tipo de gráfico...** o haga clic con el botón derecho del ratón sobre el área de trazado del gráfico y seleccione, en el menú que aparece, la opción Tipo de gráfico...
3. En el cuadro de diálogo Tipo de gráfico, elija el tipo y el subtipo de gráfico que prefiere como predeterminado haciendo clic sobre ellos.

4. Pulse sobre el botón **Establecer como predeterminado** y, a continuación, en la ventana que aparecerá, pulse **Sí**.

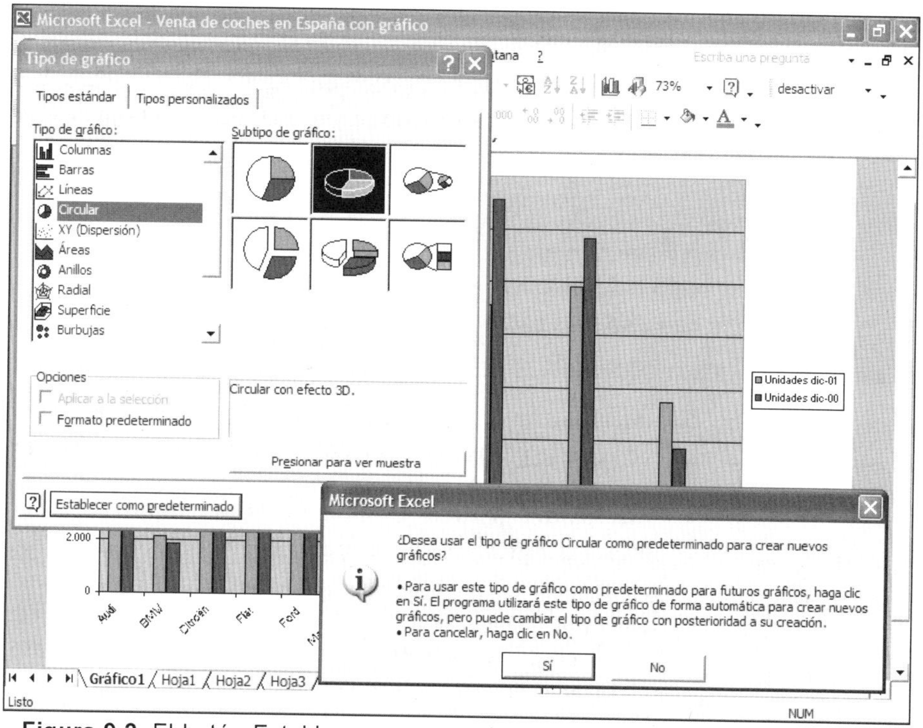

Figura 9.2. El botón Establecer como predeterminado permite que el programa utilice el gráfico seleccionado de forma automática en futuras creaciones

5. Haga una prueba. Vuelva a seleccionar el mismo rango de celdas que antes y pulse **F11**. Observará que el diagrama ha cambiado.

Crear un gráfico básico con la Barra de herramientas Gráfico

Excel cuenta con una Barra de herramientas especial para gráficos, que no aparece activada por defecto. Para disponer de ella, tan sólo debe realizar la secuencia de comandos **Ver>Barras de herramientas>Gráfico**, y ésta se situará sobre la Barra de fórmulas. Trabajar con ella le permitirá crear gráficos fácilmente, así como realizar ciertas modificaciones básicas. Haga lo siguiente:

1. En primer lugar, seleccione el rango de celdas cuyos datos quiere incluir en el gráfico. Pruebe con el mismo rango que en el apartado anterior.

2. En la Barra de herramientas Gráfico, pulse sobre el botón **Tipo de gráficos**, si tiene claro que quiere aplicar el que aparece por defecto, o haga clic sobre la flecha que tiene al lado para desplegar una paleta con varias posibilidades.
3. Seleccione el tipo de gráfico que desee. Éste aparecerá, con todos los datos seleccionados incluidos, incrustado en la hoja de cálculo activa, y no en una independiente como en el caso anterior.

Aviso: Aunque la Barra de herramientas Gráfico no esté activada, aparecerá o desaparecerá según si hace clic sobre un gráfico o sobre los datos de la hoja se cálculo.

Realmente ya ha creado el gráfico, pero esta barra cuenta con varias posibilidades más que le permitirán perfeccionarlo. Son las siguientes:

- **Objetos del gráfico**. Como su propio nombre indica, recoge todos los objetos del gráfico seleccionado (Área de trazado, Área de gráfico, Leyenda, series, ejes, líneas de división, etc.). Posee una lista desplegable donde poder seleccionar un componente, el cual aparecerá marcado también en el gráfico. De esta forma, los cambios de formato que realice sólo afectarán a la zona marcada. Por supuesto, si hace clic sobre alguna zona concreta del gráfico, ésta también se mostrará en la lista.
- **Formato del objeto seleccionado**. El botón **Formato**, más concretamente, el cuadro de diálogo que aparece al pulsar sobre él, será diferente según el objeto de que se trate. Sus posibilidades de cambio dependen de dicho objeto: no es lo mismo modificar el formato de ejes, que el de área de gráfico o el de la leyenda. En cualquier caso, este tema será tratado en apartados posteriores.
- **Tipo de gráfico**. Como ya hemos comentado, permite elegir un tipo de gráfico para la tabla o datos seleccionados.
- **Leyenda**. Muestra o no una leyenda a la derecha del área de trazado, y cambia el tamaño de éste para que se ajuste a la leyenda.
- **Tabla de datos**. Muestra o no los valores de cada serie de datos en una cuadrícula bajo el gráfico.
- **Por filas**. Traza series de datos del gráfico a partir de los datos de las filas horizontales.

- **Por columnas**. Traza series de datos del gráfico a partir de los datos de las columnas verticales.
- **Ángulo descendente**. Sólo se mostrará activo si están seleccionados los datos de la hoja de cálculo y no del gráfico. Al pulsar sobre este botón, el texto seleccionado girará hacia abajo en un ángulo de 45 grados. De esta forma se podrá leer de arriba a abajo y de izquierda a derecha.
- **Ángulo descendente**. Sólo se mostrará activo si están seleccionados los datos de la hoja de cálculo y no del gráfico. Al pulsar sobre este botón, el texto seleccionado girará hacia arriba en un ángulo de 45 grados. De esta forma se podrá leer de abajo a arriba y de izquierda a derecha.

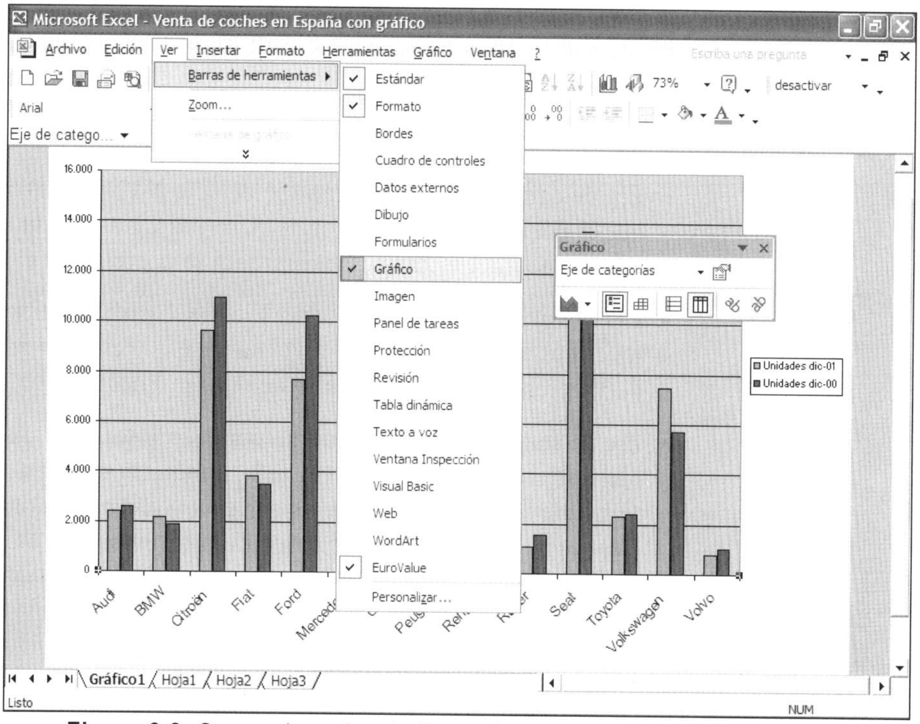

Figura 9.3. Se puede activar la Barra de herramientas Gráfico a través del menú Ver

Conocer los objetos de un gráfico

Antes de continuar creando gráficos cada vez más complejos, es preciso que conozca las partes u objetos más importantes que lo componen. Lógicamente, alguna de estas partes variarán dependiendo del tipo elegido, pero aun así, la mayoría son comunes. Visualice el gráfico creado en el apartado anterior y active la Barra de herramientas Gráfico; le facilitará la comprensión.

A continuación le mostramos los objetos más habituales:

- **Área del gráfico**. Límite del gráfico. Recoge todos los objetos que lo componen. Al seleccionar Área del gráfico, una línea rodeará el gráfico, y los tiradores de selección que posee le permitirán variar su tamaño.
- **Área de trazado**. Varía dependiendo del tipo de gráfico. Si se trata de un gráfico con un Eje X y otro Y, ambos definirán los lados del área (tanto los ejes como sus valores). En un gráfico 3D, él área de trazado estará formada por un Eje de series, otro de categorías y otro de valores. Lo mismo que en el caso anterior, una línea rodeará el gráfico, y los tiradores de selección que posee le permitirán variar su tamaño.
- **Eje**. Cada una de las líneas que se cortan en un punto del gráfico. Un gráfico puede tener los siguientes ejes:
  - Eje de categorías. Suele tratarse del Eje X (línea horizontal) y contener el nombre de las categorías. Una marca de graduación (pequeñas líneas que intersectan el eje) marcará la posición de cada una de ellas.
  - Eje de valores. Suele tratarse del Eje Y del gráfico (línea vertical) y contener puntos con los datos. En el caso de que cree un gráfico 3D, el Eje de valores será el Eje Z, pero siempre la línea vertical.
  - Eje de series. Un gráfico cuenta con Eje de series cuando es en 3D. Se identifica en este caso con el Eje Y, aunque si no es en 3D el Eje Y será el Eje de valores. En el Eje de series aparecen los nombres de las Series, es decir, aquellos que muestra la leyenda.

Aviso: Hay que tener en cuenta que un gráfico circular no cuenta con ejes.

- **Leyenda**. Cuadro que identifica los diseños o colores asignados a las series de datos de un gráfico. Es decir, asocia símbolos y colores particulares del gráfico con los nombres de las series de datos.
- **Líneas de división**. Líneas que van desde cada marcador de los Ejes X, Y y Z por todo el área de trazado. Existen líneas de división primarias y secundarias.

- **Series de datos**. Puntos de datos relacionados que se trazan en un gráfico. Cada serie de datos de un gráfico tiene una trama o color exclusivo y se representa en la leyenda. Para que quede más claro, se trata de la información que se representa en el gráfico por medio de barras, columnas, líneas, puntos de información, etc.
- **Títulos**. Nombres que se les da tanto al gráfico como a los diferentes ejes con los que cuenta éste. Suelen situarse sobre el área de trazado, en el caso del título del gráfico, y junto a los respectivos ejes, aunque, por supuesto, se puede variar su ubicación.
- **Esquinas**. Un gráfico en 3D cuenta con las denominadas Esquinas, que son unas marcas negras situadas en cada esquina del rectángulo que forman los ejes, y que permiten modificar su orientación. Al poner el puntero del ratón sobre una esquina, éste se convierte en un signo +.
- **Planos**. En un gráfico 3D, se trata de los diferentes planos de los que consta el gráfico. Éstos pueden ser laterales o inferior.
- **Rótulos de datos**. Nombres que identifican las categorías, los valores o las series del gráfico. Si se activa esta opción, estos nombres aparecerán junto a las series de datos que les corresponda.
- **Tabla de datos**. Tabla que muestra los valores de cada serie de datos en una cuadrícula bajo el gráfico. Esta opción no está disponible para todos los tipos de gráficos.

Independientemente de dónde se encuentre ubicado el gráfico, siempre estará vinculado con los datos a los que representa. De esta forma, si cambia un dato en la hoja de cálculo, se actualizará automáticamente el gráfico.

Habrá podido comprobar que dependiendo del objeto que seleccione en el gráfico, determinados datos y títulos aparecerán también seleccionados con distintos colores en la hoja de cálculo. Esto le ayudará a localizar y relacionar rápidamente los datos representados en el gráfico con los incluidos en cada celda.

En un gráfico también se pueden incluir dibujos, imágenes o autoformas, y trabajar con ellos como con cualquier otro objeto gráfico. Véase la figura 9.4.

Emplear la opción Asistente para gráficos

Sin lugar a dudas, para construir el gráfico más completo lo mejor es utilizar el Asistente para gráficos que posee Excel 2002. No sólo es muy sencillo de utilizar, sino que, además, con él podrá crear la representación gráfica que desee.

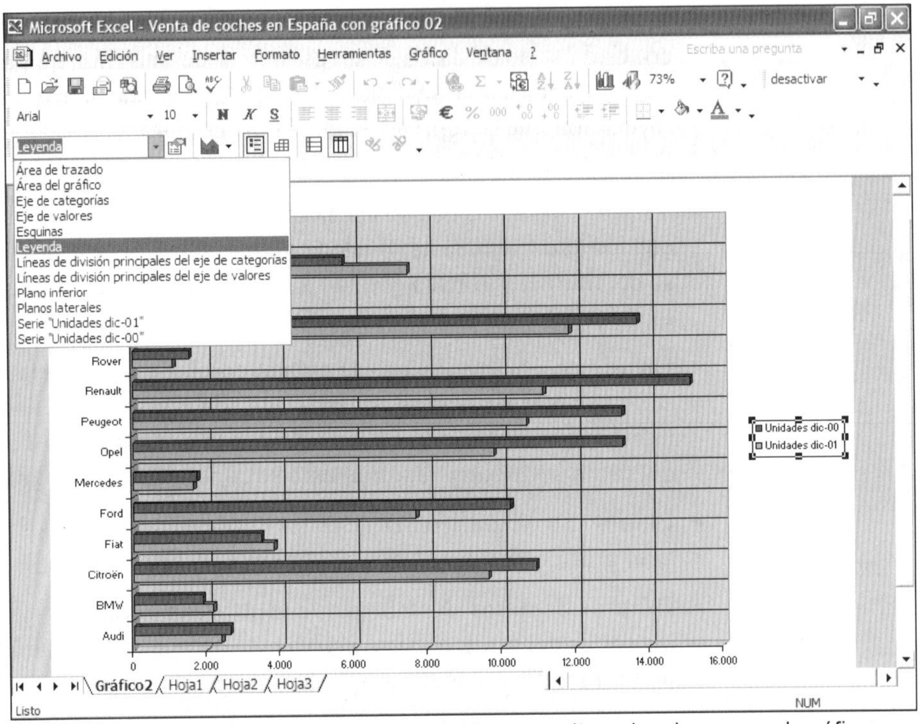

Figura 9.4. El cuadro Objetos del gráfico permite seleccionar en el gráfico el componente que se desee

1. En primer lugar, abra la hoja de cálculo donde están los datos que va a representar gráficamente.

2. A continuación, ejecute la secuencia de comandos **Insertar>Gráfico** o pulse sobre el botón **Asistente para gráficos**, situado en la Barra de herramientas Estándar, para abrir el asistente. Puede seleccionar los datos a incluir en el gráfico antes de abrir el asistente, o posteriormente en una de sus opciones.

Nota: Recuerde que en un gráfico tan importantes son los datos numéricos como el texto de los títulos que éstos poseen. Por lo tanto, a la hora de seleccionar una tabla para crear un gráfico, puede seleccionarla con todos sus componentes. También puede crear un gráfico con rangos que no estén dispuestos de forma contigua, eso sí, las selecciones no adyacentes deben formar un rectángulo (se tratan como un rango rectangular sencillo).

3. A partir de ahí comienza el proceso donde debe elegir cada una de las características que desea. Se trata de una serie de pasos que le permitirán conseguir un gráfico a su medida.

Paso 1. Tipo de gráfico

Cuando abra el cuadro de diálogo Asistente para gráficos encontrará esta primera ventana, Asistente para gráficos-paso 1 de 4: tipo de gráfico.

1. Pulse sobre un tipo de gráfico. Por ejemplo, Columnas.
2. En el cuadro Subtítulo de gráfico, haga clic sobre el subtipo o variación del tipo de gráfico que quiere utilizar. Por ejemplo, Columnas agrupadas.
3. Para obtener una vista previa del resultado de este tipo de gráfico con los datos incluidos, haga clic sobre el botón **Presionar para ver muestra**, y manténgalo pulsado.
4. Pulse **Siguiente**. Accederá de esta forma al cuadro de diálogo Asistente para gráficos-paso 2 de 4: datos de origen.

Nota: No olvide que dependiendo del tipo de gráfico elegido, las opciones que encontrará a lo largo del proceso variarán.

Paso 2. Datos de origen

Esta nueva ventana cuenta con dos pestañas que le permitirán especificar el rango de datos y las series. Es el momento de tomar decisiones respecto a la manera de trazar los datos que ha seleccionado.

1. En el cuadro de texto Rango de datos debe incluir el rango de celdas cuyos datos quiere que aparezcan representados en el gráfico. Para ello, seleccione en la hoja de cálculo dicho rango, y éste aparecerá de forma automática en el cuadro. Volviendo al ejemplo anterior, seleccione el rango A1:E15. Si lo hubiese hecho antes de ejecutar el asistente, en este cuadro aparecería ya el rango de celdas incluido, aunque es el momento de ampliar o disminuir la selección si lo desea.

Nota: Cuando se encuentra en el Paso 2 puede seleccionar el rango de celdas. Hágalo, comprobará que el cuadro de diálogo se encoge, dejando visible únicamente el cuadro de edición de la referencia. Haciendo clic sobre el botón **Contraer diálogo**, situado en el extremo derecho de este cuadro de texto, también se encogerá. En este caso, para expandirlo de nuevo debe volver a hacer clic sobre el botón.

2. El cuadro que aparece en la parte superior muestra el gráfico con los cambios que va realizando.
3. A continuación, dentro del apartado Series en, haga clic sobre una de las dos opciones para trazar la serie de datos a partir de las filas o columnas de la selección. El nombre de la serie elegida será la que aparezca en la leyenda.
4. Pulse sobre la pestaña Serie. En ella también encontrará el gráfico, aunque las opciones que aparecen bajo él cambian.
    - La sección Serie presenta los nombres de las series de datos existentes. Estos nombres aparecerán en la leyenda. Si lo desea, agregue o quite series de datos del gráfico (a través de los botones **Agregar** y **Quitar**), la hoja de cálculo no variará; eso sí, tendrá que especificar las características del nuevo rango para esa serie en el resto de cuadros de texto de la ficha, o ésta aparecerá vacía. Si no ha seleccionado los títulos de la serie en la hoja de cálculo, aparecerán como Serie 1, Serie 2, etc.
    - El cuadro Nombre muestra la referencia de celda que contiene el rótulo de la serie de datos seleccionada en el cuadro Serie. Si no ha seleccionado los títulos de serie, y desea incluirlos ahora, pulse sobre Serie 1, luego sobre el cuadro de texto Nombre y, a continuación, haga clic sobre la celda que contiene el nombre. En este cuadro de texto también podrá cambiar el nombre de las series.
    - El cuadro de texto Valores presenta la referencia de celda que contiene los datos de la serie seleccionada en el cuadro Serie. Se pueden añadir nuevos valores siguiendo el mismo proceso que en el caso anterior.
    - En Rótulos del eje de categorías (X) debe especificar un rango de celdas, que no sea la selección predeterminada, para utilizarlo como rótulos de categorías. Aparecerán a lo largo del Eje X.
5. Finalmente, pulse **Siguiente**. Accederá de esta forma al cuadro de diálogo del Asistente para gráficos-paso 3 de 4: opciones de gráfico. Véase la figura 9.5.

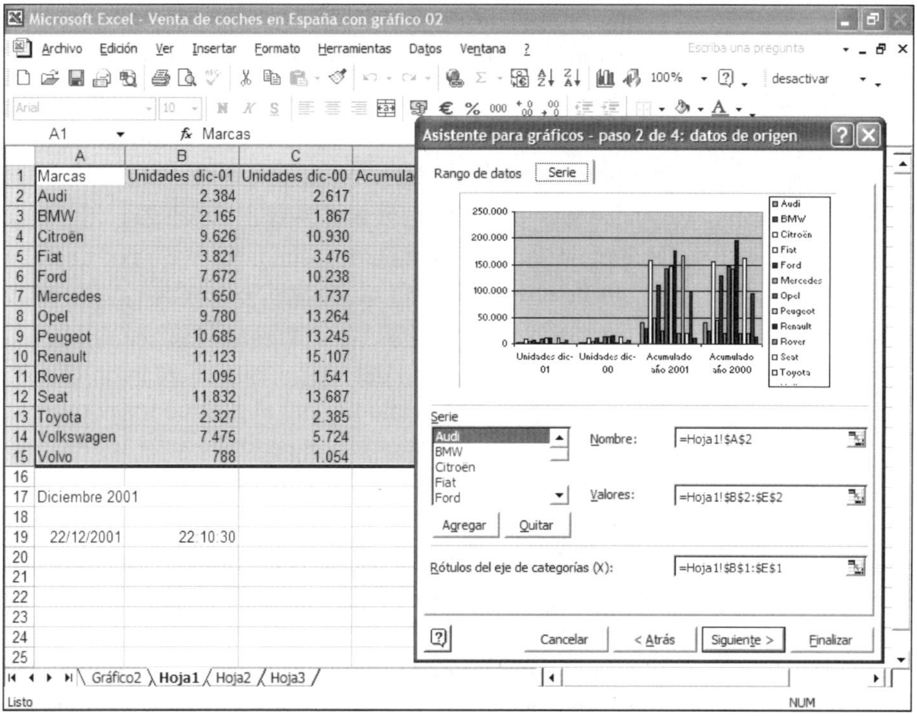

Figura 9.5. La ficha Serie muestra, entre otras cosas, los nombres de las series de datos existentes, las referencias de celdas donde se encuentran y sus valores

Paso 3. Opciones de gráfico

Es el momento de especificar algunas características del gráfico. Para ello, este cuadro de diálogo cuenta con 6 pestañas: Títulos, Eje, Líneas de división, Leyenda, Rótulos de datos y Tablas de datos.

1. Haga clic sobre la pestaña Títulos.
2. En el cuadro de texto Título de gráfico escriba el texto que desee para el título del gráfico; por ejemplo, Comparativa de ventas de coches. En este caso aparecerán activos también los cuadros de texto Eje de categorías (X) y Eje de valores (Y); escriba también sus nombres, por ejemplo, Marcas y Ventas, respectivamente.
3. Observe los cambios en el gráfico de la derecha. Cada vez que realice un cambio, variará el gráfico.
4. Pulse sobre la pestaña Eje. En este cuadro de diálogo debe activar o desactivar los ejes principales del gráfico. En el caso del Eje de categorías (X) podrá decidir entre tres formatos: Automático y Categoría, que muestran,

incluso si los datos tienen el formato de fecha, los datos en el eje seleccionado como el Eje de categorías predeterminado (X), y Escala de tiempo, que muestra los datos con formato de fecha aunque en la hoja no lo tengan.

5. Pulse sobre la pestaña Líneas de división. Posiblemente aparecerá marcada la opción Líneas de división principales, del Eje de valores (Y). Déjelo así, ya que de otro modo saturaría el gráfico.
6. Haga clic sobre la pestaña Leyenda. Active o no la casilla Mostrar leyenda. Si la activa, elija su ubicación, en este caso, seleccione Derecha.
7. Pulse sobre Rótulos de datos. Una de las secciones que encontrará en esta ficha es Contenido del rótulo, que cuenta con varias casillas de verificación que permiten añadir o no al gráfico los nombres de la serie, categoría, valor, etc. En este caso es mejor no activar ninguna, ya que al ser un gráfico pequeño apenas se leerían. También permite elegir la forma de separar el contenido del rótulo de datos, así como colocar la clave de leyenda.
8. Pulse Tabla de datos. Esta ficha cuenta con dos casillas de verificación, Mostrar tabla de datos, que presenta los valores de cada serie de datos en una cuadrícula bajo el gráfico, y Mostrar claves de leyenda, que muestra dichas claves en la cuadrícula. En este caso, tampoco active ninguna.
9. Pulse **Siguiente**. Accederá al último cuadro de diálogo, Asistente para gráficos-paso 4 de 4: ubicación del gráfico. Véase la figura 9.6.

Nota: Si el gráfico es pequeño o existen demasiados datos de origen, la tabla de datos ocupará gran parte del área del trazado y, en ocasiones, omitirá algunos de sus datos.

Paso 4. Ubicación del gráfico

Ya ha creado un gráfico, sólo queda ubicarlo en el lugar indicado. Por supuesto, también puede realizar modificaciones en él y perfeccionarlo cuanto quiera, aunque eso lo veremos más adelante.

El cuadro de texto en el que se encuentra le permitirá elegir el lugar donde colocar el gráfico.

- Si pulsa sobre En una hoja nueva, creará el gráfico en su propia hoja de gráficos. De esta forma, el área de visión será mayor, lo que facilitará los cambios de formato, y también las posibilidades de incluir más información y de que ésta se vea perfectamente. En el cuadro de texto se puede escribir el nombre que desea dar a esta hoja de cálculo.

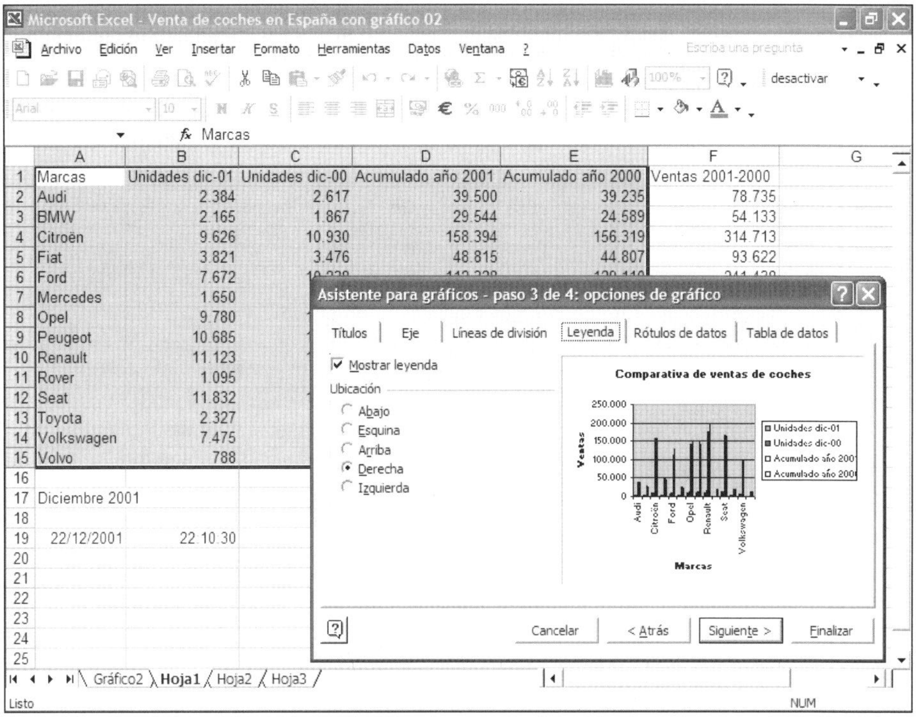

Figura 9.6. Ficha Leyenda. Muestra distintos lugares donde puede ubicar la leyenda, en el caso de que desee que aparezca

- A continuación, observe que si pulsa sobre Como objeto de, incrustará el gráfico en la hoja de cálculo que especifique dentro de la lista desplegable que hay después. Ahora observará que el gráfico es más pequeño y que, por lo tanto, a veces no aparecen todos los datos. Por supuesto, puede modificar el lugar y el tamaño del gráfico de forma que no le moleste en la hoja.

1. Elija entre ambas opciones la que más se ajuste a sus necesidades; por ejemplo, Como objeto en. Seleccione Hoja 1, puesto que en ella se encuentran los datos que ha incluido.
2. Pulse **Finalizar**. Véase la figura 9.7.

Nota: Si a lo largo del proceso quiere volver a un paso anterior, tan sólo debe pulsar sobre el botón **Atrás**. También puede finalizar el trabajo en cualquier momento pulsando sobre **Finalizar**.

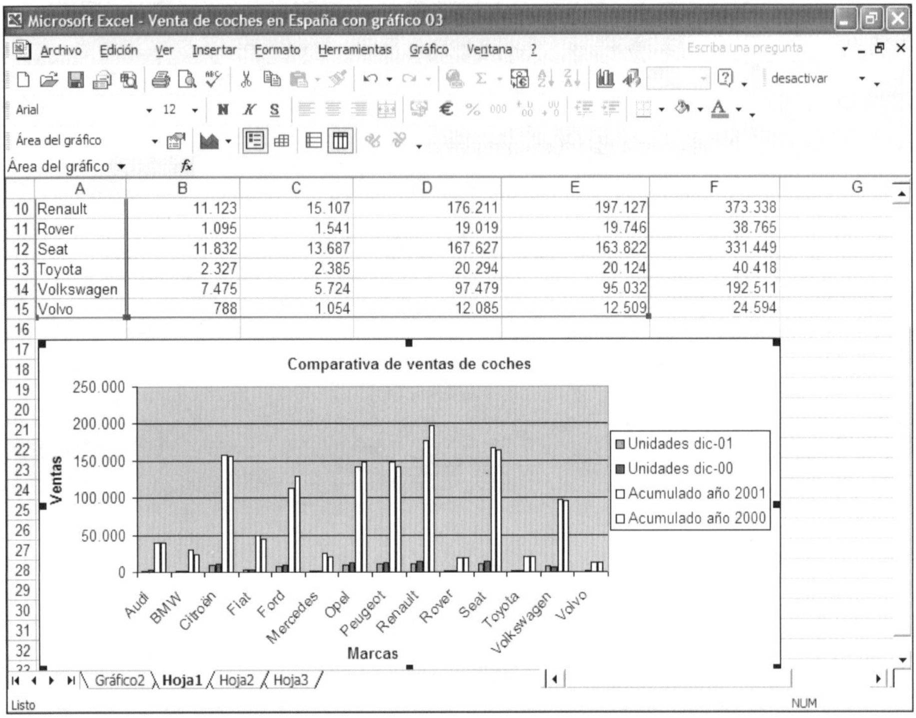

	A	B	C	D	E	F
10	Renault	11.123	15.107	176.211	197.127	373.338
11	Rover	1.095	1.541	19.019	19.746	38.765
12	Seat	11.832	13.687	167.627	163.822	331.449
13	Toyota	2.327	2.385	20.294	20.124	40.418
14	Volkswagen	7.475	5.724	97.479	95.032	192.511
15	Volvo	788	1.054	12.085	12.509	24.594

Figura 9.7. Gráfico incrustado en una hoja de cálculo

Eliminar un gráfico y sus elementos

Existen varias posibilidades para eliminar un gráfico o alguno de sus elementos. Puede hacerlo desde la propia hoja de cálculo eliminando los datos que desea que desaparezcan, en cuyo caso el gráfico se actualizará de forma directa, o bien desde el gráfico, sin que los datos de la hoja de cálculo cambien, eligiendo uno de estos métodos:

- Eliminar un gráfico ubicado independientemente en una hoja de gráfico es tan fácil como eliminar la propia hoja. Haga clic con el botón derecho del ratón sobre la pestaña Gráfico1 y, a continuación, en el menú emergente que aparece, pulse sobre **Eliminar**. En la ventana de aviso que aparecerá, pulse de nuevo **Eliminar**.
- Tanto si se trata de un gráfico independiente como de uno incrustado, se puede eliminar el gráfico o cualquiera de sus elementos haciendo clic con el botón derecho del ratón sobre ellos (para eliminar el gráfico entero hágalo sobre el área de gráfico) y pulsando, en el menú que aparece, sobre la opción Borrar.

- También en ambos casos puede eliminar el gráfico o cualquiera de sus elementos seleccionándolos y, a continuación, pulsando sobre la tecla **Supr**.

Ajustar los datos de origen y los del gráfico

Lo mismo que si modifica los datos de origen, es decir, los que aparecen en la hoja de cálculo, el gráfico sufrirá cambios automáticamente, también si realiza cambios en los puntos de datos del gráfico, los datos de origen variarán. Para ello haga lo siguiente:

1. Haga clic sobre el punto de datos que quiere modificar. La serie se seleccionará entera.
2. Vuelva a hacer clic sobre él. En esta ocasión aparecerá seleccionado únicamente el punto de datos que desea.
3. Sitúe el puntero del ratón sobre él. Comprobará que éste se ha convertido en una doble flecha (si se trata de un gráfico de líneas o barras; en el caso de los gráficos circulares se convertirá en un signo +).
4. Haga clic y, sin soltar el ratón, arrastre la marca hacia arriba o hacia abajo para aumentar o disminuir el valor del dato. Si se trata de un gráfico circular, hágalo hacia la derecha o izquierda, ya que la marca que hay que arrastrar está situada a la derecha de la "porción" seleccionada.
5. A medida que arrastra el ratón aparecerá una etiqueta informativa que muestra el valor. Suéltelo cuando haya alcanzado el valor deseado. Observará que los mismos cambios que ha efectuado en el gráfico, aparecen también en los datos de origen.

Cabe la posibilidad de que el dato que va a modificar en el gráfico sea el resultado de una fórmula en la que intervienen varias celdas de la hoja de cálculo. En ese caso, al intentar arrastrar y soltar el marcador aparecerá un cuadro de texto denominado Buscar objetivo. En el capítulo "Gestionar y analizar datos" se explica esta opción con detalle.

Modificar la ubicación y el tamaño de un gráfico incrustado

Una vez que ha creado el gráfico, puede modificar su tamaño o moverlo a una nueva ubicación de la hoja de cálculo. Pero no sólo el gráfico, sino cada uno de los objetos que éste posee (desde la leyenda o los títulos, hasta objetos dibujados o imágenes gráficas).

Posiblemente, el gráfico esté situado en el centro de la hoja de cálculo, lo que en algunas ocasiones le impedirá visualizar los datos que ésta contiene. Los pasos que debe seguir para mover un gráfico son los siguientes:

1. Haga clic sobre el área del gráfico, dentro de los límites del gráfico (cuide de no hacerlo sobre alguno de sus objetos o de los tiradores del contorno). Observará que al situar el puntero sobre el gráfico, éste se convierte en una flecha, y que al pulsar sobre él aparecen unos tiradores de selección en las esquinas del gráfico y en la mitad de sus lados.
2. Sin soltar el ratón, arrastre el gráfico hasta el lugar donde quiere ubicarlo. Notará que durante este proceso el puntero cambia de nuevo, convirtiéndose en una cruz con cuatro flechas.

Nota: Al mover un gráfico, puede conseguir fácilmente que éste se alinee con las líneas de división de celdas pulsando la tecla **Alt** mientras lo arrastra. Para moverlo horizontal o verticalmente, pulse la tecla **Mayús** mientras lo arrastra.

Lo mismo que ha movido el gráfico, también puede hacerlo con cada uno de sus objetos siguiendo el mismo proceso, es decir, haga clic sobre el objeto en cuestión y, a continuación, sin soltar el ratón, ubíquelo en el lugar que desee. No olvide que únicamente puede modificar aquellos que no dependan de los datos incluidos en la hoja de cálculo.

Puede ocurrir que el gráfico no contenga todos los rótulos de valores, categorías o series que debiera. En este caso únicamente tiene que ampliar su tamaño. Para modificar el tamaño del gráfico, haga lo siguiente:

1. En primer lugar, pulse sobre el área del gráfico (cuide de no hacerlo sobre alguno de sus elementos).
2. Sitúe el puntero del ratón sobre uno de los tiradores de selección que posee el gráfico (puede aumentar su ancho o su altura dependiendo del tirador que elija). Cuando el puntero se convierta en una doble flecha, haga clic sobre el tirador.
3. Sin soltar el ratón, arrastre el tirador hasta el lugar que crea necesario. Notará que durante ese proceso el puntero cambia de nuevo, convirtiéndose en un signo +. Véase la figura 9.8.

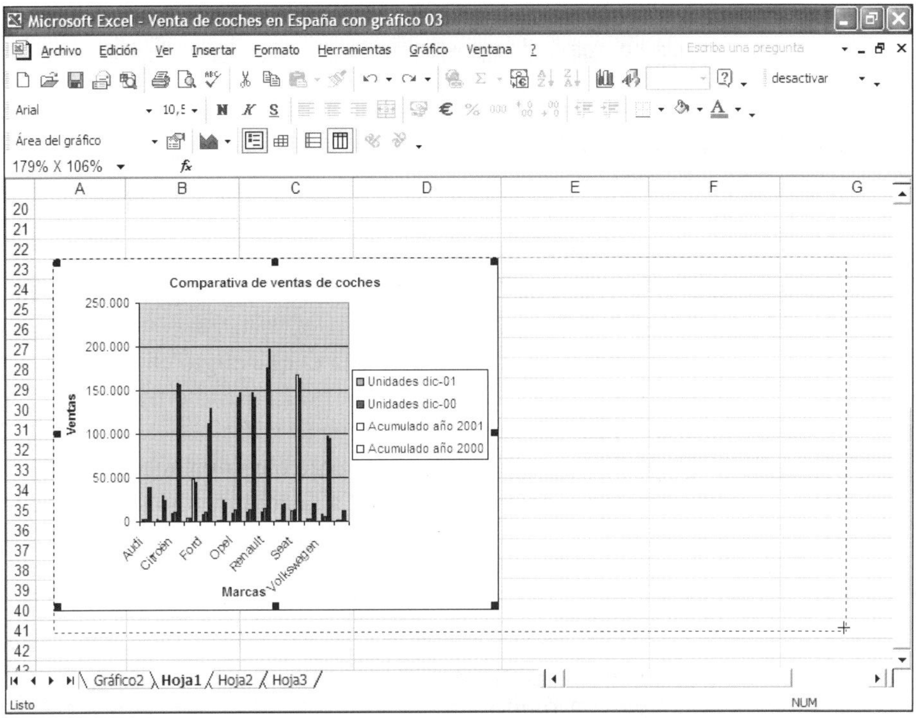

Figura 9.8. Cuando se arrastra un tirador de selección de un gráfico para modificar su tamaño, el puntero del ratón se convierte en un signo +

> **Nota:** Si quiere cambiar el tamaño del gráfico, pero de forma proporcional (lo mismo de altura que de anchura), mantenga pulsada la techa **Mayús** mientras arrastra con el puntero del ratón uno de los tiradores de selección de las esquinas.

No debe olvidar que al variar el tamaño del gráfico, Excel también modificará el de los objetos que contiene, ajustándolos a las nuevas medidas. De esta forma, dependiendo del tamaño que se le dé, puede que haya rótulos que se visualicen o que no.

Por otro lado, cambiar el tamaño de alguno de los objetos que posee un gráfico conlleva el mismo proceso, es decir, seleccionar el objeto y arrastrar los tiradores de selección para hacerlo más grande (nunca más que el área de gráfico) o más pequeño. Claro está, no todos los objetos pueden modificarse, sólo aquellos que no dependen de los datos incluidos en la hoja de cálculo a la que está vinculado el gráfico, como es el caso de imágenes, objetos, leyendas y áreas de trazado. A través de las llamadas Esquinas se puede cambiar la orientación del área de trazado.

Otra manera de modificar los objetos es cambiando su fuente. Este tema se tratará en apartados posteriores.

Cambiar el tipo de gráfico estándar

A la hora de elegir un tipo de gráfico u otro, es importante que tenga en cuenta los datos de que dispone. No es lo mismo un gráfico con Eje X y Eje Y, que uno circular o que uno en 3D.

En cualquier caso, sea cual sea el que eligió en un primer momento, puede cambiarlo tantas veces como quiera. El estilo o tipo variará, no así las series de datos, títulos y rótulos.

Hay varios caminos diferentes para elegir un nuevo tipo de gráfico. Seleccione el gráfico que desea modificar y, a continuación, realice uno de los siguientes procesos:

- Pulse sobre la flecha situada a la derecha del botón **Tipo de gráfico** (en la Barra de herramientas Gráfico) y seleccione, en la paleta que aparece, uno de los gráficos. En este caso, el gráfico cambiará automáticamente. Véase la figura 9.9.

- Realice la secuencia de comandos **Insertar>Gráfico** o pulse sobre el botón **Asistente para gráficos** situado en la Barra de herramientas Estándar. En el primer cuadro de diálogo que aparece, denominado Asistente para gráficos-paso 1 de 4: Tipos de gráfico, seleccione el que desee.

- Realice la secuencia de comandos **Gráfico>Tipos de gráfico**. Accederá al cuadro de diálogo Tipos de gráfico, donde podrá seleccionar el gráfico que necesite.

- Pulse con el botón derecho del ratón sobre el área del gráfico y seleccione, en el menú que aparece, la opción Tipos de gráfico. Accederá al cuadro de diálogo comentado en los casos anteriores.

Sin lugar a dudas, para cambiar el tipo de gráfico lo mejor es que acceda al cuadro de diálogo Tipos de gráficos. En él encontrará Tipos estándar y Tipos personalizados; este último lo trataremos a continuación, en el apartado "Usar tipos de gráficos personalizados y personalizar gráficos". Una vez decidido el tipo de representación gráfica, puede ver una vista previa del gráfico si pulsa (y mantiene pulsado) el botón **Presionar para ver muestra**. Esta ficha cuenta con una serie de opciones adicionales:

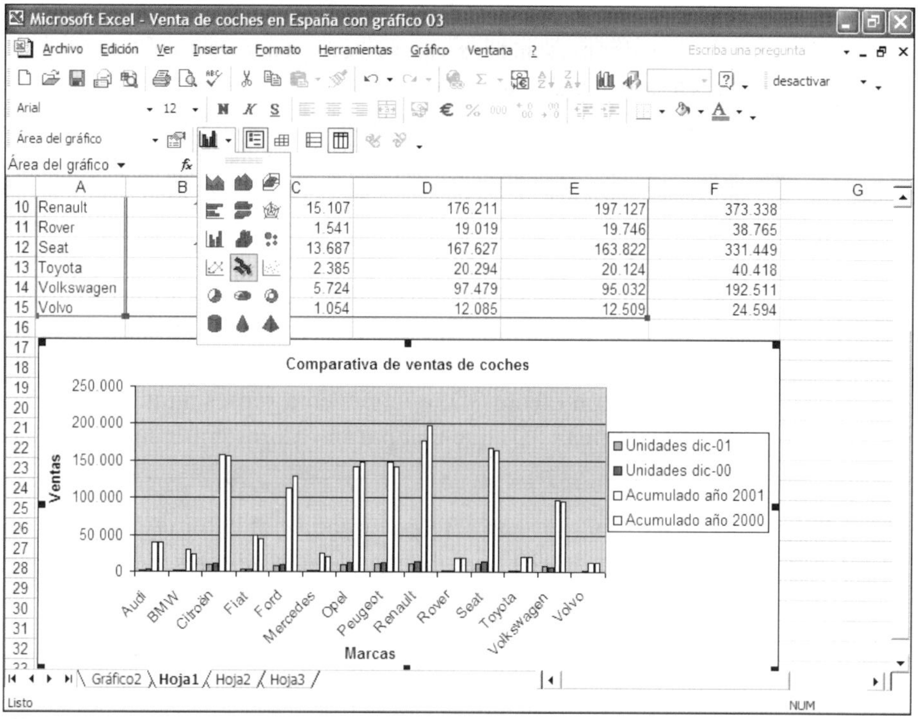

Figura 9.9. La Barra de herramientas Gráfico cuenta con varios tipos de gráficos entre los que elegir

- **Aplicar a la selección**. Aplica el tipo de gráfico sobre el que haga clic a la serie de datos seleccionada en el gráfico. Esta opción sólo estará disponible y activada si previamente ha seleccionado una serie de datos. Aun así no se pueden combinar todos los gráficos. En el apartado "Combinar gráficos" de este mismo capítulo se trata este tema en profundidad.
- **Formato predeterminado**. Si activa esta casilla de selección, quitará los cambios que ha aplicado al tipo de gráfico o a algún elemento del gráfico seleccionado, devolviéndole el aspecto predeterminado.
- **Establecer como predeterminado**. Establece el tipo de gráfico seleccionado en la lista como predeterminado para crear nuevos gráficos.

Gráficos de barras y columnas

En gráficos de barras y columnas, cada punto de datos de una serie se representa mediante una columna que se alza desde el Eje X, y cada serie lo hace con un color determinado. La diferencia radica en que en un gráfico de columnas, el Eje X, que representa las categorías, se encuentra en el Eje horizontal, y el Eje Y, que representa los valores, se encuentra en el Eje vertical; por el contrario, en gráficos de barras, el Eje X (Categorías) se encuentra en el Eje vertical, y el Eje Y (Valores) se encuentra en el Eje horizontal.

En este tipo de gráfico, si hay valores negativos, las barras o columnas se prolongarán bajo la línea que representa el Eje X.

Dentro de los gráficos de barras y columnas hay varios subtipos. Se puede tratar de Columnas o Barras agrupadas, que comparan valores entre categorías; apiladas, que comparan, también entre categorías, el aporte de cada valor al total (o el porcentaje que cada valor aporta al total, en el caso de que sean 100% apiladas). Este tipo muestra las series una encima de otra; apiladas o agrupadas con efecto 3D, que vienen a representar lo mismo que las anteriores, y Columnas 3D, que comparan valores entre categorías o entre series.

Aviso: En gráficas del tipo apiladas, el valor de las series superiores no debe calcularse tomando como punto de referencia el Eje de valores, ya que no se trata de su valor real.

Gráficos de líneas

En gráficos de líneas, generalmente, cada punto de datos de una serie aparece representado por unos pequeños marcadores, situados entre los Ejes X e Y, unidos por una línea. Cada línea, es decir, cada serie, posee un color diferente.

Al igual que en el caso anterior, también en este tipo de gráfico hay varios subtipos: Línea, que presenta tendencias a lo largo del tiempo o entre categorías; Línea apilada, que presenta la tendencia del aporte de cada valor a lo largo del tiempo o entre categorías (o del aporte porcentual de cada valor en el tiempo o entre categorías, en el caso de que sea 100% apilada); Línea o Línea apilada con marcadores, que cuentan con marcadores en cada punto de datos de las series, en vez de simples picos de datos como los anteriores, y Línea 3D, igual que el primer caso, pero con efecto 3D. Véase la figura 9.10.

Gráficos circulares y de anillos

Lógicamente, este tipo de gráficos carece de ejes, tiene forma de círculo, y recoge, en "porciones", los puntos de datos de las series, de forma que cada parte es proporcional al valor que representa. Si se trata de un gráfico circular, sólo reconoce una serie, y el contenido de la leyenda es el nombre de las categorías (al contrario que los anteriores). Con los gráficos de anillos (tienen un agujero en el centro) sucede lo mismo, salvo que en este caso sí que reconocen todas las series.

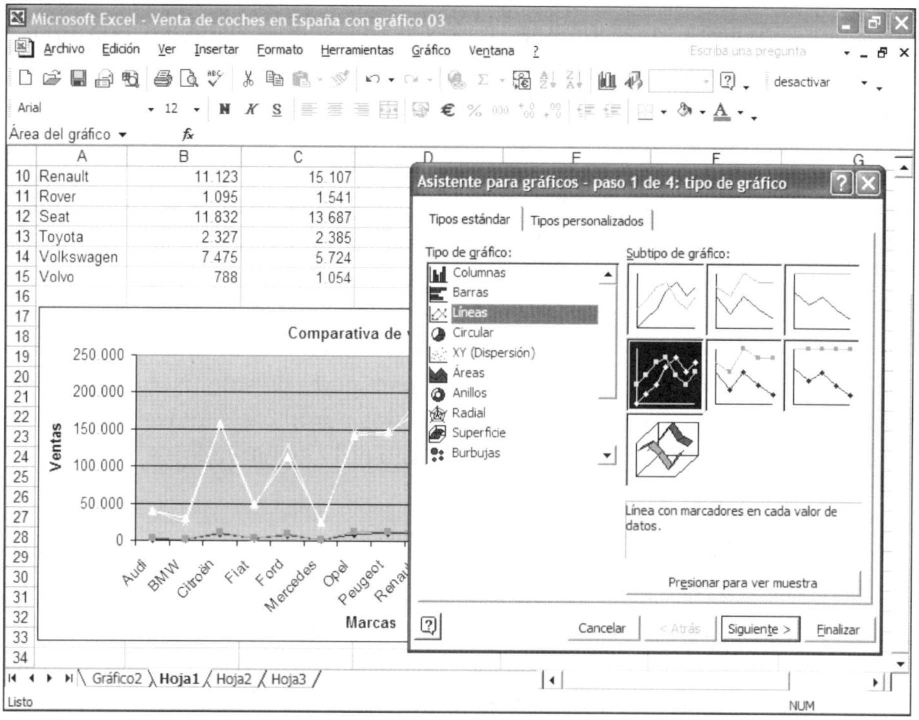

Figura 9.10. La opción elegida es un gráfico de tipo Lineal con marcadores en cada valor de datos

Hay varios subtipos de gráficos circulares y de anillos: Circular, que representa el aporte de cada valor al total; Circular seccionado, que muestra la contribución de cada valor al total, pero enfatizando los valores individuales; Circular y Circular seccionado 3D, que aporta las mismas características, pero con este efecto, y Circular con subgráfico circular o de barras, que muestran los valores combinados en un subgráfico. Los gráficos de anillos cuentan con los subtipos Anillos y Anillos seccionados, similares a los circulares, pero con múltiples series.

Nota: Comprobará que en el caso de los Gráficos circulares con subgráfico circular o de barras, este subgráfico contiene los puntos de serie de la "porción" del gráfico que el programa ha denominado "Otros".

Gráficos XY (dispersión)

Se trata de gráficos muy similares a los gráficos de líneas, ya que, también en este caso, generalmente se señalan los puntos con marcadores y se unen por líneas de colores que representan las series. Pero hay una diferencia muy importante, y es que en el Eje X no aparecen los rótulos de texto como en los casos anteriores, sino valores numéricos. Ya no existe un Eje de valores y un Eje de categorías, sino dos Ejes de valores, X e Y. En el caso de que al Eje de valores X le correspondan rótulos de texto, cada rótulo será sustituido por un número, de forma que dicho eje coloque cada marcador en los valores 1, 2, 3, etc. Por supuesto, la escala que aparece puede ser modificada. No habría ningún problema con las fechas, al tratarse de valores numéricos.

Hay varios subtipos. El de Dispersión muestra tan sólo los marcadores de los puntos de datos de las series, sin líneas de unión, aunque con distintos colores que las distinguen. Compara pares de valores. En el resto de subtipos, éstos marcadores pueden estar unidos por líneas suavizadas o no, o aparecer únicamente las líneas (suavizadas o no) sin marcadores.

Gráficos de área

La gran diferencia de estos gráficos con respecto al resto de gráficos que cuentan con un Eje X de categorías y un Eje Y de valores, es que el área que corresponde a cada serie de datos ha sido rellenada con un color, de forma que no es posible visualizar todos los puntos de datos de las series.

Este tipo de gráficos presenta la tendencia de los valores a lo largo del tiempo o de las categorías. Por supuesto, también hay gráficos de Área apilada, que presentan la tendencia del aporte de cada valor, o Área 100% apilada, que presentan la tendencia del porcentaje que aporta cada valor. Cada una de ellas posee una versión en 3D. Véase la figura 9.11.

Gráficos radiales

Estos gráficos cuentan con un Eje de valores (Y) que comienza en el centro de una figura geométrica, la cual varía dependiendo del número de categorías que posea (círculo, triángulo, pentágono, etc.). Cada categoría crea un nuevo vértice en esa figura. Éste aparece unido al centro con una línea que también recoge las referencias de valores del Eje Y y donde aparecen representados los puntos de valores de cada serie.

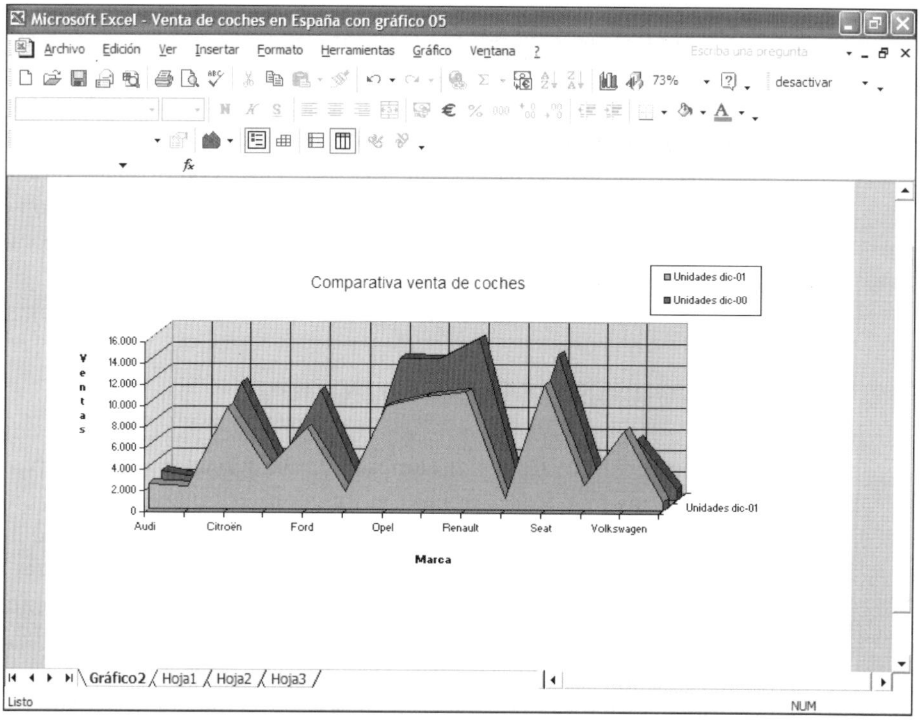

Figura 9.11. Gráfico de área creado en una nueva hoja

Los gráficos radiales presentan cambios de valores con relación a un punto central, y pueden aparecer con marcadores, sin ellos, o con el área que forman esos datos rellena de un color.

Gráficos de superficie

Se trata de un gráfico tridimensional que muestra tendencias de los valores en dos dimensiones a lo largo de una curva continua (como si fuese una hoja de papel). En este caso, el Eje de valores (Z) coincide con la leyenda, de forma que los colores representan un determinado parámetro de valores (éstos aparecen dispuestos a lo largo del Eje). Este tipo de gráfico es ideal para representar mapas topográficos.

Existe un subtipo de este gráfico que se denominada Contorno. Se trata de un gráfico de superficie pero visto desde arriba (si tiramos de las esquinas se convierte en 3D) y cuyos colores representan los diferentes rangos de valores. Tanto el gráfico en 3D como Contorno están también disponibles en blanco y negro.

Gráficos de burbujas

Este gráfico muestra cada punto de datos en forma de burbujas. El tamaño de cada burbuja depende del valor de ese dato.

Si lo ha utilizado en alguna ocasión habrá comprobado que compara conjuntos de 3 valores. Es similar al gráfico de dispersión, pero con el valor 3 como tamaño del marcador. También en este caso hay dos Ejes de valores, X e Y, en vez de un Eje de categorías.

Por supuesto, cuenta con los subtipos Burbujas y Burbujas en 3D.

Gráficos de cotizaciones

Los gráficos de cotizaciones cuentan con un Eje de valores (X) y un Eje de categorías (Y). Por otro lado, poseen objetos nuevos que no se han visto hasta ahora, como son Barras ascendentes o Líneas de máximos o mínimos.

Hay varios subtipos dentro de los gráficos de cotizaciones. La posibilidad de utilizar uno u otro depende del rango seleccionado. Si cuenta con tres series de valores, para crear un gráfico de cotizaciones debe organizar los datos de la hoja de cálculo en este orden: Precio máximo, Precio mínimo y Precio de cierre (puede utilizar las fechas o los nombres de los valores como rótulos). Si posee cuatro series de valores debe organizarlos de esta forma: Precio de apertura, Precio máximo, Precio mínimo y Precio de cierre; o bien de esta otra: Volumen comercializado, Precio máximo, Precio mínimo y Precio de cierre. Y si tiene cinco series de valores debe hacerlo así: Volumen comercializado, Precio de apertura, Precio máximo, Precio mínimo y Precio de cierre. Dependiendo de qué subtipo seleccione, éste contará con un Eje de valores y uno de categorías o dos de cada uno.

Gráficos cilíndricos, cónicos y piramidales

Tienen las mismas propiedades que los gráficos de Columnas y Barras. Únicamente se diferencian en que al tratarse de figuras geométricas aparecen representadas en 3D. Véase la figura 9.12.

Trabajar con gráficos personalizados

Excel cuenta con varios tipos de gráficos personalizados integrados en el cuadro de diálogo Tipos personalizados. Son parecidos a los tipos de gráfico estándar (podríamos hablar de subtipos de los anteriores), aunque con formatos muy variados. Pero la principal ventaja de esta opción radica en la posibilidad de crear gráficos personalizados, y no sólo en utilizar los que el programa ya ofrece.

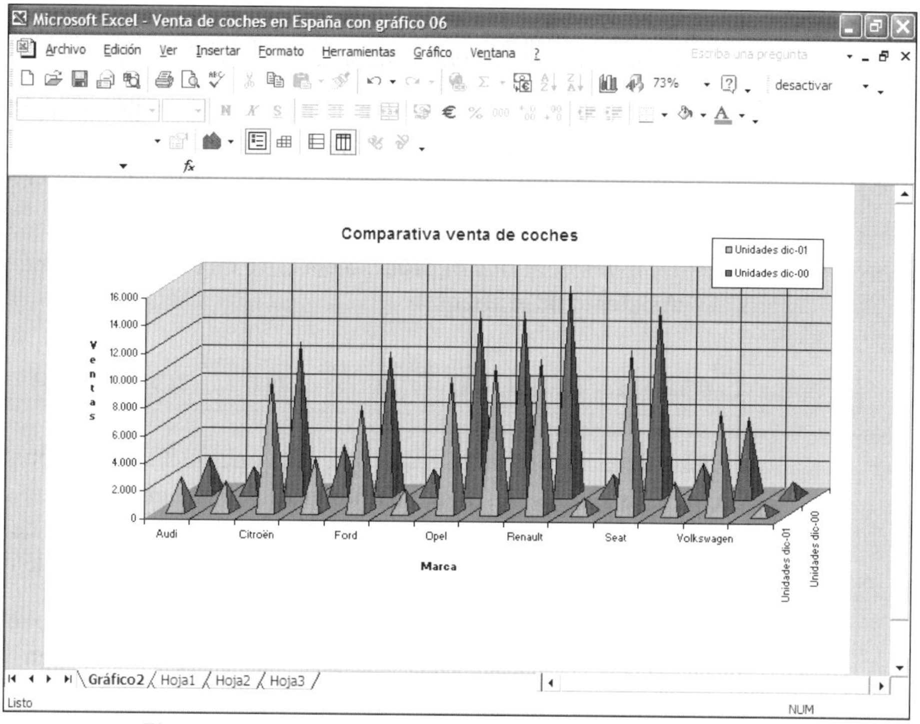

Figura 9.12. Gráfico piramidal creado en una nueva hoja

Crear un gráfico a partir de un tipo personalizado

Como podrá comprobar, Excel ofrece gráficos personalizados integrados que poseen formatos diferentes a los vistos en el apartado "Cambiar el tipo de formato estándar"; es decir, han sido modificados en su apariencia y estilo para que cuenten con un aspecto más llamativo, atractivo o interesante, dependiendo del fin para el que se utilicen. Casi podríamos decir que se trata de un gráfico estándar al que se le ha modificado su aspecto.

Para trabajar con un gráfico personalizado hay que realizar los mismos pasos que para hacerlo con un gráfico estándar. A continuación, se describen estos pasos:

1. Seleccione el rango de celdas cuyos datos desea que aparezcan en el gráfico. En el caso de que únicamente quiera modificar un gráfico ya creado, pulse sobre él.
2. Ejecute la secuencia de comandos **Insertar>Gráfico**. Accederá al Asistente para gráficos-paso 1 de 4: tipo de gráfico.
3. Pulse sobre la pestaña Tipos personalizados.
4. En el apartado Seleccionar desde, elija la opción Integrado. Observará que en el cuadro Tipos de gráfico aparecen los tipos de gráficos integrados que puede aplicar a su gráfico. En el cuadro Muestra compruebe que se trata del tipo que quería.
5. Después continúe el proceso descrito en el apartado "Emplear la opción Asistente de gráficos".

Crear un nuevo tipo de gráfico personalizado

Una de las posibilidades que ofrece la opción Tipos personalizados es la de crear un estilo propio, a medida; un gráfico personalizado que se ajuste al perfil deseado y que se pueda utilizar como cualquier otro tipo de los ya mencionados. Para crear un gráfico personalizado, realice los siguientes pasos:

1. Seleccione, en la hoja de cálculo o en la hoja de gráfico, el gráfico que le va a servir de modelo. Por supuesto, si no lo ha hecho ya, realice en él todos los cambios que desee hasta dejarlo tal y como quiere que aparezca en la opción Tipos personalizados.
2. Ejecute la secuencia de comandos **Gráfico>Tipo de gráfico**. Accederá al cuadro de diálogo Tipo de gráfico.
3. Pulse sobre la pestaña Tipos personalizados.
4. Ahora active la opción Definido por el usuario, en el apartado Seleccionar desde.
5. Pulse sobre el botón **Agregar** (situado bajo el cuadro Tipo de gráfico). A continuación, aparecerá el cuadro de diálogo Agregar tipo de gráfico personalizado, que permite incluir el gráfico activo dentro de los tipos de gráfico personalizados.
6. En el cuadro de texto Nombre, escriba un nombre para el nuevo tipo de gráfico. Puede contener un máximo de 31 caracteres y aparecerá en el cuadro Tipo de gráfico, en la ficha Tipos personalizados.

7. En el cuadro de texto Descripción, escriba la descripción para el nuevo tipo de gráfico. Puede contener un máximo de 250 caracteres y va a aparecer bajo el cuadro Muestra (en la ficha Tipos personalizados) cuando haga clic en el nombre del gráfico personalizado.

8. Pulse **Aceptar**. Comprobará que el nuevo tipo se ha añadido a la lista.

9. Pulse **Aceptar** en el cuadro de diálogo Tipo de gráfico.

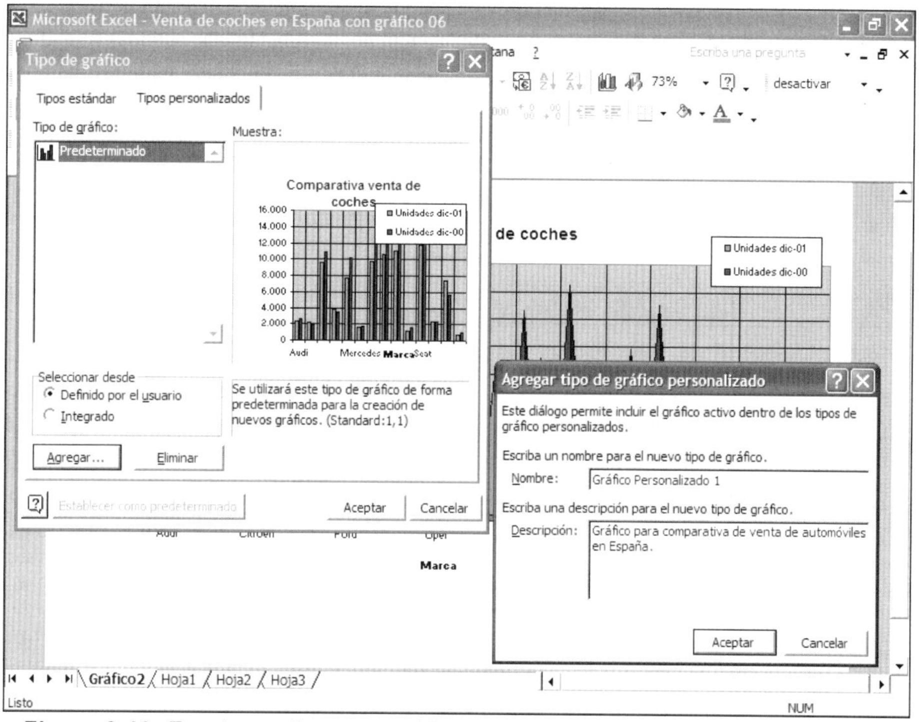

Figura 9.13. Excel permite crear gráficos a medida y añadirlos a la ficha Tipos personalizados

Cuando desee usarlo, tan sólo debe acceder a este cuadro de diálogo, pulsar sobre Tipos personalizados, activar la opción Definido por el usuario para poder visualizarlos y, por último, seguir el procedimiento normal de creación de gráficos (tratado anteriormente).

Para eliminarlo haga lo siguiente:

1. Ejecute la secuencia de comandos **Gráfico>Tipo de gráfico**. Para que el menú Gráfico aparezca debe haber seleccionado un gráfico.

2. Pulse sobre la pestaña Tipos personalizados.

3. En el apartado Seleccionar desde, active la opción Definido por el usuario.
4. En el cuadro Tipo de gráfico, haga clic sobre el que pretende eliminar.
5. Pulse sobre el botón **Eliminar**.
6. Pulse **Aceptar** en el cuadro de confirmación que aparece. Automáticamente el tipo de gráfico seleccionado se eliminará.

Usar el menú Gráfico para realizar cambios

Crear un gráfico utilizando el Asistente para gráficos es la mejor opción. Pero si una vez creado necesita hacer modificaciones en él, lo lógico es que pueda acceder a los cuadros de diálogo desde donde realizarlas directamente, y no tener que pasar de nuevo por todo el proceso con el Asistente.

Modificar las opciones básicas de un gráfico

Cuando desee realizar algún tipo de modificación referente a datos de origen (rango de datos y series), ejecute la secuencia de comandos **Gráfico>Datos de origen...** (habiendo seleccionado previamente el gráfico) o pulse sobre el área del gráfico con el botón derecho de ratón y seleccione, en el menú emergente que aparece, la opción Datos de origen... El cuadro de diálogo Datos de origen es igual que el Asistente para gráficos-paso 2 de 4: datos de origen. Ya puede comenzar a realizar cambios.

Otra de las opciones a las que tiene acceso a través del menú Gráfico es a Agregar datos. Se trata de un cuadro de diálogo donde puede incluir un nuevo rango de celdas. Sólo tiene que seleccionar los datos y pulsar el botón **Aceptar**.

Truco: Hay otras formas de agregar nuevas series a un gráfico; puede seleccionarlas en la hoja de cálculo y arrastrarlas hasta el gráfico, si está incrustado; o bien seleccionarlas y copiarlas en la hoja de cálculo, y, a continuación, pegarlas en el gráfico.

Siguiendo este proceso es posible acceder a cada una de las ventanas que posee el asistente: Tipo de gráfico..., que cuenta con las opciones Tipo estándar y Tipo personalizado; Opciones de gráfico..., que permite modificar los títulos del gráfico y sus ejes, decidir si deben aparecer los diferentes ejes con sus rótulos o mostrar o no las líneas de división de éstos, la leyenda, los rótulos de datos o la tabla de datos; Ubicación..., que hace posible la recolocación del gráfico, es decir, si desea crearlo en una hoja de gráfico independiente o como objeto incrustado en una hoja de cálculo (recuerde que estas cuestiones ya las hemos tratado en el apartado "Emplear la opción Asistente de gráficos").

Truco: Si en algún momento desea modificar los títulos que posee un gráfico puede hacerlo directamente: seleccione el cuadro de texto donde está incluido el título haciendo clic sobre él. A continuación pulse en su interior sobre alguno de los caracteres. El cursor aparecerá parpadeante. Ya puede realizar los cambios que necesite. Cuando haya acabado, haga clic fuera del cuadro.

Nota: Otra de las posibilidades de modificación de los títulos que contiene un gráfico es vinculando ese título a una celda, de forma que al modificar el contenido de la celda, cambie directamente el título del gráfico. Debe hacer lo siguiente: seleccione el título en el gráfico. A continuación escriba, en la Barra de fórmulas de la hoja de cálculo, la referencia de celda, por ejemplo =HOJA1!D1; por último pulse **Intro** o haga clic sobre el signo de verificación situado a la izquierda de la Barra.

Si quiere que su gráfico aparezca en una ventana independiente, haga clic con el botón derecho del ratón sobre él y seleccione, en el menú emergente que aparece, la opción Ventana de gráfico. El gráfico aparecerá en otra ventana, pero eso no significa que el incrustado en la hoja de cálculo desaparezca. De hecho, la nueva ventana no se puede guardar de forma independiente, pero sí imprimir o revisar ortográficamente.

Realizar cambios en gráficos 3D

Cuando el gráfico que ha creado es en 3D, puede modificar la perspectiva, elevación, etc. de la siguiente forma:

1. En primer lugar, acceda al cuadro de diálogo Vista en 3D. Hágalo a través del menú Gráfico o pulsando con el botón derecho del ratón sobre el área de gráfico.
2. Especifique la altura desde la que desea ver el gráfico. Puede hacerlo escribiendo un valor en el cuadro Elevación o haciendo clic sobre las flechas

situadas sobre este cuadro de texto. En este último caso, cada clic que haga aumentará o disminuirá la elevación de la vista 5 grados.

3. Escriba un valor en el cuadro Perspectiva o haga clic sobre las flechas situadas sobre este cuadro de texto para controlar la vista de la profundidad del gráfico. En este último caso, cada clic que haga aumentará o disminuirá el valor de perspectiva 5 grados.
4. Escriba un valor en el cuadro Giro para controlar el giro del área de trazado alrededor del eje vertical. También puede hacerlo pulsando sobre las flechas situadas a la derecha de este cuadro de texto. En este caso, cada clic que haga girará a la derecha o a la izquierda el área de trazado 10 grados.
5. Este cuadro de diálogo cuenta con dos casillas de verificación: Ejes en ángulo recto, que establece los ejes en ángulo recto, independientemente del giro o de la elevación del gráfico; y Autoescala, que ajusta el tamaño de un gráfico en 3D para que se asemeje más a la versión en 2D. Esta opción sólo se encontrará disponible cuando la casilla Ejes en ángulo recto esté activada. Por otro lado, si activa estas casillas, la opción Perspectiva desaparecerá.
6. El cuadro de texto Alto le permite controlar la altura del Eje vertical, la longitud del Eje horizontal y el ancho del gráfico en su base. El alto se mide como un porcentaje de la longitud del Eje X. Si la opción Autoescala se activa, ésta aparecerá desactivada.
7. Una vez que ha establecido las características de su gráfico, pulse sobre el botón **Aplicar**. Como su propio nombre indica, aplica la configuración actual al gráfico, pero sin cerrar el cuadro de texto, de modo que se puedan ver los cambios en el gráfico.
8. Si no está conforme, pulse sobre el botón **Predeterminado**. Se restaurarán todos los valores predeterminados del cuadro de diálogo sin cerrarlo.
9. Cuando esté convencido de los cambios, pulse el botón **Aceptar**. Véase la figura 9.14.

Agregar línea de tendencia a un gráfico

En ciertos tipos de gráfico también se pueden agregar líneas de tendencia. Se trata de los Gráficos de área, barras, columnas, líneas y XY (dispersión); por el contrario, no se puede en 3D radiales, circulares, de anillos o burbujas.

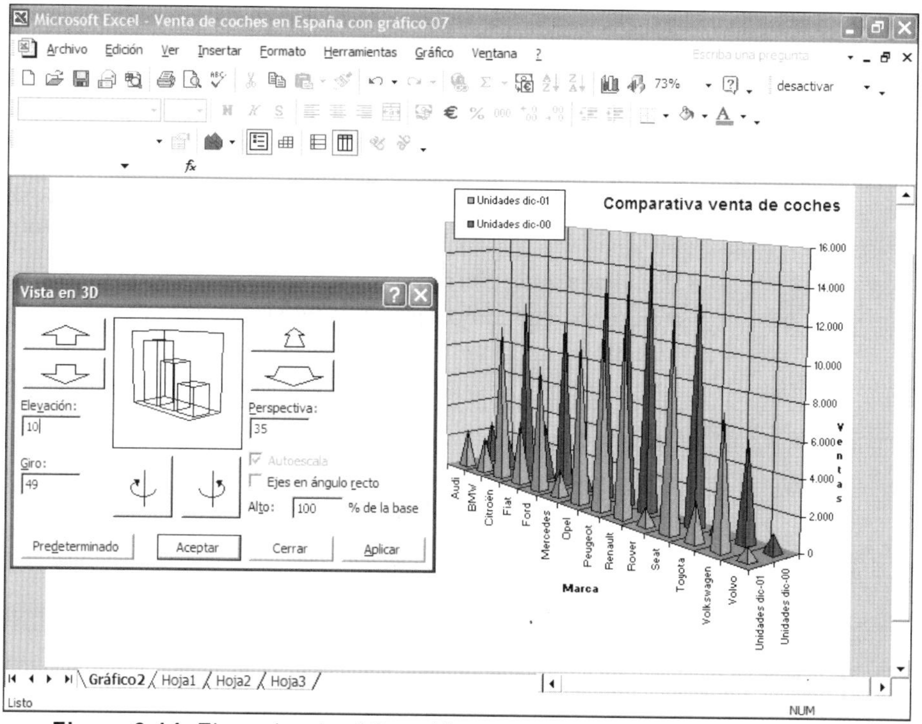

Figura 9.14. El cuadro de diálogo Vista en 3D permite, entre otras cosas, modificar la perspectiva, elevación y giro de un gráfico 3D

En cualquier caso, la opción que lo permite, Agregar línea de tendencia, aparecerá activa o no dependiendo del gráfico de que se trate. Para usarla, realice los siguientes pasos:

1. Ejecute la secuencia de comandos **Gráfico>Agregar línea de tendencia...** Recuerde que para que el menú Gráfico aparezca, deberá tener seleccionado el gráfico.
2. En el cuadro de diálogo que aparecerá, pulse sobre la pestaña Tipo.
3. En el cuadro A partir de las series, seleccione la serie en la que desea que aparezca una línea de tendencia.
4. El apartado Tipo de tendencia o regresión cuenta con varias opciones para agregar líneas de tendencia o cambiarlas en la serie del gráfico seleccionado: Lineal, Logarítmica, Polinomial, Potencial, Exponencial y Media móvil.
5. Si ha optado por la opción Polinomial, escriba un valor en el cuadro Orden para determinar el orden polinómico mayor. Si lo ha hecho por la opción

Media móvil, escriba en el cuadro Período el número de periodos que desea utilizar para calcular la media móvil.

6. Pulse sobre la pestaña Opciones.
7. Para darle un nombre a la línea que acaba de crear, active la opción Personalizada y, después, escríbalo en el cuadro de texto situado a su derecha. En caso contrario, el programa le dará un nombre automáticamente.
8. En el apartado Extrapolar escriba un número en cada cuadro de texto para especificar cómo desea extrapolar las líneas de regresión (la opción Media móvil no lo permite).
9. Este cuadro de diálogo cuenta con tres casillas de verificación: Señalar intersección, para especificar el punto en el que la línea de tendencia debe cruzar con el Eje Y; Presentar ecuación en el gráfico, que presenta una ecuación de regresión de la línea de tendencia junto a ésta, y Presentar el valor R cuadrado en el gráfico, que presenta este valor junto a la línea de tendencia.
10. Pulse **Aceptar**.

Nota: Puede eliminar las líneas de tendencia creadas o los valores incluidos junto a ellas, seleccionándolos y, después pulsando la tecla **Supr**.

Combinar gráficos

Combinar gráficos significa usar dos o más tipos de gráficos para destacar que contienen diferentes clases de información. Si desea utilizar esta posibilidad, haga lo siguiente:

1. Seleccione la serie de datos cuyo tipo de gráfico quiere modificar.
2. Ejecute la secuencia de comandos **Gráfico>Tipo de gráfico**. Aparecerá el cuadro de diálogo Tipo de gráfico.
3. Elija un tipo y subtipo de gráfico estándar para esa serie.
4. Pulse **Aceptar**.

Habrá comprobado que no todos los gráficos se pueden combinar; de hecho, es imposible, por ejemplo, combinar un gráfico 3D con uno 2D. Pero Excel le mostrará un mensaje invitándole a seleccionar otro tipo de gráfico.

Aplicar formatos a un gráfico

A todos los objetos que componen un gráfico se les puede aplicar un formato o modificar el que poseen. No sólo se trata de una cuestión estética, sino de intentar trabajar con un gráfico ordenado, claro y con las características de formato ideales para su absoluta comprensión, o las necesarias para su función.

Cada opción de formato cuenta con un cuadro de diálogo diferente, el cual, en muchos casos, posee fichas y características comunes, o ya vistas anteriormente cuando se trató el tema referente al formato de celdas. Para acceder a cada uno de ellos hay diferentes caminos:

- Seleccione el objeto cuyo formato desea modificar, por ejemplo área del gráfico, y, a continuación, ejecute la secuencia de comandos **Formato> Área del gráfico seleccionada**. El comando cambiará dependiendo del elemento seleccionado.
- Seleccione el objeto cuyo formato desea modificar y, a continuación, realice la combinación de techas **Control-1**.
- Haga doble clic sobre el objeto cuyo formato desea modificar.
- Ahora haga clic con el botón derecho del ratón sobre el objeto cuyo formato desea modificar, por ejemplo área del gráfico, y seleccione, en el menú emergente que aparece, la opción Formato de área de gráfico. El comando cambiará dependiendo del elemento seleccionado.
- Seleccione el objeto cuyo formato desea modificar y pulse sobre el botón **Formato**, situado en la Barra de herramientas Gráfico.

En los casos que le mostramos a continuación utilizamos el botón derecho del ratón para acceder a los diferentes cuadros de diálogo, aunque cualquiera de las opciones que acabamos de comentar valdría.

Formato de área de gráfico

Si quiere aplicar formato al área de gráfico, realice los siguientes pasos:

1. Haga clic con el botón derecho del ratón sobre el área de gráfico y seleccione, en el menú emergente que aparece, la opción Formato de área de gráfico. El cuadro de diálogo que mostrará cuenta con dos pestañas.
2. Pulse sobre la pestaña Tramas.

3. En el apartado Borde de esta ficha, seleccione las opciones que desee para dibujar un borde que rodee el total del gráfico. Puede elegir entre: Automático, de forma que se aplique la configuración predeterminada de borde; Ninguna, que no mostrará bordes, y Personalizado, en cuyo caso debe elegir el estilo, color y grosor del borde. También puede agregar una sombra a la parte inferior y a la derecha de gráfico activando la casilla de verificación Sombreado.

4. En el apartado Área, seleccione un color para el fondo del área de gráfico pulsando en la paleta de colores. También puede elegir la opción Automática, que aplica los valores predeterminados, o Ninguna.

5. Pulse sobre el botón **Efectos de relleno** si quiere darle este tipo de formato. Aparecerá un cuadro de diálogo con este mismo nombre. La ficha Degradado le permitirá definir el color, la transparencia y el estilo de sombreado en un relleno de degradado; en la ficha Textura, haga clic sobre un tipo de textura para el fondo del gráfico (para agregar una textura a la lista, haga clic en el botón **Otra textura**); en la ficha Trama, seleccione la trama y el color que desea para darle un relleno de este formato. La ficha Imagen le permitirá aplicar como fondo cualquier imagen que tenga guardada en su ordenador. Una vez que se haya decidido por una trama, pulse sobre el botón **Aceptar**.

Nota: Si se trata de un gráfico incrustado, la ficha Tramas contará con la opción Esquinas redondeadas, que da forma redondeada al borde que ha seleccionado.

6. Todavía en el cuadro de texto Formato del área de trabajo, pulse sobre la pestaña Fuente. En este caso, cualquier modificación que haga afectará a todo el texto (incluidos valores numéricos) del gráfico. La ficha Fuente es igual a la que ya vimos en el apartado "Cambiar la fuente" del capítulo 8, con un único añadido, y es la casilla de verificación Autoescala. Activando esta opción, cuando varíe el tamaño del gráfico, los textos y números también lo harán en la misma proporción.

7. En el caso de que se trate de un gráfico incrustado, el cuadro de diálogo contará con otra pestaña más denominada Propiedades. Pulse sobre ella.

8. En el apartado Ubicación del objeto, pulse sobre una de las opciones. Están relacionadas con el movimiento o variación del tamaño del objeto gráfico con respecto a las celdas que se modifiquen y que le puedan afectar

(hay que tener en cuenta que al modificar el tamaño de una celda, se modifica también el de la fila o columna).

9. Pulse **Aceptar**.

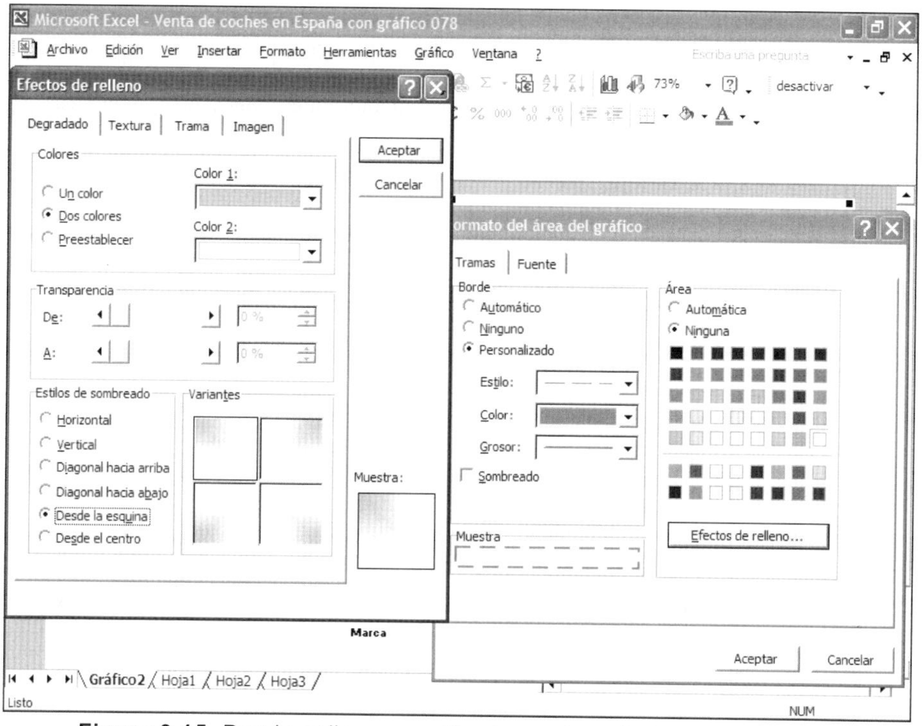

Figura 9.15. Puede aplicar un estilo de sombra, de trama, de textura o una imagen al área de gráfico a través del cuadro de diálogo Efectos de relleno

Formato de área de trazado

Para aplicar formato al Área de trazado, haga lo siguiente:

1. Haga clic con el botón derecho del ratón sobre el Área de gráfico y seleccione, en el menú emergente que aparece, la opción Formato de área de trazado. En este caso, el cuadro de diálogo que mostrará cuenta con una única pestaña denominada Tramas.
2. Especifique las características del área de trazado en la ficha Tramas tal y como se ha explicado en el apartado anterior (Formato de área de gráfico), ya que la ficha es exactamente igual. La única diferencia es que ahora la trama se aplica al área de trazado.
3. Pulse **Aceptar**.

Formato del título del gráfico

Aunque este objeto siempre aparece en el área de gráfico, no en la de trazado, puede ubicarse donde se desee simplemente haciendo clic sobre él y, sin soltar el ratón, arrastrándolo hasta el lugar indicado. Por supuesto, su formato se puede variar de la siguiente forma:

1. Haga clic con el botón derecho del ratón sobre el título del gráfico y seleccione, en el menú emergente que aparece, la opción Formato del título del gráfico.
2. El cuadro de diálogo Formato del título del gráfico cuenta con tres pestañas: Tramas, Fuente y Alineación. Las tres fichas ya se han tratado anteriormente en este apartado y en el capítulo 8. En el caso de la ficha Alineación, consulte el apartado "Alinear texto y números".
3. Pulse **Aceptar**.

Aviso: La ficha Alineación cuenta con menos posibilidades de formato que si se tratara de texto en una hoja de cálculo. Eso sí, sigue contando con las secciones Alineación del texto (aunque con menos opciones dentro de las listas desplegables Horizontal y Vertical), Orientación y De derecha a izquierda.

Formato del título del eje

Para cambiar el formato de los títulos de los ejes (Valores, Categorías y Series) hay que seguir los mismos pasos que en el caso del título del gráfico. Las características son exactamente iguales.

Formato de ejes

A pesar de que el formato que se puede aplicar a los ejes de un gráfico es similar en los tres casos, hay alguna pequeña variación.

Formato del Eje de valores

Para aplicar formato al Eje de valores de un gráfico, realice estos pasos:

1. En primer lugar, haga clic con el botón derecho del ratón sobre el Eje de valores y después seleccione, en el menú emergente que aparece, la opción

Formato de ejes. El cuadro de diálogo que se mostrará cuenta con cinco pestañas.

2. Pulse sobre la pestaña Tramas.
3. En el apartado Líneas, elija una de estas opciones: Ninguna, si no desea que aparezca una línea de eje; Automático, para aplicar la configuración predeterminada de línea, o Personalizado, en cuyo caso debe elegir el estilo, color y grosor de la línea.
4. En el apartado Marca de graduación principal, seleccione el tipo de marca que quiere para el eje: Ninguna, Exterior, Interior o Cruzada. Haga lo mismo en el caso de Marca de graduación secundaria y en el de Rótulos de marca de graduación (si se trata de un gráfico en 3D, en este apartado únicamente aparecen activas las opciones Ninguno y Junto al eje). Por defecto, estarán activas las opciones Exterior, Ninguna y Junto al eje, respectivamente; así, las marcas de graduación principales se mostrarán en el exterior de los planos del gráfico (a la izquierda del eje), no habrá marcas secundarias, y los valores aparecerán junto a cada marca.
5. Pulse sobre la pestaña Escala.
6. Esta ficha cuenta con varios apartados. En el caso de la sección Escala del eje de valores, por defecto aparecen todas las casillas de verificación activadas (bajo el título Automático). Pero, si desea desactivarlas, tan sólo debe incluir un nuevo valor en los siguientes cuadros de texto:

- **Mínimo**. Por defecto, Excel comienza el Eje de valores con el valor 0. A partir de ahí, la escala que sigue el programa depende de los datos utilizados para crear el gráfico. Si prefiere comenzar por otro valor, incluya el número en este cuadro de diálogo.
- **Máximo**. Dependiendo de los valores del gráfico, Excel incluirá un valor u otro en esta casilla de texto. Al igual que en la opción anterior, la escala que elige el programa depende de los datos usados en la creación del gráfico. Para que el último valor del eje sea otro, incluya el número en este cuadro de diálogo.
- **Unidad mayor**. Este cuadro de texto especifica el espacio que habrá entre las marcas de graduación principales. Puede modificar el intervalo incluyendo otro valor.
- **Unidad menor**. Este cuadro de texto especifica el espacio que habrá entre las marcas de graduación secundarias. Puede modificar el intervalo incluyendo otro valor.

- **Plano inferior (XY) cruza en** (o Eje de categorías (X) cruza en, si se trata de un gráfico en 2D). Muestra el punto en el que se cruzan los ejes. También se puede modificar el valor.

7. Para determinar la unidad de medida que quiere que muestre, despliegue la lista Unidades de visualización y elija una de las posibilidades. Active la casilla Mostrar unidades de rótulos si lo desea.
8. Esta ficha cuenta con otras tres casillas de verificación, no activadas de forma automática. Se trata de Escala logarítmica, que crea una nueva escala de valores en la que no tienen cabida ni el valor 0 ni los números negativos; Valores en orden inverso, que invierte el eje, y Plano inferior (XY) cruza en el valor mínimo (o Eje de categorías (X) cruza en máximo valor, si se trata de un gráfico en 2D), que sitúa el plano inferior en el valor mínimo o traslada el Eje de categorías al máximo valor.

Aviso: No olvide nunca que dependiendo de si se trata de un gráfico en 3D o en 2D, las opciones de modificación de formato variarán.

9. Seleccione las características de crea precisas en las fichas Fuente, Número y Alineación. Todas ellas han sido tratadas anteriormente. En el caso de Alineación, la única diferencia radica en que en este caso cuenta con menos opciones de modificación: Orientación y De derecha a izquierda. No olvide que estas fichas modificarán los rótulos de cada marca de graduación del eje.
10. Pulse **Aceptar**. Véase la figura 9.16.

Formato del Eje de categorías

Para aplicar formato al Eje de categorías de un gráfico, realice los siguientes pasos:

1. Haga clic con el botón derecho del ratón sobre el Eje de categorías y seleccione, en el menú emergente que aparece, la opción Formato de ejes. El cuadro de diálogo que mostrará cuenta con las mismas cinco pestañas que en el caso anterior.
2. Pulse sobre la pestaña Tramas. Comprobará que la única diferencia está en el apartado Rótulos de marca de graduación, ya que si está trabajando con un gráfico 3D aparecerán activas tres de sus cuatro opciones: Ninguno,

Inferior y Junto al eje. En este caso, por defecto, está seleccionada la opción Inferior. Si es un gráfico en 2D, será Junto al eje.

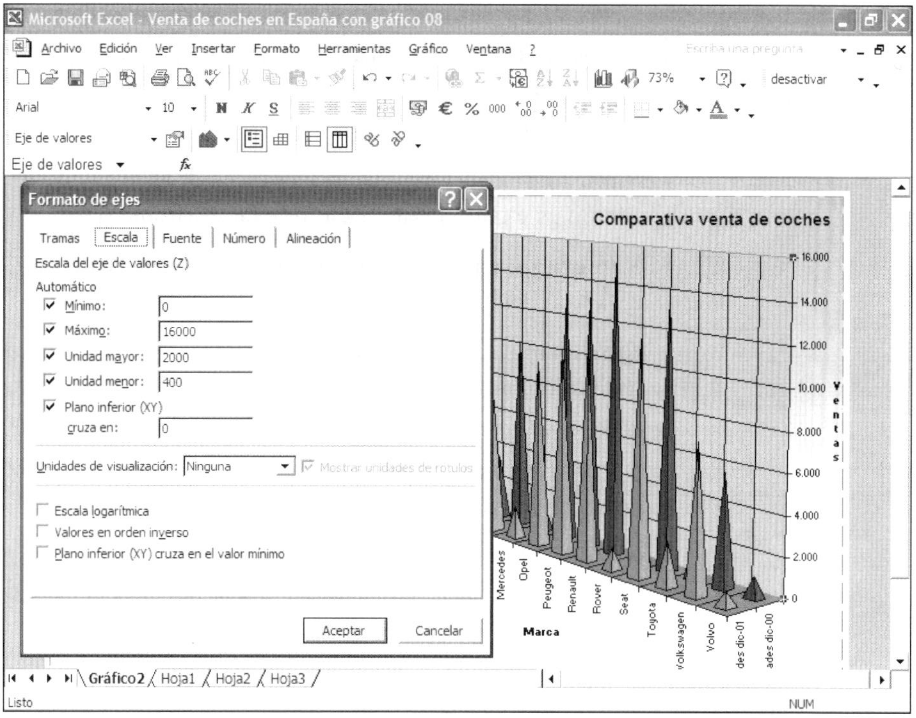

Figura 9.16. Cuadro de diálogo Formato de ejes con la ficha Escala activada

3. Pulse sobre la pestaña Escala.
4. Esta ficha cuenta con varios apartados. Si se trata de un gráfico 3D encontrará las siguientes opciones:

- **Número de categorías entre rótulos de marcas de graduación**. Incluya en este cuadro de texto un número que determine cada cuántas marcas deben aparecer los rótulos de categorías. Es muy útil cuando el gráfico es pequeño y no quiere que se agolpen los rótulos. Por defecto, Excel intenta mostrar el rótulo de cada categoría a lo largo del eje, por lo que el valor que muestra es uno.
- **Número de categorías entre marcas de graduación**. Se trata de una opción similar a la anterior, pero en vez de afectar a los rótulos de las categorías, afecta a las marcas. Incluya el número de rótulos de categorías que desea entre cada marca de graduación.

- **Categorías en orden inverso**. Si activa esta casilla de selección, el orden de las categorías se invertirá.

Si se trata de un gráfico 2D encontrará las siguientes opciones:

- **Eje de valores (Y) cruza en categoría número**. En este cuadro de texto debe especificar en qué categoría del Eje de categorías quiere que se cruce el Eje de valores.
- **Número de categorías entre rótulos de marcas de graduación**. Esta opción es exactamente igual que en gráficos 3D.
- **Número de categorías entre marcas de graduación**. Esta opción es igual que en gráficos 3D.
- **Eje de valores (Y) cruza entre categorías**. Si selecciona esta opción, cada punto de datos se representará entre dos marcas de graduación de una categoría, si no, cada punto de datos corresponderá a una marca.
- **Categorías en orden inverso**. Si activa esta casilla de selección, el orden de las categorías se invertirá.
- **Eje de valores (Y) cruza en máxima categoría**. Al activar esta opción, el Eje de valores se traslada a la derecha del Eje de categorías, si en ese lado se encuentra el valor más elevado.

5. Las fichas Fuente, Número y Alineación son exactamente iguales que en el Eje de valores. Realice los cambios que desee en ellas. No olvide que estas fichas modificarán los rótulos de cada marca de graduación del eje.
6. Pulse **Aceptar**.

Formato del Eje de series

Un gráfico sólo cuenta con este eje si tiene efecto 3D. Las características son iguales que en el Eje de categorías para gráficos 3D. Cuenta con las mismas fichas, que poseen las mismas opciones de modificación. La única diferencia está en el nombre de ciertos cuadros y casillas como es el caso de Número de series rótulos de marcas de graduación, Número de series entre marcas de graduación y Series en orden inverso, que pertenecen a la ficha Escala.

Formato de serie de datos

Como ya hemos comentado en varias ocasiones, hay una clara diferencia entre un gráfico 2D y uno 3D. Las fichas que recoge el cuadro de diálogo difieren en sus opciones, por lo que seguro le va a servir de ayuda que lo tratemos por separado.

Cambiar el formato de serie de datos en un gráfico 2D

Para modificar o aplicar formato de serie de datos, realice estos pasos:

1. Haga clic con el botón derecho del ratón sobre una serie de datos y seleccione, en el menú emergente que aparece, la opción Formato de serie de datos. En este caso, el cuadro de diálogo que aparecerá cuenta con seis pestañas.
2. Pulse sobre Tramas y especifique, como en casos anteriores, las diferentes características de Borde, Trama, Relleno. En esta ocasión cuenta con una nueva opción, Invertir si es negativo. Si activa esta casilla de verificación, los colores del primer plano y del fondo se invertirán cuando el valor que represente sea negativo. En un Gráfico lineal podrá modificar el estilo y tamaño del marcador.

Nota: Si quiere sustituir los marcadores de datos de determinados gráficos (barras, área, circulares, por ejemplo) por imágenes puede hacerlo a través de la ficha Tramas, tal y como se indicó en el apartado "Formato de área de gráfico". En este caso aparecerá activa la sección Formato, que permite elegir la forma como se desea que la imagen rellene este elemento (Estirar, estira la imagen para ajustarla al espacio; Apilar, apila varias imágenes en cada uno de los marcadores, y Graduar tamaño, cambia el tamaño de la imagen para que el número de repeticiones especificado en el cuadro de texto rellene verticalmente el objeto). Si se tratara de un gráfico 3D también se podría determinar las caras en las que insertar esa imagen.

3. Pulse sobre la pestaña Eje.
4. Esta ficha cuenta con una única sección, Trazar serie en. Elija Eje principal para trazar las series de datos seleccionados a lo largo del Eje principal, y Eje secundario para trazarlas a lo largo del Eje secundario. Si va a trazar series que tengan escalas muy distintas deberá utilizar dos ejes. Compruebe el resultado en el cuadro de muestra.
5. Pulse sobre la pestaña Barras de error Y. Puede usar barras de error, o dicho de otra forma, líneas adicionales, en cada punto de datos de la serie. Esta barra simboliza el error posible en la representación de cada punto.

Aviso: Si está trabajando, por ejemplo, con un gráfico circular, al modificar el formato de serie de datos no encontrará la pestaña Barras de error Y ni Orden de series. En el caso de que lo haga con uno de burbujas encontrará también la pestaña Barras de error X.

6. Dentro del apartado Presentar, elija ahora una de las opciones que aparecen (Ambas, Por exceso, Por defecto y Ninguna).
7. Especifique también la magnitud o variación del error que desea para las barras de error mostradas en la sección Cuantía de error. Puede elegir entre un valor fijo, uno estándar, un porcentaje, un error típico, un valor personalizado, etc.
8. Pulse sobre la pestaña Rótulo de datos. Recuerde que se trata de la misma que ya utilizó al crear el gráfico. En ella, determine si quiere añadir al gráfico los nombres de la serie, categoría, valor, etc. También elija la forma de separar el contenido del rótulo de datos y decida si colocar o no la clave de leyenda.
9. Pulse sobre la pestaña Orden de las series. Para modificar el orden de las series del gráfico, seleccione una serie en el cuadro Orden de las series y, a continuación, pulse sobre el botón **Subir** o sobre **Bajar**.

Nota: Se puede cambiar el formato de las barras de error siguiendo el mismo proceso que para el resto de los objetos que posee un gráfico.

10. Pulse sobre la pestaña Opción. Si se trata de un gráfico de barras o columnas, determine un ancho para el rango (opción Ancho de rango), especifique en qué medida desea que los marcadores de una categoría se superpongan entre sí (Superposición), etc. Dependiendo de qué tipo de gráfico se trate, va a encontrar distintas opciones. Por ejemplo, si es circular o de anillos, puede especificar el ángulo con el que comience el primer sector del gráfico; el gráfico lineal cuenta, entre otras, con la opción Barras ascendentes o descendentes, ideal para gráficos en los que se realicen seguimientos de cotizaciones; los radiales permiten añadir rótulos de las categorías; en uno de área podrá agregar líneas de unión entre cada marcador y los puntos de datos, y en los de burbujas, determinar el tamaño o proporción de cada una de ellas.
11. Pulse **Aceptar**. Véase la figura 9.17.

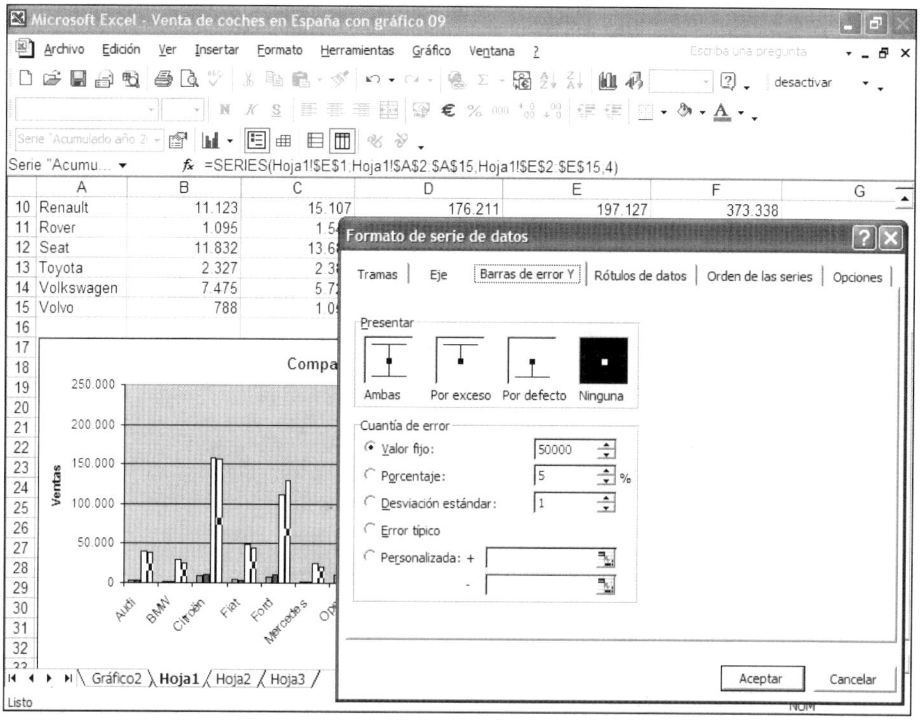

Figura 9.17. Cuadro de diálogo Formato de serie de datos con la ficha Barra de error Y activada

Nota: Cuando seleccione una serie de datos y modifique su formato, los cambios únicamente se realizarán en esa serie, no en todas.

Cambiar el formato de serie de datos en un gráfico 3D

Para poder modificar o aplicar formato de serie de datos, realice los siguientes pasos:

1. Haga clic con el botón derecho del ratón sobre una serie de datos y seleccione, en el menú emergente que aparece, la opción Formato de serie de datos. En este caso, el cuadro de diálogo que mostrará cuenta con cinco pestañas.

2. Las fichas Tramas, Rótulos de datos y Orden de las series son exactamente iguales que en los gráficos 2D. Especifique las características de formato en ellas.

3. Dependiendo del tipo de gráfico de que se trate aparecerán más o menos fichas. En caso de tratarse de un gráfico de Barras o Columnas, pulse sobre la pestaña Formas y elija una de las formas que aparecerán (cónica, triangular, etc.).
4. Pulse sobre la pestaña Opciones. La principal diferencia que va a encontrar en esta ficha es que cuenta con opciones referentes a la profundidad, tal es el caso de Profundidad del rango o Profundidad del gráfico. Seleccione las características que desee.
5. Pulse **Aceptar**.

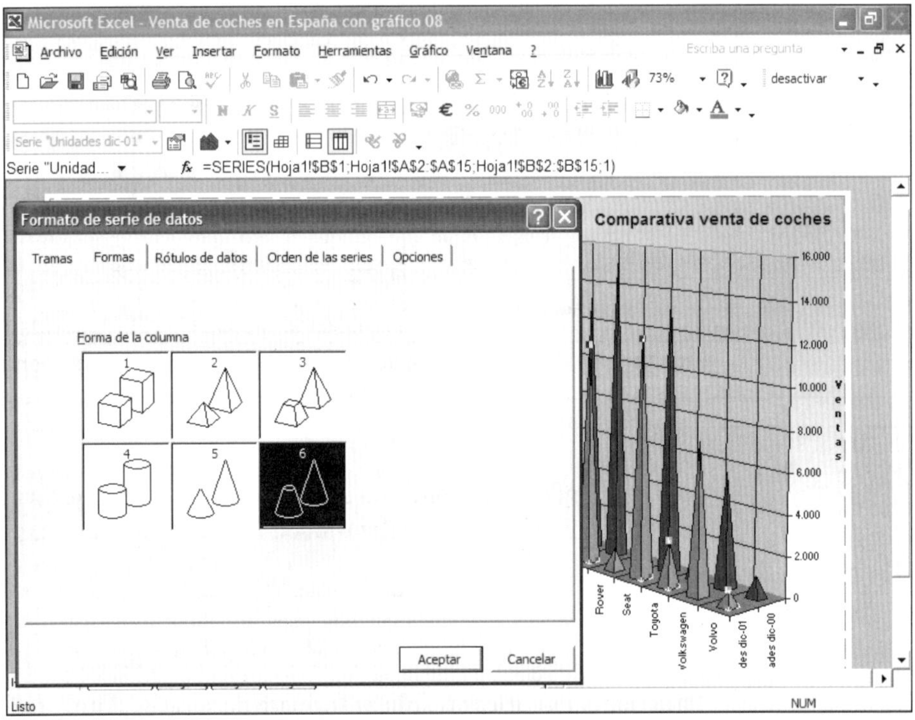

Figura 9.18. La ficha Formas le permitirá elegir la forma que desee dar a las columnas de su gráfico en 3D

Cambiar el formato de punto de datos

Para modificar el formato de los puntos de datos del gráfico, haga esto:

1. Seleccione la barra, línea, porción, etc. que represente a cada valor.
2. Haga clic con el botón derecho del ratón y seleccione, en el menú emergente que aparece, la opción Formato de punto de datos.

3. En el cuadro de diálogo Formato de punto de datos vamos a encontrar tres pestañas. Realmente, todas las fichas (Tramas, Rótulos de datos y Opciones) poseen las mismas características que si se tratara de modificar el formato de la serie entera. La única diferencia estriba en que la opción Formato de punto de datos sólo modifica esa parte de la serie, que corresponde a un valor.
4. Pulse **Aceptar**.

Formato de líneas de división

Se puede variar el formato de líneas de división principales y secundarias del Eje de valores, del Eje de categorías y del Eje de series. En cualquier caso, el proceso y las opciones son las mismas:

1. En primer lugar, haga clic sobre la línea de división cuyo formato quiere modificar y después seleccione, en el menú que aparece, la opción Formato de líneas de división. En este caso, el cuadro de diálogo cuenta con dos pestañas.
2. Seleccione las características que desee en las fichas Tramas, que, claro está, en este caso únicamente permite modificar el estilo, color y grosor de la línea; y Escala, que contiene las mismas opciones que en el caso de los Ejes.
3. Pulse **Aceptar**.

Formato de planos laterales e inferior

Únicamente tienen planos laterales e inferior aquellos gráficos 3D que posean Ejes de valores, de categorías y de series. Para modificar estos planos haga lo siguiente:

1. Haga clic con el botón derecho del ratón sobre el plano cuyo formato desea modificar y seleccione, en el menú emergente que aparece, la opción Formato de planos laterales o Formato de plano inferior, dependiendo del que se trate.
2. Este cuadro de diálogo posee una única pestaña, Tramas. Defina sus características tal y como lo explicamos en el caso de, por ejemplo, Formato de área de gráfico.
3. Pulse **Aceptar**.

Nota: Para incluir una imagen debe seguir el proceso indicado en Formato de área de gráfico (recuerde que se hace a partir de la ficha Tramas), pero, en este caso, también aparecerá activo el apartado Formato, que permite elegir la manera como se desea que la imagen rellene este elemento (Estirar, Apilar o Graduar tamaño).

Formato de leyenda

Para modificar el formato de leyenda haga lo siguiente:

1. Haga clic con el botón derecho del ratón sobre la leyenda y seleccione, en el menú emergente que aparece, la opción Formato de leyenda.
2. El cuadro de diálogo Formato de leyenda cuenta con tres pestañas: Tramas, Fuente y Posición, todas ellas tratadas en los apartados y subapartados anteriores, aunque también en el capítulo 8. Determine la trama, las características de fuente y la ubicación que desea para la leyenda dentro del gráfico.
3. Pulse **Aceptar**.

Nota: También puede seleccionar una única entrada de leyenda y modificarla a través del cuadro de diálogo Formato de entrada de leyenda. El procedimiento es el mismo. Véase la figura 9.19.

Formato de tabla de datos

Puede modificar el formato de la tabla de datos de la siguiente forma:

1. Haga clic con el botón derecho del ratón sobre la tabla de datos y seleccione, en el menú emergente que aparece, la opción Formato de tabla de datos.
2. El cuadro de diálogo Formato de tabla de datos cuenta con las fichas Tramas y Fuente. Pulse Tramas.
3. La ficha Tramas cuenta con ciertas variaciones con respecto a los casos anteriores. Permite modificar el formato de línea como anteriormente, pero ahora aparecen características específicas de tablas, como la posibilidad

de mostrar o no líneas de división horizontales y verticales, así como líneas de contorno. También debe elegir si quiere o no mostrar la clave de leyenda en ella.

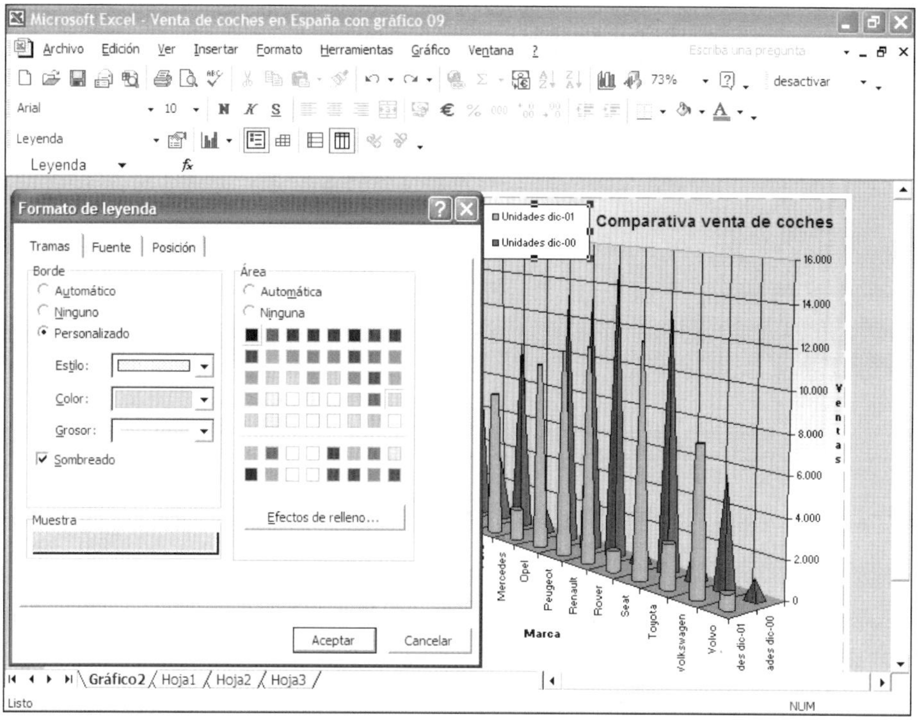

Figura 9.19. Cuadro de diálogo Formato de leyenda con la ficha Tramas activada

4. Pulse sobre la pestaña Fuente y defina las características que desea como hemos comentado anteriormente.

5. Pulse **Aceptar**.

Formato de rótulo de datos

Generalmente, en gráficos de pequeño tamaño no se suelen añadir todos los rótulos de datos. Pero, en el caso de que su gráfico los posea, pero prefiera cambiar su formato, haga lo siguiente:

1. Haga clic con el botón derecho del ratón sobre el rótulo de datos y seleccione, en el menú emergente que aparece, la opción Formato de rótulo de datos.

2. También en este caso encontrará cuatro pestañas que le serán del todo familiares: Tramas, Fuente, Número y Alineación. Todas ellas han sido tratadas en anteriores apartados y en el capítulo 8. Realice las modificaciones necesarias.

3. Pulse **Aceptar**.

10. Crear objetos de dibujo, imágenes y diagramas

Una de las posibilidades que ofrece Excel es la de trabajar con herramientas gráficas. De hecho, este capítulo está destinado a que aprenda a dibujar, a insertar imágenes, diagramas, cuadros de texto, etc., así como a aplicarles un formato determinado. Podrá crear un sinfín de objetos o figuras, totalmente personalizados, que le facilitarán la compresión de los datos de su hoja de cálculo, eso sí, sin modificarlos.

La Barra de herramientas Dibujo

Un dibujo es creado a partir de líneas, curvas y rectángulos, además de otro tipo de objetos.

Puesto que los dibujos constan de líneas y formas, es posible agruparlos y desagruparlos, moverlos, reordenarlos y cambiar el color de una parte o de todo el conjunto. Todas estas operaciones se pueden llevar a cabo a través de la Barra de herramientas Dibujo. Elija una de las siguientes formas para activar dicha herramienta:

- Pulse sobre el botón **Dibujo** que está situado en la Barra de herramientas Estándar.

- Ahora realice la secuencia de comandos **Ver>Barras de herramientas> Dibujo**.

Se trata de una herramienta que le ofrece la posibilidad de crear autoformas, insertar imágenes, cuadros de texto, diagramas, etc., así como de trabajar con ellos. Los objetos creados se pueden integrar tanto en una hoja de cálculo como en una hoja de gráfico o en un gráfico incrustado, y son totalmente independientes con respecto a su ubicación, es decir, los objetos que vamos a tratar a lo largo del capítulo no pertenecen a ninguna celda ni a ningún elemento del gráfico.

La Barra de herramientas Dibujo posee los siguientes botones:

- **Dibujo**. Este botón cuenta con una serie de opciones que le permitirán trabajar con los objetos incluidos en su hoja de cálculo (ordenar, girar, ajustar, etc.).
- **Seleccionar objetos**. Transforma el puntero en una flecha de selección para poder seleccionar objetos en la ventana activa.
- **Seleccionar varios objetos**. Proporciona una lista de los objetos del documento y permite seleccionar los que se desee.
- **Autoformas**. Permite insertar autoformas. Cuenta con un amplio repertorio de estilos entre los que elegir la autoforma indicada.
- Botones **Línea**, **Flecha**, **Rectángulo** y **Elipse**. Son autoformas que, a su vez, se encuentran incluidas en el botón **Autoformas**.
- **Cuadro de texto**. Dibuja un cuadro de texto horizontal en el lugar en el que se hace clic o arrastra. Es muy útil para organizar el texto y agregar texto a los gráficos.
- **Insertar WordArt**. Crea efectos de texto insertando un objeto de dibujo de Microsoft Office.
- **Insertar diagrama u organigrama**. Crea un organigrama o un diagrama cíclico, radial, piramidal, de Venn o de círculos concéntricos.
- **Insertar imagen prediseñada**. Abre la Galería de imágenes. En ella puede elegir la imagen que quiere insertar.
- **Insertar imagen desde archivo**. Permite insertar una imagen existente en alguno de sus archivos.
- Botones **Color de relleno**, **Color de línea** y **Color de fuente**. Agregan, modifican o eliminan el color o efecto de relleno del objeto seleccionado,

en el primer caso; de su línea en el segundo, y da formato al texto seleccionado con el color sobre el que se haga clic en el tercero.

- Botones **Estilo de línea**, **Estilo de guión** y **Estilo de flecha**. Permiten seleccionar un determinado ancho para la línea seleccionada; un tipo de línea discontinua o de línea de puntos discontinua para la forma o borde, y un estilo de flecha para la línea seleccionada, respectivamente.
- Botones **Estilo de sombra** y **Estilo 3D**. A través de estos objetos podrá elegir el estilo de sombra o de 3D para el objeto seleccionado.

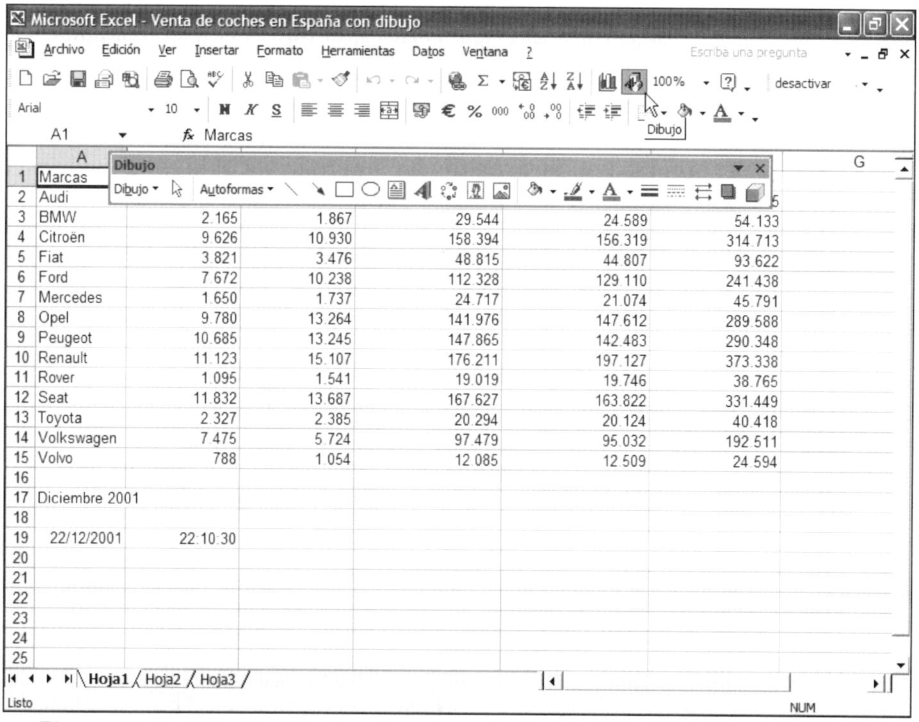

Figura 10.1. El botón Dibujo, situado en la Barra de herramientas Estándar, permite mostrar la Barra de herramientas Dibujo

Dibujar y manejar Autoformas

Se trata de un grupo de formas que están ya elaboradas. Se incluyen formas básicas, como rectángulos y círculos, además de una gran variedad de líneas y conectores, flechas de bloque, símbolos de diagrama de flujo, cintas y estrellas, y llamadas.

Crear una autoforma

Aunque no todas las autoformas tienen las mismas características físicas, lo cierto es que para crear cualquiera de ellas el proceso es exactamente igual. Siga estos pasos:

1. Pulse sobre el botón **Autoformas**. Aparecerá una lista desplegable con varias posibilidades (Líneas, Conectores, Formas básicas, Flechas de bloque, Diagramas de flujo, Cintas y estrellas y Llamadas).
2. Sitúe el puntero del ratón sobre una de las opciones y elija, en la paleta de formas que se mostrará, la que más le convenga.
3. Ahora sitúe el puntero del ratón en el lugar donde quiere crear la autoforma. Comprobará que se ha convertido en un icono en forma de signo +.
4. Haga clic y arrastre el puntero hasta el lugar donde desea que termine el dibujo.
5. Suelte el ratón cuando la autoforma tenga el tamaño y forma indicado. Al arrastrar el puntero irá viendo el resultado.
6. El nuevo objeto aparecerá seleccionado, de manera que pueda cambiar su forma, tamaño, formato, posición o ubicación.

Nota: Otra manera de acceder a la opción Autoformas es ejecutando la secuencia de comandos **Insertar>Imagen>Autoformas**. Aparecerá una barra independiente que recoge todos los estilos.

Por otro lado, si desea crear más de un objeto igual, sin tener que elegir la misma autoforma varias veces, haga lo siguiente:

1. Despliegue la lista de Autoformas y sitúe el puntero sobre uno de los tipos, de forma que aparezca la paleta que recoge los distintos subtipos.
2. Sitúe el puntero en la parte superior de la paleta (zona gris). Éste se convertirá en una cruz con cuatro flechas y la zona gris se seleccionará.
3. Pulse sobre esta zona y, sin soltar el ratón, arrastre la paleta para convertirla en independiente.
4. Haga doble clic sobre la autoforma que quiera utilizar.
5. Para poder crearla en su hoja de cálculo deberá seguir los pasos indicados anteriormente. Con la salvedad que en este caso no debe pulsar el botón

cada vez que vaya a crear otra, puesto que siempre aparecerá el icono en forma de +.

6. Cuando decida dejar de utilizarlo, vuelva a pulsar sobre el botón (se desactivará) o pulse la tecla **Esc**.

Nota: Si desea hacer una figura, como, por ejemplo, un círculo o un cuadrado perfecto, pulse sobre el botón que represente a dicha figura y, después, haga clic sobre la hoja de cálculo. Se puede aumentar el tamaño de forma proporcional arrastrando sus puntos de redimensión, a la vez que pulsa sobre la tecla **Mayús**. En cualquier caso, este tema (variar el tamaño o forma de un objeto) será tratado en apartados posteriores.

El botón **Autoformas** recoge gran cantidad de estilos. Pero dentro de la lista desplegable que aparece al pulsar el botón, hay una opción denominada Más autoformas... que le permitirá acceder al Panel de tareas Insertar imagen prediseñada y elegir entre nuevas autoformas y dibujos.

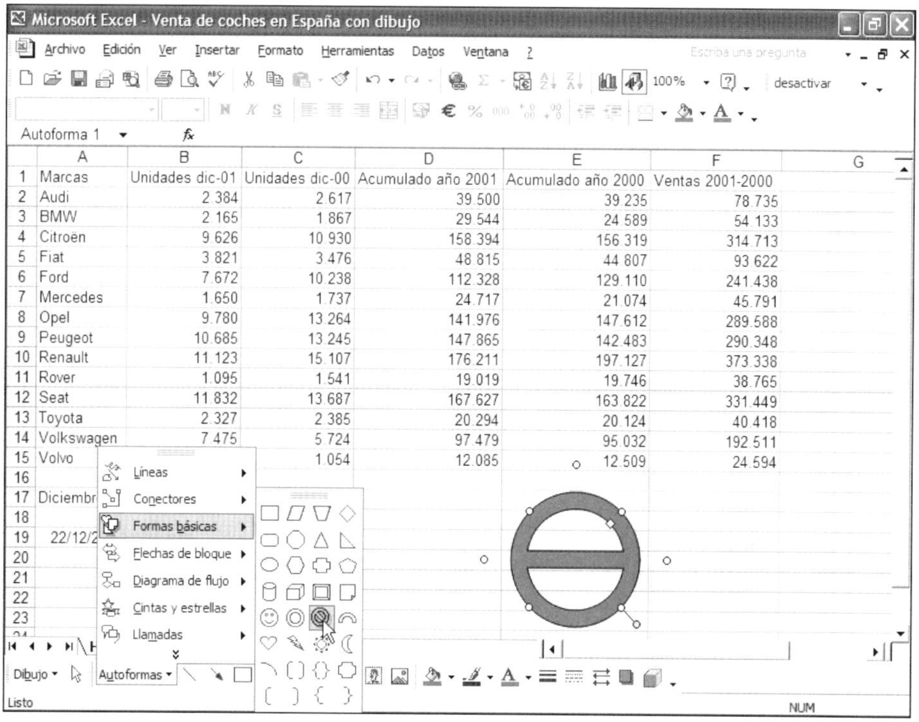

Figura 10.2. El botón desplegable Autoformas muestra los distintos diseños que posee Excel

Nota: Para dibujar una línea, una flecha, un rectángulo o una elipse puede utilizar los botones que hay en la Barra de herramientas Dibujo.

Dibujar una forma libre y a mano alzada

A pesar de que para crear cualquier autoforma hay que realizar el proceso comentado anteriormente, lo cierto es que algunas de ellas son especiales. Y lo son porque realmente no se trata de figuras predeterminadas, sino de creación propia. Hablamos de las autoformas Forma libre y A mano alzada.

1. Pulse sobre el botón **Autoformas** y a continuación, sitúe el puntero del ratón sobre Líneas.
2. Pulse sobre la opción Forma libre y lleve el puntero a la hoja de cálculo. Éste, en un primer momento aparecerá en forma de cruz, pero cuando empiece a trabajar con él cambiará esta forma por la de un lapicero.
3. Para dibujar a mano alzada, arrastre ese lapicero por la hoja de cálculo y cree los dibujos que desee. También puede hacer clic y mover el ratón para dibujar líneas rectas.
4. Si ya ha acabado, siga uno de estos dos procedimientos:
   - Para dejar la autoforma abierta, haga doble clic en el lugar donde haya decidido terminar.
   - En el caso de que quiera cerrar la autoforma, haga clic junto al punto de inicio.

La opción Mano alzada es de similares características, aunque, en este caso, para acabar el dibujo tan sólo es necesario dejar de arrastrar el ratón.

Hay una opción denominada Curva que permite crear figuras con curvas haciendo clic con el ratón. Al igual que ocurría en el caso Formas libres, para poder acabar el dibujo es necesario hacer doble clic o hacer clic junto al punto de inicio. Véase la figura 10.3.

Utilizar conectores

Si desea unir mediante flechas o líneas dos objetos o autoformas creadas en su hoja de cálculo, puede hacerlo fácilmente usando los denominados Conectores.

Esta opción le permitirá dibujar una línea conectora entre los puntos de conexión azules que seleccione en dos autoformas. Lleve a cabo los siguientes pasos:

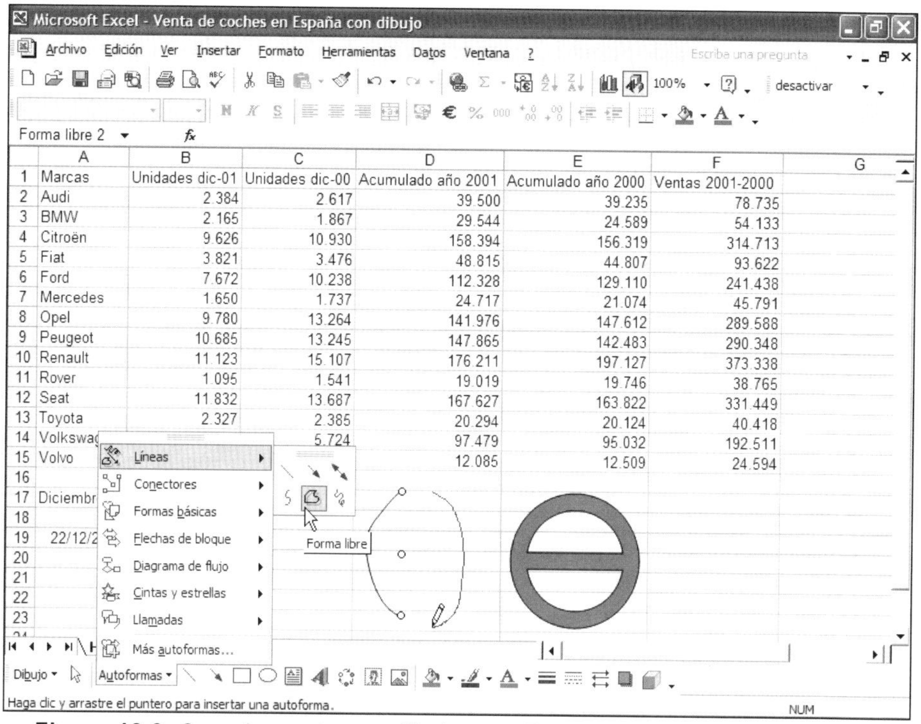

Figura 10.3. Cuando empiece a dibujar una Forma libre, el puntero del ratón se convertirá en un lapicero

1. Haga clic sobre el botón **Autoformas** y sitúe el puntero del ratón sobre la opción Conectores.
2. Aparecerá una paleta con todos los estilos de conectores que posee Excel. Seleccione uno de ellos.
3. Haga clic en el sitio de conexión del primer objeto. Observará que en la figura aparecen unas marcas azules, que representan posibles puntos de unión, y que el puntero se ha convertido en un cuadrado con cuatro rayitas partiendo sus lados.
4. Sitúe el puntero sobre el segundo objeto.
5. Haga clic en el lugar donde quiere realizar la conexión. En los extremos de los conectores aparecerán unos círculos rojos, y, en el caso de que se

trate de un conector con algún tipo de forma, aparecerán unos rombos amarillos a lo largo de la línea. Estos rombos le permitirán variar su forma. Si el conector no estuviese unido con el objeto, estos círculos rojos pasarían a ser verdes.

Puede actualizar las conexiones seleccionadas de manera que la línea conectora se una al punto de conexión más apropiado y tome la ruta más corta entre las dos formas que conecte sin cruzarlas, realizando la operación que le mostramos a continuación:

1. Seleccione el conector que desee redistribuir.
2. Haga clic en el botón **Dibujo**.
3. En el menú desplegable que aparece, pulse sobre el comando Redistribuir conectores.
4. El conector cambiará su ubicación y tomará el camino más corto para unir las dos figuras.

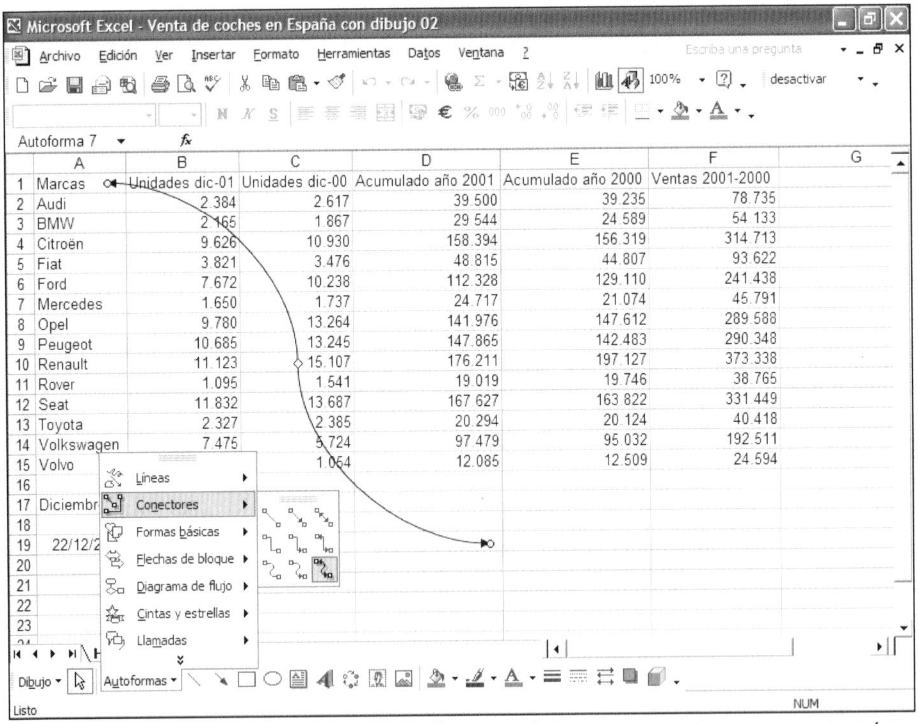

Figura 10.4. Si un conector no une ningún objeto, en sus extremos aparecerán dos círculos verdes

Cambiar una autoforma por otra

Puede sustituir una forma por otra, pero sin eliminar la primera y crear de nuevo la segunda, tan sólo haciendo lo siguiente:

1. Seleccione la autoforma que desea sustituir.
2. Pulse sobre el botón **Dibujo**. Se desplegará un menú con diversas opciones.
3. Sitúe el puntero del ratón sobre la opción Cambiar autoforma. Aparecerá un listado (similar al que posee el botón **Autoformas**) con todos los estilos de autoformas que existen, salvo Líneas y Conectores.
4. Sitúe el puntero sobre una de las categorías y pulse, en la paleta que aparecerá, sobre el objeto o autoforma que prefiera.
5. El cambio se realizará automáticamente. La nueva figura tendrá las mismas dimensiones que aquella por la que ha sido sustituida.

Utilizar cuadros de texto

En la mayoría de las ocasiones, dependiendo del tipo de trabajo al que se esté enfrentando, puede ser más importante el texto que desea incluir dentro de una autoforma, que la figura geométrica en sí. Hay varias posibilidades a la hora de añadir texto a la figura. De hecho, puede crear directamente el cuadro de texto o hacer que el objeto permita incluirlo. Por supuesto, una vez creado, sus opciones de modificación o de trabajo con él son exactamente las mismas que si se tratara de cualquier otro texto en la hoja de cálculo.

Crear un cuadro de texto e introducir texto

La Barra de herramientas Dibujo cuenta con un botón denominado **Cuadro de texto** que permite dibujar un cuadro de texto horizontal en el lugar donde se haga clic o arrastre. Los cuadros de texto son muy útiles para organizar el texto y agregar texto a gráficos. Crearlo es muy fácil:

1. Pulse sobre el botón **Cuadro de texto**. El puntero se convertirá en una especie de cruz invertida.
2. Vaya a la hoja de cálculo y haga clic en el lugar donde desea situar el cuadro de texto.

3. Arrastre el puntero del ratón para darle forma a la figura.

4. Cuando suelte el ratón observará que dentro del cuadro de texto aparece el cursor parpadeando. Puede comenzar a escribir cuando quiera.

5. Una vez que haya escrito el texto, pulse fuera del cuadro.

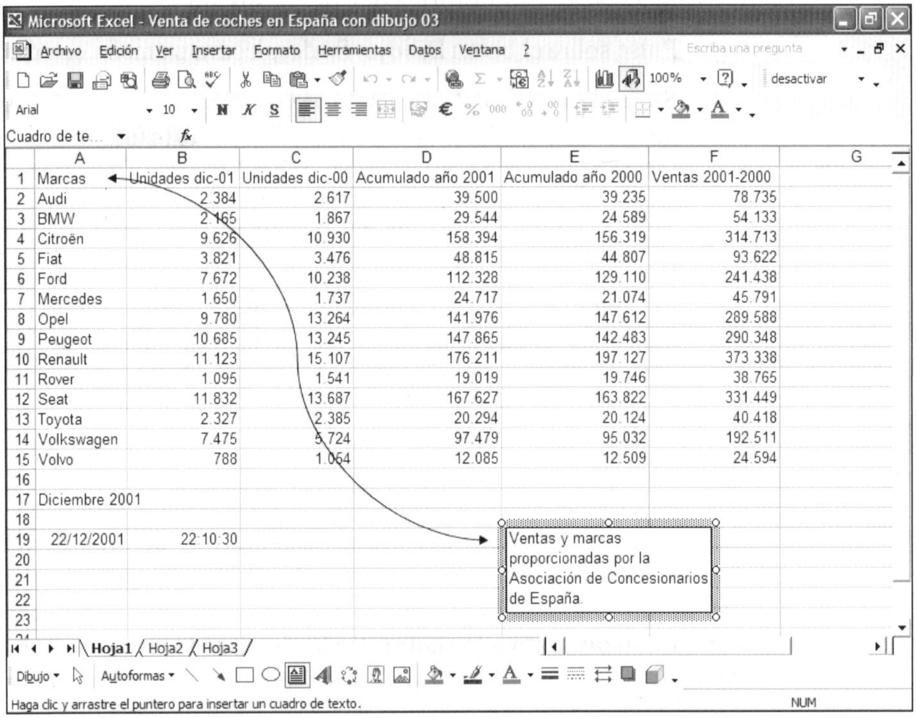

	A	B	C	D	E	F	G
1	Marcas	Unidades dic-01	Unidades dic-00	Acumulado año 2001	Acumulado año 2000	Ventas 2001-2000	
2	Audi	2.384	2.617	39.500	39.235	78.735	
3	BMW	2.165	1.867	29.544	24.589	54.133	
4	Citroën	9.626	10.930	158.394	156.319	314.713	
5	Fiat	3.821	3.476	48.815	44.807	93.622	
6	Ford	7.672	10.238	112.328	129.110	241.438	
7	Mercedes	1.650	1.737	24.717	21.074	45.791	
8	Opel	9.780	13.264	141.976	147.612	289.588	
9	Peugeot	10.685	13.245	147.865	142.483	290.348	
10	Renault	11.123	15.107	176.211	197.127	373.338	
11	Rover	1.095	1.541	19.019	19.746	38.765	
12	Seat	11.832	13.687	167.627	163.822	331.449	
13	Toyota	2.327	2.385	20.294	20.124	40.418	
14	Volkswagen	7.475	5.724	97.479	95.032	192.511	
15	Volvo	788	1.054	12.085	12.509	24.594	
16							
17	Diciembre 2001						
18							
19	22/12/2001	22:10:30					

Figura 10.5. La Barra de herramientas Dibujo posee un botón que permite introducir un cuadro de texto en la hoja de cálculo

Cualquier autoforma, salvo los conectores y las líneas, puede ser usada como cuadro de texto. Algunas, como por ejemplo la opción Llamadas, permiten incluir texto directamente. En caso contrario, para usar una autoforma como cuadro de texto, elija una de estas posibilidades:

- Cree la autoforma en la que necesita incluir texto y comience a escribir directamente.
- Pulse sobre el botón **Cuadro de texto** y, a continuación, haga clic en la autoforma en la que quiere integrar texto.
- Haga clic con el botón derecho del ratón sobre la autoforma donde va a incluir texto y seleccione, en el menú que aparece, la opción Agregar texto.

El resultado es el mismo en los tres casos: el cursor aparecerá parpadeante dentro del objeto, y un borde cuadrado o rectangular bordeará la autoforma, indicando que ya se trata de un cuadro de texto.

Cuando vaya a introducir texto debe tener en cuenta que éste se ajusta al ancho del cuadro, de forma que si se varía el tamaño, el texto también se redistribuirá. Por otro lado, cuando quiera modificar el texto, tan sólo debe hacer clic en el interior del cuadro y realizar los cambios cuando el cursor parpadee (en este caso, los bordes del cuadro de texto aparecen con rayas oblicuas), o seleccionar el cuadro de texto (en vez de rayas en los bordes, deben aparecer puntos) y escribir directamente. En este último caso, todo el texto se sustituirá en cuanto comience a escribir.

Por supuesto, una de las principales características de la hoja de cálculo es la posibilidad de vincular cualquier objeto, en este caso autoformas, con las celdas, de forma que en el objeto aparezca únicamente el texto que muestra la celda vinculada. Este texto no puede variar hasta que no se modifique en la celda. Para ello, tan sólo debe seleccionar el cuadro de texto y, a continuación, crear una fórmula en la Barra de fórmulas con las estas características: =Hoja1!A1; esta fórmula hace referencia al contenido de esa celda.

Insertar símbolos

Puede usar el cuadro de diálogo Símbolo para insertar, tanto en la hoja de cálculo como en los cuadros de texto que acaba de crear, símbolos que no existen en el teclado. Haga lo siguiente:

1. Seleccione la celda, cuadro de texto o autoforma en la que desea insertar un símbolo.
2. Ejecute la secuencia de comandos **Insertar>Símbolo**; aparecerá el cuadro de diálogo Símbolo.
3. Este cuadro de diálogo cuenta con dos fichas. Pulse sobre la pestaña de Símbolo.
4. En el cuadro Fuente, haga clic en una fuente para mostrar la tabla (situada debajo) con el juego de caracteres correspondiente.
5. En el cuadro Subconjunto, seleccione un subconjunto de código de carácter para la fuente seleccionada (utilícela para elegir caracteres de idiomas como el latín o el griego). Según de qué tipo de fuente se trate, éste cuadro se mostrará o no.

6. Justo debajo hay una tabla de símbolos que varía según las características de Fuente y Subconjunto elegidas. Haga clic en el símbolo que quiere agregar al documento. Puede que le sirva de ayuda el cuadro Símbolos utilizados recientemente, que, como su propio nombre indica, recoge los últimos símbolos empleados. Bajo este cuadro aparece el nombre del carácter que está seleccionado.

> **Nota:** En el cuadro Código de carácter aparece el valor de código de carácter para el sistema de codificación mostrado en el cuadro De para el símbolo seleccionado.

7. Pulse el botón **Insertar** y, a continuación, pulse **Cerrar**.

> **Nota:** Para insertar rápidamente un símbolo, haga doble clic en el símbolo que desee y, a continuación, pulse **Cerrar**.

El cuadro de diálogo Símbolo cuenta con una ficha denominada Caracteres especiales. Puede usar cualquiera de estos caracteres realizando la operación comentada en el caso anterior; es decir, seleccionando el carácter en el cuadro Carácter, después pulsando sobre el botón **Insertar** y, por último, sobre **Cerrar**. Véase la figura 10.6.

Crear texto con WordArt

Si desea incluir texto en su hoja de cálculo, pero un texto especial, puede usar una característica denominada WordArt. Se trata de crear objetos de texto con efectos ya confeccionados, en los que es posible aplicar opciones de formato adicionales.

Insertar WordArt

Para insertar un texto con la característica WordArt debe hacer lo siguiente:

1. Pulse sobre el botón **WordArt** situado en la Barra de herramientas Dibujo, o ejecute la secuencia de comandos **Insertar>Imagen>WordArt**. Accederá al cuadro de diálogo Galería de WordArt.

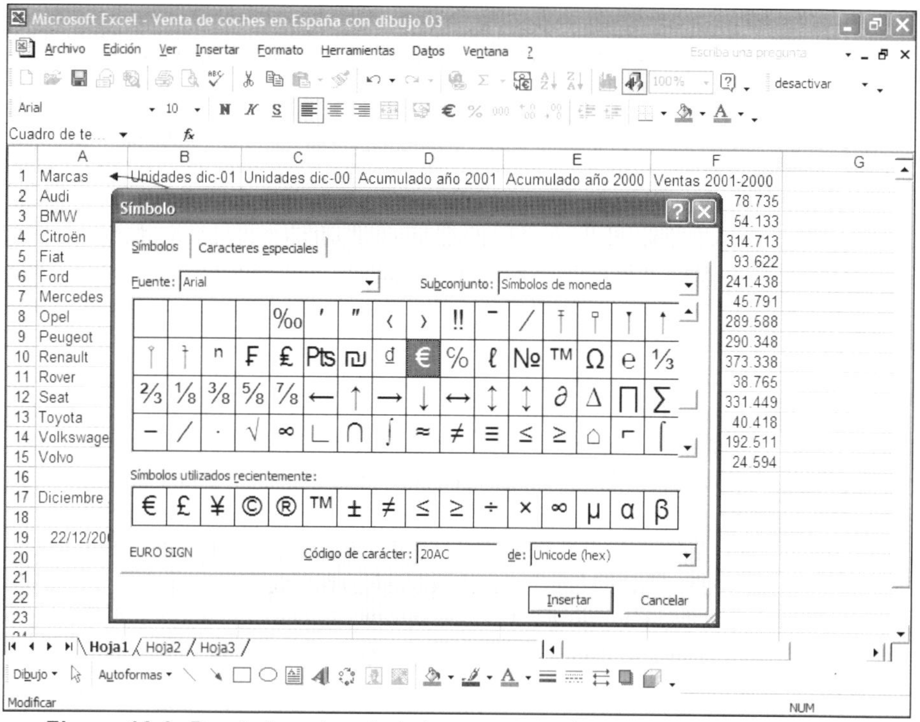

Figura 10.6. Puede insertar símbolos que no existen en el teclado a través del cuadro de diálogo Símbolo

2. En el apartado Seleccione un estilo de WordArt, haga clic sobre el diseño que desee para el efecto de texto.
3. Pulse **Aceptar**. En ese momento aparecerá el cuadro de diálogo Modificar texto de WordArt.
4. Este cuadro cuenta con varios apartados. En el cuadro Texto escriba el texto que quiere incluir en el efecto de texto. Puede escribirlo o pegarlo desde el portapapeles.
5. A continuación modifique su fuente y tamaño en los apartados que llevan este mismo nombre. También puede aplicarles formato de carácter negrita o cursiva.
6. Pulse **Aceptar**. El texto aparecerá en su hoja de cálculo.

Modificar un objeto de texto WordArt

Los cambios en un texto creado a partir de la opción WordArt se deben hacer desde la propia Barra de herramientas WordArt. Ejecute la secuencia de comandos **Ver>Barras de herramientas>WordArt** para activarla. Únicamente permanecerá visible si pulsa sobre un texto WordArt.

La Barra de herramientas WordArt tiene varias posibilidades de cambio. El primer botón que encontrará en la barra es **Insertar WordArt**, que, como ya explicamos en el apartado anterior, permite crear un nuevo texto independientemente del que quiera modificar. Después está situado el botón **Modificar texto...**. Si pulsa en él accederá al cuadro de diálogo Modificar texto de WordArt, también tratado en el apartado anterior, aunque en este caso puede modificar el texto que ha creado antes, así como cambiar su fuente, tamaño, etc.

Si desea elegir un nuevo diseño para el efecto de texto, pulse sobre el botón **Galería de WordArt**. Aparecerá un cuadro de diálogo con este mismo nombre, que cuenta con los mismos estilos que posee el cuadro de diálogo Insertar WordArt, pero, en este caso, puede elegir un estilo de WordArt diferente para el objeto seleccionado en su hoja de cálculo. Haga clic sobre uno de los diseños y pulse **Aceptar**.

Una vez seleccionado el diseño, tiene la posibilidad de cambiar su forma. Para ello, pulse sobre el botón **Forma de WordArt** y, a continuación, haga clic sobre el ejemplo que más se adecúe a sus necesidades. Comprobará que la forma ha cambiado, pero no el estilo.

Otros cambios que puede realizar usando la Barra de herramientas WordArt son los siguientes:

- Pulse sobre el botón **Mismo alto de letras de WordArt**. Esta opción hace que todas las letras del objeto de WordArt actual tengan la misma altura.
- Pulse sobre el botón **Texto vertical de WordArt** para apilar el texto del objeto seleccionado. De esta forma, las letras aparecen situadas una encima de otra, y el texto se podrá leer de arriba a abajo.
- Pulse sobre el botón **Alineación de WordArt**. Puede alinear el texto a derecha, a izquierda, centrarlo, justificar palabras, letras o estiramiento.
- Pulse sobre el botón **Espacio entre caracteres de WordArt**. Este botón le permitirá acercar o alejar los caracteres del efecto de texto, según la opción que elija: Muy estrecho, Estrecho, Normal, Separado, Muy separado, Personalizar (debe incluir el porcentaje) y Ajustar el espacio entre pares de caracteres (ajusta automáticamente este espacio de forma que la palabra completa aparezca con un espaciado más uniforme).

Nota: Si hace doble clic sobre el texto en WordArt, el cuadro de diálogo Modificar texto de WordArt aparecerá automáticamente. Aunque cierre éste, la Barra de herramientas WordArt permanecerá activada.

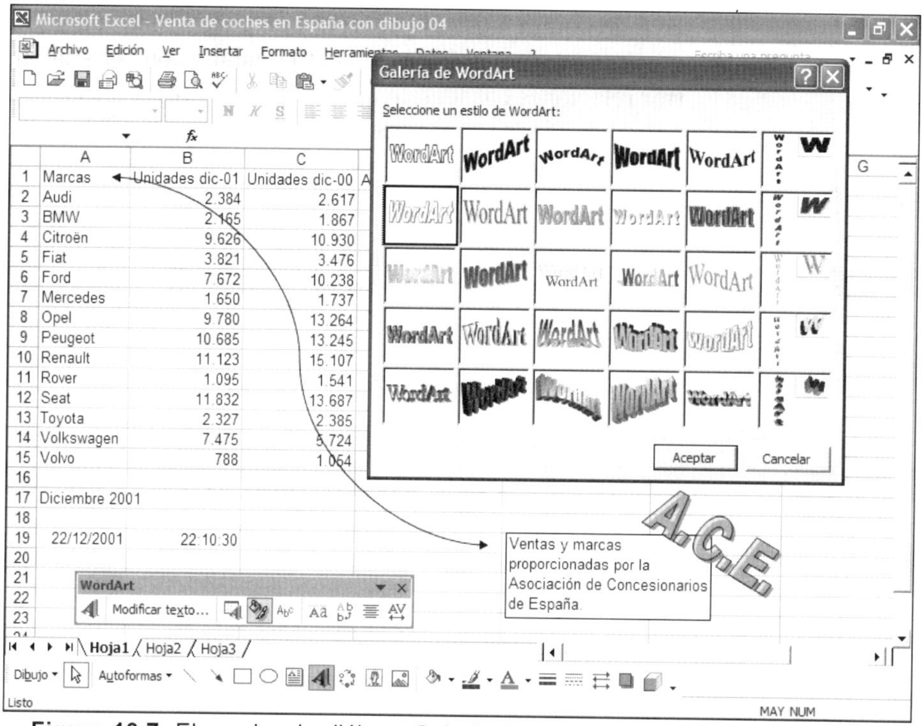

Figura 10.7. El cuadro de diálogo Galería de WordArt permite elegir un estilo diferente para el objeto seleccionado

Trabajar con diagramas

Puede utilizar diagramas para ilustrar diferentes materiales conceptuales y para animar documentos. Se trata de una de las mejores opciones a la hora de mostrar esquemáticamente cualquier tipo de materia o dato.

Insertar un diagrama

Si desea crear un diagrama, lleve a cabo los siguientes pasos:

1. Pulse sobre el botón **Insertar diagrama u organigrama** que aparece en la Barra de herramientas Dibujo, o ejecute la secuencia de comandos **Insertar>Diagrama**.
2. En el cuadro de diálogo Galería de diagramas, escoja uno de los siguientes ejemplos: Organigrama, si se trata de mostrar relaciones jerárquicas; Ciclo,

cuando quiera mostrar procesos con ciclos continuos; Radial, si hay que mostrar relaciones de un elemento fundamental; Piramidal, si quiere mostrar relaciones basadas en una infraestructura; y De círculos concéntricos para mostrar los pasos necesarios hasta conseguir un objetivo.

Aviso: Debe tener muy en cuenta que dependiendo del tipo de diagrama de que se trate, la Barra de herramientas Diagrama cambiará, mostrando más o menos opciones de cambio.

3. Pulse **Aceptar**. El diagrama aparecerá en su hoja de cálculo.

Nota: Si realiza la secuencia **Insertar>Imagen>Organigrama**, insertará el organigrama directamente.

Utilizar la Barra de herramientas Diagrama

El Organigrama es uno de los tipos de diagramas más empleados. Por ello, hemos elegido esta opción para mostrar la utilidad de la Barra de herramientas Dibujo.

Una vez creado el organigrama, automáticamente aparecerá en su hoja de cálculo la Barra de herramientas Organigrama para que comience a trabajar con el objeto.

Nota: Si lo prefiere, puede comenzar incluyendo el texto en cada caja creada. Haga clic dentro de una de ellas y comience a escribir. Cuando haya acabado haga clic en la siguiente para continuar en otra, o fuera de la caja para terminar.

El primer botón que encontrará en la Barra de herramientas es el denominado **Insertar forma**. Esta opción le permitirá agregar una forma a continuación de la forma seleccionada en el organigrama. Cuenta con una lista desplegable donde puede elegir Subordinado, Compañero de trabajo o Ayudante; de ello dependerá la situación de la nueva caja.

Si pulsa sobre la flecha que posee el botón **Diseño** aparecerá una lista de los posibles diseños para el organigrama. Podrá repartir las formas creadas a la derecha, izquierda, a ambos lados, ajustar el organigrama al contenido, expandirlo, etc.

Como su propio nombre indica, el botón **Seleccionar** le permite seleccionar automáticamente aquellos elementos que desee. Despliegue la lista y defina las formas a seleccionar (del mismo nivel, de la misma rama, todos los ayudantes, etc.). Esta opción es útil a la hora de cambiar el formato de todos ellos.

Pulse el botón **Autoformato** si quiere acceder al cuadro de texto Galería de estilos del organigrama. En él encontrará un listado de estilos y un cuadro de muestra. Seleccione uno y pulse **Aplicar**. El organigrama en sí no cambia, sólo su estilo (colores y formas).

Nota: La diferencia más clara con respecto al resto de diagramas es el botón **Cambiar a**, que la Barra de herramientas Diagrama de los demás tipos posee y éste no. Esta opción convierte el diagrama actual en el que seleccione.

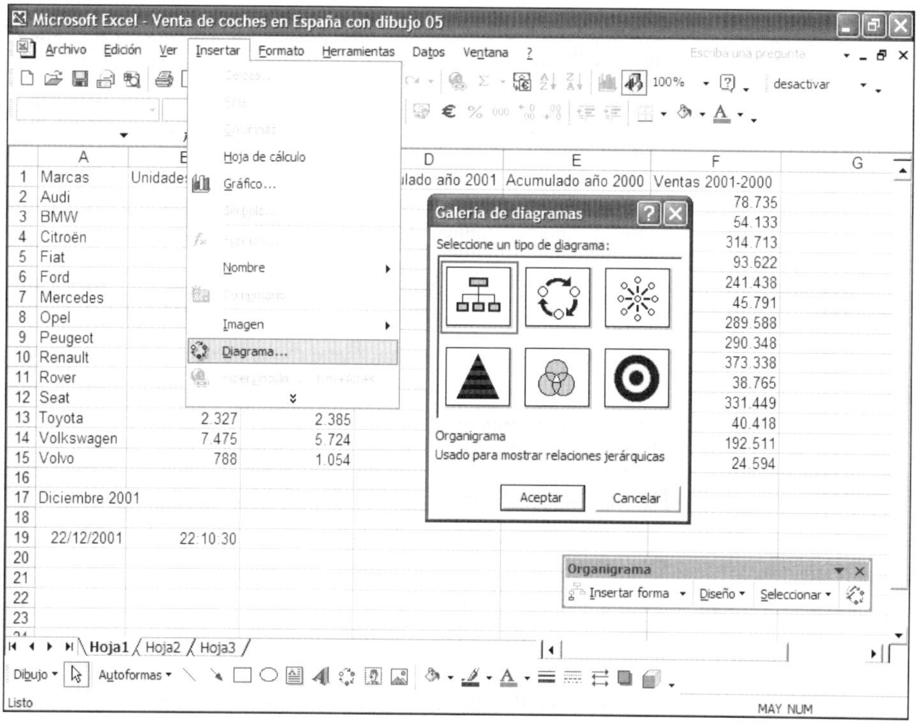

Figura 10.8. Se puede acceder al cuadro de diálogo Galería de diagramas a través del menú Insertar

Incluir una imagen en su hoja de cálculo

La Barra de herramientas Dibujo permite acceder a las opciones Insertar imagen prediseñada e Insertar imagen desde archivo. Aun así, hay otras formas de insertar una imagen en una hoja de cálculo, incluso de crearla uno mismo.

Crear una imagen de celdas

Puede crear una imagen a partir de un rango de celdas, un objeto, un gráfico o un texto de la siguiente forma:

1. Seleccione las celdas o bien haga clic en el gráfico u objeto que desea copiar como una imagen.
2. Con la tecla **Mayús** pulsada, ejecute la secuencia de comandos **Edición>Copiar imagen...**.
3. El cuadro de diálogo Copiar imagen cuenta con dos apartados. En Apariencia, active Como en pantalla si desea copiar la imagen como la está viendo en su monitor, o Como en impresora, si prefiere copiarla tal y como la ve en la vista preliminar. En Formato, seleccione la casilla de verificación Imagen para copiar una imagen como metarchivo de Windows (en este caso, la imagen aparecerá correctamente aunque la pantalla de la que se copia y en la que se pega difieran). Si selecciona Mapa de bits, la imagen sólo será correcta si la pantalla de la que se copia y en la que se pega tienen la misma resolución y son del mismo tipo.
4. Pulse **Aceptar**.
5. De nuevo en la hoja de cálculo, haga clic ahora en el lugar donde desea que aparezca la imagen.
6. Haga clic en Pegar imagen (para ello, mantenga pulsada la tecla **Mayús** y ejecute la secuencia de comandos **Edición>Pegar imagen**).

Vincular una imagen con sus datos de origen

Para vincular una imagen a las celdas de origen, de forma que cuando éstas cambien también lo haga la nueva imagen creada (y pegada) en otra hoja o libro, haga lo siguiente:

1. Seleccione el rango de celdas que desea copiar como una imagen y después cópielo **(Edición>Copiar)**. Esta vez no debe mantener pulsada la tecla **Mayús**.
2. Seleccione la hoja de destino de la imagen.
3. Con la tecla **Mayús** pulsada, ejecute la secuencia de comandos **Edición> Pegar vínculos de imagen**.

Aunque el resultado pueda parecer igual al de una imagen sin vincular, no lo es, ya que en el momento que modifique algún dato en el rango de origen, también se modificará en la imagen. También observará que al seleccionar la imagen, en la Barra de fórmulas aparece la referencia a su rango de origen. Puede modificarlo manualmente, la imagen se actualizará de forma automática.

Truco: Si hace doble clic sobre la imagen recién creada, automáticamente aparecerá en pantalla la hoja de cálculo en la que se encuentra el rango de origen.

Lo mismo que ha vinculado una imagen con los datos de origen, también puede crear una imagen, incluirla en un gráfico y, a continuación, vincularla con los datos de origen. Siga estos pasos:

1. En primer lugar, seleccione el rango de celdas que quiere copiar como una imagen.
2. Con la tecla **Mayús** pulsada, ejecute la secuencia de comandos **Edición> Copiar**.
3. En el cuadro de texto Copiar imagen, seleccione las casillas de verificación Como en pantalla e Imagen.
4. Pulse **Aceptar**.
5. Seleccione el gráfico en el que va a copiar la imagen.
6. Con la tecla **Mayús** pulsada, ejecute la secuencia de comandos **Edición> Pegar imagen**.
7. Seleccione la imagen ya incluida en el gráfico, y escriba en la Barra de fórmulas la referencia de las celdas de origen de la imagen (por ejemplo =Hoja1!A1:C15).
8. Pulse **Intro**. Cuando modifique los datos de origen, también cambiarán los datos de la imagen.

Truco: Este mismo proceso, es decir, incluir manualmente la referencia de origen en la imagen ya creada, puede hacerse también en el caso tratado en el apartado "Crear una imagen de celdas".

Insertar una imagen prediseñada

Entre las posibilidades que ofrece Excel para integrar una imagen en su hoja de cálculo está la de insertar una imagen prediseñada. Claro está, lo primero que debe hacer es acceder al Panel de tareas donde se encuentra dicha opción. Lleve a cabo una de estas operaciones:

- Pulse sobre el botón **Insertar imagen prediseñada**, situado en la Barra de herramientas Dibujo.
- Ahora ejecute la secuencia de comandos **Insertar>Imagen>Imágenes prediseñadas...**.
- Ejecute la secuencia de comandos **Ver>Barras de herramientas>Panel de tareas**. Ya en él, pulse sobre la flecha situada a la derecha para desplegar un panel con las tareas adicionales. Seleccione Insertar imagen prediseñada.

Ya puede comenzar con el proceso de búsqueda e inserción de imagen:

1. En el cuadro Buscar texto, escriba una palabra o bien una expresión que describa el clip que desea, o escriba el nombre del archivo del clip o parte de él.
2. Para limitar la búsqueda a una colección específica de clips, en el cuadro Buscar en, haga clic en la flecha y seleccione las colecciones en las que quiere buscar.
3. Para limitar la búsqueda a un tipo de archivos multimedia específicos, en el cuadro Los resultados deben ser, haga clic sobre la flecha y active, en este caso, la casilla de verificación que corresponde a Imágenes.
4. Pulse **Buscar**.

Nota: Para iniciar una búsqueda nueva, pulse el botón **Modificar**.

5. En el cuadro Resultados, pulse sobre la imagen que pretende incluir en su hoja, y ésta se insertará automáticamente en la hoja de cálculo que haya abierto.

Este panel de tareas también cuenta con la opción Galería multimedia, que, entre otras cosas, le permitirá organizar sus clips multimedia. El cuadro de texto que aparece al pulsar sobre esta opción cuenta con una Lista de colecciones desde donde puede acceder a más imágenes, tanto suyas como del propio Office. Sólo tiene que copiar una de las imágenes y, a continuación, pegarla en su hoja de cálculo.

Insertar una imagen desde archivo

Para poder utilizar esta opción debe acceder al cuadro de diálogo Insertar imagen. Haga lo siguiente:

- Pulse sobre el botón **Insertar imagen desde archivo**, situado en la Barra de herramientas Dibujo.
- Ejecute la secuencia de comandos **Insertar>Imagen>Desde archivo**.

Ya puede comenzar con el proceso de búsqueda e inserción de imagen:

1. En la lista desplegable que posee el cuadro Buscar en, haga clic en la unidad o carpeta que contiene el archivo que desea.
2. En el cuadro Nombre de archivo, escriba una ruta de acceso y un nombre para el archivo.
3. En el cuadro Nombre de archivo, seleccione el tipo de archivo que está buscando.
4. En el cuadro que contiene las características de cada imagen, seleccione una de ellas. Compruebe en el cuadro de la derecha que es la imagen que busca.
5. Pulse **Insertar** o haga doble clic sobre el icono de la imagen.

Nota: Habrá observado que ejecutando la secuencia de comandos **Insertar>Imagen** se puede acceder a varios comandos, alguno de los cuales hemos visto ya. Se trata de Imágenes prediseñadas, Desde archivo, Autoformas, Organigrama, WordArt y Desde escáner o cámara. En algunos casos, que aparezcan o no depende de las características instaladas con

Excel o con Office. En el caso de Desde escáner o cámara, lógicamente debe tener un escáner o una cámara conectados a su ordenador.

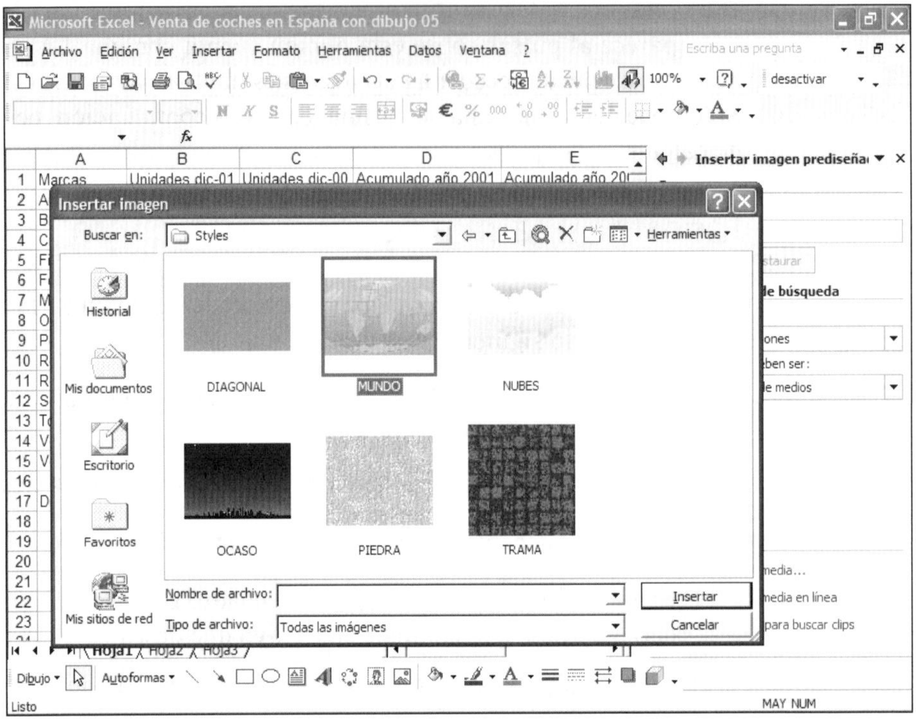

Figura 10.9. Para insertar una imagen desde archivo es necesario acceder al cuadro de diálogo Insertar imagen

Utilizar la Barra de herramientas Imagen

Para retocar en Excel una imagen debe activar la Barra de herramientas Imagen (**Ver>Barras de herramientas>Imagen**). Ésta permanecerá activa mientras la imagen esté seleccionada, y desaparecerá cuando pulse sobre otra zona de la hoja de cálculo. Tiene varios botones que permiten realizar ciertos cambios:

- **Insertar imagen desde archivo**. Permite insertar un archivo gráfico de una unidad de disco.
- **Color**. Al pulsar sobre este botón aparecerá un menú con varias posibilidades de color: Automático, Escala de grises, Blanco y negro y Marca de agua. Seleccione una de ellas.

- **Más contraste**. Con cada pulsación aumentará la densidad o intensidad de los colores. A mayor contraste, menos gris.
- **Menos contraste**. Con cada pulsación disminuirá la densidad o intensidad de los colores. A menor contraste, más gris.
- **Más brillo**. Con cada pulsación se añadirá color blanco para hacer más claros los colores.
- **Menos brillo**. Con cada pulsación se añadirá color negro para hacer más oscuros los colores.
- **Recortar**. Recorta o restaura partes de una imagen.
- **Girar a la izquierda**. Gira el objeto seleccionado 90º a la izquierda.
- **Estilo de línea**. Permite elegir el ancho de la línea seleccionada.
- **Comprimir imágenes**. Al hacer clic sobre este botón, aparecerá un cuadro de diálogo que contiene opciones para reducir el tamaño de imagen. Puede reducirse el tamaño de archivo cambiando la resolución, aplicando compresión a las imágenes en color y eliminando permanentemente las partes recortadas de una imagen.
- **Formato de imagen**. Da formato a la línea, el color, el relleno y la trama, el tamaño, la posición y otras propiedades del objeto seleccionado. En cualquier caso, esta opción será tratada en el apartado "Variar el formato de los objetos".
- **Definir color transparente**. Configura el color transparente de la imagen seleccionada. Al pulsar el botón, el puntero del ratón se convierte en una especie de lapicero. Haga clic en el color que desee hacer transparente. Esta opción sólo funciona con imágenes como mapas de bits.
- **Restablecer imagen**. Quita los recortes de la imagen seleccionada y devuelve la configuración original de color, brillo y contraste. Véase la figura 10.10.

Seleccionar un objeto

Una vez creada la autoforma o el cuadro de texto, hecho el organigrama, insertada la imagen o cualquier otro objeto de los vistos hasta ahora, seguro que desea modificar su ubicación, forma, etc. De hecho, lo más probable es que varíe bastante las características de los objetos hasta que por fin considere acabado su trabajo.

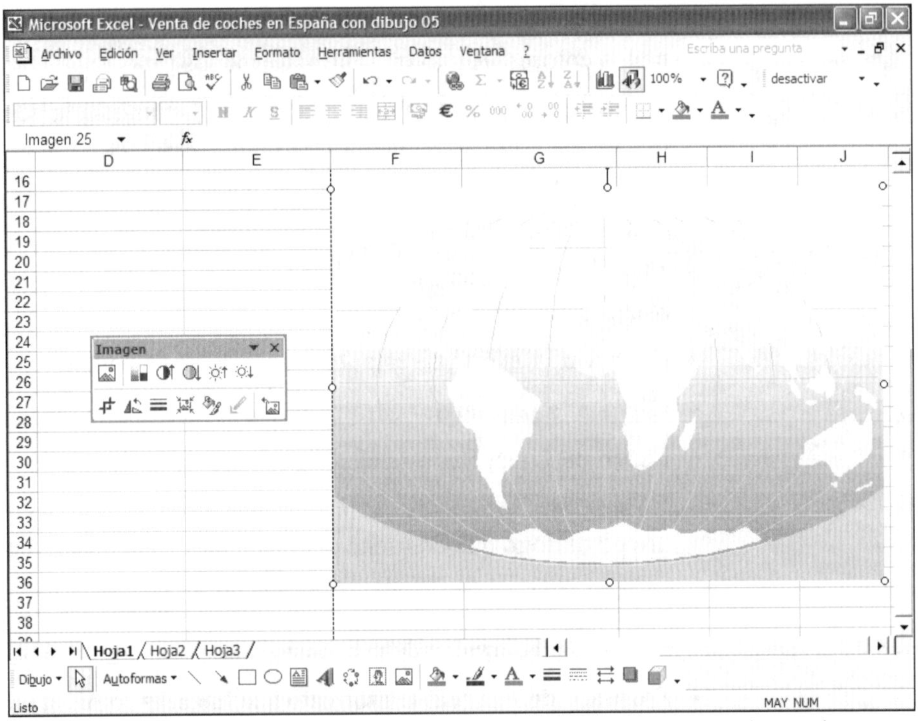

Figura 10.10. Al insertar una imagen, aparece la Barra de herramientas imagen

Pues bien, si quiere realizar cualquier cambio en ellos, lo primero que debe hacer es seleccionarlos. Generalmente, para seleccionar un objeto basta con hacer clic sobre él, eso sí, con ciertas condiciones.

Habrá comprobado que el puntero del ratón se visualiza como una cruz cuando se encuentra sobre la hoja de cálculo, y como una flecha al situarlo sobre un objeto (autoforma, imagen, etc.). Para seleccionar un objeto, el puntero debe ser una flecha.

En algunas ocasiones, al situar el puntero en forma de flecha sobre el objeto aparece en su extremo una cruz con cuatro flechas. Haga clic en ese momento para realizar la selección. Deberá tener en cuenta que a veces existen varios componentes dentro de un objeto que también pueden ser seleccionados. Por ejemplo, para seleccionar un Diagrama debe hacer clic con el ratón cuando el puntero se convierta en flecha y no posea en su extremo la cruz con cuatro flechas, y una vez que aparezca el contorno de éste, pulsar sobre él cuando junto al puntero sí aparezca la cruz con cuatro flechas. En caso contrario seleccionará una forma del diagrama y no todo el conjunto.

Si se trata de una imagen, de una autoforma (sin posibilidad de incluir texto) o bien de un objeto WordArt, puede pulsar sobre cualquier parte de la figura, siempre estará la cruz con cuatro flechas junto al puntero. Al seleccionarla aparecerán a su alrededor controladores de giro, de forma, de tamaño, etc.

Observe que cuando se trata de un cuadro de texto, al situar el puntero sobre el interior de la figura éste se convierte en cursor para modificar texto. Un cuadro de texto está seleccionado si le rodea un borde de puntos y no de rayas.

Para que el puntero del ratón siempre sea una flecha, haga clic sobre el botón **Seleccionar objetos**, situado en la Barra de herramientas Dibujo. De esta forma puede seleccionar un solo objeto haciendo clic sobre éste con la flecha (por ejemplo, puede pulsar sobre cualquier parte de un cuadro de texto), o seleccionar varios arrastrando la flecha sobre los objetos que desee (englobando todos ellos). Cuando suelte el ratón, estarán seleccionados.

Nota: También puede seleccionar varios objetos manteniendo pulsada la tecla **Mayús** mientras hace clic sobre los diferentes elementos.

Pero la Barra de herramientas Dibujo cuenta con otro botón de parecidas características, **Seleccionar varios objetos**. Al pulsar sobre él aparece un cuadro de diálogo con el mismo nombre, con una lista de todos los objetos que hay en la hoja de cálculo activa. Puede activar las casillas de verificación de aquellos elementos que pretende seleccionar y, a continuación, pulsar **Aceptar**.

Nota: Quitar la selección de los objetos es tan fácil como pulsar fuera del objeto seleccionado.

Cambiar la ubicación de los objetos

Cualquier objeto (ya sean imágenes, autoformas o diagramas) es susceptible de ser reubicado en el momento y en el lugar que se desee. Y no sólo eso, sino que la complicación que entraña es mínima.

Arrastrar y soltar

Una vez seleccionado un objeto, moverlo es tan fácil como hacer clic sobre él (con el puntero en forma de flecha y con una cruz con cuatro flechas junto a él), arrastrarlo hasta su nueva ubicación y soltarlo.

Por supuesto, dependiendo del objeto, los procesos Seleccionar y Arrastrar pueden hacerse con un solo clic. La excepción son los diagramas, que hay que seleccionar primero y luego volver a hacer clic para arrastrar.

Si quiere mover varios objetos a la vez, el proceso es exactamente el mismo. Una vez seleccionados todos los elementos cuya ubicación va a modificar, pulse sobre alguno de ellos cuando junto al puntero aparezca la cruz con cuatro flechas, y arrastre el conjunto hasta el lugar donde desee situarlo. Por último suelte el ratón. Para quitar la selección, pulse fuera de los elementos.

Un caso especial es cuando se trabaja con Conectores. Recuerde que se trata de una línea conectora entre los puntos de conexión azules de dos autoformas. Si mueve una de las dos figuras conectadas, el conector se ajusta a la nueva ubicación del objeto, sigue unido al mismo punto que estaba antes y seguirá así hasta donde sea necesario. Eso sí, la ruta que siga el conector no tiene porqué ser la más lógica.

Por otro lado, un conector no tiene que estar unido siempre a la misma figura, de hecho, se puede unir a cualquier otra. Para ello, haga lo siguiente:

1. Seleccione el conector.
2. Haga clic sobre el círculo rojo situado en el extremo del conector que desea modificar, cuando el puntero tenga forma de +. Si lo mueve cuando junto al cursor aparece la cruz con cuatro flechas, moverá todo el conector, y lo "desconectará" de las figuras.
3. Arrástrelo a su nueva ubicación. Puede hacerlo hasta otra figura, en cuyo caso aparecerán unas marcas azules en el objeto, o dejarlo sin unir. En este último caso, el círculo rojo se convertirá en verde.
4. Suelte el ratón. Véase la figura 10.11.

Empujar objetos

Ya conoce distintas formas de mover un objeto. Pero Excel cuenta con una opción que permite ser mucho más preciso a la hora de cambiar su ubicación. Se trata de la característica Empujar.

La opción Empujar se encuentra en el menú que aparece al pulsar sobre el botón **Dibujo**, situado en la Barra de herramientas Dibujo. Esta característica, a su vez, posee cuatro posibilidades o direcciones de movimiento. Si pulsa sobre Arriba, desplazará hacia arriba los objetos seleccionados en pequeños incrementos: un píxel cada vez si las opciones Ajustar a la cuadrícula o Ajustar a la forma están desactivadas, y un punto de cuadrícula si están activadas. Exactamente lo mismo, pero en distinta dirección, ocurre si pulsa sobre Abajo, Izquierda o Derecha.

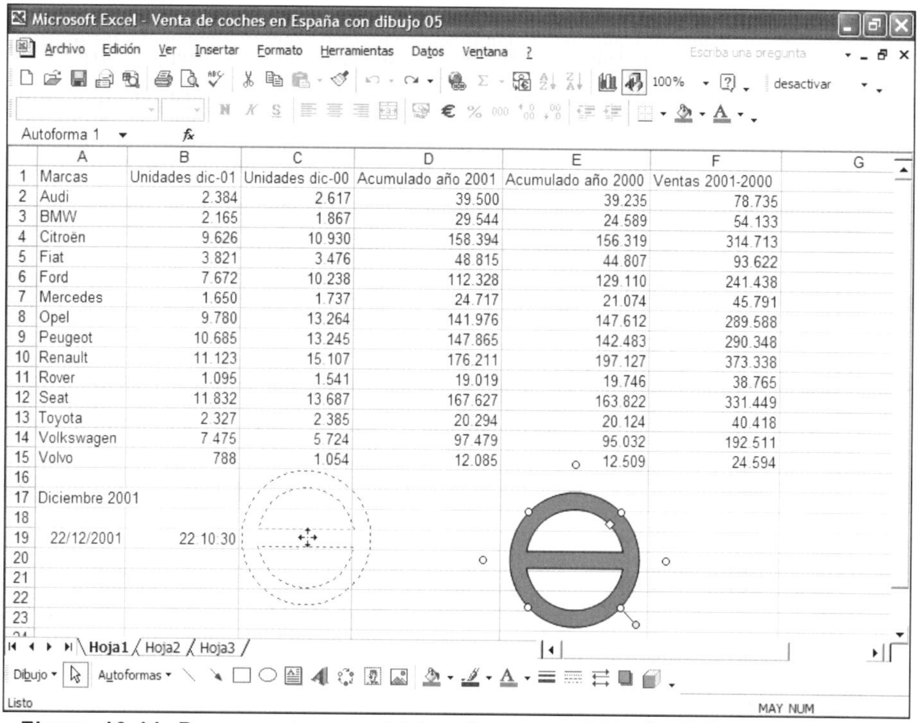

	A	B	C	D	E	F
1	Marcas	Unidades dic-01	Unidades dic-00	Acumulado año 2001	Acumulado año 2000	Ventas 2001-2000
2	Audi	2.384	2.617	39.500	39.235	78.735
3	BMW	2.165	1.867	29.544	24.589	54.133
4	Citroën	9.626	10.930	158.394	156.319	314.713
5	Fiat	3.821	3.476	48.815	44.807	93.622
6	Ford	7.672	10.238	112.328	129.110	241.438
7	Mercedes	1.650	1.737	24.717	21.074	45.791
8	Opel	9.780	13.264	141.976	147.612	289.588
9	Peugeot	10.685	13.245	147.865	142.483	290.348
10	Renault	11.123	15.107	176.211	197.127	373.338
11	Rover	1.095	1.541	19.019	19.746	38.765
12	Seat	11.832	13.687	167.627	163.822	331.449
13	Toyota	2.327	2.385	20.294	20.124	40.418
14	Volkswagen	7.475	5.724	97.479	95.032	192.511
15	Volvo	788	1.054	12.085	12.509	24.594
16						
17	Diciembre 2001					
18						
19	22/12/2001	22:10:30				

Figura 10.11. Para arrastrar un objeto, el puntero del ratón debe tener la forma de una cruz con cuatro flechas

Nota: Puede usar las teclas de dirección exactamente igual que la opción Empujar.

Modificar físicamente un objeto

Casi siempre es necesario modificar un objeto que ha sido creado previamente. Hay que adecuarlo a las condiciones que exige la tarea que se está desarrollando. Pero no hay que preocuparse, tan sólo unos clics de ratón son suficientes para modificar el aspecto físico de cualquier objeto.

Aumentar o disminuir el tamaño

Para variar el tamaño de un objeto que acaba de crear, debe realizar los pasos siguientes:

1. Seleccione el objeto. Aparecerán puntos de control (círculos blancos) alrededor de la figura. Si se trata de una línea, estarán situados en los extremos; en una forma geométrica, en las esquinas y en la mitad de los lados (realmente, el objeto, sea cual sea, aparece rodeado con un contorno cuadrado o rectangular, que es donde aparecen los puntos de control), etc.

Nota: En un diagrama o en un organigrama, los puntos de control no son circulares, sino que se trata de unas líneas negras, o controladores de tamaño, situadas en las esquinas y lados del borde (no imprimible) que rodea el objeto.

2. Haga clic sobre uno de los puntos de control cuando el puntero se convierta en una doble flecha y, sin soltar el ratón, arrástrelo hasta dar el tamaño que desea a la figura. Sólo si utiliza los controles de las esquinas podrá modificar anchura y altura al mismo tiempo.

Nota: Si mantiene pulsada la tecla **Mayús** mientras arrastra el punto de control de una de las esquinas del objeto, éste variará su forma, pero manteniendo las proporciones iniciales.

3. Suelte el ratón.

En el apartado "Variar el formato de los objetos" le mostramos otra forma de modificar el tamaño del objeto seleccionado a través del cuadro de diálogo Formato de autoforma, si se trata de una autoforma, Formato de imagen, si es una imagen, etc.

Girar un objeto

En el caso de que pretenda hacer girar el objeto, lleve a cabo esta operación:

1. Seleccione la autoforma que desea girar. Las líneas, diagramas o cuadros de texto no cuentan con un controlador de giro. Únicamente lo poseen algunas de las autoformas.

Aviso: Es importante que tenga en cuenta que cuando agrega texto a una autoforma (no a un cuadro de texto), y a continuación la gira, el texto se puede quedar fuera de la forma.

2. Una vez seleccionado, sitúe el puntero del ratón sobre el controlador de giro (se trata de un círculo verde situado sobre la figura), éste se convertirá en una flecha que rodea el círculo.

3. Haga clic sobre él y arrástrelo para girar el objeto.

4. Suelte el ratón.

Muchas autoformas se pueden girar manualmente a través de un controlador de giro (círculo de color verde) que poseen en la parte superior; pero también el botón **Dibujo** (Barra de herramientas Dibujo) cuenta con una opción denominada Girar o voltear que permite girar un objeto hacia cualquier ángulo. Para trabajar con esta opción haga lo siguiente:

1. Seleccione el objeto que desea girar.

2. Pulse sobre el botón **Dibujo** y seleccione, dentro de la opción Girar o voltear, Girar libremente.

3. Como ya hemos comentado, una autoforma posee un controlador de giro en la parte superior, que aparece visible cuando se selecciona. Pero en este caso, los controladores de giro están situados en las esquinas de la autoforma; sea o no un cuadrado o rectángulo, aparecen cuatro controladores rodeando la figura.

4. Arrastre uno de los controladores en la dirección que quiera. El objeto adoptará el giro que haya indicado.

5. Si necesita girar algún objeto más, antes de pulsar en la hoja de cálculo para desactivar esta opción, haga clic sobre otra autoforma y realice el mismo proceso.

La opción Girar o voltear cuenta con varias posibilidades más de giro y volteo. En estos casos, el movimiento lo realiza de forma automática el programa al hacer clic sobre una de sus características. Son las siguientes:

- **Girar a la izquierda**. Al pulsar sobre esta opción, el objeto seleccionado girará 90º a la izquierda.

- **Girar a la derecha**. Si pulsa sobre esta opción, el objeto girará 90º a la derecha.

- **Voltear horizontalmente**. Esta opción permite voltear el objeto horizontalmente 180º.

- **Voltear verticalmente**. Pulse sobre esta opción para voltear el objeto verticalmente 180º.

Nota: Por supuesto, si un objeto no se puede girar, ninguna de estas opciones aparecerán activas.

Nota: Si en vez de girar manualmente un objeto, desea hacerlo de forma automática (especificando un número de grados), debe acceder, en el cuadro de diálogo Formato de autoforma, a la ficha Tamaño. Pero en el apartado "Variar el formato de los objetos" está explicada la opción.

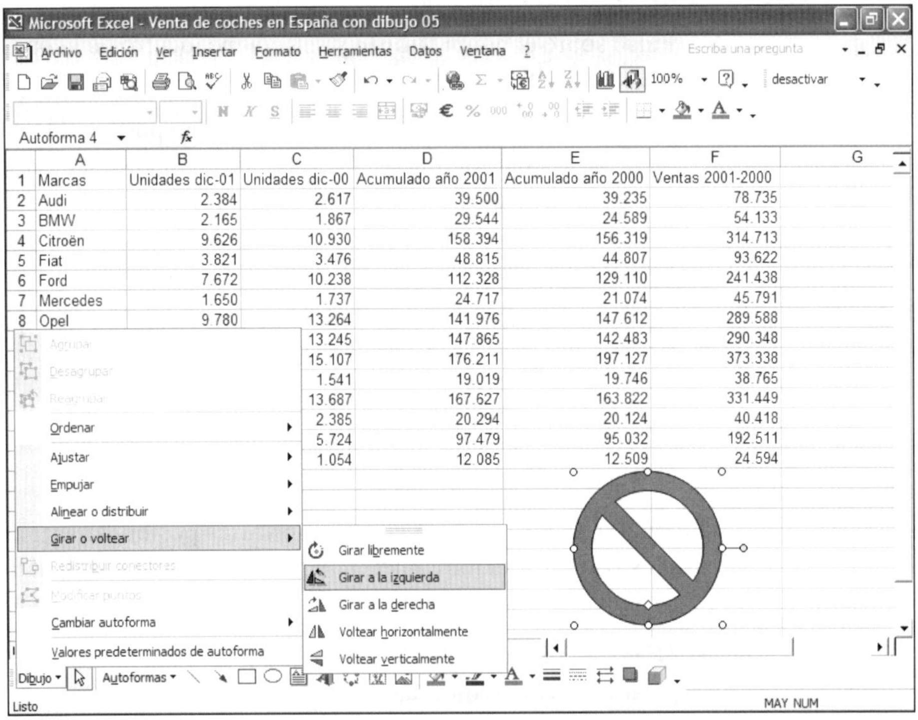

Figura 10.12. El botón desplegable Dibujo cuenta, entre otras, con la opción Girar o voltear

Modificar la forma

También existe un controlador de ajuste que le permitirá manipular las formas. Para utilizarlo, siga estos pasos:

1. Seleccione la autoforma cuya forma quiere modificar. Como es lógico, no todas cuentan con un controlador de ajuste.
2. Sitúe el puntero del ratón sobre el controlador; es un rombo amarillo.
3. Para manipular la forma del objeto, haga clic sobre el controlador y luego, arrástrelo hasta conseguir la forma indicada.
4. Suelte el ratón. Acaba de modificar la apariencia de la figura, pero no el tamaño.

El caso de las líneas o flechas es diferente. Si pretende cambiar la forma de una línea, flecha, dibujo de forma libre o curva, haga lo siguiente:

1. Seleccione la figura cuya forma va a modificar.
2. Pulse sobre el botón **Dibujo**, situado en la Barra de herramientas Dibujo.
3. Haga clic sobre la opción Modificar puntos. Los puntos de control de la forma seleccionada han desaparecido, sustituyéndose por unos vértices que permiten el cambio de forma.
4. Pulse sobre alguno de los vértices y arrastre el ratón hasta donde desee.
5. Suelte el ratón.
6. Si quiere agregar otro vértice, haga clic sobre el lugar donde desee situarlo y arrastre el ratón para darle una nueva forma a la figura.
7. En el caso de que prefiera eliminar vértices, sitúe el puntero del ratón sobre el vértice, pulse la tecla **Control** (el puntero volverá a cambiar de forma, esta vez tendrá forma de X) y haga clic con el puntero en el vértice. El vértice desaparecerá y, por tanto, el espacio entre los dos vértices más próximos se convertirá en una línea recta.

Aviso: Pueden modificarse vértices en cualquier línea o flecha. Este tipo de objetos, en un principio, no cuentan con la posibilidad de giro, pero, si pulsa sobre la opción Modificar puntos, automáticamente se activarán las posibilidades de giro o volteo.

Variar el formato de los objetos

Es posible modificar el formato de cada uno de los ejemplos que hemos visto a lo largo del capítulo, de la misma manera que lo hemos venido haciendo en los capítulos "Modificar el aspecto de una hoja de cálculo" y "Crear gráficos". Por esta razón, para evitar ser repetitivos, le remitiremos en algunas ocasiones a apartados en los que ya se han descrito ciertas características. De hecho, para acceder al cuadro de diálogo donde modificar los formatos hay que llevar a cabo pasos que seguro no le resultarán extraños:

- Haga doble clic sobre el objeto (no sobre el texto) cuyo formato quiere modificar.
- A continuación, seleccione el objeto y ejecute la secuencia de comandos **Formato>Autoformas** (en caso de tratarse de una autoforma, si no variará la opción).
- Seleccione el objeto y realice la combinación de teclas **Control-1**.
- Haga clic con el botón derecho del ratón sobre la Autoforma (por ejemplo) y elija después, en el menú emergente que aparece, la opción Formato de autoforma.
- Seleccione el objeto y utilice los botones que aparecen en la Barra que corresponda al objeto.

Si desea utilizar algún formato en especial muchas veces, en vez de modificar el objeto en todas esas ocasiones, guarde ese formato como predeterminado de la siguiente forma:

1. Haga clic con el botón derecho del ratón sobre el objeto cuyo formato le interesa asignar como predeterminado.
2. Seleccione, en el menú que aparece, la opción Valores predeterminados de autoforma.
3. A partir de ahí, las nuevas autoformas que cree adquirirán automáticamente el nuevo formato predeterminado.

Nota: Esta misma acción la puede realizar desde el botón **Dibujo** (Barra de herramientas Dibujo), ya que recoge la misma característica con igual nombre.

También puede aplicar un formato determinado a un objeto usando el botón **Copiar formato**, situado en la Barra de herramientas Estándar. Tan sólo debe pulsar sobre el objeto cuyo formato desea usar, pulsar sobre el botón **Copiar formato** y, por último, hacer clic sobre el objeto a modificar.

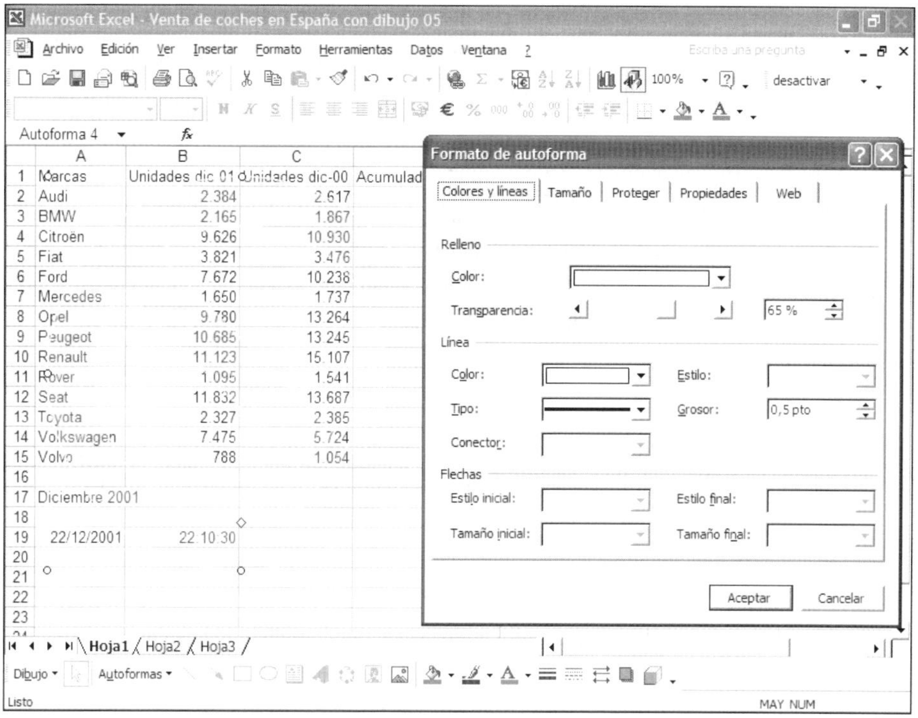

Figura 10.13. También a las autoformas se les puede modificar el aspecto mediante el cuadro de diálogo Formato de autoforma

Autoformas y cuadros de texto

Una vez que ya ha accedido al cuadro de diálogo Formato de autoforma o Formato de cuadro de texto siguiendo uno de los caminos que le hemos mostrado, ya puede comenzar a modificar el objeto. En el caso de que se trate de una autoforma, tenga en cuenta que el cuadro de diálogo contará con más o menos fichas dependiendo de si ésta posee texto o no. En esta ocasión hablaremos de una autoforma lo más completa posible, es decir, con texto.

1. En primer lugar, abra el cuadro de diálogo Formato de autoforma. Cuenta con 8 fichas.

2. Pulse sobre la pestaña Fuente. Como comprobará, esta ficha cuenta con las mismas opciones de cambio que cuando se modifica la fuente de texto y númerosen un rango de celdas (capítulo 8, "Modificar el aspecto de una hoja de cálculo"). Realice los cambios que crea precisos (Fuente, Tamaño, Estilo, Efectos, etc.); afectarán al texto que posee la autoforma.

3. Pulse sobre la pestaña Alineación. Tampoco le será desconocida, aunque posee alguna variación con respecto a las opciones de alineación vistas en capítulos anteriores. En cualquier caso, el funcionamiento es el mismo: puede alinear el texto horizontal y verticalmente; definir su orientación y el orden de lectura y ajustar el texto a la autoforma.

4. Pulse sobre la pestaña Colores y líneas. Dependiendo de la autoforma de que se trate, aparecerán todos los apartados activos o no. Si es una línea, lógicamente el apartado Relleno se mostrará desactivado, y si es un círculo, será el apartado Flechas el que no aparezca.

5. El apartado Relleno cuenta con las opciones Color y Transparencia. Seleccione, en la lista desplegable Color, el color que desea como relleno del objeto. La opción Transparencia le permite definir el porcentaje de transparencia (mayor o menor color) para el color elegido.

6. En el apartado Línea debe especificar las características de los bordes. Aparecerán opciones como Color, Tipo, Grosor y Conector (este último sólo si se trata de un conector). Especifique las características de cada uno en sus correspondientes listas desplegables.

7. Ahora en el apartado Flechas, elija el estilo y tamaño para la línea o flecha seleccionada.

8. Pulse sobre la pestaña Tamaño. Especifique el Tamaño y rotación, es decir, el Alto, el Ancho y el Giro del objeto seleccionado. Las dimensiones Alto y Ancho son siempre las dimensiones de un objeto sin girar.

Nota: Si se trata de un cuadro de texto, la opción Giro no aparecerá activada. A diferencia de una autoforma con texto, no se puede girar.

9. Ahora podrá comprobará cómo al modificar el Alto y el Ancho del apartado Tamaño también se modifica el Alto y el Ancho del apartado Escala, y viceversa. Aunque si vuelve a seleccionar esta opción, los cambios aparecerán en el apartado Tamaño, mientras que en escala aparecerá de nuevo 100% (se debe a que en este caso se trata de variar el porcentaje del tamaño original).

10. Active la casilla de verificación Bloquear relación de aspecto para que los valores Alto y Ancho cambien el uno en relación del otro.

11. Pulse sobre la pestaña Proteger. Por defecto, las casillas Bloqueado y Bloquear texto (si la autoforma contiene texto) aparecen activadas, aunque, realmente, los objetos no se pueden bloquear a menos que la hoja esté protegida.

12. Pulse sobre la pestaña Propiedades. Defina las características que desee en lo referente a la ubicación del objeto. Es decir, si quiere que éste se mueva y cambie su tamaño al hacerlo las celdas; si prefiere que se mueva, pero que no cambie su tamaño al hacerlo las celdas, o que ni se mueva ni cambie su tamaño al hacerlo las celdas.

13. Pulse sobre la pestaña Márgenes. En esta ficha debe especificar el espacio que va a haber entre los lados izquierdo, derecho, superior e inferior de la autoforma seleccionada y el texto de su interior. También puede optar por el margen interno Automático, es decir, uno que está predefinido por el programa.

14. Pulse sobre la pestaña Web. Utilice esta opción si desea publicar su hoja de cálculo en una página Web.

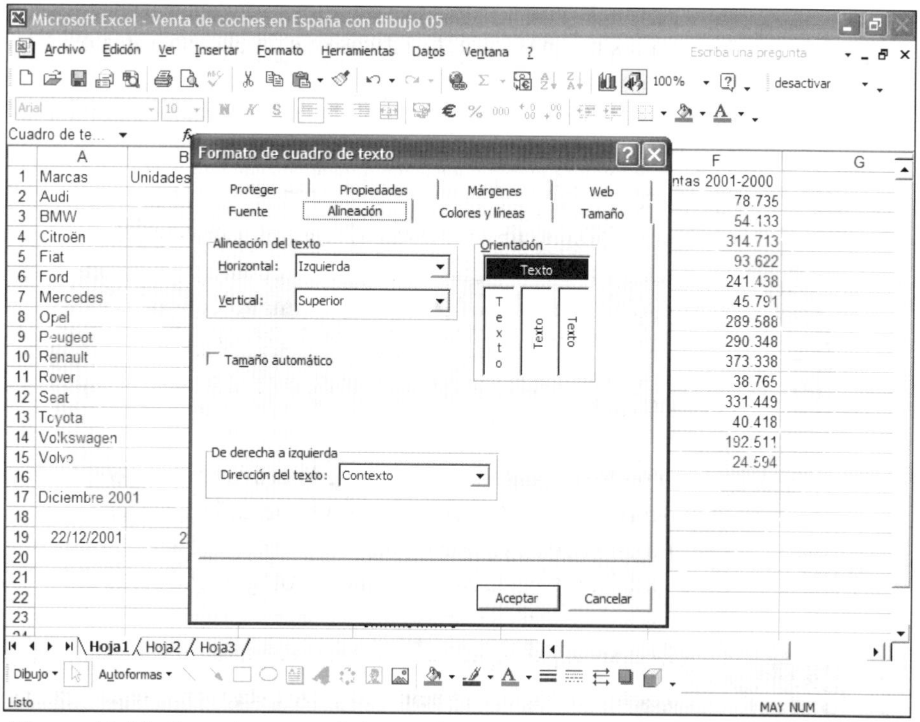

Figura 10.14. Cuando una autoforma tiene texto, los cuadros de diálogo Formato de cuadro de texto y Formato de autoforma poseen las mismas opciones

Nota: En el caso de que se tratara de una autoforma sin texto tan sólo contaría con 5 fichas: Colores y líneas, Tamaño, Proteger, Propiedades y Web.

Nota: El cuadro de diálogo Dibujo cuenta con una serie de botones que permiten modificar el estilo de una autoforma: **Estilo de línea**, **Estilo de guión**, **Estilo de flecha**, **Estilo de sombra** y **Estilo 3D**.

Diagramas

Para modificar el aspecto o formato de un diagrama o de un organigrama, debe acceder al cuadro de diálogo Formato de organigrama o Formato de diagrama, dependiendo del tipo seleccionado, y seguir los pasos comentados antes.

El cuadro de diálogo Formato del organigrama posee 7 pestañas (Fuente, Alineación, Colores y líneas, Tamaño, Proteger, Propiedades y Web) que cuentan con las mismas características que en el caso anterior. Por supuesto, la diferencia más clara es que en este caso la ficha Márgenes no aparece, aunque sí se mostrará cuando intente cambiar el formato de cada una de las formas que componen un diagrama o un organigrama.

Nota: Cuando un diagrama, o cualquier otro objeto, se encuentra dentro de un gráfico, la ficha Propiedades cuenta con las opciones Cambiar tamaño con gráfico o No cambiar tamaño con gráfico.

WordArt

El cuadro de diálogo Formato de WordArt cuenta con 5 pestañas, algunas de ellas ya tratadas anteriormente. En la pestaña Colores y líneas, la sección Flechas no está activa ya que no hay ningún estilo que contenga objetos de este tipo. En cuanto a las pestañas Tamaño, Proteger, Propiedades y Web, son iguales.

Nota: No puede acceder al cuadro de diálogo Formato de WordArt haciendo doble clic sobre la selección. De esta forma se abrirá el cuadro Modificar texto de WordArt.

Imagen

Si desea modificar el formato de una imagen, acceda al cuadro de diálogo Formato de imagen, encontrará que algunas de sus características son similares a las vistas hasta ahora, pero no todas.

Comience por la ficha Colores y líneas. Generalmente se encontrará con que una imagen, por defecto, ni tiene asignado un borde, ni un relleno. Por supuesto, puede modificar esta opción, pero tenga en cuenta que para poder apreciar el relleno que ha asignado a la imagen, en primer lugar tiene que ampliar los márgenes usando el botón **Recortar**, situado en la Barra de herramientas Dibujo, o la opción Recortar de la ficha Imagen.

La ficha Tamaño cuenta con varias opciones específicas para imágenes que hasta ahora han aparecido desactivadas. Se trata de la casilla de verificación Proporcional al tamaño original de la imagen, que calcula los porcentajes de alto y ancho especificados en Escala, basados en el tamaño original de la imagen, y el apartado Tamaño original, que muestra las medias originales de la imagen y permite restablecerlas.

La ficha Imagen tan sólo aparece en este caso.

En primer lugar le va a permitir añadir márgenes (un espacio en blanco), que luego podrá rellenar con algún tipo de efecto, o recortar una imagen. El apartado Recortar cuenta con cuatro cuadros de texto donde incluir el valor de los márgenes Izquierdo, Derecho, Arriba y Abajo. Los valores permiten agregar espacio en blanco en el lado que se determine. En el apartado Control de imagen se puede elegir color (Automático, Escala de grises, Blanco y negro y Marca de agua), así como el porcentaje de brillo y contraste. Si desea comprimir una imagen, pulse sobre el botón **Comprimir...**, accederá al cuadro de diálogo Comprimir imágenes donde podrá reducir el tamaño de archivo cambiando la resolución, aplicando compresión a las imágenes en color o eliminando permanentemente las partes recortadas de una imagen. El botón **Restablecer** devuelve a la imagen las configuraciones originales de color, brillo y contraste, y quita los recortes de la imagen seleccionada.

Las fichas Proteger, Propiedades y Web poseen las mismas características que en los casos anteriores.

Trabajar con varios objetos

Una vez vistas todas las posibilidades de creación de autoformas, cuadros de texto, imágenes o diagramas, es importante que conozca cómo trabajar con todos ellos, de forma conjunta o no. La Barra de herramientas Dibujo cuenta con varias opciones de cambio que le ayudarán a conseguir una hoja de cálculo muy completa y ordenada, además de facilitarle el trabajo.

Agrupar, Desagrupar y Reagrupar objetos

Si desea que un dibujo esté formado por varios objetos, puede agruparlos de forma que su comportamiento sea como el de un único objeto y se pueda mover o modificar como un grupo. Haga lo siguiente:

1. Seleccione todos los objetos que quiere que pertenezcan al grupo.
2. Haga clic sobre el botón **Dibujo** de la Barra de herramientas Dibujo y seleccione, en el menú que aparece, la opción Agrupar.
3. Pulse sobre uno de los objetos y compruebe que varios puntos de control rodean la figura.

Para desagrupar un dibujo formado por varios objetos agrupados, siga estos pasos:

1. Seleccione el grupo que contiene los objetos que va a desagrupar.
2. Haga clic sobre el botón **Dibujo** de la Barra de herramientas Dibujo y seleccione, en el menú que aparece, la opción Desagrupar.
3. Todos los objetos aparecerán seleccionados y se podrán mover y modificar independientemente.

Cuando una serie de objetos han sido agrupados en alguna ocasión, y a continuación desagrupados, pueden ser reagrupados. Siga el mismo proceso que hemos comentado en los casos anteriores, pero esta vez seleccionando la opción Reagrupar.

Nota: Haciendo clic con el botón derecho del ratón sobre el objeto u objetos seleccionados puede acceder a las opciones Agrupar, Desagrupar y Reagrupar. Véase la figura 10.15.

Ordenar objetos

En muchas ocasiones los objetos se tapan los unos a los otros, se solapan e impiden la visualización de ciertos datos. Por supuesto, puede ordenar estos elementos para conseguir observar en un primer nivel aquellos que le interesen más.

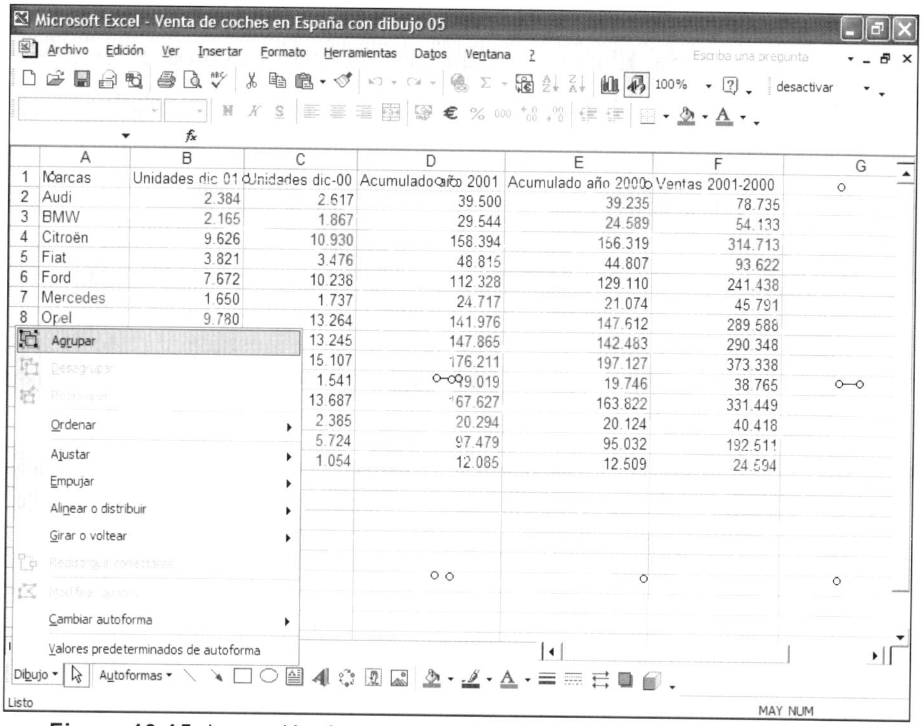

Figura 10.15. La opción Agrupar permite que varios objetos se comporten como uno solo

1. Seleccione el objeto cuyo orden desea cambiar.
2. Pulse sobre el botón **Dibujo** de la Barra de herramientas Dibujo. El menú que aparece cuenta con la opción Ordenar, la cual, a su vez, ofrece varias posibilidades:

- **Traer al frente**. Al elegir esta opción, el objeto seleccionado se situará delante de otros objetos que se superponen.
- **Enviar al fondo**. Con esta opción, el objeto seleccionado se situará detrás de otros objetos que se superponen.
- **Traer adelante**. Mueve el objeto seleccionado un lugar hacia la parte superior de la pila de objetos.
- **Enviar atrás**. En este caso, el objeto se situará un lugar hacia la parte inferior de la pila de objetos.

3. Seleccione la opción que mejor se adapte a sus necesidades. El cambio se realizará automáticamente.

Nota: El menú que aparece al hacer clic con el botón derecho del ratón sobre una figura también recoge la opción Ordenar.

Ajustar objetos

En muchas ocasiones, para mantener organizada una hoja de cálculo en la que ha sido incluido un gran número de objetos, es necesario que éstos aparezcan dispuestos de una forma ordenada, ajustada al resto de objetos o a la cuadrícula. Si desea que Excel ajuste automáticamente los objetos según los crea, de una forma determinada, lleve a cabo la siguiente operación:

1. Pulse sobre el botón **Dibujo** de la Barra de herramientas Dibujo. El menú que aparece cuenta con la opción Ajustar, la cual, a su vez, ofrece varias posibilidades:
   - **Ajustar a la cuadrícula**. Si esta opción está activada, cuando arrastre o cree un objeto, éste se va a alinear con la intersección de líneas de división más cercana a la cuadrícula, en este caso, con los límites de la celda.
   - **A la forma**. Si activa esta opción, cuando arrastre o cree un objeto, éste se alineará con las líneas de división que coinciden con los lados horizontales y verticales de otras formas de la hoja.
2. Elija la opción que más se ajuste a sus necesidades.
3. Dibuje un objeto y compruebe su disposición con respecto a la hoja de cálculo.

Nota: Puede ajustar un objeto a la cuadrícula si mantiene pulsada la tecla **Alt** mientras dibuja, mueve o modifica un objeto. Véase figura 10.16.

Alinear o distribuir objetos

Si desea alinear objetos, sin tener en cuenta las líneas de división de la cuadrícula, puede utilizar la opción Alinear o distribuir.

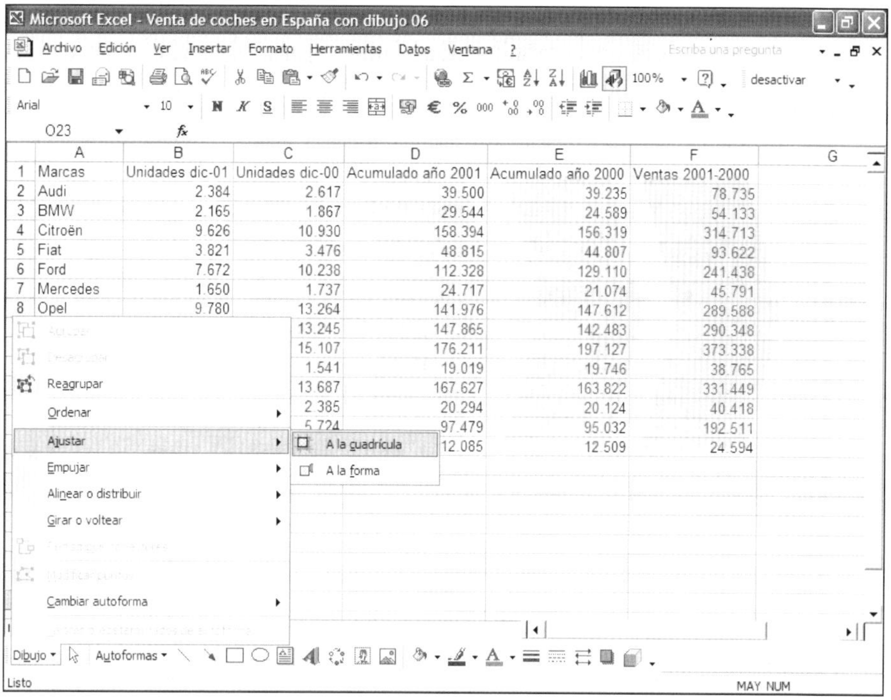

Figura 10.16. Puede alinear automáticamente un objeto con los límites de las celdas más cercanas si utiliza la opción Ajustar a la cuadrícula

Pulse sobre el botón **Dibujo**, situado en la Barra de herramientas Dibujo, y elija una de las posibilidades de alineación o distribución que ofrece: Alinear a la izquierda, para alinear verticalmente los bordes izquierdos de los objetos seleccionados; Alinear verticalmente, para centrar los objetos verticalmente; Alinear a la derecha, para alinear verticalmente los bordes derechos; Alinear en la parte superior, para alinear horizontalmente los bordes superiores; Alinear horizontalmente, para alinear horizontalmente los puntos medios; Alinear en la parte inferior, para alinear horizontalmente los bordes inferiores; y Distribuir horizontal y verticalmente, que distribuye los objetos seleccionados horizontal o verticalmente, según la opción elegida, unos en relación con otros. Ambos tipos mueven los objetos para que haya la misma distancia entre bordes.

Debe seleccionar por lo menos dos objetos para que estén disponibles las opciones de alineación, y tres objetos como mínimo para las de distribución.

Copiar objetos

Existen varios métodos que le permitirán copiar un objeto y pegarlo en otro lugar:

- Seleccione el objeto que desea copiar. A continuación ejecute la secuencia de comandos **Edición>Copiar**. Haga clic en el lugar donde quiere ubicar la nueva figura y realice la secuencia **Edición>Pegar**.
- Seleccione el objeto que desea copiar. Haga clic con el botón derecho del ratón sobre él y pulse, en el menú que aparece, sobre la opción Copiar. Vuelva a hacer clic con el botón derecho del ratón en el lugar donde quiere ubicar la nueva figura y pulse, esta vez, sobre Pegar.
- Seleccione el objeto que desea copiar. A continuación realice la combinación de teclas **Control-C**. Haga clic sobre el lugar donde quiere ubicar la nueva figura y realice la combinación **Control-V**.
- Pulse sobre el objeto que desea copiar. Arrástrelo hasta el lugar donde quiere ubicarlo, pero, antes de soltarlo, pulse la tecla **Control** (el puntero del ratón pasará de ser una cruz con cuatro flechas a un puntero con un signo + de pequeño tamaño a su derecha). Suéltelo con esta tecla pulsada.

Eliminar objetos

Todos aquellos objetos (autoformas, imágenes, diagramas, etc.) que tenga en su hoja de cálculo, pero que ya no le sean de ninguna utilidad, pueden ser borrarlos fácilmente. Es muy sencillo, seleccione el objeto o los objetos que desea eliminar y, a continuación, pulse sobre la tecla **Supr**. Eso sí, asegúrese de seleccionar el objeto indicado, ya que éste se borrará inmediatamente, sin ventana de aviso.

Otra posibilidad, en el caso de que no esté seguro de si va a usar o no dicha imagen posteriormente, es borrarla de la hoja de cálculo, pero incluirla en el portapapeles. Para ello, seleccione el objeto y ejecute la secuencia de comandos **Edición>Cortar**, o haga clic con el botón derecho del ratón sobre él y pulse, en el menú que aparece, la opción Cortar.

11. Gestionar y analizar datos

Excel 2002 integra numerosas herramientas para la gestión y el análisis de los datos de una hoja de cálculo. Por ejemplo, es posible introducir datos en forma de listas mediante formularios, o trabajar con ellos a través de una tabla dinámica o un gráfico dinámico. En cuanto a las herramientas de análisis de datos, Excel incorpora las denominadas herramientas de "análisis Y si". Este tipo de análisis permite modificar los valores de celdas para ver cómo afectan esos cambios al resultado de fórmulas de la hoja de cálculo. Entre las operaciones que se pueden llevar a cabo con el "análisis Y si" están buscar objetivos, Solver, tablas con variables y escenarios.

Crear listas en Excel

En terminología de Excel, una lista es una serie de filas de hoja de cálculo con un título que contiene datos relacionados; por ejemplo, una base de datos de facturas o un conjunto de nombres y números de teléfono de clientes. La primera fila de la lista es la que suele contener el título para las distintas columnas; cada columna representa una categoría y determina el tipo de información requerida para cada entrada en la lista; y cada fila de la lista representa un registro.

Cuando en la definición de lista se hace referencia a "una base de datos" es porque este tipo de entradas se va a utilizar para los propósitos tradicionales de una base de datos (como ordenar, realizar búsquedas o generar informes). Por lo tanto, al referirse a algunos elementos de la lista es necesario coger prestados términos utilizados en el lenguaje de las bases de datos. Así, las columnas pasan a denominarse campos y las filas registros.

La figura 11.1 nos muestra un ejemplo de una sencilla lista en una hoja de cálculo, pero que contiene todos los elementos necesarios para trabajar con este tipo de entradas. Esta lista va a servir de base para desarrollar todos los apartados del capítulo. Como puede observar, contiene cinco categorías representadas por cinco columnas o campos (Marca, Ciudad, Comunidad, Mes y Unidades), y las filas se refieren a distintas marcas de automóviles que configuran los registros. Con esta distribución de los datos Excel permite, por ejemplo, ordenar la lista por marcas o por comunidades, añadir o modificar datos mediante un formulario, aplicar filtros para mostrar únicamente aquellos datos que coincidan con los criterios especificados (en el caso que nos ocupa, por ejemplo, las filas que representen a una misma marca). También es posible crear subtotales de forma automática que presenten el total de unidades vendidas en una comunidad o bien crear tablas dinámicas que resuman al instante todos los datos de la lista.

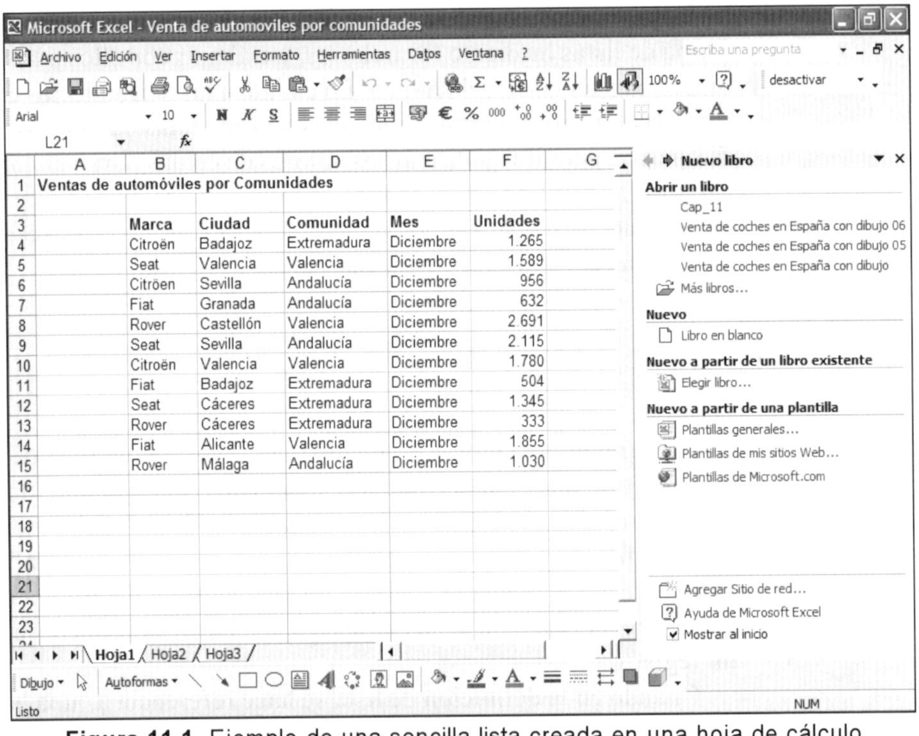

	A	B	C	D	E	F
1	Ventas de automóviles por Comunidades					
2						
3		Marca	Ciudad	Comunidad	Mes	Unidades
4		Citroën	Badajoz	Extremadura	Diciembre	1.265
5		Seat	Valencia	Valencia	Diciembre	1.589
6		Citröen	Sevilla	Andalucía	Diciembre	956
7		Fiat	Granada	Andalucía	Diciembre	632
8		Rover	Castellón	Valencia	Diciembre	2.691
9		Seat	Sevilla	Andalucía	Diciembre	2.115
10		Citroën	Valencia	Valencia	Diciembre	1.780
11		Fiat	Badajoz	Extremadura	Diciembre	504
12		Seat	Cáceres	Extremadura	Diciembre	1.345
13		Rover	Cáceres	Extremadura	Diciembre	333
14		Fiat	Alicante	Valencia	Diciembre	1.855
15		Rover	Málaga	Andalucía	Diciembre	1.030

Figura 11.1. Ejemplo de una sencilla lista creada en una hoja de cálculo

Nota: Se puede crear una lista en cualquier área de una hoja de cálculo. Pero debe asegurarse de que el área que se encuentra por debajo de ella no posee ningún dato, de tal forma que se pueda ampliar sin sobreescribir información.

Entrada de registros en una lista mediante el formulario

Para facilitar la entrada y modificación de registros de una lista, Excel proporciona una herramienta denominada Formulario de datos. Esta función presenta una mejor organización visual de la información, permitiendo que la introducción de datos sea mucho más sencilla y exacta. Si desea acceder al formulario de entrada de datos, seleccione la primera celda de la lista (en el ejemplo, la celda B3) y, después, pulse sobre el comando Formulario del menú Datos. El formulario de entrada de datos muestra todos los campos de la lista, cada uno de ellos identificado a la izquierda del cuadro de diálogo por el título de la columna. La Barra de desplazamiento horizontal que aparece sirve para moverse por los distintos registros (si llega al final de esta barra, el número de registro cambiará a Nuevo registro).

Nota: Cuando abra el formulario por primera vez, en los cuadros de texto que acompañan a los distintos campos se mostrarán los datos del primer registro de la lista, el número de registro actual y el número total de registros que contiene.

Las distintas opciones del formulario se encuentran a la derecha del cuadro de diálogo en forma de botones. Son las siguientes:

- **Nuevo**. Crea y permite introducir un nuevo registro que se añade a continuación del último que aparece en la lista.
- **Eliminar**. Elimina el registro actual de la lista.
- **Restaurar**. Deshace el último cambio realizado en el formulario de datos.
- **Buscar anterior**. Muestra el registro anterior en una lista. Si ha especificado criterios usando el botón **Criterios**, cuando luego seleccione **Buscar anterior** mostrará el registro anterior que coincida con ellos.
- **Buscar siguiente**. Muestra el siguiente registro en una lista. Si ha especificado criterios utilizando el botón **Criterios**, cuando seleccione **Buscar siguiente** mostrará el siguiente registro que coincida con ellos.
- **Criterios**. Permite buscar registros basándose en los criterios que están especificados.
- **Cerrar**. Cierra el formulario de datos para volver a la hoja de cálculo.

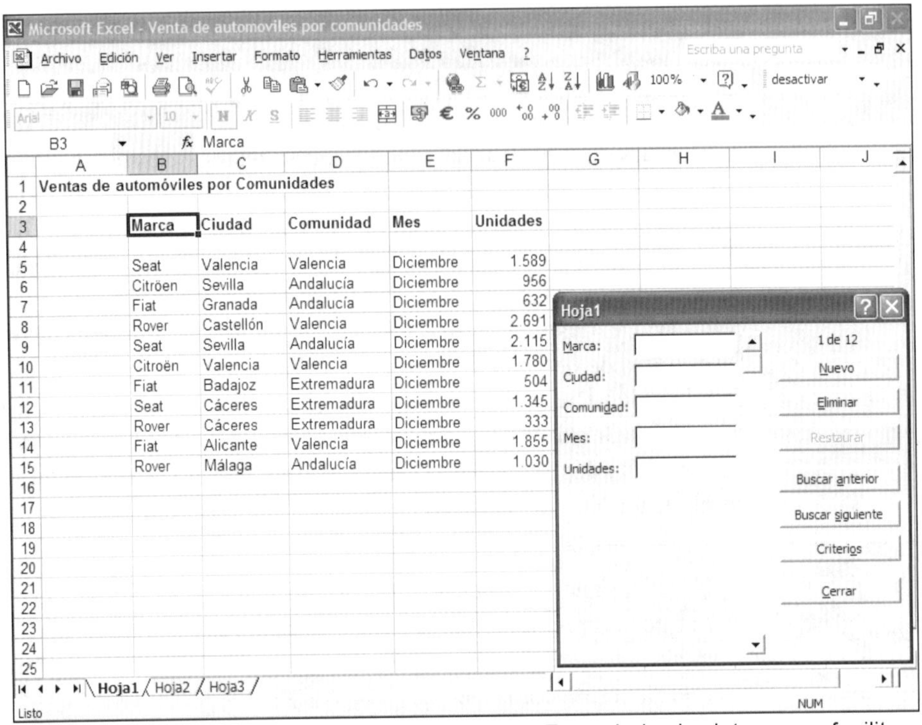

Figura 11.2. Excel proporciona la herramienta Formulario de datos para facilitar la entrada de datos en una lista

Truco: Para desplazarse por los campos del formulario use la tecla **Tab** y la combinación **Mayús-Tab**. Para desplazarse por los registros utilice las **Teclas de dirección** o **RePág** y **AvPág**.

Cómo utilizar el formulario para agregar un registro

Si desea aprender a agregar un registro mediante el formulario, recupere el ejemplo citado anteriormente y realice los siguientes pasos:

1. Abra el ejemplo desarrollado para el capítulo 11 y seleccione la primera celda de la lista (B3 o la que posee el valor Marca).
2. Ejecute la secuencia de comandos **Datos>Formulario...**
3. En el cuadro de diálogo denominado Hoja1, pulse sobre el botón **Nuevo**. Observará cómo en la parte superior de ese botón aparece el mensaje Nuevo registro y los campos de la derecha están vacíos.
4. Rellene los campos con los siguientes datos:

Marca	BMW
Ciudad	Madrid
Comunidad	Madrid
Mes	Diciembre
Unidades	2002

Nota: Si quiere agregar otro registro, pulse la tecla **Intro** tras introducir los datos.

5. Haga clic sobre el botón **Cerrar** para volver a la hoja de cálculo con el nuevo registro.

Cómo utilizar el formulario para eliminar un registro

El formulario también puede ser usado para eliminar registros de una lista. Pero hay que tener en cuenta que únicamente se podrá eliminar un registro cada vez. Para ver cómo se realiza este proceso, vuelva al libro que sirve de ejemplo en este capítulo.

1. Seleccione la primera celda de la lista (B3 o la que posee el valor Marca) y ejecute la secuencia de comandos **Datos>Formulario...**.
2. Use las **Teclas de dirección** o **AvPág** para activar o visualizar los campos del último registro agregado, es decir, el que se ha añadido en el apartado anterior.
3. Pulse sobre el botón **Eliminar** y, posteriormente, sobre el botón **Aceptar**.
4. Si no desea agregar un nuevo registro, haga clic sobre el botón **Cerrar** para volver a la hoja de cálculo.

Cómo utilizar el formulario para buscar un registro

La gran cantidad de registros que puede poseer una lista hace necesaria la existencia de una herramienta lo bastante potente como para rastrear toda la lista y dar con el dato que se está buscando. Esta función se encuentra dentro de la propia herramienta Formulario, y permite especificar distintos criterios que delimitan el rastreo.

Vuelva al libro que sirve de ejemplo para buscar los registros que sobrepasen las 2.000 unidades de venta:

1. Seleccione la primera celda de la lista (B3 o la que posee el valor Marca) y ejecute la secuencia de comandos **Datos>Formulario...**.
2. Pulse sobre el botón **Criterios** y use la tecla **Tab** para acceder al campo Unidades. Escriba ">2000" para indicar que quiere buscar una cantidad mayor a 2.000.
3. Pulse sobre el botón **Buscar siguiente** para ver los distintos registros que posee ese criterio.
4. Cuando haya finalizado la búsqueda, haga clic sobre el botón **Cerrar**.

Truco: Excel también permite usar múltiples criterios para buscar registros. Siguiendo con el mismo ejemplo de este apartado, introduzca en el campo Comunidad "Extremadura" y en Unidades ">1000" para encontrar las marcas de coche que hayan vendido más de 1.000 unidades en la comunidad de Extremadura.

Ordenar una lista

Con Excel es posible ordenar los datos de cualquier fila o columna, aunque esta función se use normalmente para ordenar una lista basándose en un campo.

Si desea conocer el funcionamiento de la opción Ordenar, recupere la lista que está sirviendo de ejemplo a lo largo del capítulo, y ordene alfabéticamente las marcas de automóvil de la lista y, después, por el mayor número de unidades vendidas:

1. Seleccione la primera celda de la lista y ejecute la secuencia de comandos **Datos>Ordenar...** Comprobará cómo tras este paso Excel selecciona toda la lista y muestra el cuadro de diálogo Ordenar...
2. Para evitar que los títulos de las columnas se ordenen junto a los otros datos de la lista, active el botón de opción Sí del área La lista tiene fila de encabezamiento.
3. En el cuadro de lista desplegable Ordenar por (donde aparecen todas las columnas), seleccione la opción Marca y active el botón de opción Ascendente. La opción Ascendente ordena a partir del número más bajo, alfabéticamente de la A a la Z, o por la fecha más antigua de la lista ordenada.

La opción Descendente ordena a partir del número más alto, alfabéticamente de la Z a la A, o por la última fecha de la lista ordenada. Las celdas en blanco se ordenan siempre las últimas.

4. Use el primer cuadro de lista desplegable Luego por para ordenar la lista por una columna adicional. Debe seleccionar el título Unidades y activar el botón de opción Descendente para ordenar a partir del número más alto.
5. Finalmente, pulse sobre el botón **Aceptar** para que se realice la ordenación.

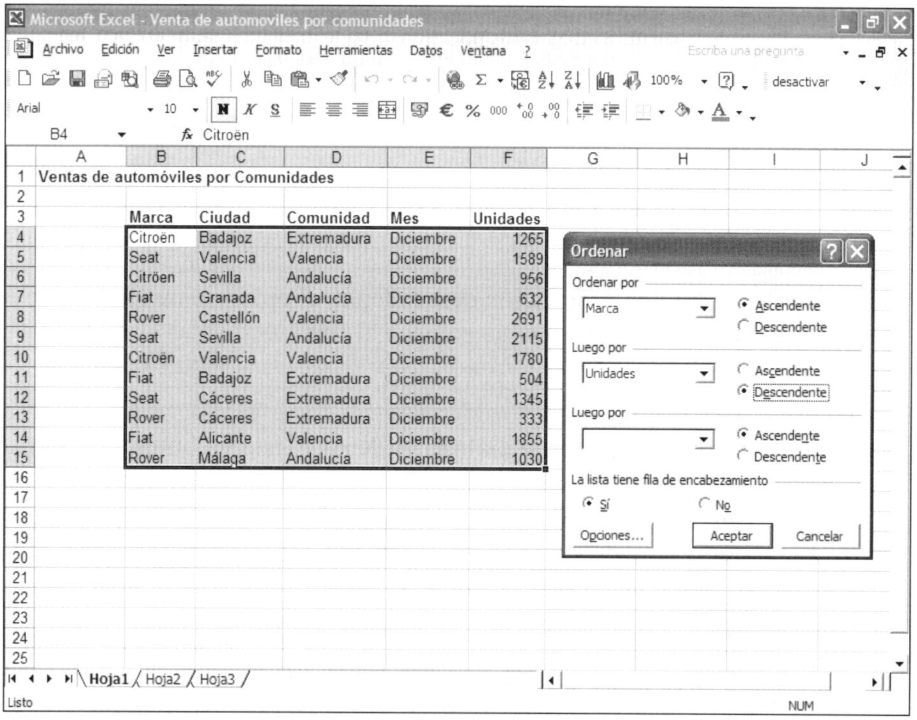

Figura 11.3. El cuadro de diálogo Ordenar permite seleccionar entre un ordenamiento ascendente o descendente

Nota: Para ordenar una lista rápidamente puede usar los botones **Orden ascendente** y **Orden descendente** de la Barra de herramientas Estándar.

Órdenes predeterminados

En una ordenación ascendente hay que tener en cuenta las características siguientes:

- Números. Los números se ordenan desde el número negativo menor al número positivo mayor.
- Ordenación alfanumérica. Si se ordena texto alfanumérico, Excel lo ordenará de izquierda a derecha, carácter por carácter. Por ejemplo, si una celda contiene el texto "A100", Excel colocará la celda detrás de la celda que contenga la entrada "A1" y justo antes de la celda que contenga la entrada "A11".
- Los apóstrofos (') y guiones (-) no se tienen en cuenta, con una excepción: si dos cadenas de texto son iguales salvo por un guión, el texto con el guión se ordenará en último lugar.
- Valores lógicos. Dentro de los valores lógicos, FALSO se coloca antes que VERDADERO.
- Espacios en blanco. Los espacios en blanco siempre se colocan en último lugar.

En una ordenación descendente, el orden se invierte salvo en las celdas en blanco que siempre se colocan al final.

Opciones de ordenación

En el cuadro de diálogo Ordenar existe un botón denominado **Opciones...** que permite especificar una ordenación personalizada para la columna seleccionada en el cuadro Ordenar por. También puede especificar una ordenación que distinga entre mayúsculas y minúsculas, así como ordenar de arriba hacia abajo o de izquierda a derecha. En el cuadro de diálogo Opciones de ordenación puede encontrar las siguientes funciones:

- **Primer criterio de ordenación**. Seleccione el criterio de ordenación personalizado que prefiera. La selección predeterminada es Normal. Ordena de acuerdo con las reglas alfabéticas y numéricas habituales.
- **Distinguir mayúsculas de minúsculas**. Si se activa este criterio de ordenación, distinguirá mayúsculas y minúsculas.
- **Orientación**. Determina la dirección en la que se ordenarán los datos.

Validación de datos

La validación de datos de Excel permite definir el tipo de datos que se desea introducir en una celda. Esta opción se suele usar para evitar que se introduzcan datos no válidos. También es posible proporcionar mensajes que definan la en-trada que se espera en la celda, así como instrucciones para ayudar a los usua-rios a corregir errores. La validación se puede aplicar a una celda o a un rango de celdas, y al igual que ocurre al aplicar un formato, si se copia o se mueve la celda o el rango, los criterios de validación continúan siendo válidos para la celda de destino. Aplique esta opción siguiendo los pasos que a continuación se describen:

1. Seleccione el rango de celdas donde quiere aplicar la validación, y ejecute la secuencia de comandos **Datos>Validación...** para acceder al cuadro de diálogo Validación de datos.
2. La ficha Configuración permite definir los criterios de validación. Pueden designarse los tipos de datos válidos para una celda que se describen a continuación:
   - **Cualquier valor**. Este comando no ofrece ningún tipo de opción.
   - **Números**. Especifique si la entrada en una celda debe ser un número entero o un número decimal. Puede establecer un valor mínimo o máximo, excluir un número o intervalo determinado o usar una fórmula para calcular la validez de un número.
   - **Fechas y horas**. Establezca un valor mínimo o máximo, excluya determinadas fechas u horas, etc.
   - **Longitud**. Limite el número de caracteres que se pueden escribir en una celda o exija un número mínimo de caracteres.
   - **Personalizada**. Permite especificar una fórmula, usar una expresión o hacer referencia a un cálculo de otra celda para determinar las entradas válidas.
3. En la lista desplegable Datos, seleccione el operador de comparación que desee utilizar. Los operadores disponibles dependen del tipo de datos que elija en el cuadro Permitir.
4. En los cuadros de texto situados en la zona inferior, escriba el valor mínimo, la fecha u hora de inicio como un valor, la referencia de celda o la fórmula para la opción de validación de datos seleccionada en el cuadro Permitir; o aplique el valor máximo, la fecha u hora final como un valor, la referencia de celda o la fórmula para la opción de validación de datos seleccionada en el cuadro Permitir.
5. Por último, pulse sobre el botón **Aceptar**.

Mensajes de la validación

Para cada celda o rango de celdas validado se pueden mostrar dos mensajes distintos: un mensaje entrante y un mensaje de error. El primero aparece antes de introducir los datos y el segundo después de que se intenten introducir datos que no cumplen los requisitos.

Mensaje entrante

Este tipo de mensaje aparece cuando se activa una celda validada, y suele utilizarse para facilitar instrucciones sobre el tipo de datos que se han de introducir en la celda. Puede definir un mensaje entrante del siguiente modo:

1. Acceda al cuadro de diálogo Validación de datos y pulse sobre la ficha Mensaje entrante.
2. Active la casilla de verificación Mostrar mensaje al seleccionar la celda, para poder mostrar el mensaje.
3. En el cuadro de texto Título, escriba un título opcional para el mensaje de entrada que quiere mostrar. El título aparecerá en negrita en el mensaje.
4. En el cuadro de texto Mensaje de entrada, escriba ahora el texto del mensaje que desea mostrar, con un máximo de 255 caracteres.
5. Pulse **Aceptar**.

Mensaje de error

Este tipo de mensaje aparece sólo cuando el usuario escribe datos no válidos. Se puede elegir entre tres estilos de mensajes de error: Mensaje de limitación, Mensaje de advertencia y Mensaje de información. Para definir un mensaje de error haga lo siguiente:

1. Acceda al cuadro de diálogo Validación de datos y pulse sobre la ficha Mensaje de error.
2. Active la casilla de verificación Mostrar mensaje de error si se introducen datos no válidos, para mostrar un mensaje de error cuando se especifiquen datos incorrectos en una celda o bien para evitar que se escriban datos incorrectos.
3. Elija un estilo de error en la lista desplegable Estilo. El estilo de error que seleccione determinará las opciones que va a presentar el mensaje de error cuando se realice una entrada no válida en una celda restringida. Puede elegir entre tres posibilidades:

- **Mensaje de limitación**. Este mensaje no permite la entrada de datos no válidos. Incluye el texto que proporciona el usuario, un icono de detención y dos botones: **Reintentar**, para regresar a la celda y realizar más modificaciones, y **Cancelar**, que restaura el valor anterior de la celda. No se trata de un mensaje concebido como medida de seguridad; si bien los usuarios no pueden introducir datos no válidos escribiendo y pulsando **Intro**, sí pueden eludir la validación copiando y pegando o rellenando datos en la celda.
- **Mensaje de advertencia**. Este mensaje no impide la entrada de datos no válidos. Incluye el texto que proporciona el usuario, un icono de advertencia y tres botones: **Sí**, que introduce los datos no válidos en la celda; **No**, para regresar a la celda y realizar más modificaciones, y **Cancelar**, que restaura el valor anterior de la celda.
- **Mensaje de información**. Este mensaje no impide la entrada de datos no válidos. Además del texto que proporciona el usuario, incluye un icono de información, un botón **Aceptar**, que introduce los datos no válidos en la celda, y un botón **Cancelar**, que restaura el valor anterior de la celda.

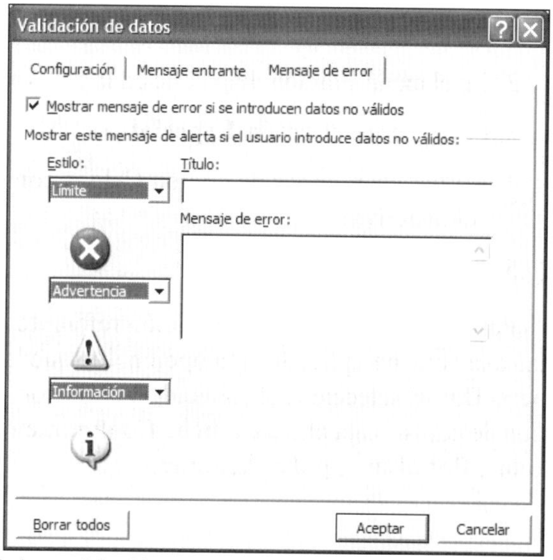

Figura 11.4. La validación de datos que realiza Excel permite incluir tres mensajes de error distintos

4. Tras elegir el estilo, puede introducir un título dentro del cuadro de texto Título.

5. En el cuadro de texto Mensaje de error, escriba el mensaje que aparecerá cuando se realice una entrada incorrecta.

6. Pulse **Aceptar**.

Buscar y eliminar la validación de datos

Excel permite, mediante el menú Ir a, buscar la celda o el rango de celdas que posea criterios de validación. Para buscar dichas celdas realice los pasos que se describen a continuación:

1. Ejecute la secuencia de comandos **Edición>Ir a...** Accederá al cuadro de diálogo Ir a.
2. Pulse sobre el botón **Especial...**
3. Active los botones de opción Celdas con validación de datos y Todos.
4. Pulse **Aceptar**.

También puede buscar celdas que coincidan con una configuración de validación de datos determinada:

1. Haga clic en una celda que tenga la configuración de validación de datos cuyas coincidencias desea buscar.
2. En el menú Edición, haga clic en Ir a... Accederá al cuadro de diálogo Ir a.
3. Pulse sobre el botón **Especial...**
4. Active los botones de opción Celdas con validación de datos e Iguales a celda activa.
5. Pulse **Aceptar**.

Para eliminar toda la información referente a validación de datos de las celdas a las que ha aplicado esta opción, busque la celdas y, posteriormente, en el menú Datos, seleccione el comando Validación. En el cuadro de diálogo Validación de datos, haga clic en la ficha Configuración y pulse sobre el botón **Borrar todos**. Por último, pulse **Aceptar**.

Filtrar datos de una lista

Aplicar filtros es una forma rápida y sencilla de buscar y trabajar con un subconjunto de datos de una lista. Una lista filtrada muestra sólo las filas que cumplen el criterio que se especifique para una columna, ocultando los demás registros del campo visual. Excel 2002 proporciona dos comandos para aplicar filtros a las listas: Autofiltro, para criterios simples, y Filtro avanzado, para criterios más complejos.

Nota: A diferencia de Ordenar, la opción Filtro no reorganiza las listas. El filtrado oculta temporalmente las filas que no se quieren mostrar.

Autofiltro

La herramienta Autofiltro permite seleccionar rápidamente aquellos elementos que se desean mostrar de una lista. Para describir cómo trabaja el comando Autofiltro vamos a utilizar el mismo ejemplo que en apartados anteriores.

En esta ocasión, el objetivo es filtrar la columna de Comunidad y la de Unidades, de tal modo que únicamente se muestren los datos que contengan como comunidad a Valencia y 1.750 unidades de coches vendidos. Cuando se usa el comando Autofiltro, las flechas de Autofiltro aparecen automáticamente a la derecha de los rótulos de columna de la lista filtrada.

1. Seleccione la primera celda de la lista (B3 o la que posee el valor Marca) y, a continuación, ejecute la secuencia de comandos **Datos>Filtro>Autofiltro**. Tras esto, aparecerán a la derecha de los títulos de las columnas las flechas de Autofiltro.
2. Pulse sobre la flecha situada junto al título de la columna Comunidad, se mostrará una lista con cada entrada única de esa columna.
3. Seleccione la opción Valencia. Esta acción provoca que únicamente se muestren los cuatro registros que poseen en la columna Comunidad el valor Valencia.
4. Haga clic sobre la flecha situada junto a la columna Unidades, y seleccione la opción Personalizar... para acceder así al cuadro de diálogo Autofiltro personalizado.
5. En la lista desplegable Unidades, seleccione la opción "es mayor que", y en el cuadro desplegable situado a su derecha, escriba el valor 1.750. Pulse sobre el botón **Aceptar**. Estas acciones provocan que únicamente se muestren en la lista los registros que poseen en la columna Comunidad el valor Valencia y en la columna Unidades los valores superiores a 1.750; en este caso deben quedar tres registros.

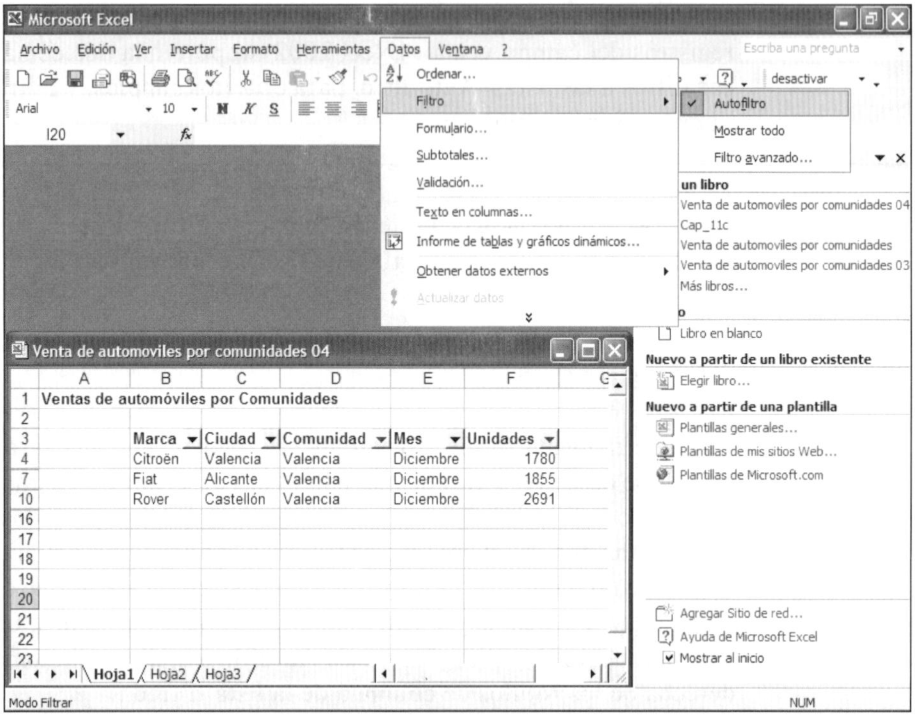

Figura 11.5. El comando Autofiltro permite seleccionar de forma rápida los elementos que se desean mostrar de una lista

Nota: Cuando se filtra una lista, las columnas a las que se ha aplicado un filtro muestran las flechas de Autofiltro de color azul.

Truco: Para desactivar el Autofiltro, vuelva a ejecutar la secuencia de comandos **Datos>Filtro>Autofiltro**.

Autofiltro personalizado

Excel permite definir un filtro más específico utilizando la opción Personalizar de la lista desplegable de Autofiltro. Para personalizar el comando Autofiltro realice los pasos que se describen a continuación:

1. Acceda al cuadro de diálogo Autofiltro personalizado pulsando sobre una de las flechas de Autofiltro, y seleccione la opción Personalizar.

2. Seleccione una operación comparativa de filtrado (tabla 11.1) en los cuadros de texto desplegables situados en la zona izquierda del cuadro de diálogo, y escriba un valor (que aparezca en la hoja de cálculo o no) en el cuadro de la derecha.

Tabla 11.1. Operadores comparativos del Autofiltro personalizado

Operadores comparativos	Para
Es igual o no es igual, contiene o no contiene	Filtrar una lista en busca de filas que contengan un texto específico.
Es mayor que o es menor que, es mayor o igual que o es menor o igual que	Filtrar por números mayores o menores que otro número.
Es igual a o no es igual a	Filtrar por un número igual a o no igual a otro número.
Comienza por o no comienza por, termina con o no termina con	Filtrar por el comienzo o el final de una cadena de texto.

3. Para incluir otro conjunto de criterios en el filtro, pulse sobre el botón de opción Y. De esta forma indicará que los registros deben reunir ambos grupos de criterios.

4. Pulse sobre el botón de opción O si desea indicar que los registros deben coincidir con alguno de los grupos de criterios, y posteriormente defina el segundo grupo de criterios.

5. Por último, pulse sobre el botón **Aceptar** para que Excel filtre la lista y muestre aquellos registros que coincidan con los criterios.

Autofiltro de diez mejores

Otra forma de filtrar una lista que posea columnas con valores numéricos es usando la opción Las 10 más... del Autofiltro (no es posible aplicar dicha función a columnas que contengan texto). Esta herramienta permite trabajar con un rango de valores que puede ser filtrado al incluir condiciones como, por ejemplo, valores superiores o inferiores. Para utilizar esta función realice los siguientes pasos:

1. Acceda al cuadro de diálogo Autofiltro de diez mejores pulsando sobre una de las flechas de Autofiltro y seleccione la opción Las 10 más...

2. En el primer cuadro de lista desplegable, seleccione la opción Superiores o Inferiores para mostrar filas con valores altos o bajos.

3. En el cuadro de lista desplegable situado en el centro, seleccione el número de elementos o el porcentaje de toda la lista que desea mostrar.

4. En el último cuadro de lista desplegable, seleccione la opción Elementos para mostrar las filas con los valores altos o bajos, o bien seleccione Porcentaje para presentar las filas con los valores que constituyen el porcentaje alto o bajo de toda la lista.

Por ejemplo, si necesita que el libro que está utilizando para desarrollar los ejercicios de este capítulo muestre los tres registros que poseen el menor número de unidades vendidas, debería seleccionar en el primer cuadro desplegable la opción Inferiores, en el del centro el valor 3 y en el último la opción Elementos.

Nota: Para quitar las flechas de filtro de una lista, ejecute la secuencia de comandos **Datos>Filtro>Autofiltro**.

Filtro avanzado

El comando Filtro avanzado también permite filtrar una lista, pero sin mostrar listas desplegables en las columnas como era el caso de Autofiltro. En lugar de ello, es necesario escribir los criterios que se desee para filtrar los datos en un rango de celdas independiente situado sobre la lista. Esta herramienta es mucho más compleja que el Autofiltro, pero sus posibilidades son mucho más potentes y específicas.

Requisitos y criterios del Filtro avanzado

Para usar el Filtro avanzado es necesario que se cumplan estas condiciones:

- Desactivar cualquier tipo de filtro que integre la lista.
- Insertar al menos tres filas vacías sobre la lista. Se utilizarán como rango de criterios.
- El rango de criterios debe tener rótulos de columna.
- Tiene que existir al menos una fila vacía entre los valores de criterios y la lista.

El aspecto que debe tener la lista de la hoja de cálculo para aplicarle el Filtro avanzado es el siguiente:

Marca	Ciudad	Unidades
Marca	**Ciudad**	**Unidades**
Fiat	Alicante	1855
Rover	Castellón	2691
Seat	Sevilla	2115

En las filas situadas bajo los títulos de columnas hay que escribir los criterios que se van a utilizar. Se pueden definir los siguientes:

- Varias condiciones en una sola columna. Permite filtrar varios elementos en una columna. La función Autofiltro sólo permitía dos. Si incluye dos o más condiciones en una sola columna, escriba los criterios en filas independientes, una directamente bajo otra. Por ejemplo, el siguiente rango de criterios presenta las filas que contienen "Fiat" "Rover" o "Seat" en la columna Marca.

Marca
Fiat
Rover
Seat

- Una condición en dos o más columnas. Para definir criterios de comparación que cumplan una condición en dos o más columnas, debe introducir todos los criterios en la misma fila del rango de criterios. Por ejemplo, el siguiente rango de criterios muestra todos los registros que contengan "Sevilla" en la columna Ciudad y unidades vendidas superiores a 1.000.

Ciudad	Unidades
Sevilla	>1000

- Una condición en una columna u otra. Para definir criterios de comparación que cumplan una condición de una o una condición de otra, debe introducir los criterios en filas diferentes del rango.

Ciudad	Unidades
Sevilla	
	>1000

- Uno de dos conjuntos de condiciones para dos columnas. Para buscar filas que cumplan uno de dos conjuntos de condiciones, donde cada conjunto incluye condiciones para más de una columna, deberá introducir los criterios en filas independientes. Por ejemplo, el siguiente rango de criterios muestra las filas que contienen "Sevilla" en la columna Ciudad y unidades vendidas superiores a 3.000, y también muestra las filas de la ciudad "Valencia" con valores de ventas superiores a 1.500.

Ciudad	Unidades
Sevilla	>1000
Valencia	>1500

- Más de dos conjuntos de condiciones para una columna. Para buscar las filas que cumplan más de dos conjuntos de condiciones, deberá incluir columnas múltiples con el mismo título. Por ejemplo, el rango de criterios siguiente muestra las unidades vendidas entre 1.000 y 1.500, junto con aquellas inferiores a 500.

Unidades	Unidades
>1000	>1500
<500	

- Condiciones creadas como resultado de una fórmula. Puede utilizar como criterio un valor calculado que sea el resultado de una fórmula. Si emplea una fórmula para crear un criterio, no utilice un título de columna como rótulo de criterios, conserve la celda vacía.

Utilizar el Filtro avanzado

Para conocer mejor el funcionamiento del filtro avanzado, realice el siguiente ejercicio:

1. Acondicione la lista como se explica en el apartado "Requisitos y criterios del Filtro avanzado". Utilice el mismo ejemplo que anteriormente.
2. En la celda B2 realice la entrada "Marca", en la C2 "Ciudad" y en la D2 "Unidades". En la celda C3 realice la entrada "Sevilla" y en la D3 escriba la entrada ">1000" para filtrar los registros que contengan como ciudad Sevilla y que además hayan vendido más de 1.000 unidades.
3. Pulse sobre la primera celda de la lista y, a continuación, ejecute la secuencia de comandos **Datos>Filtro>Filtro avanzado** para acceder al cuadro de diálogo Filtro avanzado.
4. En el área Acción, active el botón de opción Copiar a otro lugar para copiar los datos filtrados en otra ubicación de la hoja.
5. En el cuadro de texto Rango de lista, pulse sobre el botón **Contraer diálogo** (situado al final del cuadro de texto) para contraer de forma temporal el cuadro de diálogo. Seleccione el rango de celdas donde está integrada la lista. Cuando haya finalizado, vuelva a pulsar sobre ese mismo botón para expandirlo de nuevo.
6. En el cuadro de texto Rango de criterios, pulse sobre el botón **Contraer diálogo** y seleccione el rango de celdas perteneciente a las celdas que ocupan los criterios, es decir, el rango B2:D3. Cuando haya finalizado, haga clic otra vez en ese mismo botón para expandir de nuevo el cuadro de diálogo.
7. En el cuadro de texto Copiar a, pulse sobre el botón **Contraer diálogo** y seleccione la celda B21. Cuando haya finalizado, vuelva a pulsar sobre ese mismo botón para expandir de nuevo el cuadro de diálogo.
8. Active la casilla de verificación Sólo registros únicos para copiar únicamente las filas que reúnan las condiciones especificadas y para excluir las filas duplicadas.
9. Para finalizar la operación, pulse sobre el botón **Aceptar** del cuadro de diálogo Filtro avanzado.

Comprobará cómo en el rango de celdas B21:F22 se ha insertado el registro resultante de la filtración:

Marcas	Ciudad	Comunidad	Mes	Unidades
Seat	Sevilla	Andalucía	Diciembre	2115

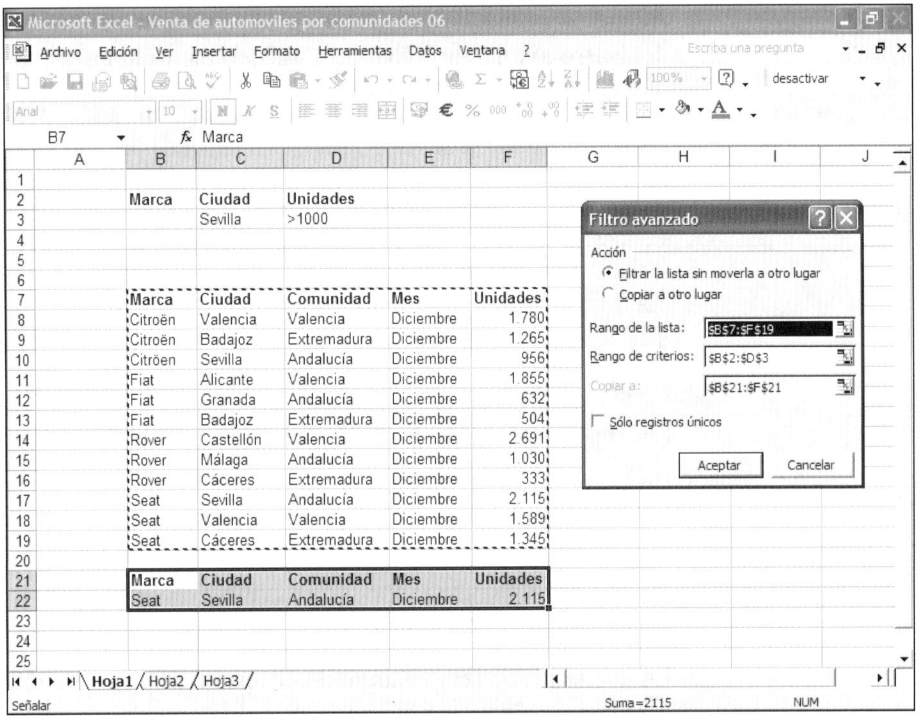

Figura 11.6. El resultado de un filtro avanzado se muestra automáticamente en la hoja de cálculo activa

Subtotales automáticos

Cuando se ordenan datos en una lista, Excel permite resumir y calcular de forma automática valores de subtotales y de totales generales. Al resumir una lista, el programa calcula los subtotales en base a subgrupos de datos, y al insertar subtotales automáticos, esquematiza la lista para que se puedan mostrar y ocultar las filas de detalle de cada subtotal.

Para insertar subtotales, lo primero que debe hacer es ordenar la lista de forma que se agrupen las filas cuyos subtotales desea calcular. Después pueden calcularse los subtotales de cualquier columna que contenga números. Excel calcula los subtotales con una función de resumen, como Suma o Promedio. Además de generar subtotales, esta función permite crear:

- **Subtotales anidados**. Genera subtotales de grupos más pequeños en los grupos de subtotales existentes.

- **Informes de resumen**. Al agregar subtotales a una lista, ésta aparecerá esquematizada para que pueda ver su estructura.
- **Gráficos de los informes de resumen**. Puede crear un gráfico que utilice sólo los datos visibles de una lista que contenga subtotales. Si muestra u oculta los detalles de la lista esquematizada, el gráfico también se actualizará para mostrar u ocultar los datos.

Truco: Si los datos no están organizados en una lista, o si sólo necesita un total, puede utilizar Autosuma en lugar de subtotales automáticos.

Insertar subtotales automáticos

Cuando se trabaja con una lista similar a la que se está usando como ejemplo en este capítulo, si se usa el comando Subtotales del menú Datos, es posible crear subtotales de forma muy rápida para cada una de las categorías especificadas. Este método permite generar subtotales individuales y subtotales anidados.

Insertar subtotales individuales

Para insertar un subtotal individual, previamente debe ordenar los datos de acuerdo con el orden en el que quiere crear los subtotales. En este caso van a estar basados en el total de ventas por Comunidad Autónoma, por lo tanto, en primer lugar, tiene que ordenar la lista por la categoría Comunidad. Para ello, seleccione la lista y, a continuación, ejecute la secuencia de comandos **Datos> Ordenar...**. Posteriormente, en la lista desplegable Ordenar por, seleccione la categoría Comunidad y pulse sobre el botón **Aceptar**. Una vez hecho esto, realice los siguientes pasos:

1. Pulse sobre la primera celda de la lista y, seguidamente, ejecute la secuencia de comandos **Datos>Subtotales...** para acceder al cuadro de diálogo Subtotales.
2. La primera lista desplegable que posee este cuadro de diálogo, denominada Para cada cambio en, permite especificar la columna que contiene los elementos o grupos por los que se desea realizar el subtotal de los valores de las demás columnas. Seleccione la categoría Comunidad.
3. Justo debajo se encuentra la lista desplegable Usar función, la cual permite seleccionar la función resumen que se quiera utilizar para realizar el subtotal de los valores. En este caso, elija la opción Suma.

4. En el área Agregar subtotal a, utilice las casillas de verificación para especificar las columnas que contienen los valores de los que necesita obtener el subtotal. Los subtotales de estas columnas van a ser calculados a partir de las diferencias en los elementos de la columna que está seleccionada en el cuadro Para cada cambio en. En este caso, deberá activar la casilla Unidades.

5. Para poder insertar las filas Subtotal y Total general bajo los datos de detalle, active a continuación, la casilla de verificación Resumen debajo de los datos.

6. Por último, pulse sobre el botón **Aceptar**.

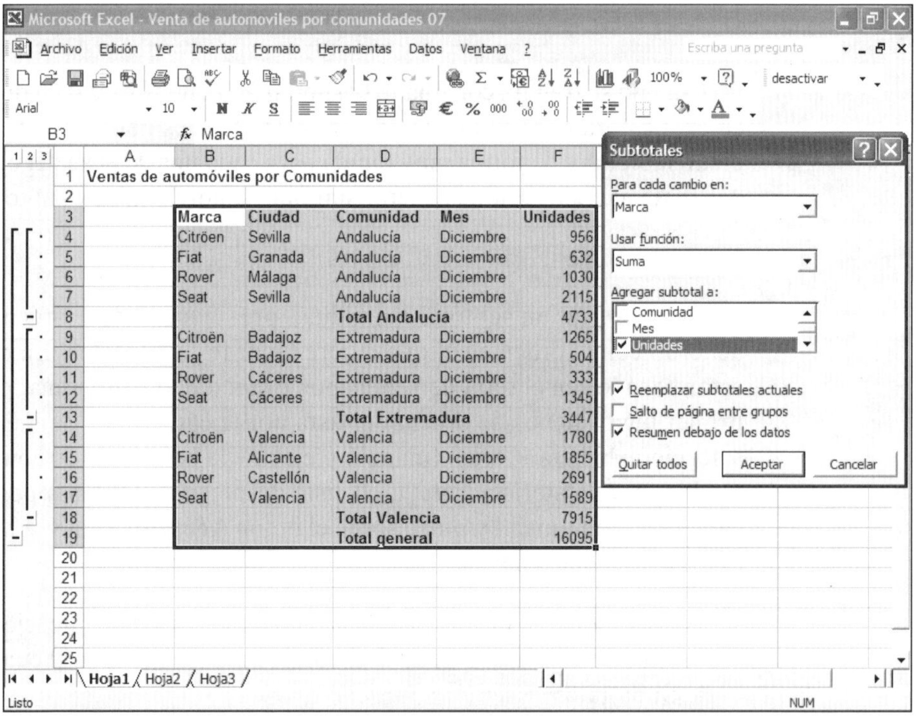

Figura 11.7. La inserción de subtotales provoca que en la hoja de cálculo aparezcan los símbolos de esquema

Observará cómo en la parte izquierda de la hoja de cálculo aparecen los símbolos de esquema. Para visualizar un resumen de los subtotales y de los totales generales, haga clic en los símbolos de esquema 1 2 3 que aparecen junto a los números de fila, y utilice los símbolos + y - para mostrar u ocultar las filas de detalle de los subtotales individuales.

Insertar subtotales anidados

Si desea insertar un subtotal anidado, en primer lugar debe generar un subtotal exterior; este subtotal es el que ha creado en el apartado anterior. Ahora únicamente falta insertar el subtotal anidado realizando unos pasos muy similares a los vistos antes. En esta ocasión, el subtotal va a basarse en el promedio de coches vendidos por Comunidad Autónoma:

1. Con la lista anterior, y su subtotal basado en las ventas por Comunidad Autónoma integrado, vuelva a pulsar sobre la primera celda de la lista y, a continuación, realice la secuencia de comandos **Datos>Subtotales...** para acceder al cuadro de diálogo Subtotales.
2. En la lista desplegable Para cada cambio en, seleccione ahora la categoría Comunidad.
3. En la lista desplegable Usar función, seleccione la función Promedio.
4. En el área Agregar subtotal a, active la casilla Unidades.
5. Desactive la casilla de verificación Reemplazar subtotales actuales.
6. Por último, pulse sobre el botón **Aceptar**.

Observará que por encima de las celdas que poseen el total de unidades vendidas por comunidad, ha aparecido otro subtotal indicando el promedio de cada Comunidad Autónoma, y cómo, en la parte izquierda de la hoja de cálculo, han aumentado los símbolos de esquema. Véase la figura 11.8.

> **Nota:** Para eliminar los subtotales, pulse sobre una celda de la lista que contenga los subtotales. A continuación, en el menú Datos, seleccione el comando Subtotales. Posteriormente, pulse sobre el botón **Quitar todos** del cuadro de diálogo Subtotales. Si quita los subtotales de una lista, Excel eliminará también el esquema y todos los saltos de página que se hayan insertado en ella.

Esquematizar y agrupar datos

La propiedad de esquematizar de Excel es una peculiaridad que complementa perfectamente la gestión de datos en forma de lista o base de datos, permitiendo la organización de los datos en grupos. Como hemos visto en el apartado anterior (Subtotales automáticos), cuando se usa esta herramienta, Excel genera de forma automática una estructura esquematizada de los datos, mostrando los controles y símbolos de esquema. Pero también permite crear los esquemas de forma manual.

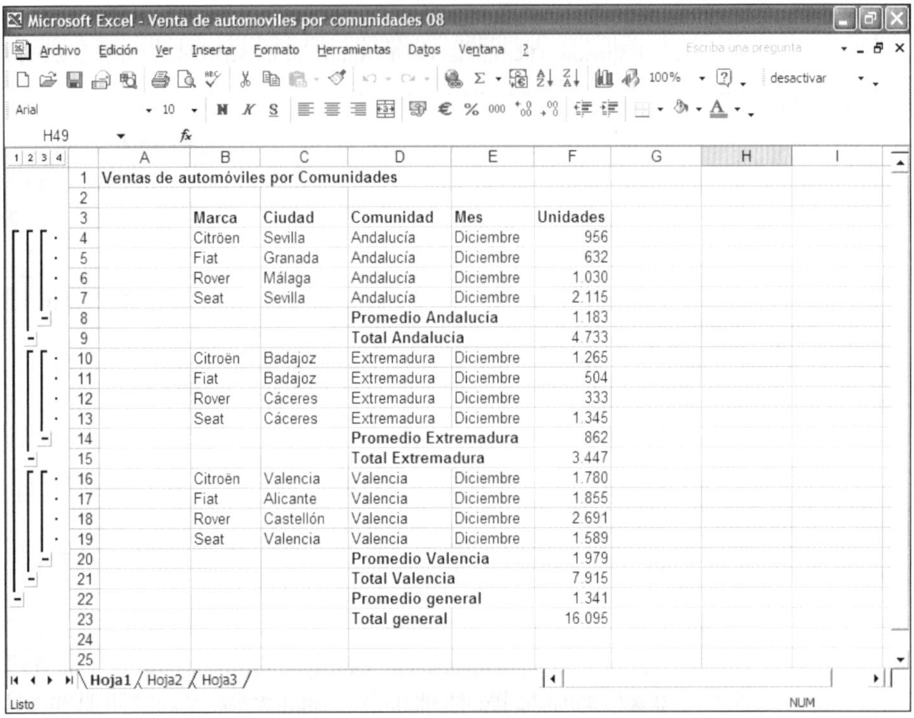

	A	B	C	D	E	F
1	Ventas de automóviles por Comunidades					
2						
3		Marca	Ciudad	Comunidad	Mes	Unidades
4		Citröen	Sevilla	Andalucía	Diciembre	956
5		Fiat	Granada	Andalucía	Diciembre	632
6		Rover	Málaga	Andalucía	Diciembre	1.030
7		Seat	Sevilla	Andalucía	Diciembre	2.115
8				Promedio Andalucía		1.183
9				Total Andalucía		4.733
10		Citroën	Badajoz	Extremadura	Diciembre	1.265
11		Fiat	Badajoz	Extremadura	Diciembre	504
12		Rover	Cáceres	Extremadura	Diciembre	333
13		Seat	Cáceres	Extremadura	Diciembre	1.345
14				Promedio Extremadura		862
15				Total Extremadura		3.447
16		Citroën	Valencia	Valencia	Diciembre	1.780
17		Fiat	Alicante	Valencia	Diciembre	1.855
18		Rover	Castellón	Valencia	Diciembre	2.691
19		Seat	Valencia	Valencia	Diciembre	1.589
20				Promedio Valencia		1.979
21				Total Valencia		7.915
22				Promedio general		1.341
23				Total general		16.095

Figura 11.8. Los subtotales anidados muestran un número mayor de símbolos de esquema que los subtotales básicos

- **Esquema automático**. Si ha resumido los datos con fórmulas que contienen funciones (como, por ejemplo, una suma, una resta o un promedio), Excel puede trazar automáticamente el esquema de los datos mediante el comando Autoesquema.
- **Esquema manual**. Si los datos no están organizados de forma que Excel pueda trazar un esquema de forma automática, puede crearse manualmente, esquematizando los datos de filas y columnas.

Nota: Un esquema puede tener un máximo de ocho niveles de detalle, cada uno de los cuales proporciona datos sobre el nivel inmediatamente superior.

Generar esquemas

Los datos que se van a incluir en un esquema tienen que estar en formato de lista, apareciendo en la primera fila de cada columna un título. La lista no debe contener filas ni columnas en blanco. Antes de trazar el esquema, conviene ordenar los datos (como ya se explicó en el apartado "Ordenar una lista").

Excel estructura los esquemas en torno a grupos de datos, por eso, sin esa estructura de grupos no es posible establecer un esquema. Los esquemas pueden poseer varios niveles, y cada nivel está subordinado al nivel superior. El nivel más bajo contiene las categorías o los registros con los datos correspondientes a los subtotales.

Expandir y contraer un esquema

Los controles de esquema de las filas se encuentran en la zona izquierda y los controles de las columnas en la parte superior de la hoja de cálculo. Sirven para iniciar los niveles del esquema y para expandirlos o contraerlos. Estas funciones también se realizan utilizando los comandos Ocultar detalle y Mostrar detalle del comando Agrupar y esquema del menú Datos.

Para expandir (mostrar detalles) o contraer (ocultar detalles) un nivel de un esquema es necesario pulsar sobre los botones con los signos + y -. Se pueden mostrar u ocultar todos los grupos de un determinado nivel y todos sus grupos subordinados pulsando sobre uno de los botones de número que se encuentran situados sobre los controles de esquema. Por ejemplo, si un esquema dispone de tres niveles:

- **Nivel 1**. Es el nivel general, agrupa a todos los niveles del esquema.
- **Nivel 2**. Nivel de subtotales. En él se resumen grupos de detalle.
- **Nivel 3**. Sería el nivel más bajo y estaría formado por cada registro o categoría que forma un grupo de detalle.

Nota: Los controles de esquema + y - pueden mostrar u ocultar un nivel de forma individual, pero también pueden expandir o contraer todos los grupos de un nivel.

Utilizar el comando Autoesquema

Cuando los datos de una hoja de cálculo están organizados en forma de lista, y además poseen fórmulas de resumen (suma, resta, producto, etc.) que se refieren a datos ubicados directamente en celdas adyacentes, es recomendable utilizar el comando Autoesquema (**Datos>Agrupar y esquema>Autoesquema**). La esquematización automática se basa en fórmulas y en la dirección de referencia. Para agrupar las filas y las columnas en los niveles del esquema, Excel busca las referencias a rangos de celdas directamente adyacentes a la celda que contiene la fórmula. De este modo, el programa examinará en qué dirección apuntan las referencias cuando agrupa filas y columnas en un esquema. Si la referencia apunta hacia arriba o hacia abajo, agrupará las filas; si las referencias apuntan hacia la izquierda o la derecha, agrupará las columnas.

Para comprender mejor la herramienta Autoesquema utilice el ejemplo descrito en la tabla 11.2. Como se puede comprobar, esta muestra posee fórmulas resumen que se refieren a datos de celdas adyacentes, como la suma, el producto o la resta. En el registro Brutas, la fórmula resumen =PRODUCTO (Unidades: PVP) equivale a las fórmulas: =PRODUCTO(C4;C5), =PRODUCTO(D4;D5), =PRODUCTO(E4;E5), =PRODUCTO(F4;F5), =PRODUCTO(G4;G5), =PRODUCTO(H4;H5), =PRODUCTO(I4;I5) y =PRODUCTO(J4;J5); una por cada categoría de la lista (como ocurre con la resta perteneciente al registro NETO).

Tabla 11.2. Ejemplo de lista preparada para aplicarle el comando Autoesquema

	A	B	C	D	E	F	G	H	I	J
1										
2										
3			**ENE**	**FEB**	**MAR**	**TRIM 1**	**ABR**	**MAY**	**JUN**	**TRIM 2**
4		**Unid.**	150	170	160 (C4:E4)	=SUMA	200	300	250 (G4:I4)	=SUMA
5		**PVP**	100	100	100	100	100	100	100	100
6		**Brutas**	=PRODUCTO (Unidades:PVP)							
7		**Comis.**	3000	3400	3200 (C7:E7)	=SUMA	4000	6000	5000 (G7:I7)	=SUMA
8		**NETO**	=C6-C7	=D6-D7	=E6-E7	=F6-F7	=G6-G7	=H6-H7	=I6-I7	=J6-J7

Puede crear rápidamente un esquema de este ejemplo realizando los siguientes pasos:

1. Seleccione el rango de celdas para el que desea trazar el esquema, o una celda cualquiera si quiere aplicar el resumen a toda la hoja.
2. A continuación, ejecute la secuencia de comandos **Datos>Agrupar y esquema>Autoesquema**.

Observará cómo en la parte superior de la hoja de cálculo han aparecido símbolos de esquema que comprenden los dos trimestres incluidos en la lista; y que los símbolos de la parte izquierda integran a los registros Brutas y NETO.

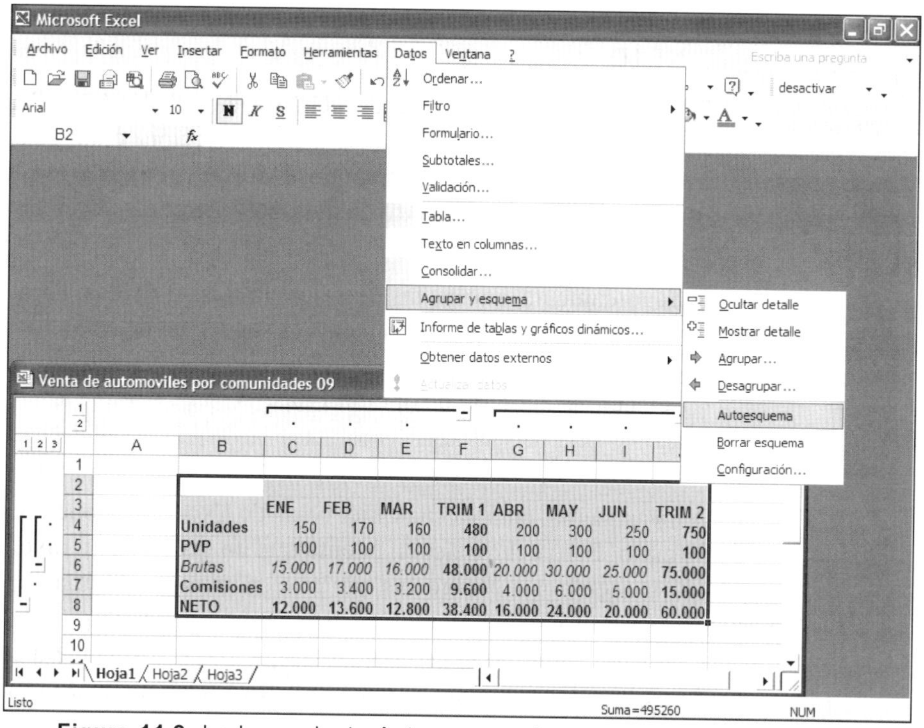

Figura 11.9. La herramienta Autoesquema inserta símbolos de esquema tanto en las filas como en las columnas de la lista

Aplicar un esquema manualmente

Para aplicar un esquema de forma manual use de nuevo el ejemplo del apartado anterior. Eso sí, antes de comenzar es imprescindible que elimine el esquema aplicado anteriormente. Para ello, seleccione el rango de celdas que posee el esquema o una celda cualquiera de la hoja de cálculo, y ejecute la secuencia de comandos **Datos>Agrupar y esquema>Borrar esquema**. Tras eliminar el esquema, la lista quedará preparada para trabajar sobre ella de forma manual.

Volvamos al ejemplo del apartado anterior, ya limpio de esquemas. En primer lugar, realice la esquematización de las columnas de la forma que se describe a continuación:

1. Seleccione el rango de celdas de las categorías ENE, FEB y MAR y los registros Unidades, PVP, Brutas, Comisiones y NETO.

2. Ejecute la secuencia de comandos **Datos>Agrupar y esquema>Agrupar**.
3. En el cuadro de diálogo Agrupar, seleccione el botón de opción Columnas.
4. Ahora realice la misma operación con el rango de celdas de las categorías ABR, MAY y JUN y los registros Unidades, PVP, Brutas, Comisiones y NETO.
5. A continuación, realice la esquematización de las filas. Primero agrupe la filas por el registro NETO. Para ello, seleccione el rango de celdas B4:J7, ejecute la secuencia de comandos **Datos>Agrupar y esquema>Agrupar** y, por último, en el cuadro de diálogo Agrupar, seleccione el botón de opción Filas.
6. Seguidamente, agrupe las filas por el registro Brutas. Para ello, seleccione el rango de celdas B4:J5, ejecute la secuencia de comandos **Datos>Agrupar y esquema>Agrupar** y, por último, en el cuadro de diálogo Agrupar, seleccione el botón de opción Filas.

Aplicar estilos de formato al esquema

A un esquema, como a cualquier celda de Excel, se le puede cambiar el estilo de formato. Pero debe tener en cuenta que un grupo de un nivel es un conjunto de datos, registros o categorías que poseen unas características muy similares y que, por tanto, deben poseer un aspecto homogéneo.

Es posible cambiar el estilo de un esquema de forma manual, pero también lo es que Excel aplique, de forma automática, el estilo más conveniente para el esquema. Para permitir que Excel adapte un estilo al esquema, realice los siguientes pasos:

1. Seleccione el rango de celdas donde está integrado el esquema y ejecute la secuencia de comandos **Datos>Agrupar y esquema>Configuración...**.
2. En el cuadro de diálogo Esquema, pulse sobre el botón **Aplicar estilos**.
3. Por último, pulse **Aceptar**.

Si desea aplicar un estilo de forma automática cada vez que se genere un esquema, active la casilla de verificación Estilos automáticos del cuadro de diálogo Esquema.

Nota: También puede usar el comando Autoformato del menú Formato para cambiar el aspecto de un esquema.

Tablas dinámicas

Un informe de tabla dinámica es una tabla interactiva que permite combinar, resumir y comparar de forma rápida y sencilla grandes volúmenes de datos. Este tipo de informe es conveniente usarlo para comparar totales relacionados, sobre todo si se tiene una lista larga de números que hay que resumir, y se desean realizar comparaciones distintas con cada valor. Por ejemplo, en la hoja de cálculo utilizada en el apartado "Utilizar el comando Autoesquema" sería posible comparar las ventas de cada trimestre.

Para crear una tabla dinámica, Excel incorpora un Asistente que guía a lo largo de todo el proceso, solicitando la información necesaria para crear el informe. En los informes de tabla dinámica, cada columna o campo de los datos de origen se convierte en un campo de tabla dinámica que resume varias filas de información.

En la creación de un informe de tabla dinámica puede utilizar como datos de origen una lista o base de datos del propio programa. Por lo tanto, los datos deben estar en formato de lista, con títulos de columna en la primera fila de la lista (Excel utiliza los títulos de columna como nombres de campo en el informe), elementos similares en las filas restantes y sin filas o columnas en blanco dentro del rango de datos.

Nota: Al ser los informes de tabla dinámica interactivos, es posible cambiar la presentación de los datos para, por ejemplo, ver más detalles o calcular diferentes resúmenes.

Crear una tabla dinámica a través de Asistente para tablas y gráficos dinámicos

En una tabla dinámica creada a partir de una lista, los títulos de la lista se usarán como campos de fila, columna o página, y los datos se convertirán en elementos. Para conocer mejor un informe de tabla dinámica vamos a trabajar de nuevo sobre la hoja de cálculo de la venta de automóviles en España, utilizada al comienzo de este capítulo. Pero antes de nada, si ha estado utilizando este ejemplo para aprender a usar el comando Subtotales o a esquematizar, debe eliminar todos los subtotales y esquemas:

- **Quitar subtotales**. Ejecute la secuencia de comandos **Datos>Subtotales**. En el cuadro de diálogo Subtotales, pulse sobre el botón **Quitar todos**.

- **Borrar esquema**. Pulse sobre la opción Borrar esquema (**Datos>Agrupar y esquema>Borrar esquema**).

Datos de origen

El primer paso que debe dar para crear una tabla dinámica es establecer los datos que va a utilizar. Para ello, deberá realizar los pasos que a continuación se explican:

1. Con el libro de la venta de automóviles en España activo, seleccione cualquier celda de la lista.
2. A continuación, active el Asistente para tablas y gráficos dinámicos ejecutando la secuencia de comandos **Datos>Informe de tablas y gráficos dinámicos**.
3. En el primer paso del Asistente, especifique el origen a partir del cual desea crear el informe de tabla dinámica o de gráfico dinámico. En este caso, seleccione la opción Lista o base de datos Microsoft Excel. En el área ¿Qué tipo de informe desea crear?, active la opción Tabla dinámica.
4. Pulse sobre el botón **Siguiente**.
5. En el cuadro de diálogo Paso 2 de 3, compruebe ahora que el rango que ha seleccionado el Asistente es el correcto. Si no fuera así, pulse sobre el botón **Contraer diálogo** (situado en el extremo derecho del cuadro de texto) para poder seleccionar el rango de celdas directamente sobre la hoja de cálculo. Cuando lo haya hecho, vuelva a pulsar sobre ese mismo botón.
6. Haga clic sobre el botón **Siguiente**.
7. En el Paso 3 de 3, especifique la ubicación del informe de tabla dinámica. Puede insertarla en una hoja nueva o en la misma hoja de cálculo donde está integrada la lista. Si elige esta última opción debe seleccionar la celda en la hoja de cálculo o escribir una referencia de la celda en el cuadro de texto. Utilice el botón **Contraer diálogo** para ello. Cuando lo haya hecho, vuelva a pulsar el botón.
8. Pulse **Finalizar**.

Nota: Recuerde que el Asistente posee el botón **Atrás** para poder retroceder un paso y solucionar o modificar la configuración de la tabla.

Diseño de la tabla dinámica

En el Paso 3 de 3 del Asistente para tablas, si pulsa sobre el botón **Diseño** podrá configurar el aspecto del informe de tabla dinámica mediante el Asistente, en lugar de hacerlo directamente en la hoja de cálculo. Este Asistente de diseño muestra, mediante botones de texto, cada título de columna de la lista (en terminología de tablas dinámicas, se denominan Campos). Para formar la tabla dinámica, lo único que hay que hacer es arrastrar esos botones hasta el modelo de tabla que posee el Asistente. Dicho modelo dispone de cuatro áreas o secciones:

- **Página**. El campo elegido se asigna a una lista desplegable separada de la tabla dinámica.
- **Columna**. El nombre del campo seleccionado se muestra como título de columna de la tabla.
- **Fila**. El nombre del campo elegido se muestra como título de fila en la tabla dinámica.
- **Datos**. Los datos del campo elegido se resumen en una columna de la tabla dinámica. Al igual que ocurre con el comando Subtotales, es posible elegir el tipo de cálculo que se realizará. Por defecto, el Asistente aplica la función resumen SUMA.

Para comenzar a crear y diseñar la tabla dinámica, debe realizar los siguientes pasos:

1. Arrastre el botón **Marca** al área FILA situada a la izquierda del modelo de tabla del asistente.
2. Ahora arrastre el botón **Unidades** a la sección DATOS del modelo de tabla del asistente.
3. Arrastre el botón **Comunidad** al área COLUMNA del modelo de tabla del asistente.
4. Pulse sobre el botón **Aceptar** del cuadro de diálogo Diseño y, posteriormente, sobre el botón **Finalizar** del Asistente para tablas y gráficos dinámicos. Véase la figura 11.10.

Tras pulsar sobre el botón **Finalizar**, Excel mostrará de forma automática la tabla y la Barra de herramientas Tabla dinámica. Esta barra dispone de distintos botones con las órdenes que se utilizan con más frecuencia en este tipo de informes.

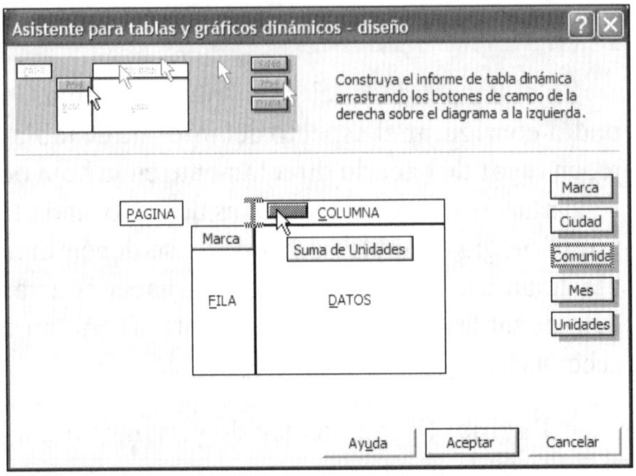

Figura 11.10. El Asistente para tablas y gráficos dinámicos permite diseñar el aspecto que poseerá el informe de tabla dinámica

Nota: Después de crear un informe de tabla dinámica, puede personalizarlo para destacar la información que desee, cambiando el diseño o formato o mostrando datos más detallados.

Terminología de tablas dinámicas

Antes de editar o actualizar la tabla dinámica creada en el apartado anterior, es necesario conocer la terminología que se utiliza cuando hay que referirse a un elemento perteneciente a este tipo de informes.

- **Datos de origen**. Registros de celdas o listas de datos que proporcionan los datos que van a ser utilizados en la creación de un informe de tabla dinámica. Puede crear un informe de tabla dinámica a partir de una lista de Excel, una base de datos externa, varias hojas de cálculo de Excel o bien otro informe de tabla dinámica. En el caso del ejercicio anterior sería el ejemplo utilizado, es decir, la hoja sobre la Venta de automóviles en España.
- **Campo**. Categoría o registro de datos que se obtiene a partir de un campo en la lista o base de datos de origen. En nuestro ejemplo, Marca y Comunidad serían campos. Véase la figura 11.11.
- **Elemento**. Subcategoría integrante de un campo. Para la tabla del apartado anterior, Citroen, Fiat, Andalucía o Extremadura son elementos. Véase la figura 11.12.

Suma de Unidades	Comunidad ▾
Marca ▾	Andalucía
Citroen	956
Fiat	632
Rover	1.030
Seat	2.115
Total general	4.733

Figura 11.11. Las categorías Marca y Comunidad serían un ejemplo del elemento Campo de una tabla dinámica

Suma de Unidades	Comunidad ▾	
Marca ▾	Andalucía	Extremadura
Citroen	956	1.265
Fiat	632	504

Figura 11.12. Un Elemento en una tabla dinámica sería una subcategoría de un campo. Por ejemplo, Citroen, Fiat o Andalucía y Extremadura

- **Función de resumen**. Tipo de cálculo utilizado para combinar los valores en un campo de datos. Los informes de tabla dinámica usan, de forma predeterminada, la función Suma para los campos de datos que contienen números, y Contar para los que contienen texto. Es posible seleccionar otras funciones de resumen.
- **Campo de fila**. En el ejemplo, la categoría Marca es un campo de fila.
- **Campo de columna**. En el ejemplo, el registro Comunidad es un campo de columna.
- **Campo de datos**. Los campos de datos proporcionan los valores de los datos que van a resumirse. En el ejemplo, la celda Suma de Unidades es el campo de datos.
- **Áreas de colocación**. Regiones con el contorno azul que se observan al finalizar los pasos del Asistente para tablas y gráficos dinámicos. Sirven para diseñar el informe de tabla dinámica, ya que es posible arrastrar los campos desde la ventana de la lista de campo a esas áreas de colocación. Véase la figura 11.13.
- **Lista de campos**. Ventana que muestra todos los campos disponibles en los datos de origen para poder agregarlos al informe de tabla dinámica. Si un campo está organizado en niveles de detalle, puede hacer clic en el símbolo + o en - para mostrar u ocultar los niveles inferiores. En el caso del ejercicio que nos ocupa, muestra los elementos Marca, Ciudad, Comunidad, Mes y Unidades (cuando aparecen en negrita, significa que están siendo utilizados en la tabla dinámica). Véase la figura 11.14.

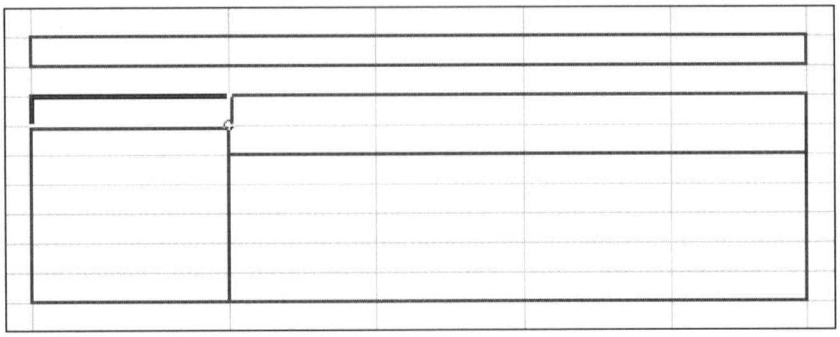

Figura 11.13. Las áreas de celdas remarcadas con un borde azul son Áreas de colocación de una tabla dinámica

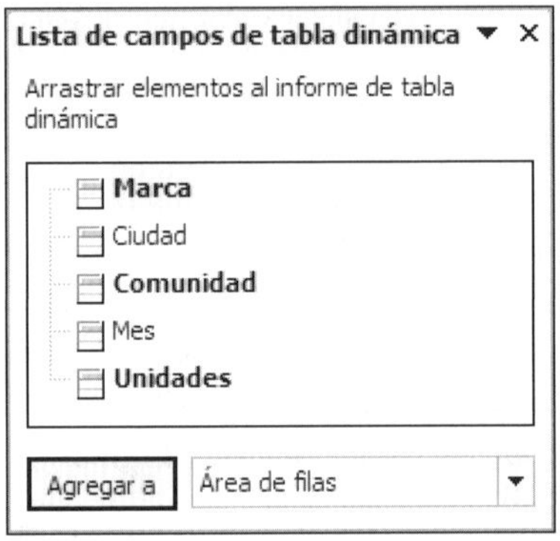

Figura 11.14. La ventana independiente Lista de campos de tabla dinámica muestra los campos disponibles de origen

- **Lista desplegable de campo**. Lista de los elementos disponibles para mostrar en un campo. Si un campo está organizado en niveles de detalle, puede hacer clic en el signo + o en - para ver qué elementos del nivel inferior están seleccionados para mostrarse. Por ejemplo, el campo Marca dispone de los elementos Citroen, Fiat, Rover, Seat y Mostrar todo.

Figura 11.15. Una Lista desplegable de campo muestra los Elementos disponibles en un Campo

- **Área de datos**. Parte de un informe de tabla dinámica que contiene datos de resumen de los campos de fila y columna.

956	1.265	1.780	4.001
632	504	1.855	2.991
1.030	333	2.691	4.054
2.115	1.345	1.589	5.049
4.733	3.447	7.915	16.095

Figura 11.16. Área de datos de una tabla dinámica

Editar una tabla dinámica

Una vez creada la tabla dinámica e integrada en la hoja de cálculo es posible reorganizar o añadir nuevos campos, así como ocultar elementos que no sean de interés o eliminar directamente la tabla dinámica cuando ya no sea útil.

Ocultar o mostrar elementos de un campo

Cuando se oculta un elemento en un campo de fila o en un campo de columna, el elemento desaparece del informe pero sigue apareciendo en la lista desplegable del campo; por otro lado, si se oculta un elemento en un campo de página, el elemento desaparece tanto del informe como de la lista desplegable del campo:

1. Para acceder a los elementos de un campo, pulse sobre la flecha desplegable que poseen los campos.
2. Esta acción provoca que aparezca la lista desplegable de campo, con todos los elementos disponibles para mostrar en un campo.
3. Active la casilla de verificación de cada elemento que desee mostrar o desactive la casilla de verificación de cada elemento que quiera ocultar. En los campos que están organizados en niveles, haga clic en el signo + para obtener una lista de los elementos de niveles inferiores y poder mostrarlos u ocultarlos de forma individual.

Si necesita volver a mostrar los elementos ocultos de un campo de fila o de columna, pulse sobre la flecha correspondiente y, a continuación, active la opción (Mostrar todo).

Al calcular subtotales y totales generales en los informes de tabla dinámica, puede incluir o excluir los elementos ocultos. Para incluir los elementos ocultos, pulse sobre el botón **Incluir elementos ocultos en totales** de la Barra de herramientas Tabla dinámica. Si este botón no está disponible, y desea incluir los elementos ocultos, despliegue la opción Tabla dinámica y seleccione el comando Opciones de tabla. A continuación, active la casilla de verificación Subtotales de elementos ocultos de página.

Truco: Puede ocultar los elementos que no tengan datos de la siguiente forma: haga doble clic en el campo y, a continuación, en el cuadro de diálogo Campo de la tabla dinámica, desactive la casilla de verificación Mostrar elementos sin datos.

Modificar un campo de la tabla dinámica

Para modificar un campo de la tabla dinámica no hace falta volver a usar el Asistente. Las funciones de la Barra de herramientas Tabla dinámica o los comandos del menú contextual que aparece cuando se pulsa sobre la tabla con el botón derecho del ratón, ofrecen todas las herramientas necesarias para realizar este trabajo. Si desea comprobar cómo se modifica un campo, use la tabla creada mediante el Asistente en el apartado "Crear una tabla dinámica":

1. Active la tabla pulsando sobre el campo Suma de Unidades.
2. En la Barra de herramientas Tabla dinámica, pulse sobre el menú desplegable Tabla dinámica y seleccione el comando Configuración de campo para activar el cuadro de diálogo Campo de la tabla dinámica.
3. Fíjese en el área Resumir por (en ella se encuentran todas las funciones de resumen que se pueden aplicar al campo de datos). Seleccione la función Promedio y, a continuación, pulse sobre el botón **Aceptar**. Véase la figura 11.17.

Observará cómo en la tabla dinámica la función de resumen ha variado, pasando a denominarse Promedio de Unidades, y que en el campo de datos los elementos Total general muestran ahora el promedio de ventas de las marcas y las comunidades.

Agregar campos de una tabla dinámica

Excel permite modificar una tabla dinámica agregando nuevos campos o eliminando los campos que ya no se necesitan. Al realizar estas operaciones, Excel, de forma automática, actualiza la tabla para que no se produzcan errores. Si desea agregar un campo a la tabla dinámica creada mediante el Asistente en el apartado "Crear una tabla dinámica", deberá seguir los pasos que se describen a continuación:

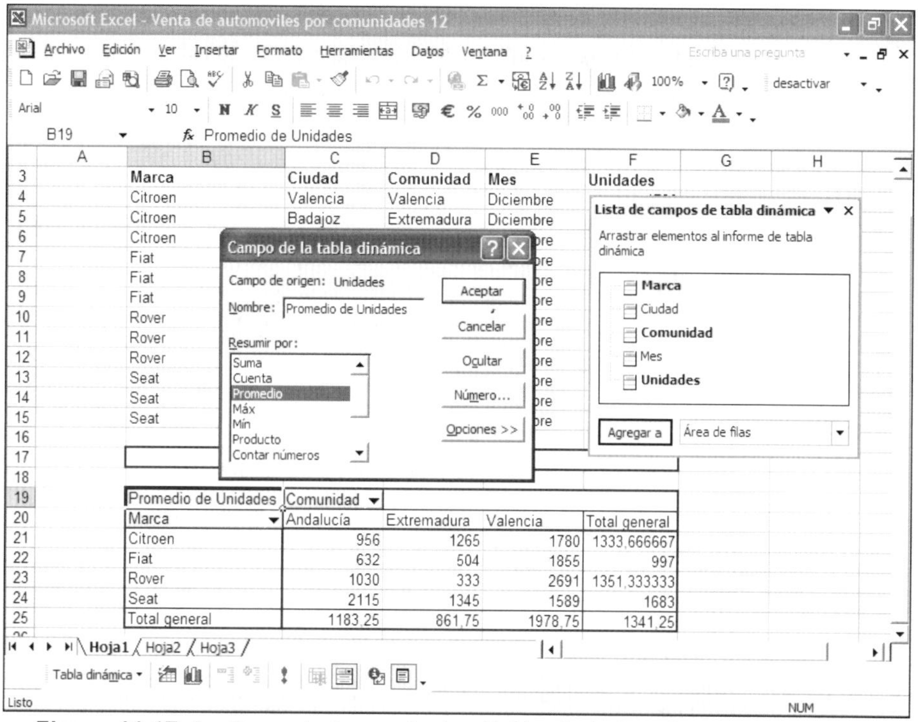

Figura 11.17. La Barra de herramientas Tabla dinámica dispone de diversos comandos para editar este tipo de informes

1. Seleccione una celda cualquiera de la tabla dinámica y ejecute la secuencia de comandos **Datos>Informe de tablas y gráficos dinámicos**.
2. Esta acción provoca que el Asistente para tablas y gráficos dinámicos se ejecute en el Paso 3 de 3. Pulse sobre el botón **Diseño** para acceder al Asistente de diseño.
3. Arrastre el botón de campo **Ciudad** sobre el área del diagrama COLUMNA y pulse sobre el botón **Aceptar**.
4. Por último, en el Paso 3 de 3 del Asistente, pulse sobre el botón **Finalizar**.

Comprobará que el campo Ciudad se ha integrado en las columnas, agregando el nombre de las ciudades en su correspondiente Comunidad Autónoma. Véase la figura 11.18.

Truco: También es posible agregar un campo arrastrando directamente el nuevo campo desde la Lista de campos hasta el área de la tabla dinámica que se desee. Para eliminar un campo de la tabla dinámica, realice la operación anterior, pero a la inversa, es decir, arrastre el campo a la Lista de campos.

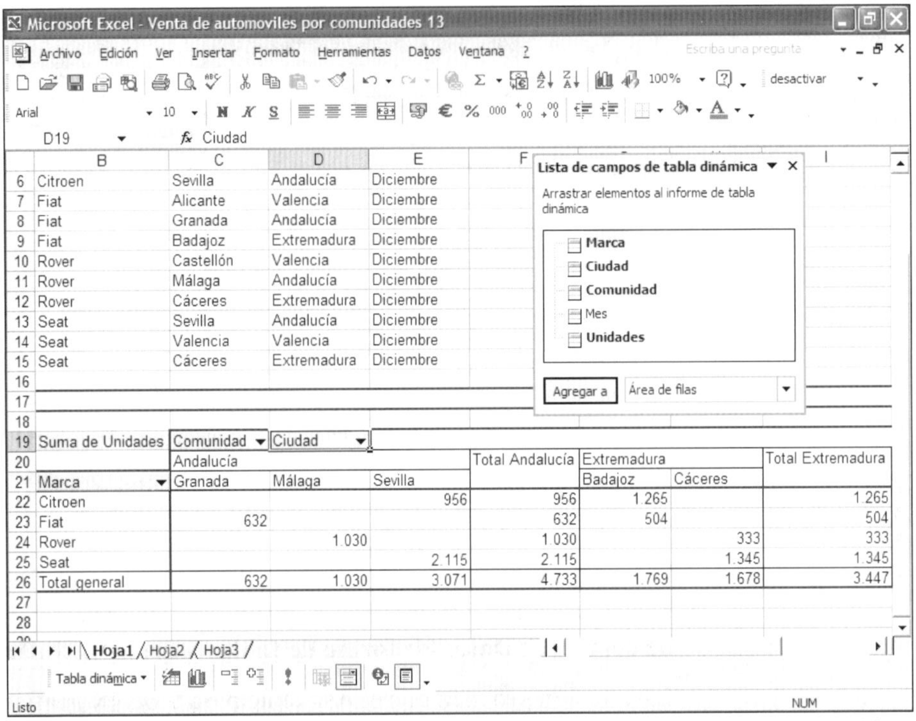

Figura 11.18. Dependiendo de las necesidades, Excel permite editar una tabla dinámica agregando u ocultando campos

Seleccionar datos en un informe de tabla dinámica

Puede cambiar o aplicar un formato a una celda individual o en una sección del informe de tabla dinámica sin ningún problema, ya que Excel permite realizar este tipo de selección. Para seleccionar una celda de forma individual, use el puntero de selección normal de Excel; si se trata de seleccionar determinadas áreas del informe, sitúe el puntero del ratón en la parte superior o izquierda de los botones de campo o de los rótulos de elemento para que cambie a una flecha negra, y pulse sobre ellos. En el caso de que el puntero no cambie de forma, haga clic en la opción Tabla dinámica de la Barra de herramientas Tabla dinámica, elija el comando Seleccionar y active la opción Habilitar selección. Ahora ya puede seleccionar una de las siguientes posibilidades:

- **Rótulo**. En un informe de tabla dinámica, selecciona sólo los rótulos al utilizar el puntero del ratón para seleccionar un campo de la tabla dinámica o un rótulo de elemento. Los datos asociados no se seleccionan.
- **Datos**. Selecciona sólo los datos asociados al utilizar el puntero del ratón para seleccionar un rótulo de campo de la tabla dinámica o un rótulo de elemento. Los rótulos de campo o de elemento no se seleccionan.
- **Datos y rótulo**. Selecciona los datos asociados y los rótulos al utilizar el puntero del ratón para seleccionar un rótulo de campo de la tabla dinámica o un rótulo de elemento.
- **Toda la tabla**. Selecciona todo el informe de tabla dinámica, incluidos los campos de página.

> **Nota:** Puede seleccionar varios elementos a la vez utilizando las teclas **Mayús** y **Control**.

Eliminar un informe de tabla dinámica

Para eliminar una tabla dinámica de una hoja de cálculo realice, con la tabla activa, uno de estos pasos:

- En la Barra de herramientas Tabla dinámica, despliegue el menú Tabla dinámica y elija la opción **Seleccionar>Toda la tabla**. Posteriormente, en el menú Edición, elija Borrar y, a continuación, haga clic en Todo.
- Pulse sobre la tabla con el botón derecho del ratón y seleccione, en el menú contextual que aparece, la secuencia de comandos **Seleccionar>Toda la tabla**. Vuelva a pulsar en la tabla con el botón derecho del ratón y seleccione la opción Eliminar. En el cuadro de diálogo Eliminar celdas, active el botón Desplazar las celdas hacia la izquierda. Y pulse sobre **Aceptar**.

Dar formato a un informe de tabla dinámica

Es posible modificar y perfeccionar el aspecto de una tabla dinámica para mostrar de forma más precisa los distintos elementos que la componen. Se le pueden aplicar los siguientes procedimientos de formato:

- Un formato de sangría.
- Mostrar subtotales encima o debajo de los elementos correspondientes.

- Cambiar el formato numérico del área de datos.
- Restaurar el formato predeterminado de un informe.
- Quitar todo el formato de un informe.

Truco: En vez de modificar de forma manual el formato de la tabla, es posible dejar que el comando Autoformato haga todo el trabajo. Para ello, pulse sobre una celda cualquiera de la tabla, ejecute la secuencia de comandos **Formato>Autoformato...** y seleccione uno de las opciones de formato.

Un formato de sangría

Para aplicar un formato de sangría a una tabla dinámica, haga lo siguiente:

1. Pulse sobre cualquier celda del informe de tabla dinámica.
2. En la Barra de herramientas Tabla dinámica, pulse sobre el botón **Dar formato del informe**.
3. Haga clic en una de las opciones que hay entre Informe 1 e Informe 10. Estas opciones aplican un formato con sangría parecido a los informes de bases de datos tradicionales con bandas.

Para restaurar el formato anterior del informe de tabla dinámica, haga clic en el botón **Deshacer** de la Barra de herramientas Estándar inmediatamente después de aplicar un formato nuevo.

Nota: Aplique un formato sin sangrías del siguiente modo: pulse sobre una de las opciones que hay entre Tabla 1 y Tabla 10 o en Tabla dinámica clásica. Las opciones Tabla 1 a Tabla 10 también desplazan el primer campo de fila de la izquierda hasta el área de columna.

Cambiar el formato numérico del área de datos

Las tablas dinámicas permiten modificar el formato numérico de los elementos integrados en el área de datos. Realice los pasos siguientes:

1. Haga clic en una celda cualquiera del área de datos.
2. En la Barra de herramientas Tabla dinámica, pulse sobre el botón **Configuración de campo**.

3. En el cuadro de diálogo Campo de la tabla dinámica, pulse sobre el botón **Número...**.

4. En la lista Categoría, seleccione la categoría de formato Número y active la casilla de selección Usar separador de miles.

5. Pulse sobre el botón **Aceptar** del cuadro de diálogo Formato de celdas y, a continuación, haga clic en el botón **Aceptar** del cuadro de diálogo Campo de la tabla dinámica.

Restaurar el formato predeterminado de un informe

Excel 2002 permite restaurar el formato predeterminado que posee para los informes de tabla dinámica. Lleve a cabo los siguientes pasos:

1. Despliegue el menú Tabla dinámica de la Barra de herramientas Tabla dinámica y pulse sobre el comando Opciones de tabla.

2. Active la casilla de verificación Autoformato de tabla y pulse sobre el botón **Aceptar**.

3. Haga clic en el botón **Dar formato al informe** de la Barra de herramientas Tabla dinámica.

4. En el cuadro de diálogo Autoformato, haga clic sobre el diseño de formato Tabla dinámica clásica.

5. Por último, pulse **Aceptar**.

No aplicar ningún formato a un informe de tabla dinámica

Si desea que la tabla dinámica no posea ningún formato, realice los pasos que se describen a continuación:

1. Despliegue el menú Tabla dinámica de la Barra de herramientas Tabla dinámica y pulse sobre el comando Opciones de tabla.

2. Desactive la casilla de verificación Autoformato de tabla y haga clic en **Aceptar**.

3. Pulse sobre el botón **Dar formato al informe** de la Barra de herramientas Tabla dinámica.

4. En el cuadro de diálogo Autoformato, seleccione como formato de diseño Ninguno.

5. Pulse **Aceptar**.

Gráfico dinámico

Un informe de gráfico dinámico representa gráficamente los datos de un informe de tabla dinámica. Este tipo de gráfico siempre tiene asociado un informe de tabla dinámica, y ambos informes poseen campos que se corresponden entre sí. Si se cambia la posición de un campo en un informe, también cambiará el campo correspondiente en el otro informe.

El tipo de gráfico predeterminado para un gráfico dinámico es uno de Columnas apiladas, que compara la contribución de cada valor a un total en todas las categorías, y su ubicación predeterminada es una hoja de gráficos independiente que se integra en el libro (los gráficos normales se integran de forma predeterminada en la hoja de cálculo activa).

Nota: Para crear un informe de gráfico dinámico, asegúrese de que el informe de tabla dinámica tenga al menos un campo de fila, que pasará a ser el campo de categoría en el informe de gráfico dinámico, y un campo de columna, que se convertirá en el campo de serie.

Crear un gráfico con los datos de un informe de tabla dinámica

Puede crear un gráfico con los datos del informe de tabla dinámica de la siguiente forma:

1. Pulse con el botón derecho del ratón sobre la tabla dinámica.
2. A continuación, en el menú contextual que aparece, seleccione el comando Gráfico dinámico.

Esta acción provoca que en el libro se integre una hoja denominada Gráfico 1 donde se incluye el gráfico creado. Este gráfico dinámico, a diferencia de los normales, posee varios elementos interactivos que permiten ocultar o mostrar distintos datos de la tabla de origen. Como ya hemos comentado, el tipo de gráfico que mejor muestra un informe gráfico dinámico es uno de Columnas apiladas, que permite comparar la contribución de cada valor a un total en todas las categorías. Si al generar el gráfico no se muestra con el tipo apilado, realice los pasos que se describen a continuación:

1. Tenga activo en pantalla el gráfico dinámico.
2. Ejecute la secuencia de comandos **Gráfico>Tipo de gráfico...**.

3. En la pestaña denominada Tipos estándar, seleccione la opción Columnas del área Tipo de gráfico.

4. En el área Subtipo de gráfico, seleccione cualquier tipo de gráfico apilado (Columna apilada, Columna 100% apilada, Columna apilada con efecto 3D o Columna 100% apilada con efecto 3D).

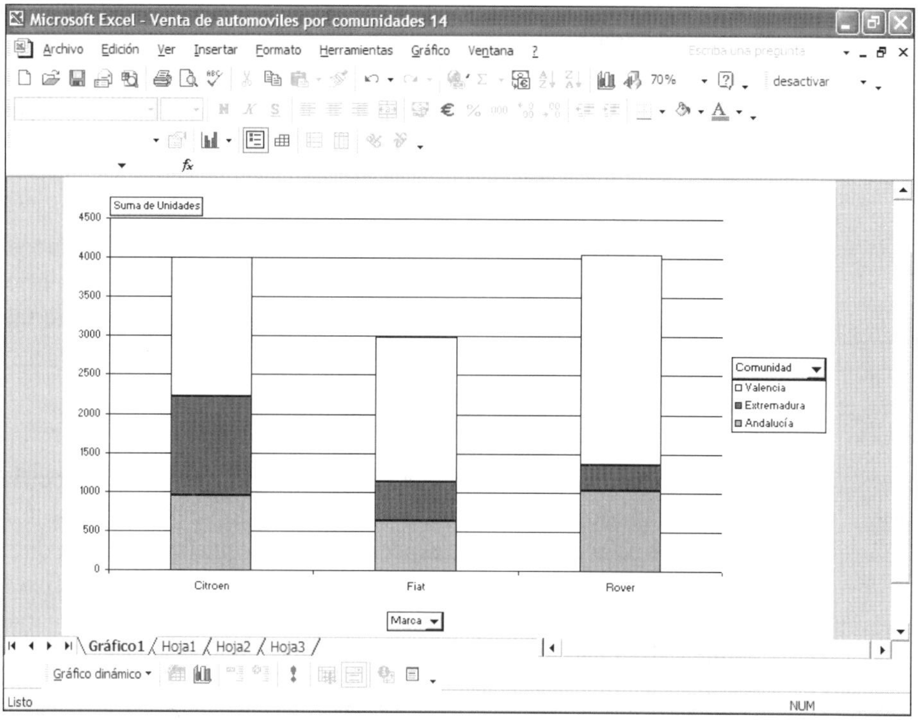

Figura 11.19. Aspecto de un gráfico basado en un informe de tabla dinámica

Nota: Casi todos los tipos de gráficos que posee Excel disponen de gráficos apilados, por lo que si el formato de columnas no le convence, pruebe con otros diseños.

Realizar análisis

Excel posee numerosas herramientas de análisis que permiten, por ejemplo, realizar estudios estadísticos o financieros. Pero las herramientas más destacables son las que realizan los "análisis Y si". Este tipo de análisis permite cambiar los valores de celdas para ver cómo afectan esos cambios al resultado de fórmulas de la hoja de cálculo. Entre las operaciones que se pueden llevar a cabo con el "análisis Y si" están:

- **Buscar objetivos**. Permite ajustar el valor de una celda especificada hasta que la fórmula asociada a dicha celda alcanza el valor propuesto.
- **Solver**. La herramienta Solver busca un valor óptimo para una fórmula de celda.
- **Tablas con variables**. Una tabla con variables muestra cómo afecta el cambio de algunos valores de las fórmulas a los resultados de las mismas. Son un método abreviado para calcular varias versiones en una sola operación.
- **Escenarios**. Esta herramienta permite que Excel guarde un conjunto de valores, que pueden ser sustituidos de forma automática en la hoja de cálculo, y generar a partir de ellos informes mediante tablas de datos.

Buscar objetivos

Buscar objetivo es un método para buscar un valor específico para una celda ajustando el valor de otra celda. Cuando se busca un objetivo, Excel varía el valor de la celda que se especifique hasta que una fórmula que sea dependiente de esa celda devuelva el resultado deseado. Cuando se utiliza la orden Buscar objetivos, el programa se sirve de los datos conocidos para ejecutar el cálculo que halle el objetivo.

Predicción por medio de Buscar objetivo

El primer paso que hay que dar en la utilización del comando Buscar objetivo es establecer el problema y realizar las entradas de las variables que se conocen para resolver esa incógnita. Esto, que puede parecer muy complicado de realizar si sólo nos atenemos a la teoría, resulta bastante comprensible al desarrollar un ejemplo práctico. Imagine que tiene un producto cuyo precio de venta al público es de 36 euros y cuya producción le ha costado 32.904 euros, y quiere saber cuántas unidades necesita vender para cubrir la producción y empezar a tener beneficios; es decir, ya posee dos datos conocidos, coste del producto y coste de la producción, y dispone de una incógnita, unidades que necesita vender.

Para que la herramienta Buscar objetivo funcione de forma correcta, la incógnita o variable a ajustar tiene que ser una fórmula, la cual debe referirse a las demás celdas del problema. Esta celda recibe la denominación de Celda de definición. En la hoja de cálculo de la figura 11.20, sería en la celda C4 donde se muestre el valor de las ventas totales; en ella habrá que insertar la fórmula =PRODUCTO(C2:C3), ya que el dato Ventas totales es la multiplicación de las unidades vendidas por el coste de la unidad.

Con estos datos ya es posible usar el comando Buscar objetivo. Para ello:

1. Ejecute la secuencia de comandos **Herramientas>Buscar objetivo...** para acceder al cuadro diálogo Buscar objetivo.
2. En el cuadro de texto Definir celda, especifique la celda que posee la fórmula, es decir, la C4. Para ello, pulse sobre el botón **Contraer diálogo**, haga clic sobre la celda C4 y vuelva a pulsar sobre el botón **Contraer diálogo** para continuar con el proceso.
3. En el cuadro denominado Con el valor, introduzca el dato que la celda tiene que alcanzar, es decir, 32.905.
4. En el cuadro de texto Para cambiar la celda, especifique la celda donde se va a despejar la incógnita, en este caso la celda C3.
5. Pulse sobre el botón **Aceptar** para que la herramienta comience a trabajar. El cuadro de diálogo Estado de la búsqueda de objetivo muestra el proceso de búsqueda que se está realizando.
6. El cuadro de diálogo Estado de la búsqueda de objetivo presenta los resultados del proceso de búsqueda de objetivo. Pulse sobre el botón **Aceptar** para conservar los valores resultantes en la hoja de cálculo.

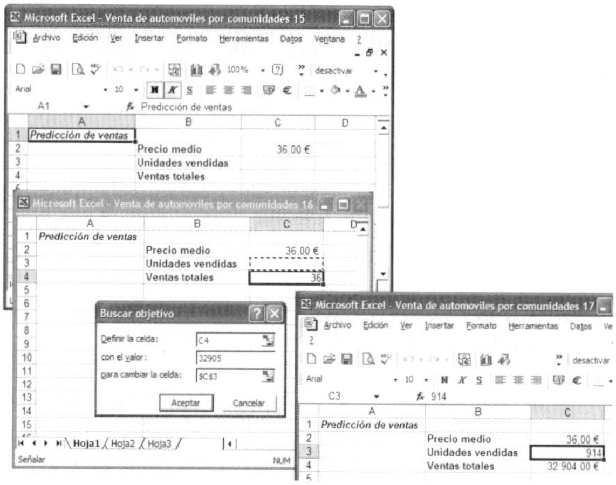

Figura 11.20. La búsqueda de objetivos permite realizar predicciones o un valor específico

El dato resultante se muestra en la celda especificada en el punto 4, y su valor es de 914. Esta operación ha servido para resolver la incógnita de cuántas unidades es necesario vender para cubrir el coste de la producción y empezar a tener beneficios.

Resolución de ecuaciones por medio de Buscar objetivo

La principal función de la herramienta Buscar objetivo es despejar una incógnita. De hecho, es una operación bastante sencilla. Por ejemplo, si tiene la ecuación X+5X–10=25, evidentemente, para resolverla tiene que despejar la X.

Antes de utilizar la herramienta Buscar objetivo es necesario sustituir la incógnita, es decir, la X, por una referencia de celda a la que se le asignaría el nombre de X. En principio, esta celda tendrá el valor 0, ya que se desconoce el valor de la incógnita. Para sustituir la X por una referencia de celda en una hoja de cálculo similar a la que muestra la figura 11.21, realice los pasos que se describen a continuación:

1. Pulse sobre la celda que pose el valor 0; en el caso del ejemplo de la figura, sobre la celda B3.
2. En el cuadro de nombres de la Barra de fórmulas, borre la referencia de la celda (B3) y escriba una X. Pulse sobre la tecla **Intro**.
3. Debajo de la celda con la referencia X, escriba la fórmula que equivaldría a la ecuación. Recuerde que para especificar que es una fórmula, es necesario que vaya precedida por el signo =, es decir, =X+5X-10; observe la figura 11.21.

Una vez sustituida la incógnita por una referencia de celda, e introducida la fórmula, usando el comando Buscar objetivo estará indicando a Excel que debe encontrar el valor de X, siendo el resultado de la fórmula 25. Para resolver la ecuación realice el siguiente proceso:

1. Ejecute la secuencia de comandos **Herramientas>Buscar objetivo...** para acceder al cuadro diálogo Buscar objetivo.
2. En el cuadro de texto Definir celda, especifique la celda que posee la fórmula, es decir, la B4.
3. En el cuadro denominado Con el valor, introduzca el resultado de la ecuación, es decir, 25.
4. En el cuadro de texto Para cambiar la celda, especifique la celda donde se va a despejar la incógnita; en este caso, la celda con la referencia X.

5. Pulse sobre el botón **Aceptar** para que la herramienta muestre el proceso en el cuadro de diálogo Estado de la búsqueda de objetivo.
6. Cuando la herramienta haya terminado el proceso, pulse sobre el botón **Aceptar** para conservar los valores resultantes en la hoja de cálculo, como muestra la figura 11.21.

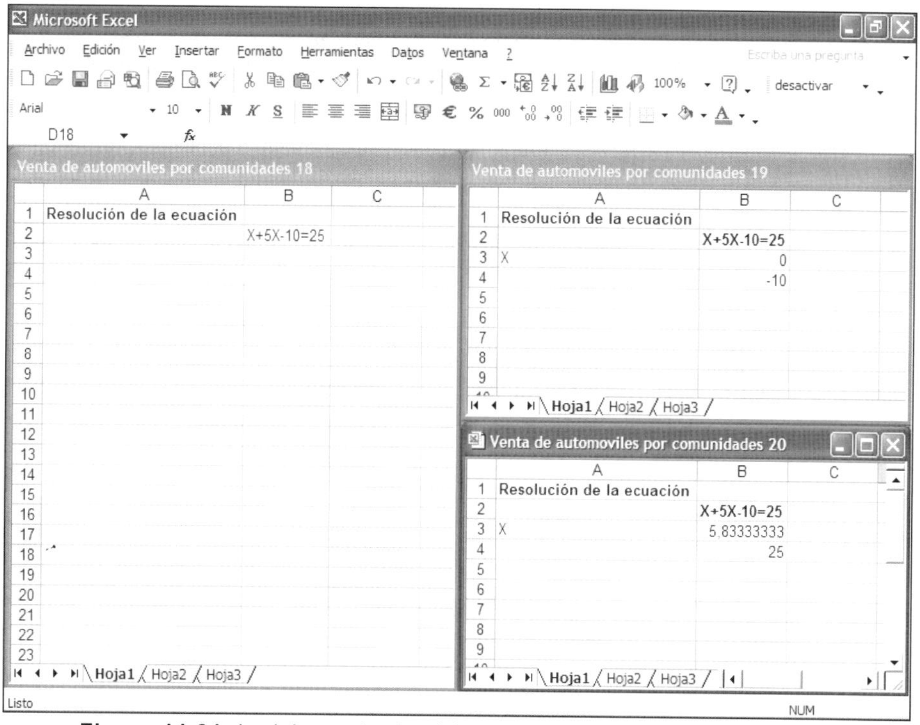

Figura 11.21. La búsqueda de objetivos permite resolver ecuaciones

Buscar la mejor solución a través de Solver

Solver es otra herramienta de "análisis Y si" que permite buscar un valor óptimo para una fórmula de celda denominada Celda objetivo. Funciona sobre un grupo de celdas que deben estar relacionadas, directa o indirectamente, con la fórmula de la Celda objetivo, y su misión es ajustar los valores en las celdas cambiantes que se especifiquen, denominadas Celdas ajustables, para generar el resultado especificado en la fórmula de la Celda objetivo. Con la herramienta "análisis Y si" Buscar objetivo se puede encontrar un valor específico para una celda. En cambio, la herramienta Solver permite calcular los valores necesarios para alcanzar un resultado determinado ajustando el valor de una o más celdas.

Antes de usar Solver, es necesario cargar este complemento para que Excel advierta que se encuentra disponible. Durante la instalación de Microsoft Office o Excel, el programa ofrece la oportunidad de instalar los complementos que se deben integrar con las aplicaciones de Office. Si en su momento decidió instalarlos, utilice el comando Complementos del menú Herramientas para cargar esta herramienta. Si no instaló los complementos, tendrá que hacerlo para utilizarla. Si desea disponer de la herramienta Solver, siga estos pasos:

1. Ejecute la secuencia de comandos **Herramientas>Complementos...** para acceder al cuadro de diálogo que muestra los complementos disponibles.
2. Active la casilla de verificación Solver de la lista integrada en el cuadro Complementos disponibles.
3. Por último, pulse sobre el botón **Aceptar** para que el comando Solver se integre en el menú Herramientas.

Definir un problema

Antes de poder usar la herramienta Solver, hay que definir o plantear el problema a resolver. En el ejemplo Herramienta Solver – Concesionario de vehículos, que puede apreciar en la figura 11.22, se plantea el siguiente problema:

- Fila 4. Valor fijo que muestra el precio medio de los tres productos que comercializa el concesionario.
- Fila 5. Valor fijo que muestra las unidades que lleva vendidas en las dos primeras semanas del mes de enero.
- Fila 6. Ingreso por ventas de cada producto. Es el resultado del producto del precio medio por las unidades vendidas hasta el momento, =PRODUCTO(B4:B5), =PRODUCTO(C4:C5) y =PRODUCTO(D4:D5).
- Fila 7. La celda E7 muestra el total de ingresos por ventas. Resulta de la suma de los ingresos de cada producto, =SUMA(B6:D6).

El problema que tiene el concesionario es que para cubrir los objetivos de ventas del mes de enero debe llegar a 1.000.000 de euros, y necesita saber imperiosamente cuántas unidades de cada tipo de vehículo ha de vender para llegar a esa cifra. En este caso, la celda objetivo sería la E7 y las celdas que deben variar su valor la B5, C5 y D5.

Resolver el problema con Solver

Una vez establecido el problema en la hoja de cálculo y localizadas la celdas a usar, realice estos pasos para resolver el problema con la herramienta Solver:

1. Ejecute la secuencia de comandos **Herramientas>Solver...** para acceder al cuadro de diálogo Parámetros de Solver.
2. En el cuadro de texto Celda objetivo, indique la celda que contiene el valor objetivo que debe variar para solucionar el problema. En el caso del ejemplo, la celda E7.
3. En la sección Valor de la celda objetivo, active el botón de opción Valores de. En su cuadro de texto introduzca el valor óptimo que debe poseer la celda. Para el ejemplo, 1.000.000 de euros.
4. En el cuadro de texto Cambiando la celdas, indique el rango de celdas que Solver necesita ajustar para llegar al valor óptimo.
5. Ahora pulse sobre el botón **Resolver** para iniciar el cálculo mediante Solver. Cuando esta herramienta encuentre la solución, aparecerá el cuadro de diálogo Resultados Solver. Pulse sobre el botón **Aceptar**.

Solver ha encontrado la solución y muestra los valores con gran cantidad de decimales. Para eliminar esos decimales y presentar únicamente valores enteros, seleccione el rango de celdas que ha cambiado (B5:D5) y pulse sobre el botón **Disminuir decimales** de la Barra de herramientas Formato hasta que éstos desaparezcan. Véase la figura 11.22.

Restricciones en Solver

Las restricciones son una serie de limitaciones aplicadas a un problema de Solver. Pueden ser utilizadas sobre Celdas ajustables, sobre la Celda de destino o sobre otras celdas que estén directa o indirectamente relacionadas con la Celda de destino. Para agregar una restricción en Solver, realice los pasos que se describen a continuación:

1. En el menú Herramientas, pulse sobre el comando Solver.
2. En la sección Sujetas a las siguientes restricciones del cuadro de diálogo Parámetros de Solver, pulse sobre el botón **Agregar**.
3. En el cuadro de texto Referencia de celda del cuadro de diálogo Agregar restricción, indique la referencia de celda o el nombre del rango de celdas para el que desea restringir el valor.
4. En este mismo cuadro de diálogo, en el cuadro de texto del medio, seleccione la relación (<=, =, >=, int, o bin) que quiere que haya entre la celda a la que se hace referencia y la restricción. Si selecciona int, en el cuadro Restricción aparecerá "integer". Si selecciona bien, en el cuadro Restricción

aparecerá "binario". Las relaciones int y bin solamente pueden aplicarse en las restricciones en Celdas ajustables.

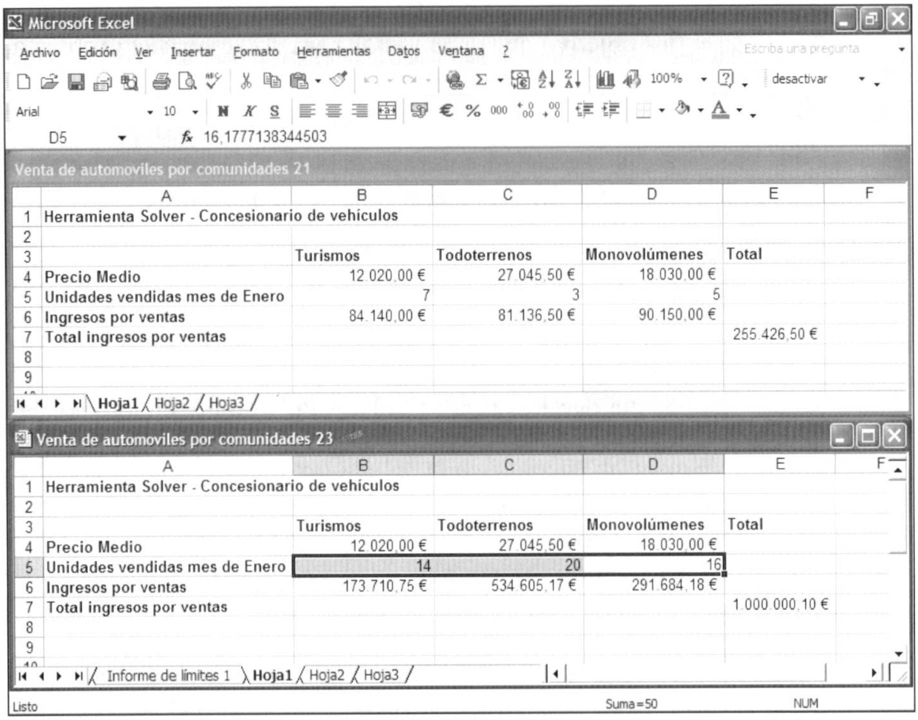

Figura 11.22. La herramienta Solver permite buscar un valor óptimo para una fórmula de celda denominada Celda objetivo

5. En el cuadro Restricción, escriba un número, una referencia de celda, un nombre o una fórmula.

6. Por último, realice uno de estos procedimientos:

   - Para aceptar una restricción y agregar otra, haga clic sobre el botón **Agregar**.
   - Para aceptar la restricción y regresar al cuadro de diálogo Parámetros de Solver, pulse sobre el botón **Aceptar**.

Nota: Para cambiar o eliminar una restricción, en el cuadro de diálogo Parámetros de Solver, bajo la sección Sujetas a las siguientes restricciones, seleccione la restricción que desee cambiar o eliminar y pulse sobre el botón **Cambiar**. A continuación, realice los cambios o pulse sobre el botón **Eliminar** para borrar la restricción.

Informes Solver

La herramienta Solver, mediante el cuadro de diálogo Resultados de Solver, permite generar tres informes que resumen los resultados de las soluciones:

- **Respuesta**. Muestra una lista con la Celda objetivo y las Celdas ajustables con sus valores originales y sus valores finales, las restricciones y la información acerca de las mismas.
- **Sensibilidad**. Muestra información acerca de la sensibilidad de cada elemento de la solución a los cambios realizados en la fórmula definida en el cuadro Definir celda objetivo del cuadro de diálogo Parámetros de Solver.
- **Límites**. Muestra una lista con la Celda objetivo y las Celdas ajustables con sus valores correspondientes, los límites inferior y superior, así como los valores del objetivo. Este tipo de informe no se genera para los modelos que tengan restricciones enteras. El límite inferior es el valor mínimo que puede tomar la Celda ajustable mientras se mantienen todas las demás Celdas ajustables fijas y se continúa satisfaciendo las restricciones. El límite superior es el valor máximo.

Nota: Tras generar los informes Solver, Excel insertará cada uno en una hoja independiente de la hoja de cálculo.

Modificar la configuración de Solver

La herramienta Solver permite modificar su configuración para controlar las características avanzadas del proceso de solución. Cada una de las opciones de configuración tiene, a su vez, una configuración predeterminada que se adecúa a la mayoría de los problemas. Para ello, realice el siguiente procedimiento:

1. Ejecute la secuencia de comandos **Herramientas>Solver...**.
2. Dentro del cuadro de diálogo Parámetros de Solver, pulse sobre el botón **Opciones...**.
3. En el cuadro de diálogo Opciones de Solver, defina las siguientes opciones:

- **Tiempo de solución e iteraciones**. En el cuadro de texto Tiempo, indique el número de segundos que desea permitir como tiempo de solución. En el cuadro Iteraciones, escriba el número máximo de cálculos provisionales. En ambos casos puede introducir un valor tan grande como 32.367, pero el valor predeterminado 100 segundos es adecuado para la mayor parte de los problemas.
- **Grado de precisión**. En el cuadro Precisión, escriba el grado de precisión que necesite. Esta opción permite controlar la precisión de las soluciones usando el número que se introduce para averiguar si el valor de una restricción cumple un objetivo o satisface un límite inferior o superior. Debe indicar la precisión mediante una fracción entre 0 (cero) y 1. Cuantas más posiciones decimales tenga el número que escriba, mayor será la precisión; por ejemplo, 0,0001 indica una precisión mayor que 0,01.
- **Tolerancia de enteros**. En el cuadro Tolerancia, introduzca el porcentaje de error que desea permitir en la solución. La mayor tolerancia tiende a acelerar el proceso de solución.
- **Grado de convergencia**. En el cuadro Convergencia, escriba la cantidad de cambio relativo que quiere permitir en las últimas cinco iteraciones antes de que se detenga Solver con una solución; cuanto menor sea el número, menor será el cambio relativo que se permite. La convergencia se aplica únicamente a los problemas no lineales y debe indicarse mediante una fracción entre 0 (cero) y 1. Cuantas más posiciones decimales tenga el número que escriba, menor será la convergencia; por ejemplo, 0,0001 indica un cambio relativo menor que 0,01. Cuanto menor sea el valor de convergencia, más tiempo se tardará en encontrar una solución.

4. Para finalizar con la configuración de las opciones de Solver, pulse sobre el botón **Aceptar**. Véase la figura 11.23.

Tablas de datos con variables

Las tablas de datos con variables son otro tipo de herramienta de "análisis Y si". Una tabla de datos es un rango de celdas que nos muestra cómo afecta el cambio de algunos valores de las fórmulas a los resultados de las mismas. Son un método abreviado para calcular varias versiones dentro de una sola operación, así como una manera de poder ver y también comparar los resultados de las diferentes variaciones en la hoja de cálculo. El ejemplo que se utiliza con mayor frecuencia para ilustrar el poder y la versatilidad de las tablas de datos es el cálculo de los pagos de una hipoteca, empezando con el tipo básico de tabla de datos, en el cual sólo una variable cambia, y avanzando posteriormente a tablas más sofisticadas, donde se van a utiliza dos variables para crear una matriz.

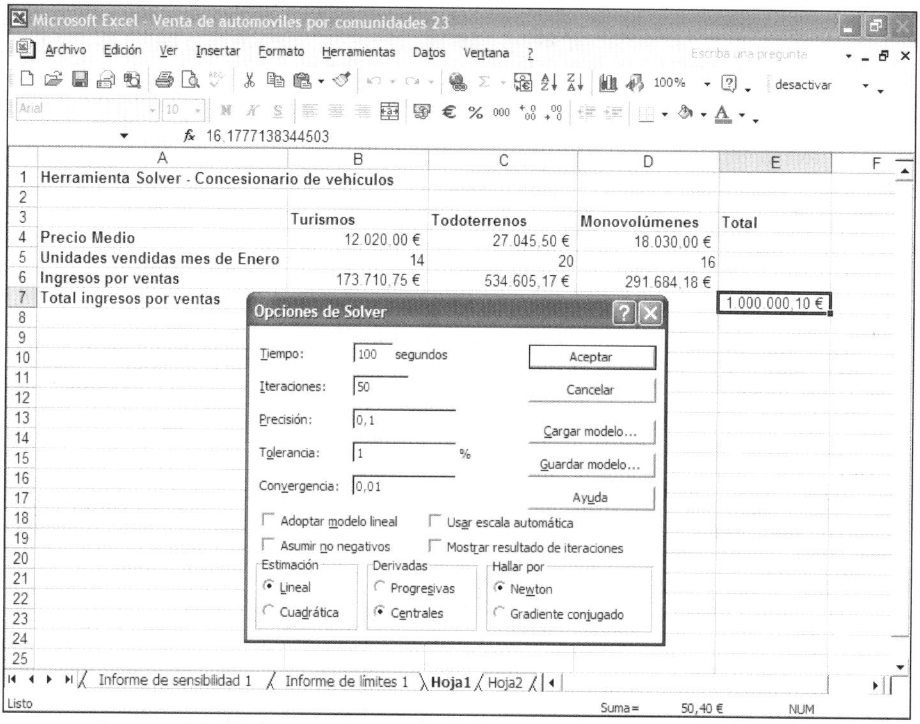

Figura 11.23. Las opciones de Solver permiten un mayor control sobre las características avanzadas del proceso de solución

Tabla de datos de una variable

Trabajar con una tabla de datos de una variable es la acción más sencilla que se puede desarrollar con esta herramienta: permite crear una tabla que posee una única columna de resultados dependientes de una variable. Para comprender mejor el concepto de tabla de datos de una variable vamos a trabajar con el ejemplo que muestra la figura 11.24, sobre el pago mensual de una hipoteca dependiendo del plazo de amortización.

La hoja de cálculo muestra los pagos de la hipoteca para un solo escenario, con un importe para el préstamo hipotecario de 150.253,00 €, con un tipo de interés de 4,5% y en un plazo de 30 años. En la celda B7 aparece la fórmula

=PAGO(B4/12,B5*12;B3), su resultado es el pago mensual asociado con el conjunto de variables, que es de 761,31 €. Con estos datos y mediante una tabla de datos se pretende calcular cómo afectaría al pago mensual la alteración de los plazos de amortización. Para ello, debajo del rótulo Pago mensual vaya introduciendo, por ejemplo, los plazos 10, 15, 20, 25 y 30 años, tal y como aparece en la figura 11.24 y, a continuación, deberá realizar estos pasos:

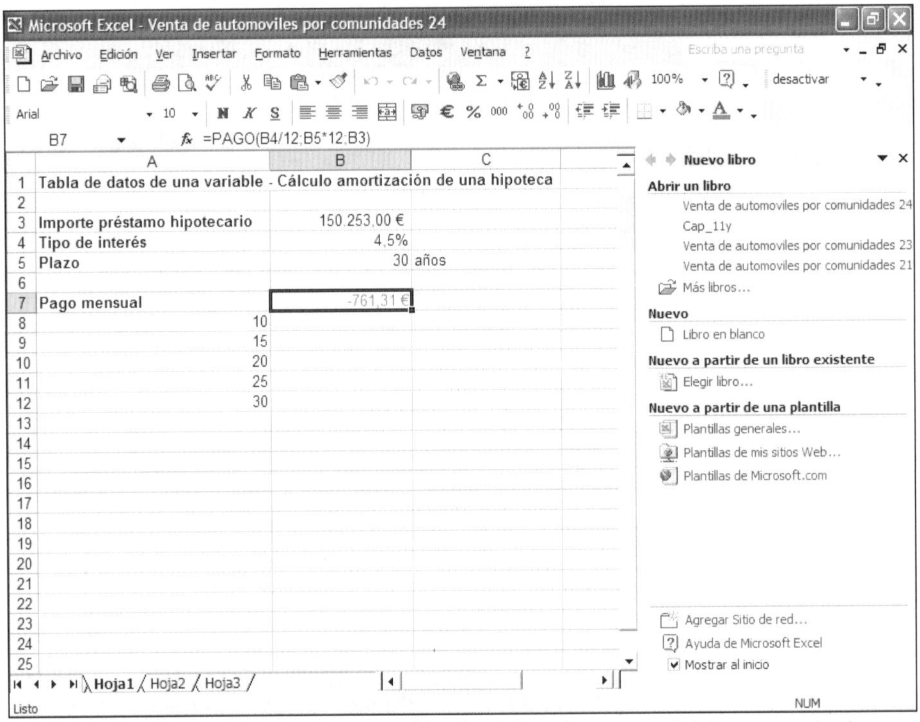

Figura 11.24. Ejemplo de una tabla de datos de una variable para calcular la amortización de una hipoteca

1. En primer lugar, seleccione el rango de celdas A7:B12, correspondiente a la tabla de pagos mensuales, y ejecute la secuencia de comandos **Datos>Tabla...**.

2. Como en este ejemplo la variable es el número de años de plazo, seleccione en el cuadro de texto Celda de entrada (columna) la celda correspondiente al plazo, es decir, la B5 (la otra casilla de texto déjela vacía, ya que sólo va a calcular una variable).

3. Para finalizar, pulse sobre el botón **Aceptar** del cuadro de diálogo Tabla. Véase la figura 11.25.

Nota: Una tabla de datos de una variable puede afectar a más de una fórmula. En el ejemplo anterior, sólo afecta a una fórmula. Para agregar nuevas fórmulas, siga uno de estos procedimientos:

- Si la tabla de datos está orientada a columna, escriba la nueva fórmula en una celda en blanco situada a la derecha de una fórmula existente en la fila superior de la tabla.
- Si la tabla de datos está orientada a fila, escriba la nueva fórmula en una celda en blanco situada debajo de una fórmula existente en la primera columna de la tabla. Recuerde que las fórmulas que se usen en la tabla de datos de una variable deberán hacer referencia a la misma celda variable.

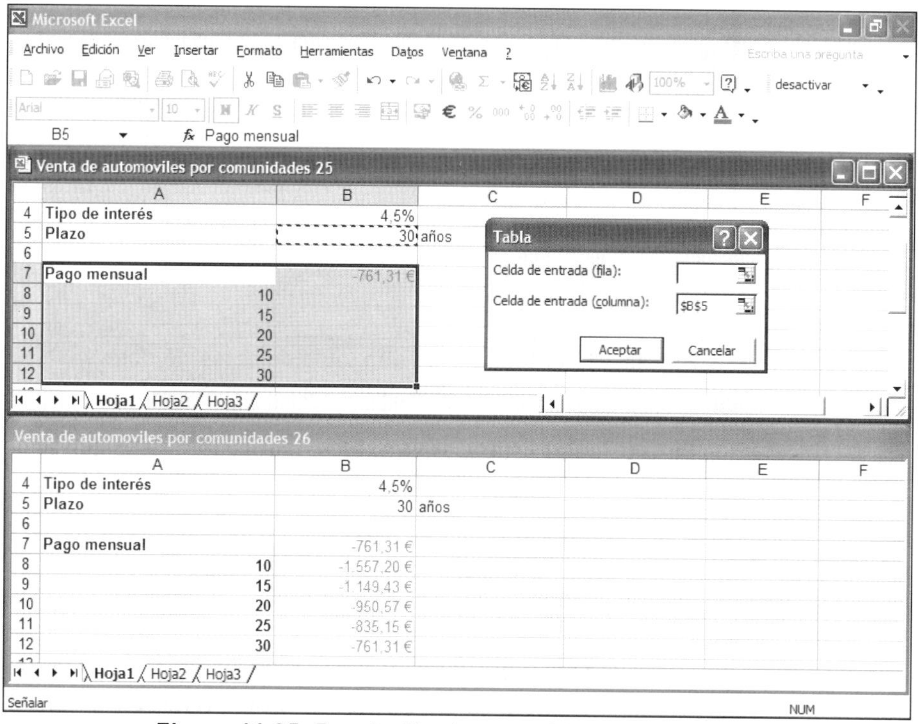

Figura 11.25. Resolución de una tabla de una variable

Tabla de datos de dos variables

Con el mismo ejemplo visto en el apartado anterior, y mediante una tabla de datos de dos variables, es posible calcular el pago mensual que debe efectuarse dependiendo de los años de plazo y el tipo de interés que se fije. Esto quiere decir que existen dos variables, el plazo y el tipo de interés, como muestra la figura 11.26.

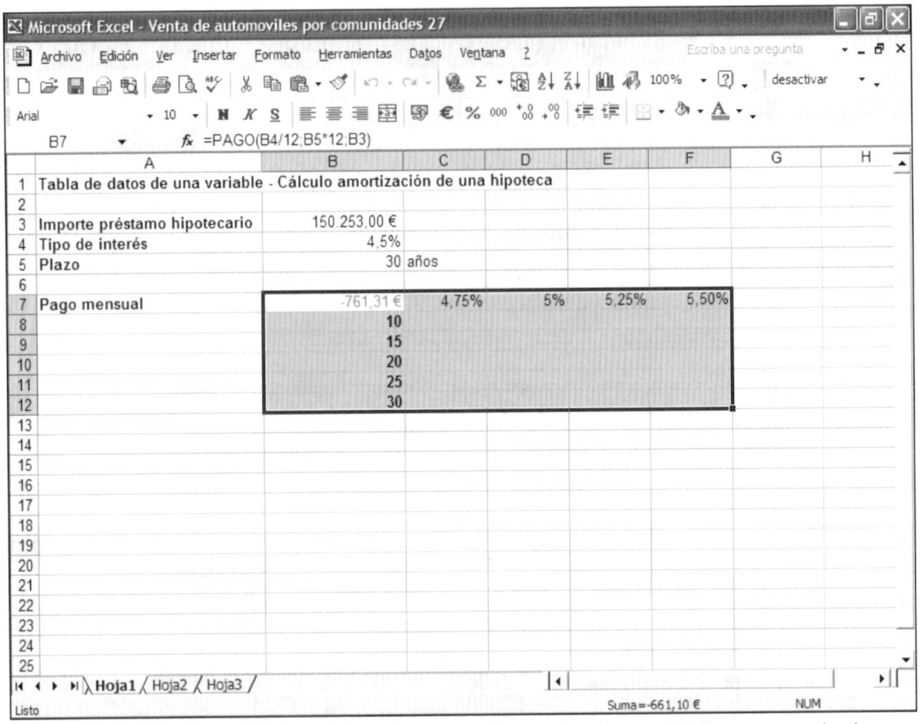

Figura 11.26. Ejemplo de una tabla de datos de dos variables para calcular la amortización de una hipoteca

Para calcular estas dos variables, realice los pasos que se describen a continuación sobre el ejemplo que se muestra en la figura 11.26:

1. Seleccione el rango de celdas B7:F12, correspondiente a la tabla de plazos y tipo de interés, y ejecute la secuencia de comandos **Datos>Tabla...**.
2. En el cuadro de texto Celda de entrada (fila), introduzca la variable que corresponda al tipo de interés, es decir, la celda B4.
3. En el cuadro de texto Celda de entrada (columna), introduzca la variable que corresponda al plazo de amortización, es decir, la celda B5.
4. Para finalizar, pulse sobre el botón **Aceptar** del cuadro de diálogo Tabla.

Excel ha calculado los datos que permiten ver la diferencia de los pagos dependiendo del plazo y el tipo de interés.

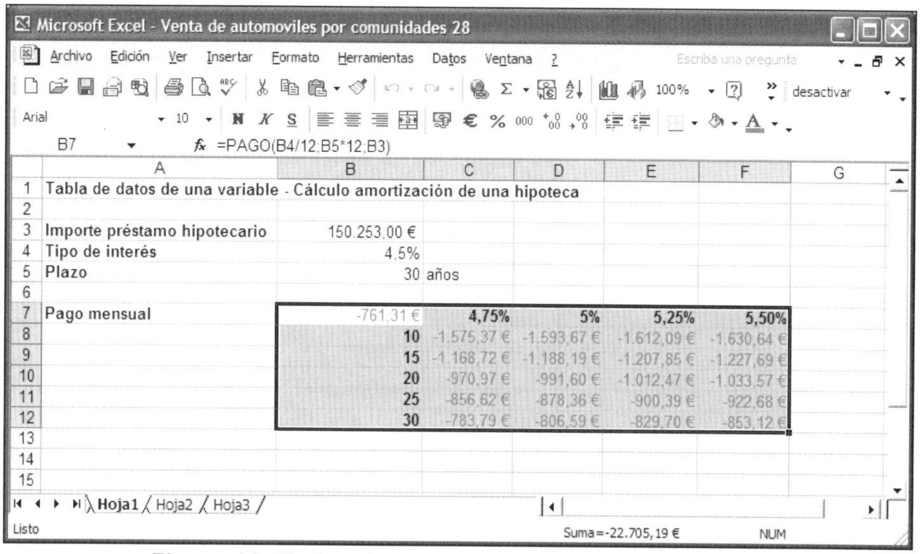

Figura 11.27. Resolución de una tabla de dos variables

Nota: Si desea borrar una tabla de datos con variables, seleccione toda la tabla de datos (incluidas todas las fórmulas, las variables, los valores resultantes, los formatos y los comentarios) y, a continuación, ejecute la secuencia de comandos **Edición>Borrar>Todo**.

Escenarios

Un escenario es un conjunto de valores que Microsoft Excel guarda y puede sustituir automáticamente en la hoja de cálculo. Los escenarios se usan para prever el resultado de un modelo de hoja de cálculo. Por ejemplo, es posible crear y guardar diferentes grupos de valores en una hoja de cálculo y, a continuación, pasar a diversos escenarios para ver distintos resultados. Dicho de otro modo, un escenario se compone de una o más celdas cambiantes y una o más celdas de resultados, que permiten obtener distintos resultados para cada cambio.

Definir escenarios

Comenzaremos a definir escenarios usando una hoja de cálculo como la de la figura 11.28. En ella, además del pago mensual de la hipoteca, incluido en la celda B7 con la fórmula =ABS(PAGO(B4/12;B5*12;B3)), también se integra el cálculo del pago total del préstamo en la celda B8 con la fórmula =(B7*12)*B5 y la parte de ese pago que corresponde al interés en la celda B9 con la fórmula =B8-B3.

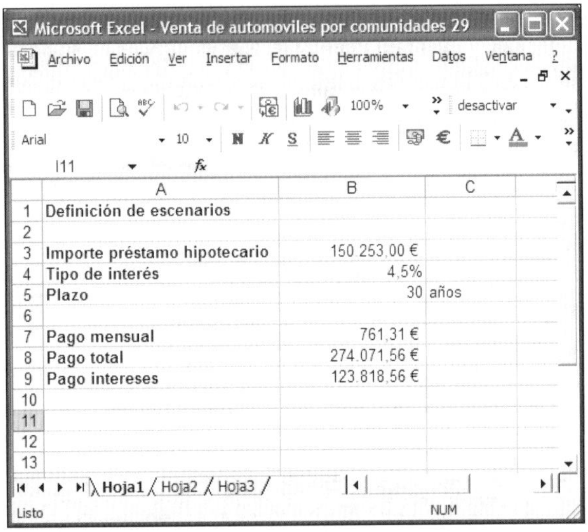

Figura 11.28. Ejemplo de una hoja de cálculo dispuesta para ejecutar sobre ella el comando Escenario

> **Nota:** En las fórmulas de esta hoja de cálculo se utiliza la función ABS, que obtiene el valor absoluto de un número. De esta forma, los valores negativos resueltos por la función PAGO se convierten en positivos.

En el ejercicio a desarrollar, los datos cambiantes serán el importe y el plazo, mientras que los resultados a obtener serán el pago mensual, el total y la parte del pago que corresponde al interés. Para ello:

1. Ejecute la secuencia de comandos **Herramientas>Escenarios...** para acceder al Administrador de escenarios y, a continuación, pulse sobre el botón **Agregar**.
2. En el cuadro de texto Nombre del escenario del cuadro de diálogo Agregar escenario, escriba el nombre que va a identificar al escenario, por ejemplo, Préstamo hipotecario 1.
3. En el cuadro de texto Celdas cambiantes, introduzca la referencia de las celdas cambiantes. En este caso, las celdas B3 y B5, pertenecientes al Importe del préstamo y al Plazo, respectivamente.

4. Pulse sobre el botón **Aceptar** para acceder al cuadro de diálogo Valores de escenario.

5. El cuadro de diálogo Valores de escenario permite introducir los valores que tendrá este escenario para las celdas cambiantes. En el caso del importe, es decir, la celda B3, introduzca el valor 120202,42 €, y para el plazo, es decir, la celda B5, 25 años.

6. Una vez completado este paso, pulse sobre el botón **Aceptar**. Aparecerá el Administrador de escenarios con el nombre del escenario en el cuadro de lista Escenarios.
Para visualizar el escenario, seleccione el nombre y pulse en **Mostrar**. Excel mostrará los nuevos valores en la hoja de cálculo. Si el cuadro de diálogo le impide ver los datos, arrástrelo hacia una zona donde no oculte los resultados.

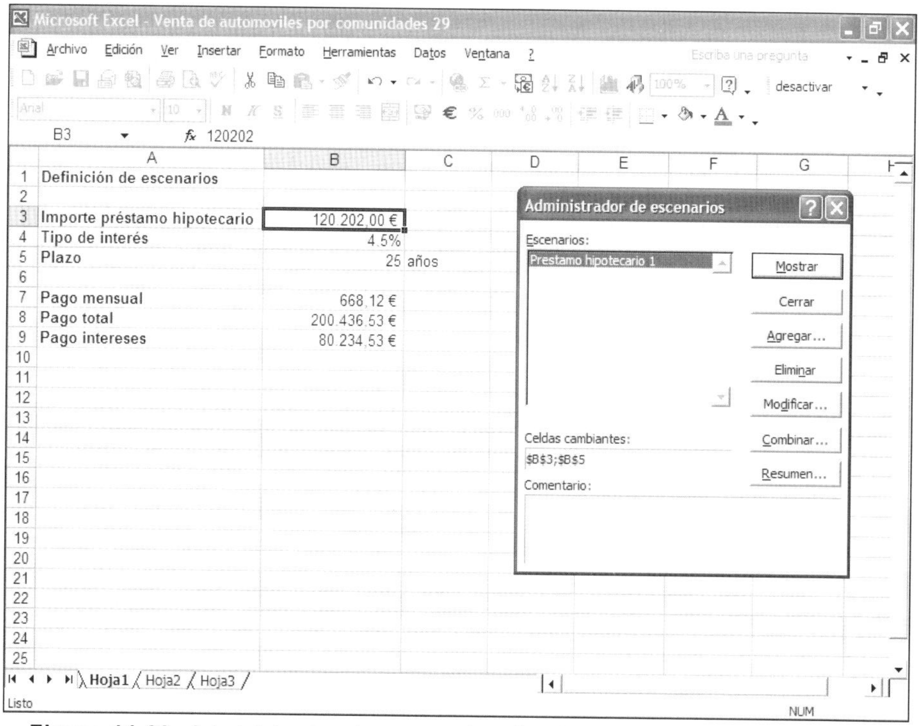

Figura 11.29. Administrador de escenarios donde se muestran los escenarios ya definidos que posee la hoja de cálculo

7. Puede incluir nuevos escenarios pulsando sobre el botón **Agregar** y repitiendo los pasos descritos hasta ahora. Por ejemplo, defina un nuevo escenario

como Préstamo hipotecario 2 y otorgue a las celdas cambiantes los valores 90151,81 € y 20 años.

8. Para volver a la hoja de cálculo, pulse sobre el botón **Cerrar** del cuadro de diálogo Administrador de escenarios.

Gestión de escenarios

La gestión de los escenarios se lleva a cabo mediante el Administrador de escenarios (**Herramientas>Escenarios...**). Desde este cuadro de diálogo pueden realizarse diversas operaciones.

- **Mostrar**. Muestra en la hoja de cálculo los valores del escenario que está seleccionado.
- **Cerrar**. Cierra este cuadro de diálogo y guarda los cambios realizados.
- **Agregar**. Agrega un escenario nuevo, y después presenta el cuadro de diálogo Agregar escenario para introducir valores en cada celda cambiante del escenario.
- **Eliminar**. Elimina el escenario seleccionado.
- **Modificar**. Cambia el nombre del escenario, las referencias de las celdas variables o los comentarios del escenario seleccionado.
- **Combinar**. Combina los escenarios de una hoja seleccionada en cualquiera de los libros que se encuentren activos.
- **Resumen**. Crea un informe de resumen de escenarios o un informe de tablas dinámicas de escenarios como una etiqueta de hoja nueva en el libro.
- **Celdas cambiantes**. Muestra una lista de las celdas para las que se han guardado valores en el escenario seleccionado actual.
- **Comentario**. Muestra el nombre del usuario que ha creado o modificado el escenario seleccionado, la fecha de creación o de última modificación y otros comentarios.

Resumen de escenarios

En el apartado Definir escenarios creó dos escenarios que ahora pueden ser comparados mediante informes de resumen. Excel proporciona dos tipos de informe o métodos de visualización de escenarios: el resumen del escenario puede crear un informe en una tabla de datos simple o en una tabla de datos dinámica. Antes de generar los distintos tipos de informe, sustituya las siguientes referencias de celdas por los siguientes nombres:

Referencia	Nombre
B3	Préstamo
B4	Tipo
B5	Plazo
B7	Mensual
B8	Total
B9	Interés

Ahora, para crear un resumen de escenario, realice los siguientes pasos:

1. Ejecute la secuencia de comandos **Herramientas>Escenarios...** para acceder al Administrador de escenarios. A continuación, pulse sobre el botón **Resumen**.
2. En el cuadro de diálogo Resumen de escenario, si no está activado el botón de opción Resumen, actívelo.
3. En el cuadro de texto Celdas resultantes, indique la referencia de las celdas donde deben aparecer los valores resultantes. En este caso, haga clic sobre la celda Mensual (B7) y, mientras mantiene pulsada la tecla **Control**, seleccione las celdas Total(B8) e Interés (B9).
4. Pulse sobre el botón **Aceptar**.

Excel creará en una hoja independiente un informe típico en forma de tabla, donde cada columna es un escenario, con filas que indican los valores cambiantes y resultantes, tal y como muestra la figura 11.30.

Para crear una tabla dinámica de escenario, realice los siguientes pasos:

1. Vuelva a la hoja de cálculo donde están integrados los datos y ejecute la secuencia de comandos **Herramientas>Escenarios...**.
2. Pulse sobre el botón **Resumen**.
3. En el cuadro de diálogo Resumen de escenario, active el botón de opción Informe de tabla dinámica de escenario.
4. Pulse sobre **Aceptar**.

Excel creará en una hoja independiente un informe de tabla dinámica con la misma información pero mostrando únicamente las celdas resultantes y no las cambiantes, tal y como muestra la figura 11.31. En este informe las filas son los escenarios y las columnas los resultados, y se puede trabajar sobre ellas como en cualquier tabla dinámica.

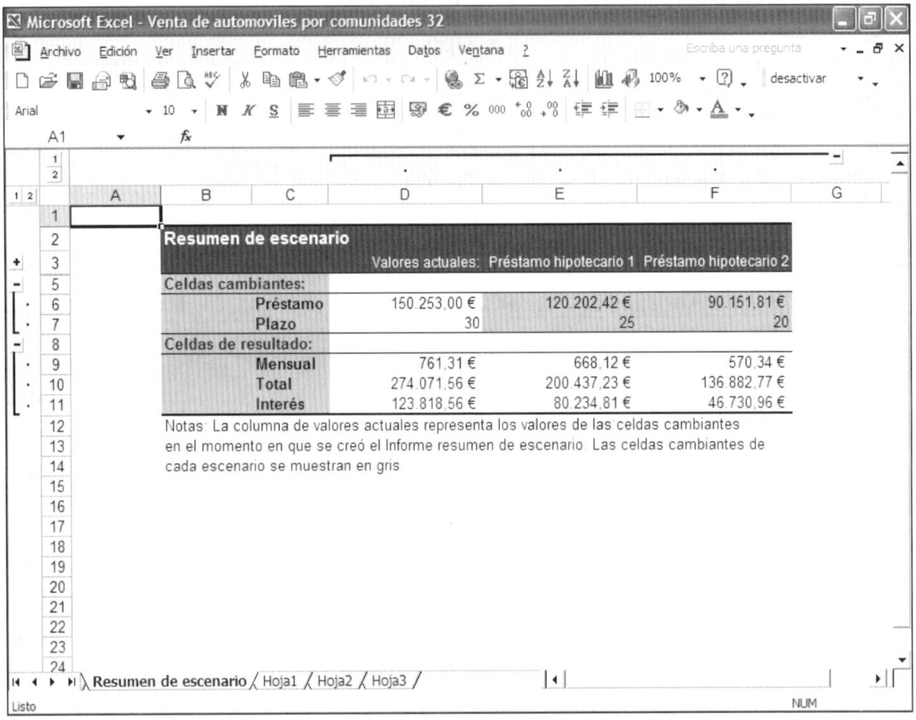

Figura 11.30. Hoja independiente donde se muestra el informe Resumen del escenario

Truco: Para evitar que se modifiquen los escenarios, active la casilla de verificación Evitar cambios del cuadro de diálogo Agregar escenario. Pero si lo que desea es quitar un escenario de la lista que aparece en este mismo cuadro de diálogo, active la casilla de verificación Ocultar.

Auditoría de fórmulas

Cuando una hoja de cálculo posee gran cantidad de celdas que contienen fórmulas, es posible que haya dificultades para determinar si todas las fórmulas devuelven el valor correcto y, en caso contrario, qué partes de la fórmula hay que modificar. Para evaluar este tipo de procesos, Excel 2002 integra una herramienta denominada Auditoría de fórmulas. Esta función permite tener controlados posibles errores, localizar celdas que referencian a la celda que posee el error, así como solucionar esos problemas.

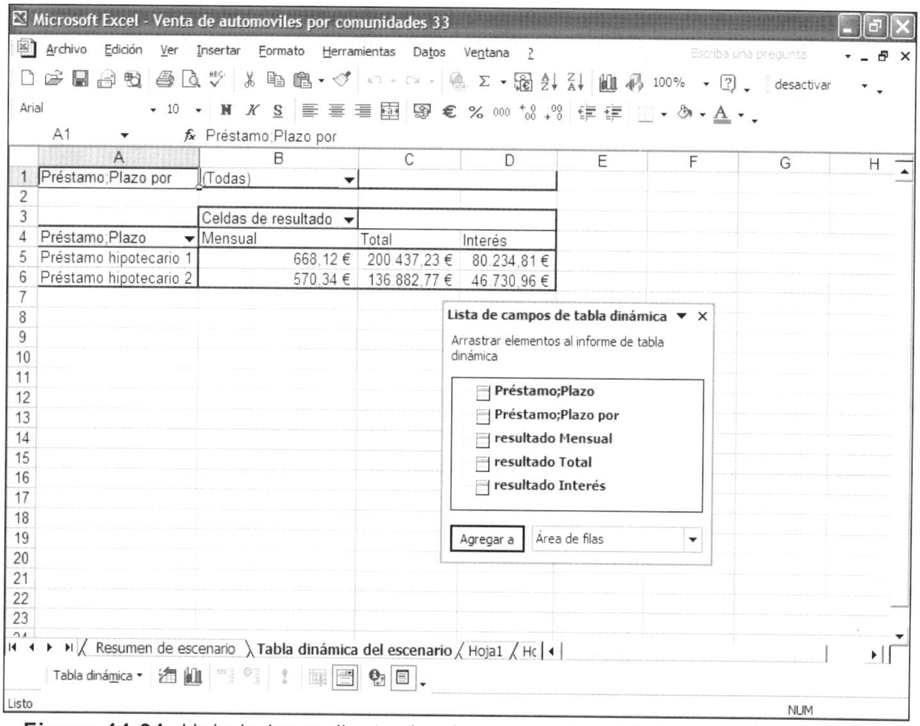

Figura 11.31. Hoja independiente donde se muestra el informe Tabla dinámica del escenario

En muchas ocasiones, el error se manifiesta sin necesidad de usar la Auditoría de fórmulas, presentando Excel un valor de error que permite corregir la fórmula en base a ese valor. Los valores de error más frecuentes son:

Error	Significado
#DIV/0!	La fórmula está intentando dividir entre cero.
#N/A	La fórmula referencia un valor no disponible.
#¿NOMBRE?	La fórmula usa un nombre que Excel no reconoce.
#¡NULO!	La fórmula contiene una referencia que especifica una intersección de celdas inválida.
#¡NUM!	La fórmula usa un número de forma incorrecta.

Error	Significado
#¡REF!	La fórmula referencia una celda que no es válida.
#¡VALOR!	La fórmula usa un argumento u operador incorrecto.

Nota: La auditoría de fórmulas de Excel evalúa las expresiones entre paréntesis antes que cualquier otra parte. Los paréntesis pueden estar anidados, por lo que si una expresión que se encuentra entre paréntesis incluye otro grupo de paréntesis, las expresiones que se encuentran en el interior se evaluarán antes.

Términos y Barra de herramientas Auditoría

Antes de usar las funciones de la Barra de herramientas Auditoría es importante conocer los términos que se emplean al trabajar con esta herramienta:

- **Dependiente**. Hace referencia a una celda que contiene una fórmula que, a su vez, hace referencia a otra celda, de forma que la fórmula depende de ella.
- **Precedente**. Las celdas precedentes son aquellas a las que hace referencia la celda dependiente.
- **Directa**. Una relación directa es cuando una celda precedente contiene una fórmula.
- **Indirecta**. Si una celda contiene una fórmula que a su vez hace referencia a otra fórmula, eso sería una relación indirecta.

Por ejemplo, si la celda C1 posee la fórmula =PRODUCTO(A1;B1), las celdas precedentes serían el rango de celdas A1:B1, y para esas celdas, la C1, la que posee la fórmula, es la dependiente. Véase la figura 11.32.

Cuando desee revelar una cadena de precedentes y dependientes use las opciones del comando Auditoría de fórmulas del menú Herramientas, o trabajar desde la Barra de herramientas Auditoría. Para ver y usar la barra, ejecute la secuencia de comandos **Herramientas>Auditoría de fórmulas>Mostrar barra de herramientas Auditoría de fórmulas**. La tabla 11.3 define cada botón de esta barra de herramientas:

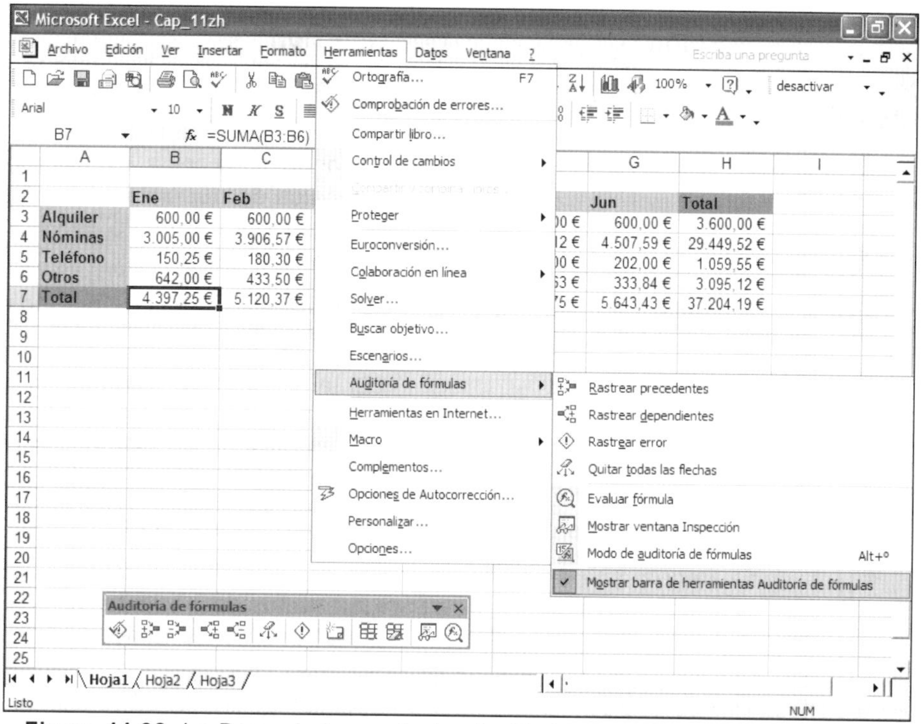

Figura 11.32. La Barra de herramientas Auditoría posee las mismas funciones que el comando Auditoría de fórmulas del menú Herramientas

Tabla 11.3. Botones de la Barra de herramientas Auditoría

Botón	**Función**
Comprobación de errores	Rastrea la hoja de cálculo activa en busca de errores.
Rastrear precedentes	Dibuja flechas de rastreo a partir de celdas que proporcionan de forma directa valores a la fórmula de la celda activa (precedentes). Para rastrear las celdas que proporcionan directamente valores a la fórmula de la celda activa, vuelva a hacer clic en el botón **Rastrear precedentes**.
Quitar un nivel de precedentes	Elimina las flechas de rastreo de un nivel de dependientes.
Quitar todas la flechas	Quita todas las flechas de rastreo de la hoja de cálculo.

Botón	Función
Rastrear dependientes	Dibuja una flecha de rastreo hacia la celda activa a partir de fórmulas que dependan del valor de dicha celda. Para agregar niveles adicionales de dependientes indirectos, vuelva a hacer clic de nuevo en el botón **Rastrear dependientes**.
Quitar un nivel de dependientes	Elimina las flechas de rastreo de un nivel de celdas precedentes.
Rastrear error	Si la celda activa contiene un valor de error, dibuja flechas de rastreo hacia la celda activa, a partir de las celdas que causan el valor erróneo.
Nuevo comentario	Permite insertar un comentario.
Rodear con un círculo datos no válidos	Identifica todas las celdas que contienen valores fuera de los límites establecidos mediante el uso del comando Validación del menú Datos.
Borrar círculos de validación	Oculta los círculos que rodean las celdas que contienen valores fuera de los límites establecidos mediante el uso del comando Validación del menú Datos.
Mostrar ventana de inspección	Muestra u oculta la ventana de inspección.
Evaluar fórmula	Evalúa la fórmula activa paso a paso.

Evaluar una fórmula

Para comprender la función de evaluación de una fórmula, lleve a cabo este sencillo ejemplo práctico. En una hoja en blanco realice estas entradas:

Celda	Entrada
B2	10
B3	100
B4	=B2+B3/B2*B3

Observe que el resultado que aparece en al celda B4, es decir, el valor 1.010, no es en realidad el valor que resulta tras calcular esa fórmula. Esta fórmula pretende que la suma de los dos valores (110) esté divida entre su producto (1.000). Para utilizar el evaluador de fórmulas, deberá realizar los siguientes pasos:

1. Active la celda donde esté la fórmula, y pulse sobre el botón **Evaluar fórmula** de la Barra de herramientas Auditoría.
2. En el cuadro de diálogo Evaluar fórmula, observe la fórmula del cuadro Evaluación y, a continuación, haga clic sobre el botón **Evaluar**.
3. Pulse sobre el botón **Evaluar** otras dos veces. Comprobará que, cada vez que pulsa, la referencia de la celda se sustituye por el valor constante de dicha celda.
4. Vuelva a pulsar sobre **Evaluar**. En esta ocasión, la división se realiza antes de evaluar la última referencia de la celda.
5. Para finalizar, pulse **Evaluar** otras tres veces más para completar el proceso de evaluación. Se realizará la multiplicación y, posteriormente, la suma.

El Evaluador de fórmulas muestra cómo se está evaluando la fórmula existente, pero no sugiere correcciones. En este caso, tendrá que asegurarse de que la suma se realiza en primer lugar y la división en último lugar mediante el uso adecuado de los paréntesis. Para ver el efecto de este cambio, sustituya la fórmula de la celda B4 por la siguiente: =(B2+B3)/(B2*B3). Observe el cambio en el resultado y, a continuación, repita los pasos anteriores para ver la diferencia en la evaluación.

Nota: Para cambiar el orden de evaluación de una fórmula, escriba entre paréntesis la parte de la fórmula que se calculará en primer lugar.

Rastrear precedentes y dependientes

Para utilizar las funciones de rastreo de precedentes y dependientes utilice la hoja de cálculo que se muestra en la figura 11.33. Esta hoja recoge distintos gastos de una oficina durante los primeros seis meses del año. En ella se pueden apreciar una fila y una columna con el título de Total, son estas celdas las que poseen las fórmulas que referencian a los datos de la hoja de cálculo.

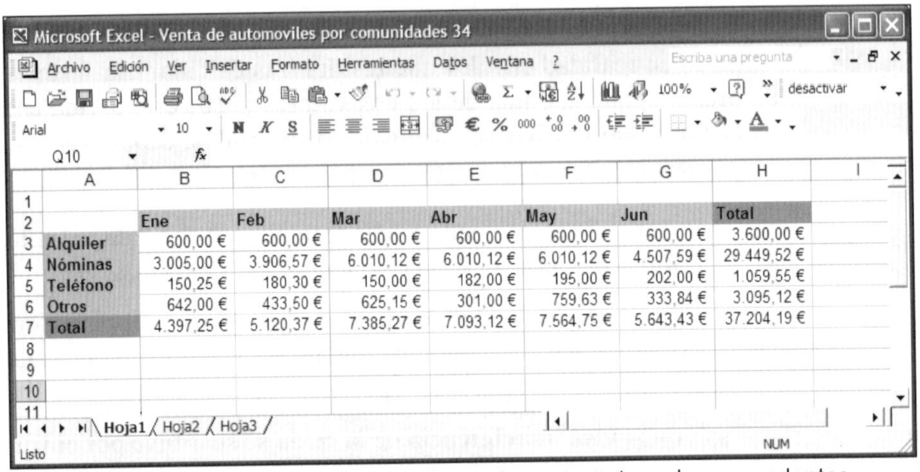

	A	B	C	D	E	F	G	H
1								
2		Ene	Feb	Mar	Abr	May	Jun	Total
3	Alquiler	600,00 €	600,00 €	600,00 €	600,00 €	600,00 €	600,00 €	3.600,00 €
4	Nóminas	3.005,00 €	3.906,57 €	6.010,12 €	6.010,12 €	6.010,12 €	4.507,59 €	29.449,52 €
5	Teléfono	150,25 €	180,30 €	150,00 €	182,00 €	195,00 €	202,00 €	1.059,55 €
6	Otros	642,00 €	433,50 €	625,15 €	301,00 €	759,63 €	333,84 €	3.095,12 €
7	Total	4.397,25 €	5.120,37 €	7.385,27 €	7.093,12 €	7.564,75 €	5.643,43 €	37.204,19 €

Figura 11.33. Hoja de cálculo dispuesta para rastrear los precedentes y dependientes de las distintas fórmulas que posee

La fila 7 dispone de las siguientes fórmulas:

Celda	Fórmula
B7	=SUMA(B3:B6)
C7	=SUMA(C3:C6)
D7	=SUMA(D3:D6)
E7	=SUMA(E3:E6)
F7	=SUMA(F3:F6)
G7	=SUMA(G3:G6)

La columna H dispone de las siguientes fórmulas:

Celda	Fórmula
H3	=SUMA(B3:G3)
H4	=SUMA(B4:G4)
H5	=SUMA(B5:G5)
H6	=SUMA(B6:G6)
H7	=SUMA(B7:G7)

Rastrear precedentes

Si desea, por ejemplo, buscar todas las celdas a las que directamente hace referencia la fórmula de la celda H7, actívela y pulse sobre el botón **Rastrear precedentes** de la Barra de herramientas Auditoría. De forma automática, Excel despliega una flecha azul que apunta a la fórmula desde las celdas a las que hace referencia. Tal y como muestra la figura 11.34, la flecha azul recorre todos los datos de la fila 7 (rango B7:G7) y apunta directamente a la celda H7, que posee la fórmula =SUMA(B7:G7).

Si vuelve a pulsar sobre el botón **Rastrear precedentes**, Excel iniciará la búsqueda de las celdas a las que la fórmula hace referencia indirectamente. Como muestra la figura 11.34, esta vez las flechas aparecen en las columnas de los meses indicando las fórmulas que poseen las celdas de la fila 7.

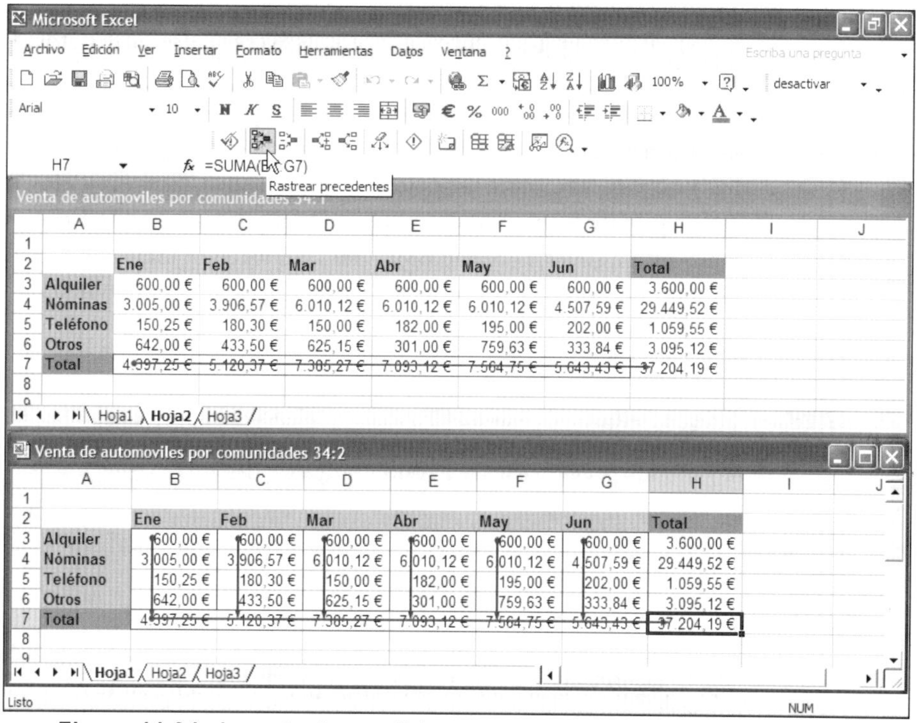

	Ene	Feb	Mar	Abr	May	Jun	Total
Alquiler	600,00 €	600,00 €	600,00 €	600,00 €	600,00 €	600,00 €	3.600,00 €
Nóminas	3.005,00 €	3.906,57 €	6.010,12 €	6.010,12 €	6.010,12 €	4.507,59 €	29.449,52 €
Teléfono	150,25 €	180,30 €	150,00 €	182,00 €	195,00 €	202,00 €	1.059,55 €
Otros	642,00 €	433,50 €	625,15 €	301,00 €	759,63 €	333,84 €	3.095,12 €
Total	4.397,25 €	5.120,37 €	7.385,27 €	7.093,12 €	7.564,75 €	5.643,43 €	37.204,19 €

Figura 11.34. Aspecto de una lista tras rastrear los precedentes directos e indirectos de una de su fórmulas

Este ejemplo únicamente posee dos niveles; para quitar el segundo pulse sobre el botón **Quitar un nivel de precedentes** de la Barra de herramientas Auditaría.

Nota: Si selecciona una celda que no posea una fórmula que haga referencia a otras celdas, Excel mostrará un cuadro de diálogo indicando que el comando rastrear precedentes necesita que la celda activa contenga una fórmula con referencias válidas.

Rastrear dependientes

Para buscar celdas dependientes únicamente debe activar una celda y pulsar sobre el botón **Rastrear dependientes**. En el mismo ejemplo que en el apartado anterior, active, por ejemplo, la celda C4 y pulse sobre el botón **Rastrear dependientes** de la Barra de herramientas Auditoría. Como muestra la figura 11.35, dos flechas apuntan sobre las celdas que poseen una fórmula que directamente afecta a la celda activa.

Si vuelve a pulsar sobre el botón **Rastrear dependientes**, Excel iniciará la búsqueda de las referencias indirectas de la celda. Como se puede observar en la figura 11.35, ha aparecido una nueva flecha indicando la fórmula de referencia indirecta.

Puede seleccionar las celdas que dependen directamente de la celda activa del siguiente modo: ejecute la secuencia de comandos **Edición>Ir a...** y después pulse sobre el botón **Especial...** dentro del cuadro de diálogo Ir a. A continuación, active los botones de opción Celdas dependientes y Directamente relacionadas.

Nota: Si lo desea, en una misma hoja de cálculo puede rastrear las relaciones precedentes y dependientes de distintas celdas.

Ocultar flechas de rastreo

Tras rastrear en busca de celdas con relaciones dependientes y precedentes, una hoja de cálculo puede quedar repleta de flechas que nos indican numerosas referencias, varios niveles y que se entrecruzan y mezclan sin dejar ver el resultado final. Cuando la hoja de cálculo posee varios niveles de referencia es posible ocultar los niveles utilizando los botones **Quitar un nivel de precedentes** y **Quitar un nivel de dependientes**. Pero si lo que quiere es eliminar de una sola vez todas las flechas de referencia, debe pulsar sobre el botón **Quitar todas las flechas**.

> **Nota:** Las flechas de rastreo también desaparecen si se modifica una fórmula que forma parte de la ruta de la flecha o cuando se añaden o eliminan filas, columnas o celdas.

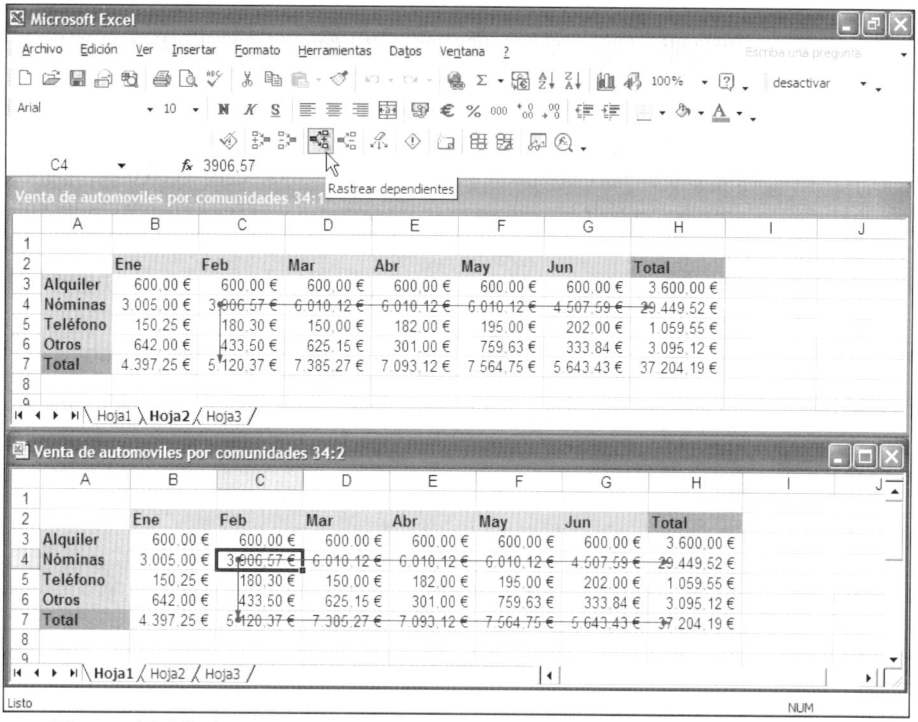

Figura 11.35. Aspecto de una lista tras rastrear los dependientes directos e indirectos de una de sus celdas

Proteger la información

Excel 2002 proporciona varias capas de protección para controlar el acceso a los datos de Excel y su modificación:

- **Protección a nivel de libro**. Puede aplicar protección a los elementos de un libro y puede proteger un archivo de libro para que no se pueda ver ni modificar.
- **Protección de hojas de cálculo**. Puede proteger los elementos de una hoja de cálculo, como por ejemplo, celdas con fórmulas, para impedir el acceso

a todos los usuarios, o conceder acceso a usuarios individuales a los rangos que especifique.

Proteger un libro

Proteger la estructura y las ventanas de un libro evita que se realicen cambios en su estructura, es decir, impide que las hojas se puedan eliminar, mover, ocultar, volver a mostrar o cambiar de nombre, así como que se inserten hojas nuevas. Esta opción también evita que las ventanas se muevan o se cambien de tamaño.

Excel permite proteger un libro cuando está activo en el área de trabajo. Para ello, ejecute la secuencia de comandos **Herramientas>Proteger>Proteger libro...** (cuando el documento activo está protegido, el nombre del comando cambia a Desproteger libro). El cuadro de diálogo Proteger libro posee las opciones siguientes:

- **Estructura**. Activando esta casilla, protegerá la estructura del libro para que no se pueda borrar, mover, ocultar, mostrar, cambiar el nombre de las hojas ni insertar hojas nuevas.
- **Ventanas**. Protege las ventanas de un libro para que no se puedan mover, cambiar de tamaño, ocultar, mostrar o cerrar.
- **Contraseña**. Este cuadro de texto permite escribir una contraseña para evitar que usuarios que no están autorizados quiten la protección de un libro. Las contraseñas diferencian entre mayúsculas y minúsculas, pueden tener hasta 255 caracteres y cualquier combinación de letras, números y símbolos.

Truco: Excel 2002 también dispone de una función que permite proteger y compartir el libro a la vez. Cuando el libro compartido activo está protegido, el nombre del comando cambia a Desproteger para compartir.

Proteger la hoja de cálculo

Proteger la hoja de cálculo evita que se realicen cambios en las celdas y en los objetos gráficos que posea, así como en una hoja de gráficos. Si desea activar la protección para toda la hoja de cálculo, realice los pasos que se describen a continuación:

1. En primer lugar, y con la hoja activa, ejecute la secuencia de comandos **Herramientas>Proteger>Proteger hoja...** para acceder al cuadro de diálogo Proteger hoja.

2. Dentro de este cuadro, active a continuación la casilla Proteger hoja y contenido de las celdas bloqueadas si lo que desea es impedir que se hagan cambios en las celdas de las hoja de cálculo y también en aquellas que estén bloqueadas.

3. Al igual que ocurría cuando se protegía un libro, si desea que usuarios no autorizados quiten la protección de una hoja de cálculo, deberá escribir una contraseña dentro del cuadro de texto Contraseña para desproteger la hoja.

4. En la lista de casillas de verificación Permitir a los usuarios de esta hoja de cálculo, defina las acciones que pueden ser habilitadas y, por tanto, utilizadas por otros usuarios de la hoja de cálculo.

5. Por último, pulse sobre el botón **Aceptar**.

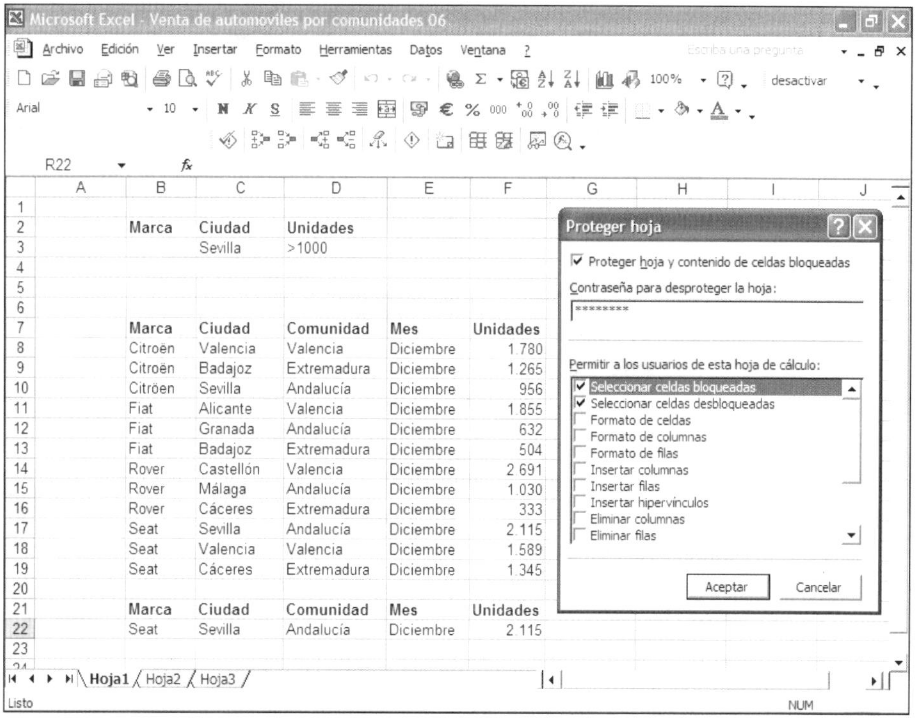

Figura 11.36. Al proteger una hoja de cálculo se evita que se realicen cambios en ella

Nota: Excel cuenta con una Barra de herramientas Protección. Si lo desea, puede acceder a ella ejecutando la secuencia de comandos **Ver>Barra de herramientas>Protección**.

Ocultar información

Es posible que, por razones de seguridad, necesite ocultar información a la vista de otros usuarios, o bien no desea que aparezcan datos cuyo interés no está en aparecer reflejados en la hoja de cálculo. Para que no se muestre en la Barra de fórmulas el contenido de una celda, haga lo siguiente:

1. Seleccione el comando Celdas del menú Formato para acceder al cuadro de diálogo Formato de celdas.
2. Pulse sobre la ficha Proteger.
3. Active la casilla Oculta y pulse sobre el botón **Aceptar**.
4. A continuación, ejecute la secuencia de comandos **Herramientas>Proteger>Proteger hoja...** y asegúrese de que la casilla Proteger hoja y contenido de las celdas bloqueadas está activada.
5. Pulse sobre el botón **Aceptar**.

Esta acción va a provocar que el contenido de una celda no se muestre en la Barra de fórmulas, y que al hacer doble clic sobre la celda para modificarla, tampoco aparezca.

Truco: Para volver a mostrar los datos de las celdas ocultas, ejecute la secuencia de comandos **Herramientas>Proteger>Desproteger hoja...**.

Ocultar objetos gráficos

Los objetos gráficos integrados en una hoja de cálculo, como gráficos o imágenes, ralentizan el desplazamiento por el área de trabajo. Para evitar este tipo de problemas, es posible ocultar estos elementos parcial o totalmente, realizando estos pasos:

1. Ejecute la secuencia de comandos **Herramientas>Opciones...**.
2. Active la ficha Ver, en el cuadro de diálogo Opciones.
3. En la sección Objetos, seleccione una de estas tres opciones:

- **Mostrar todos**. Con este botón activo, se mostrarán en pantalla todos los objetos gráficos, botones, cuadros de texto, objetos de dibujo, así como imágenes.
- **Mostrar marcadores de posición**. Permite no mostrar las imágenes y gráficos, apareciendo en su lugar un rectángulo gris. Si selecciona esta opción, la velocidad de desplazamiento por la hoja de cálculo aumentará de forma significativa. Cuando pulse sobre la zona gris, el elemento gráfico aparecerá de forma automática.
- **Ocultar todos**. Oculta todos los objetos gráficos, botones, cuadros de texto, objetos de dibujo e imágenes. Microsoft Excel no imprime los objetos ocultos.

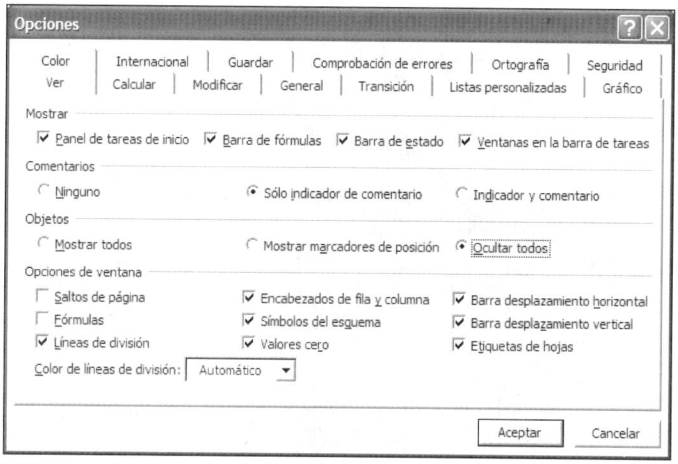

Figura 11.37. Para hacer más fluido el desplazamiento por una hoja de cálculo, Excel permite ocultar los objetos gráficos que posea

Nota: Cuando se imprime una hoja que contiene elementos gráficos, la impresión corresponderá a lo que aparece en pantalla, es decir, si el objeto gráfico se ha sustituido por un rectángulo gris, se imprimirá el rectángulo.

12. Imprimir libros y gráficos

En cuanto a la impresión de datos y gráficos, Excel 2002 ofrece varias opciones que permiten definir la parte del trabajo que se quiere ver impresa. Sus posibilidades abarcan desde especificar varios rangos de celdas hasta imprimir todo el documento. Además, como ocurre en otras herramientas de Office, Excel también presenta una vista preliminar del trabajo, ya que, antes de ordenar la salida del documento, es recomendable asegurarse de que todos los elementos de las hojas están dispuestos de la forma deseada. La Vista preliminar muestra en la pantalla, de forma rigurosa, el aspecto que tendrá la impresión en el papel.

Imprimir en Excel

Excel 2002 proporciona numerosas posibilidades que permiten controlar la salida de una hoja de cálculo en una impresora. Por ejemplo, la opción más sencilla es pulsar sobre el botón **Imprimir** de la Barra de herramientas Estándar, para que el proceso comience automáticamente en la impresora que se tenga como predeterminada, o usar el atajo de teclado **Control-P** y, posteriormente, pulsar sobre el botón **Aceptar**.

En cualquier caso, se puede imprimir un libro en su totalidad, una hoja específica o una selección realzada sobre el área de trabajo. Aunque, por defecto, Excel selecciona e imprime la hoja de cálculo activa automáticamente, el cuadro de diálogo Imprimir (**Archivo>Imprimir...**) ofrece la posibilidad de definir las características de la impresión:

- **Hojas activas**. Imprime cada hoja de las seleccionadas en páginas distintas. Si una hoja tiene un área de impresión, sólo se imprimirá este área. Si se selecciona un objeto gráfico, la opción cambia a Gráfico seleccionado.

- **Selección**. Imprime únicamente las celdas y los objetos seleccionados en la hoja de cálculo.
- **Todo el libro**. Imprime todas las hojas del libro activo que contengan datos. Si una hoja tiene un área de impresión, sólo se imprimirá este área.

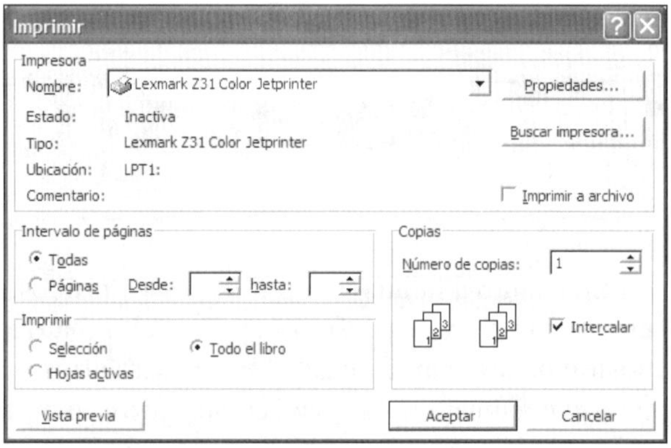

Figura 12.1. Excel XP, a través del cuadro de diálogo Imprimir, permite especificar el elemento que se va a imprimir

Imprimir una selección

Imprimir una selección significa que previamente se ha realizado la selección de un rango de celdas. Este tipo de impresión es muy útil cuando los datos de una hoja de cálculo están incluidos en distintos rangos de celdas y se desea imprimir sólo un rango determinado. Para imprimirlo, realice estos pasos:

1. Seleccione el rango que quiere imprimir y, a continuación, ejecute la secuencia de comandos **Archivo>Imprimir...**.
2. En la sección Impresora del cuadro de diálogo Imprimir, asegúrese de que el cuadro de texto Nombre indica la impresora que va a realizar la impresión del trabajo. Si no aparece, despliegue la lista y selecciónela.
3. Active, en este mismo cuadro de diálogo, el botón de opción Selección del área Imprimir.
4. Para finalizar, pulse sobre el botón **Aceptar**. Véase la figura 12.2.

Imprimir varios rangos

Excel permite imprimir varios rangos de celdas situados en diferentes partes del libro. Para ello, realice los siguientes pasos:

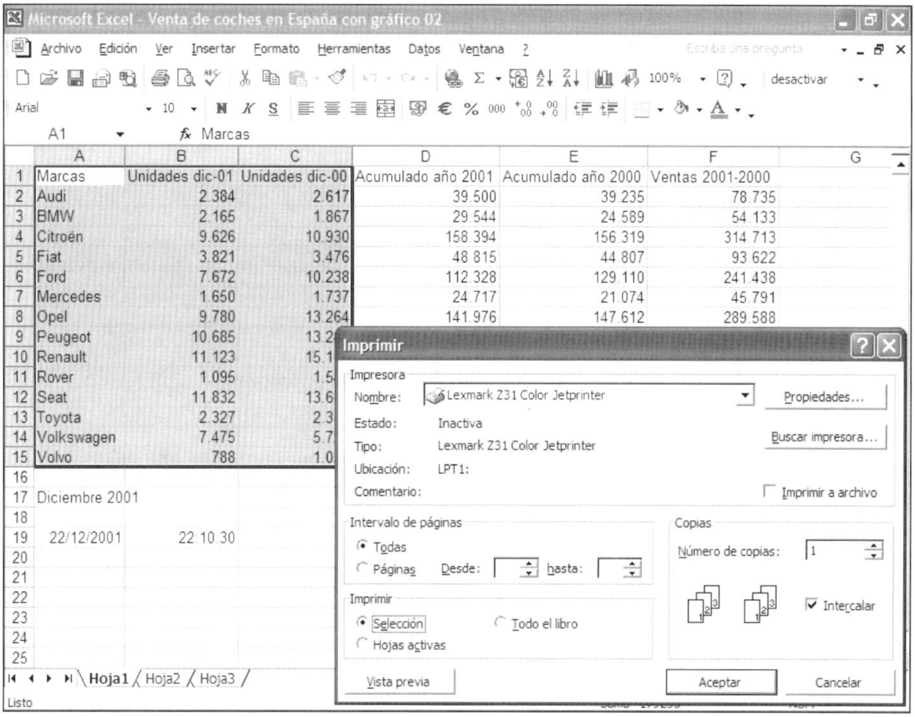

Figura 12.2. Para imprimir un rango de celdas es necesario que previamente haya realizado la selección del mismo

1. Ejecute la secuencia de comandos **Archivo>Configurar página...**.
2. En el cuadro de diálogo Configurar página, active la ficha llamada Hoja.
3. Dentro del cuadro de texto Área de impresión, pulse sobre el botón **Contraer diálogo** (situado en el extremo derecho del cuadro); desplazará de forma temporal el cuadro de diálogo para que pueda especificar el rango mediante la selección de las celdas.
4. Realice la primera selección. Mientras mantiene pulsada la tecla **Control**, realice el resto de las selecciones de rango de celdas.
5. Cuando haya finalizado vuelva a pulsar sobre el botón **Contraer diálogo** para expandirlo de nuevo y, a continuación, pulse sobre el botón **Imprimir**.
6. Ya en el cuadro de diálogo Imprimir, haga clic sobre el botón **Aceptar**. El proceso de impresión comenzará. Véase la figura 12.3.

Los rangos seleccionados se imprimirán en el orden que hayan sido insertados en el cuadro de texto Area de impresión, y cada rango se imprimirá en una página.

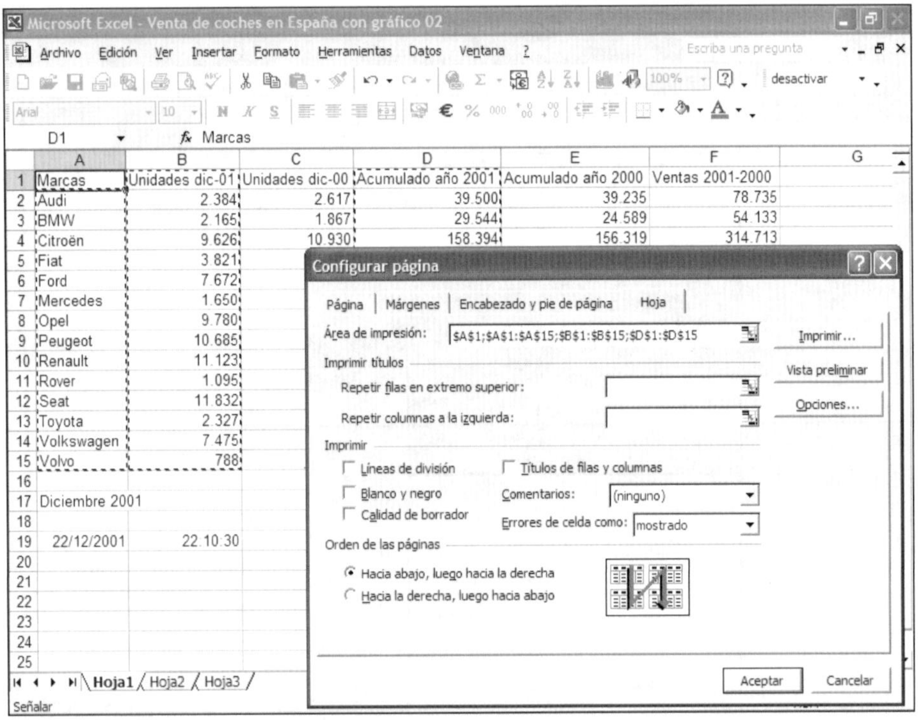

Figura 12.3. Excel permite imprimir varios rangos de celdas, aunque no sean adyacentes

> **Nota:** Para poder eliminar las áreas de impresión seleccionadas, ejecute la secuencia de comandos **Archivo>Área de impresión>Borrar área de impresión**.

Configurar un área de impresión

Otra forma de seleccionar un rango de celdas para ser impreso es utilizando el comando Área de impresión. El único inconveniente que presenta esta función es que tan sólo permite seleccionar e imprimir un rango de celdas. Utilice este comando del siguiente modo:

1. Seleccione un único rango de celdas.
2. Ejecute la secuencia de comandos **Archivo>Área de impresión>Establecer área de impresión** para definir el rango seleccionado como el área de impresión. En el Cuadro de nombres de la Barra de fórmulas, este rango se denominará Área_de_impresión, y será la única parte de la hoja de cálculo que se va a imprimir.

3. Para mandar directamente el trabajo a la impresora, pulse el botón **Imprimir** de la Barra de herramientas Estándar.

4. Tras finalizar la impresión, borre el área de impresión ejecutando la secuencia de comandos **Archivo>Área de impresión>Borrar área de impresión**.

Insertar y eliminar saltos de página

Al definir uno o varios rangos de selección, Excel inserta saltos automáticos de página en la hoja de cálculo. Estos saltos de página, que aparecen en el área de trabajo como una línea discontinua de puntos, controlan que cada rango de datos se imprima en una página. Además, el programa también inserta un salto de página cuando un rango de impresión seleccionado no encaja en una sola página. Si los saltos de página automáticos no le acaban de convencer puede quitarlos y agregar unos nuevos de forma manual. Hay dos tipos de saltos de página: verticales y horizontales.

Insertar saltos de página horizontales

El salto de página horizontal permite pasar a otra página a partir de la fila que se tenga activa. Si desea insertar este tipo de salto en la hoja de cálculo, realice los siguientes pasos:

1. Pulse sobre el encabezado de la fila que quiere que quede por debajo del salto de página.

2. Ejecute la secuencia de comandos **Insertar>Salto de página**.

De forma automática, Excel insertará una línea discontinua que indica que en ese punto se produce un salto de página.

Insertar saltos de página verticales

El salto de página vertical permite pasar a otra página de impresión a partir de la columna que se tenga activa. Para insertar un salto de página vertical en la hoja de cálculo, realice los pasos que se describen a continuación:

1. Pulse sobre el encabezado de la columna que desea que quede a la derecha del salto de página.

2. Pulse sobre el comando Salto de página del menú Insertar.

Al igual que en el caso anterior, Excel, automáticamente, insertará una línea discontinua que indica el punto donde se produce el salto de página.

Eliminar los saltos de página

Si quiere eliminar un salto de página horizontal, seleccione la fila que queda por debajo del salto de página, y si se trata de uno vertical, seleccione la columna que queda a la derecha del salto, y ejecute la secuencia de comandos **Insertar>Quitar salto de página**.

Para eliminar todos los saltos de página manuales de una hoja de cálculo, seleccione la hoja pulsando sobre la celda que separa los encabezados de filas y columnas y, a continuación, ejecute la secuencia de comandos **Insertar>Restablecer todos los saltos de página**.

Imprimir varias hojas de cálculo de un mismo libro

Si un libro posee varias hojas, pero necesita imprimir dos o tres, puede seleccionarlas y mandarlas a imprimir simultáneamente. Para ello, Siga estos pasos:

1. Seleccione las hojas de cálculo que desea imprimir:
   - Una sola hoja. Active la hoja pulsando sobre su etiqueta.
   - Dos o más hojas adyacentes. Haga clic en la etiqueta de la primera hoja y, a continuación, mientras mantiene presionada la tecla **Mayús,** pulse sobre la etiqueta de la última hoja.
   - Dos o más hojas no adyacentes. Haga clic en la etiqueta de la primera hoja y, a continuación, mientras mantiene presionada la tecla **Control**, pulse sobre las etiquetas de las demás hojas.
   - Todas las hojas de un libro. Pulse con el botón derecho del ratón sobre una etiqueta y elija, en el menú que aparece, el comando Seleccionar todas las hojas.
2. Para mandar directamente el trabajo a la impresora, pulse sobre el botón **Imprimir** de la Barra de herramientas Estándar.
3. Si desea modificar las opciones de impresión, ejecute la secuencia de comandos **Archivo>Imprimir...**, cambie las opciones y, para finalizar, pulse sobre el botón **Aceptar**.

Imprimir varios libros de forma simultánea

Excel también permite imprimir varios libros de una forma simultánea. Para poder realizar esta impresión es necesario que todos los archivos de libro estén ubicados dentro de la misma carpeta. Realice los pasos que a continuación se describen:

1. Ejecute la secuencia de comandos **Archivo>Abrir**. También puede pulsar sobre el botón **Abrir** de la Barra de herramientas Estándar. Accederá al cuadro de diálogo Abrir.
2. Dentro del cuadro de texto Buscar en, busque y seleccione la carpeta donde están ubicados los distintos libros que se van a imprimir de una forma simultánea.
3. Una vez localizados los libros, seleccione los que desea imprimir haciendo clic sobre sus nombres mientras mantiene pulsada la tecla **Control**.
4. En este mismo cuadro de diálogo, despliegue el menú contextual del botón **Herramientas** y, a continuación, elija el comando Imprimir.

De forma automática, Excel abrirá todos los archivos de libro que estén seleccionados y comenzará a mandarlos a imprimir a la impresora que se tenga como predeterminada.

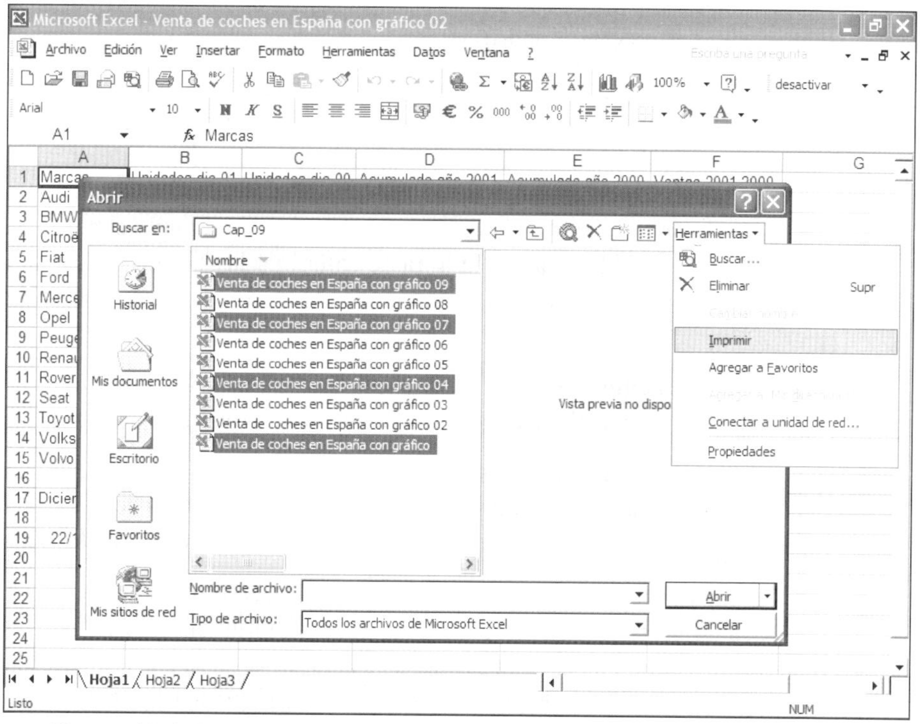

Figura 12.4. Para imprimir varios libros de forma simultánea es necesario que todos ellos se encuentren en el mismo directorio

Modificar la configuración de la página

El comando Configurar página del menú Archivo permite definir los parámetros de la página de salida para la impresión. Mediante las distintas fichas del cuadro de diálogo Configurar página es posible modificar la orientación de la página, sus márgenes, insertar encabezados y pies de página e incluso establecer títulos de impresión.

Configurar las opciones de página

La primera ficha del cuadro de diálogo Configurar página permite modificar la configuración de las opciones de página. Por ejemplo, se puede definir el tipo de papel, la orientación de la página o bien, indicar el número de la página inicial.

- **Orientación**. Permite especificar la orientación de la página que se va a imprimir, que puede ser en las posiciones de vertical u horizontal (modo predeterminado).
- **Escala**. Esta sección permite reducir o aumentar el tamaño de la hoja de cálculo impresa de dos formas distintas. Si activa la casilla de verificación Ajustar al, podrá ajustar el porcentaje en el cuadro % del tamaño normal (la hoja de cálculo puede reducirse hasta un 10% de su tamaño normal o ampliarse hasta un 400%). Activando el botón de opción Ajustar a, podrá ajustar la hoja de cálculo o la selección a un número de páginas especificado. Si en las dos casillas de texto escribe el número 1 ajustará el rango de impresión a una sola página.
- **Tamaño papel**. Permite seleccionar uno de los tamaños de papel estándar compatibles con la impresora seleccionada.
- **Calidad impresión**. Permite especificar la calidad de resolución que se desea dar a la impresión de la hoja activa. La resolución es el número de puntos por pulgada lineal (ppp) que aparecerá en la página impresa.
- **Primer número de página**. Por defecto, este cuadro de texto indica el tipo Automático para comenzar la numeración de las páginas por el número 1, si es la primera página de la tarea de impresión, o por el número siguiente de la secuencia, si no es la primera página de la tarea de impresión. Si desea especificar un número distinto, escríbalo en este cuadro de texto. Véase la figura 12.5.

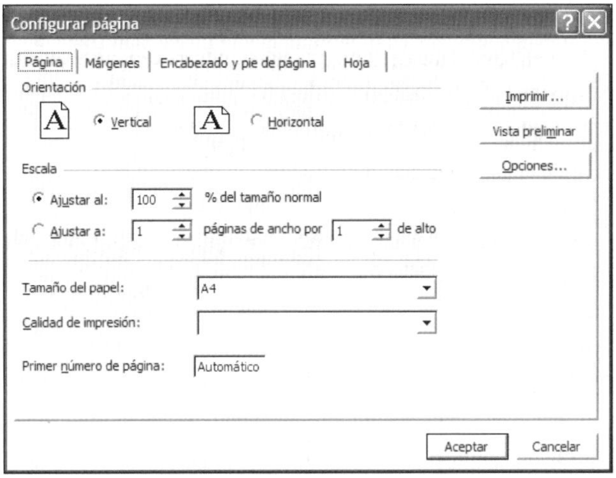

Figura 12.5. Las opciones de la ficha Página del cuadro de diálogo Configurar página permiten ajustar la orientación y escala de la impresión

Nota: Excel ignora los saltos de página manuales cuando se activa la opción Ajustar a del área Escala, pero los acepta cuando se establece un factor de escala con la opción Ajustar al.

Configurar márgenes

Los márgenes definen la distancia entre los datos y el borde de la página impresa. Excel permite configurar los cuatro márgenes de que dispone una página: superior, inferior, izquierdo y derecho. De forma adicional, se pueden especificar márgenes para los encabezados y los pies de página, además de centrar el rango de impresión.

Para modificar estos márgenes, use los cuadros de texto que muestra la ficha Márgenes del cuadro de diálogo Configurar página; puede ver los resultados pulsando sobre el botón **Vista preliminar** de este mismo cuadro de diálogo. Pero si lo que desea es centrar los datos entre los márgenes superior e inferior, seleccione la casilla de verificación Verticalmente del área Centrar en la página. Para realizar la misma operación, pero centrando la impresión entre los márgenes derecho e izquierdo, active la casilla Horizontalmente. Véase figura 12.6.

Truco: Excel también permite modificar los márgenes desde la ventana de la Vista preliminar, arrastrando a una nueva posición las líneas que

representan dichos márgenes (previamente debe pulsar el botón **Márgenes**). Este método, además de ser más rápido, permite observar los resultados de forma inmediata.

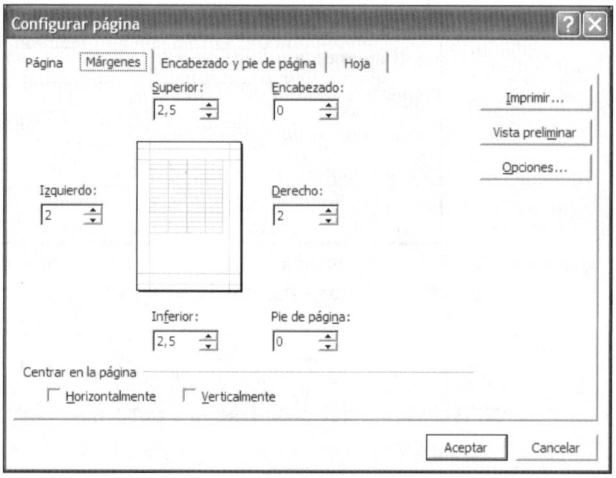

Figura 12.6. Excel permite configurar los cuatro márgenes de los que dispone una página

Insertar encabezados y pies de página

Un encabezado y un pie de página pueden recoger información en formato texto, numérico, incluir imágenes e incluso la fecha y hora de impresión. El primero aparece en la parte superior de cada página impresa y el segundo en la parte inferior. Excel permite insertar encabezados predeterminados o bien crear uno personalizado.

Usar encabezados y pies de páginas predefinidos

Puede seleccionar los encabezados y pies de página que proporciona Excel realizando los siguientes pasos:

1. En primer lugar, ejecute la secuencia de comandos **Archivo>Configurar página...** y después, active la ficha Encabezado y pie de página del cuadro de diálogo Configurar página.
2. En el cuadro de lista desplegable Encabezado, seleccione una de las opciones que proporciona Excel.

3. En el cuadro de lista desplegable Pie de página, elija una de las opciones que muestra Excel.

4. Para finalizar, pulse **Aceptar**.

Si no desea que aparezca el encabezado o el pie de página, seleccione la opción (ninguno) en los cuadros de lista desplegables.

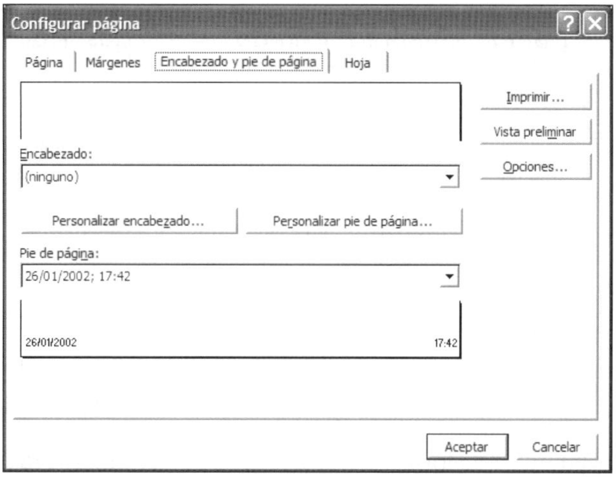

Figura 12.7. Un encabezado o un pie de página puede incorporar desde texto hasta imágenes, o incluso la fecha y la hora de la impresión

Crear encabezados y pies de páginas personalizados

Si en lugar de usar encabezados y pies de página predeterminados desea definir y personalizar unos propios, use los botones **Personalizar encabezado...** y **Personalizar pie de página...** del cuadro de diálogo Configurar página. Ambas opciones tienen un cuadro de diálogo con las mismas características.

Para introducir un texto en el encabezado o en el pie de página, use los tres campos del cuadro de diálogo:

- Sección izquierda. El texto introducido se ajusta al margen izquierdo.
- Sección central. El texto se centra entre los márgenes.
- Sección derecha. El texto se ajusta al margen derecho.

Truco: Evite introducir demasiado texto en una sección, podría sobreescribir otra sección. Para apreciar si se produce este problema, utilice la función Vista preliminar.

Excel también se sirve de códigos para permitir crear ciertos tipos de encabezados y pies de página. Los botones situados sobre los cuadros de texto de las Secciones sirven para insertar los códigos en la sección que se tenga activa. La tabla 12.1 describe cada uno de los botones de código que se pueden utilizar en los encabezados y pies de página.

Tabla 12.1. Códigos de los encabezados y pies de página

Botón	Nombre	Código	Descripción
	Fuente	Ninguno	Acceso al cuadro de diálogo Fuente para cambiar la fuente, el tamaño y el estilo.
	Número de página	&[Página]	Inserta los números de página.
	Páginas totales	&[Páginas]	Inserta el número total de páginas.
	Fecha	&[Fecha]	Inserta la fecha actual.
	Hora	&[Hora]	Inserta la hora actual.
	Ruta y archivo	&[Ruta de acceso]&[Archivo]	Inserta la ruta y el nombre de archivo del libro activo.
	Nombre del archivo	&[Archivo]	Inserta el nombre de archivo del libro activo.
	Nombre de la hoja	&[Etiqueta]	Inserta el nombre de la hoja activa.
	Imagen	Ninguno	Acceso al cuadro de diálogo Insertar imagen.
	Formato de imagen	Ninguno	Acceso al cuadro de diálogo Formato de imagen, para ajustar el tamaño, girar, establecer la escala, recortar y ajustar la imagen.

Si, por ejemplo, activa la Sección izquierda y pulsa sobre el botón **Hora** en la Sección central introduce el texto Informe mensual y pulsa sobre el botón **Fecha**, y por último, en la Sección derecha opta por integrar las Páginas totales, las secciones y el encabezado o pie de página tendrán este aspecto:

- &[Hora] Informe mensual &[Fecha] &[Páginas]
- 15:46 Informe mensual 16/01/02 1

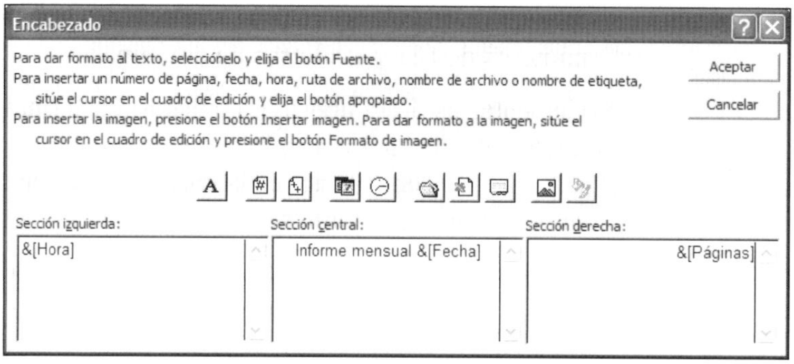

Figura 12.8. Excel 2002 permite definir encabezados y pies de página personalizados

Configurar hoja

La ficha Hoja del cuadro de diálogo Configurar página permite definir los parámetros de página para la salida a impresión. Esta función se puede utilizar para definir un área de impresión, establecer títulos de impresión o indicar el orden de impresión de las páginas.

- **Área de impresión**. Como ya se ha visto en este capítulo, permite seleccionar el rango de celdas que se desea imprimir.
- **Imprimir títulos**. Cuando se imprimen hojas de cálculo extensas, es posible establecer títulos de impresión para que aparezcan en cada página impresa. Si desea especificar alguna fila como título horizontal de cada página, seleccione Repetir filas en extremo superior. Si desea títulos verticales, seleccione Repetir columnas a la izquierda.
- **Imprimir**. Esta sección dispone de 6 opciones configurables mediante casillas de verificación y cuadros de lista desplegable:

  1. Líneas de división. Active esta casilla de verificación si desea imprimir en las hojas de cálculo las líneas de división de celda horizontales y verticales.
  2. Blanco y negro. Si ha dado formato de color a los datos, pero quiere imprimirlos en blanco y negro en una impresora a color, active esta casilla.

3. Calidad de borrador. Para reducir el tiempo de impresión, active esta casilla. De esta manera, Excel no imprimirá ni las líneas de división ni la mayoría de los gráficos.
4. Títulos de filas y columnas. Active esta casilla si desea imprimir los números de fila y las letras de columna.
5. Comentarios. Para imprimir comentarios al final del documento y al comienzo de otra página, seleccione la opción Al final de la hoja. Puede imprimir los comentarios en la misma ubicación en que aparecen cuando se ve la hoja de cálculo seleccionando la opción Como en la hoja.
6. Errores de celda. Permite especificar la forma en que aparecerán los errores en el documento impreso.

- Orden de página. Para controlar el orden en que se numerarán e imprimirán los datos cuando no se ajusten a una página, active el botón de opción Hacia abajo, luego hacia la derecha, o Hacia la derecha, luego hacia abajo. La vista preliminar de la imagen de muestra presenta la dirección en que se imprimirá el documento cuando se seleccione una de estas opciones.

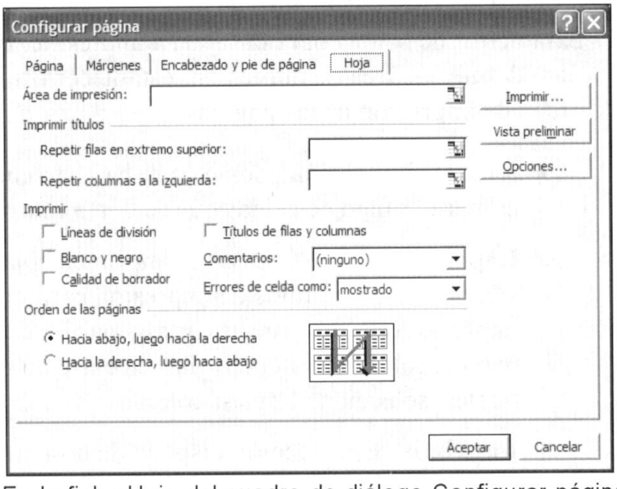

Figura 12.9. En la ficha Hoja del cuadro de diálogo Configurar página debe definir los parámetros de página para la salida a impresión

Vista preliminar

Antes de realizar la impresión es recomendable asegurarse de que todos los datos aparecen dispuestos de la forma deseada. Para ello, puede usar la función

Vista preliminar del menú Archivo o pulsar en el botón **Vista preliminar** de la Barra de herramientas Estándar, ya que muestra fielmente en pantalla el aspecto que tendrá la impresión en papel. Además, desde esta ventana es posible modificar la configuración de los márgenes y los anchos de columna.

Nota: Puede usar este comando todas las veces que lo necesite a medida que vaya ajustando el aspecto que quiere obtener para la impresión, y evitar así impresiones con errores.

Para que Excel cambie a formato de vista previa, ejecute la secuencia de comandos **Archivo>Vista preliminar**. Los botones que incorpora esta función realizan las siguientes tareas:

- **Siguiente**. Muestra la siguiente página de un documento que cuenta con varias páginas. También puede pulsar sobre la tecla **AvPág**. La parte izquierda de la Barra de estado muestra el número de la página actual y el total.
- **Anterior**. Muestra la anterior página de un documento que cuenta con varias páginas. También puede pulsar sobre la tecla **RePág**.
- **Zoom**. Permite alternar entre una vista de página completa y una vista aumentada. Dependiendo de la resolución del monitor, es posible que no se vean ciertos elementos gráficos.
- **Imprimir**. Cierra la Vista preliminar y permite establecer las opciones de impresión e imprimir la hoja de cálculo desde el cuadro de diálogo Imprimir.
- **Configurar**. Accede al cuadro de diálogo Configurar página para establecer las opciones que controlan la apariencia de las hojas impresas.
- **Márgenes**. Muestra u oculta las líneas de margen. Estos controladores pueden arrastrarse para ajustar los márgenes de página, los márgenes de encabezados y de pies de página, así como el ancho de las columnas.
- **Saltos de página**. Cambia a una vista preliminar de los saltos de página, en la que puede ajustar los saltos de página de la hoja de cálculo activa.
- **Vista normal**. Muestra la hoja de cálculo activa en la vista normal
- **Cerrar**. Cierra la ventana de Vista preliminar y vuelve a la vista anterior de la hoja de cálculo activa.
- **Ayuda**. Accede a la ventana de ayuda de la Vista preliminar.

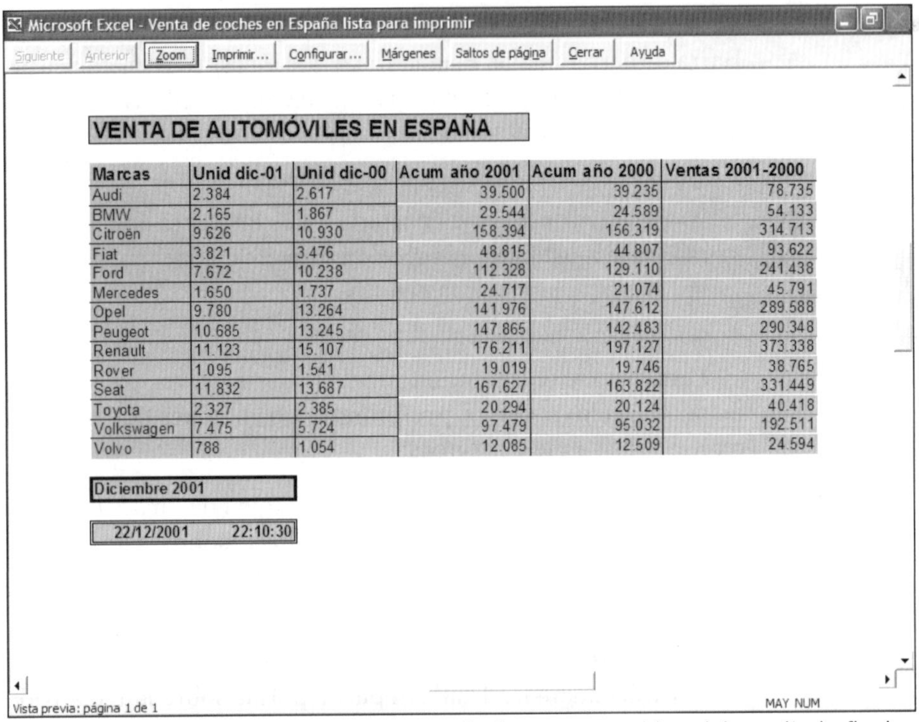

Marcas	Unid dic-01	Unid dic-00	Acum año 2001	Acum año 2000	Ventas 2001-2000
Audi	2.384	2.617	39.500	39.235	78.735
BMW	2.165	1.867	29.544	24.589	54.133
Citroën	9.626	10.930	158.394	156.319	314.713
Fiat	3.821	3.476	48.815	44.807	93.622
Ford	7.672	10.238	112.328	129.110	241.438
Mercedes	1.650	1.737	24.717	21.074	45.791
Opel	9.780	13.264	141.976	147.612	289.588
Peugeot	10.685	13.245	147.865	142.483	290.348
Renault	11.123	15.107	176.211	197.127	373.338
Rover	1.095	1.541	19.019	19.746	38.765
Seat	11.832	13.687	167.627	163.822	331.449
Toyota	2.327	2.385	20.294	20.124	40.418
Volkswagen	7.475	5.724	97.479	95.032	192.511
Volvo	788	1.054	12.085	12.509	24.594

Figura 12.10. La Vista preliminar permite hacerse una idea del resultado final de la impresión

Cambiar márgenes y anchos de columna

Si mientras visualiza el trabajo en modo de Vista preliminar decide que los márgenes actuales o los anchos de columna no son los adecuados, puede modificarlos desde esta misma ventana sin tener que volver a la vista normal de la hoja de cálculo. Pulse sobre el botón **Márgenes,** aparecerán unas líneas discontinuas indicando la posición de los márgenes y unos controladores que muestran la disposición de las columnas. Para ajustar los márgenes siga estos pasos:

1. Coloque el puntero del ratón sobre la línea discontinua que indica el margen. Éste va a modificar su aspecto y se convertirá en una cruz con dos flechas que muestran hacia dónde puede arrastrar.
2. Pulse sobre la línea. En la parte izquierda de la Barra de estado aparecerá información sobre el margen que está modificando y sus dimensiones.
3. Arrastre el puntero hacia donde desee y fíjese en la Barra de estado para definir correctamente las dimensiones del margen.

4. Cuando tenga las dimensiones indicadas, suelte el botón del ratón. El margen se ajustará a la vez que los datos de la hoja de cálculo.

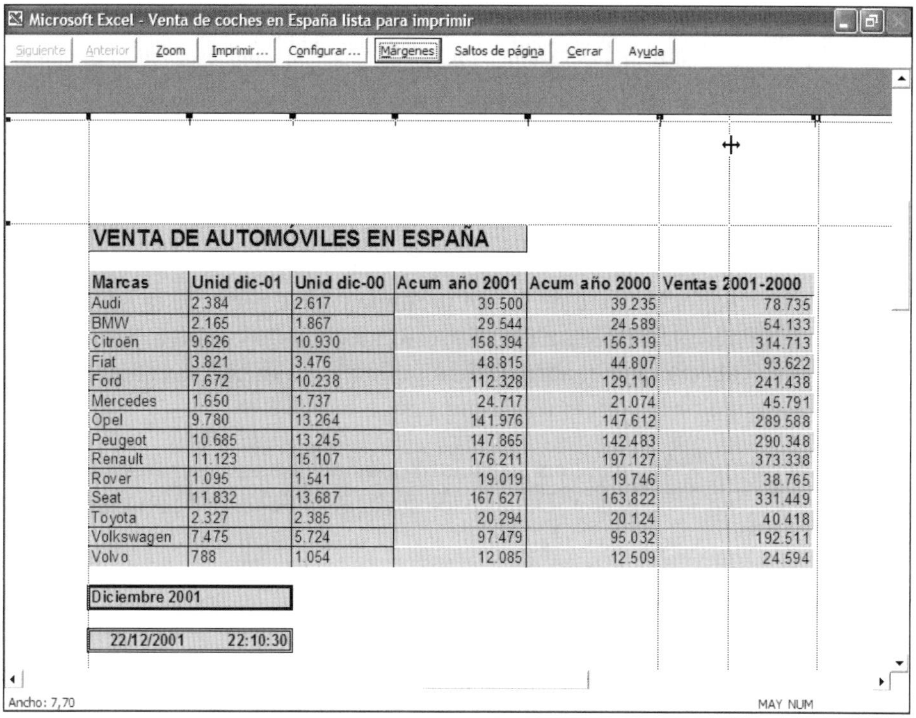

Marcas	Unid dic-01	Unid dic-00	Acum año 2001	Acum año 2000	Ventas 2001-2000
Audi	2.384	2.617	39.500	39.235	78.735
BMW	2.165	1.867	29.544	24.589	54.133
Citroën	9.626	10.930	158.394	156.319	314.713
Fiat	3.821	3.476	48.815	44.807	93.622
Ford	7.672	10.238	112.328	129.110	241.438
Mercedes	1.650	1.737	24.717	21.074	45.791
Opel	9.780	13.264	141.976	147.612	289.588
Peugeot	10.685	13.245	147.865	142.483	290.348
Renault	11.123	15.107	176.211	197.127	373.338
Rover	1.095	1.541	19.019	19.746	38.765
Seat	11.832	13.687	167.627	163.822	331.449
Toyota	2.327	2.385	20.294	20.124	40.418
Volkswagen	7.475	5.724	97.479	95.032	192.511
Volvo	788	1.054	12.085	12.509	24.594

Figura 12.11. Desde la ventana Vista preliminar es posible modificar de forma manual las dimensiones de los márgenes de la página

Si lo que quiere es modificar uno o varios anchos de columna, realice los pasos siguientes:

1. En primer lugar, coloque el puntero sobre el controlador o tirador que nos indica el ancho de columna. Dicho controlador va a modificar su aspecto y se convertirá en una doble flecha que nos muestra hacia dónde puede arrastrar.

2. Pulse sobre el controlador. En la parte izquierda de la Barra de Estado aparecerá información sobre el ancho de la columna.

3. Arrastre el puntero hacia donde desee y fíjese en la Barra de estado para definir correctamente el ancho de columna.

4. Cuando tenga el ancho de columna indicado, suelte el botón del ratón. El ancho de columna y los datos se ajustarán al nuevo tamaño.

Nota: Excel también permite ajustar los saltos de forma similar a los márgenes y los anchos de columna. Para ello, pulse sobre el botón **Saltos de página** de la Vista preliminar y arrastre las líneas que indican la posición de los mismos.

Configurar opciones de impresión

Una vez definido lo que se va a imprimir, modificada la configuración de la página y visto de forma preliminar el aspecto de la hoja de cálculo, el trabajo ya está listo para ser impreso. Ejecutando la orden Imprimir del menú Archivo accederá al cuadro de diálogo Imprimir donde sus cuatro áreas permiten configurar las opciones de impresión.

- **Impresora**. El cuadro de texto Nombre permite seleccionar la impresora de salida. Debajo de este cuadro de texto se muestra información sobre el estado de la impresora. El botón **Propiedades** permite cambiar las opciones de la impresora seleccionada.
- **Intervalo de páginas**. Este área indica las páginas del documento que desea imprimirse. Si activa el botón de opción Todas, se imprimirá todo el documento. Si selecciona la opción Páginas, tiene que indicar en el cuadro de texto Desde el número inicial de página de la serie que quiere imprimir y en el cuadro Hasta el número final.
- **Copias**. En el cuadro Número de copias debe especificar el número de copias que desea imprimir. Si activa la casilla de verificación Intercalar, Excel organiza las páginas numeradas cuando se imprimen varias copias de un documento, es decir, imprime una copia completa antes de comenzar con la siguiente.
- **Imprimir**. Esta sección permite, mediante botones de opción, especificar la parte del documento que se desea imprimir. Si activa la opción Selección, se imprimirán únicamente las celdas y los objetos seleccionados en la hoja de cálculo. Activando la orden Todo el libro, se imprimirán todas las hojas del libro activo que contengan datos. Por último, la función Hojas activas permite imprimir cada una de las hojas seleccionadas. Cada hoja del libro se imprimirá en una página distinta. Si una hoja tiene un área de impresión, sólo se imprimirá este área. Si se selecciona un objeto gráfico, esta opción cambiará a Gráfico seleccionado.

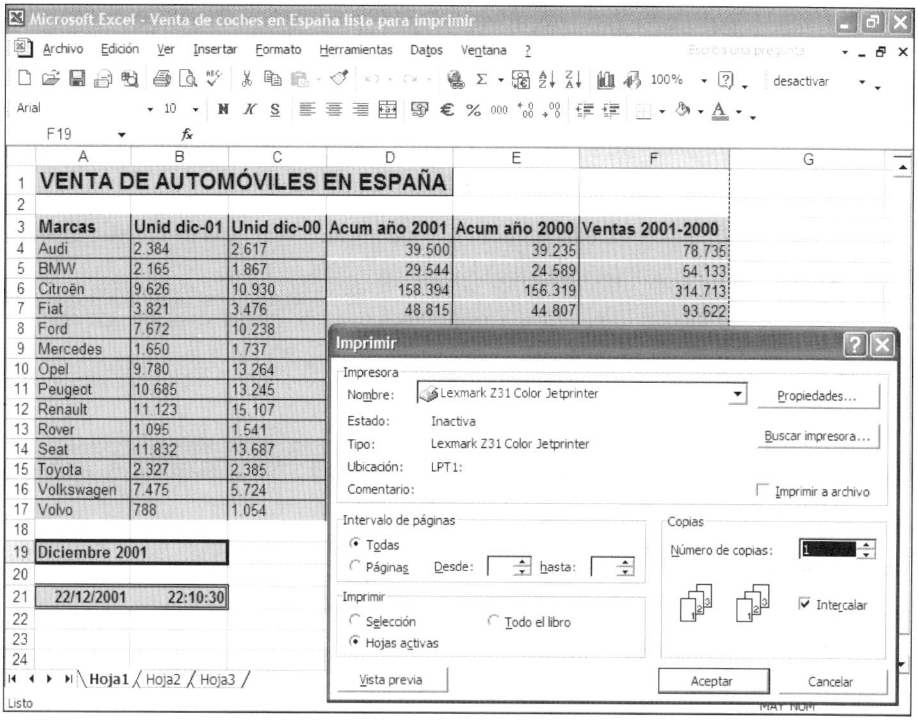

Figura 12.12. Tras configurar el cuadro de diálogo Imprimir, el último paso es ordenar la salida del trabajo por la impresora

Una vez configurado el cuadro de diálogo Imprimir, el último paso que queda para ordenar la salida del trabajo por la impresora es pulsar en **Aceptar**.

Nota: El cuadro de diálogo Imprimir también incluye un botón que permite acceder al modo de Vista preliminar.

Imprimir un gráfico

Al imprimir una hoja de cálculo que contiene un gráfico incrustado, el gráfico se imprimirá junto a los otros datos de la hoja de cálculo de la forma como aparece en el modo Vista preliminar. Pero Excel también permite imprimir únicamente el gráfico, sin otros datos de la hoja de cálculo.

Cuando el gráfico se encuentra en una hoja independiente del libro o el incrustado en la hoja de cálculo está seleccionado, Excel permite especificar los parámetros de impresión desde la ficha Gráfico del cuadro de diálogo Configurar página. Para modificar estas opciones, realice los pasos siguientes:

1. Seleccione el gráfico que va imprimir o active la hoja independiente donde está integrado (de forma predeterminada Excel integra el gráfico en una hoja denominada Gráfico1).
2. Ejecute la secuencia de comandos **Archivo>Configurar página...** y active la ficha Gráfico.
3. En la sección Tamaño del gráfico impreso debe seleccionar una de las tres opciones que permiten especificar el tamaño que tendrá el gráfico cuando se imprima:

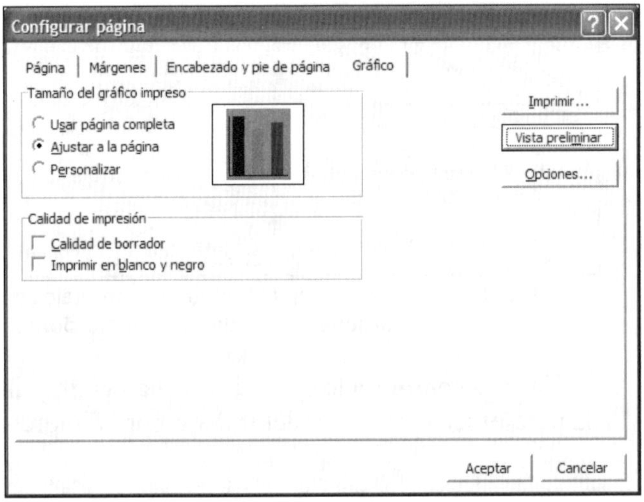

Figura 12.13. Excel XP dispone de una ficha individual donde se definen los parámetros de impresión de un gráfico

- **Usar página completa**. Expande el gráfico para que se ajuste al alto y ancho totales de los márgenes de la página. El tamaño proporcional de los objetos del gráfico en la página impresa puede cambiar, dado que las proporciones del gráfico se modificarán.
- **Ajustar a página**. Amplía el gráfico hasta el margen de página más próximo antes de imprimir. El gráfico se expandirá en ambas direcciones (ancho y alto) de forma proporcional hasta que una de las dimensiones llene el espacio comprendido entre los márgenes.
- **Personalizar**. Ajusta la hoja de gráfico en la pantalla al tamaño que se haya especificado.

4. El área Calidad de impresión permite especificar la calidad de impresión mediante dos casillas de verificación:

- **Calidad de borrador**. Suprime la impresión de los gráficos y de las líneas de división. Con esta opción se reduce el tiempo de impresión.
- **Imprimir en blanco y negro**. Los gráficos tienen formato de color, pero si se desea imprimirlos en blanco y negro, en una impresora a color, active esta casilla. Los colores serán reemplazados por tramas.

Cuando haya terminado de especificar los parámetros de impresión del gráfico, desde este mismo cuadro de diálogo podrá visualizar el resultado de forma previa si pulsa sobre el botón **Vista preliminar**. Para imprimirlo, debe acceder al cuadro de diálogo Imprimir pulsando sobre el botón **Imprimir**, y hacer clic sobre el botón **Aceptar** de ese cuadro de diálogo.

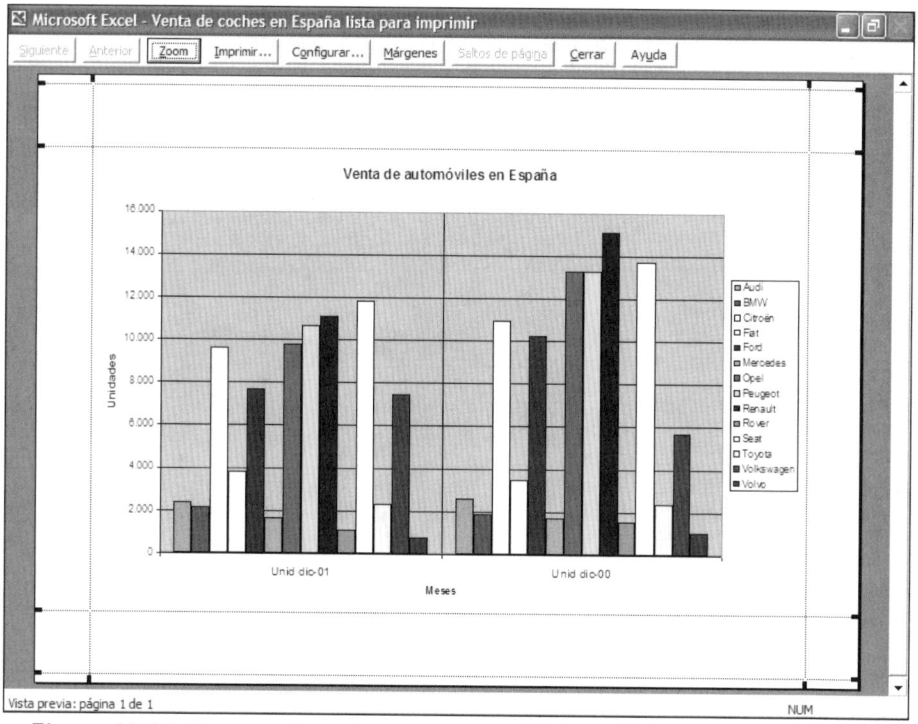

Figura 12.14. Aspecto de la ventana Vista preliminar con el gráfico dispuesto para imprimir

13. Visualización de Excel 2002

En este capítulo aprenderá a modificar el aspecto del programa Excel 2002. Es decir, podrá crear una interfaz a su medida personalizando las barras de herramientas y los botones que las componen, y ordenar sus documentos como desee. Todo ello, con el fin de facilitarle la visualización de datos y herramientas y, por lo tanto, ayudarle a trabajar de la forma más cómoda posible.

Distribuir varias ventanas en la pantalla

Si generalmente trabaja con esta aplicación, seguro que en numerosas ocasiones ha tenido en pantalla más de un libro abierto al mismo tiempo. Pues bien, moverse entre ellos y organizarlos como más convenga para la tarea que esté realizando son acciones francamente sencillas.

Por otro lado, cuando el libro con el que trabaja cuenta con gran cantidad de datos o de hojas que necesita visualizar, también es de gran ayuda contar con varias ventanas (esta vez del mismo libro), de forma que pueda ojear a la vez tantas partes del documento como precise.

En ambos casos, la organización en pantalla es de suma importancia. Se puede ahorrar mucho tiempo y algún que otro equívoco.

Abrir una ventana nueva para un mismo libro

Si ejecuta Excel 2002 o el comando Nuevo del menú Archivo, de forma predeterminada el programa abrirá una única ventana en la que se muestra un libro nuevo. Sin embargo, puede abrir varias ventanas y visualizar así partes de ese mismo libro que de otra forma no vería, a no ser que dejara de observar unas para buscar otras.

Los pasos que debe seguir son los siguientes:

1. Abra el libro que desea utilizar. Puede ser nuevo o no.

2. Ejecute la secuencia de comandos **Ventana>Nueva ventana**.

Realmente, la hoja de cálculo en sí no ha sufrido ningún cambio. Acaba de abrir una ventana nueva completamente igual a la original. De hecho, los cambios que haga en la una se reflejarán automáticamente en la otra, ya que se trata del mismo libro. La gran ventaja que ofrece esta opción es que puede mostrar varias vistas diferentes del mismo trabajo.

Comprobará que si el libro original que ha abierto se denominaba Venta de coches, ahora, las dos ventanas que aparecen tendrán los nombres Venta de coches:1 y Venta de coches:2.

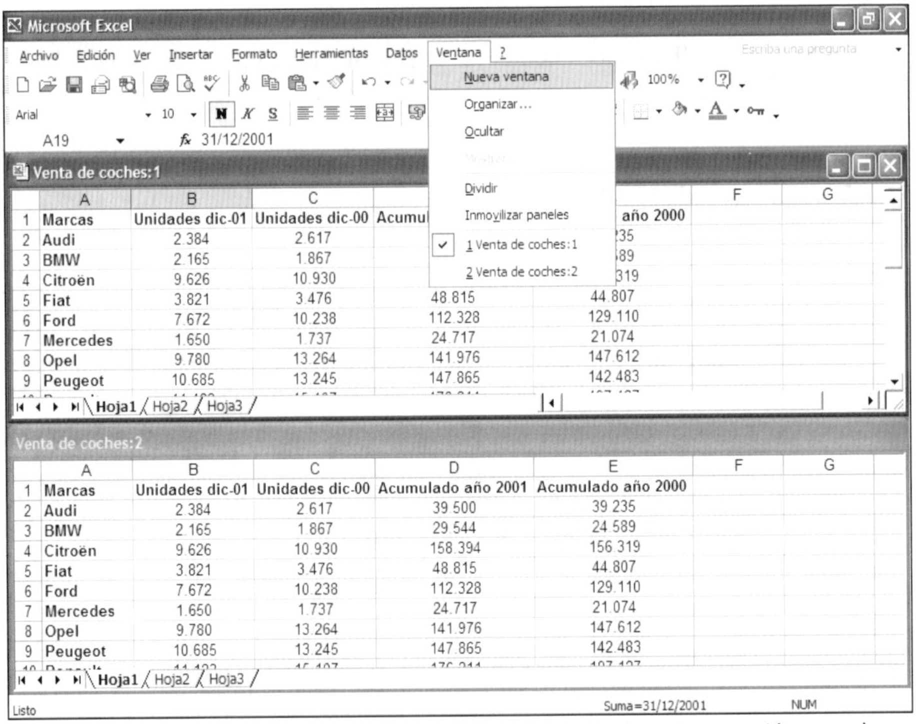

Figura 13.1. Cuando se abre una nueva ventana, realmente se está creando una réplica exacta de la original

Puede cerrar cualquiera de las ventanas en el momento que quiera, no afectará al resto. Cuando sólo quede una, ésta volverá a tener su nombre y características originales. Por esta razón, para cerrar esta única ventana debe seguir el proceso habitual. La única diferencia que habría con respecto a las demás, es que en este caso, si no ha guardado cambios, aparecerá una ventana de advertencia preguntando si desea hacerlo.

Nota: Para activar una ventana u otra puede seguir varios caminos: haga clic sobre la ventana si alguna parte de ella está visible; realice la combinación de teclas **Control-F6**, o acceda al menú Ventana y, a continuación, seleccione el comando que corresponde a la ventana del libro o al libro que quiere activar (según abre ventanas, sus nombres se van añadiendo como un comando más al final de este menú).

Organizar las ventanas

Cuando tenga varias ventanas abiertas de un mismo libro, puede organizarlas de forma que se visualicen aquellas partes que desee.

Para llevar a cabo este proceso de forma manual, haga lo siguiente:

1. Pulse sobre el botón **Restaurar** de la ventana que tenga activa y que ocupa toda la pantalla. Puede hacerlo usando los botones de control, situados en la esquina superior derecha, o desde el menú Control, que aparece representado con el icono del programa y se encuentra situado en la esquina superior izquierda. En ese momento, la ventana se volverá independiente y podrá observar las nuevas ventanas que anteriormente ha creado.

2. Pulse sobre uno de los bordes o esquinas de la ventana cuando el puntero se convierta en una doble flecha.

3. Sin soltar el ratón, arrastre el borde hasta dejarlo con el tamaño que quiera. Repita este proceso tantas veces como lo necesite. También puede usar el comando Tamaño del menú Control. El proceso es similar.

4. Para mover la ventana a otro lugar de la pantalla, haga clic sobre la Barra de título y arrástrela, o bien seleccione el comando Mover del menú Control y luego arrastre la pantalla a su nueva ubicación.

5. Pulse sobre la Barra de título de la siguiente ventana y repita el mismo proceso, hasta que coloque todas las ventanas como desee. Véase figura 13.2.

Por supuesto, este proceso también se puede realizar automáticamente, ordenando todas las pantallas abiertas al mismo tiempo. Siga estos pasos:

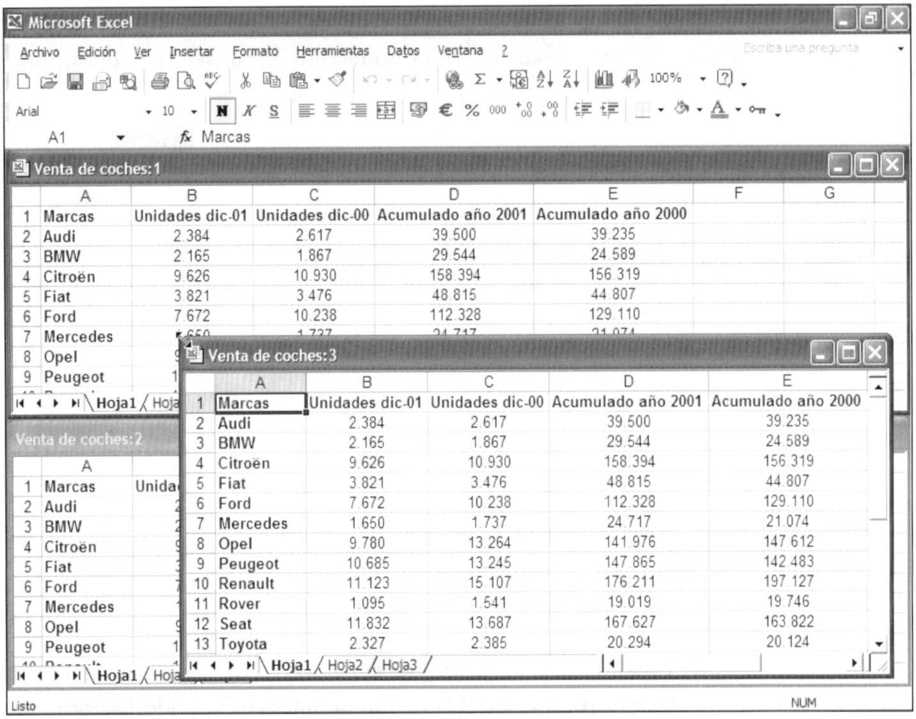

Figura 13.2. Puede modificar el tamaño de una ventana, arrastrando sus bordes con el puntero del ratón cuando éste se convierta en una doble flecha

1. Una vez creadas varias ventanas del mismo libro, ejecute la secuencia de comandos **Ventana>Organizar...**
2. En el cuadro de diálogo que aparecerá, denominado Organizar ventanas, seleccione una de las siguientes opciones: Mosaico, Horizontal, Vertical y Cascada.
3. Si posee varios libros diferentes abiertos, pero únicamente desea organizar el libro activo, haga clic sobre la casilla de verificación Ventanas de libro activo.
4. Pulse sobre el botón **Aceptar**.

Nota: Cuando quiera mostrar el tamaño completo de una ventana, pulse sobre el botón **Maximizar** (recuerde que esta opción la puede encontrar en la esquina superior derecha de la ventana o en el menú Control) o haga doble clic sobre la Barra de título.

Nota: Si las ventanas o libros que aparecen en pantalla se encuentran minimizados, el comando Organizar... se sustituirá por Organizar iconos. Su función es, como su propio nombre indica, organizar los iconos (ventanas minimizadas) que aparecen en la pantalla. Se ordenan de izquierda a derecha en la parte inferior de la ventana del programa.

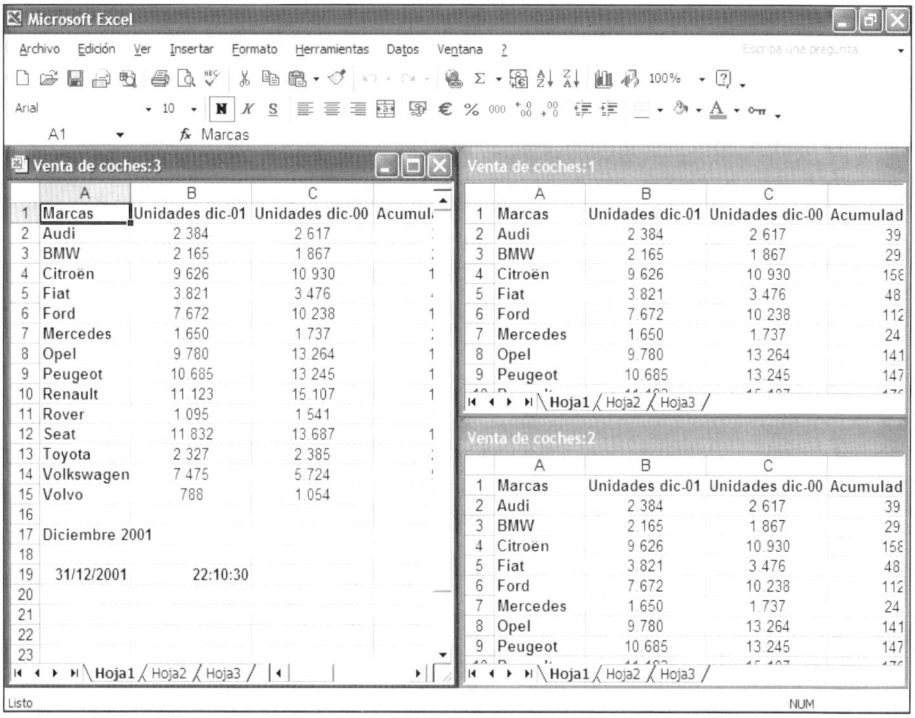

Figura 13.3. Ventanas organizadas en forma de mosaico

Ocultar y mostrar ventanas

Para ocultar una o varias ventanas, pero no cerrarlas definitivamente, haga lo siguiente:

1. Active la ventana que quiere ocultar.
2. Ejecute la secuencia de comandos **Ventana>Ocultar**.
3. La ventana ha desaparecido de la pantalla, pero continúa abierta.

Para mostrar de nuevo la ventana o ventanas que ha ocultado, lleve a cabo la siguiente operación:

1. Ejecute la secuencia de comandos **Ventana>Mostrar**.
2. En el cuadro de diálogo que aparecerá, seleccione la ventana que desea volver a mostrar.
3. Pulse **Aceptar**.

Dividir una hoja de cálculo en paneles y trabajar con ellos

Hay otra forma de ver varias partes de una hoja de cálculo sin necesidad de abrir más de una ventana. Se trata de dividir en dos o cuatro paneles la ventana activa. Estos paneles son exactamente iguales, y los cambios que se realizan en uno de ellos se reflejan automáticamente en los demás. Pero hay que tener en cuenta que, a diferencia de la opción Organizar, en este caso únicamente se podrá visualizar una hoja de cálculo.

Dividir una hoja de cálculo

Para dividir una hoja de cálculo en varios paneles lleve a cabo los siguientes pasos:

1. En primer lugar pulse sobre una celda. De la celda que seleccione dependerá que la ventana se divida en dos o cuatro paneles o que la división sea horizontal o vertical:
   - Si el foco de entrada se encuentra en la celda A1, la división se realizará en cuatro paneles.
   - Si el foco de entrada se encuentra en cualquier letra de la fila 1, menos en la A, el corte se realizará verticalmente, dejando el foco a la derecha.
   - Si el foco de entrada se encuentra en cualquier número de la columna A, menos en el 1, el corte se realizará horizontalmente, dejando el foco por debajo.
   - Si el foco de entrada se encuentra en cualquier celda de la cuadrícula, que no pertenezca ni a la fila 1 ni a la columna A, la división se realizará en cuatro paneles.

2. Ejecute la secuencia de comandos **Ventana>Dividir**. Los paneles aparecerán automáticamente.

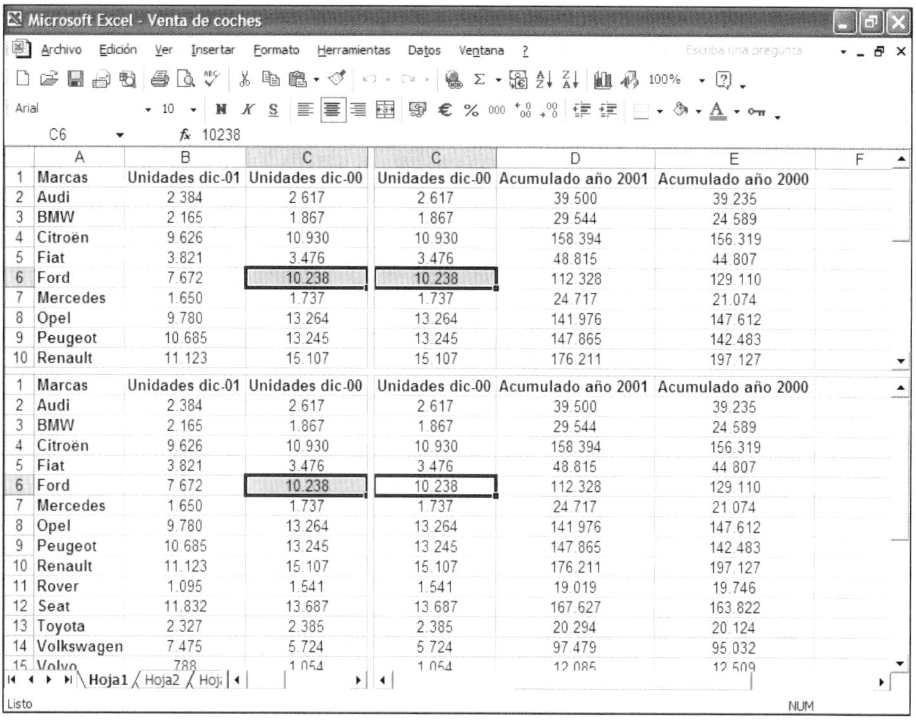

	A	B	C	C	D	E
1	Marcas	Unidades dic-01	Unidades dic-00	Unidades dic-00	Acumulado año 2001	Acumulado año 2000
2	Audi	2.384	2.617	2.617	39.500	39.235
3	BMW	2.165	1.867	1.867	29.544	24.589
4	Citroën	9.626	10.930	10.930	158.394	156.319
5	Fiat	3.821	3.476	3.476	48.815	44.807
6	Ford	7.672	10.238	10.238	112.328	129.110
7	Mercedes	1.650	1.737	1.737	24.717	21.074
8	Opel	9.780	13.264	13.264	141.976	147.612
9	Peugeot	10.685	13.245	13.245	147.865	142.483
10	Renault	11.123	15.107	15.107	176.211	197.127

1	Marcas	Unidades dic-01	Unidades dic-00	Unidades dic-00	Acumulado año 2001	Acumulado año 2000
2	Audi	2.384	2.617	2.617	39.500	39.235
3	BMW	2.165	1.867	1.867	29.544	24.589
4	Citroën	9.626	10.930	10.930	158.394	156.319
5	Fiat	3.821	3.476	3.476	48.815	44.807
6	Ford	7.672	10.238	10.238	112.328	129.110
7	Mercedes	1.650	1.737	1.737	24.717	21.074
8	Opel	9.780	13.264	13.264	141.976	147.612
9	Peugeot	10.685	13.245	13.245	147.865	142.483
10	Renault	11.123	15.107	15.107	176.211	197.127
11	Rover	1.095	1.541	1.541	19.019	19.746
12	Seat	11.832	13.687	13.687	167.627	163.822
13	Toyota	2.327	2.385	2.385	20.294	20.124
14	Volkswagen	7.475	5.724	5.724	97.479	95.032
15	Volvo	788	1.054	1.054	12.085	12.509

Figura 13.4. Se puede dividir una hoja de cálculo en varios paneles a través del menú Ventana

Esta misma división se puede realizar manualmente de la forma que se describe a continuación:

1. Observe que sobre la Barra de desplazamiento vertical, justo encima de la flecha que permite el desplazamiento del documento, hay un pequeño cuadro de división (del mismo tono que la barra). Pulse sobre él cuando el puntero se convierta en una doble flecha.

2. Arrastre el puntero hasta el lugar donde desee situar el corte y, a continuación, suéltelo. Acaba de dividir la hoja de cálculo de forma vertical en dos paneles.

3. Ahora realice este mismo proceso con la Barra de desplazamiento horizontal. En este caso, el cuadro de división se encuentra a la derecha de la barra.

Desplazarse por los paneles de una hoja de cálculo

Moverse entre paneles es tan fácil como hacer clic con el ratón sobre el panel al que se quiere acceder. Otra posibilidad es pulsar sobre la tecla **F6**, en cuyo caso el foco de entrada irá pasando de un panel a otro. Si se pulsa la combinación de teclas **Mayús-F6**, ocurrirá lo mismo, pero en dirección contraria.

Realmente, el foco de entrada está en la misma celda de cada panel (los paneles son iguales), pero puesto que lo más lógico es que los paneles no muestren los mismos rangos, sino aquellos que de otra forma no se visualizarían, al pulsar estas teclas, el foco aparece en las celdas que estén a la vista y, por lo tanto, no tiene por qué verse en el resto de paneles, aunque sí lo esté.

Ajustar paneles

Si ha dividido la ventana en paneles es para controlar ciertos rangos de celdas que de otra forma no podría. Por lo tanto, es lógico que una vez creados los paneles, los ajuste para trabajar. Haga lo siguiente:

1. Sitúe el puntero del ratón sobre la línea de división que pretende modificar. El puntero se convertirá en una doble flecha.
2. Haga clic sobre ella (se seleccionará) y, a continuación, sin soltar el ratón, arrastre la línea hasta el lugar donde desea ubicarla.
3. Suelte el ratón.

De esta forma puede controlar la posición de los paneles, darle a cada uno el tamaño que necesita. Para visualizar las diferentes partes de la hoja puede utilizar las Barras de desplazamiento horizontal y vertical que posee la ventana. Si hay cuatro paneles habrá cuatro barras, dos que recorren las filas y dos las columnas.

Eliminar paneles

Hay varias formas de eliminar los paneles que ha creado con anterioridad:

- Haga doble clic con el ratón sobre la línea de división y ésta desaparecerá.
- Ejecute la secuencia de comandos **Ventana>Quitar división**. El comando Quitar división sustituye a Dividir.

- Pulse sobre la línea que desea eliminar y arrástrela hasta la Barra de desplazamiento (horizontal o vertical). Suelte el ratón cuando la línea esté justo al lado de la barra, no sobre ella, ya que en ese caso se volvería a situar en el mismo lugar.

Inmovilizar paneles

El comando Inmovilizar paneles permite dividir la hoja de cálculo en 2 ó 4 paneles, pero, en este caso, a diferencia de la característica Dividir, se produce la inmovilización del panel superior, del panel izquierdo o de ambos. Puede utilizar esta opción para mantener a la vista los títulos de las columnas o las filas mientras se desplaza por la hoja de cálculo.

Para inmovilizar paneles haga lo siguiente:

1. En primer lugar pulse sobre una celda. De la celda que seleccione dependerá que la ventana se divida en dos o cuatro paneles o que la división sea horizontal o vertical:

   - Si el foco de entrada se encuentra en la celda A1, la división se realizará en cuatro paneles.
   - Si el foco de entrada se encuentra en cualquier letra de la fila 1, menos en la A, el corte se va a realizar de forma vertical, dejando el foco a la derecha.
   - Si el foco de entrada se encuentra en cualquier número de la columna A, menos en el 1, el corte se va a realizar de forma horizontal, dejando el foco por debajo.
   - Si el foco de entrada se encuentra en cualquier celda de la cuadrícula, que no sea ni la fila 1 ni la columna A, la división se va a realizar en cuatro paneles.

2. A continuación, ejecute la secuencia de comandos **Ventana>Inmovilizar paneles**. Una línea aparecerá dividiendo la ventana, y las Barras de desplazamiento horizontal y vertical le permitirán mover los paneles que no están inmovilizados.

Nota: Cuando desee quitar los paneles inmovilizados, haga clic en Movilizar paneles, del menú Ventana. Véase la figura 13.5.

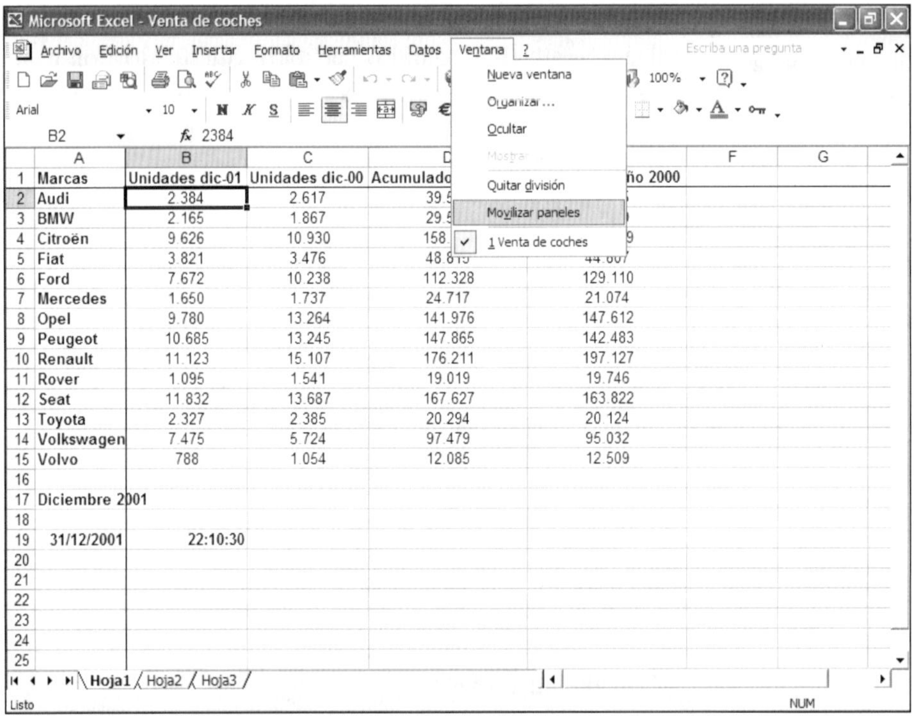

Figura 13.5. La opción Inmovilizar paneles permite dividir la hoja de cálculo en paneles e inmovilizar el panel superior, el izquierdo o ambos

Modificar la visualización de la hoja de cálculo

Para trabajar con una hoja de cálculo como es Excel 2002 es necesario disponer de herramientas que faciliten la visualización de la pantalla.

Utilizar la herramienta Zoom

Según el trabajo que esté realizando, o la necesidad que tenga de ver mayor o menor parte de la hoja de cálculo, puede emplear o no la herramienta Zoom. Esta opción controla el tamaño de la presentación del archivo en pantalla. Es decir, permite alejar la pantalla para ver más filas o columnas (aunque de menor tamaño), o acercarla, lo que supone ver menos celdas, pero de mayor tamaño, algo de gran utilidad si está utilizando una fuente muy pequeña o quiere apreciar detalles.

Puede modificar la visualización de la hoja de cálculo realice los siguientes pasos:

1. Active la ventana a la que va a aplicar la opción Zoom.
2. Ejecute la secuencia de comandos **Ver>Zoom**.
3. Este cuadro de diálogo cuenta con varias casillas de opción. Active la que desee:
   - **Porcentaje**. Especifique el tamaño que quiere que tenga el documento. Las opciones que aparecen toman como referencia el porcentaje del tamaño normal, que sería 100%. 200% aumentaría el tamaño de las celdas de la hoja de cálculo y 75%, 50% y 25% lo disminuirían.
   - **Ajustar a la selección de la ventana**. Reduce o amplía la selección para que se adapte al tamaño actual de la ventana.
   - **Personalizado**. Permite ampliar o reducir el tamaño de una hoja de cálculo o de gráfico en un porcentaje específico. Incluya un porcentaje entre 10% y 400%.
4. Pulse sobre el botón **Aceptar**.

Aviso: Los efectos de la herramienta Zoom sobre la hoja de cálculo no influyen en la impresión.

Nota: Otra forma de visualizar más celdas de la hoja de cálculo es activando la opción Pantalla completa **(Ver>Pantalla completa)**, que muestra la pantalla sin Barras de herramientas. Véase la figura 13.6.

Personalizar vistas de una hoja de cálculo

Una vista es una manera sencilla de ver los datos con diferentes opciones de presentación. Puede crear diferentes vistas de una hoja de cálculo y, posteriormente, mostrarlas e imprimirlas sin guardarlas como hojas independientes.

Si quiere crear varias vistas distintas para un mismo libro, siga estos pasos:

1. En primer lugar debe configurar el libro para que aparezca en la manera que desea verlo e imprimirlo. Puede utilizar la herramienta Zoom, dividir la pantalla, inmovilizar paneles, etc.

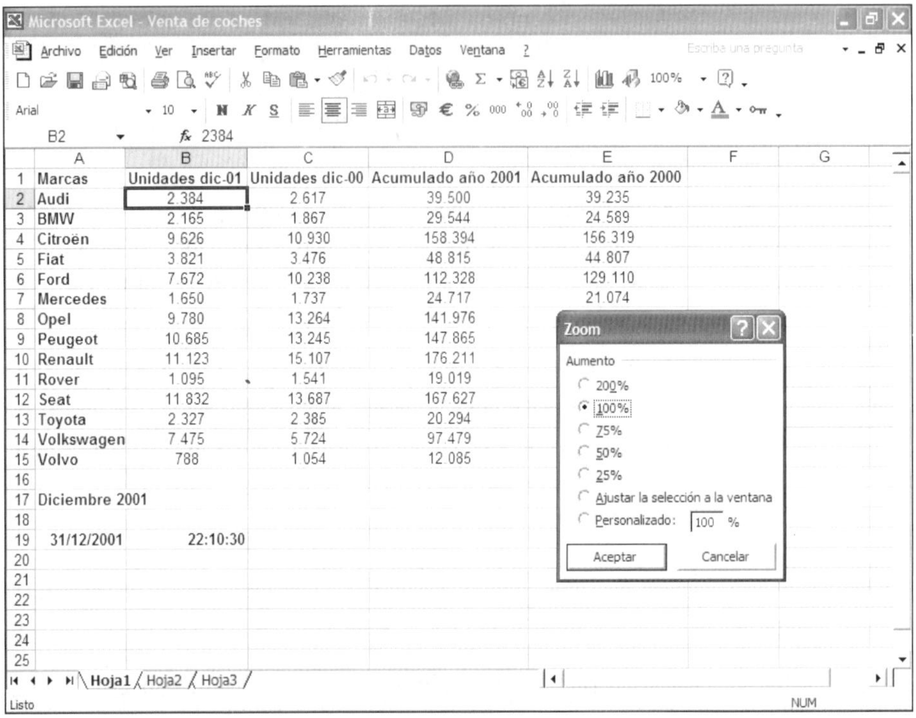

Figura 13.6. Utilice la herramienta Zoom para controlar el tamaño de la presentación del archivo en pantalla

2. Ejecute la secuencia de comandos **Ver>Vistas personalizadas...**
3. En el cuadro de diálogo Vistas personalizadas, pulse sobre el botón **Agregar...** Accederá al cuadro de diálogo Agregar vista.
4. En el cuadro Nombre, introduzca el nombre para la nueva vista.
5. Ahora active las casillas de verificación Configuración de impresora y Configuración de filas ocultas, columnas ocultas y filtros para guardar estas opciones con la vista agregada en la hoja de cálculo.
6. Pulse **Aceptar**.
7. Repita este proceso tantas veces como desee, hasta haber guardado todas las vistas diferentes que necesite.

Cuando quiera ver este mismo documento con las vistas que acaba de crear, haga lo siguiente:

1. Abra el documento en el que ha creado las vistas.
2. Realice la secuencia de comandos **Ver>Vistas personalizadas**.

3. El cuadro de diálogo Vistas personalizadas cuenta con un apartado deno-minado vistas, que recoge todas las vistas definidas para la hoja de cálcu-lo activa. Haga clic sobre una de ellas.

4. Pulse **Mostrar**. La hoja de cálculo mostrará, automáticamente, la vista seleccionada. Convendría que una de las vistas fuera la vista que considera normal, para poder visualizarla en cualquier momento.

Nota: Elimine una vista del siguiente modo: acceda al cuadro de diálogo Vistas personalizadas, seleccione la que ya no necesita y, por último, pulse **Eliminar**.

Personalizar las barras de herramientas

A lo largo del libro hemos visto la utilidad de las barras de herramientas que posee Excel, así como la de los botones y comandos que recoge cada una de ellas. Mostrar más o menos barras o su posición en la pantalla influye en gran medida en la visualización de la hoja de cálculo y en su aspecto físico. Por esta razón, es conveniente que disponga todos los elementos que posee la interfaz como más le convenga.

Ya sabe cómo activar y desactivar las barras de herramientas. Recuerde, puede ejecutar la secuencia de comandos **Ver>Barras de herramientas>Formato**, por ejemplo, o también realizar de esta forma un nuevo proceso: ejecutar **Herramientas>Personalizar** y elegir, en el cuadro de diálogo Personalizar, las barras que desea mostrar. En cualquier caso, va a aprender a continuación, a personalizarlas.

Mover una barra de herramientas

Al activar una barra de herramientas, puede que ésta aparezca integrada en la interfaz o bien en una ventana independiente. En cualquier caso, es posible hacerla independiente o bien integrarla en cualquiera de las zonas que rodean la cuadrícula.

- Si se trata de una ventana independiente (barra de herramientas flotante), pero quiere integrarla, haga clic en la Barra de título de la ventana y, sin soltar el botón del ratón, arrástrela hasta su nueva ubicación. Observará cómo la cuadrícula u otros elementos que haya en la zona se moverán para acoger a la nueva barra. También puede hacer doble clic sobre ella, se integrará automáticamente.

- Cuando se trata de una barra de herramientas integrada o acoplada, que desea convertir en flotante, haga lo siguiente: sitúe el puntero en el control de movimiento de la barra (en el extremo superior, si la barra está a la derecha o izquierda de la cuadrícula, o en el extremo izquierdo si está en la parte superior o inferior); el puntero se convertirá en una cruz con cuatro flechas. Sin soltar el ratón, arrástrelo hasta la zona de la cuadrícula. Suelte el botón, la barra ya es independiente.

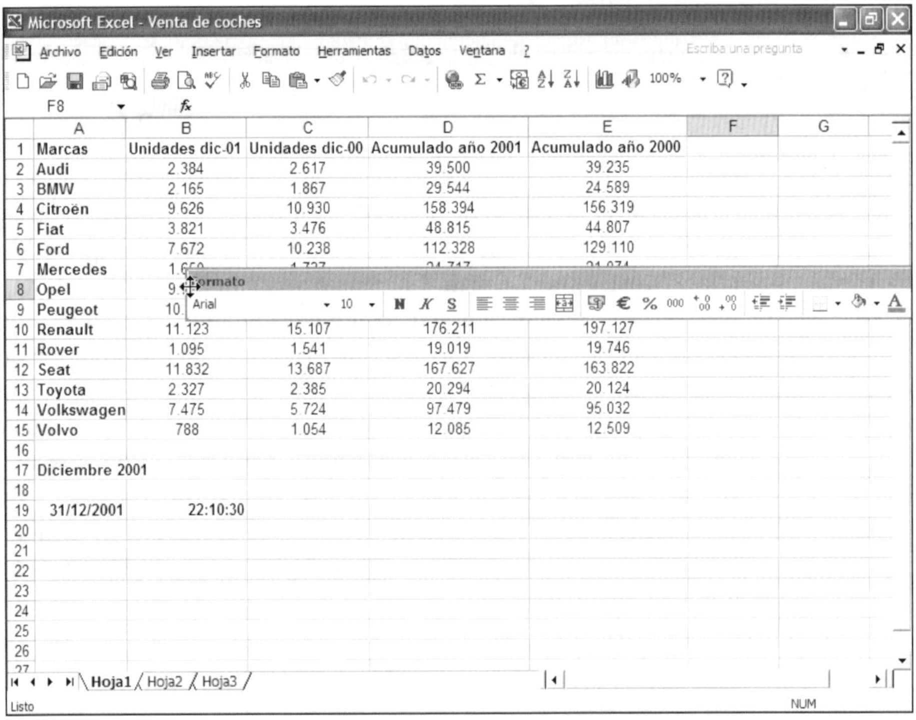

Figura 13.7. Puede convertir una barra de herramientas en flotante o integrada utilizando la técnica de arrastrar y soltar

Nota: Puede poner las barras de herramientas integradas una a continuación de otra para que ocupen menos espacio. Mostrarán menos botones, pero al pulsar sobre el botón **Opciones de la barra de herramientas**, aparecerán. En cualquier caso, cada barra sigue contando con su propia zona de arrastre.

Las Barras de herramientas Formato y Estándar cuentan con la opción Mostrar botones en una fila, dentro del botón **Opciones de la barra de herramientas**.

Agregar y quitar botones a la barra de herramientas

Por defecto, cada barra de herramientas tiene asignados unos determinados botones. Puede mostrar aquellos que quiera y ocultar los que no necesite. Haga lo siguiente:

1. Pulse sobre el botón **Opciones de la barra de herramientas** de la barra cuyos botones desea mostrar u ocultar (se trata de una flecha de pequeño tamaño que señala hacia abajo). Podría ser, por ejemplo, la Barra de herramientas Estándar.
2. Pulse sobre el comando Agregar y quitar botones y, a continuación, elija Estándar.
3. Aparecerá un menú con todos los botones que tiene asignada esta barra. Active o desactive los que crea necesario. En el siguiente apartado conocerá otra forma de añadir botones a una barra de herramientas.

Nota: Este último panel cuenta con la opción Restablecer barra de herramientas. Si pulsa sobre ella, se restablecerán los botones de la barra de herramientas, los comandos de menú y las asignaciones de teclas de método abreviado a la configuración original predeterminada.

Microsoft Office personaliza automáticamente los menús y las barras de herramientas según la frecuencia con que se emplean los comandos. Aunque en un primer momento muestra los básicos, al ir trabajando, los menús y barras se ajustan de forma que aparezcan los botones y comandos que más se utilizan. Véase la figura 13.8.

En ocasiones, sobre todo cuando las barras de herramientas se encuentran compartiendo fila, no se pueden tener a la vista todas las opciones. En ese caso aparecerá un icono similar a éste >> en el botón **Opciones de la barra de herramientas**, que indica que hay varios botones ocultos. Pulse sobre él y seleccione el botón que desea utilizar. Éste aparecerá visible en la barra de herramientas.

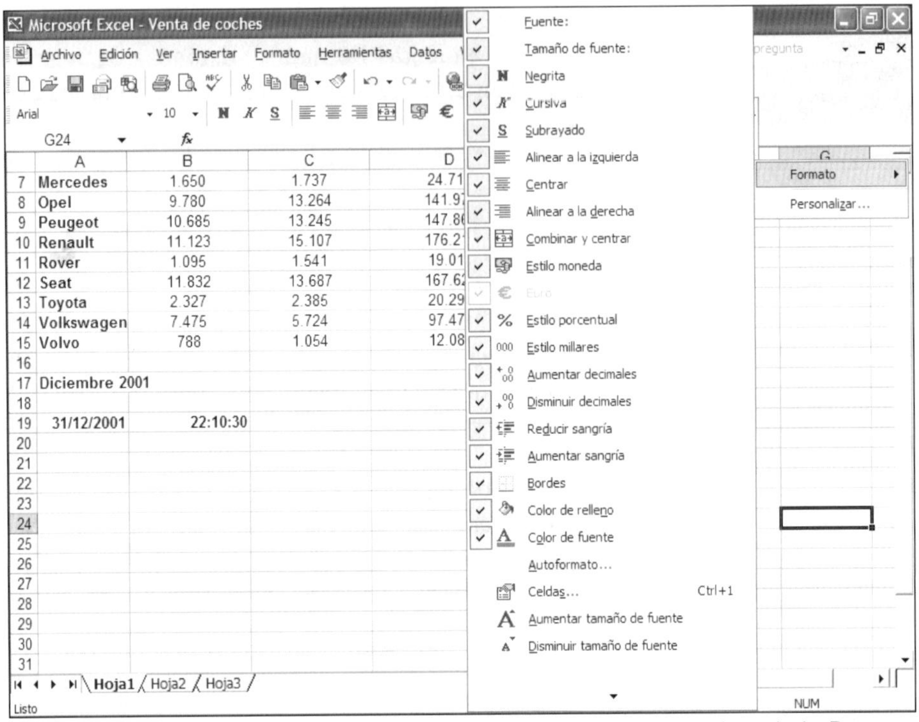

Figura 13.8. Panel que recoge todos los botones que tiene asignada la Barra de herramientas Formato. Los que están marcados son los que muestra la barra

En caso de tratarse de comandos de un menú, ocurre igual. Al desplegar un menú no aparecen todos los comandos (según la configuración predeterminada de Excel), pero al final de la lista hay un símbolo igual al anterior, pero señalando hacia abajo, y pulsando sobre él aparece el resto. Cuando se usa un comando oculto, éste pasa a formar parte de la lista que se muestra inicialmente.

Crear una nueva barra de herramientas y personalizarla

La mejor forma de acceder o de tener al alcance las opciones que más utilice es creando una barra de herramientas a su medida, es decir, con los botones que vaya a necesitar y las características físicas que desee.

Crear una barra de herramientas

El primer paso que debe dar en la creación de una barra de herramientas es acceder al cuadro de diálogo Personalizar. Puede hacerlo de diferentes formas:

- Ejecute la secuencia de comandos **Herramientas>Personalizar**.
- Pulse sobre el botón **Opciones de la barra de herramientas** de cualquier barra y ejecute la siguiente secuencia de comandos: **Agregar o quitar botones>Personalizar**.
- Ahora haga clic con el botón derecho del ratón sobre cualquier parte de una barra de herramientas y seleccione, en el menú que aparece, la opción Personalizar.

1. Ejecute la secuencia de comandos **Herramientas>Personalizar**.
2. Pulse sobre la pestaña Barras de herramientas.
3. Esta ficha posee un cuadro que muestra una lista de las barras de herramientas disponibles (puede activar o desactivar las que desee).
4. Pulse el botón **Nueva...**
5. Aparecerá el cuadro de diálogo Nueva barra de herramientas. Escriba el nombre que quiere darle en el cuadro de texto Nombre de la barra de herramientas y pulse **Aceptar**.
6. La nueva barra aparecerá activa al final de la lista en la ficha Barras de herramientas. También se mostrará independiente, pero vacía de contenido, en la hoja de cálculo.
7. Si en algún momento desea modificar su nombre, pulse sobre el botón **Cambiar nombre**, accederá al cuadro de diálogo Cambiar nombre de la barra de herramientas.
8. Pulse **Cerrar**. Véase la figura 13.9.

Nota: Eliminar la barra de herramientas que acaba de crear es tan fácil como seleccionar la barra en el cuadro Barras de herramientas y, a continuación, pulsar sobre el botón **Eliminar**. En ese instante aparecerá una ventana de aviso, pulse **Aceptar**.

Añadir botones a la nueva barra de herramientas

Una vez creada la nueva barra de herramientas debe incluir en ella los botones que desea que integre. Haga lo siguiente:

1. Active la barra de herramientas que acaba de crear. Como podrá comprobar no contiene botones en su interior.

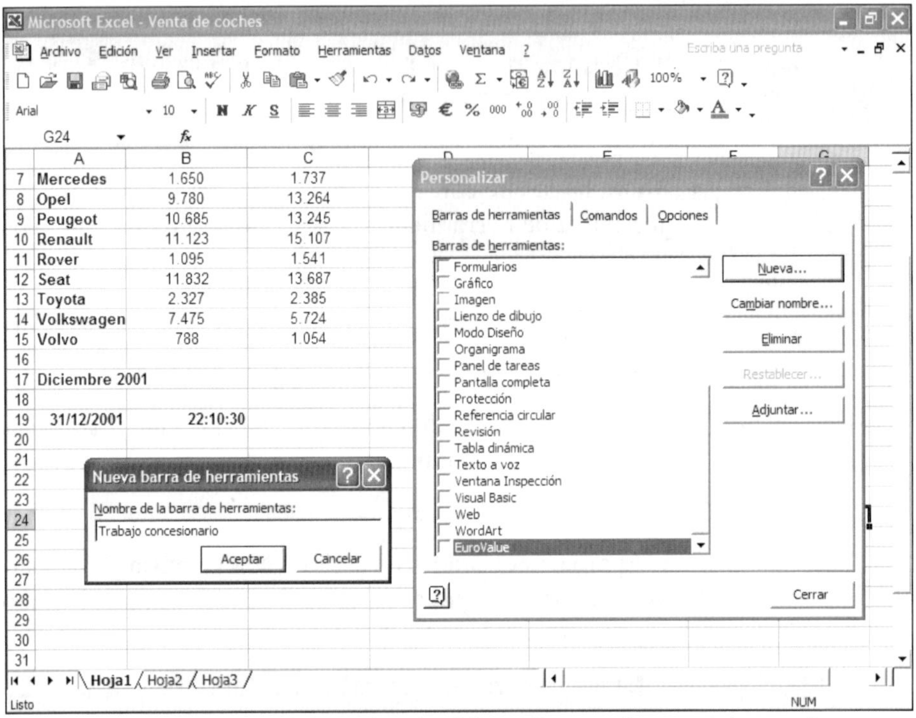

Figura 13.9. A través del cuadro de diálogo Personalizar podrá crear barras de herramientas a su medida

2. Ejecute la secuencia de comandos **Herramientas>Personalizar**.

3. Pulse sobre la pestaña Comandos. Esta ficha cuenta con dos cuadros, uno que recoge todas las categorías (cuadros categorías) y otro los comandos que las integran (cuadro Comandos).

4. Seleccione una categoría, según de qué categoría se trate, los comandos cambiarán.

5. Pulse sobre el comando que quiere añadir a su nueva barra (aparecerá un signo + al lado del puntero), arrástrelo fuera del cuadro de diálogo y suéltelo en la barra (si en vez de un signo + aparece un signo x, no se agregará). Esta ficha cuenta con el botón **Descripción**, que le permitirá conocer la utilidad de cada comando.

6. Realice este mismo proceso con todos los botones que pretende que integren la barra.

7. Si lo que desea es añadir un comando a un menú tiene que hacer lo mismo. La única diferencia es que en este caso, al arrastrar el comando hasta

el menú debe esperar a que se despliegue y, a continuación, soltarlo en el lugar que quiera.

8. Pulse **Cerrar**.

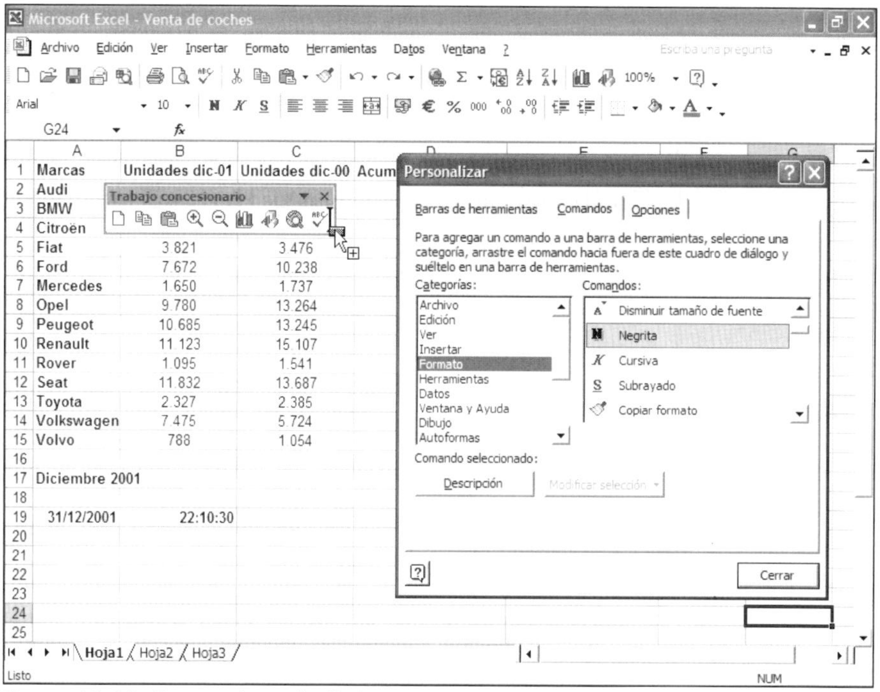

Figura 13.10. Se pueden añadir botones o comandos a la barra de herramientas recién creada arrastrándolos desde el apartado Comandos hasta la barra

Nota: No sólo puede añadir botones a la barra que ha creado, sino también a cualquier barra de herramientas predeterminada. Lo mismo ocurre con su aspecto físico (como le explicamos a continuación). En cualquier caso, si ha realizado cambios en alguna barra, pero prefiere restablecer la configuración original, pulse sobre el botón **Restablecer**.

Si en vez de añadir más botones, lo que quiere es cambiarlos de orden, no es necesario que los elimine y los vuelva a arrastrar desde el cuadro de diálogo Personalizar hasta su nueva ubicación. Realice este proceso:

1. Ejecute la secuencia de comandos **Herramientas>Personalizar**.
2. Con el cuadro de diálogo Personalizar abierto, haga clic en el botón, lista, etc. que cambiará de lugar, arrástrelo hasta su nueva posición y suéltelo.

3. Pulse **Cerrar** en el cuadro de diálogo.
4. Si en vez de modificar su ubicación prefiere copiarlo en otra barra o menú, pulse la tecla **Control** mientras lo arrastra.

Añadir nuevos menús y menús integrados

No sólo puede añadir botones a las barras de herramientas, también nuevos menús y menús integrados. Para incluir un menú integrado, realice los pasos siguientes:

1. Ejecute la secuencia de comandos **Herramientas>Personalizar**.
2. Acceda a la ficha Comandos.
3. En la lista categorías, pulse sobre Menús integrados.
4. En la lista Comandos, haga clic sobre el menú que desea añadir a la barra, arrástrelo hasta el lugar indicado y, a continuación, suéltelo.
5. Pulse **Cerrar**. El menú aparecerá en la barra con todas las opciones que posee. Por supuesto, también puede personalizar su contenido.

Si en vez de un menú integrado, prefiere crear su propio menú con las características que desee, haga lo siguiente:

1. Ejecute la secuencia de comandos **Herramientas>Personalizar**.
2. Acceda a la ficha Comandos.
3. En la lista categorías, pulse sobre Nuevo menú.
4. En la lista Comandos, haga clic sobre Nuevo menú, arrástrelo hasta su nueva ubicación y, a continuación, suéltelo.
5. Finalmente, pulse **Cerrar**. Como podrá comprobar, el menú está vacío (a diferencia del Menú integrado). Añada los comandos que quiera como hemos explicado en "Añadir botones a la nueva barra de herramientas". Para modificar el nombre, realice los pasos que mostramos en el siguiente apartado.

Modificar el aspecto de los botones que integran una barra

Si desea cambiar el aspecto de su nueva barra de herramientas, comience por sus botones. Para ello, realice la siguiente operación:

1. Ejecute la secuencia de comandos **Herramientas>Personalizar**.
2. Acceda a la ficha Comandos.

3. Dirija el puntero del ratón a la interfaz de Excel y pulse sobre el botón que quiere modificar (de la barra de herramientas que acaba de crear o de otra, ya que se puede modificar el aspecto de cualquier botón).
4. Vuelva al cuadro de diálogo Personalizar y pulse sobre el botón **Modificar selección**. También puede acceder a este cuadro pulsando sobre el comando que va a modificar con el botón derecho del ratón (mientras está abierto el cuadro de diálogo).
5. El menú que aparece cuenta con un gran número de opciones de cambio:
   - **Nombre**. Introduzca en esta casilla de texto el nuevo nombre del botón (si es que desea cambiarlo) y pulse **Intro**.
   - **Copiar imagen del botón**. Copia la cara del botón en el Portapapeles de Windows.
   - **Pegar imagen del botón**. Pega la cara del botón anteriormente copiada con el comando Copiar imagen del botón.
   - **Modificar imagen del botón**. Abre la imagen del botón seleccionado en el Editor de botones. En este editor puede modificar los colores de la imagen, moverla e incluso borrarla.
   - **Cambiar imagen del botón**. Al pulsar sobre este botón se abre una paleta en la que podrá elegir una nueva imagen para el botón. Véase la figura 13.11.
   - **Sólo texto (siempre)**. Sólo muestra el texto, sin imagen, del botón de barra de herramientas o comando de menú seleccionados.
   - **Sólo texto (en menús)**. Sólo muestra el texto, sin imagen, del comando de menú seleccionado.
   - **Imagen y texto**. Muestra el texto y la imagen del botón de barra de herramientas o comando de menú seleccionados.
   - **Iniciar un grupo**. Permite incluir una línea de división (o una Barra de separación) de grupo entre los botones. Para eliminar esta barra sólo debe arrastrar un botón junto al otro.
   - **Asignar hipervínculo** y **Asignar macro**. Permite asignar una macro o un hipervínculo al objeto seleccionado.

Nota: Tenga en cuenta que también puede modificar el aspecto de los comandos que contiene cada menú.

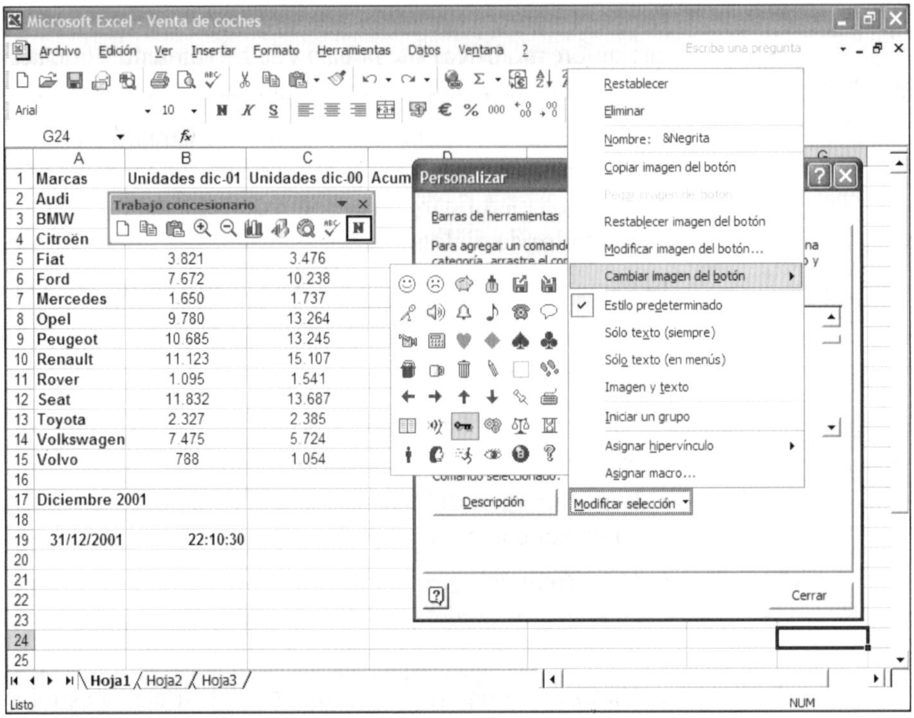

Figura 13.11. El comando Cambiar imagen del botón despliega una paleta que recoge distintos diseños

6. Realice los cambios que crea necesarios. El botón va a cambiar de forma automática.

7. Pulse **Cerrar**.

El menú cuyas funciones acabamos de mostrar cuenta con otro tipo de opciones como Eliminar, que elimina el botón (también se puede eliminar un botón, comando o menú si, con el cuadro de diálogo Personalizar abierto, selecciona y arrastra el elemento fuera de la barra o menú); Restablecer, que restablece el nombre e imagen originales del botón o comando seleccionados; Restablecer imagen del botón, que restablece la imagen original para la cara del botón seleccionado, o Estilo predeterminado, que muestra el botón de la forma predeterminada en el programa.

Nota: Puede cambiar el ancho del cuadro de una lista desplegable de una barra de herramientas haciendo lo siguiente: con el cuadro de diálogo Personalizar abierto, haga clic en el cuadro de lista que desea cambiar.

Sitúe el puntero sobre uno de sus bordes (derecho o izquierdo) y, cuando se convierta en una flecha de doble dirección, haga clic y arrástrelo hasta conseguir la medida que quiera.

Adjuntar barras de herramientas

Excel almacena las nuevas barras de herramientas creadas, con todas sus características, de forma que estén disponibles al abrir cualquier libro. Sin embargo, no lo estarán si ese libro se va a usar en otro ordenador, con otro programa Excel instalado. Para abrir un libro en otro ordenador, y que éste posea las barras personalizadas, debe adjuntarlas al libro. Para ello, haga lo siguiente:

1. Ejecute la secuencia de comandos **Herramientas>Personalizar**.
2. Acceda a la ficha Barra de herramientas.
3. Pulse sobre el botón **Adjuntar**. Aparecerá el cuadro de diálogo Adjuntar barras de herramientas.
4. En el cuadro Barras personalizadas, pulse sobre la barra que desea adjuntar al libro.
5. Pulse sobre el botón **Copiar**. La barra de herramientas se mostrará en el cuadro Barras en el libro. Siga este mismo proceso con el resto de barras que quiera copiar.
6. Pulse **Aceptar**. A partir de ese momento estas barras de herramientas estarán disponibles en ese libro, independientemente de dónde se abra.

Nota: Si selecciona un nombre en el cuadro Barras en el libro, el botón **Copiar** cambiará por **Eliminar**. Al pulsar sobre él, esa barra ya no estará adjunta al libro. Véase la figura 13.12.

Más opciones para personalizar las barras de herramientas

El cuadro de diálogo Personalizar (**Herramientas>Personalizar**) cuenta con una ficha denominada Opciones que permite añadir determinadas características a las barras de herramientas, a los botones que las componen, así como a los menús. Son las siguientes:

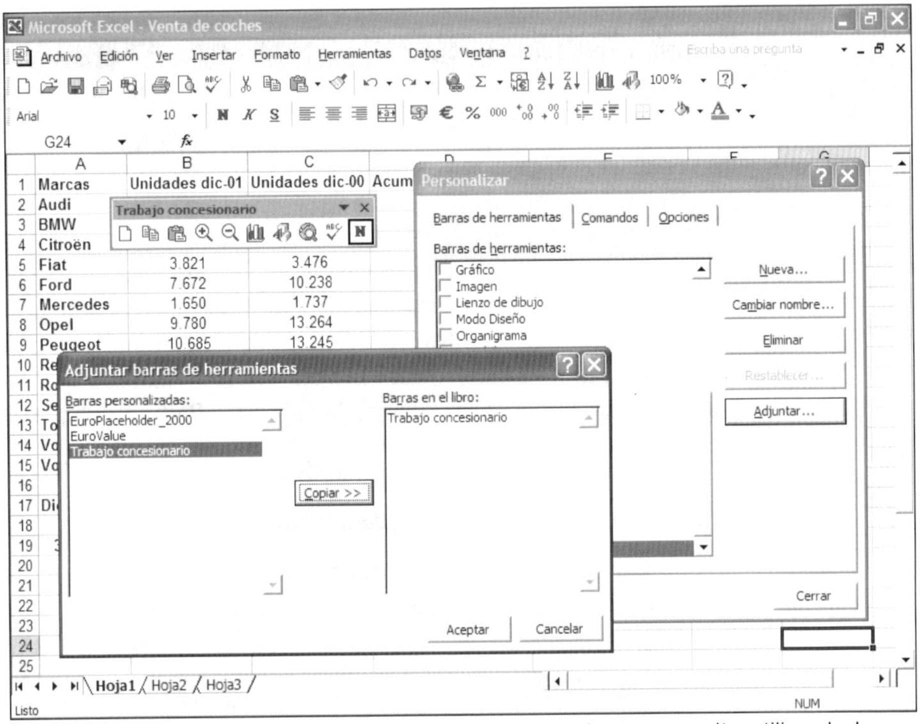

Figura 13.12. La opción Adjuntar Barras de herramientas permite utilizar la barra recién creada en otro ordenador

- **Las barras Formato y Estándar comparten una fila**. Cuando se muestran las Barras de herramientas Estándar y Formato, esta opción coloca las barras en dos filas.
- **Mostrar siempre los menús completos**. Si se activa, muestra todos los comandos de los menús. En caso contrario, presentará los comandos básicos y los usados con frecuencia en versiones personalizadas de menús.
- **Mostrar menús completos transcurridos unos segundos**. Permite que al colocar el puntero sobre un menú abierto, aparezcan todos los comandos del menú después de una breve pausa.
- **Restablecer mis datos**. Elimina el registro de los comandos utilizados en esta aplicación y restaura el valor predeterminado de los comandos visibles de los menús y barras de herramientas. Este botón no modifica la ubicación de las barras, ni quita botones o comandos que se hayan añadido, ni agrega botones o comandos eliminados.
- **Iconos grandes**. Para que sean más fáciles de ver, aumenta el tamaño de los botones de la barra de herramientas.

- **Mostrar nombres de fuente usando la fuente**. Presenta cada nombre de fuente como una muestra de la fuente en listas que contienen fuentes, como, por ejemplo, las listas Fuente y Estilo de la Barra de herramientas Formato. Si desactiva la casilla, las listas de fuentes aparecerán más rápidamente, pero presentarán las fuentes con una fuente estándar.
- **Mostrar información de pantalla en las barras de herramientas**. Muestra descripciones en pantalla de los botones de la barra de herramientas cuando el puntero se sitúa en ellos.
- **Animaciones de menú**. Permite seleccionar la forma en que se muestran los menús cuando se hace clic en el comando.

Active las casillas de selección que desee y, a continuación, pulse **Cerrar**.

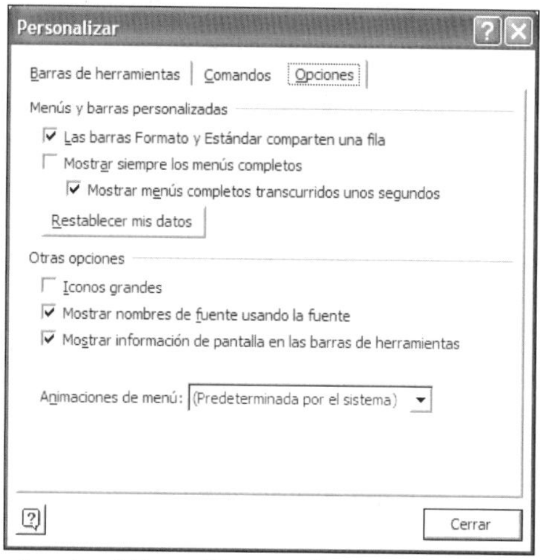

Figura 13.13. Cuadro de diálogo Personalizar con la ficha Opciones activada

14. Automatizar tareas

Cuando se hace referencia a la automatización de tareas en Excel o en cualquier otra aplicación de Office, en realidad se está haciendo mención a un término denominado Macro. Aquellos que nunca hayan oído o leído nada referente a esta palabra, en este capítulo encontrarán su significado.

Una vez presentada la definición de Macro, el paso más lógico es profundizar en los preparativos necesarios para crear, ejecutar y administrar esta opción. Dentro de la gestión de las macros, un apartado de suma importancia es el de la seguridad. Las macros son muy susceptibles y se pueden ver alteradas por la intromisión de un código malicioso (virus informático) entre el código que las determina.

¿Qué es una macro?

En terminología de programación, una macro es una instrucción escrita en un lenguaje fuente que equivale a varias instrucciones de lenguaje máquina. En aplicaciones de ámbito ofimático, como es el caso de Excel, se trata de una secuencia de órdenes o grupo de instrucciones que se memorizan bajo un nombre con el fin de ejecutarlas de forma automática. Su uso elimina la realización de tareas repetitivas, automatizándolas. Las macros se usan para acortar las largas secuencias de menú, así como para simplificar determinadas acciones sobre la aplicación. Se puede facilitar la realización de macros mediante unos pequeños programas que permiten memorizar automáticamente las secuencias de instrucciones que más se realizan en una aplicación (esta operación se conoce como grabar una macro).

Por eso, si realiza frecuentemente una tarea en Excel 2002, puede automatizarla mediante una macro. Excel utiliza la herramienta Microsoft Visual Basic para almacenar las macros en módulos, que después pueden ser ejecutados siempre que sea necesario realizar la tarea. Al grabar una macro, Excel recoge la información sobre cada paso dado cuando se ejecuta una serie de comandos. Si se comete algún error mientras se graba, y se corrige, también se graban las correcciones realizadas. Las macros pueden ser ejecutadas seleccionándolas de una lista en el cuadro de diálogo Macro, o pulsando sobre un botón determinado que ha sido asignado a la macro previamente.

Truco: También es posible ejecutar una macro presionando una combinación de teclas, si se ha asignado con anterioridad un método abreviado de teclado a la macro.

Una vez creadas las macros, para gestionarlas y administrarlas puede usarse el Editor de Visual Basic. Esta aplicación permite ver el código de la macro para corregir errores o modificar lo que hace la macro. Se trata de un programa diseñado para que los usuarios principiantes puedan escribir y editar fácilmente código de macro. Esta herramienta es muy intuitiva y proporciona mucha ayuda en pantalla; por ello, no es preciso saber cómo se programa o se usa el lenguaje de Visual Basic para realizar cambios sencillos en las macros. Además, el Editor de Visual Basic permite modificar macros, copiarlas de un módulo a otro o entre diferentes libros, cambiar el nombre de los módulos que las almacenan o cambiar su nombre.

Crear una macro

Imagine que en su trabajo diario tiene que desarrollar hojas de cálculo en las que precisa introducir una secuencia de filas con todos los meses del año, tal y como muestra la figura 14.1.

En principio, basta con introducir el nombre del primer mes del año, es decir, Enero, en la celda A2 y, posteriormente, utilizar la función Autorrelleno de Excel, arrastrando el tirador de la celda hacia abajo hasta completar la secuencia con los 12 meses. Esta tarea llevada a cabo varias al veces al día se puede convertir en una operación repetitiva, por lo que se podría automatizar.

Preparativos para automatizar una tarea

Evidentemente, lo más apropiado es grabar una macro que registre todas las acciones sobre la hoja de cálculo, y posteriormente reproducirla en el punto que se seleccione. Para comenzar la fase previa a la grabación de la macro, realice los pasos que se describen a continuación:

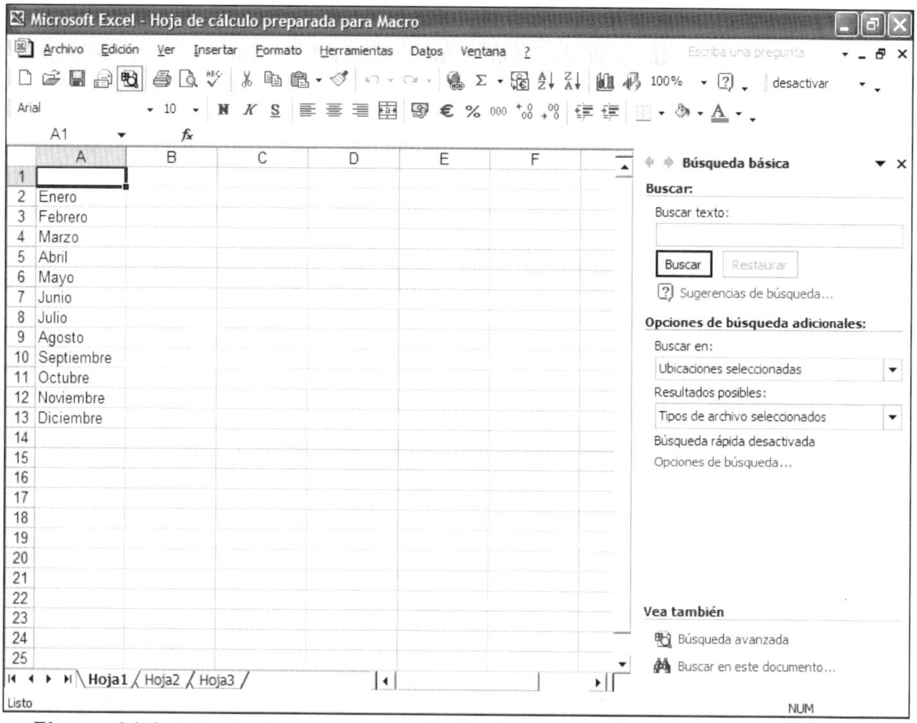

Figura 14.1. Introducir una secuencia de datos, como por ejemplo los meses del año, es una tarea muy fácil de automatizar

1. Coloque el foco de entrada donde quiere que vaya ubicada la primera entrada de la secuencia.

2. Ejecute la secuencia de comandos **Herramientas>Macro>Grabar nueva macro...** para acceder al cuadro de diálogo Grabar macro.

3. En el cuadro de texto Nombre de la macro, escriba un nombre para la macro (por ejemplo, Meses). El primer carácter tiene que ser una letra, y el resto pueden ser letras, números o caracteres de subrayado, y no se permiten espacios en un nombre de macro, aunque puede usar un carácter de subrayado como separador de palabras. Por otro lado, tampoco use un nombre de macro que también sea una referencia de celda; de lo contrario aparecerá un mensaje indicando que el nombre de la macro no es válido.

4. Si desea asignar teclas de método abreviado a la macro seleccionada, escriba una letra en el cuadro Tecla de método abreviado. La tecla de método

abreviado resultante se formará combinando la tecla **Control** con la letra introducida. Si mantiene presionada la tecla **Mayús** mientras escribe la letra en el cuadro de texto, el método abreviado resultante se formará combinando las teclas **Control-Mayús** con la letra elegida. Para el ejemplo desarrollado, inserte el atajo de teclado **Control-Mayús-Q**.

5. Dentro de la lista desplegable Guardar macro podemos especificar cuándo se prefiere que la macro esté disponible. En caso de seleccionar la opción Libro de macros personal, la macro estará disponible siempre que se use Excel 2002. En caso de eligir Libro nuevo, la macro sólo podrá ser utilizada en un libro nuevo. Por último, si escoge la opción Libro activo, la macro sólo podrá ser utilizada en el libro actual. Para el ejercicio, seleccione la que desee.

6. Cuando termine de configurar el cuadro de diálogo Grabar macro, pulse sobre el botón **Aceptar**. Al realizar esta acción aparecerá la Barra de herramientas Detener grabación y se iniciará el registro o grabación de la macro.

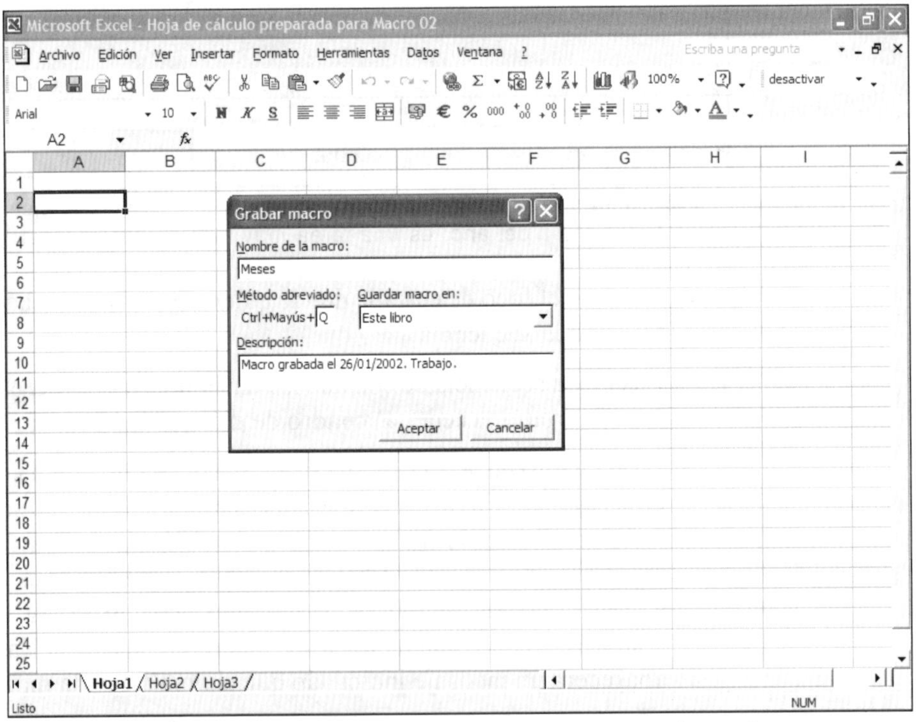

Figura 14.2. Antes de grabar una macro es necesario configurar algunas opciones como, por ejemplo, el nombre que la va a identificar

Grabación de una macro

La Barra de herramientas Detener grabación consta de dos botones. El de la izquierda, denominado **Detener macro**, es el que detiene la grabación y la da por finalizada. El situado a la derecha, denominado **Activar / Desactivar referencias relativas**, posee dos funciones.

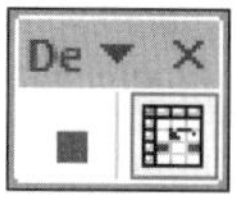

Figura 14.3. La Barra de herramientas Detener grabación únicamente consta de dos botones

- **Activado o pulsado**. La macro usará referencias relativas. Esto quiere decir que la macro puede ser ejecutada en cualquier rango de celdas de la hoja.
- **Desactivado o no pulsado**. La macro utilizará referencias absolutas, es decir, los pasos que se realicen durante el registro de la macro siempre se van a efectuar en el mismo rango de celdas que se ha utilizado durante la grabación.

Una vez pulsado el botón **Aceptar** del cuadro de diálogo Grabar macro, comience el registro: inserte en la celda A2 el primer valor, es decir, la entrada Enero. A continuación, utilice la función Autorrelleno (arrastrando el tirador de la celda hacia abajo) para completar el registro con los 12 meses del año y pulse sobre el botón **Negrita** de la Barra de herramientas Formato. Para finalizar la creación de la macro, pulse sobre el botón **Detener macro** de la Barra de herramientas Detener grabación, y ya tendrá memorizada la macro. Véase la figura 14.4.

Ejecutar una macro

A partir de ese momento, cada vez que necesite introducir una secuencia con los meses del año, solamente tendrá que realizar una acción, ejecutar la combinación de teclas **Control-Mayús-Q**, y los valores de la secuencia aparecerán a partir de la celda que se encuentre activa.

Si por un casual olvida la combinación de teclas que ejecuta una macro o la hoja dispone de numerosas macros, es recomendable utilizar el cuadro de diálogo Macro para ejecutarla. Puede acceder y utilizar este cuadro de diálogo realizando estos pasos:

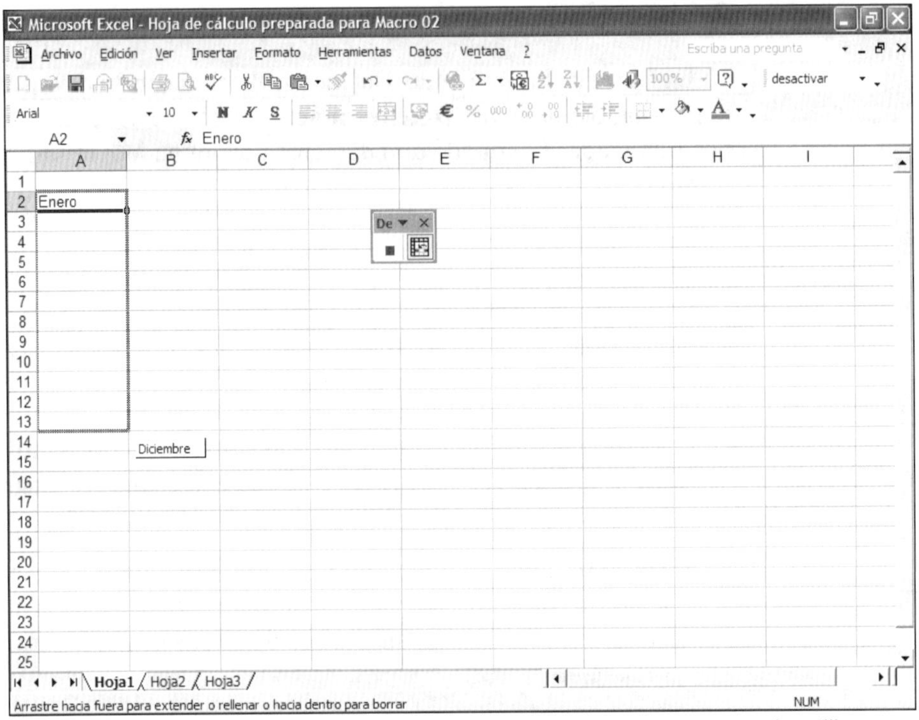

Figura 14.4. Para concluir la grabación de una macro es necesario utilizar la Barra de herramientas Detener grabación

1. Active la celda donde desea ejecutar la macro.
2. A continuación, ejecute la secuencia de comandos **Herramientas>Macro> Macros...** para acceder al cuadro de diálogo Macro.
3. En la lista Nombre de la macro, seleccione el nombre que define a la macro que quiere ejecutar.
4. Pulse sobre el botón **Ejecutar**. Véase la figura 14.5.

Truco: Si dispone de numerosas macros, y está seguro de que no se va a acordar de todas las combinaciones de teclas, puede crear un botón que se integre en una barra de herramientas y que cada vez que se pulse se ejecute la macro asociada.

Asociar una macro a un botón

La macro definida durante el ejercicio se ejecuta de manera muy sencilla, realizando la combinación de teclas **Control-Mayús-Q**. No obstante, como ya se ha comentado con anterioridad, no es extraño que se olvide dicho atajo de teclado, sobre todo cuando hay que recordar varios. Para evitar estos problemas, Excel permite asociar la macro a un botón que se integre como uno más en cualquier barra de herramientas. Haga lo siguiente:

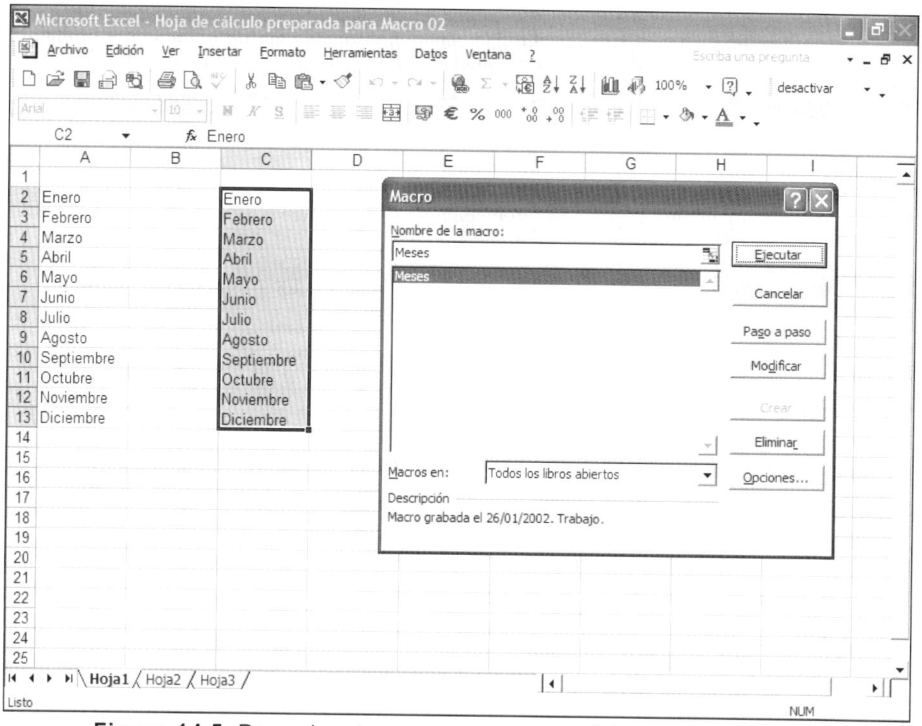

Figura 14.5. Para ejecutar una macro es posible utilizar un botón, una combinación de teclas o el cuadro de diálogo Macro

1. Ejecute la secuencia de comandos **Herramientas>Personalizar**. En el cuadro de diálogo que aparece, active la ficha Comandos.
2. El cuadro Categorías posee una lista de elementos, pulse sobre la opción Macros.
3. En el cuadro Comandos pulse sobre la opción Personalizar botón, arrástrelo a la barra de herramientas que desee y suéltelo. Véase la figura 14.6.
4. En esta misma ficha, pulse sobre el botón Modificar selección y seleccione la orden Asignar macro...
5. En el cuadro de diálogo Asignar macro, seleccione la macro que quiere asociar a ese botón y pulse sobre el botón **Aceptar**.

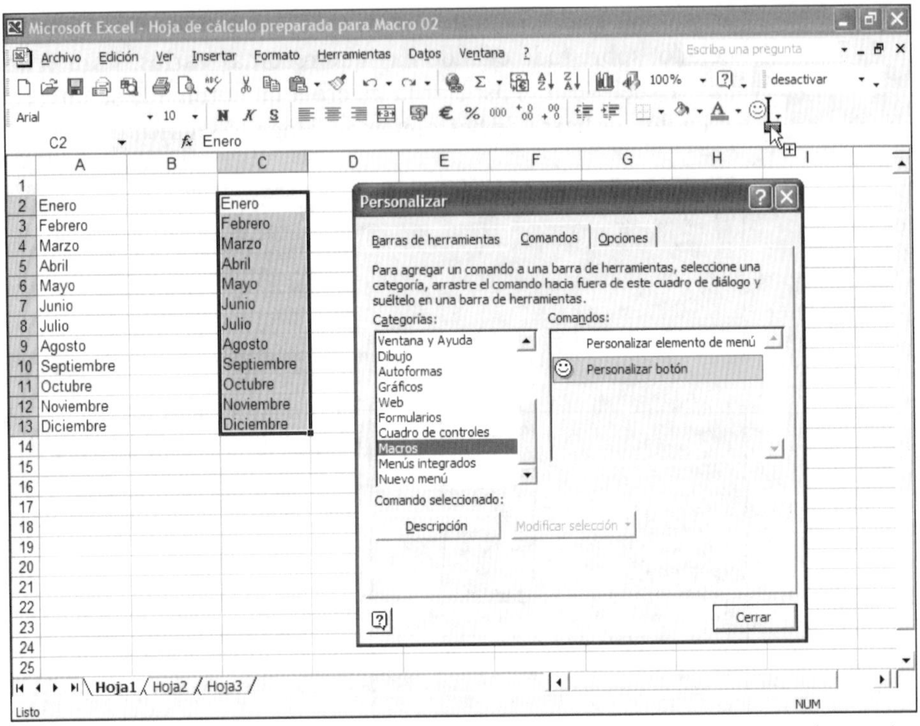

Figura 14.6. Excel XP permite asociar una macro a un botón que posteriormente se agregue a una barra de herramientas

6. Para modificar el aspecto del botón, pulse de nuevo sobre el botón Modificar selección, seleccione el comando Cambiar imagen del botón y elija una de las imágenes disponibles; o seleccione el comando Modificar imagen del botón... y use el Editor de botones para crear la imagen que desee. Véase la figura 14.7.

Administrar las macros

El cuadro de diálogo Macro (**Herramientas>Macro>Macros...**) permite gestionar las distintas macros asignadas a una hoja de cálculo o las dispuestas para ser utilizadas en todos los libros que se creen con Excel. Las opciones que ofrece este cuadro de diálogo son las siguientes:

- **Ejecutar**. Ejecuta la macro seleccionada. Si la macro contiene argumentos, no podrá ejecutarla desde el cuadro de diálogo Macro. Para ejecutar macros que requieran la especificación de los argumentos deberá utilizar el comando Editor de Visual Basic de la opción Macro dentro del menú Herramientas.

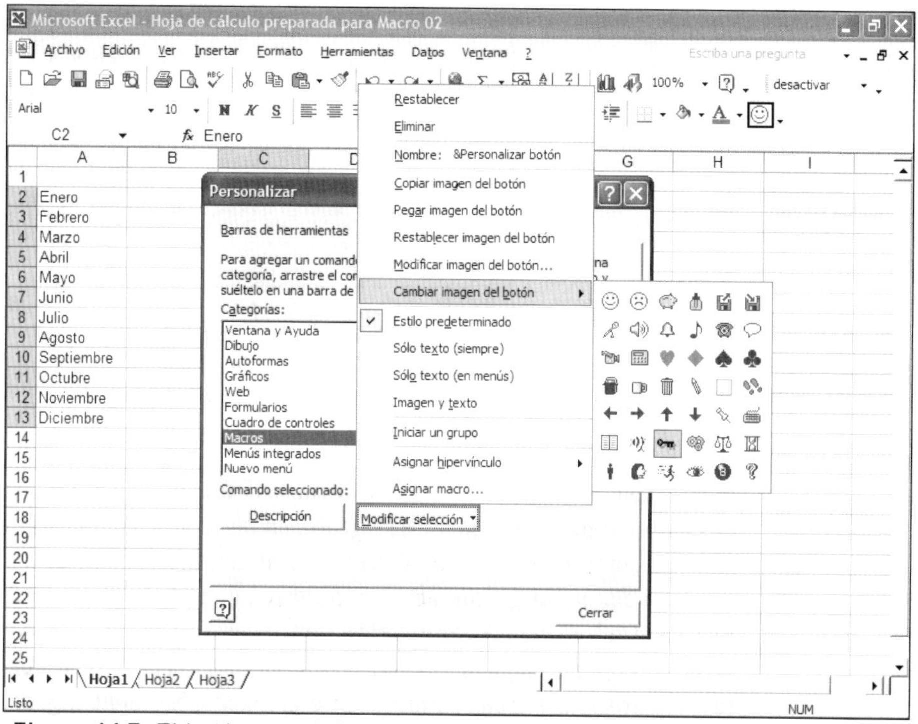

Figura 14.7. El botón que defina a una macro puede ser personalizado mediante los distintos comandos del botón Modificar selección

- **Paso a paso**. Abre la herramienta Microsoft Visual Basic y ejecuta la macro seleccionada línea por línea.
- **Modificar**. Abre la macro seleccionada en la aplicación Microsoft Visual Basic para modificarla desde este editor.
- **Crear**. Abre un módulo nuevo en el Editor de Visual Basic, de modo que pueda crearse una macro nueva. El botón **Crear** solamente estará disponible si se ha introducido un nombre nuevo en el cuadro Nombre de la macro.
- **Eliminar**. Elimina la macro seleccionada.
- **Opciones**. Abre el cuadro de diálogo Opciones de la macro donde es posible asignar o modificar una tecla de método abreviado. También puede agregar o modificar la descripción de la macro seleccionada. Véase la figura 14.8.

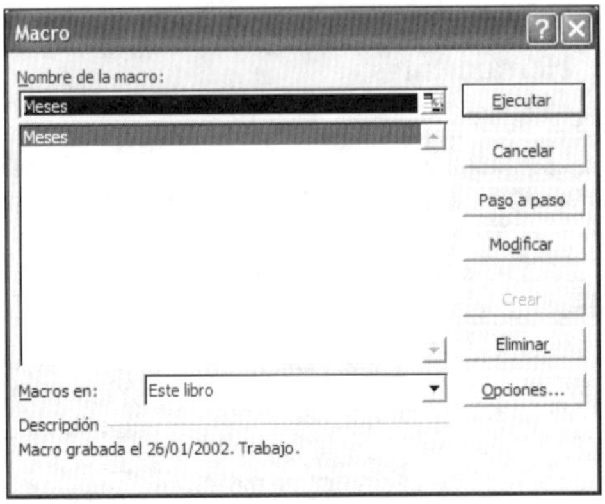

Figura 14.8. El cuadro de diálogo Macro permite gestionar las distintas macros asignadas a un libro de Excel

Editor de Visual Basic

Como hemos comentado anteriormente, una macro es una instrucción escrita en un lenguaje fuente, que se graba en un módulo de Visual Basic. Este módulo es compartido por las distintas aplicaciones que integra Office. Se debe tener en cuenta que, aunque el módulo sea compartido, los procedimientos que son generados en cada aplicación no lo son, por lo que una rutina definida en Excel no puede ser utilizada en Word, siendo necesario volver a definirla. Por tanto, para poder crear o modificar una macro, Excel utiliza el editor de Visual Basic.

Si desea crear una macro con esta aplicación, ejecútela directamente realizando la secuencia de comandos **Herramientas>Macro>Editor de Visual Basic**. En caso de que prefiera modificar una ya creada, selecciónela en el cuadro de diálogo Macro y pulse sobre el botón **Modificar**.

Área de trabajo del Editor Visual Basic

Si modifica una macro desde el editor Visual Basic, la ventana Código del área de trabajo mostrará el código de Visual Basic. En el ejemplo utilizado, la distribución del código es la siguiente:

- La línea *Sub Meses( )* es el comienzo de la macro y *End Sub* es el final.
- Las líneas que comienzan con apóstrofo, tales como ' *Meses Macro* y ' *Acceso directo: Ctrl + Mayús + Q* son comentarios descriptivos.
- Las instrucciones que dan formato a la macro son las líneas que van desde *ActiveCell* hasta *= True*. Véase la figura 14.9.

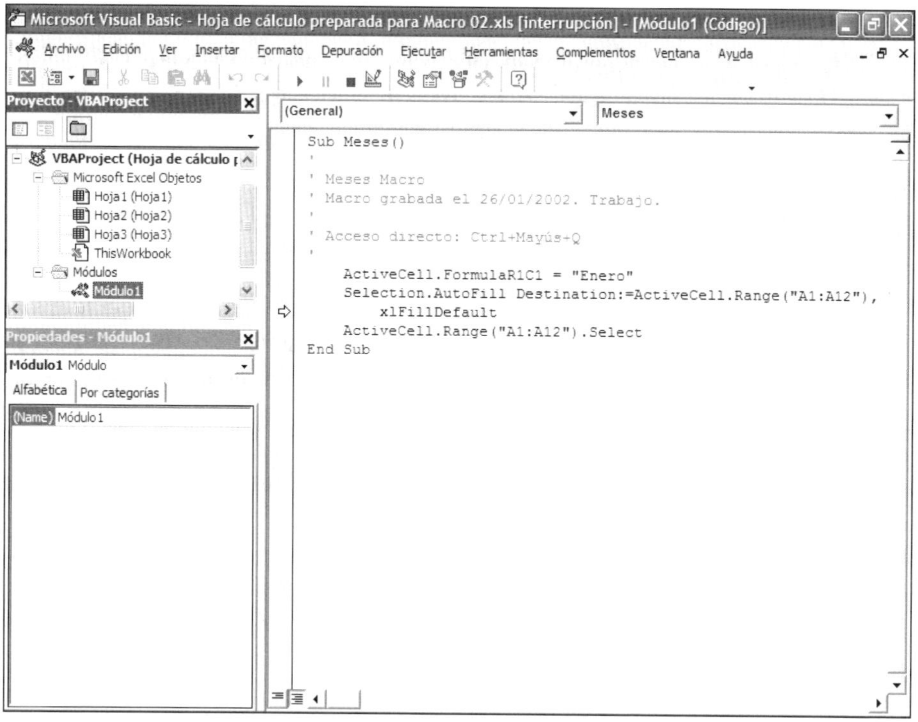

Figura 14.9. El Editor Visual Basic posee una interfaz sumamente intuitiva para trabajar con macros

Utilizar las macros en otros libros

De forma predeterminada, las macros grabadas se almacenan en el libro que esté activo. Como ya se ha explicado, esto se puede modificar antes de iniciar la grabación de la macro desde la lista desplegable Guardar macro del cuadro de diálogo Grabar macro. Pero si desea que una macro asignada a un único libro esté disponible para otro libro, utilice el Editor Visual Basic. Para usar una macro en otro libro, realice los pasos que se describen a continuación:

1. Abra el libro que contiene la macro que quiere copiar.
2. Abra el libro en el que desea copiarla.
3. Ejecute la secuencia de comandos **Herramientas>Macro>Editor de Visual Basic**.
4. Dentro del menú Ver del Editor de Visual Basic, pulse sobre la opción Explorador de proyectos. Esta acción provocará que aparezca la ventana Proyecto.

5. Ahora localice la macro en dicha ventana. Suele estar dentro de un directorio denominado Módulos con el nombre Modulo1. Cuando esté localizado, pulse sobre ella y arrástrela al libro de destino. Éste denominará VBA-Project (nombre del libro).

Las macros y la seguridad

Como ha podido comprobar, las macros son instrucciones de gran utilidad, pero también son elementos potencialmente inseguros. Su peligro reside en los virus informáticos que se pueden camuflar en ellas. Un virus de macro es un tipo de virus que afecta a los sistemas y se almacena en las macros que integre el libro. Al abrir el libro infectado, el virus de macro se activa, propagándose. Lo primero que hace es modificar la plantilla maestra, y así, cada documento que se abra o se cree, se verá infectado por él. En consecuencia, es esencial controlar la seguridad de las hojas de cálculo que se abren. Por ello, Excel incluye protecciones contra virus susceptibles de ser transmitidos por macros. El comando Seguridad del submenú Macro permite establecer un nivel de seguridad para los archivos que podrían contener virus en macros, y especificar los nombres de los creadores de macros que sean de confianza.

Niveles de seguridad

La primera ficha del cuadro de diálogo Seguridad (denominada Nivel de seguridad) permite establecer, mediante botones de opción, el nivel de seguridad con el que se desea trabajar con Excel:

1. **Alto**. Si selecciona esta opción, las macros sin firmar se deshabilitan de forma automática y las macros firmadas, dependiendo del origen de la macro y el estado de la firma, se habilitarán de la siguiente forma:

    - Una fuente de confianza con la firma válida. Las macros se habilitan automáticamente y se abre el archivo.
    - Autor desconocido pero con la firma válida. Se muestra un cuadro de diálogo con información sobre el certificado. Las macros sólo pueden habilitarse si el usuario decide confiar en el autor y en la autoridad de certificación.
    - Cualquier autor con la firma no válida (posiblemente debido a un virus). Se advierte de la posible existencia de un virus. Las macros se deshabilitan automáticamente.

- Cualquier autor con la firma no validada. Se advierte de que no es posible validar la firma. Las macros se deshabilitan automáticamente.
- Cualquier autor con la firma expirada. Se advierte al usuario de que la firma ha expirado. Las macros se deshabilitan automáticamente.

2. **Medio**. Si opta por esta opción, al ejecutar una macro sin firmar se le preguntará si desea habilitarla o deshabilitarla. Las macros firmadas se ejecutarán de la siguiente forma:

   - Una fuente de confianza con la firma válida. Las macros se habilitan automáticamente y se abre el archivo.
   - Autor desconocido pero con la firma válida. Se pide al usuario que habilite o deshabilite la macro.
   - Cualquier autor con la firma no válida (posiblemente debido a un virus). Se advierte de la posible existencia de un virus. Las macros se deshabilitan automáticamente.
   - Cualquier autor con la firma no validada. Se advierte de que no es posible validar la firma. Se pide al usuario que habilite o bien deshabilite la macro.
   - Cualquier autor con la firma expirada. Se advierte al usuario de que la firma ha expirado y se le pide que habilite o deshabilite la macro.

3. **Bajo**. Cuando se establece este nivel de seguridad, todas las macros se tratan de la misma forma, independientemente del origen o del estado de la firma. Con el nivel de seguridad bajo no se recibe ningún aviso ni se pide validar la firma, y las macros se habilitan automáticamente. Sólo debe utilizar esta configuración si está seguro de que todas las macros de los archivos son de fuentes de confianza. Véase la figura 14.10.

Firmas digitales

En las aplicaciones de Microsoft Office XP se utiliza la tecnología Microsoft Authenticode para permitir a los usuarios firmar digitalmente un archivo o una macro. El certificado que se utiliza en la creación de esta firma sirve para confirmar que la macro o el documento procede del firmante, y la firma sirve para confirmar que la macro o el documento no han sido alterados (los certificados digitales se deben obtener de una autoridad de certificación comercial). Cuando se establece el nivel de seguridad, las macros se pueden ejecutar dependiendo de si están firmadas por un desarrollador de la lista de fuentes de confianza o no.

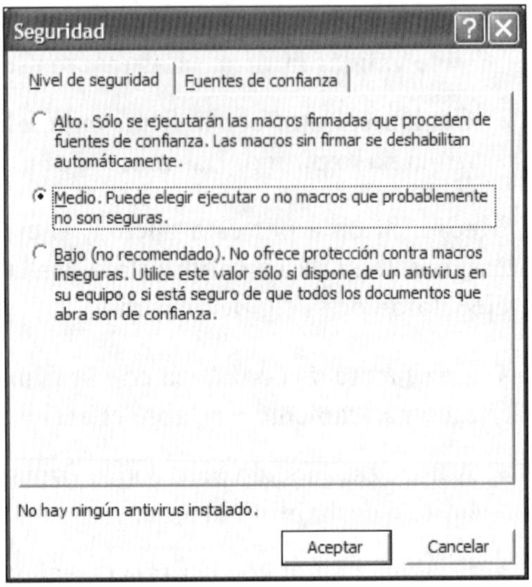

Figura 14.10. Para asegurar el funcionamiento de una macro es muy importante saber establecer los niveles de seguridad

Fuentes de confianza

Cuando abra un archivo que incluye macros con firma, se le va a preguntar si desea confiar en todas las macros originadas en esa fuente. Si selecciona esta opción, agregará el propietario del certificado a su lista de fuentes de confianza. Una vez que haya incluido una persona o corporación en la lista de fuentes de confianza, Excel activará las macros firmadas por esta fuente sin mostrarle una advertencia de seguridad. De todos modos, es posible eliminar entradas de la lista de fuentes de confianza. Para ello debe utilizar la ficha Fuentes de confianza del cuadro de diálogo Seguridad.

- El cuadro blanco muestra la lista nombres de personas de confianza que desarrollan macros. Cuando abre un archivo o carga un complemento que contiene macros que han sido desarrolladas por alguna de estas personas, las macros serán habilitadas automáticamente.
- Si desea que Excel le avise de qué plantillas y complementos se han instalado previamente, desactive la casilla de verificación Confiar en todas las plantillas y complementos instalados.
- Active la casilla de verificación Confiar en el acceso a proyectos Visual Basic si no quiere que Excel le avise sobre las macros que intentan acceder al Proyecto de Visual Basic. Véase la figura 14.11.

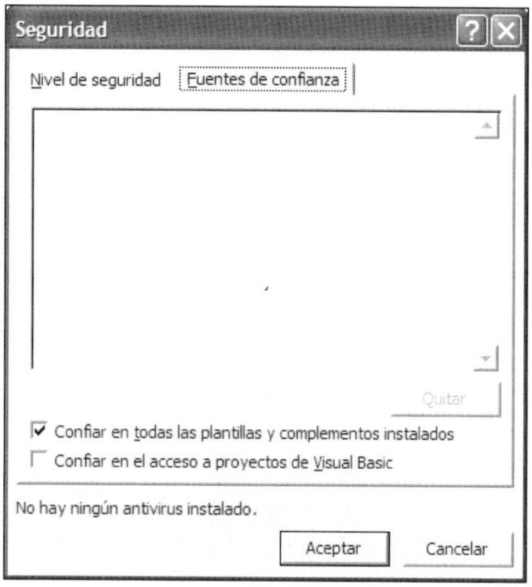

Figura 14.11. Una macro realizada por una fuente de confianza se activará en Excel sin mostrar una advertencia de seguridad

15. Publicar en la Web

Uno de los motivos que llevaron a Microsoft a desarrollar nuevas versiones de las aplicaciones de Office, fue conseguir una plena integración con las posibilidades que ofrece la Red. En concreto, su pretensión al crear esta nueva versión de Excel era facilitar el trabajo con datos Web y la colaboración en línea entre usuarios de la misma aplicación. En la actualidad es muy común trabajar en grupo y, por lo tanto, compartir y editar documentos en distintas estaciones de trabajo. Para compartir esta información lo más habitual es usar un cliente de correo electrónico predeterminado.

En la versión 2002 de Excel, la novedad radica en la utilización del correo electrónico para enviar a otro usuario o usuarios libros de Excel que puedan revisar y modificar.

Otro objetivo de Excel 2002 es ofrecer la mejor solución para integrar los datos de una hoja de cálculo en la tecnología Web. Por ello, esta versión es compatible con el lenguaje XML y permite guardar y abrir trabajos que tengan este formato. Además, posee herramientas que se integran con el explorador Web para trabajar directamente sobre una hoja de cálculo publicada como documento Web dinámico.

Crear documentos Web para su publicación

Tradicionalmente, la forma de transmitir la información ha sido la publicación de los trabajos en papel, usando la impresora. Pero, a la hora de trabajar, este método tiene bastantes inconvenientes, ya que no es posible editar el contenido y variar los datos para ver un nuevo resultado. La alternativa es la utilización de la publicación electrónica de los datos en Internet o en una intranet.

Excel 2002 permite guardar un libro o parte de un libro, por ejemplo, un elemento gráfico, como una página Web, para publicarla en un servidor Web (HTTP o FTP) o en un servidor de red de forma que los usuarios de una intranet puedan verla o interactuar con ella. A continuación encontrará varias formas diferentes de compartir datos de Excel en la Red:

- Guardar un libro completo como página Web.
- Publicar una hoja de cálculo, un rango de celdas u otro elemento de una hoja como página Web.
- Generar un elemento gráfico como página Web.
- Crear un informe de tabla dinámica como página Web.

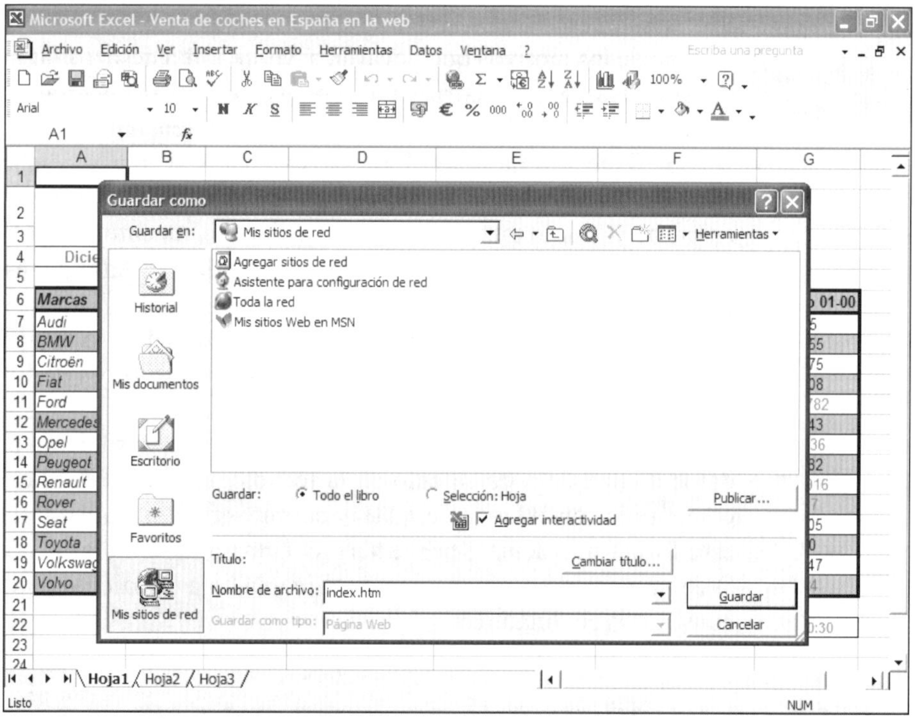

Figura 15.1. Los libros guardados como página Web pueden ser publicados en un servidor Web o de red

Guardar un libro completo como página Web

Si desea publicar todos los datos de un libro en una página Web de una sola vez, puede guardar el libro de modo interactivo o no interactivo.

- **Libros no interactivos**. Cuando se guarda un libro no interactivo, los datos aparecen del mismo modo que en Excel, incluidas las etiquetas o pestañas en las que los usuarios pueden hacer clic para activar una hoja de cálculo u otra. No obstante, no se pueden modificar los datos ni interactuar con ellos en el explorador de Internet.

- **Libros interactivos**. Cuando se publica un libro interactivo en una página Web, el resultado es un archivo HTML que contiene componentes especiales que permiten interactuar con el libro. Se pasa de una hoja a otra con un selector de hojas, manipular datos y formatos y cambiar fórmulas.

En una página Web interactiva con funcionalidad de hoja de cálculo se pueden colocar los siguientes elementos:

- Hojas de cálculo.
- Informes de tabla dinámica.
- Rangos de datos externos.
- Rangos de celdas.
- Listas filtradas.
- Áreas de impresión.

> **Nota:** Cuando se publica sin interactividad, los usuarios pueden ver los datos y el formato en la página Web, pero no pueden manipular los datos del libro.

Publicar como página Web

Excel 2002 permite publicar una hoja de cálculo o partes de la misma en una página Web con o sin funcionalidad interactiva. Cuando se publica sin interactividad, los datos y el formato de la hoja se muestran como cualquier página Web, pero no es posible editar su información.

En cambio, al publicar el trabajo de forma interactiva con funcionalidad de hoja de cálculo, la persona que consulte la página Web puede hacer lo siguiente: escribir datos, dar formato a datos, calcular datos, analizar datos y ordenar y filtrar. Véase la figura 15.2.

> **Nota:** En las páginas Web interactivas, los usuarios pueden cambiar los datos y el diseño de los elementos de las páginas Web.

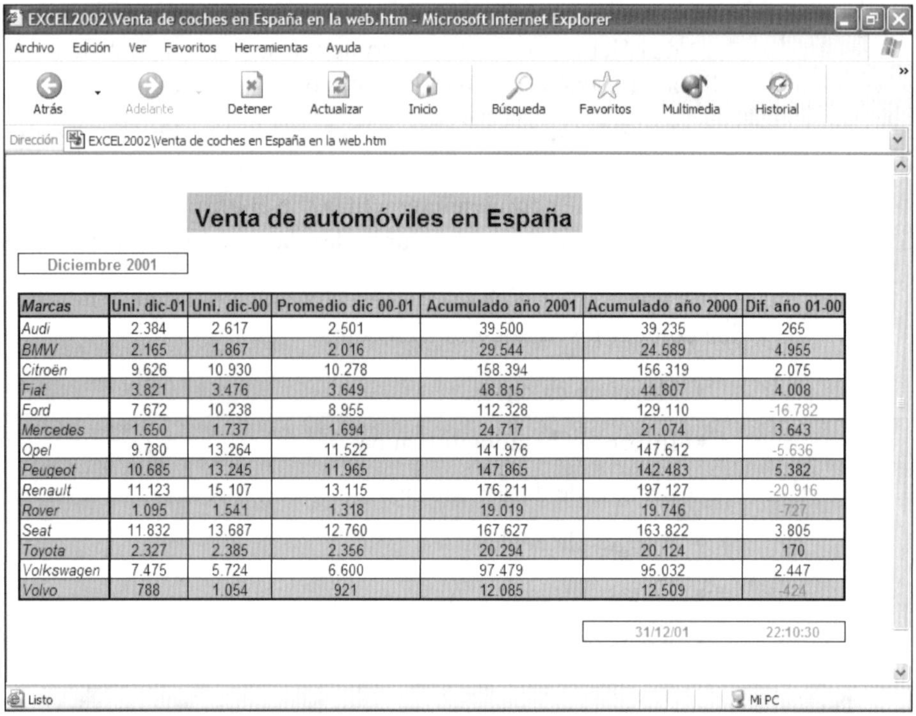

Marcas	Uni. dic-01	Uni. dic-00	Promedio dic 00-01	Acumulado año 2001	Acumulado año 2000	Dif. año 01-00
Audi	2.384	2.617	2.501	39.500	39.235	265
BMW	2.165	1.867	2.016	29.544	24.589	4.955
Citroën	9.626	10.930	10.278	158.394	156.319	2.075
Fiat	3.821	3.476	3.649	48.815	44.807	4.008
Ford	7.672	10.238	8.955	112.328	129.110	-16.782
Mercedes	1.650	1.737	1.694	24.717	21.074	3.643
Opel	9.780	13.264	11.522	141.976	147.612	-5.636
Peugeot	10.685	13.245	11.965	147.865	142.483	5.382
Renault	11.123	15.107	13.115	176.211	197.127	-20.916
Rover	1.095	1.541	1.318	19.019	19.746	-727
Seat	11.832	13.687	12.760	167.627	163.822	3.805
Toyota	2.327	2.385	2.356	20.294	20.124	170
Volkswagen	7.475	5.724	6.600	97.479	95.032	2.447
Volvo	788	1.054	921	12.085	12.509	-424

Figura 15.2. Aspecto de una hoja de cálculo guardada como página Web no dinámica

Generar un elemento gráfico como página Web

Al igual que ocurre con los libros o las hojas, Excel permite publicar un gráfico con o sin interactividad. Cuando se publica sin interactividad, en la página Web se guarda y se muestra una imagen estática del gráfico en un formato de imagen JPG.

Si, por el contrario, lo publica con la función de interactividad activada, al cambiar los datos correspondientes a un gráfico en la página Web, el gráfico se actualizará de forma automática.

Nota: Para modificar el tamaño del gráfico en la página Web, abra la página Web en Microsoft FrontPage y efectúe los cambios. Véase la figura 15.3.

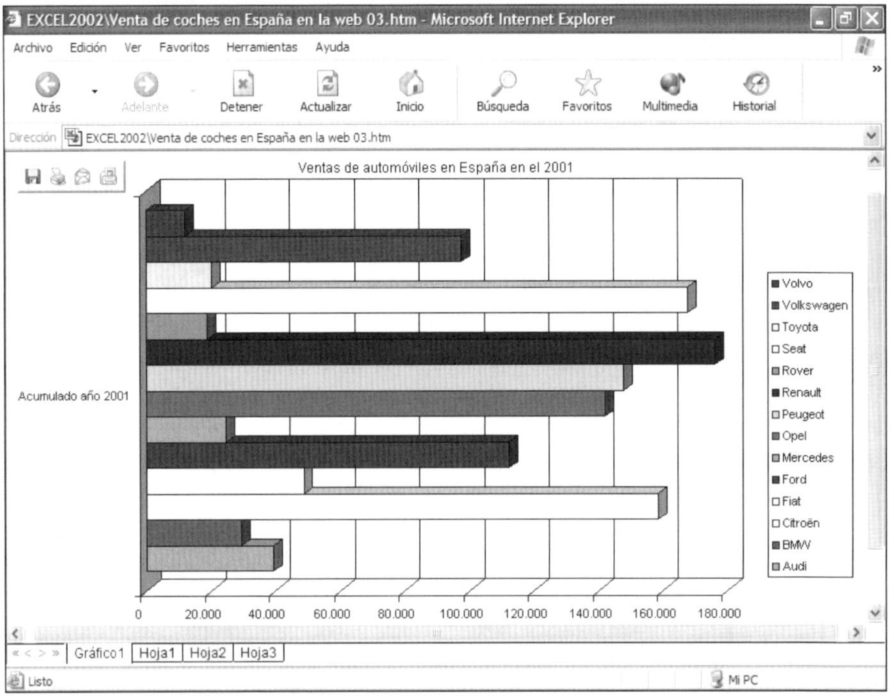

Figura 15.3. Un gráfico guardado sin interactividad muestra el aspecto y la forma de una imagen con el formato .JPG

Crear un informe de tabla dinámica como página Web

En el capítulo 11 se explicó que un informe de tabla dinámica es una tabla interactiva que permite combinar, resumir y comparar de forma rápida y sencilla grandes volúmenes de datos. Este tipo de informe es conveniente usarlo para comparar totales relacionados, sobre todo si se tiene una lista larga de números para resumir y desean realizarse comparaciones distintas con cada valor.

Si una hoja de Excel posee una tabla dinámica y la publica de forma interactiva con funcionalidad de tabla dinámica, las personas que la ejecuten podrán filtrar datos, analizar los datos consiguiendo distintas vistas de los mismos y actualizar datos directamente en el explorador. Véase la figura 15.4.

Nota: Debe tener en cuenta que cuando se publica una hoja de cálculo que posee una tabla dinámica se pueden perder algunos formatos y funciones al guardarla con funcionalidad interactiva.

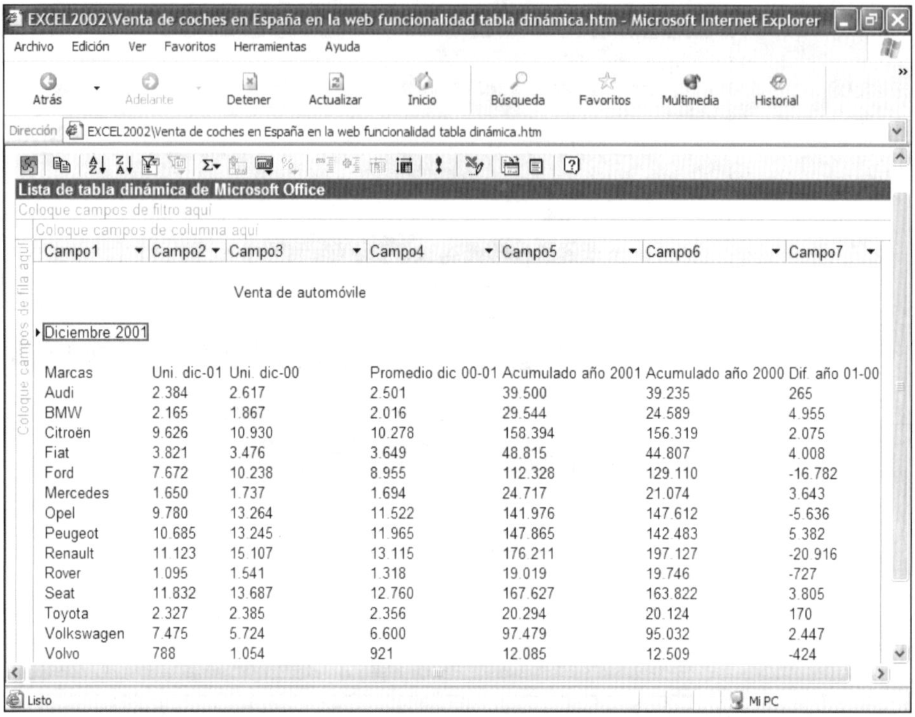

Figura 15.4. Aspectos de una hoja de cálculo publicada de forma interactiva y con funcionalidad de tabla dinámica

Guardar un archivo Excel como página Web

Para guardar un libro o una hoja de cálculo de Excel como una página Web no interactiva, realice los pasos que se describen a continuación:

1. Con el libro o la hoja activa, ejecute la secuencia de comandos **Archivo> Guardar como página Web...** para acceder al cuadro de diálogo Guardar como.

2. En la lista desplegable Guardar en, busque y seleccione el directorio donde quiere guardar el archivo.

3. Utilice los botones de opción Todo el libro y Selección del área Guardar para especificar si desea guardar el libro entero o únicamente la selección realizada. En este último caso, puede tratarse de una hoja o de un rango de celdas; si fuera una hoja, en el cuadro de diálogo aparecería de esta forma: Selección: Hoja. Si fuera un rango, por ejemplo A1:G22, sería: Selección: $A$1:$G$22.

4. Para dar un título a la página (éste aparecerá en la Barra de título del explorador Web), pulse sobre el botón **Cambiar título...** e introduzca el nombre en el cuadro de diálogo Establecer el título de la página.

5. Dentro del cuadro de texto Nombre de archivo, escriba un nombre para el trabajo.

6. En la lista desplegable Guardar como tipo, seleccione el tipo de archivo Página Web y pulse sobre el botón **Guardar**.

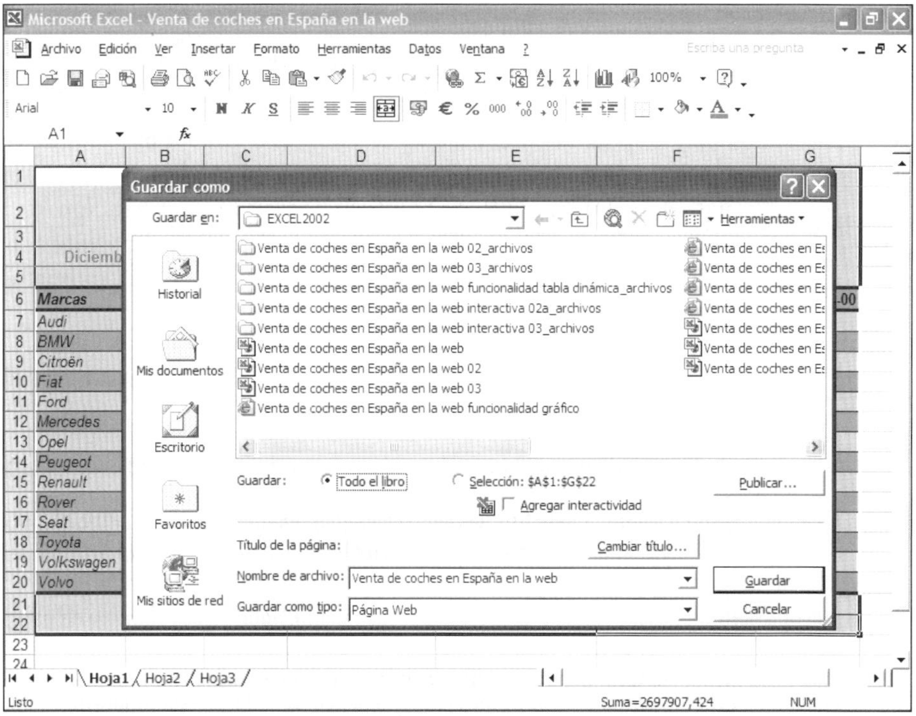

Figura 15.5. Excel permite guardar como página Web un rango de celdas previamente seleccionado

Crear documentos Web dinámicos

Si en el cuadro de dialogo Guardar como (**Archivo>Guardar como página Web...**) activa la casilla Agregar interactividad, el programa no generará una página Web corriente. En este caso, Excel XP genera un documento que hace uso de diversos objetos interactivos, gracias a los cuales, al trabajar sobre el documento en el explorador o navegador, éste se comporta como si fuera una hoja de cálculo que está siendo editada en Excel.

Para poder editar una hoja de cálculo en un navegador es necesario abrir el documento en Internet Explorer 5 o posterior, así como tener instalado Office XP, Excel 2002 o los Office Web Components. Éstos constituyen una serie de controles Active X que permiten que el contenido desarrollado por aplicaciones de Microsoft Office sea interactivo.

Guardar un archivo Excel para publicar en la Web

Además de crear documentos Web tanto estáticos como dinámicos, Excel 2002 permite guardar un libro completo o elementos individuales (como una hoja, un gráfico, un rango de celdas o una tabla dinámica) de forma interactiva y con un formato que se integra totalmente con los exploradores que se utilizan para navegar por la Red. También posibilita la utilización, en el mismo explorador, de alguna de las herramientas de Excel directamente sobre los datos que muestra la página Web. Para publicar datos de Excel en una página Web, realice lo siguientes pasos:

1. En primer lugar, abra o seleccione el libro que contiene los elementos que desea publicar.
2. En el menú Archivo, pulse sobre la opción Guardar como página Web.
3. En el cuadro de diálogo Guardar como, pulse sobre el botón **Publicar** para acceder al cuadro de diálogo Publicar como página Web.
4. En el área Elemento a publicar, pulse sobre el cuadro de lista desplegable Elegir para seleccionar uno de los siguientes elementos. Sólo puede publicar un elemento cada vez (para publicar otro elemento, selecciónelo y repita el procedimiento de publicación). La tabla siguiente describe qué puede publicar y cómo:

Elemento a publicar	Cómo
Libro completo	Seleccione la opción Todo el libro. Se puede publicar un libro entero con interactividad, pero no sin ella.
Hojas de cálculo completas	Seleccione Elementos en "nombre de hoja" y, a continuación, seleccione Todo el contenido de nombre de hoja.

Elemento a publicar	Cómo
Elementos	Seleccione Elementos en "nombre de hoja" y, a continuación, seleccione el elemento que desea publicar, por ejemplo, un informe de tabla dinámica o un gráfico. Entre los elementos no se incluyen los rangos de celdas.
Rangos de celdas	Seleccione Rango de celdas y, si el cuadro de selección no contiene el rango que desea, haga clic en la hoja de cálculo (el cuadro de diálogo se contrae en un cuadro de selección), seleccione un rango de celdas del libro de Excel y, a continuación, haga clic en Expandir diálogo.
Gráficos	Seleccione Elementos en "nombre de hoja" y, a continuación, seleccione Gráfico.
Listas filtradas	Seleccione Elementos en "nombre de hoja" y, a continuación, seleccione el elemento Autofiltro que desee publicar.
Rangos de datos externos	Seleccione Elementos en "nombre de hoja" y, a continuación, seleccione el elemento Consulta que desee publicar.
Volver a publicar	Para volver a publicar una hoja de cálculo o un elemento que ya publicó, seleccione Elementos publicados anteriormente y, a continuación, elija la hoja de cálculo o el elemento que desea volver a publicar.

5. En Opciones de presentación, active la casilla de verificación Agregar interactividad con y, si es necesario, haga clic en un tipo de funcionalidad. El tipo de interactividad disponible depende de lo que esté publicando. Por ejemplo:

    - Para una hoja de cálculo que contiene fórmulas, seleccione Funcionalidad de hoja de cálculo. De esta forma, los usuarios de la página Web pueden escribir valores nuevos en las celdas, y las fórmulas calcularán automáticamente los resultados.
    - Para un informe de tabla dinámica, seleccione Funcionalidad de tabla dinámica. De esta forma, los usuarios de la página Web pueden cambiar el diseño de las filas y columnas y ver distintos resúmenes de los datos de origen.

- Para una lista filtrada, seleccione Funcionalidad de hoja de cálculo.
- Para un gráfico o un informe de gráfico dinámico, seleccione Funcionalidad de gráfico. Si intenta publicar todo el contenido de una hoja de cálculo que contiene un gráfico, con funcionalidad interactiva, el gráfico no se incluirá en la página Web. En el caso de que necesite incluir un gráfico interactivo en una página Web, debe publicar el gráfico por separado.

Nota: Los usuarios de exploradores deben tener Microsoft Internet Explorer 4.1 o posterior para trabajar con hojas de cálculo, gráficos o listas de tabla dinámica que se publiquen interactivamente desde Excel.

6. Para agregar un título sobre la selección publicada, pulse sobre el botón **Cambiar**. Escriba el título que desee y, a continuación, pulse sobre **Aceptar**.
7. Junto al cuadro Nombre de archivo, haga clic en **Examinar** y busque la unidad, la carpeta, la carpeta Web, el servidor Web o la ubicación FTP donde prefiere guardar o publicar la página Web.
8. Para ver ahora la página Web en el explorador después de haberla publicado, deberá activar la casilla de verificación Abrir la página en el explorador Web.
9. Si espera realizar cambios en el libro posteriormente y quiere volver a publicar los elementos automáticamente siempre que se guarde el libro, active la casilla de verificación Volver a publicar automáticamente cada vez que se guarde el libro.
10. Por último, pulse sobre el botón **Publicar**.

Debe tener en cuenta que no se pueden abrir ni modificar páginas Web interactivamente en Excel, por lo que es aconsejable guardar una copia del libro original utilizando la opción Publicar por si desea realizar cambios en Excel y volver a publicarlo. Véase la figura 15.6.

Trabajar con documentos Web dinámicos en el explorador Web

Al abrir un documento Web dinámico en el explorador Web, en la parte superior de la hoja de cálculo aparecerá una barra de herramientas que proporciona varios comandos para trabajar con los datos de la hoja (si no está visible la barra de herramientas, o no puede mostrarla, es muy posible que sea porque el diseñador de la página Web la ha desactivado). Los comandos de esta barra son los que presenta la figura 15.7.

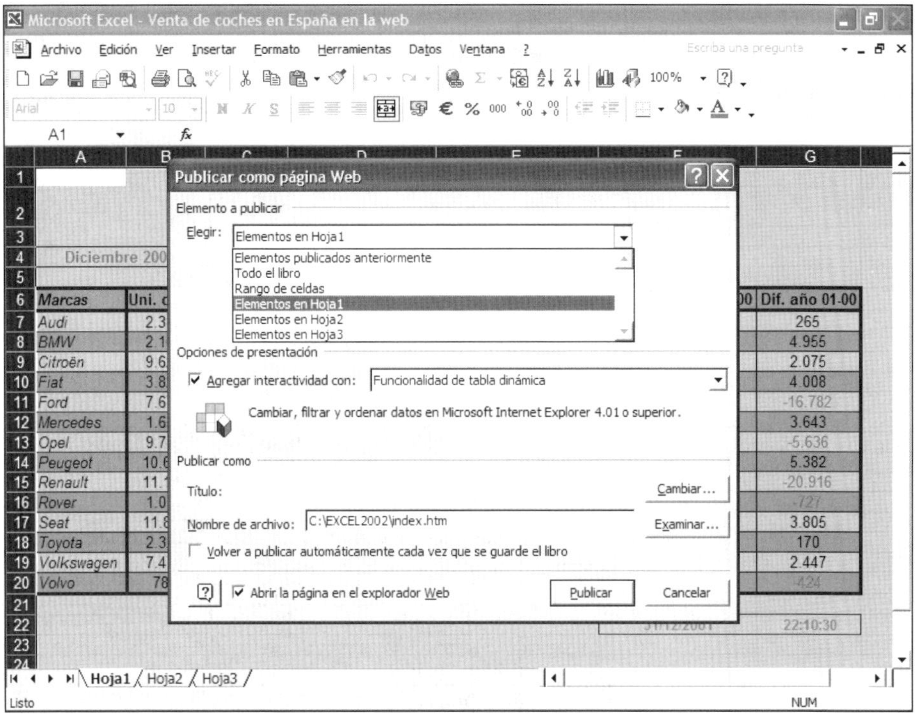

Figura 15.6. Publicar como página Web permite seleccionar el elemento del libro que se desea guardar

Además de todos estos comandos, si pulsa sobre la opción Comandos y opciones, podrá editar los datos del documento Web dinámico desde el cuadro de diálogo Comandos y opciones. Este cuadro posee las siguientes fichas:

- **Formato**. Permite definir el formato de una entrada de texto o numérica, así como el de la celda.
- **Fórmula**. Esta ficha posibilita la visualización de una fórmula y de sus resultados a la vez. También permite definir nombres para celdas o para fórmulas.
- **Hoja**. Mediante sus casillas de verificación podrá mostrar u ocultar encabezados de columnas o filas y líneas de división. Además, dispone del comando Buscar.
- **Libro**. Las opciones de esta ficha permiten insertar, eliminar y cambiar el nombre de la hoja, así como mostrar u ocultar la barra de herramientas.

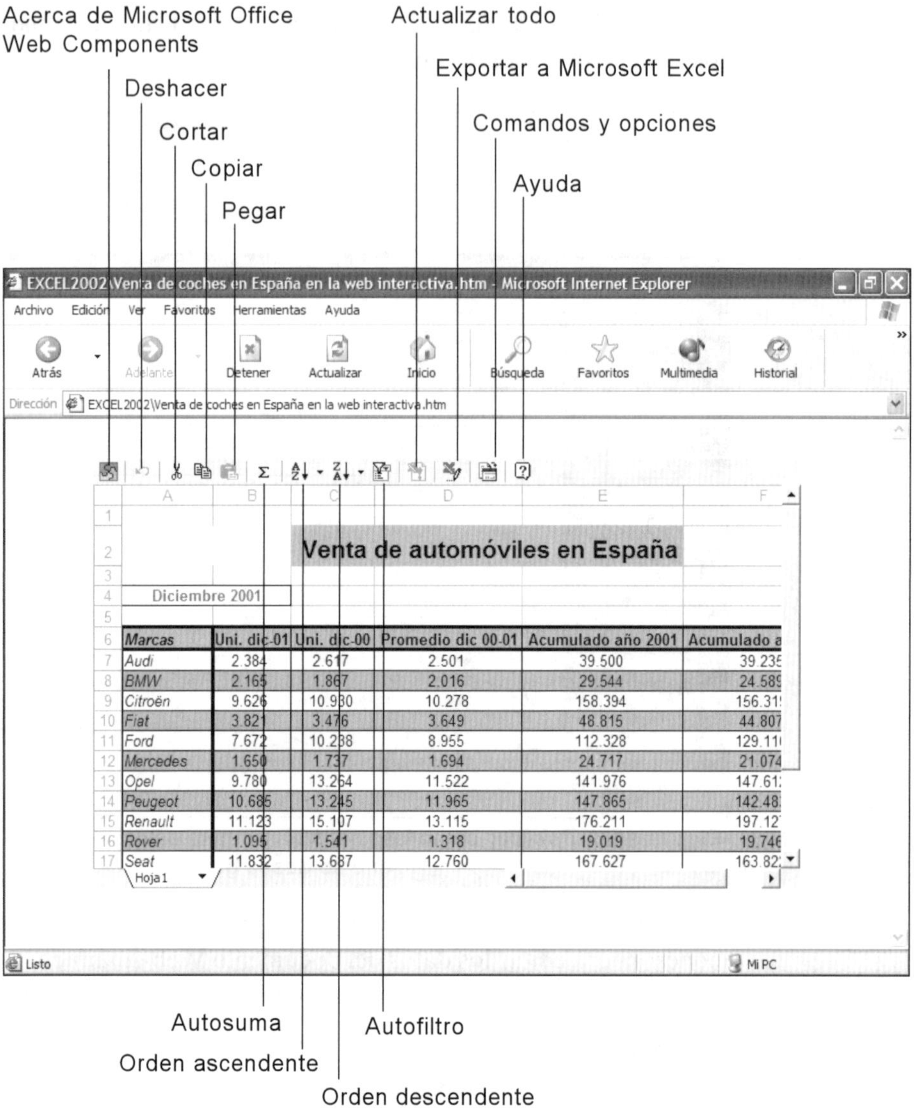

Figura 15.7. Comandos de la barra de herramientas

Nota: Los cambios que se hacen en la hoja de cálculo interactiva en el Explorador de Internet sólo son válidos para la sesión actual del explorador. Si desea guardar los cambios realizados en una hoja de cálculo, debe exportarlos a la hoja de cálculo de Microsoft Excel y guardarlos en esa aplicación.

Cuando trabaje con un documento Web dinámico con funcionalidad de tabla dinámica, la barra de herramientas proporcionará un número mayor de comandos. Además de los ya conocidos, integra las siguientes funciones: Mostrar elementos superiores e inferiores, Subtotales, Totales y campos calculados, Mostrar como, Expandir, Contraer, Ocultar detalles, Mostrar detalles, Actualizar y Lista de campos. La opción Comandos y opciones de un documento Web dinámico con funcionalidad de tabla dinámica permite editar la tabla dinámica.

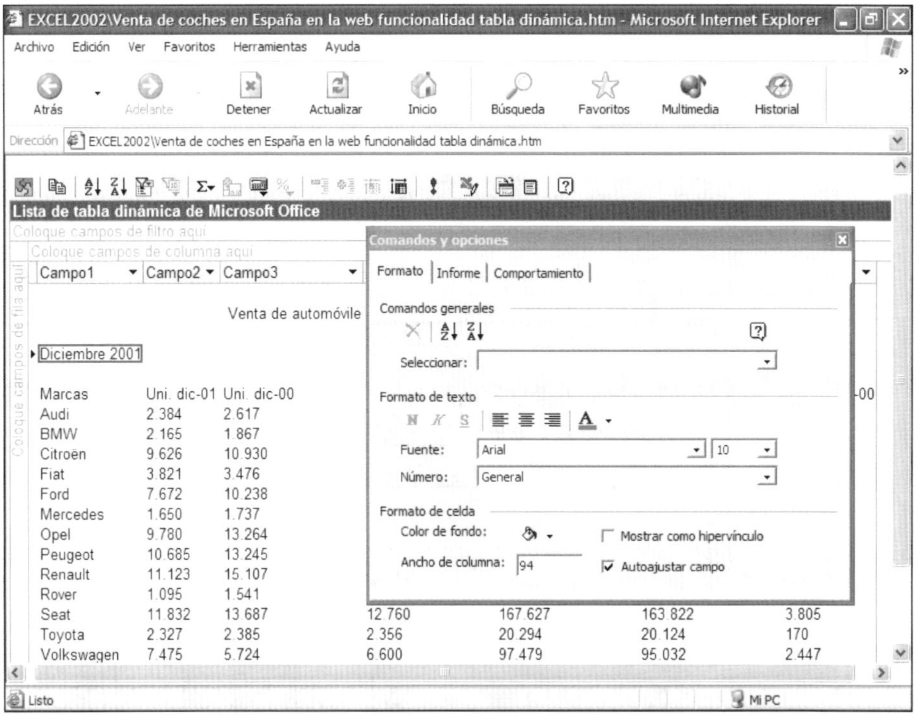

Figura 15.8. La opción Comandos y opciones permite editar los datos de la hoja de cálculo directamente en el navegador

Vista previa de una página Web

Para obtener una visión más exacta del aspecto que tendrá un documento de Excel dinámico como página Web, debe verlo en el Explorador Web que tiene configurado como predeterminado, por ejemplo, Microsoft Internet Explorer. Para ello, realice los pasos que se describen a continuación:

1. En el cuadro de diálogo Publicar como página Web, pulse sobre el botón **Examinar**.

2. Escriba un nombre para el archivo en el cuadro de texto Nombre de archivo que aparece en el apartado Publicar como y seleccione una carpeta del disco local como lugar donde se va a guardar.

3. Pulse sobre el botón **Aceptar**.

4. Active la casilla de verificación Abrir la página en el explorador Web, situada en la zona inferior del cuadro de diálogo Publicar como página Web, y pulse sobre el botón **Publicar**.

La página publicada se va a guardar en la unidad local que se ha especificado y aparecerá en el explorador Web para que pueda obtener una vista previa de la misma.

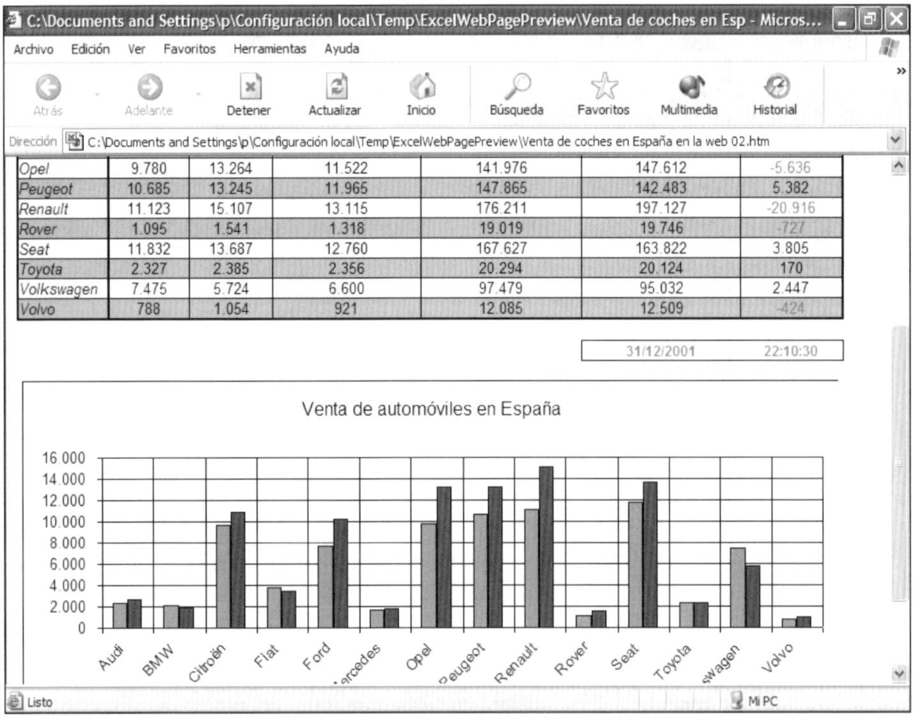

Figura 15.9. La vista preliminar permite visualizar el aspecto Web de un archivo Excel sobre el explorador Web que se use como predeterminado.

Nota: Cuando se guarda todo un libro como página Web no interactiva, es posible obtener una vista previa de la página sin publicarla haciendo clic en Vista previa de la página Web en el menú Archivo.

Limitaciones al publicar datos interactivos

Dependiendo del tipo de datos que se guarden o se publiquen como página Web y de su formato, es posible que algunas características y formatos aparezcan de forma diferente. Las tablas que mostramos a continuación ofrecen información acerca de las limitaciones que existen al publicar o guardar datos cuando se seleccionan las siguientes opciones para la configuración Agregar interactividad con: funcionalidad de hoja de cálculo, funcionalidad de tabla dinámica, funcionalidad de gráfico y funciones que no se mantienen al guardar un libro completo como página Web y después volver a abrirlo en Excel.

Tabla 15.1. Limitaciones de la interactividad para la funcionalidad de hoja de cálculo

Función	Resultado en una página Web
Información de un libro compartido	No se conserva.
Rellenos de trama	No se conservan.
Gráficos	No se conservan.
Esquemas	Las filas contraídas se publican como ocultas y las filas expandidas se publican normalmente.
Comentarios de celda	No se conservan.
Restricciones y mensajes de validación de datos	No se conservan.
Flechas de rastreo de auditorías	No se conservan.
Texto con sangrías	No se conservan.
Subtotales	Números y cálculos aparecen correctamente. No se conservan características de grupo ni de esquema.

Tabla 15.2. Limitaciones de la interactividad para la funcionalidad de tabla dinámica

Función	Resultado en una página Web
Valores de impresión	No se conservan.
Orden personalizado	No se conserva.

Función	Resultado en una página Web
Formatos de sangría	No se conservan.
Subtotales mostrados al principio de los grupos de elementos	No se conservan.
Campos de página en filas y columnas	No se conservan.

Tabla 15.3. Limitaciones de la interactividad para la funcionalidad de gráfico. Para que los gráficos aparezcan correctamente en la página Web, se deben guardar o publicar en el libro separados de otros datos. Al guardar un gráfico con funcionalidad interactiva, algunas funciones no aparecen como en Excel

Función	Resultado en una página Web
Gráfico de superficie	No conservado, devuelve un error cuando se abre la página Web en el explorador.
Objetos de dibujo, cuadros de texto e imágenes del gráfico	No se conservan.
Rellenos semitransparentes	No se conservan.
Colocar y aplicar tamaño personalizado a los elementos del gráfico	Cambia a la posición y tamaño que están predeterminados.
Diseño de leyenda en varias columnas	Cambia a diseño de leyenda predeterminado.
Líneas de serie	No se conservan.
Sombras	No se conservan.
Colocar los rótulos del Eje de categorías	Se centra en puntos de datos.

Tabla 15.4. Funciones que no se mantienen al guardar un libro completo como página Web y después volver a abrirlo en Excel

Función	Resultado
Vistas personalizadas	No se mantiene ninguna vista personalizada que se haya definido.

Función	Resultado
Consolidación de datos	No se mantienen las referencias.
Rótulos en fórmulas	Se convierten en referencias de celda.
Escenarios	No se mantiene ningún escenario que se haya creado.
Información de un libro compartido	No se conserva.
Categorías de funciones	No se mantiene ninguna categoría que se haya definido.

Abrir documentos Web en Excel

Los documentos Web suelen poseer el formato HTM o HTML, pero en la actualidad, los desarrolladores están utilizando otros formatos más flexibles como son XML y MHTML.

- **HTML**. Lenguaje estándar utilizado para los documentos del World Wide Web. Este formato emplea etiquetas para indicar cómo deben mostrar los exploradores Web los elementos de página (por ejemplo, texto y gráficos) y cómo deben responder a las acciones del usuario.
- **XML**. El Lenguaje de marcado extensible (XML) es un formato que posibilita la entrega de datos estructurados y enriquecidos desde una aplicación de un modo coherente y estándar.
- **MHTML**. Se trata de un formato que permite guardar todos los elementos de una página Web, incluidos texto y gráficos, en un solo archivo. Esta encapsulación hace posible la publicación de todo el sitio Web como un solo archivo o su envío como un mensaje o datos adjuntos en un correo electrónico. Este formato es compatible con Internet Explorer 4.0 y con versiones posteriores.

Excel es compatible con estos tres formatos y puede abrir cualquier archivo cuya extensión pertenezca a ellos, aunque, cuando se abre un archivo HTML o MHTML y se obtiene la página Web completa, puede que se pierda parte del formato. Para abrir un documento Web en Excel 2002, siga estos pasos:

1. Ejecute el comando Abrir del menú Archivo para acceder al cuadro de diálogo Abrir.

2. En el cuadro de texto Nombre de archivo, introduzca la dirección URL, que constituye la ruta de acceso del archivo, o el nombre de archivo.

3. Para finalizar, pulse sobre el botón **Abrir**.

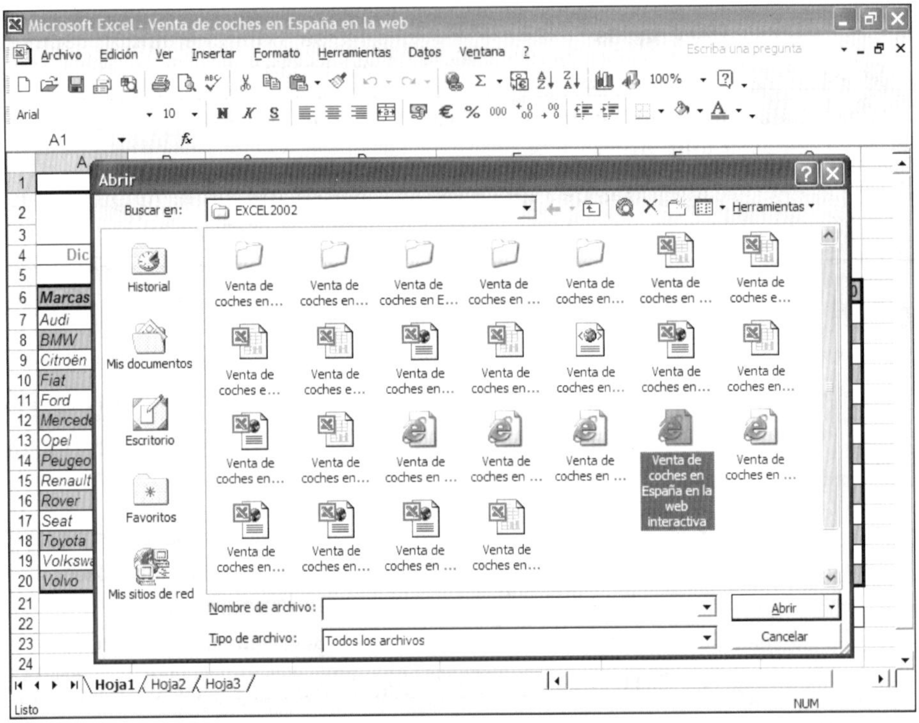

Figura 15.10. Excel 2002 permite trabajar directamente con archivos Web que tengan formato MHTML, HTML o XML

Nota: Si utiliza una conexión telefónica a Internet, y no está conectado en ese momento, Windows realizará la conexión.

Una vez abierto el documento Web, podrá trabajar en el libro o la hoja como si se tratara de una hoja de cálculo normal. A la hora de guardar el documento, es posible que el archivo Web no permita ser guardado con el mismo nombre y en la misma ubicación, ya que lo más probable es que el acceso esté restringido y sea únicamente un archivo de lectura. Sí que podrá guardarlo en disco como un archivo Excel o en cualquier otro formato que sea compatible con Excel.

Nota: Cuando abre un documento Web en Excel, todos los hipervínculos de la página siguen estando activos como si fuera cualquier navegador de Internet.

Trabajar con hipervínculos

En la terminología de Internet un hipervínculo es un vínculo de un documento que abre otra página al pulsar sobre él. El destino suele ser otra página Web, pero también puede tratarse de una imagen, una dirección de correo electrónico, una aplicación o un archivo de sonido o de vídeo.

El hipervínculo puede ser texto o una imagen.

En Excel es posible trabajar y crear hipervínculos que se comporten como los que se encuentran en cualquier página Web. Esta aplicación permite crear un hipervínculo de dos formas distintas: Seleccionando el comando Hipervínculo del menú Insertar (o pulsando sobre el botón **Insertar hipervínculo** de la Barra de herramientas Estándar) e insertando la función HIPERVÍNCULO.

Insertar hipervínculo en la hoja de cálculo

La inserción de un hipervínculo en una hoja de cálculo se puede llevar a cabo mientras se crea el libro o una vez finalizada la entrada de datos y aplicado el formato a la hoja. Un hipervínculo que se incluya en una hoja de cálculo puede ir insertado tanto en una celda como en un elemento gráfico, una imagen, un objeto, un dibujo trazado o un diagrama. Y su destino puede ser un archivo, una página Web, una referencia de una hoja, un nuevo documento o una dirección de correo electrónico.

Para adjuntar un hipervínculo mediante el cuadro de diálogo Insertar hipervínculo realice la siguiente operación:

1. Seleccione la celda de datos o bien el elemento gráfico donde desea introducir el hipervínculo.
2. Ejecute la secuencia de comandos **Insertar>Hipervínculo...** o pulse sobre el botón **Insertar hipervínculo** de la Barra de herramientas Estándar para acceder al cuadro de diálogo Insertar hipervínculo.
3. En la sección Vincular a, seleccione el tipo de hipervínculo que quiere crear.

4. Puede adjuntar una sugerencia para mostrarla cuando los usuarios coloquen el puntero sobre el hipervínculo, pulsando sobre el botón **Info. de pantalla...**.

5. Por último, pulse sobre el botón **Aceptar**.

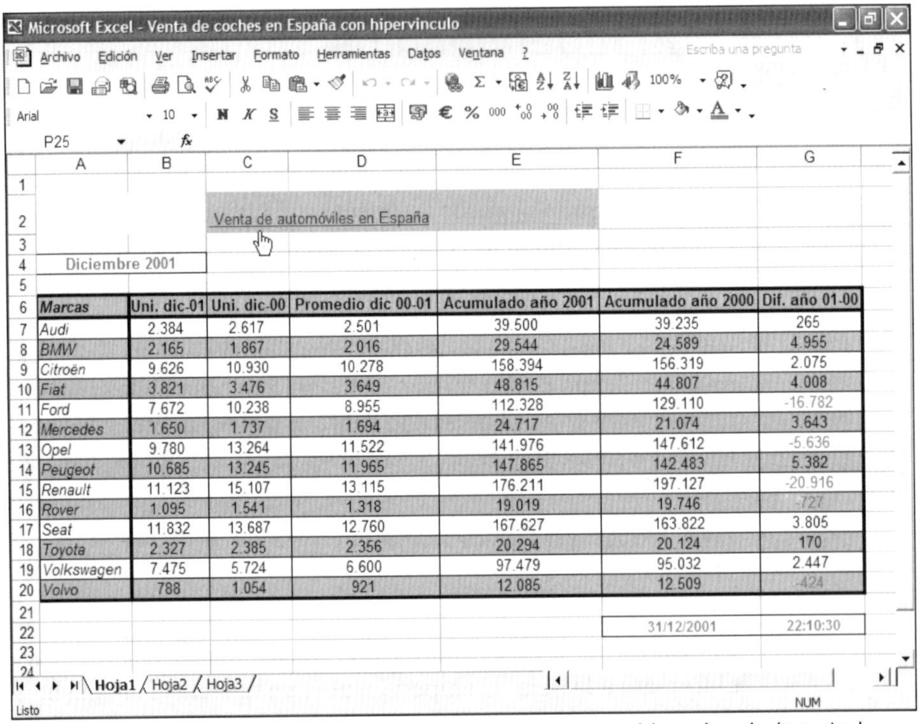

Marcas	Uni. dic-01	Uni. dic-00	Promedio dic 00-01	Acumulado año 2001	Acumulado año 2000	Dif. año 01-00
Audi	2.384	2.617	2.501	39.500	39.235	265
BMW	2.165	1.867	2.016	29.544	24.589	4.955
Citroën	9.626	10.930	10.278	158.394	156.319	2.075
Fiat	3.821	3.476	3.649	48.815	44.807	4.008
Ford	7.672	10.238	8.955	112.328	129.110	-16.782
Mercedes	1.650	1.737	1.694	24.717	21.074	3.643
Opel	9.780	13.264	11.522	141.976	147.612	-5.636
Peugeot	10.685	13.245	11.965	147.865	142.483	5.382
Renault	11.123	15.107	13.115	176.211	197.127	-20.916
Rover	1.095	1.541	1.318	19.019	19.746	-727
Seat	11.832	13.687	12.760	167.627	163.822	3.805
Toyota	2.327	2.385	2.356	20.294	20.124	170
Volkswagen	7.475	5.724	6.600	97.479	95.032	2.447
Volvo	788	1.054	921	12.085	12.509	-424

Figura 15.11. Al pasar el puntero del ratón sobre un hipervínculo insertado en una hoja de cálculo, éste adoptará forma de mano

Nota: Para modificar la configuración de un hipervínculo, pulse sobre él con el botón derecho del ratón y seleccione el comando Modificar hipervínculo.

Función HIPERVÍNCULO

Con Excel también se puede crear un hipervínculo en la hoja de cálculo utilizando la función HIPERVÍNCULO. Esta función crea un acceso directo a un archivo almacenado en un servidor de red, en una intranet o en Internet. La sintaxis de la función HIPERVÍNCULO es:

- HIPERVINCULO(ubicación_del_vínculo;nombre_descriptivo).
- Ubicación_del_vínculo. Es la ruta y el nombre de archivo del documento que se desea abrir como texto. Puede hacer referencia a un lugar en un documento, por ejemplo una celda específica o un rango con nombre en una hoja de cálculo o libro de Microsoft Excel, o a un marcador en un documento de Microsoft Word. La ruta puede ser a un archivo almacenado en una unidad de disco duro, o un Localizador de recursos uniforme (URL) de Internet o de una intranet. También una cadena de texto encerrada entre comillas o una celda que contiene el vínculo como cadena de texto.
- Nombre_descriptivo. Es el texto o valor numérico donde se incluye el hipervínculo. El nombre_descriptivo se muestra en azul y está subrayado. Si contenido_de_celda se pasa por alto, la celda muestra ubicación_del_vínculo como texto informativo. Puede ser un valor o una cadena de texto.

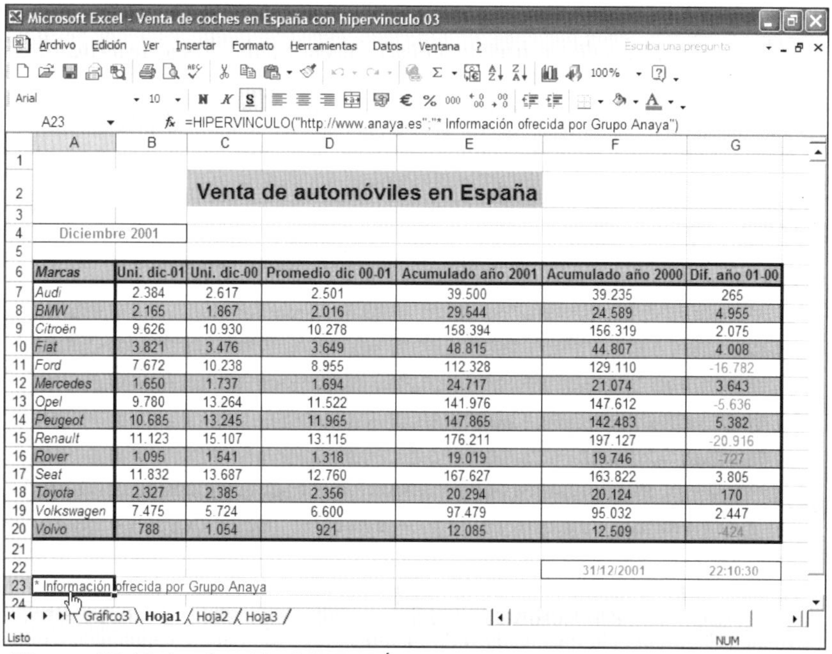

Marcas	Uni. dic-01	Uni. dic-00	Promedio dic 00-01	Acumulado año 2001	Acumulado año 2000	Dif. año 01-00
Audi	2.384	2.617	2.501	39.500	39.235	265
BMW	2.165	1.867	2.016	29.544	24.589	4.955
Citroën	9.626	10.930	10.278	158.394	156.319	2.075
Fiat	3.821	3.476	3.649	48.815	44.807	4.008
Ford	7.672	10.238	8.955	112.328	129.110	-16.782
Mercedes	1.650	1.737	1.694	24.717	21.074	3.643
Opel	9.780	13.264	11.522	141.976	147.612	-5.636
Peugeot	10.685	13.245	11.965	147.865	142.483	5.382
Renault	11.123	15.107	13.115	176.211	197.127	-20.916
Rover	1.095	1.541	1.318	19.019	19.746	-727
Seat	11.832	13.687	12.760	167.627	163.822	3.805
Toyota	2.327	2.385	2.356	20.294	20.124	170
Volkswagen	7.475	5.724	6.600	97.479	95.032	2.447
Volvo	788	1.054	921	12.085	12.509	-424

Figura 15.12. La función HIPERVÍNCULO permite crear accesos directos de forma rápida y sencilla

Nota: Cuando el destino especificado en ubicación_del_vínculo no exista o no esté permitido desplazarse por él, aparecerá un mensaje de error al hacer clic en la celda.

Por ejemplo, si inserta esta función =HIPERVINCULO("http://www.anaya.es";"* Información ofrecida por Grupo Anaya") en la celda A23, aparecerá en ella el texto * Información ofrecida por Grupo Anaya en azul y subrayado, y el destino del hipervínculo será la dirección Web o URL, http://www.anaya.es.

Truco: Para poder seleccionar una celda que contiene un hipervínculo sin ir directamente al destino que incluye, haga clic en la celda y mantenga presionado el botón del ratón unos segundos, hasta que el cursor se convierta en una cruz.

Aplicar un formato al hipervínculo

Los hipervínculos se muestran en la fuente de párrafo predeterminada, y se visualizan en color azul si nunca se ha hecho clic sobre ellos (los que ya hayan sido pulsados tendrán un color violeta). Si desea cambiar el formato predeterminado de un hipervínculo, lleve a cabo los siguientes pasos:

1. Ejecute la secuencia de comandos **Formato>Estilo...** para acceder al cuadro de diálogo Estilo.
2. En la lista desplegable Nombre del estilo, seleccione la opción Hipervínculo.
3. Pulse sobre el botón **Modificar** para acceder al cuadro de diálogo Formato de celdas y realizar los cambios que considere oportunos.
4. Pulse sobre el botón **Aceptar** del cuadro de diálogo Formato de celdas y, a continuación, sobre el mismo botón del cuadro de diálogo Estilo.

Quitar un hipervínculo

Para desactivar o eliminar un hipervínculo de una hoja de cálculo de Excel, realice cualquiera de los procesos que se describen a continuación:

- **Eliminar un hipervínculo y el texto o el gráfico que lo representa**. Para eliminar un hipervínculo y el texto que lo representa, pulse sobre él con el botón derecho del ratón y seleccione el comando Borrar contenido del menú contextual que aparece. Para eliminar un hipervínculo y el elemento gráfico que lo representa, mientras mantiene pulsada la tecla **Control**, haga clic sobre el elemento gráfico y, luego pulse la tecla **Supr**.
- **Desactivar un solo hipervínculo**. Pulse con el botón derecho del ratón sobre el hipervínculo y, a continuación, seleccione el comando Quitar hipervínculo del menú contextual que aparece.

Enviar un archivo Excel por correo electrónico

La forma más habitual de compartir información a través de Internet o de una intranet es la utilización de gestores de correo electrónico. Gracias a estos clientes de correo y a las diferentes funciones del comando Enviar a del menú Archivo, Excel permite compartir los trabajos realizados con otros usuarios de varias formas:

- **Destinatario de correo**. Va a enviar el contenido del libro actual como cuerpo del mensaje de correo electrónico.
- **Destinatario de correo (para revisión)**. Envía el documento activo para revisar, crea un formulario de solicitud de revisión y habilita y muestra las herramientas de revisión cuando el destinatario recibe el documento. Para enviar un archivo Excel para revisión, previamente debe compartir el libro a enviar.
- **Destinatario de correo (como datos adjuntos)**. Envía todo el archivo Excel como datos adjuntos a un mensaje de correo.
- **Destinatario de distribución**. Envía el archivo activo a los revisores (destinatarios) para que éstos lo cambien y agreguen comentarios. Para usar esta función, el remitente y los usuarios a los que envíe el documento deberán tener instalada la aplicación con la que se creó el documento, además de Microsoft Exchange, Microsoft Outlook o un paquete de correo electrónico compatible.
- **Participante de una reunión en línea**. Envía el archivo a todos los participantes de la reunión en línea.

Enviar el contenido de un libro como cuerpo del mensaje

El comando Destinatario de correo (**Archivo>Enviar a**) permite enviar una selección de un rango de celdas o una hoja de cálculo como cuerpo de un mensaje de correo electrónico. Al pulsar sobre esta función, aparece automáticamente una barra de herramientas similar a la que posee el cliente de correo de Microsoft, Outlook Express. En esta barra únicamente tendrá que introducir el destinatario o destinatarios en los cuadros de texto Para y CC, escribir el título del mensaje en el cuadro Asunto y pulsar sobre el botón **Enviar esta hoja** o **Enviar esta selección** para finalizar el proceso.

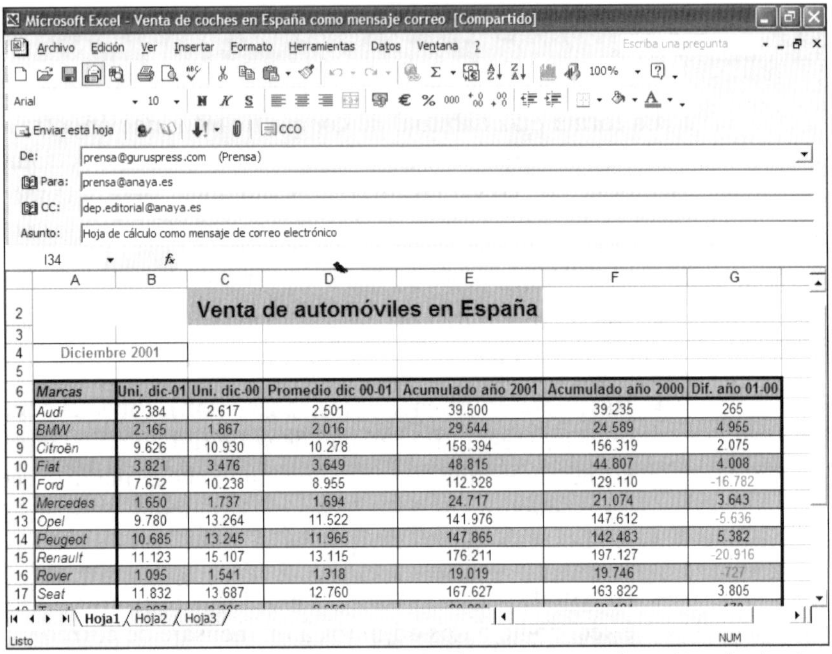

Figura 15.13. El comando Destinatario de correo permite a Excel adoptar la interfaz de un cliente de correo electrónico

Nota: Al mensaje de correo electrónico generado mediante el comando Destinatario de correo se le puede aplicar un nivel de prioridad (botón **Establecer prioridad**) y, si se desea, agregar un archivo adjunto (botón **Adjuntar archivo**).

Enviar un archivo Excel como fichero adjunto

Para enviar un libro o una hoja de cálculo por correo electrónico como un fichero adjunto, realice los pasos que se describen a continuación:

1. En primer lugar, abra el libro que quiere enviar y ejecute la secuencia de comandos **Archivo>Enviar a>Destinatario de correo (como datos adjuntos)...**.
2. De forma automática se abrirá el cliente de correo electrónico que posea como predeterminado.
3. Ya en esta aplicación, indique el o los destinatarios del mensaje y envíe el mensaje con el archivo Excel como fichero adjunto.

Enviar un archivo Excel para revisar

El comando Destinatario de correo (para revisión) se puede usar para enviar un archivo a otras personas para que lo examinen y realicen todos los cambios que consideren oportunos. Al enviar un archivo para revisar se crea automáticamente un formulario de solicitud de revisión que incluye lo siguiente:

- Un archivo de datos adjunto.
- Una marca de seguimiento.
- Un mensaje para el revisor.

Cuando un revisor recibe el archivo, se activa la Barra de herramientas Revisión, que permite insertar comentarios y reenviar al remitente el mensaje con los cambios realizados sobre la hoja de cálculo. Los archivos devueltos por los revisores solicitan automáticamente que se combinen los cambios, si es que se hicieron. También puede usar las herramientas de revisión para aceptar o rechazar los cambios. Una vez recibidos los comentarios de los revisores, o cuando decida dejar de aceptar comentarios, puede finalizar el ciclo de revisión usando el botón **Terminar revisión** de la Barra de herramientas Revisión.

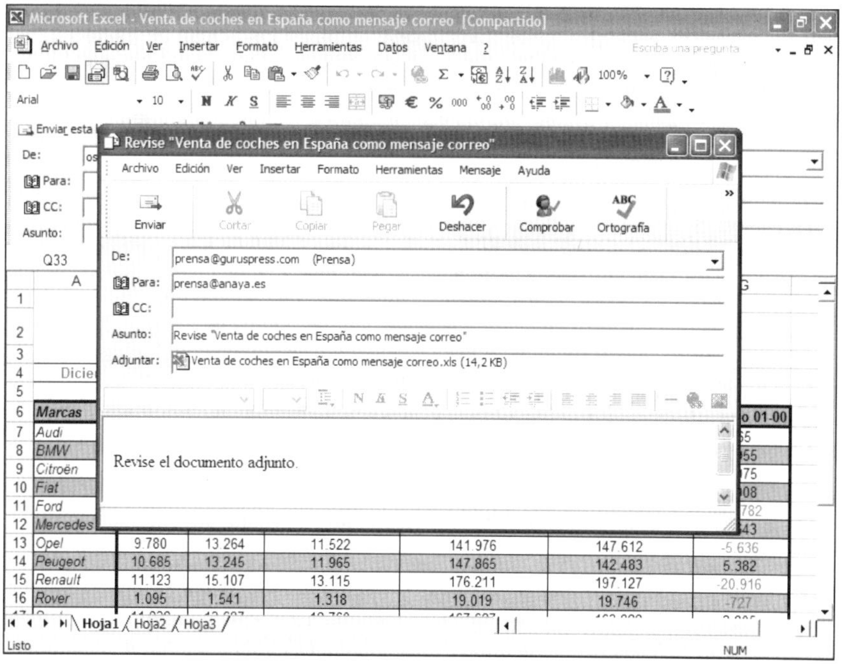

Figura 15.14. Con Excel 2002 es posible enviar un archivo de hoja de cálculo a otros usuarios para que lo revisen

A. Excel y el Euro

El Euro es ya una moneda totalmente integrada en la vida cotidiana de los ciudadanos de la mayoría de los países de Europa Occidental y una divisa que participa de forma plena en los mercados bursátiles de todo el mundo. Desde que en enero de 2002 los primeros billetes de euro empezaran a circular, se ha convertido en la moneda única y oficial de 12 países (con toda seguridad, en un futuro este número aumentará). Ante esta circunstancia, programas como Microsoft Excel, basados en hojas de cálculo, han sido actualizados para ser compatibles con esta moneda. Pero no sólo este tipo de aplicaciones se han tenido que renovar, también los sistemas operativos, que ahora deben reconocer el símbolo Euro (€), y las fuentes tipográficas, que deben mostrarlo.

La renovación que Microsoft lleva realizando sobre sus productos empezó con sus sistemas operativos, ya completamente actualizados para ser compatibles con el Euro.

En cuanto a Excel 2002, Microsoft ha incluido en su desarrollo un programa de complemento denominado Herramientas para el euro que incluye la barra de herramientas EuroValue, el botón **Euro** de la barra de herramientas Formato, la herramienta Euroconversión y la función EUROCONVERT.

Microsoft Excel y el valor monetario Euro

El Euro es ya una moneda totalmente integrada, pero supuso un gran desafío para los desarrolladores de aplicaciones, ya que su implantación generó nuevas exigencias. Según las necesidades de cada usuario, los productos tenían que disponer de otras propiedades, aún no desarrolladas, relacionadas con el Euro. Como respuesta a esto, Microsoft ha agregado estas características a determinados productos existentes, y las está incorporando en los nuevos productos donde resulta adecuado:

- **Soporte del sistema operativo**. Para que Excel reconozca los valores en euros, el sistema operativo debe ser compatible con el símbolo del Euro. Windows XP, Windows 2000, Windows NT 4.0 con Service Pack 4 o posterior, Windows Millennium Edition y Windows 98 cuentan con soporte integrado para el Euro.

- **Fuentes que muestran el símbolo del euro**. Las fuentes que pueden mostrar el signo del euro son Arial, Courier New, Lucida Console, MS Sans Serif, Tahoma y Times New Roman. Según de qué sistema operativo se trate, es posible que no todas las fuentes estén disponibles.
- **Cómo Excel reconoce los valores en euros**. Excel reconoce el símbolo monetario regional (como el símbolo del dólar $) designado en la opción Configuración regional del Panel de control de Windows, como un símbolo monetario y no, por ejemplo, como texto. En cualquier caso, el programa también reconoce el símbolo del Euro como un símbolo monetario, incluso si no lo ha designado como símbolo monetario regional en el Panel de control.
- **Inserción de valores monetarios en euros**. Excel permite escribir valores con el símbolo del Euro delante o detrás del número, e incluir u omitir un espacio entre el número y el símbolo. Por ejemplo, si escribe cualquiera de los siguientes valores, Excel los reconocerá como un euro: €1, 1€, € 1 y 1 €.

Truco: Si el teclado que utiliza no dispone del símbolo del Euro (suele encontrarse en la letra E y se escribe utilizando la combinación de teclas **Alt Gr-E**), pero la fuente que utiliza admite este símbolo monetario, puede insertar el signo presionando **Alt-0128** en el teclado numérico o la combinación de teclas **Alt Gr-5**.

- **Formato de valores monetarios en euros**. Cuando se escribe un valor en euros, Excel da a la celda un formato de moneda e incluye dos posiciones decimales si el número en cuestión incluye posiciones decimales. Por ejemplo, si escribe 1,2 €, Excel muestra 1,20 €, pero si escribe 2,359 €, Excel almacena las tres posiciones decimales pero muestra 2,36 €, redondeando la última posición decimal. Sin embargo, al escribir 1 €, Excel le mostrará 1 €.
- **Uso de valores en euros en macros**. También puede grabar y reproducir macros que contengan valores en euros, de la misma forma que lo haría con macros que contengan valores en la moneda local. Pero no debe utilizar el símbolo del Euro en el nombre del módulo ni en los nombres de procedimiento.

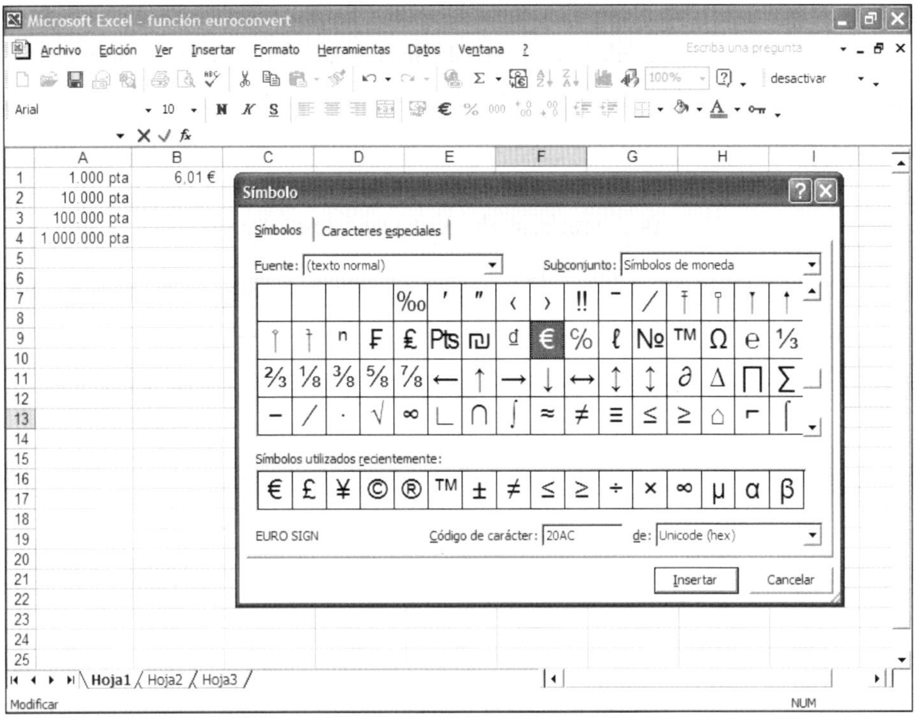

Figura A.1. Excel reconoce el signo del Euro como un símbolo monetario

Herramienta complementaria para el Euro

Excel 2002 dispone de un programa de complemento denominado Herramientas para el euro que proporciona varias herramientas para trabajar con euros y con las unidades monetarias nacionales de los países de la Unión europea (UE) que han adoptado esta moneda. Son las siguientes: Barra de herramientas EuroValue, botón **Euro** de la Barra de herramientas Formato, herramienta Euroconversión y función EUROCONVERT.

Pero antes de utilizar las herramientas para el Euro, es necesario cargar este complemento para que Excel advierta que se encuentra disponible. Durante la instalación de Microsoft Office o Excel, el programa ofrece la oportunidad de instalar los complementos que se deben integrar con los programas de Office. Si en su momento decidió instalarlos, debe utilizar el comando Complementos del menú Herramientas para cargar este complemento. Si no lo hizo, deberá hacerlo antes de poder utilizarlos. Para disponer de las herramientas para el Euro, realice los siguientes pasos:

1. Ejecute la secuencia de comandos **Herramientas>Complementos...** para acceder al cuadro de diálogo que muestra los complementos disponibles.
2. Active la casilla de verificación Herramientas para el euro de la lista integrada en el cuadro Complementos disponibles.
3. Por último, pulse sobre el botón **Aceptar** para que las distintas herramientas específicas del Euro se integren en Excel.

Figura A.2. Para trabajar con la moneda europea, Excel 2002 integra las Herramientas complementarias para el Euro

Herramientas para el Euro

Como ya hemos comentado en el apartado anterior, la herramienta complementaria para el Euro permite a Excel utilizar cuatro utilidades: el botón **Euro**, EuroValue, Euroconversor y EUROCONVERT. La primera de ellas, el botón **Euro** de la Barra de herramientas Formato, sirve para dar formato de euros al valor introducido en una celda. El resultado de esta función es el mismo que si hiciese lo siguiente:

1. Realice una entrada numérica.
2. Seleccione la celda donde ha realizado la entrada.
3. En el menú Formato, pulse sobre el comando Celdas...
4. En la ficha Número del cuadro de diálogo Formato de celdas, elija la categoría Contabilidad.
5. En el cuadro de lista desplegable Símbolo, seleccione la opción € Euro (123 €).

6. En el cuadro de texto Posiciones decimales, introduzca el valor 2.

7. Pulse sobre el botón **Aceptar**.

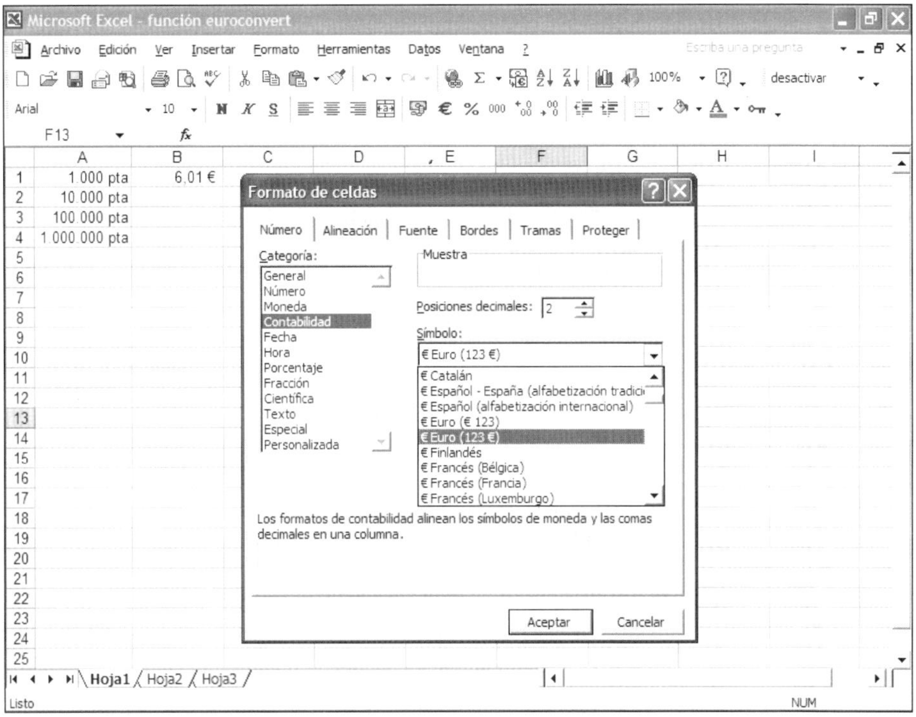

Figura A.3. Mediante la categoría Contabilidad es posible dar a una celda formato de Euro

Nota: La categoría Moneda de la ficha Número del cuadro de diálogo Formato de celdas también permite dar formato de Euro a los valores de una celda.

EuroValue

Si durante la instalación de Excel 2002 u Office XP ha optado por integrar las herramientas complementarias, al ejecutar por primera vez Excel aparecerá en medio de la hoja de cálculo la Barra de herramientas EuroValue. Se trata de un pequeño conversor de moneda que permite conocer el valor de una moneda (de un país miembro de la Unión Europea que haya adoptado el Euro como moneda única) en Euros y viceversa.

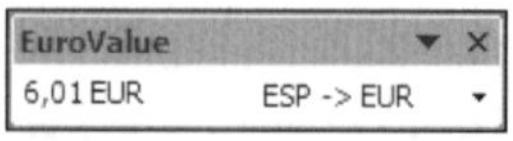

Figura A.4. La herramienta EuroValue es un pequeño y manejable conversor de moneda

Nota: La Barra de herramientas EuroValue, como cualquier otra barra de herramientas, puede colocarse en cualquier parte de la interfaz. Incluso puede integrarse con el resto de barras.

Esta barra consta de dos partes bien diferenciadas: un cuadro de texto, que muestra el resultado de la conversión, y un cuadro de lista desplegable, que permite seleccionar el tipo de conversión que se desea llevar a cabo. Para usar la herramienta EuroValue realice los pasos que se describen a continuación:

1. Si no ve la Barra de herramientas EuroValue, ejecute la secuencia de comandos **Ver>Barras de herramientas EuroValue** (si no está disponible la Barra de herramientas EuroValue, deberá cargar el programa de complemento Herramientas para el euro).

2. Haga clic en la flecha que aparece junto al cuadro de lista desplegable en la Barra de herramientas EuroValue, y después elija la conversión que desee ver. Por ejemplo, si necesita convertir un valor de pesetas a euros, debe seleccionar la opción ESP -> EUR, y si es de euros a pesetas, la opción EUR -> ESP.

3. A continuación realice uno de estos procedimientos:

   - Para ver el valor convertido de una sola celda, pulse sobre la celda que posee dicho valor, y de forma automática la herramienta EuroValue mostrará la conversión.

   - Para ver la suma convertida de los valores de un rango, seleccione el rango de celdas que posee las entradas numéricas.

Euroconversión

Debe tener en cuenta que la herramienta EuroValue no permite copiar el valor que muestra en su barra, y que, por lo tanto, éste no puede ser utilizado directamente en el documento. Para emplear valores convertidos en una hoja de cálculo es recomendable utilizar la herramienta Euroconversión. Puede acceder y utilizar la Euroconversión realizando los siguientes pasos:

1. Ejecute la secuencia de comandos **Herramientas>Euroconversión** o pulse sobre el botón **Euroconversión** de la Barra de herramientas Estándar.
2. En el cuadro de diálogo Euroconversión, utilice los cuadros de texto de la sección Datos que se convertirán para seleccionar los rangos de celda que va a utilizar:
   - **Rango de origen**. Escriba o seleccione la celda o el rango único que contenga los valores que quiere convertir (todos los valores del rango deben ser de una única moneda).
   - **Rango de destino**. Escriba o seleccione la celda superior izquierda del rango en el que desea pegar los valores convertidos (el rango de destino no debe incluir celdas del rango de origen).
3. En los cuadros de texto del área Conversión de moneda, seleccione el tipo de cambio de moneda que se va a llevar a cabo:
   - **De**. Seleccione la moneda que quiere convertir.
   - **A**. Elija la divisa a la que desea convertir los valores seleccionados en el Rango de origen.
4. En el cuadro de lista desplegable Formato de conversión, haga clic en una de las siguientes opciones para indicar el formato de número que va a aplicar a los valores convertidos:
   - **Moneda**. Permite aplicar un formato de moneda a la divisa seleccionada y copiar el formato de celda, incluidos bordes y fuente, de las celdas de origen.
   - **ISO**. Muestra el código de la organización internacional de estándares ISO (*International Standards Organization*) para la moneda convertida y copia el formato de celda de las celdas de origen (en el apartado Función EUROCONVERT puede ver la lista de los códigos ISO).
   - **Ninguno**. Mantiene el formato de número actual y el formato de celda de las celdas de destino.
5. Para finalizar, pulse sobre el botón **Aceptar**.

Pulsando sobre el botón **Avanzadas**, la herramienta Euroconversión permite configurar unas opciones extra antes de realizar el cambio de divisa.

Función EUROCONVERT

La función EUROCONVERT convierte una moneda en euros; también puede convertir euros en la moneda de un estado que ha adoptado el euro, o bien convertir la moneda de un estado que ha adoptado el euro en otra utilizando el Euro como moneda intermedia (triangulación).

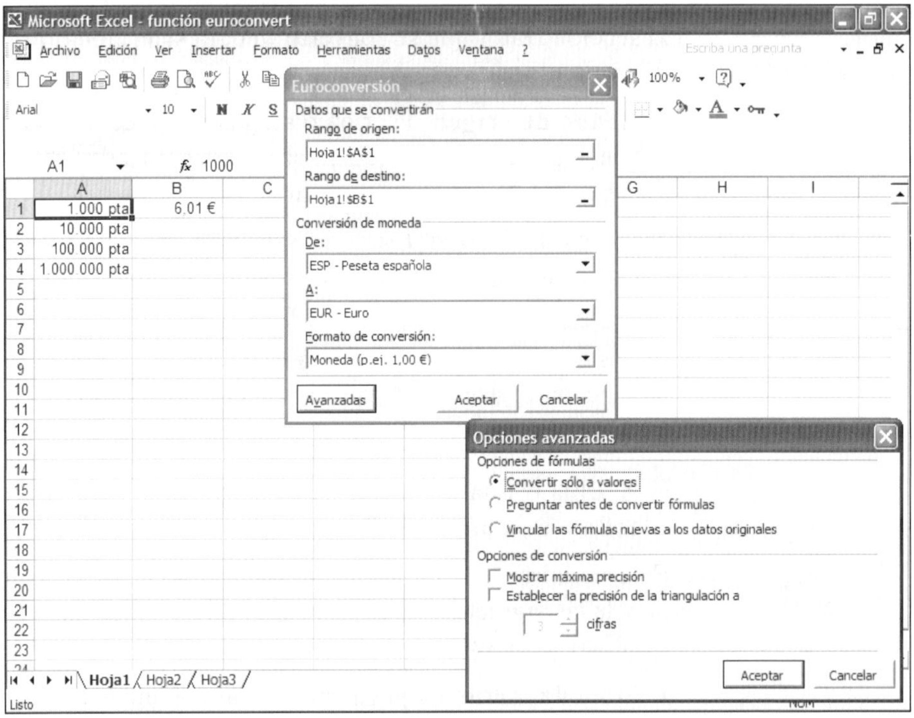

Figura A.5. La herramienta Euroconversión permite emplear los valores convertidos en la hoja de cálculo activa

Las monedas disponibles para la conversión son las de los estados miembros de la Unión Europea (UE) que han adoptado el Euro. Por supuesto, esta función emplea los tipos de conversión fijos establecidos por la UE. Permite realizar las siguientes tareas:

- **Conversión de fórmulas en valores**. Si utiliza este método, Excel calculará las fórmulas del rango de origen, convertirá los resultados a la moneda nueva y devolverá los valores convertidos al rango de destino. Utilice este método si no necesita volver a calcular los resultados convertidos. Éste es el método predeterminado.
- **Vincular nuevas fórmulas a los datos originales**. Este método crea nuevas fórmulas en el rango de destino que hacen referencia a las celdas que contienen las fórmulas de origen. Las fórmulas vinculadas resultantes convierten los resultados de las fórmulas de origen a la nueva moneda por

medio de la función de hoja de cálculo EUROCONVERT. Utilice este método si tiene previsto actualizar los valores de las celdas a las que se hace referencia en las fórmulas de origen y quiere volver a calcular los resultados convertidos.

La sintaxis de la función es:

EUROCONVERT(número;origen;destino;máxima_precisión, precisión_de_triangulación)

Nota: Es posible que cuando acceda a los argumentos de la función, éstos se encuentren en inglés: EUROCONVERT(number;source;target;full_precision;triangulation_precision).

- **Número**. Es el valor de la moneda que se desea convertir o una referencia a una celda que contiene el valor.
- **Origen**. Es una cadena de tres letras, o una referencia a una celda que contiene la cadena, que corresponde al código ISO para la moneda de origen. La siguiente tabla muestra los códigos de moneda que están disponibles en la función EUROCONVERT.

Países	Unidad básica de moneda	Código ISO
Alemania	Marco alemán	DEM
Austria	Chelín	ATS
Bélgica	Franco	BEL
España	Peseta	ESP
Finlandia	Marco finlandés	FIM
Francia	Franco	FRF
Irlanda	Libra	IEP
Italia	Lira	ITL
Luxemburgo	Franco	LUF
Países Bajos	Florín	NLG
Portugal	Escudo	PTE
Estados que han adoptado el Euro	Euro	EUR

- **Destino**. Es una cadena de tres letras, o una referencia de celda, que corresponde al código ISO de la moneda a la que se pretende convertir el valor. Los códigos son los mismos que aparecen en la tabla anterior.
- **Máxima_precisión**. Es un valor lógico (VERDADERO o FALSO) que especifica la forma en que se debe presentar el resultado.

Utilice	Si desea que Excel
FALSO	Muestre el resultado con las reglas de redondeo específicas de la moneda. Consulte la tabla Reglas de redondeo. Excel utiliza el valor de precisión de cálculo para calcular el resultado, y el valor de precisión de presentación para mostrar el resultado. FALSO es el valor predeterminado si se omite el argumento máxima_precisión (full_precisión).
VERDADERO	Muestre el resultado con todos los dígitos significativos resultantes del cálculo.

Tabla Reglas de redondeo. Reglas de redondeo específicas de cada moneda. Estas reglas indican el número de posiciones decimales que utiliza Excel para calcular la conversión de una moneda y mostrar el resultado

Código ISO	Precisión de cálculo	Precisión de presentación
BEF	0	0
LUF	0	0
DEM	2	2
ESP	0	0
FRF	2	2
IEP	2	2
ITL	0	0
NLG	2	2
ATS	2	2
PTE	0	2
FIM	2	2
EUR	2	2

- **Precisión_de_triangulación**. Es un número entero igual o mayor que 3 que especifica el número de dígitos significativos que van a utilizarse para el valor en euros intermedio al realizar la conversión entre dos monedas de los estados que han adoptado el euro. Si se omite este argumento, Excel no redondeará el valor en euros intermedio.

> **Nota:** Otra función que integra Excel y que es de gran utilidad para la conversión a euros, es la función REDONDEAR(número;número decimales). Por ejemplo, =REDONDEAR(1000/166,386; 2) convierte 1.000 pts. (moneda española) en euros con dos decimales. El resultado sería 6,01.

Para comprender mejor la función EUROCONVERT, realice paso a paso este sencillo ejemplo práctico:

1. En primer lugar, introduzca las siguientes entradas numéricas con formato de moneda (pesetas):

A1	1.000
A2	10.000
A3	100.000
A4	1.000.000

2. Active la celda B1 y pulse sobre el botón **Insertar función** de la Barra de fórmulas.
3. Dentro del cuadro de diálogo Insertar función, en la lista desplegable O seleccionar una categoría, seleccione la opción Todas.
4. En el cuadro de texto Seleccionar una función, elija EUROCONVERT.
5. Pulse sobre el botón **Aceptar**.
6. En el cuadro de texto Argumentos de función, ejecute estas acciones:
   - Indique la celda A1 en el cuadro de texto Number.
   - En el cuadro de texto Source, escriba el código ESP.
   - En el cuadro de texto Target, escriba el código EUR.
   - Pulse sobre el botón **Aceptar**.
7. En la celda B1 aparecerá el valor 6,01. Si desea dar formato de euro al valor introducido, pulse sobre el botón **Euro** de la Barra de herramientas Formato.

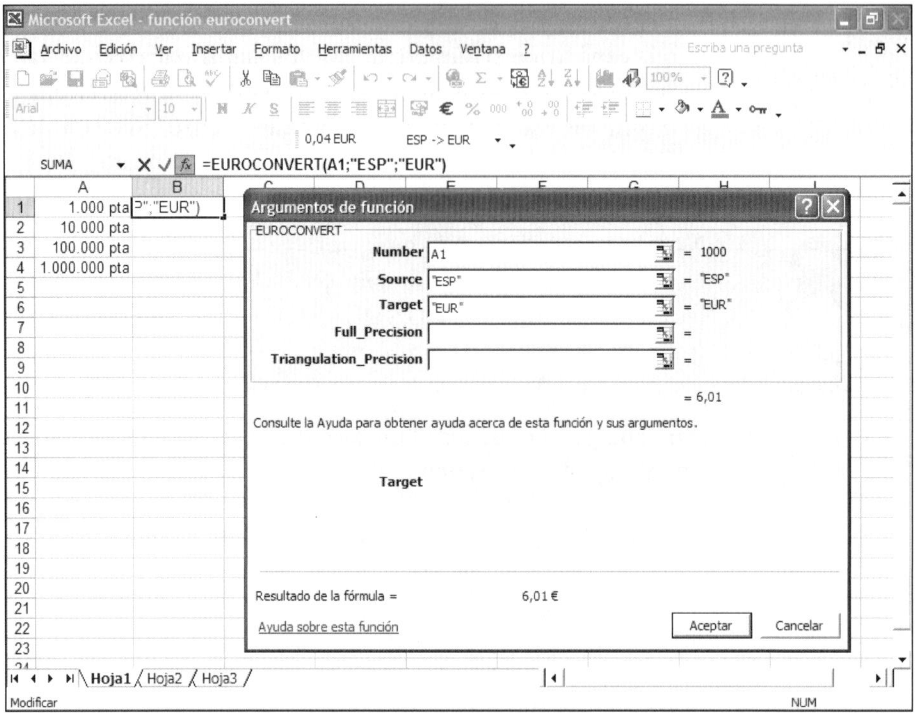

Figura A.6. La función EUROCONVERT realiza el cambio de divisas de una forma muy precisa

8. Arrastre el control de relleno (cuadrado negro situado en la esquina inferior derecha de la celda seleccionada) de la celda B1 hasta la celda B4. Observará cómo en todas las celdas se muestran los valores en euros.
9. Active la celda C1 y pulse sobre el botón **Insertar función** de la Barra de fórmulas.
10. En el cuadro de diálogo Insertar función, vuelva a seleccionar la función EUROCONVERT.
11. Pulse sobre el botón **Aceptar**.
12. En el cuadro de texto Argumentos de función, ejecute ahora las siguientes acciones:
    - Indique la celda B1 en el cuadro de texto Number.
    - En el cuadro de texto Source, escriba el código EUR.
    - En el cuadro de texto Target, escriba el código ESP.
    - Pulse sobre el botón **Aceptar**.

13. En la celda C1 aparecerá el valor 1.000. Arrastre el control de relleno hasta la celda C4. Observará cómo ahora en todas las celdas se muestran los valores en pesetas.

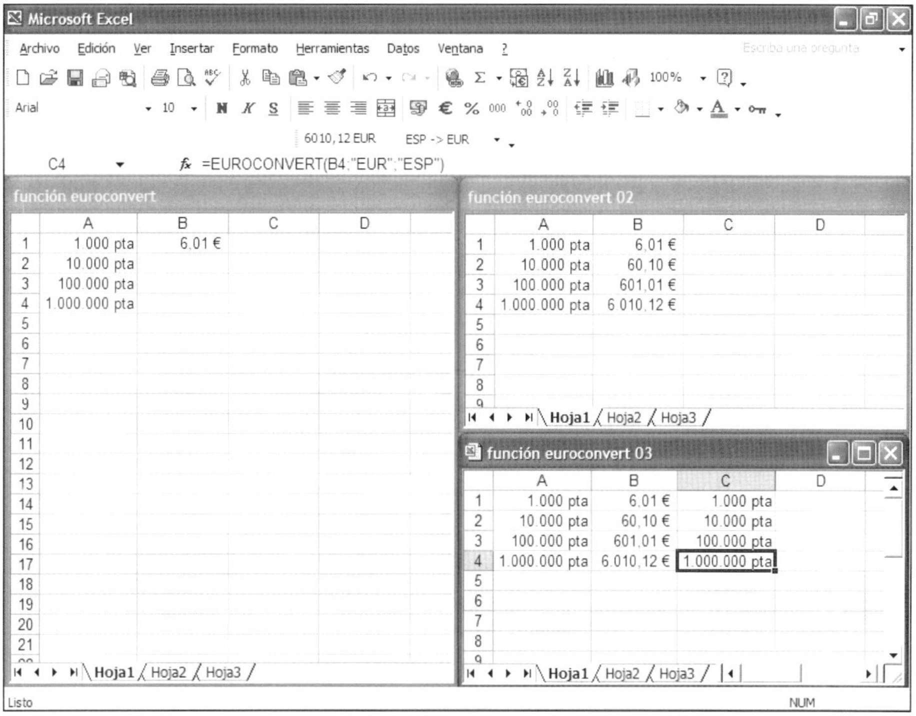

Figura A.7. Con la función EUROCONVERT cambiar de pesetas a euros y viceversa es realmente sencillo

B. Lista de funciones

Funciones de administración de bases de datos y de listas

Microsoft Excel incluye funciones de hoja de cálculo que analizan los datos almacenados en listas o bases de datos. Cada una de estas funciones, denominadas colectivamente funciones BD, usa tres argumentos: base_de_datos, nombre_de_campo y criterios. Estos argumentos se refieren a los rangos de la hoja de cálculo empleados en la función para base de datos.

BDPROMEDIO

Devuelve el promedio de los valores de una columna de una lista o base de datos que coinciden con las condiciones especificadas.

Sintaxis

BDPROMEDIO(base_de_datos;nombre_de_campo;criterios)

Base_de_datos. Es el rango de celdas que compone la lista o base de datos.

Nombre_de_campo. Indica qué columna se utiliza en la función.

Criterios. Es el rango de celdas que contiene las condiciones especificadas.

BDCONTAR

Cuenta las celdas que contienen números en una columna de una lista o base de datos y que concuerdan con las condiciones especificadas.

Sintaxis

BDCONTAR(base_de_datos;nombre_de_campo;criterios)

Base_de_datos. Es el rango de celdas que compone la lista o base de datos.

Nombre_de_campo. Indica el campo que se utiliza en la función.

Criterios. Es el rango de celdas que contiene las condiciones especificadas.

BDCONTARA

Cuenta las celdas que no están en blanco dentro de una columna de una lista o base de datos que cumplen las condiciones especificadas.

Sintaxis

BDCONTARA(base_de_datos;nombre_de_campo;criterios)

Base_de_datos. Es el rango de celdas que compone la lista o base de datos.

Nombre_de_campo. Indica el campo que se utiliza en la función.

Criterios. Es el rango de celdas que contiene los criterios de la base de datos.

BDEXTRAER

Extrae un único valor de una columna de una lista o base de datos que coincida con las condiciones especificadas.

Sintaxis

BDEXTRAER(base_de_datos;nombre_de_campo;criterios)

Base_de_datos. Es el rango de celdas que compone la lista o base de datos.

Nombre_de_campo. Indica el campo que se utiliza en la función.

Criterios. Es el rango de celdas que contiene las condiciones especificadas.

Observaciones

Si ningún registro coincide con los criterios, BDEXTRAER devuelve el valor de error #¡VALOR! Si más de un registro coincide con los criterios, BDEXTRAER devuelve el valor de error #¡NUM!

BDMAX

Devuelve el valor máximo de una columna de una lista o base de datos que coincida con las condiciones especificadas.

Sintaxis

BDMAX(base_de_datos;nombre_de_campo;criterios)

Base_de_datos. Es el rango de celdas que compone la lista o base de datos.

Nombre_de_campo. Indica el campo que se utiliza en la función.

Criterios. Es el rango de celdas que contiene las condiciones especificadas.

BDMIN

Devuelve el valor mínimo de una columna de una lista o base de datos que coincida con las condiciones especificadas.

Sintaxis

BDMIN(base_de_datos;nombre_de_campo;criterios)

Base_de_datos. Es el rango de celdas que compone la lista o base de datos.

Nombre_de_campo. Indica el campo que se utiliza en la función.
Criterios. Es el rango de celdas que contiene las condiciones especificadas.

BDPRODUCTO

Multiplica los valores de una columna de una lista o base de datos que coincidan con las condiciones especificadas.

Sintaxis

BDPRODUCTO(base_de_datos;nombre_de_campo;criterios)

Base_de_datos. Es el rango de celdas que compone la lista o base de datos.
Nombre_de_campo. Indica el campo que se utiliza en la función.
Criterios. Es el rango de celdas que contiene las condiciones especificadas.

BDDESVEST

Calcula la desviación estándar de una población basándose en una muestra y utilizando los números de una columna de una lista o base de datos que coincida con las condiciones especificadas.

Sintaxis

BDDESVEST(base_de_datos;nombre_de_campo;criterios)

Base_de_datos. Es el rango de celdas que compone la lista o base de datos.
Nombre_de_campo. Indica el campo que se utiliza en la función.
Criterios. Es el rango de celdas que contiene las condiciones especificadas.

BDDESVESTP

Calcula la desviación estándar de una población basándose en toda la población y utilizando los números de una columna de una lista o base de datos que concuerden con las condiciones especificadas.

Sintaxis

BDDESVESTP(base_de_datos;nombre_de_campo;criterios)

Base_de_datos. Es el rango de celdas que compone la lista o base de datos.
Nombre_de_campo. Indica el campo que se utiliza en la función.
Criterios. Es el rango de celdas que contiene las condiciones especificadas.

BDSUMA

Suma los números de una columna de una lista o base de datos que concuerden con las condiciones especificadas.

Sintaxis

BDSUMA(base_de_datos;nombre_de_campo;criterios)

Base_de_datos. Es el rango de celdas que compone la lista o base de datos.

Nombre_de_campo. Indica el campo que se utiliza en la función.
Criterios. Es el rango de celdas que contiene las condiciones especificadas.

BDVAR

Calcula la varianza de una población basándose en una muestra y utilizando los números de una columna de una lista o base de datos que coincida con las condiciones especificadas.

Sintaxis

BDVAR(base_de_datos;nombre_de_campo;criterios)

Base_de_datos. Es el rango de celdas que compone la lista o base de datos.
Nombre_de_campo. Indica el campo que se utiliza en la función.
Criterios. Es el rango de celdas que contiene las condiciones especificadas.

BDVARP

Calcula la varianza de una población basándose en toda la población y utilizando los números de una columna de una lista o base de datos que concuerden con las condiciones especificadas.

Sintaxis

BDVARP(base_de_datos;nombre_de_campo;criterios)

Base_de_datos. Es el rango de celdas que compone la lista o base de datos.
Nombre_de_campo. Indica el campo que se utiliza en la función.
Criterios. Es el rango de celdas que contiene las condiciones especificadas.

Funciones de fecha y hora

FECHA

Devuelve el número de serie secuencial que representa una fecha determinada. Si el formato de celda era General antes de escribir la función, el resultado tendrá formato de fecha.

Sintaxis

FECHA(año,mes,día)

Año. El argumento año puede tener de uno a cuatro dígitos. Microsoft Excel interpreta el argumento año según el sistema de fechas empleado. De forma predeterminada, Excel para Windows utiliza el sistema de fechas 1900 y Excel para Macintosh utiliza el sistema de fechas 1904.

Mes. Es un número que representa el mes del año. Si el mes es superior a 12, el mes agrega ese número de meses al primer mes del año especificado.

Día. Es un número que representa el día del mes.

FECHANUMERO

Devuelve el número de serie de la fecha representada por texto_de_fecha. Use FECHANUMERO para convertir una fecha representada por texto en un número de serie.

Sintaxis

FECHANUMERO(texto_de_fecha)

Texto_de_fecha. Es el texto que representa una fecha en un formato de fecha de Microsoft Excel.

Observaciones

Si omite la parte texto_de_fecha correspondiente al año, la función FECHANUMERO usa el año corriente del reloj integrado a su PC.

DIA

Devuelve el día de una fecha, representada por un número de serie. El día se expresa como un número entero comprendido entre 1 y 31.

Sintaxis

DIA(núm_de_serie)

Núm_de_serie. Es la fecha del día que intenta buscar.

DIAS360

Calcula el número de días entre dos fechas basándose en un año de 360 días (doce meses de 30 días) que se utiliza en algunos cálculos contables. Use esta función para facilitar el cálculo de pagos si su sistema de contabilidad se basa en 12 meses de 30 días.

Sintaxis

DIAS360(fecha_inicial;fecha_final;método)

Fecha_inicial y fecha_final. Son las dos fechas entre las que desea calcular el número de días. Si la fecha_inicial es posterior a la fecha_final, DIAS360 devuelve un número negativo. Las fechas deben introducirse mediante la función FECHA o como resultados de otras fórmulas o funciones.

Método. Es un valor lógico que especifica si se usará el método de cálculo europeo o americano.

- **FALSO u omitido**. Si la fecha inicial es el 31 del mes, se convierte en el 30 del mismo mes. Si la fecha final es el 31 del mes y la fecha inicial es anterior al 30, la fecha final se convierte en el 1 del mes siguiente; de lo contrario la fecha final se convierte en el 30 del mismo mes.
- **VERDADERO (Europeo)**. Las fechas iniciales o finales que corresponden al 31 del mes se convierten en el 30 del mismo mes.

FECHA.MES

Devuelve el número de serie que representa la fecha que indica el número de meses anteriores o posteriores a la fecha especificada (argumento fecha_inicial). Use FECHA.MES para calcular las fechas de vencimiento que caen en el mismo día del mes que el día de emisión. Si esta función no está disponible y devuelve el error #¿NOMBRE?, instale y cargue el programa de complementos Herramientas para análisis.

Sintaxis

FECHA.MES(fecha_inicial;meses)

Fecha_inicial. Es una fecha que representa la fecha inicial.

Meses. Es el número de meses anteriores o posteriores al argumento fecha_inicial. Cuando meses es un valor positivo el resultado es una fecha futura; cuando es un valor negativo, el resultado es una fecha pasada.

Observaciones

Si el argumento fecha_inicial no es una fecha válida, FECHA.MES devuelve el valor de error #¡VALOR!

FIN.MES

Devuelve el número de serie del último día del mes, anterior o posterior a la fecha_inicial del número de mes indicado. Use FIN.MES para calcular las fechas de vencimiento que caen en el último día del mes. Si esta función no está disponible y devuelve el error #¿NOMBRE?, instale y cargue el programa de complementos Herramientas para análisis.

Sintaxis

FIN.MES(fecha_inicial;meses)

Fecha_inicial. Es una fecha que representa la fecha inicial.

Meses. Es el número de meses anteriores o posteriores al argumento fecha_inicial. Cuando meses es un valor positivo el resultado es una fecha futura; cuando es un valor negativo, el resultado es una fecha pasada.

Observaciones

Si el argumento fecha_inicial no es una fecha válida, FIN.MES devuelve el valor de error #¡NUM! Si el argumento fecha_inicial más el argumento meses da como resultado una fecha que no es válida, FIN.MES devuelve el valor de error #¡NUM!

HORA

Devuelve la hora de un valor de hora. La hora se expresa como número entero, comprendido entre 0 (12:00 a.m.) y 23 (11:00 p.m.).

Sintaxis

HORA(núm_de_serie)

Núm_de_serie. Es la hora que contiene la hora que desea buscar. Las horas pueden introducirse como cadenas de texto entre comillas (por ejemplo, "6:45 p.m.").

MINUTO

Devuelve los minutos de un valor de hora. Los minutos se expresan como números enteros comprendidos entre 0 y 59.

Sintaxis

MINUTO(núm_de_serie)

Núm_de_serie. Es la hora que contiene los minutos que desea buscar.

MES

Devuelve el mes de una fecha representada por un número de serie. El mes se expresa como número entero comprendido entre 1 (enero) y 12 (diciembre).

Sintaxis

MES(núm_de_serie)

Núm_de_serie. Es la fecha del mes que intenta buscar.

DIAS.LAB

Devuelve el número de días laborables entre fecha_inicial y fecha_final. Los días laborables no incluyen los fines de semana ni otras fechas que se identifiquen en el argumento festivos. Utilice DIAS.LAB para calcular el incremento de los beneficios acumulados de los empleados basándose en el número de días trabajados durante un período específico. Si esta función no está disponible y devuelve el error #¿NOMBRE?, instale y cargue el programa de complementos Herramientas para análisis.

Sintaxis

DIAS.LAB(fecha_inicial;fecha_final;festivos)

Fecha_inicial. Es una fecha que representa la fecha inicial.

Fecha_final. Es una fecha que representa la fecha final.

Festivos. Es un rango opcional de una o varias fechas que deben excluirse del calendario laboral, tales como los días festivos nacionales y locales. La lista puede ser un rango de celdas que contengan las fechas o una constante matricial de los números de serie que representen las fechas.

Observaciones

Si uno de los argumentos no es una fecha válida DIAS.LAB devuelve el valor de error #¡VALOR!

AHORA

Devuelve el número de serie de la fecha y hora actuales. Si el formato de celda era General antes de escribir la función, el resultado tendrá formato de fecha.

Sintaxis

AHORA( )

Observaciones

La función AHORA sólo cambia cuando se realiza un cálculo en la hoja de cálculo o cuando se ejecuta una macro que contiene la función. No se actualiza constantemente.

SEGUNDO

Devuelve los segundos de un valor de hora. El segundo se expresa como número entero comprendido entre 0 (cero) y 59.

Sintaxis

SEGUNDO(núm_de_serie)

Núm_de_serie. Es la hora que contiene los segundos que desea buscar.

NSHORA

Devuelve el número decimal de una hora determinada. Si el formato de celda era General antes de escribir la función, el resultado tendrá formato de fecha. El número decimal que NSHORA devuelve es un valor comprendido entre 0 (cero) y 0,99999999 que representa las horas entre 0:00:00 (00:00:00 a. m.) y 23:59:59 (11:59:59 p.m.).

Sintaxis

NSHORA(hora;minuto;segundo)

Hora. Es un número entre 0 (cero) y 32767 que representa las horas. Todo valor mayor de 23 se dividirá por 24 y el resto se considerará valor horario.

Minuto. Es un número entre 0 y 32767 que representa los minutos. Todo valor mayor de 59 se convertirá a horas y minutos.

Segundo. Es un número entre 0 y 32767 que representa los segundos. Cualquier valor mayor que 59 será convertido en horas, minutos y segundos.

HORANUMERO

Devuelve el número decimal de la hora representada por una cadena de texto. El número decimal es un valor comprendido entre 0 (cero) y 0,99999999 que representa las horas entre 0:00:00 (12:00:00 a.m.) y 23:59:59 (11:59:59 p.m.).

Sintaxis

HORANUMERO(texto_de_hora)

Texto_de_hora. Es una cadena de texto que representa una hora en uno de los formatos de hora de Microsoft Excel.

HOY

Devuelve el número de serie de la fecha actual. El número de serie es el código de fecha-hora que Microsoft Excel usa para los cálculos de fecha y hora. Si el formato de celda era General antes de escribir la función, el resultado tendrá formato de fecha.

Sintaxis

HOY( )

DIASEM

Devuelve el día de la semana correspondiente al argumento núm_de_serie. El día se devuelve como un número entero entre 1 (domingo) y 7 (sábado).

Sintaxis

DIASEM(núm_de_serie;tipo)

Núm_de_serie. Es un número secuencial que representa la fecha del día que intenta buscar.

Tipo. Es un número que determina el tipo de valor que debe devolverse.

- Tipo:1 u omitido. Número devuelto: Números del 1 (domingo) al 7 (sábado).
- Tipo:2. Número devuelto: Números del 1 (lunes) al 7 (domingo).
- Tipo:3. Número devuelto: Números del 0 (lunes) al 6 (domingo).

NUM.DE.SEMANA

Devuelve un número que indica dónde cae la semana numéricamente dentro un año. Si esta función no está disponible y devuelve el error #¿NOMBRE?, instale y cargue el programa de complementos Herramientas para análisis.

Sintaxis

NUM.DE.SEMANA(núm_de_serie;tipo)

Núm_de_serie. Es una fecha dentro de la semana.

Tipo. Es un número que determina en qué día comienza la semana. El valor predeterminado es 1.

- Núm_de_serie 1. Una semana comienza: El domingo. Los días de la semana se numeran del 1 al 7.
- Núm_de_serie 2. Una semana comienza: El lunes. Los días de la semana se numeran del 1 al 7.

DIA.LAB

Devuelve un número que representa una fecha que es el número de días laborables antes o después de una fecha (la fecha inicial). Los días laborables excluyen los días de fin de semana y cualquier fecha identificada en el argumento festivos. Use DIA.LAB para excluir fines de semana o días festivos cuando calcule fechas de vencimiento de facturas, las fechas de entrega esperadas o el número de días de trabajo realizado. Si esta función no está disponible y devuelve el error #¿NOMBRE?, instale y cargue el programa de complementos Herramientas para análisis.

Sintaxis

DIA.LAB(fecha_inicial;días_lab;festivos)

Fecha_inicial. Es una fecha que representa la fecha inicial.

Días_lab. Es el número de días laborables (días que no sean fines de semana ni días festivos) anteriores o posteriores al argumento fecha_inicial. Un valor positivo para el argumento días_lab produce una fecha futura; un número negativo produce una fecha pasada.

Festivos. Es una lista opcional de una o varias fechas que deben excluirse del calendario laboral, tales como los días festivos nacionales y locales. La lista puede ser un rango de celdas que contenga las fechas o una constante matricial de los números de serie que representen las fechas.

Observaciones

Si uno de los argumentos no es una fecha válida, DIA.LAB devuelve el valor de error #¡VALOR! Si el argumento fecha_inicial más el argumento días_lab produce una fecha no válida, DIA.LAB devuelve el valor de error #¡NUM!

AÑO

Devuelve el año correspondiente a una fecha. El año se devuelve como número entero comprendido entre 1900 y 9999.

Sintaxis

AÑO(núm_de_serie)

Núm_de_serie. Es la fecha del año que desee buscar.

FRAC.AÑO

Calcula la fracción de año que representa el número de días enteros entre la fecha_inicial y fecha_final. Use FRAC.AÑO para determinar la proporción de los beneficios u obligaciones de todo un año que corresponde a un período específico. Si esta función no está disponible y devuelve el error #¿NOMBRE?, instale y cargue el programa de complementos Herramientas para análisis.

Sintaxis

FRAC.AÑO(fecha_inicial;fecha_final;base)

Fecha_inicial. Es una fecha que representa la fecha inicial.

Fecha_final. Es una fecha que representa la fecha final.

Base. Determina en qué tipo de base deben contarse los días. Base 0 u omitido. Base para contar días: US (NASD) 30/360 Base 1. Base para contar días: Real/real. Base 2. Base para contar días: Real/360. Base 3. Base para contar días: Real/365. Base 4. Base para contar días: Europea 30/360.

Observaciones

Si los argumentos fecha_inicial o bien fecha_final no son fechas válidas, FRAC.AÑO devuelve el valor de error #¡VALOR! Si base < 0 o si base > 4, FRAC.AÑO devuelve el valor de error #¡NUM!

Funciones de ingeniería

Si estas función no están disponible y devuelve el error #¿NOMBRE?, debe instalar y cargar el programa de complementos Herramientas para análisis.

BESSELI

Devuelve la función Bessel modificada que equivale a la función Bessel evaluada para argumentos puramente imaginarios.

Sintaxis

BESSELI(x;n)

X. Es el valor con el que desea evaluar la función.

N. Es el orden de la función Bessel. Si n no es un número entero, se trunca.

Observaciones

Si el argumento x es un valor no numérico, BESSELI devuelve el valor de error #¡VALOR! Si el argumento n es un valor no numérico, BESSELI devuelve el valor de error #¡VALOR! Si el argumento n < 0, BESSELI devuelve el valor de error #¡NUM!

BESSELJ

Devuelve la función BesselJ.

Sintaxis

BESSELJ(x;n)

X. Es el valor con el que desea evaluar la función.

N. Es el orden de la función Bessel. Si n no es un número entero, se trunca.

Observaciones

Si el argumento X o N es un valor no numérico, BESSELJ devuelve el valor de error #¡VALOR! Si el argumento n < 0, devuelve el valor de error #¡NUM!

BESSELK

Devuelve la función Bessel modificada que equivale a las funciones Bessel evaluadas para argumentos puramente imaginarios.

Sintaxis

BESSELK(x;n)

X. Es el valor con el que desea evaluar la función.

N. Es el orden de la función. Si n no es un número entero, se trunca.

Observaciones

Si el argumento X o N es un valor no numérico, BESSELK devuelve el valor de error #¡VALOR! Si el argumento n < 0, BESSELK devuelve el valor de error #¡NUM!

BESSELY

Devuelve la función Bessel, también conocida como función Weber o función Neumann.

Sintaxis

BESSELY(x;n)

X. Es el valor con el que desea evaluar la función.

N. Es el orden de la función. Si n no es un número entero, se trunca.

Observaciones

Si el argumento X o N es un valor no numérico, BESSELY devuelve el valor de error #¡VALOR! Si el argumento n < 0, BESSELY devuelve el valor de error #¡NUM!

BIN.A.DEC

Convierte un número binario en decimal.

Sintaxis

BIN.A.DEC(número)

Número. Es el número binario que desea convertir. El número no puede contener más de 10 caracteres (10 bits). El bit más significativo del argumento número es el bit de signo. Los 9 bits restantes son bits de magnitud. Los números negativos se representan usando la notación complementaria de 2.

Observaciones

Si el argumento número no es un número binario válido o si contiene más de 10 caracteres (10 bits), BIN.A.DEC devuelve el valor de error #¡NUM!

BIN.A.HEX

Convierte un número binario en hexadecimal.

Sintaxis

BIN.A.HEX(número;caracteres)

Número. Es el número binario que desea convertir. El número no puede contener más de 10 caracteres (10 bits). El bit más significativo de todos del argumento número es el bit de signo. Los 9 bits restantes son bits de magnitud. Los números negativos se representan utilizando la notación complementaria de 2.

Caracteres. Es el número de caracteres que se va a utilizar. Si el argumento caracteres se omite, BIN.A.HEX utiliza el mínimo número de caracteres requeridos. El argumento caracteres es útil para completar el valor devuelto con ceros (0) a la derecha.

Observaciones

Si el argumento número no es un número binario válido o si contiene más de 10 caracteres (10 bits), BIN.A.HEX devuelve el valor de error #¡NUM! Si el argumento número es negativo, BIN.A.HEX pasa por alto el argumento caracteres y devuelve un número hexadecimal de 10 caracteres. Si BIN.A.HEX requiere más caracteres que los especificados por caracteres, devuelve el valor de error #¡NUM! Si el argumento caracteres no es un número entero, se trunca. Si el argumento caracteres es un valor no numérico, BIN.A.HEX devuelve el valor de error #¡VALOR! Si el argumento caracteres es negativo, BIN.A.HEX devuelve el valor de error #¡NUM!

BIN.A.OCT

Convierte un número binario en octal.

Sintaxis

BIN.A.OCT(número;caracteres)

Número. Es el número binario que desea convertir. El número no puede contener más de 10 caracteres (10 bits). El bit más significativo de todos del argumento número es el bit de signo. Los 9 bits restantes son bits de magnitud. Los números negativos se representan utilizando la notación complementaria de 2.

Caracteres. Es el número de caracteres que se va a utilizar. Si el argumento caracteres se omite, BIN.A.OCT utiliza el número mínimo de caracteres requerido. El argumento caracteres es útil para completar el valor devuelto con ceros (0) a la derecha.

Observaciones

Las mismas que la función BIN.A.HEX.

COMPLEJO

Convierte coeficientes reales e imaginarios en números complejos de la forma x + yi o x + yj.

Sintaxis

COMPLEJO(núm_real;núm_i;sufijo)

Núm_real. Es el coeficiente real del número complejo.

Núm_i. Es el coeficiente imaginario del número complejo.

Sufijo. Es el sufijo del componente imaginario del número complejo. Si se omite, se supone que sufijo tiene el valor "i".

Observaciones

Todas las funciones de números complejos aceptan a "i" y "j" como sufijo, pero nunca a "I" o "J". El uso de mayúsculas dará lugar a un valor de error #¡VALOR! Si el argumento núm_real no es numérico, COMPLEJO devuelve el valor de error #¡VALOR! Si el argumento núm_i no es numérico, COMPLEJO devuelve el valor de error #¡VALOR! Si el argumento sufijo no es ni "i" ni "j", COMPLEJO devuelve el valor de error #¡VALOR!

CONVERTIR

Convierte un número de un sistema de medida a otro.

Sintaxis

CONVERTIR(número;de_unidad;a_unidad)

Número. Es el número a convertir.

De_unidad. Es la unidad del argumento número.

A_unidad. Son las unidades que se van a utilizar en el resultado.

DEC.A.BIN

Convierte un número decimal en binario.

Sintaxis

DEC.A.BIN(número;caracteres)

Número. Es el número entero decimal que desea convertir. Si el argumento número es negativo, el argumento caracteres se pasa por alto y DEC.A.BIN devuelve un número binario de 10 caracteres (10 bits) donde el bit más significativo es el bit de signo. Los 9 bits restantes son bits de magnitud. Los números negativos se representan usando la notación complementaria de 2.

Caracteres. Es el número de caracteres que se va a utilizar. Si el argumento caracteres se omite, DEC.A.BIN usa el mínimo número de caracteres requerido. El argumento caracteres es útil para completar el valor devuelto con ceros (0) a la derecha.

DEC.A.HEX

Convierte un número decimal en hexadecimal.

Sintaxis

DEC.A.HEX(número;caracteres)

Número. Es el número entero decimal que desea convertir. Si el argumento número es negativo, el argumento caracteres se pasa por alto y DEC.A.HEX devuelve un número hexadecimal de 10 caracteres (40 bits) en el que el bit más significativo es el bit de signo. Los 39 bits restantes son bits de magnitud. Los números negativos se representan usando la notación complementaria de 2.

Caracteres. Es el número de caracteres que se va a utilizar. Si el argumento caracteres se omite, DEC.A.HEX utiliza el número mínimo de caracteres requerido. El argumento caracteres es útil para completar el valor devuelto con ceros (0) a la derecha.

DEC.A.OCT

Convierte un número decimal en octal.

Sintaxis

DEC.A.OCT(número;caracteres)

Número. Es el número entero decimal que desea convertir. Si es negativo, el argumento caracteres se pasa por alto y DEC.A.OCT devuelve un número octal de 10 caracteres (30 bits) en el que el bit más significativo es el bit de signo. Los 29 bits restantes son bits de magnitud. Los números negativos se representan usando la notación complementaria de 2.

Caracteres. Es el número de caracteres que va a utilizar. Si el argumento caracteres se omite, DEC.A.OCT usa el mínimo número de caracteres requerido. El argumento caracteres es útil para completar el valor devuelto con ceros (0) a la derecha.

DELTA

Comprueba si dos valores son iguales. Devuelve 1 si número1 = número2; de lo contrario devuelve 0. Use esta función para filtrar un conjunto de valores. Por ejemplo, al sumar varias funciones DELTA se puede calcular el número de pares iguales. Esta función también se conoce como la función Kronecker Delta.

Sintaxis

DELTA(número1; número2)

Número1. Es el primer número.

Número2. Es el segundo número. Si se omite, el valor predeterminado del argumento número2 es 0.

Observaciones

Si el argumento número1 es un valor no numérico, DELTA devuelve el valor de error #¡VALOR! Si el argumento número2 es un valor no numérico, DELTA devuelve el valor de error #¡VALOR!

FUN.ERROR

Devuelve el resultado de la función de error entre el argumento límite_inf y el argumento límite_sup.

Sintaxis

FUN.ERROR(límite_inf;límite_sup)

Límite_inf. Es el límite inferior de la función FUN.ERROR.

Límite_sup. Es el límite superior de la función FUN.ERROR. Si se omite, FUN.ERROR integra entre cero y límite_inf.

FUN.ERROR.COMPL

Devuelve el resultado complementario de la función FUN.ERROR integrada entre x e infinito.

Sintaxis

FUN.ERROR.COMPL(x)

X. Es el límite inferior de la función FUN.ERROR.

Observaciones

Si el argumento x es un valor no numérico, FUN.ERROR.COMPL devuelve el valor de error #¡VALOR! Si el argumento x es negativo, devuelve el valor de error #¡NUM!

MAYOR.O.IGUAL

Devuelve 1 si número = valor_ref, de lo contrario devuelve 0 (cero). Use esta función para filtrar un conjunto de valores. Por ejemplo, si suma varias funciones MAYOR.O.IGUAL puede calcular el número de valores que sobrepasan un valor límite.

Sintaxis

MAYOR.O.IGUAL(número;valor_ref)

Número. Es el valor que se compara con el argumento valor_ref.

Valor_ref. Es el valor de referencia. Si se omite un valor para valor_ref, MAYOR.O.IGUAL usa cero.

Observaciones

Si uno de los argumentos es un valor no numérico, MAYOR.O.IGUAL devuelve el valor de error #¡VALOR!

HEX.A.BIN

Convierte un número hexadecimal en binario.

Sintaxis

HEX.A.BIN(número;caracteres)

Número. Es el número hexadecimal que desea convertir. El número no puede contener más de 10 dígitos. El bit más significativo del argumento número es el bit del signo (40 bits contados desde la derecha). Los 39 bits restantes son bits de magnitud. Los números negativos se representan usando la notación complementaria de 2.

Caracteres. Es el número de caracteres que va a utilizar. Si el argumento caracteres se omite, HEX.A.BIN utiliza el número mínimo de caracteres necesarios. El argumento caracteres es útil para completar el valor devuelto con ceros (0) a la derecha.

HEX.A.DEC

Convierte un número hexadecimal en decimal.

Sintaxis

HEX.A.DEC(número)

Número. Es el número hexadecimal que desea convertir. El número no puede contener más de 40 caracteres (10 bits). El bit más significativo del argumento número es el bit de signo. Los 39 bits restantes son bits de magnitud. Los números negativos se representan usando la notación complementaria de 2.

Observaciones

Si el argumento número no es un número hexadecimal válido, HEX.A.DEC devuelve el valor de error #¡NUM!

HEX.A.OCT

Convierte un número hexadecimal en octal.

Sintaxis

HEX.A.OCT(número; caracteres)

Número. Es el número hexadecimal que desea convertir. El número no puede contener más de 10 dígitos. El bit más significativo del argumento número es el bit de signo. Los 39 bits restantes son bits de magnitud. Los números negativos se representan usando la notación complementaria de 2.

Caracteres. Es el número de caracteres que va a utilizar. Si el argumento caracteres se omite, HEX.A.OCT utiliza el número mínimo de caracteres necesario. El argumento caracteres es útil para completar el valor devuelto con ceros (0) a la derecha.

IM.ABS

Devuelve el valor absoluto (módulo) de un número complejo con el formato de texto x + yi o x + yj.

Sintaxis

IM.ABS(núm_complejo)

Núm_complejo. Es un número complejo cuyo valor absoluto desea calcular.

Observaciones

Utilice COMPLEJO para convertir coeficientes reales e imaginarios en un número complejo. Si el argumento núm_complejo no tiene el formato x + yi o x + yj, IM.ABS devuelve el valor de error #¡NUM!

IMAGINARIO

Devuelve el coeficiente de la parte imaginaria de un número complejo con el formato de texto x + yi o x + yj.

Sintaxis

IMAGINARIO(núm_complejo)

Núm_complejo. Es un número complejo cuyo coeficiente imaginario desea calcular.

Observaciones

Utilice COMPLEJO para convertir coeficientes reales e imaginarios en un número complejo. Si el argumento núm_complejo no tiene el formato x + yi o x + yj, IMAGINARIO devuelve el valor de error #¡NUM!

IM.ANGULO

Devuelve el argumento theta, un ángulo expresado en radianes

Sintaxis

IM.ANGULO(núm_complejo)

Núm_complejo. Es un número complejo para el cual desea el argumento.

IM.CONJUGADA

Devuelve la conjugada compleja de un número complejo con el formato de texto x + yi o x + yj.

Sintaxis

IM.CONJUGADO(núm_complejo)

Núm_complejo. Es el número complejo cuya conjugada desea calcular.

Observaciones

Utilice COMPLEJO para convertir coeficientes reales e imaginarios en un número complejo. Si el argumento núm_complejo no tiene el formato x + yi o x + yj, IM.CONJUGADO devuelve el valor de error #¡NUM!

IM.COS

Devuelve el coseno de un número complejo con el formato de texto x + yi o x + yj.

Sintaxis

IM.COS(núm_complejo)

Núm_complejo. Es el número complejo cuyo coseno desea obtener.

Observaciones

Utilice COMPLEJO para convertir coeficientes reales e imaginarios en un número complejo. Si el argumento núm_complejo es un valor lógico, IM.COS devuelve entonces el valor de error #¡VALOR! Si el argumento núm_complejo no tiene el formato x + yi o x + yj, IM.COS devuelve en este caso el valor de error #¡NUM!

IM.DIV

Devuelve el cociente entre dos números complejos con el formato de texto x + yi o x + yj.

Sintaxis

IM.DIV(núm_complejo1; núm_complejo2)

Núm_complejo1. Es un número complejo que será utilizado como numerador o dividendo en la operación.

Núm_complejo2. Es un número complejo que será utilizado como denominador o divisor en la operación.

Observaciones

Use COMPLEJO para convertir coeficientes reales e imaginarios en un número complejo. Si el argumento núm_complejo1 o núm_complejo2 no tiene el formato x + yi o x + yj, IM.DIV devuelve el valor de error #¡NUM!

IM.EXP

Devuelve en forma algebraica el resultado de la función exponencial de un número complejo con el formato de texto x + yi o x + yj.

Sintaxis

IM.EXP(núm_complejo)

Núm_complejo. Es el número complejo cuya función exponencial desea calcular.

Observaciones

Utilice COMPLEJO para convertir coeficientes reales e imaginarios en un número complejo. Si el argumento núm_complejo no tiene el formato x + yi o x + yj, IM.EXP devuelve el valor de error #¡NUM!

IM.LN

Devuelve el logaritmo natural (neperiano) de un número complejo con el formato de texto x + yi o x + yj.

Sintaxis

IM.LN(núm_complejo)

Núm_complejo. Es un número complejo cuyo algoritmo natural desea obtener.

Observaciones

Utilice COMPLEJO para convertir coeficientes reales e imaginarios en un número complejo. Si el argumento núm_complejo no tiene el formato x + yi o x + yj, IM.LN devuelve el valor de error #¡NUM!

IM.LOG10

Devuelve el logaritmo en base 10 de un número complejo con el formato de texto x + yi o x + yj.

Sintaxis

IM.LOG10(núm_complejo)

Núm_complejo. Es un número complejo cuyo algoritmo común desea obtener.

Observaciones

Utilice COMPLEJO para convertir coeficientes reales e imaginarios en un número complejo. Si el argumento núm_complejo no tiene el formato x + yi o x + yj, IM.LOG10 devuelve el valor de error #¡NUM!

IM.LOG2

Devuelve el logaritmo en base 2 de un número complejo con el formato de texto x + yi o x + yj.

Sintaxis

IM.LOG2(núm_complejo)

Núm_complejo. Es un número complejo cuyo algoritmo en base 2 desea obtener.

Observaciones

Utilice COMPLEJO para convertir coeficientes reales e imaginarios en un número complejo. Si el argumento núm_complejo no tiene el formato x + yi o x + yj, IM.LOG2 devuelve el valor de error #¡NUM!

IM.POT

Devuelve el resultado de un número complejo elevado a una potencia entera con el formato de texto x + yi o x + yj.

Sintaxis

IM.POT(núm_complejo; número)

Núm_complejo. Es el número complejo que desea elevar a una potencia.

Número. Es la potencia a la cual desea elevar el número complejo.

Observaciones

Utilice COMPLEJO para convertir coeficientes reales e imaginarios en un número complejo. Si el argumento núm_complejo no tiene el formato x + yi o x + yj, IM.POT devuelve el valor de error #¡NUM! Si el argumento número no es numérico, IM.POT devuelve el valor de error #¡VALOR! El argumento número puede ser un número entero, fraccionario o negativo.

IM.PRODUCT

Devuelve el producto de 2 a 29 números complejos con el formato de texto x + yi o x + yj.

Sintaxis

IM.PRODUCT(núm_complejo1;núm_complejo2; ...)

Núm_complejo1;num_complejo2; ... Son de 1 a 29 números complejos cuya multiplicación desea calcular.

Observaciones

Use COMPLEJO para convertir coeficientes reales e imaginarios en un número complejo. Si el argumento núm_complejo1 o núm_complejo2 no tiene el formato x + yi o x + yj, IM.PRODUCT devuelve el valor de error #¡NUM!

IM.REAL

Devuelve el coeficiente de la parte real de un número complejo con el formato de texto x + yi o x + yj.

Sintaxis

IM.REAL(núm_complejo)

Núm_complejo. Es un número complejo cuyo coeficiente real desea calcular.

Observaciones

Utilice COMPLEJO para convertir coeficientes reales e imaginarios en un número complejo. Si el argumento núm_complejo no tiene el formato x + yi o x + yj, IM.REAL devuelve el valor de error #¡NUM!

IM.SENO

Devuelve el seno de un número complejo con el formato x + yi o x + yj.

Sintaxis

IM.SENO(núm_complejo)

Núm_complejo. Es el número complejo cuyo seno desea obtener.

Observaciones

Utilice COMPLEJO para convertir coeficientes reales e imaginarios en un número complejo. Si el argumento núm_complejo no tiene el formato x + yi o x + yj, IM.SENO devuelve el valor de error #¡NUM!

IM.RAIZ2

Devuelve la raíz cuadrada de un número complejo x + yi o x + yj.

Sintaxis

IM.RAIZ2(núm_complejo)

Núm_complejo. Es el número complejo cuya raíz cuadrada desea obtener.

Observaciones

Utilice COMPLEJO para convertir coeficientes reales e imaginarios en un número complejo. Si el argumento núm_complejo no tiene el formato x + yi o x + yj, IM.RAIZ2 devuelve el valor de error #¡NUM!

IM.SUSTR

Devuelve la diferencia de dos números complejos con el formato de texto x + yi o x + yj.

Sintaxis

IM.SUSTR(núm_complejo1; núm_complejo2)

Núm_complejo1. Es el número complejo del que se sustrae núm_complejo2.

Núm_complejo2. Es el número complejo que se sustrae de núm_complejo1.

Observaciones

Use COMPLEJO para convertir coeficientes reales e imaginarios en un número complejo. Si el argumento núm_complejo1 o el argumento núm_complejo2 no tiene el formato x + yi o x + yj, IM.SUSTR devuelve entonces el valor de error #¡NUM!

IM.SUM

Devuelve la suma de dos o más números complejos con el formato de texto x + yi o x + yj.

Sintaxis

IM.SUM(núm_complejo1; núm_complejo2; ...)

Núm_complejo1;núm_complejo2,... Son de 1 a 29 números complejos que se van a sumar.

Observaciones

Use COMPLEJO para convertir coeficientes reales e imaginarios en un número complejo. Si alguno de los argumentos no tiene el formato x + yi o x + yj, IM.SUM devuelve el valor de error #¡NUM!

OCT.A.BIN

Convierte un número octal en binario.

Sintaxis

OCT.A.BIN(número;caracteres)

Número. Es el número octal que desea convertir. El número no puede contener más de 10 dígitos. El bit más significativo del argumento número es el bit de signo. Los 29 bits restantes son bits de magnitud. Los números negativos se representan usando la notación complementaria de 2.

Caracteres. Es el número de caracteres que va a utilizar. Si el argumento caracteres se omite, OCT.A.BIN utiliza el número mínimo de caracteres necesario. El argumento caracteres es útil para completar el valor devuelto con ceros (0) a la derecha.

OCT.A.DEC

Convierte un número octal en decimal.

Sintaxis

OCT.A.DEC(número)

Número. Es el número octal que desea convertir. Número no puede contener más de 10 caracteres octales (30 bits). El bit más significativo del argumento número es el bit de signo. Los 29 bits restantes son bits de magnitud. Los números negativos se representan usando la notación complementaria de 2.

Observaciones

Si número no es un número octal válido, OCT.A.DEC devuelve el valor de error #¡NUM!

OCT.A.HEX

Convierte un número octal en hexadecimal.

Sintaxis

OCT.A.HEX(número;caracteres)

Número. Es el número octal que desea convertir. Número no puede contener más de 10 caracteres octales (30 bits). El bit más significativo del argumento número es el bit de signo. Los 29 bits restantes son bits de magnitud. Los números negativos se representan utilizando para ello la notación complementaria de 2.

Caracteres. Es el número de caracteres que va a utilizar. Si el argumento caracteres se omite, OCT.A.HEX utiliza el número mínimo de caracteres necesario. El argumento caracteres es útil para completar el valor devuelto con ceros (0) a la derecha.

Si alguna de estas funciones no está disponible y devuelve el error #¿NOMBRE?, deberá instalar y cargar el programa de complementos Herramientas para análisis.

INT.ACUM

Devuelve el interés acumulado de un valor bursátil que tenga pagos de interés periódico.

Sintaxis

INT.ACUM(emisión;primer_interés;liq;tasa;v_nominal;frec;base)

Emisión. Es la fecha de emisión del valor bursátil.

Primer_interés. Es la fecha del primer pago de interés de un valor bursátil.

Liq. Es la fecha de liquidación del valor bursátil. La fecha de liquidación del valor bursátil es la fecha posterior a la fecha de emisión en la que el comprador adquiere el valor bursátil.

Tasa. Es la tasa de interés nominal anual (interés en los cupones) de un valor bursátil.

V_nominal. Es el valor nominal del valor bursátil. Si se omite el valor nominal, INT.ACUM usa $1000.

Frec. Es el número de pagos de cupón al año. Para pagos anuales, frec = 1; para pagos semestrales, frec = 2; para pagos trimestrales, frec = 4.

Base. Determina en qué tipo de base deben contarse los días. 0 u omitido. US (NASD) 30/360. 1. Real/real. 2. Real/360. 3. Real/365. 4. Europea 30/360.

INT.ACUM.V

Devuelve el interés acumulado de un valor bursátil con pagos de interés al vencimiento.

Sintaxis

INT.ACUM.V(emisión;vencto;tasa;v_nominal; base)

Emisión. Es la fecha de emisión del valor bursátil.

Vencto. Es la fecha de vencimiento del valor bursátil.

Tasa. Es la tasa de interés nominal anual (interés en los cupones) de un valor bursátil.

V_nominal. Es el valor nominal del valor bursátil. Si omite el valor nominal, INT.ACUM usará 1000$.

Base. Determina en qué tipo de base deben contarse los días. Ver Base de la función INT.ACUM.

AMORTIZ.PROGRE

Devuelve la amortización lineal de un bien al final de un ejercicio fiscal determinado. Esta función se proporciona para el sistema contable francés. Si se compra un activo durante el período contable, la regla de prorata temporis se aplica al cálculo de la amortización. Esta función es similar a AMORTIZ.LIN, excepto que el coeficiente de amortización se aplica al cálculo de acuerdo a la vida esperada del bien.

Sintaxis

AMORTIZ.PROGRE(costo;fecha_compra;primer_período;costo_residual; período;tasa;base)

Costo. Es el costo o valor de compra del bien.

Fecha_compra. Es la fecha de compra del bien.

Primer_período. Es la fecha del final del primer período.

Costo_residual. Es el valor residual o valor del bien al final del período de la amortización.

Período. Es el período.

Tasa. Es la tasa de amortización.

Base. Es la base anual usada. 0. 360 días (Método NASD). 1. Real. 2. 365 al año. 3. 360 al año (Sistema europeo).

AMORTIZ.LIN

Devuelve la amortización lineal de un bien al final de un ejercicio fiscal determinado. Esta función se proporciona para el sistema contable francés. Si se compra un activo durante el período contable, la regla de prorata temporis se aplica al cálculo de la amortización.

Sintaxis

AMORTIZ.LIN(costo;fecha_compra;primer_período;costo_residual;período;tasa;base)

Importante: Las fechas deben introducirse mediante la función FECHA o como resultado de otras fórmulas o funciones. Pueden producirse problemas si las fechas se introducen como texto.

Costo. Es el costo o valor de compra del bien.

Fecha_compra. Es la fecha de compra del bien.

Primer_período. Es la fecha del final del primer período.

Costo_residual. Es el valor residual o valor del bien al final del período de la amortización.

Período. Es el período.

Tasa. Es la tasa de amortización.

Base. Es la base anual usada. Ver Base de la función AMORTIZ.PROGRE.

CUPON.DIAS.L1

Devuelve el número de días desde el comienzo del período del cupón hasta la fecha de liquidación.

Sintaxis

CUPON.DIAS.L1(liq; vencto; frec; base)

Liq. Es la fecha de liquidación del valor bursátil. La fecha de liquidación del valor bursátil es la fecha posterior a la fecha de emisión en la que el comprador adquiere el valor bursátil.

Vencto. Es la fecha de vencimiento del valor bursátil. La fecha de vencimiento es cuando expira el valor bursátil.

Frec. Es el número de pagos de cupón al año. Para pagos anuales, frec = 1; para pagos semestrales, frec = 2; para pagos trimestrales, frec = 4.

Base. Determina en qué tipo de base deben contarse los días. Ver Base de la función INT.ACUM.

CUPON.DIAS

Devuelve el número de días del período (entre dos cupones) donde se encuentra la fecha de liquidación.

Sintaxis

CUPON.DIAS(liq;vencto;frec;base)

Liq. Es la fecha de liquidación del valor bursátil. La fecha de liquidación del valor bursátil es la fecha posterior a la fecha de emisión en la que el comprador adquiere el valor bursátil.

Vencto. Es la fecha de vencimiento del valor bursátil. La fecha de vencimiento es cuando expira el valor bursátil.

Frec. Es el número de pagos de cupón al año. Para pagos anuales, frec = 1; para pagos semestrales, frec = 2; para pagos trimestrales, frec = 4.

Base. Determina en qué tipo de base deben contarse los días. Ver Base de la función INT.ACUM.

CUPON.DIAS.L2

Devuelve el número de días desde el comienzo del período de consolidación hasta la fecha del siguiente cupón.

Sintaxis

CUPON.DIAS.L2(liq; vencto; frec; base)

Liq. Es la fecha de liquidación del valor bursátil. La fecha de liquidación del valor bursátil es la fecha posterior a la fecha de emisión en la que el comprador adquiere el valor bursátil.

Vencto. Es la fecha de vencimiento del valor bursátil. La fecha de vencimiento es cuando expira el valor bursátil.

Frec. Es el número de pagos de cupón al año. Para pagos anuales, frec = 1; para pagos semestrales, frec = 2; para pagos trimestrales, frec = 4.

Base. Determina en qué tipo de base deben contarse los días. Ver Base de la función INT.ACUM.

CUPON.FECHA.L2

Devuelve la fecha del siguiente cupón después de la fecha de liquidación.

Sintaxis

CUPON.FECHA.L2(liq; vencto; frec; base)

Liq. Es la fecha de liquidación del valor bursátil. La fecha de liquidación del valor bursátil es la fecha posterior a la fecha de emisión en la que el comprador adquiere el valor bursátil.

Vencto. Es la fecha de vencimiento del valor bursátil. La fecha de vencimiento es cuando expira el valor bursátil.

Frec. Es el número de pagos de cupón al año. Para pagos anuales, frec = 1; para pagos semestrales, frec = 2; para pagos trimestrales, frec = 4.

Base. Determina en qué tipo de base deben contarse los días. Ver Base de la función INT.ACUM.

CUPON.NUM

Devuelve el número de cupones pagaderos entre las fechas de liquidación y vencimiento redondeados al número entero del cupón más cercano.

Sintaxis

CUPON.NUM(liq;vencto;frec;base)

Liq. Es la fecha de liquidación del valor bursátil. La fecha de liquidación del valor bursátil es la fecha posterior a la fecha de emisión en la que el comprador adquiere el valor bursátil.

Vencto. Es la fecha de vencimiento del valor bursátil. La fecha de vencimiento es cuando expira el valor bursátil.

Frec. Es el número de pagos de cupón al año. Para pagos anuales, frec = 1; para pagos semestrales, frec = 2; para pagos trimestrales, frec = 4.

Base. Determina en qué tipo de base deben contarse los días. Ver Base de la función INT.ACUM.

CUPON.FECHA.L1

Devuelve la fecha del cupón anterior a la fecha de liquidación.

Sintaxis

CUPON.FECHA.L1(liq; vencto; frec; base)

Liq. Es la fecha de liquidación del valor bursátil. La fecha de liquidación del valor bursátil es la fecha posterior a la fecha de emisión en la que el comprador adquiere el valor bursátil.

Vencto. Es la fecha de vencimiento del valor bursátil. La fecha de vencimiento es cuando expira el valor bursátil.

Frec. Es el número de pagos de cupón al año. Para pagos anuales, frec = 1; para pagos semestrales, frec = 2; para pagos trimestrales, frec = 4.

Base. Determina en qué tipo de base deben contarse los días. Ver Base de la función INT.ACUM.

PAGO.INT.ENTRE

Devuelve la cantidad de interés pagado de un préstamo entre los argumentos per_inicial y per_final.

Sintaxis

PAGO.INT.ENTRE(tasa;nper;vp;per_inicial;per_final;tipo)

Tasa. Es la tasa de interés.

Nper. Es el número total de períodos de pago.

Vp. Es el valor actual.

Per_inicial. Es el primer período en el cálculo. Los períodos de pago se numeran empezando por 1.

Per_final. Es el último período en el cálculo.

Tipo. Es el momento del pago de intereses (comienzo o final del período).

- 0 (cero). Al final del período.
- 1. Al principio del período.

PAGO.PRINC.ENTRE

Devuelve la cantidad acumulada de capital pagado de un préstamo entre los períodos (per_inicial y per_final).

Sintaxis

PAGO.PRINC.ENTRE(tasa;nper;vp;per_inicial;per_final;tipo)

Tasa. Es la tasa de interés.

Nper. Es el número total de períodos de pago.

Vp. Es el valor actual.

Per_inicial. Es el primer período en el cálculo. Los períodos de pago se numeran empezando por 1.

Per_final. Es el último período en el cálculo.

Tipo. Es el momento del pago de intereses (al comienzo o al final del período). Ver tipo función PAGO.INT.ENTRE.

DB

Devuelve la depreciación de un bien durante un período específico usando el método de depreciación de saldo fijo.

Sintaxis

DB(costo;valor_residual;vida;período;mes)

Costo. Es el costo inicial del bien.

Valor_residual. Es el valor al final de la depreciación.

Vida. Es el número de períodos durante los cuales se produce la amortización del bien (también conocido como vida útil del bien).

Período. Es el período para el que se desea calcular la depreciación. Debe usar los mismos valores que el argumento vida.

Mes. Es el número de meses en el primer año. Si se omite el argumento mes, se supondrá que es 12.

Observaciones

El método de depreciación de saldo fijo calcula la depreciación a tasa fija. La función DB usa las fórmulas siguientes para calcular la depreciación durante un período: (costo - depreciación total de períodos anteriores) * tasa. Donde: tasa = 1 - ((valor_residual / costo) ^ (1 / vida)), redondeado hasta tres posiciones decimales. La depreciación del primer y último períodos son casos especiales. La función DB utiliza la fórmula siguiente para calcular el primer período: costo * tasa * mes / 12. Para calcular el último período, DB utiliza la fórmula siguiente: ((costo - depreciación total de períodos anteriores) * tasa * (12 - mes)) / 12.

DDB

Devuelve la depreciación de un bien en un período específico con el método de depreciación por doble disminución de saldo o cualquier otro método que se especifique.

Sintaxis

DDB(costo,valor_residual,vida,período,factor)

Costo. Es el costo inicial del bien.

Valor_residual. Es el valor al final de la depreciación.

Vida. Es el número de períodos durante los cuales se produce la amortización del bien (también conocido como vida útil del bien).

Período. Es el período para el que se desea calcular la depreciación. Debe usar los mismos valores que el argumento vida.

Factor. Es la tasa a la que disminuye el saldo. Si el argumento factor se omite, se calculará como 2 (el método de amortización con una tasa doble de disminución del saldo).

Observaciones

Los cinco argumentos deben ser números positivos. El método de depreciación por doble disminución del saldo calcula la depreciación a una tasa acelerada. La depreciación es más alta durante el primer período y disminuye en períodos sucesivos. La función DDB usa la fórmula siguiente para calcular la depreciación para un período: costo - valor_residual(depreciación total en períodos anteriores) * factor / vida.

TASA.DESC

Devuelve la tasa de descuento de un valor bursátil.

Sintaxis

TASA.DESC(liq;vencto;precio;valor_de_rescate;base)

Liq. Es la fecha de liquidación del valor bursátil. La fecha de liquidación del valor bursátil es la fecha posterior a la fecha de emisión en la que el comprador adquiere el valor bursátil.

Vencto. Es la fecha de vencimiento del valor bursátil. La fecha de vencimiento es cuando expira el valor bursátil.

Precio. Es el precio del valor bursátil por cada 100$ de valor nominal.

Valor_de_rescate. Es el valor de rescate del valor bursátil por cada 100$ de valor nominal.

Base. Determina en qué tipo de base deben contarse los días. Ver Base de la función INT.ACUM.

MONEDA.DEC

Convierte una cotización de un valor bursátil, expresada en forma fraccionaria, en decimal. Use MONEDA.DEC para convertir números fraccionarios de moneda, como precios de valores bursátiles, a números decimales.

Sintaxis

MONEDA.DEC(moneda_fraccionaria;fracción)

Moneda_fraccionaria. Es un número expresado como fracción.

Fracción. Es el entero que se utiliza como denominador de la fracción.

Observaciones

Si el argumento fracción no es un entero, se trunca. Si el argumento fracción es menor que 0, MONEDA.DEC devuelve el valor de error #¡NUM! Si fracción es 0, MONEDA.DEC devuelve el valor de error #¡DIV/0!

MONEDA.FRAC

Convierte una cotización de un valor bursátil, expresada en forma decimal, en fraccionaria. Use MONEDA.FRAC para convertir números decimales de moneda, como precios de valores bursátiles, en fracción.

Sintaxis

MONEDA.FRAC(moneda_decimal;fracción)

Moneda_decimal. Es un número decimal.

Fracción. Es el entero que se utiliza como denominador de una fracción.

Observaciones

Ver observaciones función MONEDA.DEC.

DURACION

Devuelve la duración de Macauley de un valor de valor nominal supuesto de 100 $. La duración se define como el promedio ponderado del valor presente de los recursos generados y se usa como una medida de la respuesta del precio de un bono a los cambios en el rendimiento.

Sintaxis

DURACION(liq;vencto;cupón;rendto;frec;base)

Liq. Es la fecha de liquidación del valor bursátil. La fecha de liquidación del valor bursátil es la fecha posterior a la fecha de emisión en la que el comprador adquiere el valor bursátil.

Vencto. Es la fecha de vencimiento del valor bursátil. La fecha de vencimiento es cuando expira el valor bursátil.

Cupón. Es la tasa de interés nominal anual (interés en los cupones) de un valor bursátil.

Rendto. Es el rendimiento anual de un valor bursátil.

Frec. Es el número de pagos de cupón al año. Para pagos anuales, frec = 1; para pagos semestrales, frec = 2; para pagos trimestrales, frec = 4.

Base. Determina en qué tipo de base deben contarse los días. Ver Base de la función INT.ACUM.

INT.EFECTIVO

Devuelve la tasa efectiva del interés anual, si se conocen la tasa de interés anual nominal y el número de períodos de interés compuesto por año.

Sintaxis

INT.EFECTIVO(int_nominal;núm_per_año)

Int_nominal. Es la tasa de interés nominal.

Núm_per_año. Es el número de períodos de interés compuesto por año.

Observaciones

El argumento núm_per_año se trunca a entero. Si uno de los argumentos no es numérico, INT.EFECTIVO devuelve el valor de error #¡VALOR! Si el argumento int_nominal = 0 o si el argumento núm_per_año < 1, INT.EFECTIVO devuelve el valor de error #¡NUM!

VF

Devuelve el valor futuro de una inversión basándose en pagos periódicos constantes y en una tasa de interés constante.

Sintaxis

VF(tasa;nper;pago;va;tipo)

Tasa. Es la tasa de interés por período.

Nper. Es el número total de períodos de pago en una anualidad.

Pago. Es el pago que se efectúa cada período y que no puede cambiar durante la vigencia de la anualidad. Generalmente, el argumento pago incluye el capital y el interés pero ningún otro arancel o impuesto. Si se omite el argumento pago, se deberá incluir el argumento va.

Va. Es el valor actual o el importe total de una serie de pagos futuros. Si se omite, se considerará 0 (cero) y se deberá incluir el argumento pago.

Tipo. Es el número 0 ó 1 e indica cuándo vencen los pagos. Si tipo se omite, se calculará como 0. 0 (cero) al final del período y 1 al inicio del período.

Observaciones

Para obtener una descripción más completa de los argumentos de VF y más información acerca de las funciones para anualidades, vea VA.

FV.PLAN

Devuelve el valor futuro de un capital inicial después de aplicar una serie de tasas de interés compuesto. Utilice VF.PLAN para calcular el valor futuro de una inversión con una tasa variable o ajustable.

Sintaxis

VF.PLAN(capital;plan_serie_de_tasas)

Capital. Es el valor actual.

Plan_serie_de_tasas. Es una matriz con las tasas de interés que se aplican.

Observaciones

Los valores del argumento plan_serie_de_tasas pueden ser números o celdas en blanco; cualquier otro valor generará el valor de error #¡VALOR! para VF.PLAN. Las celdas en blanco se interpretan como ceros (sin interés).

TASA.INT

Devuelve la tasa de interés para la inversión total en un valor bursátil.

Sintaxis

TASA.INT(liq; vencto; inversión; valor_de_rescate; base)

Liq. Es la fecha de liquidación del valor bursátil. La fecha de liquidación del valor bursátil es la fecha posterior a la fecha de emisión en la que el comprador adquiere el valor bursátil.

Vencto. Es la fecha de vencimiento del valor bursátil. La fecha de vencimiento es cuando expira el valor bursátil.

Inversión. Es la cantidad de dinero que se ha invertido en el valor bursátil.

Valor_de_rescate. Es el valor que se recibirá en la fecha de vencimiento.

Base. Determina en qué tipo de base deben contarse los días. Ver Base de la función INT.ACUM.

PAGOINT

Devuelve el interés pagado en un período específico por una inversión basándose en pagos periódicos constantes y en una tasa de interés constante.

Sintaxis

PAGOINT(tasa;período;nper;va;vf;tipo)

Tasa. Es la tasa de interés por período.

Período. Es el período para el que desea calcular el interés y que debe estar entre 1 y el argumento nper.

Nper. Es el número total de períodos de pago en una anualidad.

Va. Es el valor actual o la suma total de una serie de futuros pagos.

Vf. Es el valor futuro o un saldo en efectivo que desea lograr después de efectuar el último pago. Si el argumento vf se omite, se asume que el valor es 0.

Tipo. Es el número 0 ó 1 e indica el vencimiento de los pagos. Si tipo se omite, se calculará como 0. 0 (cero) al final del período y 1 al inicio del período.

Observaciones

Para obtener una descripción más completa de los argumentos de PAGOINT y más información acerca de las funciones de anualidades, vea VA.

TIR

Devuelve la tasa interna de retorno de los flujos de caja representados por los números del argumento valores. Estos flujos de caja no tienen porqué ser constantes, como es el caso en una anualidad. Sin embargo, los flujos de caja deben ocurrir en intervalos regulares, como meses o años. La tasa interna de retorno equivale a la tasa de interés producida por un proyecto de inversión con pagos (valores negativos) e ingresos (valores positivos) que ocurren en períodos regulares.

Sintaxis

TIR(valores;estimar)

Valores. Es una matriz o una referencia a celdas que contienen los números para los cuales desea calcular la tasa interna de retorno.

Estimar. Es un número que el usuario estima que se aproximará al resultado de TIR.

Observaciones

Microsoft Excel utiliza una técnica iterativa para el cálculo de TIR. Comenzando con el argumento estimar, TIR reitera el cálculo hasta que el resultado obtenido tenga una exactitud de 0,00001%. Si TIR no llega a un resultado después de 20 intentos, devuelve el valor de error #¡NUM! En la mayoría de los casos no necesita proporcionar el argumento estimar para el cálculo de TIR. Si se omite el argumento estimar, se supondrá que es 0,1 (10%). Si TIR devuelve el valor de error #¡NUM!, o si el valor no se aproxima a su estimación, realice un nuevo intento con un valor diferente de estimar. TIR interpreta el orden de los flujos de caja siguiendo el orden del argumento valores. Asegúrese de introducir los valores de los pagos e ingresos en el orden correcto. Si un argumento matricial o de referencia contiene texto, valores lógicos o celdas vacías, esos valores se pasan por alto. El argumento valores debe contener al menos un valor positivo y uno negativo para calcular la tasa interna de retorno.

INT.PAGO.DIR

Calcula el interés que se ha pagado durante un período específico de una inversión. Esta función se incluye para proporcionar compatibilidad con Lotus 1-2-3.

Sintaxis

INT.PAGO.DIR (tasa;período;núm_per;va)

Tasa. Es la tasa de interés de la inversión.

Período. Es el período cuyo interés desea averiguar y que debe estar comprendido entre 1 y el número total de períodos.

Núm_per. Es el número total de períodos de pago de la inversión.

Va. Es el valor actual de la inversión. Para un préstamo, va es la cantidad del préstamo.

Observaciones

Mantenga uniformidad en el uso de las unidades con las que especifica los argumentos tasa y nper. Para todos los argumentos, el dinero que desembolse, como depósitos en una cuenta de ahorros u otros reintegrados, se representa con números negativos, mientras que el dinero que recibe, como cheques de dividendos y otros depósitos, se representa con números positivos.

DURACION.MODIF

Devuelve la duración de Macauley modificada de un valor bursátil con un valor nominal supuesto de 100 $.

Sintaxis

DURACION.MODIF(liq; vencto; cupón; rendto; frec; base)

Liq. Es la fecha de liquidación del valor bursátil. La fecha de liquidación del valor bursátil es la fecha posterior a la fecha de emisión en la que el comprador adquiere el valor bursátil.

Vencto. Es la fecha de vencimiento del valor bursátil. La fecha de vencimiento es cuando expira el valor bursátil.

Cupón. Es la tasa de interés nominal anual (interés en los cupones) de un valor bursátil.

Rendto. Es el rendimiento anual de un valor bursátil.

Frec. Es el número de pagos de cupón al año. Para pagos anuales, frec = 1; para pagos semestrales, frec = 2; para pagos trimestrales, frec = 4.

Base. Determina en qué tipo de base deben contarse los días. Ver Base de la función INT.ACUM.

TIRM

Devuelve la tasa interna de retorno modificada para una serie de flujos de caja periódicos. TIRM toma en cuenta el costo de la inversión y el interés obtenido por la reinversión del dinero.

Sintaxis

TIRM(valores;tasa_financiamiento;tasa_reinversión)

Valores. Es una matriz o una referencia a celdas que contienen números. Estos números representan una serie de pagos (valores negativos) e ingresos (valores positivos) que se realizan en períodos regulares.

- El argumento valores debe contener por lo menos un valor positivo y uno negativo para poder calcular la tasa interna de retorno modificada. De lo contrario, TIRM devuelve el valor de error #¡DIV/0!
- Si el argumento matricial o de referencia contiene texto, valores lógicos o celdas vacías, estos valores se pasan por alto; sin embargo, se incluirán las celdas con el valor cero.

Tasa_financiamiento. Es la tasa de interés que se paga por el dinero utilizado en los flujos de caja.

Tasa_reinversión. Es la tasa de interés obtenida por los flujos de caja a medida que se reinvierten.

TASA.NOMINAL

Devuelve la tasa de interés nominal anual si se conocen la tasa efectiva y el número de períodos de interés compuesto por año.

Sintaxis

TASA.NOMINAL(tasa_efectiva; núm_per)

Tasa_efectiva. Es la tasa de interés efectiva.

Núm_per. Es el número de períodos de interés compuesto por año.

Observaciones

El argumento núm_per se trunca a entero. Si alguno de los argumentos no es numérico, TASA.NOMINAL devuelve el valor de error #¡VALOR! Si tasa_efectiva = 0 o si núm_per < 1, TASA.NOMINAL devuelve el valor de error #¡NUM!

NPER

Devuelve el número de períodos de una inversión basándose en los pagos periódicos constantes y en la tasa de interés constante.

Sintaxis

NPER(tasa; pago; va; vf; tipo)

Tasa. Es la tasa de interés por período.

Pago. Es el pago efectuado en cada período; debe permanecer constante durante la vida de la anualidad. Por lo general, pago incluye el capital y el interés, pero no incluye ningún otro arancel o impuesto.

Va. Es el valor actual o la suma total de una serie de futuros pagos.

Vf. Es el valor futuro o bien un saldo en efectivo que desea lograr después de efectuar el último pago. Si el argumento vf se omite, se asume que el valor es 0.

Tipo. Es el número 0 ó 1 e indica el vencimiento de los pagos. 0 (cero) u omitido al final del período, 1 al inicio del período.

Observaciones

Para obtener una descripción más completa de los argumentos de NPER y más información acerca de las funciones de anualidades, vea VA.

VNA

Calcula el valor neto presente de una inversión a partir de una tasa de descuento y una serie de pagos futuros (valores negativos) e ingresos (valores positivos).

Sintaxis

VNA(tasa;valor1;valor2; ...)

Tasa. Es la tasa de descuento a lo largo de un período.

Valor1, valor2, ... Son de 1 a 29 argumentos que representan los pagos e ingresos.

- Valor1; valor2; ... deben tener la misma duración y ocurrir al final de cada período.

- VNA usa el orden de valor1; valor2; ... para interpretar el orden de los flujos de caja. Asegúrese de introducir los valores de los pagos y de los ingresos en el orden adecuado.
- Los argumentos que consisten en números, celdas vacías, valores lógicos o representaciones textuales de números se cuentan; los argumentos que consisten en valores de error o texto que no se puede traducir a números se pasan por alto.
- Si un argumento es una matriz o referencia, sólo se considerarán los números en esa matriz o referencia. Se pasan por alto las celdas vacías, valores lógicos, texto o valores de error en la matriz o en la referencia.

PRECIO.PER.IRREGULAR.1

Devuelve el precio de un valor bursátil con un primer período irregular por cada 100 $ de valor nominal.

Sintaxis

PRECIO.PER.IRREGULAR.1(liq;vencto;emisión;próx_cupón;tasa;rendto; valor_de_rescate;frec;base)

Liq. Es la fecha de liquidación del valor bursátil. La fecha de liquidación del valor bursátil es la fecha posterior a la fecha de emisión en la que el comprador adquiere el valor bursátil.

Vencto. Es la fecha de liquidación del valor bursátil. La fecha de vencimiento es cuando expira el valor bursátil.

Emisión. Es la fecha de emisión del valor bursátil.

Próx_cupón. Es la fecha del primer cupón del valor bursátil.

Tasa. Es la tasa de interés del valor bursátil.

Rendto. Es el rendimiento anual de un valor bursátil.

Valor_de_rescate. Es el valor de rescate del valor bursátil por cada 100 $ de valor nominal.

Frec. Es el número de pagos de cupón al año. Para pagos anuales, frec = 1; para pagos semestrales, frec = 2; para pagos trimestrales, frec = 4.

Base. Determina en qué tipo de base deben ser contados los días. Ver Base de la función INT.ACUM.

RENDTO.PER.IRREGULAR.1

Devuelve el rendimiento de un valor bursátil con un primer período irregular.

Sintaxis

RENDTO.PER.IRREGULAR.1(liq;vencto;emisión;próx_cupón;tasa;precio;valor_de_rescate;frec;base)

Liq. Es la fecha de liquidación del valor bursátil. La fecha de liquidación del valor bursátil es la fecha posterior a la fecha de emisión en la que el comprador adquiere el valor bursátil.

Vencto. Es la fecha de vencimiento del valor bursátil. La fecha de vencimiento es cuando expira el valor bursátil.

Emisión. Es la fecha de emisión del valor bursátil.

Próx_cupón. Es la fecha del primer cupón del valor bursátil.

Tasa. Es la tasa de interés del valor bursátil.

Precio. Es el precio del valor bursátil.

Valor_de_rescate. Es el valor de rescate del valor bursátil por cada 100 $ de valor nominal.

Frec. Es el número de pagos de cupón al año. Para pagos anuales, frec = 1; para pagos semestrales, frec = 2; para pagos trimestrales, frec = 4.

Base. Determina en qué tipo de base deben contarse los días. Ver Base de la función INT.ACUM.

PRECIO.PER.IRREGULAR.1

Devuelve el precio de un valor bursátil con un último período irregular por cada 100 $ de valor nominal.

Sintaxis

PRECIO.PER.IRREGULAR.2(liq;vencto;último_interés;tasa;rendto;valor_de_rescate;frec;base)

Liq. Es la fecha de liquidación del valor bursátil. La fecha de liquidación del valor bursátil es la fecha posterior a la fecha de emisión en la que el comprador adquiere el valor bursátil.

Vencto. Es la fecha de vencimiento del valor bursátil. La fecha de vencimiento es cuando expira el valor bursátil.

Último_interés. Es la fecha del último cupón.

Tasa. Es la tasa de interés del valor bursátil.

Rendto. Es el rendimiento anual de un valor bursátil.

Valor_de_rescate. Es el valor de rescate del valor bursátil por cada 100 $ de valor nominal.

Frec. Es el número de pagos de cupón al año. Para pagos anuales, frec = 1; para pagos semestrales, frec = 2; para pagos trimestrales, frec = 4.

Base. Determina en qué tipo de base deben contarse los días. Ver Base de la función INT.ACUM.

RENDTO.PER.IRREGULAR.2

Devuelve el rendimiento de un valor bursátil que tiene un último período irregular (largo o corto).

Sintaxis

RENDTO.PER.IRREGULAR.2(liq;vencto;último_interés;tasa;precio;valor_de_rescate;frec;base)

Liq. Es la fecha de liquidación del valor bursátil. La fecha de liquidación del valor bursátil es la fecha posterior a la fecha de emisión en la que el comprador adquiere el valor bursátil.

Vencto. Es la fecha de vencimiento del valor bursátil. La fecha de vencimiento es cuando expira el valor bursátil.

Último_interés. Es la fecha del último cupón.

Tasa. Es la tasa de interés del valor bursátil.

Precio. Es el precio del valor bursátil.

Valor_de_rescate. Es el valor de rescate del valor bursátil por cada 100 $ de valor nominal.

Frec. Es el número de pagos de cupón al año. Para pagos anuales, frec = 1; para pagos semestrales, frec = 2; para pagos trimestrales, frec = 4.

Base. Determina en qué tipo de base deben contarse los días. Ver Base de la función INT.ACUM.

PAGO

Calcula el pago de un préstamo basándose en pagos constantes y en una tasa de interés constante.

Sintaxis

PAGO(tasa;nper;va;vf;tipo)

Tasa. Es el tipo de interés del préstamo.

Nper. Es el número total de pagos del préstamo.

Va. Es el valor actual o lo que vale ahora la cantidad total de una serie de pagos futuros, también se conoce como el principal.

Vf. Es el valor futuro o un saldo en efectivo que desea lograr después de efectuar el último pago. Si el argumento vf se omite, se asume que el valor es 0 (es decir, el valor futuro de un préstamo es 0).

Tipo. Es el número 0 (cero) ó 1 e indica el vencimiento de los pagos. 0 (cero) u omitido al final del período, 1 al inicio del período.

Observaciones

Para obtener una descripción más completa de los argumentos de PAGO, vea la función VA.

PAGOPRIN

Devuelve el pago sobre el capital de una inversión durante un período determinado basándose en pagos periódicos y constantes, y en una tasa de interés constante.

Sintaxis

PAGOPRIN(tasa;período;nper;va;vf;tipo)

Tasa. Es la tasa de interés por período.

Período. Especifica el período, que debe estar entre 1 y nper.

Nper. Es el número total de períodos de pago en una anualidad.

Va. Es el valor actual, es decir, el valor total que tiene actualmente una serie de pagos futuros.

Vf. Es el valor futuro o un saldo en efectivo que desea lograr después de efectuar el último pago. Si el argumento vf se omite, se asume que el valor es 0 (es decir, el valor futuro de un préstamo es 0).

Tipo. Es el número 0 ó 1 e indica el vencimiento de los pagos. 0 (cero) u omitido al final del período, 1 al inicio del período.

Observaciones

Para una descripción más completa de los argumentos de PAGOPRIN, vea la función VA.

PRECIO

Devuelve el precio por 100 $ de valor nominal de un valor bursátil que paga una tasa de interés periódica.

Sintaxis

PRECIO(liq;vencto;tasa;rendto;valor_de_rescate;frec;base)

Liq. Es la fecha de liquidación del valor bursátil. La fecha de liquidación del valor bursátil es la fecha posterior a la fecha de emisión en la que el comprador adquiere el valor bursátil.

Vencto. Es la fecha de vencimiento del valor bursátil. La fecha de vencimiento es cuando expira el valor bursátil.

Tasa. Es la tasa de interés nominal anual (interés en los cupones) de un valor bursátil.

Rendto. Es el rendimiento anual de un valor bursátil.

Valor_de_rescate. Es el valor de rescate del valor bursátil por cada 100 $ de valor nominal.

Frec. Es el número de pagos de cupón al año. Para pagos anuales, frec = 1; para pagos semestrales, frec = 2; para pagos trimestrales, frec = 4.

Base. Determina en qué tipo de base deben contarse los días. Ver Base de la función INT.ACUM.

PRECIO.DESCUENTO

Devuelve el precio por 100 $ de valor nominal de un valor bursátil con descuento.

Sintaxis

PRECIO.DESCUENTO(liq;vencto;descuento;valor_de_rescate;base)

Liq. Es la fecha de liquidación del valor bursátil. La fecha de liquidación del valor bursátil es la fecha posterior a la fecha de emisión en la que el comprador adquiere el valor bursátil.

Vencto. Es la fecha de vencimiento del valor bursátil. La fecha de vencimiento es cuando expira el valor bursátil.

Descuento. Es la tasa de descuento del valor bursátil.

Valor_de_rescate. Es el valor de rescate del valor bursátil por cada 100 $ de valor nominal.

Base. Determina en qué tipo de base deben contarse los días. Ver Base de la función INT.ACUM.

PRECIO.VENCIMIENTO

Devuelve el precio por 100 $ de valor nominal de un valor bursátil que paga interés a su vencimiento.

Sintaxis

PRECIO.VENCIMIENTO(liq;vencto;emisión;tasa;rendto;base)

Liq. Es la fecha de liquidación del valor bursátil. La fecha de liquidación del valor bursátil es la fecha posterior a la fecha de emisión en la que el comprador adquiere el valor bursátil.

Vencto. Es la fecha de vencimiento del valor bursátil. La fecha de vencimiento es cuando expira el valor bursátil.

Emisión. Es la fecha de emisión del valor bursátil, expresada como un número de serie.

Tasa. Es la tasa de interés en la fecha de emisión del valor bursátil.

Rendto. Es el rendimiento anual de un valor bursátil.

Base. Determina en qué tipo de base deben contarse los días. Ver Base de la función INT.ACUM.

VA

Devuelve el valor actual de una inversión. El valor actual es el valor que tiene actualmente la suma de una serie de pagos que se efectuarán en el futuro.

Sintaxis

VA(tasa;nper;pago;vf;tipo)

Tasa. Es la tasa de interés por período.

Nper. Es el número total de períodos de pago en una anualidad.

Pago. Es el pago efectuado en cada período, que no puede variar durante la anualidad. Generalmente el argumento pago incluye el capital y el interés, pero no incluye ningún otro arancel o impuesto.

Vf. Es el valor futuro o un saldo en efectivo que desea lograr después de efectuar el último pago. Si el argumento vf se omite, se asume que el valor es 0.

Tipo. Es el número 0 ó 1 e indica el vencimiento de los pagos. 0 (cero) u omitido al final del período, 1 al inicio del período.

TASA

Devuelve la tasa de interés por período de una anualidad. TASA se calcula por iteración y puede tener cero o más soluciones. Si los resultados sucesivos de TASA no convergen dentro de 0,0000001 después de 20 iteraciones, TASA devuelve el valor de error #¡NUM!

Sintaxis

TASA(nper;pago;va;vf;tipo)

Nper. Es el número total de períodos de pago en una anualidad.

Pago. Es el pago efectuado en cada período, que no puede variar durante la vida de la anualidad. Generalmente el argumento pago incluye el capital y el interés, pero no incluye ningún otro arancel o impuesto. Si se omite el argumento pago, deberá incluirse el argumento vf.

Va. Es el valor actual, es decir, el valor que tiene actualmente una serie de pagos futuros.

Vf. Es el valor futuro o un saldo en efectivo que desea lograr después de efectuar el último pago. Si el argumento vf se omite, se asume que el valor es 0.

Tipo. Es el número 0 ó 1 e indica el vencimiento de los pagos. 0 (cero) u omitido al final del período, 1 al inicio del período.

Observaciones

Vea la función VA para obtener una descripción completa de los argumentos nper; pago; va; vf y tipo.

CANTIDAD.RECIBIDA

Devuelve la cantidad recibida al vencimiento de un valor bursátil completamente invertido.

Sintaxis

CANTIDAD.RECIBIDA(liq;vencto;inversión;descuento;base)

Liq. Es la fecha de liquidación del valor bursátil. La fecha de liquidación del valor bursátil es la fecha posterior a la fecha de emisión en la que el comprador adquiere el valor bursátil.

Vencto. Es la fecha de vencimiento del valor bursátil. La fecha de vencimiento es cuando expira el valor bursátil.

Inversión. Es la cantidad de dinero que se ha invertido en el valor bursátil.

Descuento. Es la tasa de descuento del valor bursátil.

Base. Determina en qué tipo de base deben contarse los días. Ver Base de la función INT.ACUM.

SLN

Devuelve la depreciación por método directo de un bien en un período dado.

Sintaxis

SLN(costo;valor_residual;vida)

Costo. Es el costo inicial del bien.

Valor_residual. Es el valor al final de la depreciación.

Vida. Es el número de períodos durante los cuales se produce la depreciación del bien (también conocido como la vida útil del bien).

SYD

Devuelve la depreciación por suma de dígitos de los años de un bien durante un período específico.

Sintaxis

SYD(costo;valor_residual;vida;período)

Costo. Es el costo inicial del bien.

Valor_residual. Es el valor al final de la depreciación.

Vida. Es el número de períodos durante los cuales se produce la depreciación del bien (también conocido como la vida útil del bien).

Período. Es el período, que debe utilizar las mismas unidades que el argumento vida.

LETRA.DE.TES.EQV.A.BONO

Devuelve el rendimiento de un bono equivalente a una letra del Tesoro (de EE.UU.).

Sintaxis

LETRA.DE.TES.EQV.A.BONO(liq;vencto;descuento)

Liq. Es la fecha de liquidación de la letra del Tesoro. La fecha de liquidación del valor bursátil es la fecha posterior a la fecha de emisión en la que el comprador adquiere la letra del Tesoro.

Vencto. Es la fecha de vencimiento de la letra del Tesoro. La fecha de vencimiento es cuando expira la letra del Tesoro.

Descuento. Es la tasa de descuento de la letra del Tesoro.

LETRA.DE.TES.PRECIO

Devuelve el precio por 100 $ de valor nominal de una letra del Tesoro (de EE.UU.).

Sintaxis

LETRA.DE.TES.PRECIO(liq;vencto;descuento)

Liq. Es la fecha de liquidación de la letra del Tesoro. La fecha de liquidación del valor bursátil es la fecha posterior a la fecha de emisión en la que el comprador adquiere la letra del Tesoro.

Vencto. Es la fecha de vencimiento de la letra del Tesoro. La fecha de vencimiento es cuando expira la letra del Tesoro.

Descuento. Es la tasa de descuento de la letra del Tesoro.

LETRA.DE.TES.RENDTO

Devuelve el rendimiento de una letra del Tesoro (de EE.UU.).

Sintaxis

LETRA.DE.TES.RENDTO(liq;vencto;precio)

Liq. Es la fecha de liquidación de la letra del Tesoro. La fecha de liquidación del valor bursátil es la fecha posterior a la fecha de emisión en la que el comprador adquiere la letra del Tesoro.

Vencto. Es la fecha de vencimiento de la letra del Tesoro. La fecha de vencimiento es cuando expira la letra del Tesoro.

Precio. Es el precio de la letra del Tesoro (de EE.UU.) por cada 100 $ de valor nominal.

DVS

Devuelve la amortización de un bien durante un período especificado, inclusive un período parcial, usando el método de amortización acelerada con una tasa doble y según el coeficiente que especifique. Las iniciales DVS corresponden a disminución variable del saldo.

Sintaxis

DVS(costo;valor_residual;vida;período_inicial;período_final;factor;sin_cambios)

Costo. Es el costo inicial del bien.

Valor_residual. Es el valor al final de la depreciación.

Vida. Es el número de períodos durante los cuales se produce la depreciación del bien (también conocido como la vida útil del bien).

Período_inicial. Es el período inicial para el que desea calcular la depreciación. El argumento período_inicial debe utilizar las mismas unidades que el argumento vida.

Período_final. Es el período final para el que desea calcular la depreciación. El argumento período_final debe utilizar las mismas unidades que el argumento vida.

Factor. Es la tasa a la que disminuye el saldo. Si el argumento factor se omite, se calculará como 2 (el método de amortización con una tasa doble de disminución del saldo). Si no desea utilizar el método de depreciación por doble disminución del saldo, cambie el argumento factor. Para obtener una descripción del método de amortización o de depreciación por doble disminución del saldo, consulte DDB.

Sin_cambios. Es un valor lógico que especifica si deberá cambiar al método directo de depreciación cuando la depreciación sea mayor que el cálculo del saldo en disminución.

- Si el argumento sin_cambios es VERDADERO, Microsoft Excel no cambia al método directo de depreciación aun cuando ésta sea mayor que el cálculo del saldo en disminución.
- Si el argumento sin_cambios es FALSO o se omite, Excel cambia al método directo de depreciación cuando la depreciación es mayor que el cálculo del saldo en disminución.

Observaciones

Todos los argumentos, excepto el argumento sin_cambios, deben ser números positivos.

TIR.NO.PER

Devuelve la tasa interna de retorno para un flujo de caja que no es necesariamente periódico. Para calcular la tasa interna de retorno de una serie de flujos de caja periódicos, utilice la función TIR.

Sintaxis

TIR.NO.PER(valores;fechas;estimar)

Valores. Es una serie de flujos de caja que corresponde a un calendario de pagos determinado por el argumento fechas. El primer pago es opcional y corresponde al costo o pago en que se incurre al principio de la inversión. Si el primer valor es un costo o un pago, debe ser un valor negativo. Todos los pagos sucesivos se descuentan basándose en un año de 365 días. La serie de valores debe incluir al menos un valor positivo y un valor negativo.

Fechas. Es un calendario de fechas de pago que corresponde a los pagos del flujo de caja. La primera fecha de pago indica el principio del calendario de pagos. El resto de las fechas deben ser posteriores a ésta, pero pueden ocurrir en cualquier orden. Las fechas deben introducirse mediante la función FECHA o como resultados de otras fórmulas o funciones.

Estimar. Es un número que el usuario estima que se aproximará al resultado de TIR.NO.PER.

VNA.NO.PER

Devuelve el valor neto actual para un flujo de caja que no es necesariamente periódico. Para calcular el valor neto actual de una serie de flujos de caja periódicos, utilice la función VNA.

Sintaxis

VNA.NO.PER(tasa;valores;fechas)

Tasa. Es la tasa de descuento que se aplica a los flujos de caja.

Valores. Es una serie de flujos de caja que corresponde a un calendario de pagos determinado por el argumento fechas. El primer pago es opcional y corresponde al costo o bien al pago en que se incurre al principio de la inversión. Si el primer valor es un costo o un pago, debe ser entonces un valor negativo. Todos los pagos sucesivos se descuentan basándose en un año de 365 días. La serie de valores deberá incluir al menos un valor positivo y otro un valor negativo.

Fechas. Es un calendario de fechas de pago que corresponde a los pagos del flujo de caja. La primera fecha de pago indica el principio del calendario de pagos. El resto de las fechas deben ser posteriores a ésta, pero pueden ocurrir en cualquier orden.

RENDTO

Calcula el rendimiento en un valor bursátil que paga intereses periódicos. Utilice la función RENDTO para calcular el rendimiento de bonos.

Sintaxis

RENDTO(liq;vencto;tasa;precio;valor_de_rescate;frec;base)

Liq. Es la fecha de liquidación del valor bursátil. La fecha de liquidación del valor bursátil es la fecha posterior a la fecha de emisión en la que el comprador adquiere el valor bursátil.

Vencto. Es la fecha de vencimiento del valor bursátil. La fecha de vencimiento es cuando expira el valor bursátil.

Tasa. Es la tasa de interés nominal anual (interés en los cupones) de un valor bursátil.

Precio. Es el precio del valor bursátil por cada 100 $ de valor nominal.

Valor_de_rescate. Es el valor de rescate del valor bursátil por cada 100 $ de valor nominal.

Frec. Es el número de pagos de cupón que se ecectúan al año. Para pagos anuales, frec = 1; para pagos semestrales, frec = 2; para pagos trimestrales, frec = 4.

Base. Determina en qué tipo de base deben contarse los días. Ver Base de la función INT.ACUM.

RENDTO.DESC

Devuelve el rendimiento anual de un valor bursátil con descuento.

Sintaxis

RENDTO.DESC(liq;vencto;precio;valor_de_rescate;base)

Liq. Es la fecha de liquidación del valor bursátil. La fecha de liquidación del valor bursátil es la fecha posterior a la fecha de emisión en la que el comprador adquiere el valor bursátil.

Vencto. Es la fecha de vencimiento del valor bursátil. La fecha de vencimiento es la fecha en que expira el valor bursátil.

Precio. Es el precio del valor bursátil por cada 100 $ de valor nominal.

Valor_de_rescate. Es el valor de rescate del valor bursátil por cada 100 $ de valor nominal.

Base. Determina en qué tipo de base deben ser contados los días.

RENDTO.VENCTO

Devuelve el rendimiento anual de un valor bursátil que paga intereses al vencimiento.

Sintaxis

RENDTO.VENCTO(liq;vencto;emisión;tasa;precio;base)

Liq. Es la fecha de liquidación del valor bursátil. La fecha de liquidación del valor bursátil es la fecha posterior a la fecha de emisión en la que el comprador adquiere el valor bursátil.

Vencto. Es la fecha de vencimiento del valor bursátil. La fecha de vencimiento es la fecha en que expira el valor bursátil.

Emisión. La fecha de emisión del valor bursátil, expresada como número de serie.

Tasa. Es la tasa de interés en la fecha de emisión del valor bursátil.

Precio. Es el precio del valor bursátil por cada 100 $ de valor nominal.

Base. Determina en qué tipo de base deben ser contados los días.

Funciones de información

CELDA

Devuelve información acerca del formato, ubicación o contenido de la celda del extremo superior izquierdo de una referencia.

Sintaxis

CELDA(tipo_de_info,ref)

Tipo_de_info. Es un valor de texto que especifica el tipo de información que se desea obtener acerca de la celda.

Ref. Es la celda acerca de la cual desea obtener información. Si se omite, la información especificada en tipo_de_info se devuelve para la última celda cambiada.

Observaciones

La función CELDA se proporciona por razones de compatibilidad con otros programas para hojas de cálculo.

CONTAR.BLANCO

Cuenta el número de celdas en blanco dentro de un rango.

Sintaxis

CONTAR.BLANCO(rango)

Rango. Es el rango del cual desea contar el número de celdas en blanco.

Observaciones

También se cuentan las celdas con fórmulas que devuelven "" (texto vacío). Las celdas que contienen valores cero no se cuentan.

TIPO.DE.ERROR

Devuelve un número que corresponde a uno de los valores de error de Microsoft Excel o devuelve el error #N/A si no existe ningún error.

Sintaxis

TIPO.DE.ERROR(valor_de_error)

Valor_de_error. Es el valor de error cuyo número identificador desea buscar. Aunque valor_de_error puede ser el valor de error actual, por lo general es una referencia a una celda que contiene la fórmula que se desea probar.

Observaciones

Use TIPO.DE.ERROR en una función SI para determinar el tipo de error y devolver una cadena de texto, como un mensaje, en vez de un valor de error.

INFO

Devuelve información acerca del entorno operativo en uso.

Sintaxis

INFO(tipo)

Tipo. Es texto que especifica el tipo de información que desea obtener.

ESBLANCO

Comprueba el tipo del argumento valor y devuelve VERDADERO o FALSO dependiendo del resultado.

Sintaxis

ESBLANCO(valor)

Valor. Valor se refiere a una celda vacía.

Observaciones

Los argumentos valor de las funciones ES no se convierten. Por ejemplo, en la mayoría de las funciones en las que se requiere un número, el valor de texto "19" se convierte en el número 19. Pero, en la fórmula ESNUMERO("19"), "19" no se convierte y ESNUMERO devuelve FALSO. Las funciones ES son útiles en fórmulas cuando se desea comprobar el resultado de un cálculo. Al combinar esas funciones con la función SI, proporcionan un método para localizar errores en fórmulas.

ESERR

Comprueba el tipo del argumento valor y devuelve VERDADERO o FALSO dependiendo del resultado.

Sintaxis

ESERR(valor)

Valor. Se refiere a cualquier valor de error con excepción de #N/A.

Observaciones

Ver observaciones función ESBLANCO.

ESERROR

Comprueba el tipo del argumento valor y devuelve VERDADERO o FALSO dependiendo del resultado.

Sintaxis

ESERROR(valor)

Valor. Se refiere a uno de los valores de error (#N/A, #¡VALOR!, #¡REF!, #¡DIV/0!, #¡NUM!, #¿NOMBRE? o #¡NULO!)

Observaciones

Ver observaciones función ESBLANCO.

ESLOGICO

Comprueba el tipo del argumento valor y devuelve VERDADERO o FALSO dependiendo del resultado.

Sintaxis

ESLOGICO(valor)

Valor. Se refiere a un valor lógico.

Observaciones

Ver observaciones función ESBLANCO.

ESNOD

Comprueba el tipo del argumento valor y devuelve VERDADERO o FALSO dependiendo del resultado.

Sintaxis

ESNOD(valor)

Valor. Se refiere al valor de error #N/A (el valor no se encuentra disponible).

Observaciones

Ver observaciones función ESBLANCO.

ESNOTEXTO

Comprueba el tipo del argumento valor y devuelve VERDADERO o FALSO dependiendo del resultado.

Sintaxis

ESNOTEXTO(valor)

Valor. Se refiere a cualquier elemento que no sea texto. (Tenga presente que esta función devuelve VERDADERO incluso si valor se refiere a una celda en blanco.)

Observaciones

Ver observaciones función ESBLANCO.

ESNUMERO

Comprueba el tipo del argumento valor y devuelve VERDADERO o FALSO dependiendo del resultado.

Sintaxis

ESNUMERO(valor)

Valor. Se refiere a un número.

Observaciones

Ver observaciones función ESBLANCO.

ESREF

Comprueba el tipo del argumento valor y devuelve VERDADERO o FALSO dependiendo del resultado.

Sintaxis

ESREF(valor)

Valor. Valor se refiere a una referencia.

Observaciones

Ver observaciones función ESBLANCO.

ESTEXTO

Comprueba el tipo del argumento valor y devuelve VERDADERO o FALSO dependiendo del resultado.

Sintaxis

ESTEXTO(valor)

Valor. Se refiere a texto.

Observaciones

Ver observaciones función ESBLANCO.

ES.PAR

Devuelve VERDADERO si el número es par y FALSO si el número es impar.

Sintaxis

ES.PAR(número)

Número. Es el valor que desea probar. Si el argumento número no es un entero, se trunca.

Observaciones

Si el argumento número es un valor no numérico, ES.PAR devuelve el valor de error #¡VALOR!

ES.IMPAR

Devuelve VERDADERO si número es impar o FALSO si número es par.

Sintaxis

ES.IMPAR(número)

Número. Es el valor que desea probar. Si el argumento número no es un entero, se trunca.

Observaciones

Si el argumento número es un valor no numérico, ES.IMPAR devuelve el valor de error #¡VALOR!

N

Devuelve un valor convertido en un número.

Sintaxis

N(valor)

Valor. Es el valor que desea convertir. N convierte los valores del siguiente modo: Un número, ese número. Una fecha, en uno de los formatos predeterminados de Microsoft Excel, el número de serie de esa fecha. VERDADERO 1. FALSO 0. Un valor de error, como #¡DIV/0!, el valor de error. Otro valor 0.

NOD

Devuelve el valor de error #N/A, que significa "no hay ningún valor disponible". Utilice #N/A para marcar las celdas vacías. Si escribe #N/A en las celdas donde le falta información, puede evitar el problema de la inclusión no intencionada de celdas vacías en los cálculos. (Cuando una fórmula hace referencia a una celda que contiene #N/A, la fórmula devuelve el valor de error #N/A.)

Sintaxis

NOD( )

Observaciones

Debe incluir paréntesis vacíos con el nombre de la función. De lo contrario no se reconocerá como función. También puede escribir el valor #N/A directamente en la celda. La función NOD se proporciona por compatibilidad con otros programas para hojas de cálculo.

TIPO

Devuelve el tipo de valor. Utilice TIPO cuando el comportamiento de otra función dependa del tipo de valor de una celda especificada.

Sintaxis

TIPO(valor)

Valor. Puede ser cualquier valor de Microsoft Excel, por ejemplo, un número, texto, un valor lógico, etc.

Observaciones

TIPO es especialmente útil cuando se usan funciones que aceptan tipos de datos diferentes; por ejemplo, las funciones ARGUMENTO e INTRODUCIR. Utilice TIPO para conocer el tipo de dato devuelto por la función. No se puede usar para determinar si una celda contiene una fórmula. TIPO sólo determina el tipo del valor resultante o mostrado. Si el valor es un referencia a una celda que contiene una fórmula, devuelve el tipo del valor resultante de la fórmula.

Funciones lógicas

Y

Devuelve VERDADERO si todos los argumentos son VERDADERO; devuelve FALSO si uno o más argumentos son FALSO.

Sintaxis

Y(valor_lógico1;valor_lógico2; ...)

Valor_lógico1, Valor_lógico2, ... Son entre 1 y 30 condiciones que se desea comprobar y que pueden ser VERDADERO o FALSO.

Observaciones

Los argumentos deben evaluarse como valores lógicos, como VERDADERO o FALSO, o los argumentos deben ser matrices o referencias que contengan valores lógicos. Si un argumento matricial o de referencia contiene texto o celdas vacías, dichos valores se pasarán por alto. Si el rango especificado no contiene valores lógicos, la función Y devuelve el valor de error #¡VALOR!

FALSO

Devuelve el valor lógico FALSO.

Sintaxis

FALSO( )

Observaciones

También puede escribir la palabra FALSO directamente en la hoja de cálculo o en la fórmula y Microsoft Excel la interpreta como el valor lógico FALSO.

SI

Devuelve un valor si la condición especificada es VERDADERO y otro valor si dicho argumento es FALSO. Utilice SI para realizar pruebas condicionales en valores y fórmulas.

Sintaxis

SI(prueba_lógica;valor_si_verdadero;valor_si_falso)

Prueba_lógica. Es cualquier valor o expresión que pueda evaluarse como VERDADERO o FALSO.

Valor_si_verdadero. Es el valor que se devuelve si el argumento prueba_lógica es VERDADERO.

Valor_si_falso. Es el valor que se devuelve si el argumento prueba_lógica es FALSO.

Observaciones

Es posible anidar hasta siete funciones SI como argumentos valor_si_verdadero y valor_si_falso para construir pruebas más elaboradas. Vea el último de los ejemplos siguientes. Cuando los argumentos valor_si_verdadero y valor_si_falso se evalúan, la función SI devuelve el valor devuelto por la ejecución de las instrucciones. Si uno de los argumentos de la función SI es una matriz, cada elemento de la matriz se evaluará cuando se ejecute la instrucción SI.

NO

Invierte el valor lógico del argumento. Use NO cuando desee asegurarse de que un valor no sea igual a otro valor específico.

Sintaxis

NO(valor_lógico)

Valor_lógico. Es un valor o expresión que puede evaluarse como VERDADERO o FALSO.

Observaciones

Si valor_lógico es FALSO, NO devuelve VERDADERO; si valor_lógico es VERDADERO, NO devuelve FALSO.

O

Devolverá VERDADERO si alguno de los argumentos es VERDADERO; devolverá FALSO si todos los argumentos son FALSO.

Sintaxis

O(valor_lógico1;valor_lógico2; ...)

Valor_lógico1;valor_lógico2,... Son entre 1 y 30 condiciones que desea comprobar y que pueden ser VERDADERO o FALSO.

Observaciones

Los argumentos deben evaluarse como valores lógicos, como VERDADERO O FALSO, o en matrices o referencias que contengan valores lógicos. Si un argumento matricial o de referencia contiene texto o celdas vacías, dichos valores se pasarán por alto. Si el rango especificado no contiene valores lógicos, O devolverá el valor de error #¡VALOR! Puede usar la fórmula matricial O para comprobar si un valor aparece en una matriz. Para introducir una fórmula matricial, presione CTRL-MAYÚS-ENTRAR.

VERDADERO

Devuelve el valor lógico VERDADERO.

Sintaxis

VERDADERO( )

Observaciones

El valor VERDADERO puede introducirse directamente en las celdas y fórmulas sin necesidad de usar esta función. La función VERDADERO se proporciona principalmente por su compatibilidad con otros programas para hojas de cálculo.

Funciones de búsqueda y referencia

DIRECCION

Crea una referencia de celda con formato de texto, a partir de los números de fila y de columna especificados.

Sintaxis

DIRECCION(fila;columna;abs;a1;hoja)

Fila. Es el número de fila que se utiliza en la referencia de celda.

Columna. Es el número de columna que se utiliza en la referencia de celda.

Abs. Especifica el tipo de referencia que devuelve. Si es 1 u omitido devuelve Absoluta. Si es 2 devuelve Fila absoluta, columna relativa. Si es 3 devuelve Fila relativa, columna absoluta. Si es 4 devuelve Relativa.

A1. Es un valor lógico que especifica el estilo de referencia A1 o L1C1. Si A1 es VERDADERO o bien se omite, DIRECCION devuelve una referencia estilo A1; si es FALSO, DIRECCION devuelve entonces una referencia estilo L1C1.

Hoja. Es texto que especifica el nombre de la hoja de cálculo o que se utilizará como referencia externa. Si se omite hoja, no se utilizará ningún nombre de hoja.

AREAS

Devuelve el número de áreas de una referencia. Un área es un rango de celdas adyacentes o una sola celda.

Sintaxis

AREAS(ref)

Ref. Es una referencia a una celda o un rango de celdas y puede referirse a varias áreas. Si desea especificar varias referencias como un argumento único, deberá incluir otro par de paréntesis para que Microsoft Excel no interprete el punto y coma como separador de campo.

ELEGIR

Utiliza el argumento núm_índice para devolver un valor de una lista de argumentos de valores. Utilice ELEGIR para seleccionar uno de los 29 valores posibles a partir del rango del argumento índice.

Sintaxis

ELEGIR(núm_índice;valor1;valor2;...)

Núm_índice. Especifica el argumento de valor que se selecciona. El argumento núm_índice debe ser un número entre 1 y 29, o bien una fórmula o referencia a una celda que contenga un número entre 1 y 29.

- Si núm_índice es 1, ELEGIR devuelve valor1; si es 2, ELEGIR devuelve valor2 y así sucesivamente.
- Si núm_índice es menor que 1 o mayor que el número del último valor de la lista, ELEGIR devuelve el valor de error #¡VALOR!

- Si núm_índice es una fracción, se trunca al entero inferior antes de ser utilizada.

Valor1, valor2,... Son de 1 a 29 argumentos de valores entre los cuales ELEGIR selecciona un valor o una acción que se ejecuta basándose en el argumento núm_índice. Los argumentos pueden ser números, referencias a celdas, nombres definidos, fórmulas, funciones o texto.

Observaciones

Si núm_índice es una matriz, cada valor se evaluará cuando se ejecute ELEGIR. Los argumentos de valor para ELEGIR pueden ser referencias de rango, así como valores individuales.

COLUMNA

Devuelve el número de columna de una referencia dada.

Sintaxis

COLUMNA(ref)

Ref. Es la celda o el rango de celdas de las que se desea saber el número de columna.

Observaciones

Si se omite el argumento ref, se asume que es la referencia de la celda en la que aparece la función COLUMNA. Si el argumento ref es un rango de celdas y si COLUMNA se introduce como una matriz horizontal, COLUMNA devuelve los números de columna del argumento ref en forma de matriz horizontal. El argumento ref no puede referirse a varias áreas.

COLUMNAS

Devuelve el número de columnas de una matriz o de una referencia.

Sintaxis

COLUMNAS(matriz)

Matriz. Es una matriz, una fórmula matricial o una referencia a un rango de celdas cuyo número de columnas se desea obtener.

BUSCARH

Busca un valor en la fila superior de una tabla o una matriz de valores y, a continuación, devuelve un valor en la misma columna de una fila especificada en la tabla o matriz. Use BUSCARH cuando los valores de comparación se encuentren en una fila en la parte superior de una tabla de datos y desee encontrar información que se encuentre dentro de un número especificado de filas. Use BUSCARV cuando los valores de comparación se encuentren en una columna a la izquierda o de los datos que desee encontrar. La H de BUSCARH significa "Horizontal".

Sintaxis

BUSCARH(valor_buscado;matriz_buscar_en;indicador_filas; ordenado)

Valor_buscado. Es el valor que se busca en la primera fila de la tabla. Valor_buscado puede ser un valor, una referencia o una cadena de texto.

Matriz_buscar_en. Es una tabla de información en la que se buscan los datos. Utilice una referencia a un rango o el nombre de un rango.

- Los valores de la primera fila del argumento matriz_buscar_en pueden ser texto, números o valores lógicos.
- Si ordenado es VERDADERO, los valores de la primera fila de matriz_buscar_en deben colocarse en orden ascendente: ...-2, -1, 0, 1, 2,..., A-Z, FALSO, VERDADERO; de lo contrario, BUSCARH puede devolver un valor incorrecto. Si ordenado es FALSO, no es necesario ordenar matriz_buscar_en.
- El texto en mayúsculas y en minúsculas es equivalente.
- Se pueden poner los datos en orden ascendente de izquierda a derecha seleccionando los valores y eligiendo el comando Ordenar del menú Datos. A continuación haga clic en Opciones y después en Ordenar de izquierda a derecha y Aceptar. Bajo Ordenar por haga clic en la fila deseada y después en Ascendente.

Indicador_filas. Es el número de fila en matriz_buscar_en desde el cual debe devolverse el valor coincidente. Si indicador_filas es 1, devuelve el valor de la primera fila en matriz_buscar_en; si indicador_filas es 2, devuelve el valor de la segunda fila en matriz_buscar_en y así sucesivamente. Si indicador_filas es menor que 1, BUSCARH devuelve el valor de error #¡VALOR!; si indicador_filas es mayor que el número de filas en matriz_buscar_en, BUSCARH devuelve el valor de error #¡REF!

Ordenado. Es un valor lógico que especifica si BUSCARH debe localizar una coincidencia exacta o aproximada. Si es VERDADERO o se omite, devolverá una coincidencia aproximada. Es decir, si no encuentra ninguna coincidencia exacta, devolverá el siguiente valor mayor inferior a valor_buscado. Si es FALSO, BUSCARH encontrará una coincidencia exacta. Si no encuentra ninguna, devolverá el valor de error #N/A.

Observaciones

Si BUSCARH no logra encontrar valor_buscado, usa el mayor valor que sea menor que valor_buscado. Si valor_buscado es menor que el menor valor de la primera fila de matriz_buscar_en, devuelve el valor de error #N/A.

HIPERVINCULO

Crea un acceso directo o un salto que abre un documento almacenado en un servidor de red, en una intranet o en Internet. Cuando haga clic en la celda que contenga la función HIPERVINCULO, Microsoft Excel abrirá el archivo almacenado en ubicación_del_vínculo.

Sintaxis

HIPERVINCULO(ubicación_del_vínculo;nombre_descriptivo)

Ubicación_del_vínculo. Es la ruta y el nombre de archivo del documento que se desea abrir como texto. Ubicación_del_vínculo puede hacer referencia a un lugar en un documento.

- Ubicación_del_vínculo puede ser una cadena de texto encerrada entre comillas o una celda que contiene el vínculo como cadena de texto.
- Si el salto especificado en ubicación_del_vínculo no existe o no está permitido desplazarse por él, aparecerá un error cuando se haga clic en la celda.

Nombre_descriptivo. Es el texto o valor numérico al que se salta mostrado en la celda. El nombre_descriptivo se muestra en azul y está subrayado. Si contenido_de_celda se pasa por alto, la celda muestra ubicación_del_vínculo como texto de salto.

- Nombre_descriptivo puede ser un valor, una cadena de texto, un nombre o una celda que contiene el texto o valor al que se salta.
- Si nombre_descriptivo devuelve un valor de error (por ejemplo, #¡VALOR!), la celda mostrará el error en lugar del texto de salto.

Observaciones

Para seleccionar una celda que contiene un hipervínculo sin ir al destino del hipervínculo, haga clic en la celda y mantenga presionado el botón del ratón hasta que el cursor se convierta en una cruz y, a continuación, suelte el botón.

INDICE

Devuelve el valor de un elemento en una tabla o matriz seleccionado por los índices de número de fila y de columna. La función INDICE tiene dos formas, referencia y matricial. La forma de referencia siempre devuelve una referencia y la forma matricial siempre devuelve un valor o una matriz de valores. Use la forma matricial si el primer argumento de INDICE es una constante matricial.

Sintaxis 1. Forma matricial

INDICE(matriz;núm_fila;núm_columna)

Matriz. Es un rango de celdas o una matriz de constantes.

Núm_fila. Selecciona, en el rango matriz, la fila desde la cual se devolverá un valor. Si se omite núm_fila, se requiere el argumento núm_columna.

Núm_columna. Selecciona, en el rango matriz, la columna desde la cual se devolverá un valor. Si se omite núm_columna, se requiere el argumento núm_fila.

Sintaxis 2. Forma de referencia

INDICE(ref;núm_fila;núm_columna;núm_área)

Ref. Es una referencia a uno o varios rangos de celdas. Si introduce un rango no adyacente como argumento ref, escríbalo entre paréntesis.

Núm_fila. Es el número de la fila en el argumento ref desde la cual se devolverá una referencia.

Núm_columna. Es el número de la columna en el argumento ref desde la cual se devolverá una referencia.

Núm_área. Selecciona un rango en el argumento ref desde el cual se devolverá la intersección de núm_fila y núm_columna. La primera área seleccionada o introducida se numera con 1, la segunda con 2 y así sucesivamente. Si se omite núm_área, INDICE usa área 1.

INDIRECTO

Devuelve la referencia especificada por una cadena de texto. Las referencias se evalúan de inmediato para presentar su contenido. Use INDIRECTO cuando desee cambiar la referencia a una celda en una fórmula sin cambiar la propia fórmula.

Sintaxis

INDIRECTO(ref;a1)

Ref. Es una referencia a una celda que contiene una referencia de tipo A1 o L1C1, un nombre definido como referencia o una referencia a una celda como cadena de texto. Si ref no es una referencia de celda válida, INDIRECTO devuelve el valor de error #¡REF! Si hace referencia a otro libro (una referencia externa), el otro libro debe estar abierto. Si el libro de origen no está abierto, INDIRECTO devolverá el valor de error #¡REF!

A1. Es un valor lógico que especifica el tipo de referencia que contiene la celda ref.

- Si a1 es VERDADERO o se omite, ref se interpreta como una referencia estilo A1.
- Si a1 es FALSO o se omite, ref se interpreta entonces como una referencia estilo L1C1.

Devuelve un valor procedente de un rango de una fila o columna o de una matriz. La función BUSCAR tiene dos formas de sintaxis: vectorial y matricial. La forma vectorial de BUSCAR busca en un rango de una fila o de una columna un valor (vector) y devuelve un valor desde la misma posición en un segundo rango de una fila o de una columna. La forma matricial de BUSCAR busca el valor especificado en la primera fila o columna de la matriz y devuelve un valor desde la misma posición en la última fila o columna de la matriz.

Sintaxis 1. Forma vectorial

BUSCAR(valor_buscado;vector_de_comparación;vector_resultado)

Valor_buscado. Es un valor que BUSCAR busca en el primer vector. Valor_buscado puede ser un número, texto, un valor lógico, o un nombre o referencia que se refiere a un valor.

Vector_de_comparación. Es un rango que sólo contiene una fila o una columna. Los valores en el vector_de_comparación pueden ser texto, números o valores lógicos. Los valores en el vector_de_comparación deben colocarse en orden ascendente: ...;-2; -1; 0; 1; 2; ...; A-Z; FALSO; VERDADERO; de lo contrario, BUSCAR puede dar un valor incorrecto. El texto en mayúsculas y en minúsculas es equivalente.

Vector_resultado. Es un rango que sólo contiene una fila o una columna. Debe ser del mismo tamaño que vector_de_comparación.

Observaciones

Si BUSCAR no puede encontrar el valor_buscado, utilizará el mayor valor de vector_de_comparación que sea menor o igual al valor_buscado. Si valor_buscado es menor que el valor más bajo de vector_de_comparación, BUSCAR devuelve el valor de error #N/A.

Sintaxis 2. Forma matricial

BUSCAR(valor_buscado;matriz)

Valor_buscado. Es un valor que BUSCAR busca en la matriz. Valor_buscado puede ser un número, texto, un valor lógico, o un nombre o referencia que se refiere a un valor.

- Si BUSCAR no puede encontrar el valor_buscado, utiliza el mayor valor de la matriz que sea menor o igual al valor_buscado.
- Si el valor_buscado es menor que el valor más bajo de la primera fila o columna (dependiendo de las dimensiones de la matriz), BUSCAR devolverá el valor de error #N/A.

Matriz. Es un rango de celdas que contiene el texto, los números o los valores lógicos que desea comparar con valor_buscado.

- Si la matriz cubre un área que es más ancha que alta (más columnas que filas), BUSCAR buscará valor_buscado en la primera fila.
- Si la matriz es cuadrada o más alta que ancha (más filas que columnas), BUSCAR buscará en la primera columna.

COINCIDIR

Devuelve la posición relativa de un elemento en una matriz que coincida con un valor especificado en un orden especificado. Utilice COINCIDIR en lugar de las funciones BUSCAR cuando necesite conocer la posición de un elemento en un rango en lugar del elemento en sí.

Sintaxis

COINCIDIR(valor_buscado;matriz_buscada;tipo_de_coincidencia)

Valor_buscado. Es el valor que se utiliza para encontrar el valor deseado en una tabla.

- Valor_buscado es el valor que se desea hacer coincidir en la matriz_buscada.
- Valor_buscado puede ser un valor (número, texto o valor lógico) o una referencia de celda a un número, a un texto o a un valor lógico.

Matriz_buscada. Es un rango de celdas contiguas que contienen posibles valores de búsqueda. Matriz_buscada debe ser una matriz o una referencia matricial.

Tipo_de_coincidencia. Es el número -1, 0 ó 1 y especifica cómo hace coincidir Microsoft Excel el valor_buscado con los valores de matriz_buscada.

- Si tipo_de_coincidencia es 1, COINCIDIR encuentra el mayor valor que es inferior o igual al valor_buscado. Los valores en el argumento matriz_buscada deben colocarse en orden ascendente: ...-2; -1; 0; 1; 2;...A-Z; FALSO; VERDADERO.
- Si tipo_de_coincidencia es 0, COINCIDIR encuentra el primer valor que es exactamente igual al valor_buscado. Los valores en matriz_buscada pueden estar en cualquier orden.
- Si tipo_de_coincidencia es -1, COINCIDIR encuentra el menor valor que es mayor o igual al valor_buscado. Los valores de matriz_buscada deben colocarse en orden descendente: VERDADERO; FALSO; Z-A; ...2; 1; 0; -1; -2; ...y así sucesivamente.
- Si se omite tipo_de_coincidencia, se supondrá que es 1.

DESREF

Devuelve una referencia a un rango que es un número de filas y de columnas de una celda o rango de celdas. La referencia devuelta puede ser una celda o un rango de celdas. Puede especificar el número de filas y el número de columnas a devolver.

Sintaxis

DESREF(ref;filas;columnas;alto;ancho)

Ref. Es la referencia en la que desea basar la desviación. Ref debe referirse a una celda o rango de celdas adyacentes; en caso contrario, DESREF devuelve el valor de error #¡VALOR!

Filas. Es el número de filas, hacia arriba o hacia abajo, al que desea que haga referencia la celda superior izquierda. Si el argumento filas es 5, la celda superior izquierda de la referencia pasa a estar cinco filas más abajo de la referencia. Filas puede ser positivo (lo que significa por debajo de la referencia de inicio) o negativo (por encima).

Columnas. Es el número de columnas, hacia la derecha o izquierda, al que desea que haga referencia la celda superior izquierda del resultado. Si el argumento columnas es 5, la celda superior izquierda de la referencia pasa a estar cinco columnas hacia la derecha de la referencia. Columnas puede ser positivo (que significa a la derecha de la referencia de inicio) o negativo (a la izquierda).

Alto. Es el alto, en número de filas, que desea que tenga la referencia devuelta. El alto debe ser un número positivo.

Ancho. Es el ancho, en número de columnas, que desea que tenga la referencia devuelta. El argumento ancho debe ser un número positivo.

Observaciones

Si los argumentos filas y columnas colocan la referencia más allá del borde de la hoja de cálculo, DESREF devuelve el valor de error #¡REF! Si los argumentos alto o ancho se omiten, los valores predeterminados serán los del argumento ref.

FILA

Devuelve el número de fila de una referencia.

Sintaxis

FILA(ref)

Ref. Es la celda o rango de celdas de los que se desea conocer el número de fila.

- Si el argumento ref se omite, se supone que es la referencia de la celda en la que aparece la función FILA.

- Si ref es un rango de celdas y si la función FILA se introduce como una matriz vertical, FILA devuelve los números de filas de referencia como una matriz vertical.
- El argumento ref no puede referirse a varias áreas.

FILAS

Devuelve el número de filas de una referencia o matriz.

Sintaxis

FILAS(matriz)

Matriz. Es una matriz, una fórmula matricial o una referencia a un rango de celdas de las que desea saber el número de filas.

RTD

Recupera datos en tiempo real desde un programa compatible con la automatización COM.

Sintaxis

RTD(ID_prog,servidor,tema1,[tema2],...)

ID_prog. Es el nombre del ID de programa de un complemento registrado de automatización COM instalado en el equipo local. Escríbalo entre comillas.

Servidor. Es el nombre del servidor donde debe ejecutarse el complemento. Si no hay ningún servidor y el programa se ejecuta de forma local, deje el argumento en blanco. En caso contrario, escriba el nombre del servidor entre comillas (""). Al utilizar RTD dentro de Visual Basic para Aplicaciones (VBA), se requieren comillas dobles o la propiedad NullString de VBA para el servidor, incluso si éste se ejecuta de forma local.

Tema1, tema2,... De 1 a 28 parámetros que representan conjuntamente una unidad única de datos en tiempo real.

Observaciones

El complemento de automatización COM de RTD debe crearse y registrarse en un equipo local. No se suministran servidores RTD con Microsoft Office XP, de modo que si no ha instalado un servidor de datos en tiempo real, recibirá un mensaje de error en una celda si intenta utilizar la función RTD. Si el servidor se ha programado para actualizar los resultados de forma continua, a diferencia de otras funciones, las fórmulas RTD cambiarán mientras Microsoft Excel se encuentra en el modo de cálculo automático.

TRANSPONER

Devuelve un rango de celdas vertical como un rango horizontal o viceversa. TRANSPONER debe introducirse como una fórmula matricial en un rango que tenga el mismo número de filas y columnas, respectivamente, que el número de columnas y filas en una matriz. Utilice TRANSPONER para cambiar la orientación vertical y horizontal de una matriz en una hoja de cálculo.

Sintaxis

TRANSPONER(matriz)

Matriz. Es una matriz o un rango de celdas de una hoja de cálculo que desea transponer. La traspuesta de una matriz se crea utilizando la primera fila de la matriz como primera columna de la nueva matriz, la segunda fila de la matriz como segunda columna de la nueva matriz, etc.

BUSCARV

Busca un valor específico en la columna más a izquierda de una matriz y devuelve el valor en la misma fila de una columna especificada en la tabla. Utilice BUSCARV en lugar de BUSCARH cuando los valores de comparación se encuentren en una columna situada a la izquierda de los datos que desea encontrar. La V de BUSCARV significa "Vertical".

Sintaxis

BUSCARV(valor_buscado;matriz_buscar_en;indicador_columnas;ordenado)

Valor_buscado. Es el valor que se busca en la primera columna de la matriz. Valor_buscado puede ser un valor, una referencia o una cadena de texto.

Matriz_buscar_en. Es la tabla de información donde se buscan los datos. Use una referencia a un rango o un nombre de rango, como por ejemplo Base_de_datos o Lista.

- Si el argumento ordenado es VERDADERO, los valores de la primera columna del argumento matriz_buscar_en deben colocarse en orden ascendente: ...; -2; -1; 0; 1; 2; ...; A-Z; FALSO; VERDADERO. De lo contrario, BUSCARV podría devolver un valor incorrecto.
- Para colocar los valores en orden ascendente, elija el comando Ordenar del menú Datos y seleccione la opción Ascendente.
- Los valores de la primera columna de matriz_buscar_en pueden ser texto, números o valores lógicos.
- El texto en mayúsculas y en minúsculas es equivalente.

Indicador_columnas. Es el número de columna de matriz_buscar_en desde la cual debe devolverse el valor coincidente. Si el argumento indicador_columnas es igual a 1, la función devuelve el valor de la primera columna del argumento matriz_buscar_en; si el argumento indicador_columnas es igual a 2, devuelve el valor de la segunda columna de matriz_buscar_en y así sucesivamente. Si indicador_columnas es menor que 1, BUSCARV devuelve el valor de error #¡VALOR!; si indicador_columnas es mayor que el número de columnas de matriz_buscar_en, BUSCARV devuelve el valor de error #¡REF!

Ordenado. Es un valor lógico que especifica si BUSCARV debe localizar una coincidencia exacta o aproximada. Si se omite o es VERDADERO, devolverá una coincidencia aproximada. En otras palabras, si no localiza ninguna coincidencia exacta, devolverá el siguiente valor más alto inferior a valor_buscado. Si es FALSO, BUSCARV encontrará una coincidencia exacta. Si no encuentra ninguna, devolverá el valor de error # N/A.

Observaciones

Si BUSCARV no puede encontrar valor_buscado y ordenado es VERDADERO, utiliza el valor más grande que sea menor o igual a valor_buscado. Si valor_buscado es menor que el menor valor de la primera columna de matriz_buscar_en, BUSCARV devuelve el valor de error #N/A. Si BUSCARV no puede encontrar valor_buscado y ordenado es FALSO, devuelve el valor de error #N/A.

Funciones matemáticas y trigonométricas

ABS

Devuelve el valor absoluto de un número. El valor absoluto de un número es el número sin su signo.

Sintaxis

ABS(número)

Número. Es el número real cuyo valor absoluto desea obtener.

ACOS

Devuelve el arco coseno, o coseno inverso, de un número. El arco coseno es el ángulo cuyo coseno es número. El valor del ángulo devuelto se expresa en radianes en el intervalo de 0 (cero) a pi.

Sintaxis

ACOS(número)

Número. Es el coseno del ángulo deseado y debe estar entre -1 y 1.

Observaciones

Para convertir el resultado de radianes a grados, multiplíquelo por 180/PI() o utilice la función GRADOS.

ACOSH

Devuelve el coseno hiperbólico inverso de un número. El número debe ser mayor o igual que 1. El coseno hiperbólico inverso es el valor cuyo coseno hiperbólico sea número, de manera que ACOSH(COSH(número)) es igual a número.

Sintaxis

ACOSH(número)

Número. Es cualquier número real igual o mayor que 1.

ASENO

Devuelve el arco seno, o seno inverso, de un número. El arco seno es el ángulo cuyo seno es número. El valor del ángulo devuelto se expresa en radianes en el intervalo -pi/2 a pi/2.

Sintaxis

ASENO(número)

Número. Es el seno del ángulo deseado y debe estar entre -1 y 1.

Observaciones

Para expresar el arco seno en grados, multiplique el resultado por 180/PI( ) o utilice la función GRADOS.

ASENOH

Devuelve el seno hiperbólico inverso de un número. El seno hiperbólico inverso es el valor cuyo seno hiperbólico es número, de modo que ASENOH (SENOH(número)) es igual a número.

Sintaxis

ASENOH(número)

Número. Es cualquier número real.

ATAN

Devuelve el arco tangente, o tangente inversa, de un número. El arco tangente es el ángulo cuya tangente es número. El valor del ángulo devuelto se expresa en radianes en el intervalo -pi/2 a pi/2.

Sintaxis

ATAN (número)

Número. Es la tangente del ángulo deseado.

Observaciones

Para expresar el arco tangente en grados, multiplique el resultado por 180/ PI( ) o utilice la función GRADOS.

ATAN2

Devuelve el arco tangente, o tangente inversa, de las coordenadas X e Y especificadas. El arco tangente es el ángulo medido desde el eje X hasta la línea que contiene el origen (0; 0) y el punto con las coordenadas (coord_x; coord_y). El valor del ángulo se expresa en radianes entre -pi y pi, excluyendo -pi.

Sintaxis

ATAN2(coord_x;coord_y)

Coord_x. Es la coordenada X del punto.

Coord_y. Es la coordenada Y del punto.

ATANH

Devuelve la tangente hiperbólica inversa de un número. El número debe estar entre -1 y 1 (excluyendo -1 y 1). La tangente hiperbólica inversa es el valor cuya tangente hiperbólica es número, de modo que ATANH(TANH(número)) es igual a número.

Sintaxis

ATANH(número)

Número. Es cualquier número real entre 1 y -1.

MULTIPLO.SUPERIOR

Redondea un número al próximo múltiplo del argumento cifra_significativa, hacia arriba.

Sintaxis

MULTIPLO.SUPERIOR(número;cifra_significativa)

Número. Es el valor que desea redondear.

Cifra_significativa. Es el múltiplo al que se desea redondear.

COMBINAT

Devuelve el número de combinaciones para un número determinado de elementos. Use COMBINAT para determinar el número total de grupos posibles para un número determinado de elementos.

Sintaxis

COMBINAT(número;tamaño)

Número. Es el número de elementos.

Tamaño. Es el número de elementos en cada combinación.

COS

Devuelve el coseno de un número.

Sintaxis

COS(número)

Número. Es el ángulo en radianes cuyo coseno desea obtener.

COSH

Devuelve el coseno hiperbólico de un número.

Sintaxis

COSH(número)

Número. Es cualquier número real cuyo coseno hiperbólico desea buscar.

CONTAR.SI

Cuenta las celdas, dentro del rango, que no están en blanco y que cumplen con el criterio especificado.

Sintaxis

CONTAR.SI(rango;criterio)

Rango. Es el rango dentro del cual desea contar las celdas.

Criterio. Es el criterio en forma de número, expresión o texto, que determina las celdas que se van a contar.

GRADOS

Convierte radianes en grados.

Sintaxis

GRADOS(ángulo)

Ángulo. Es el ángulo en radianes que se desea convertir.

REDONDEA.PAR

Devuelve un número redondeado hasta el número entero par más próximo. Esta función puede usarse para procesar artículos que vienen en pares.

Sintaxis

REDONDEA.PAR(número)

Número. Es el valor que desea redondear.

Observaciones

Si el argumento número es un valor no numérico, REDONDEA.PAR devuelve el valor de error #¡VALOR! Independientemente del signo de número, un valor se redondea hacia arriba. Si número es un entero par, no se redondea.

EXP

Devuelve la constante e elevada a la potencia del argumento número. La constante e es igual a 2,71828182845904, la base del logaritmo neperiano.

Sintaxis

EXP(número)

Número. Es el exponente aplicado a la base e.

Observaciones

Utilice el operador exponencial (^) para calcular potencias en otras bases. EXP es la inversa de LN, el logaritmo neperiano de número.

FACT

Devuelve el factorial de un número. El factorial de un número es igual a 1*2*3*...* número.

Sintaxis

FACT(número)

Número. Es el número no negativo cuyo factorial desea obtener. Si el argumento número no es un entero, se trunca.

FACT.DOBLE

Devuelve el factorial doble de un número.

Sintaxis

FACT.DOBLE(número)

Número. Es el valor para el que se devuelve el factorial doble. Si el argumento número no es un entero, se trunca.

Observaciones

Si el número es no numérico, FACT.DOBLE devuelve el valor de error #¡VALOR! Si el número es negativo, FACT.DOBLE devuelve el valor de error #¡NUM!

MULTIPLO.INFERIOR

Redondea un número al próximo múltiplo del argumento cifra_significativa, hacia abajo.

Sintaxis

MULTIPLO.INFERIOR(número;cifra_significativa)

Número. Es el valor numérico que desea redondear.

Cifra_significativa. Es el múltiplo al que se desea redondear.

Observaciones

Si cualquiera de los argumentos es un valor no numérico, MULTIPLO.INFERIOR devuelve el valor de error #¡VALOR! Si los argumentos número y cifra_significativa tienen signos diferentes, MULTIPLO.INFERIOR devuelve el valor de error #¡NUM!

M.C.D

Devuelve el máximo común divisor de dos o más números enteros. El máximo común divisor es el mayor número entero por el cual número1 y número2 son divisibles sin dejar residuo.

Sintaxis

M.C.D(número1;número2; ...)

Número1, número2, ... Son de 1 a 29 valores. Si un valor no es un número entero, se trunca.

Observaciones

Si uno de los argumentos es un valor no numérico, M.C.D devuelve el valor de error #¡VALOR! Si uno de los argumentos es menor que cero, M.C.D devuelve el valor de error #¡NUM! 1 divide cualquier valor exactamente. Los únicos divisores de un número primo son el mismo número y 1.

ENTERO

Redondea un número hasta el entero inferior más próximo.

Sintaxis

ENTERO(número)

Número. Es el número real que se desea redondear al entero inferior más próximo.

M.C.M

Devuelve el mínimo común múltiplo de números enteros. El mínimo común múltiplo es el menor entero positivo múltiplo de todos los argumentos enteros número1, número2, etcétera. Use M.C.M para sumar fracciones con distintos denominadores.

Sintaxis

M.C.M(número1;número2; ...)

Número1, número2,... Son de 1 a 29 valores cuyo mínimo común múltiplo desea obtener. Si un valor no es un entero, se trunca.

Observaciones

Si uno de los argumentos es un valor no numérico, M.C.M devuelve el valor de error #¡VALOR! Si uno de los argumentos es menor que uno, M.C.M devuelve el valor de error #¡NUM!

LN

Devuelve el logaritmo natural (neperiano) de un número. Los logaritmos naturales son logaritmos que se basan en la constante e (2,71828182845904).

Sintaxis

LN(número)

Número. Es el número real positivo cuyo logaritmo natural desea obtener.

Observaciones

LN es la función inversa de la función EXP.

LOG

Devuelve el logaritmo de un número en la base especificada.

Sintaxis

LOG(número;base)

Número. Es el número real positivo cuyo logaritmo desea obtener.

Base. Es la base del logaritmo. Si base se omite, el valor predeterminado es entonces 10.

LOG10

Devuelve el logaritmo en base 10 de un número.

Sintaxis

LOG10(número)

Número. Es el número real positivo cuyo logaritmo en base 10 se desea obtener.

MDETERM

Devuelve la matriz determinante de una matriz.

Sintaxis

MDETERM(matriz)

Matriz. Es una matriz numérica con el mismo número de filas y de columnas.

Observaciones

Matriz se puede dar como un rango de celdas, por ejemplo A1:C3; como una constante matricial, por ejemplo {1;2;3\4;5;6\7;8;9}.

MINVERSA

Devuelve la matriz inversa de la matriz almacenada en una matriz.

Sintaxis

MINVERSA(matriz)

Matriz. Es una matriz numérica con el mismo número de filas y de columnas.

Observaciones

El argumento matriz puede expresarse como un rango de celdas, por ejemplo A1:C3; como una constante matricial, por ejemplo, {1;2;3\4;5;6\7;8;9}.

MMULT

Devuelve la matriz producto de otras dos. El resultado es una matriz con el mismo número de filas que matriz1 y mismo número de columnas que matriz2.

Sintaxis

MMULT(matriz1;matriz2)

Matriz1, matriz2. Son las matrices que desea multiplicar.

Observaciones

El número de columnas en matriz1 debe ser el mismo que el número de filas en matriz2 y ambas matrices sólo pueden contener números. Los argumentos matriz1 y matriz2 pueden expresarse como rangos de celdas, constantes matriciales o referencias.

RESIDUO

Devuelve el residuo o resto de la división entre número y núm_divisor. El resultado tiene el mismo signo que núm_divisor.

Sintaxis

RESIDUO(número;núm_divisor)

Número. Es el número que desea dividir, cuyo residuo o resto desea obtener.

Núm_divisor. Es el número por el cual desea dividir el argumento número.

Observaciones

Si núm_divisor es 0, RESIDUO devuelve el valor de error #¡DIV/0! La función RESIDUO se puede expresar utilizando la función ENTERO: MOD(n, d) = n - d*INT(n/d).

REDOND.MULT

Redondea un número al múltiplo deseado.

Sintaxis

REDOND.MULT(número;múltiplo)

Número. Es el valor que desea redondear.

Múltiplo. Es el múltiplo al que desea redondear el número.

Observaciones

Redondea hacia valores positivos, hacia arriba, si el residuo de dividir número entre múltiplo es mayor o igual a la mitad del valor de múltiplo.

MULTINOMIAL

Devuelve el coeficiente polinómico de una serie de números.

Sintaxis

MULTINOMIAL(número1;número2; ...)

Número1, número2, ... Son entre 1 y 29 números cuyo multinomial desea obtener.

Observaciones

Si uno de los argumentos no es un valor numérico, MULTINOMIAL devuelve el valor de error #¡VALOR! Si uno de los argumentos es menor que uno, MULTINOMIAL devuelve el valor de error #¡NUM!

REDONDEA.IMPAR

Redondea un número hasta el próximo entero impar.

Sintaxis

REDONDEA.IMPAR(número)

Número. Es el valor que desea redondear.

Observaciones

Si número no es un valor numérico, REDONDEA.IMPAR devuelve el valor de error #¡VALOR! Independientemente del signo de número, un valor se redondea hacia arriba.

PI

Devuelve el número 3,14159265358979, o la constante matemática pi, con una exactitud de 15 dígitos.

Sintaxis

PI( )

POTENCIA

Devuelve el resultado de elevar el argumento número a una potencia.

Sintaxis

POTENCIA(número;potencia)

Número. Es el número base. Puede ser cualquier número real.

Potencia. Es el exponente al que desea elevar el número base.

Observaciones

Se puede utilizar el operador "^" en lugar de la función POTENCIA para indicar a qué potencia se eleva el número base, por ejemplo 5^2.

PRODUCTO

Multiplica todos los números que figuran como argumentos y devuelve el producto.

Sintaxis

PRODUCTO(número1;número2; ...)

Número1, número2, ... Son de 1 a 30 números que desea multiplicar.

Observaciones

Los argumentos que son números, valores lógicos o representaciones textuales de números se toman en cuenta; los argumentos que son valores de error o texto que no se puede convertir en números causan errores. Si un argumento es una matriz o una referencia, sólo se tomarán en cuenta los números de la matriz o de la referencia. Se pasan por alto las celdas vacías, valores lógicos, texto o valores de error en la matriz o en la referencia.

COCIENTE

Devuelve la parte entera de una división. Utilice esta función cuando desee descartar el residuo de una división.

Sintaxis

COCIENTE(numerador;denominador)

Numerador. Es el dividendo.

Denominador. Es el divisor.

Observaciones

Si uno de los argumentos no es un valor numérico, COCIENTE devuelve el valor de error #¡VALOR!

RADIANES

Convierte grados en radianes.

Sintaxis

RADIANES(grados)

Grados. Es un ángulo en grados que desea convertir.

ALEATORIO

Devuelve un número aleatorio mayor o igual que 0 y menor que 1, distribuido uniformemente. Cada vez que se calcula la hoja de cálculo, se devuelve un número aleatorio nuevo.

Sintaxis

ALEATORIO( )

Observaciones

Para generar un número real aleatorio entre a y b, utilice: ALEATORIO()*(b-a)+a.

Si desea utilizar ALEATORIO para generar un número aleatorio pero no desea que los números cambien cada vez que se calcule la celda, puede escribir =ALEATORIO() en la barra de fórmulas y después presionar la tecla F9 para cambiar la fórmula a un número aleatorio.

ALEATORIO.ENTRE

Devuelve un número aleatorio entre los números que especifique. Devuelve un nuevo número aleatorio cada vez que se calcula la hoja de cálculo.

Sintaxis

ALEATORIO.ENTRE(inferior;superior)

Inferior. Es el menor número entero que la función ALEATORIO.ENTRE puede devolver.

Superior. Es el mayor número entero que la función ALEATORIO.ENTRE puede devolver.

NUMERO.ROMANO

Convierte un número arábigo en número romano con formato de texto.

Sintaxis

NUMERO.ROMANO(número;forma)

Número. Es el número arábigo que desea convertir.

Forma. Es un número que especifica el tipo de número romano que se desea. El estilo de número romano varía entre clásico y simplificado; cuanto más aumenta el valor del argumento forma, más conciso es el estilo devuelto.

REDONDEAR

Redondea un número al número de decimales especificado.

Sintaxis

REDONDEAR(número;núm_decimales)

Número. Es el número que desea redondear.

Núm_decimales. Especifica el número de dígitos al que desea redondear el argumento número.

REDONDEAR.MENOS

Redondea un número hacia abajo, en dirección hacia cero.

Sintaxis

REDONDEAR.MENOS (número;núm_decimales)

Número. Es cualquier número real que desea redondear hacia abajo.

Núm_decimales. Es el número de dígitos al que desea redondear número.

REDONDEAR.MAS

Redondea un número hacia arriba, en dirección contraria a cero.

Sintaxis

REDONDEAR.MAS(número;núm_decimales)

Número. Es cualquier número real que desea redondear hacia arriba.

Núm_decimales. Es el número de dígitos al que desea redondear número.

SUMA.SERIES

Devuelve la suma de potencias basadas en una fórmula predeterminada.

Sintaxis

SUMA.SERIES(x;n;m;coeficientes)

X. Es la variable que se utiliza como base en la serie exponencial.

N. Es el exponente inicial al cual desea elevar la base x.

M. Es el paso que incrementa el valor de n para cada término de la serie.

Coeficientes. Es un grupo de coeficientes por el que se multiplica cada exponente sucesivo de x. El número de valores en el argumento coeficientes determina el número de términos de la serie exponencial. Por ejemplo, si hay tres valores en coeficientes, habrá tres términos en la serie exponencial.

Observaciones

Si alguno de los argumentos no es numérico, la función SUMA.SERIES devuelve el valor de error #¡VALOR!

SIGNO

Devuelve el signo de un número. Devuelve 1 si el argumento número es positivo, 0 si el argumento número es 0 y -1 si el argumento número es negativo.

Sintaxis

SIGNO(número)

Número. Es cualquier número real.

SENO

Devuelve el seno de un ángulo determinado.

Sintaxis

SENO(número)

Número. Es el ángulo en radianes cuyo seno desea obtener.

Observaciones

Si el argumento se expresa en grados, multiplíquelo por PI()/180 o utilice la función RADIANES para convertirlo en radianes.

SENOH

Devuelve el seno hiperbólico de un número.

Sintaxis

SENOH(número)

Número. Es cualquier número real.

RAIZ

Devuelve la raíz cuadrada de un número.

Sintaxis

RAIZ(número)

Número. Es el número cuya raíz cuadrada desea obtener.

Observaciones

Si número es negativo, RAIZ devuelve el valor de error #¡NUM!

RAIZ2PI

Devuelve la raíz cuadrada de un número multiplicado por PI (número * pi).

Sintaxis

RAIZ2PI(número)

Número. Es el número que se multiplicará por pi.

Observaciones

Si número < 0, RAIZ2PI devuelve el valor de error #¡NUM!

SUBTOTALES

Devuelve un subtotal en una lista o base de datos. Generalmente es más fácil crear una lista con subtotales utilizando el comando Subtotales del menú Datos. Una vez creada la lista de subtotales, puede cambiarse modificando la fórmula SUBTOTALES.

Sintaxis

SUBTOTALES(núm_función;ref1,ref2,...)

Núm_función. Es un número de 1 a 11 que indica qué función debe usarse para calcular los subtotales dentro de una lista: 1. PROMEDIO, 2. CONTAR, 3. CONTARA, 4. MAX, 5. MIN, 6. PRODUCTO, 7. DESVEST, 8. DESVESTP, 9. SUMA, 10. VAR, 11. VARP.

Ref1, Ref2,... Son de 1 a 29 rangos o referencias para los cuales desea calcular el subtotal.

SUMA

Suma todos los números de un rango.

Sintaxis

SUMA(número1;número2; ...)

Número1;número2;... Son de 1 a 30 argumentos cuyo valor total o suma desea obtener.

SUMAR.SI

Suma las celdas en el rango que coinciden con el argumento criterio.

Sintaxis

SUMAR.SI(rango;criterio;rango_suma)

Rango. Es el rango de celdas que desea evaluar.

Criterio. Es el criterio en forma de número, expresión o texto, que determina las celdas que se van a sumar. Por ejemplo, los criterios pueden expresarse como 32, "32" ">32", "manzanas".

Rango_suma. Son las celdas que se van a sumar.

Observaciones

Las celdas contenidas en rango_suma se suman sólo si las celdas correspondientes del rango coinciden con el criterio.

SUMAPRODUCTO

Multiplica los componentes correspondientes de las matrices suministradas y devuelve la suma de esos productos.

Sintaxis

SUMAPRODUCTO(matriz1;matriz2;matriz3; ...)

Matriz1, matriz2, matriz3, ... Son de 2 a 30 matrices cuyos componentes desea multiplicar y después sumar.

SUMA.CUADRADOS

Devuelve la suma de los cuadrados de los argumentos.

Sintaxis

SUMA.CUADRADOS(número1;número2; ...)

Número1, número2, ... Son de 1 a 30 argumentos de los cuales se desea calcular la suma de los cuadrados. También puede utilizar una matriz única o bien una referencia matricial en lugar de argumentos separados con punto y coma.

SUMAX2MENOSY2

Devuelve el sumatorio de la diferencia de cuadrados entre los valores correspondientes en dos matrices.

Sintaxis

SUMAX2MENOSY2(matriz_x;matriz_y)

Matriz_x. Es la primera matriz o el primer rango de valores.

Matriz_y. Es la segunda matriz o el segundo rango de valores.

Observaciones

Los argumentos deben ser números o nombres, matrices o referencias que contengan números.

SUMAX2MASY2

Devuelve el sumatorio de la suma de cuadrados entre los valores correspondientes en dos matrices. El sumatorio de la suma de cuadrados es un término común en muchas operaciones estadísticas.

Sintaxis

SUMAX2MASY2(matriz_x;matriz_y)

Matriz_x. Es la primera matriz o rango de valores.

Matriz_y. Es la segunda matriz o rango de valores.

Observaciones

Los argumentos deben ser números o nombres, matrices o referencias que contengan números.

SUMAXMENOSY2

Devuelve el sumatorio de los cuadrados de las diferencias entre los valores correspondientes en dos matrices.

Sintaxis

SUMAXMENOSY2(matriz_x;matriz_y)

Matriz_x. Es la primera matriz o rango de valores.

Matriz_y. Es la segunda matriz o rango de valores.

Observaciones

Los argumentos deben ser números o nombres, matrices o referencias que contengan números.

TAN

Devuelve la tangente del ángulo dado.

Sintaxis

TAN(número)

Número. Es el ángulo en radianes cuya tangente desea obtener.

TANH

Devuelve la tangente hiperbólica de un número.

Sintaxis

TANH(número)

Número. Es cualquier número real.

TRUNCAR

Trunca un número a un entero, suprimiendo la parte fraccionaria de dicho número.

Sintaxis

TRUNCAR(número;núm_decimales)

Número. Es el número que desea truncar.

Núm_decimales. Es un número que especifica la precisión al truncar. El valor predeterminado del argumento núm_decimales es 0.

Funciones externas

Estas funciones se cargan con programas de complemento. Estas funciones complementarias agregan funciones o comandos personalizados a las aplicaciones Office. En Excel 2002 se pueden cargar desde el comando Complementos... del menú Herramientas.

LLAMAR

Llama a un procedimiento de una biblioteca de vinculación dinámica o de un recurso de código. Existen dos sintaxis para esta función. Use la sintaxis 1 sólo con un recurso de código previamente registrado, que utilice los argumentos de la función REGISTRAR. Utilice la sintaxis 2 para llamar y registrar simultáneamente un recurso de código.

Sintaxis 1. Se utiliza con REGISTRAR

LLAMAR(id_registro;argumento1; ...)

Sintaxis 2. Se utiliza sola

LLAMAR(módulo;procedimiento;tipo;argumento1; ...)

Id_registro. Es el valor devuelto por una función REGISTRAR o ID.REGISTRO ejecutada previamente.

Argumento1, ... Son los argumentos que se pasan al procedimiento.

Módulo. Es el nombre entre comillas de la biblioteca de vinculación dinámica (DLL) que contiene el procedimiento en Microsoft Excel para Windows.

Procedimiento. Es texto que especifica el nombre de la función en la DLL, en Microsoft Excel para Windows. También puede usar el valor ordinal de la función en la instrucción EXPORTS del archivo de definición de módulo (.DEF). El valor ordinal no debe tener forma de texto.

Tipo. Es texto que especifica el tipo de datos del valor devuelto y los tipos de datos de todos los argumentos de DLL o de los recursos de código. La primera letra de tipo especifica el valor que será devuelto. Los códigos utilizados para tipo se describen detalladamente en Usar las funciones LLAMAR y REGISTRAR. Este argumento puede omitirse en funciones DLL o recursos de código independientes (XLL).

Observaciones

Esta función se recomienda sólo para los usuarios avanzados. El uso incorrecto de la función LLAMAR puede causar errores que le obligarán a volver a iniciar el equipo. Esta función sólo está disponible desde una hoja de macros de Excel.

EUROCONVERT

Convierte un número a euros, convierte un número de euros a la moneda de un estado que ha adoptado el euro, o bien convierte un número de una moneda de un estado que ha adoptado el euro a otro utilizando el euro como moneda intermedia (triangulación). Las monedas disponibles para conversión son las de los estados miembro de la Unión Europea (UE) que han adoptado el euro. La función utiliza los tipos de conversión fijos establecidos por la UE.

Sintaxis

EUROCONVERT(número;origen;destino;máxima_precisión,precisión_de_triangulación)

Número. Es el valor de la moneda que se desea convertir o una referencia a una celda que contiene el valor.

Origen. Es una cadena de tres letras, o una referencia a una celda que contiene la cadena, que corresponde al código ISO para la moneda de origen. Los códigos de moneda están disponibles en el apéndice A "Excel y el Euro".

Destino. Es una cadena de tres letras, o una referencia de celda, que corresponde al código ISO de la moneda a la que se desea convertir el número. Consulte el apéndice A para conocer los códigos ISO.

Máxima_precisión. Es un valor lógico (VERDADERO o FALSO), o una expresión que calcula a un valor de VERDADERO o FALSO, que especifica la forma en la que se debe presentar el resultado.

Precisión_de_triangulación. Es un número entero igual o mayor que 3 que especifica el número de dígitos significativos que van a utilizarse para el valor en euros intermedio al realizar la conversión entre dos monedas de los estados que han adoptado el euro. Si se omite este argumento, Excel no redondeará el valor en euros intermedio.

IMPORTARDATOSDINAMICOS

Devuelve los datos almacenados en un informe de tabla dinámica. Puede utilizar IMPORTARDATOSDINAMICOS para recuperar datos resumidos de un informe de tabla dinámica, si se ven los datos resumidos del informe.

Sintaxis

IMPORTARDATOSDINAMICOS(campo_datos;tabla_dinámica;campo1, elemento1,campo2,elemento2, ...)

Campo_datos. Es el nombre, entre comillas, del campo de datos que contiene los datos que desea recuperar.

Tabla_dinámica. Es una referencia a cualquier celda, rango de celdas o rango de celdas con nombre en un informe de tabla dinámica. Esta información se utiliza para determinar qué informe de tabla dinámica contiene los datos que desea recuperar.

Campo1, Elemento1, Campo2, Elemento2,... Son entre uno y 14 parejas de nombre de campo y nombre de elemento que describen los datos que desea recuperar. Las parejas pueden estar en cualquier orden. Los nombres de campo y nombres de elemento que no sean fechas ni números van entre comillas.

ID.REGISTRO

Devuelve el número de identificación del registro de la biblioteca de vinculación dinámica (DLL) especificada o del recurso de código previamente registrado. Si la DLL o el recurso de código no han sido registrados, esta función realiza el registro y devuelve el identificador del registro. ID.REGISTRO puede usarse en hojas de cálculo (a diferencia de la función REGISTRAR), pero no permite especificar un nombre de función ni nombres de argumentos.

Sintaxis

ID.REGISTRO(módulo;procedimiento;tipo)

Módulo. Es texto que especifica el nombre de la DLL que contiene la función, en Microsoft Excel para Windows.

Procedimiento. Es texto que especifica el nombre de la función en la DLL, en Microsoft Excel para Windows. También puede usar el valor ordinal de la función en la instrucción EXPORTS del archivo de definición de módulo (.DEF). El valor ordinal o el número de identificación del recurso no debe estar en forma de texto.

Tipo. Es texto que especifica el tipo de datos del valor devuelto y los tipos de datos de todos los argumentos de la DLL. La primera letra de tipo especifica el valor que será devuelto. Si la función o el recurso de código ya ha sido registrado, se puede omitir este argumento

SQL.REQUEST

Conecta con un origen de datos externo y ejecuta una consulta desde una hoja de cálculo. SQL.REQUEST devuelve el resultado como una matriz, sin necesidad de programar una macro. Si esta función no está disponible, debe instalar el programa de complemento ODBC de Microsoft Excel (XLODBC.XLA).

Sintaxis

SQL.REQUEST(Conexión;salida;controlador;consulta;nombres_columna)

Conexión. Proporciona información, como el nombre de los datos de origen, identificación del usuario y contraseñas, requerida por el controlador que se esté usando para conectarse a un origen de datos; debe seguir el formato del controlador.

Salida. Es una referencia de celda donde se desea colocar la cadena de conexión completa. Si escribe SQL.REQUEST en una hoja de cálculo, se omite el argumento salida. Use el argumento salida cuando desee que SQL.REQUEST devuelva la cadena de conexión completa. Si omite el argumento salida, entonces SQL.REQUEST no devuelve una cadena de conexión completa.

Controlador. Especifica cuándo se presenta el cuadro de diálogo del controlador y qué opciones se encuentran disponibles.

Consulta. Es la instrucción SQL que desea ejecutar en los datos de origen.

Nombres_columna. Indica si los nombres de columna se devuelven como la primera fila de resultados. Establezca este argumento como VERDADERO si desea que los nombres de columna se devuelvan como primera fila de resultados. Use FALSO si no desea que se devuelvan los nombres de columna. Si se omite nombres_columna, SQL.REQUEST no devuelve nombres de columna.

Funciones estadísticas

DESVPROM

Devuelve el promedio de las desviaciones absolutas de la media de los puntos de datos. DESVPROM mide la dispersión de los valores en un conjunto de datos.

Sintaxis

DESVPROM(número1;número2;...)

Número1, número2, ... Son de 1 a 30 argumentos cuyo promedio de las desviaciones absolutas desea calcular. También puede utilizar una matriz única o una referencia matricial en lugar de argumentos separados con punto y coma.

Observaciones

Los argumentos deben ser números o nombres, matrices o referencias que contengan números. Si el argumento matricial o de referencia contiene texto, valores lógicos o celdas vacías, estos valores se pasan por alto; sin embargo, se incluirán las celdas con el valor cero.

PROMEDIO

Devuelve el promedio (media aritmética) de los argumentos.

Sintaxis

PROMEDIO(número1;número2;...)

Número1, número2, ... Son entre 1 y 30 argumentos numéricos cuyo promedio desea obtener.

Observaciones

Los argumentos deben ser números o nombres, matrices o referencias que contengan números.

Si el argumento matricial o de referencia contiene texto, valores lógicos o celdas vacías, estos valores se pasan por alto; sin embargo, se incluirán las celdas con el valor cero.

PROMEDIOA

Calcula el promedio (media aritmética) de los valores en la lista de argumentos. Además de números, se incluyen en el cálculo texto y valores lógicos como VERDADERO o FALSO.

Sintaxis

PROMEDIOA(ref1;ref2;...)

Ref1, ref2, ... Son de 1 a 30 celdas, rangos de celdas o valores cuyo promedio se desea obtener.

Observaciones

Los argumentos deben ser números, nombres, matrices o referencias. Los argumentos que sean matrices o referencias que contengan texto se evaluarán como 0 (cero). El texto vacío ("") se evaluará como 0 (cero). Si el cálculo no debe incluir valores de texto en el promedio, utilice la función PROMEDIO. Los argumentos que contengan VERDADERO se evaluarán como 1; los argumentos que contengan FALSO se evaluarán como 0 (cero).

DISTR.BETA

Devuelve la probabilidad para una variable aleatoria continua siguiendo una función de densidad de probabilidad beta acumulativa. La función de probabilidad beta acumulativa se usa generalmente para estudiar las variaciones, a través de varias muestras, de un porcentaje que representa algún fenómeno.

Sintaxis

DISTR.BETA(x;alfa;beta;A;B)

X. Es el valor, dentro del intervalo [A, B] con el que se evalúa la función.

Alfa. Es un parámetro de la distribución.

Beta. Es un parámetro de la distribución.

A. Es un límite inferior opcional del intervalo de x.

B. Es un límite superior opcional del intervalo de x.

Observaciones

Si uno de los argumentos no es numérico, DISTR.BETA devuelve el valor de error #¡VALOR! Si alfa = 0 o si beta = 0, DISTR.BETA devuelve el valor de error #¡NUM! Si x < A, x > B, o si A = B, DISTR.BETA devuelve el valor de error #¡NUM! Si pasa omite los valores para A y B, DISTR.BETA usa la distribución beta acumulada estándar, de manera que A = 0 y B = 1.

DISTR.BETA.INV

Devuelve, para una probabilidad determinada, el valor de la variable aleatoria siguiendo una distribución beta. Es decir, si el argumento probabilidad = DISTR.BETA(x;...), entonces DISTR.BETA.INV(probabilidad;...) = x. La distribución beta acumulada puede emplearse en la organización de proyectos para crear modelos con fechas de finalización probables, de acuerdo con un plazo de finalización y variabilidad esperados.

Sintaxis

DISTR.BETA.INV(probabilidad;alfa;beta;A;B)

Probabilidad. Es una probabilidad asociada con la distribución beta.

Alfa. Es un parámetro de la distribución.

Beta. Es un parámetro de la distribución.

A. Es un límite inferior opcional del intervalo de x.

B. Es un límite superior opcional del intervalo de x.

Observaciones

Ver observaciones función DISTR.BETA.

DISTR.BINOM

Devuelve la probabilidad de una variable aleatoria discreta siguiendo una distribución binomial. Utilice DISTR.BINOM en problemas con un número fijo de pruebas o ensayos, cuando los resultados de un ensayo son sólo éxito o fracaso, cuando los ensayos son independientes y cuando la probabilidad de éxito es constante durante todo el experimento.

Sintaxis

DISTR.BINOM(núm_éxito;ensayos;prob_éxito;acumulado)

Núm_éxito. Es el número de éxitos en los ensayos.

Ensayos. Es el número de ensayos independientes.

Prob_éxito. Es la probabilidad de éxito en cada ensayo.

Acumulado. Es un valor lógico que determina la forma de la función. Si el argumento acumulado es VERDADERO, DISTR.BINOM devuelve la función de distribución acumulada, que es la probabilidad de que exista el máximo número de éxitos; si es FALSO, devuelve la función de masa de probabilidad, que es la probabilidad de que un evento se reproduzca un número de veces igual al argumento núm_éxito.

DISTR.CHI

Devuelve la probabilidad de una variable aleatoria continua siguiendo una distribución Chi cuadrado de una sola cola. La distribución ?2 está asociada a una prueba ?2. Utilice la prueba ?2 para comparar los valores observados con los esperados.

Sintaxis

DISTR.CHI(x;grados_de_libertad)

X. Es el valor al que desea evaluar la distribución.

Grados_de_libertad. Es el número de grados de libertad.

Observaciones

Si uno de los argumentos no es numérico, DISTR.CHI devuelve el valor de error #¡VALOR! Si el argumento x es negativo, DISTR.CHI devuelve el valor de error #¡NUM! Si el argumento grados_de_libertad no es un entero, se trunca. Si el argumento grados_de_libertad < 1 o si grados_de_libertad = 10^10, DISTR.CHI devuelve el valor de error #¡NUM!

PRUEBA.CHI.INV

Devuelve para una probabilidad dada, de una sola cola, el valor de la variable aleatoria siguiendo una distribución Chi cuadrado. Si el argumento probabilidad = DISTR.CHI(x;...), entonces PRUEBA.CHI.INV(probabilidad,...) = x. Utilice esta función para comparar los resultados observados con los resultados esperados, a fin de decidir si la hipótesis original es válida.

Sintaxis

PRUEBA.CHI.INV(probabilidad;grados_de_libertad)

Probabilidad. Es una probabilidad asociada con la distribución Chi cuadrado.

Grados_de_libertad. Es el número de grados de libertad.

Observaciones

Ver observaciones función DISTR.CHI.

PRUEBA.CHI

Devuelve la prueba de independencia. PRUEBA.CHI devuelve el valor de la distribución Chi cuadrado (?2) para la estadística y los grados de libertad apropiados. Las pruebas ?2 pueden utilizarse para determinar si un experimento se ajusta a los resultados teóricos.

Sintaxis

PRUEBA.CHI(rango_actual;rango_esperado)

Rango_actual. Es el rango de datos que contiene observaciones para probar frente a valores esperados.

Rango_esperado. Es el rango de datos que contiene la relación del producto de los totales de filas y columnas con el total global.

Observaciones

Si rango_actual y rango_esperado tienen un número diferente de puntos de datos, PRUEBA.CHI devuelve el valor de error #N/A.

INTERVALO.CONFIANZA

Devuelve el intervalo de confianza para la media de una población. El intervalo de confianza es un rango en cualquiera de los lados de la media de una muestra.

Sintaxis

INTERVALO.CONFIANZA(alfa;desv_estándar;tamaño)

Alfa. Es el nivel de significación utilizado para calcular el nivel de confianza. El nivel de confianza es igual a 100(1 - alfa)%, es decir, un alfa de 0,05 indica un nivel de confianza de 95%.

Desv_estándar. Es la desviación estándar de la población para el rango de datos y se presupone que es conocida.

Tamaño. Es el tamaño de la muestra.

Observaciones

Si uno de los argumentos no es numérico, INTERVALO.CONFIANZA devuelve el valor de error #¡VALOR! Si alfa = 0 o alfa = 1, INTERVALO.CONFIANZA devuelve el valor de error #¡NUM! Si el argumento desv_estándar = 0, INTERVALO.CONFIANZA devuelve el valor de error #¡NUM! Si el argumento tamaño no es un entero, se trunca. Si el argumento tamaño < 1, INTERVALO.CONFIANZA devuelve el valor de error #¡NUM!

COEF.DE.CORREL

Devuelve el coeficiente de correlación entre dos rangos de celdas definidos por los argumentos matriz1 y matriz2. Use el coeficiente de correlación para determinar la relación entre dos propiedades.

Sintaxis

COEF.DE.CORREL(matriz1;matriz2)

Matriz1. Es un rango de celdas de valores.

Matriz2. Es un segundo rango de celdas de valores.

Observaciones

Los argumentos deben ser números, o bien nombres, matrices o referencias que contienen números.

Si el argumento matricial o de referencia contiene texto, valores lógicos o celdas vacías, estos valores se pasan por alto; sin embargo, se incluirán las celdas con el valor cero. Si los argumentos matriz1 y matriz2 tienen un número diferente de puntos de datos, COEF.DE.CORREL devuelve el valor de error #N/A. Si el argumento matriz1 o matriz2 está vacío, o si s (la desviación estándar de los valores) es igual a cero, COEF.DE.CORREL devuelve el valor de error #¡DIV/0!

CONTAR

Cuenta el número de celdas que contienen números, además de los números dentro de la lista de argumentos. Utilice CONTAR con el fin de obtener el número de entradas en un campo numérico de un rango o bien de una matriz de números.

Sintaxis

CONTAR(ref1;ref2;...)

Ref1, ref2, ... Son de 1 a 30 argumentos que pueden contener o hacer referencia a distintos tipos de datos, pero sólo se cuentan los números.

Observaciones

Los argumentos que son números, fechas o representaciones textuales de números se cuentan; los argumentos que son valores de error o texto que no puede traducirse a números se pasan por alto.

Si un argumento es una matriz o referencia, solamente se considerarán los números en dicha matriz o referencia. Se pasan por alto las celdas vacías, valores lógicos, texto o valores de error en la matriz o bien en la referencia. Utilice la función CONTARA si necesita contar valores lógicos, texto o valores de error.

CONTARA

Cuenta el número de celdas que no están vacías y los valores que hay en la lista de argumentos. Use CONTARA para contar el número de celdas que contienen datos en un rango o matriz.

Sintaxis

CONTARA(valor1;valor2;...)

Valor1, valor2, ... Son de 1 a 30 argumentos que representan los valores que desea contar. En este caso, un valor es cualquier tipo de información, incluyendo texto vacío ("") pero excluyendo celdas vacías. Si un argumento es una matriz o una referencia, se pasan por alto las celdas vacías que se encuentran en la matriz o en la referencia. Si no necesita contar valores lógicos, texto, o valores de error, use la función CONTAR.

COVAR

Devuelve la covarianza, o promedio de los productos de las desviaciones para cada pareja de puntos de datos. Utilice la covarianza para determinar las relaciones entre dos conjuntos de datos.

Sintaxis

COVAR(matriz1;matriz2)

Matriz1. Es el primer rango de celdas de números enteros.

Matriz2. Es el segundo rango de celdas de números enteros.

Observaciones

Los argumentos deben ser números o nombres, matrices o referencias que contengan números. Si el argumento matricial o de referencia contiene texto, valores lógicos o celdas vacías, estos valores se pasan por alto; sin embargo, se incluirán las celdas con el valor cero. Si los argumentos matriz1 y matriz2 tienen números distintos de puntos de datos, COVAR devuelve el valor de error #N/A. Si los argumentos matriz1 o matriz2 están vacíos, COVAR devuelve el valor de error #¡DIV/0!

BINOM.CRIT

Devuelve el menor valor cuya distribución binomial acumulativa es menor o igual que un valor de criterio. Utilice esta función en aplicaciones de control de calidad.

Sintaxis

BINOM.CRIT(ensayos;prob_éxito;alfa)

Ensayos. Es el número de ensayos Bernoulli.

Prob_éxito. Es la probabilidad de éxito en cada ensayo.

Alfa. Es el valor del criterio.

Observaciones

Si uno de los argumentos no es numérico, BINOM.CRIT devuelve el valor de error #¡VALOR! Si el argumento ensayos no es un entero, se trunca. Si el argumento ensayos < 0, BINOM.CRIT devuelve el valor de error #¡NUM! Si el argumento prob_éxito < 0 o si prob_éxito > 1, BINOM.CRIT devuelve el valor de error #¡NUM! Si alfa < 0 o si alfa > 1, BINOM.CRIT devuelve el valor de error #¡NUM!

DESVIA2

Devuelve la suma de los cuadrados de las desviaciones de los puntos de datos a partir de la media de la muestra.

Sintaxis

DESVIA2(número1; número2; ...)

Número1, número2, ... Son de 1 a 30 argumentos cuya suma de las desviaciones cuadradas desea calcular. También puede utilizar una matriz única o una referencia matricial en lugar de argumentos separados con punto y coma.

Observaciones

Los argumentos deben ser números o nombres, matrices o referencias que contienen números. Si el argumento matricial o de referencia contiene texto, valores lógicos o celdas vacías, estos valores se pasan por alto; sin embargo, se incluirán las celdas con el valor cero.

DISTR.EXP

Devuelve la distribución exponencial. Use DISTR.EXP para establecer el tiempo entre dos sucesos, tal como el tiempo que tarda una máquina de cajero automático en entregar efectivo.

Sintaxis

DISTR.EXP(x;lambda;acum)

X. Es el valor de la función.

Lambda. Es el valor del parámetro.

Acum. Es un valor lógico que indica qué forma de la función exponencial debe proporcionarse. Si el argumento acum es VERDADERO, DISTR.EXP devuelve la función de distribución acumulada; si es FALSO, devuelve la función de densidad de la probabilidad.

Observaciones

Si los argumentos x o lambda no son numéricos, DISTR.EXP devuelve entonces el valor de error #¡VALOR! Si x < 0, DISTR.EXP devuelve el valor de error #¡NUM! Si lambda = 0, DISTR.EXP devuelve el valor de error #¡NUM!

DISTR.F

Devuelve la distribución de probabilidad F. Esta función puede usarse para determinar si dos conjuntos de datos tienen diferentes grados de diversidad.

Sintaxis

DISTR.F(x;grados_de_libertad;grados_de_libertad2)

X. Es el valor con el que desea evaluar la función.

Grados_de_libertad. Es el número de grados de libertad del numerador.

Grados_de_libertad2. Es el número de grados de libertad del denominador.

Observaciones

Si uno de los argumentos no es numérico, DISTR.F devuelve el valor de error #¡VALOR! Si el argumento x es negativo, DISTR.F devuelve el valor de error #¡NUM! Si el argumento grados_de_libertad1 o grados_de_libertad2 no es un entero, se trunca. Si grados_de_libertad < 1 o grados_de_libertad = 10^10,

DISTR.F devuelve el valor de error #¡NUM! Si grados_de_libertad2 < 1 o grados_de_libertad2 = 10^10, DISTR.F devuelve el valor de error #¡NUM!

DISTR.INV.F

Devuelve el inverso de la distribución de probabilidad F. Si el argumento p = DISTR.F(x,...), entonces DISTR.F.INV(p,...) = x. La distribución F puede usarse en una prueba F que compare el grado de variabilidad en dos conjuntos de datos.

Sintaxis

DISTR.F.INV(probabilidad;grados_de_libertad1;grados_de_libertad2)

Probabilidad. Es una probabilidad asociada con la distribución F acumulada.

Grados_de_libertad1. Es el número de grados de libertad del numerador.

Grados_de_libertad2. Es el número de grados de libertad del denominador.

Observaciones

Ver observaciones función DISTR.F.

FISHER

Devuelve la transformación Fisher en x. Esta transformación produce una función que se distribuye normalmente en lugar de ser asimétrica. Utilice esta función para realizar pruebas hipotéticas sobre el coeficiente de correlación.

Sintaxis

FISHER(x)

X. Es un valor numérico para el cual desea calcular la transformación.

Observaciones

Si el argumento x no es numérico, FISHER devuelve el valor de error #¡VALOR! Si probabilidad = -1 o si x = 1, FISHER devuelve el valor de error #¡NUM!

PRUEBA.FISHER.INV

Devuelve la función inversa de la transformación Fisher. Use esta transformación para analizar correlaciones entre rangos de matrices de datos. Si el argumento y = FISHER(x), entonces PRUEBA.FISHER.INV(y) = x.

Sintaxis

PRUEBA.FISHER.INV(y)

Y. Es el valor al que se realizará la inversa de la transformación.

Observaciones

Si el argumento y no es numérico, PRUEBA.FISHER.INV devuelve el valor de error #¡VALOR!

PRONOSTICO

Calcula o pronostica un valor futuro a través de los valores existentes. La predicción del valor es un valor y teniendo en cuenta un valor x. Los valores conocidos son valores x y valores y existentes, y el nuevo valor se pronostica usando regresión lineal. Esta función se puede utilizar para realizar previsiones de ventas, establecer requisitos de inventario o tendencias de los consumidores.

Sintaxis

PRONOSTICO(x;conocido_y;conocido_x)

X. Es el punto de datos cuyo valor desea predecir.

Conocido_y. Es la matriz o rango de datos dependientes.

Conocido_x. Es la matriz o rango de datos independientes.

Observaciones

Si x no es numérico, PRONOSTICO devuelve el valor de error #¡VALOR! Si no se ha especificado ningún valor para conocido_y o conocido_x, o si contienen un número diferente de puntos de datos, PRONOSTICO devuelve el valor de error #N/A. Si la varianza de conocido_x es igual a cero, PRONOSTICO devuelve el valor de error #¡DIV/0!

FRECUENCIA

Calcula la frecuencia con que se repiten los valores de un rango y devuelve una matriz vertical de números. Por ejemplo, utilice FRECUENCIA para contar el número de los resultados que se encuentran dentro de un rango. Debe introducirse como una fórmula de matrices debido a que FRECUENCIA devuelve una matriz.

Sintaxis

FRECUENCIA(datos;grupos)

Datos. Es una matriz de un conjunto de valores o una referencia a un conjunto de valores cuyas frecuencias desea contar. Si datos no contiene ningún valor, FRECUENCIA devuelve una matriz de ceros.

Grupos. Es una matriz de intervalos o una referencia a intervalos dentro de los cuales desea agrupar los valores del argumento datos. Si grupos no contiene ningún valor, FRECUENCIA devuelve el número de elementos contenido en datos.

Observaciones

La función FRECUENCIA pasa por alto celdas en blanco y texto.

PRUEBA.F

Devuelve el resultado de una prueba F. Una prueba F devuelve la probabilidad de que las varianzas de los argumentos matriz1 y matriz2 no presenten diferencias significativas. Utilice esta función para determinar si las varianzas de dos muestras son diferentes.

Sintaxis

PRUEBA.F(matriz1;matriz2)

Matriz1. Es la primera matriz o rango de datos.

Matriz2. Es la segunda matriz o rango de datos.

Observaciones

Los argumentos deben ser números o nombres, matrices o referencias que contengan números. Si el argumento matricial o de referencia contiene texto, valores lógicos o celdas vacías, estos valores se pasan por alto; sin embargo, se incluirán las celdas con el valor cero. Si el número de puntos de datos en matriz1 o matriz2 es menor que 2, o si la varianza de matriz1 o matriz2 es cero, PRUEBA.F devuelve el valor de error #¡DIV/0!

DISTR.GAMMA

Devuelve la probabilidad de una variable aleatoria siguiendo una distribución gamma. Utilice esta función para estudiar variables cuya distribución podría ser asimétrica. La distribución gamma es de uso corriente en análisis de las colas de espera.

Sintaxis

DISTR.GAMMA(x;alfa;beta;acum)

X. Es el valor al que desea evaluar la distribución.

Alfa. Es un parámetro de la distribución.

Beta. Es un parámetro de la distribución. Si beta = 1, DISTR.GAMMA devuelve la probabilidad de una variable aleatoria siguiendo una distribución gamma estándar.

Acum. Es un valor lógico que determina la forma de la función. Si el argumento acum es VERDADERO, DISTR.GAMMA devuelve la función de distribución acumulativa; si es FALSO, devuelve entonces la función de densidad de probabilidad.

Observaciones

Si los argumentos x, alfa o beta no son numéricos, DISTR.GAMMA devuelve el valor de error #¡VALOR! Si el argumento x < 0, DISTR.GAMMA devuelve el valor de error #¡NUM! Si el argumento alfa = 0 o si el argumento beta = 0, DISTR.GAMMA devuelve el valor de error #¡NUM!

DIST.GAMMA.INV

Devuelve, para una probabilidad determinada, el valor de la variable aleatoria siguiendo una distribución gamma acumulativa. Si p = DISTR.GAMMA(x,...), entonces DISTR.GAMMA.INV(p,...) = x. Utilice esta función para estudiar variables cuya distribución podría ser asimétrica.

Sintaxis

DISTR.GAMMA.INV(prob;alfa;beta)

Prob. Es la probabilidad asociada con la distribución gamma.

Alfa. Es un parámetro de la distribución.

Beta. Es un parámetro de la distribución. Si beta = 1, DISTR.GAMMA.INV devuelve el valor de la variable aleatoria siguiendo una distribución gamma estándar.

Observaciones

Ver observaciones función DISTR.GAMMA.

GAMMA.LN

Devuelve el logaritmo natural de la función gamma, G(x).

Sintaxis

GAMMA.LN(x)

X. Es el valor cuya función GAMMA.LN desea calcular.

Observaciones

Si el argumento x no es numérico, GAMMA.LN devuelve el valor de error #¡VALOR! Si x = 0, GAMMA.LN devuelve el valor de error #¡NUM! El número e elevado a la potencia GAMMA.LN(i), donde i es un entero, devuelve el mismo resultado que (i - 1)!

MEDIA.GEOM

Devuelve la media geométrica de una matriz o de un rango de datos positivos. Por ejemplo, es posible utilizar la función MEDIA.GEOM con el fin de calcular la tasa de crecimiento promedio, dado un interés compuesto por tasas variables.

Sintaxis

MEDIA.GEOM(número1;número2; ...)

Número1, número2, ... Son de 1 a 30 argumentos cuya media desea calcular. También puede utilizar una matriz única o una referencia matricial en lugar de argumentos separados con punto y coma.

Observaciones

Los argumentos deben ser números o nombres, matrices o referencias que contengan números. Si el argumento matricial o de referencia contiene texto, valores lógicos o celdas vacías, estos valores se pasan entonces por alto; sin embargo, se incluirán las celdas con el valor cero. Si uno de los puntos de datos = 0, MEDIA.GEOM devuelve el valor de error #¡NUM!

CRECIMIENTO

Calcula el pronóstico de crecimiento exponencial a través de los datos existentes. CRECIMIENTO devuelve los valores y de una serie de valores x especificados utilizando valores x y valores y existentes. También puede utilizar la función de hoja de cálculo CRECIMIENTO para ajustar una curva exponencial a los valores x y valores y existentes.

Sintaxis

CRECIMIENTO(conocido_y;conocido_x;nueva_conocido_x;constante)

Conocido_y. Es el conjunto de valores que ya son conocidos en la ecuación y = b*m^x.

Conocido_x. Es un conjunto de valores x opcionales que ya se conocen en la ecuación y = b*m^x.

Nueva_conocido_x. Son nuevos valores de x para los cuales se desea que CRECIMIENTO devuelva los valores de y correspondientes.

Constante. Es un valor lógico que especifica si se ha de forzar a la constante b a ser igual a 1.

Observaciones

Las fórmulas que devuelven matrices deben insertarse como fórmulas matriciales después de seleccionarse el número de celdas correcto. Cuando introduzca una constante matricial para un argumento como conocido_x, utilice punto y coma para separar los valores de una misma fila y barra inversa para separar las filas.

MEDIA.ARMO

Devuelve la media armónica de un conjunto de datos. La media armónica es la inversa de la media aritmética de los valores recíprocos.

Sintaxis

MEDIA.ARMO(número1;número2;...)

Número1, número2, ... Son de 1 a 30 argumentos cuya media desea calcular. También puede utilizar una matriz única o una referencia matricial en lugar de argumentos separados con punto y coma.

Observaciones

Los argumentos deben ser números o nombres, matrices o referencias que contengan números.

Si el argumento matricial o de referencia contiene texto, valores lógicos o celdas vacías, estos valores se pasan por alto; sin embargo, se incluirán las celdas con el valor cero.

Si uno de los puntos de datos = 0, MEDIA.ARMO devuelve entonces el valor de error #¡NUM!

DISTR.HIPERGEOM

Devuelve la probabilidad para una variable aleatoria discreta siguiendo una distribución hipergeométrica. La función DISTR.HIPERGEOM devuelve la probabilidad de obtener un número determinado de "éxitos" en una muestra, conocidos el tamaño de la muestra, el número de éxitos de la población y el tamaño de la población. Utilice DISTR.HIPERGEOM en problemas con una población finita, donde cada observación sea un éxito o un fracaso, y donde cada subconjunto de un tamaño determinado pueda elegirse con la misma posibilidad.

Sintaxis

DISTR.HIPERGEOM(muestra_éxito;núm_de_muestra;población_éxito; núm_de_población)

Muestra_éxito. Es el número de éxitos en la muestra.

Núm_de_muestra. Es el tamaño de la muestra.

Población_éxito. Es el número de éxitos en la población.

Núm_de_población. Es el tamaño de la población.

INTERSECCION.EJE

Calcula el punto en el que una línea intersecará el eje y utilizando los valores X e Y existentes. El punto de intersección se basa en el mejor ajuste de la línea de regresión trazado con los valores X y los valores Y. Utilice la función INTERSECCION.EJE para determinar el valor de la variable dependiente cuando la variable independiente es igual a 0 (cero).

Sintaxis

INTERSECCION.EJE(conocido_y;conocido_x)

Conocido_y. Es el conjunto de observaciones o datos dependientes.

Conocido_x. Es el conjunto de observaciones o datos independientes.

Observaciones

Los argumentos deben ser números o nombres, matrices o referencias que contengan números. Si el argumento matricial o de referencia contiene texto, valores lógicos o celdas vacías, estos valores se pasan por alto; sin embargo, se incluirán las celdas con el valor cero. Si los argumentos conocido_y y conocido_x contienen un número diferente de puntos de datos o no contienen ninguno, INTERSECCION.EJE devuelve el valor de error #N/A.

CURTOSIS

Devuelve la curtosis de un conjunto de datos. La curtosis caracteriza la elevación o el achatamiento relativos de una distribución, comparada con la distribución normal. Una curtosis positiva indica una distribución relativamente elevada, mientras que una curtosis negativa indica una distribución relativamente plana.

Sintaxis

CURTOSIS(número1;número2; ...)

Número1, número2, ... Son de 1 a 30 argumentos cuya curtosis desea calcular. También puede utilizar una matriz única o una referencia matricial en lugar de argumentos separados con punto y coma.

Observaciones

Los argumentos deben ser números o nombres, matrices o referencias que contengan números. Si el argumento matricial o de referencia contiene texto, valores lógicos o celdas vacías, estos valores se pasan por alto; sin embargo, se incluirán las celdas con el valor cero. Si existen menos de cuatro puntos de datos o bien si la desviación estándar de la muestra es igual a cero, la función CURTOSIS devuelve el valor de error #¡DIV/0!

K.ESIMO.MAYOR

Devuelve el k-ésimo mayor valor de un conjunto de datos. Esta función puede utilizarse para seleccionar un valor basándose en su posición relativa. Por ejemplo, se puede usar K.ESIMO.MAYOR para devolver el mayor valor de un resultado, el segundo resultado o el tercero.

Sintaxis

K.ESIMO.MAYOR(matriz;k)

Matriz. Es la matriz o rango de datos cuyo k-ésimo mayor valor desea determinar.

K. Representa la posición (a partir del mayor valor), dentro de la matriz o rango de celdas, de los datos que se van a devolver.

Observaciones

Si el argumento matriz está vacío, K.ESIMO.MAYOR devuelve el valor de error #¡NUM! Si el argumento = 0 o si k es mayor que el número de puntos de datos, K.ESIMO.MAYOR devuelve el valor de error #¡NUM!

ESTIMACION.LINEAL

Calcula las estadísticas de una línea utilizando el método de "mínimos de cuadrados" para calcular la línea recta que mejor se ajuste a los datos y devuelve una matriz que describe la línea. Ya que esta función devuelve una matriz de valores, debe ser introducida como una fórmula de matrices. La ecuación para la línea es: y = mx + b ó y = m1x1 + m2x2 + ... + b (si hay varios rangos de valores X). Donde el valor Y dependiente es función de los valores X independientes. Los valores m son coeficientes que corresponden a cada valor X, y b es un valor constante. Observe que Y, X y m pueden ser vectores. La matriz que devuelve ESTIMACION.LINEAL es {mn,mn-1,...,m1,b}. También puede devolver estadísticas de regresión adicionales.

Sintaxis

ESTIMACION.LINEAL(conocido_y;conocido_x;constante,estadística)

Conocido_y. Es el conjunto de valores de y que se conocen en la relación y = mx+b.

Conocido_x. Es un conjunto opcional de valores x en la relación y = mx+b.

Constante. Es un valor lógico que especifica si se ha de forzar a la constante b a ser igual a 0.

Estadística. Es un valor lógico que especifica si se deberán devolver estadísticas de regresión adicionales.

ESTIMACION.LOGARITMICA

Calcula, en análisis de regresión, una curva exponencial que se ajusta a los datos y devuelve la matriz de valores que describe dicha curva. Puesto que esta función devuelve una matriz de valores, debe ser introducida entonces como una fórmula de matrices. La ecuación de la curva es la siguiente: y = b*m^x ó y = (b*(m1^x1)*(m2^x2)*_) (si hay varios valores de X). Donde el valor dependiente y es una función de los valores independientes x. Los valores m son bases que corresponden a cada valor exponencial de x; b es un valor constante. Observe que y, x y m pueden ser vectores. La matriz que ESTIMACION.LOGARITMICA devuelve es {mn,mn-1,...,m1,b}.

Sintaxis

ESTIMACION.LOGARITMICA(conocido_y;conocido_x;constante;estadística)

Conocido_y. Es el conjunto de valores que ya son conocidos en la ecuación y = b*m^x.

Conocido_x. Es un conjunto de valores x opcionales que ya se conocen en la ecuación y = b*m^x.

Constante. Es un valor lógico que especifica si se ha de forzar a la constante b a ser igual a 1.

Estadística. Es un valor lógico que especifica si se deberán devolver estadísticas de regresión adicionales.

DISTR.LOG.INV

Devuelve el inverso de la probabilidad para una variable aleatoria siguiendo una distribución logarítmico-normal de x, donde ln(x) se distribuye normalmente con los parámetros media y desv_estándar. Si p = DISTR.LOG.NORM(x,...)

entonces DISTR.LOG.INV(p,...) = x. Use la distribución logarítmico-normal para analizar datos transformados logarítmicamente.

Sintaxis

DISTR.LOG.INV(probabilidad;media;desv_estándar)

Probabilidad. Es una probabilidad asociada con la distribución logarítmico-normal.

Media. Es la media de ln(x).

Desv_estándar. Es la desviación estándar de ln(x).

Observaciones

Si uno de los argumentos es un valor no numérico, DISTR.LOG.INV devuelve el valor de error #¡VALOR! Si probabilidad < 0 o bien probabilidad > 1, DISTR.LOG.INV devuelve entonces el valor de error #¡NUM! Si el argumento desv_estándar < 0, DISTR.LOG.INV devuelve el valor de error #¡NUM!

DISTR.LOG.NORM

Devuelve la probabilidad para una variable aleatoria continua siguiendo una distribución logarítmico-normal acumulativa de x, donde ln(x) se distribuye normalmente con los parámetros definidos por los argumentos media y desv_estándar. Utilice esta función para analizar datos que han sido transformados logarítmicamente.

Sintaxis

DISTR.LOG.NORM(x;media;desv_estándar)

X. Es el valor con el que desea evaluar la función.

Media. Es la media de In(x).

Desv_estándar. Es la desviación estándar de In(x).

Observaciones

Si uno de los argumentos no es numérico, DISTR.LOG.NORM devuelve entonces el valor de error #¡VALOR! Si el argumento = 0 o si desv_estándar = 0, DISTR.LOG.NORM devuelve el valor de error #¡NUM!

MAX

Devuelve el valor máximo de un conjunto de valores.

Sintaxis

MAX(número1;número2; ...)

Número1, número2, ... Son entre 1 y 30 números de los cuales desea encontrar el valor máximo.

Observaciones

Si un argumento es una matriz o referencia, tan sólo se utilizan los números de dicha matriz o referencia. Las celdas vacías, valores lógicos o texto que se encuentren dentro de la matriz o referencia se pasan por alto. Si el argumento no contiene números, MAX devuelve 0.

MAXA

Devuelve el mayor valor en una lista de argumentos. El texto y los valores lógicos como VERDADERO y FALSO se comparan como si fueran números.

Sintaxis

MAXA(ref1;ref2;...)

Ref1, ref2, ... Son entre 1 y 30 valores de los que desea encontrar el mayor.

Observaciones

Los argumentos que contengan VERDADERO se evaluarán como 1; los argumentos que contengan texto o FALSO se evaluarán como 0 (cero). Si los argumentos no contienen valores, MAXA devolverá 0 (cero).

MEDIANA

Devuelve la mediana de los números. La mediana es el número que se encuentra en medio de un conjunto de números, es decir, la mitad de los números es mayor que la mediana y la otra mitad es menor.

Sintaxis

MEDIANA(número1;número2; ...)

Número1, número2, ... Son entre 1 y 30 números cuya mediana desea obtener.

Observaciones

Si el argumento matricial o de referencia contiene texto, valores lógicos o celdas vacías, estos valores se pasan por alto; sin embargo, se incluirán las celdas con el valor cero.

MIN

Devuelve el valor mínimo de un conjunto de valores.

Sintaxis

MIN(número1;número2; ...)

Número1, número2, ... Son entre 1 y 30 números de los que desea encontrar el valor mínimo.

Observaciones

Si los argumentos no contienen números, MIN devuelve 0.

MINA

Devuelve el valor menor en la lista de argumentos. El texto y los valores lógicos como VERDADERO y FALSO se comparan como si fueran números.

Sintaxis

MINA(ref1;ref2;...)

Ref1, ref2, ... Son entre 1 y 30 valores de los que desea encontrar el menor.

Observaciones

Los argumentos que contengan VERDADERO se evaluarán como 1; los argumentos que contengan texto o FALSO se evaluarán como 0 (cero). Si los argumentos no contienen valores, MINA devolverá 0.

MODA

Devuelve el valor repetido con más frecuencia en una matriz o rango de datos.

Sintaxis

MODA(número1;número2; ...)

Número1, número2, ... Son de 1 a 30 argumentos cuya moda desea calcular. También puede utilizar una matriz única o una referencia matricial en lugar de argumentos separados con punto y coma.

NEGBINOMDIST

Devuelve la distribución binomial negativa. NEGBINOMDIST devuelve la probabilidad de obtener un número de fracasos igual al argumento núm_fracasos antes de lograr el éxito determinado por el argumento núm_éxitos, cuando la probabilidad de éxito, definido por el argumento prob_éxito, es constante. Esta función es similar a la distribución binomial, con la excepción de que el número de éxitos es fijo y el de ensayos es variable. Al igual que la distribución binomial, se supone que los ensayos son independientes.

Sintaxis

NEGBINOMDIST(núm_fracasos;núm_éxitos;prob_éxito)

Núm_fracasos. Es el número de fracasos.

Núm_éxitos. Es el número límite de éxitos.

Prob_éxito. Es la probabilidad de obtener un éxito.

Observaciones

Si uno de los argumentos no es numérico, devuelve el valor de error #¡VALOR! Si el argumento prob_éxito < 0 o si probabilidad > 1, NEGBINOMDIST devuelve el valor de error #¡NUM! Si los argumentos (núm_fracasos + núm_éxitos - 1) = 0, la función NEGBINOMDIST devuelve el valor de error #¡NUM!

DISTR.NORM

Devuelve la distribución normal para la media y desviación estándar especificadas. Esta función tiene un gran número de aplicaciones en estadística, incluidas las pruebas de hipótesis.

Sintaxis

DISTR.NORM(x;media;desv_estándar;acum)

X. Es el valor cuya distribución desea obtener.

Media. Es la media aritmética de la distribución.

Desv_estándar. Es la desviación estándar de la distribución.

Acum. Es un valor lógico que determina la forma de la función. Si el argumento acum es VERDADERO, la función DISTR.NORM devuelve la función de distribución acumulada; si es FALSO, devuelve la función de masa de probabilidad.

Observaciones

Si los argumentos media o desv_estándar no son numéricos, DISTR.NORM devuelve el valor de error #¡VALOR! Si el argumento desv_estándar = 0, la función DISTR.NORM devuelve el valor de error #¡NUM!

DISTR.NORM.INV

Devuelve el inverso de la distribución acumulativa normal para la media y desviación estándar especificadas.

Sintaxis

DISTR.NORM.INV(probabilidad;media;desv_estándar)

Probabilidad. Es una probabilidad correspondiente a la distribución normal.

Media. Es la media aritmética de la distribución.

Desv_estándar. Es la desviación estándar de la distribución.

Observaciones

Si probabilidad < 0 o si probabilidad > 1, DISTR.NORM.INV devuelve el valor de error #¡NUM! Si desv_estándar = 0, DISTR.NORM.INV devuelve el valor de error #¡NUM!

DISTR.NORM.ESTAND

Devuelve la función de distribución normal estándar acumulativa. La distribución tiene una media de 0 (cero) y una desviación estándar de uno. Utilice la función DISTR.NORM.ESTAND en lugar de una tabla estándar de áreas de curvas normales.

Sintaxis

DISTR.NORM.ESTAND(z)

Z. Es el valor para el cual desea obtener la distribución.

Observaciones

Si el argumento z no es numérico, DISTR.NORM.ESTAND devuelve el valor de error #¡VALOR!

DISTR.NORM.ESTAND.INV

Devuelve el inverso de la distribución normal estándar acumulativa. La distribución tiene una media de cero y una desviación estándar de uno.

Sintaxis

DISTR.NORM.ESTAND.INV(probabilidad)

Probabilidad. Es una probabilidad correspondiente a la distribución normal.

Observaciones

Si el argumento probabilidad no es numérico, DISTR.NORM.ESTAND.INV devuelve el valor de error #¡VALOR! Si probabilidad < 0 o si probabilidad > 1, DISTR.NORM.ESTAND devuelve el valor de error #¡NUM!

PEARSON

Devuelve el coeficiente de correlación producto o momento r de Pearson, donde r, es un índice dimensional acotado entre -1,0 y 1,0 que refleja el grado de dependencia lineal entre dos conjuntos de datos.

Sintaxis

PEARSON(matriz1;matriz2)

Matriz1. Es un conjunto de valores independientes.

Matriz2. Es un conjunto de valores dependientes.

Observaciones

Si el argumento matricial o de referencia contiene texto, valores lógicos o celdas vacías, estos valores se pasan por alto; sin embargo, se incluirán las celdas con el valor cero.

PERCENTIL

Devuelve el k-ésimo percentil de los valores de un rango. Esta función permite establecer un umbral de aceptación.

Sintaxis

PERCENTIL(matriz;k)

Matriz. Es la matriz o rango de datos que define la posición relativa.

K. Es el valor de percentil en el intervalo de 0 a 1, inclusive.

Observaciones

Si el argumento k no es numérico, PERCENTIL devuelve el valor de error #¡VALOR! Si k es < 0 o si k > 1, devuelve el valor de error #¡NUM!

RANGO.PERCENTIL

Devuelve el rango de un valor en un conjunto de datos como un porcentaje del conjunto de datos. Esta función le permite evaluar la posición relativa de un valor en un conjunto de datos.

Sintaxis

RANGO.PERCENTIL(matriz;x;cifra_significativa)

Matriz. Es la matriz o rango de datos con valores numéricos que define la posición relativa.

X. Es el valor cuyo rango percentil desea conocer.

Cifra_significativa. Es un valor opcional que identifica el número de cifras significativas para el valor de porcentaje devuelto. Si se omite este argumento, RANGO.PERCENTIL utiliza tres dígitos (0,xxx).

Observaciones

Si el argumento matriz está vacío, RANGO.PERCENTIL devuelve el valor de error #¡NUM! Si el argumento cifra_significativa < 1, RANGO.PERCENTIL devuelve el valor de error #¡NUM!

PERMUTACIONES

Devuelve el número de permutaciones para un número determinado de objetos que pueden seleccionarse a partir de un número de objetos determinado por el argumento número. Una permutación es un conjunto o subconjunto de objetos o de sucesos en el que el orden de los objetos es importante. Difiere en esto de las combinaciones en las que el orden de los elementos no es significativo. Utilice esta función para los cálculos de probabilidad tipo sorteos.

Sintaxis

PERMUTACIONES(número;tamaño)

Número. Es un número entero que describe el número de objetos.

Tamaño. Es un número entero que describe el número de objetos incluidos en cada permutación.

Observaciones

Si los argumentos número o tamaño no son numéricos, PERMUTACIONES devuelve el valor de error #¡VALOR! Si número = 0 o si tamaño < 0, devuelve el valor de error #¡NUM! Si número < tamaño, PERMUTACIONES devuelve el valor de error #¡NUM!

POISSON

Devuelve la distribución de Poisson. Una de las aplicaciones comunes de la distribución de Poisson es la predicción del número de sucesos en un determinado período de tiempo.

Sintaxis

POISSON(x;media;acumulado)

X. Es el número de sucesos.

Media. Es el valor numérico esperado.

Acumulado. Es un valor lógico que determina la forma de la distribución de probabilidad devuelta. Si el argumento acumulado es VERDADERO, POISSON devuelve la probabilidad de Poisson de que un suceso aleatorio ocurra un número de veces comprendido entre 0 y x inclusive; si el argumento acumulado es FALSO, la función devuelve la probabilidad de Poisson de que un suceso ocurra exactamente x veces.

Observaciones

Si los argumentos x o media no son numéricos, POISSON devuelve el valor de error #¡VALOR! Si x = 0, POISSON devuelve el valor de error #¡NUM! Si media = 0, POISSON devuelve el valor de error #¡NUM!

PROBABILIDAD

Devuelve la probabilidad de que los valores de un rango se encuentren entre dos límites. Si el argumento límite_sup no se proporciona, la función devuelve entonces la probabilidad de que los valores del argumento rango_x sean iguales a límite_inf.

Sintaxis

PROBABILIDAD(rango_x;rango_probabilidad;límite_inf;límite_sup)

Rango_x. Es el rango de valores numéricos de x con que se asocian las probabilidades.

Rango_probabilidad. Es un conjunto de probabilidades asociado con los valores de rango_x.

Límite_inf. Es el límite inferior del valor para el que desea una probabilidad.

Límite_sup. Es el límite superior opcional del valor para el que desea una probabilidad.

Observaciones

Si uno de los valores de rango_probabilidad = 0 o si uno de los valores de rango_probabilidad > 1, PROBABILIDAD devuelve el valor de error #¡NUM! Si los argumentos rango_x y rango_probabilidad contienen un número diferente de puntos de datos, PROBABILIDAD devuelve el valor de error #N/A.

CUARTIL

Devuelve el cuartil de un conjunto de datos. Los cuartiles se usan con frecuencia en datos de ventas y encuestas para dividir las poblaciones en grupos.

Sintaxis

CUARTIL(matriz;cuartil)

Matriz. Es la matriz o rango de celdas de valores numéricos cuyo cuartil desea obtener.

Cuartil. Indica el valor que se devolverá. Si cuartil es igual a 0 (cero) devuelve valor mínimo. Si es 1, el primer cuartil (percentil 25). Si es 2, el valor de la mediana (percentil 50). Si es 3 el tercer cuartil (percentil 75) y si es 4 el valor máximo.

JERARQUIA

Devuelve la jerarquía de un número en una lista de números. La jerarquía de un número es su tamaño en comparación con otros valores de la lista. (Si ordenara la lista, la jerarquía del número sería su posición.)

Sintaxis

JERARQUIA(número;referencia;orden)

Número. Es el número cuya jerarquía desea saber.

Referencia. Es una matriz de una lista de números o una referencia a una lista de números. Los valores no numéricos se pasan por alto.

Orden. Es un número que especifica cómo clasificar el argumento número. Si el argumento orden es 0 (cero) o se omite, Excel determina la jerarquía de un número como si la lista definida por el argumento referencia fuese ordenada en forma descendente. Si el argumento orden es diferente de cero, se determina la jerarquía de un número como si la lista definida por el argumento referencia se ordenara en forma ascendente.

COEFICIENTE.R2

Devuelve el cuadrado del coeficiente de correlación de momento del producto Pearson mediante los puntos de datos de conocido_y y conocido_x. El valor R cuadrado puede interpretarse como la proporción de la varianza de y que puede atribuirse a la varianza de x.

Sintaxis

COEFICIENTE.R2(conocido_y;conocido_x)

Conocido_y. Es una matriz o un rango de puntos de datos.

Conocido_x. Es una matriz o un rango de puntos de datos.

Observaciones

Los argumentos deben ser números o nombres, matrices o referencias que contengan números. Si el argumento matricial o de referencia contiene texto, valores lógicos o bien celdas vacías, estos valores se pasan por alto; sin embargo, se incluirán las celdas con el valor cero. Si los argumentos conocido_y y conocido_x están vacíos o contienen un número diferente de puntos de datos, COEFICIENTE.R2 devuelve el valor de error #N/A.

COEFICIENTE.ASIMETRIA

Devuelve la asimetría de una distribución. Esta función caracteriza el grado de asimetría de una distribución con respecto a su media. La asimetría positiva indica una distribución unilateral que se extiende hacia valores más positivos. La asimetría negativa indica una distribución unilateral que se extiende hacia valores más negativos.

Sintaxis

COEFICIENTE.ASIMETRIA(número1;número2; ...)

Número1, número2 ... Son de 1 a 30 argumentos cuya asimetría desea calcular. También puede utilizar una matriz única o una referencia matricial en lugar de argumentos separados con punto y coma.

Observaciones

Si el número de puntos de datos es menor que tres o si la desviación estándar de la muestra es cero, COEFICIENTE.ASIMETRIA devuelve el valor de error #¡DIV/0!

PENDIENTE

Devuelve la pendiente de una línea de regresión lineal creada con los datos de los argumentos conocido_x y conocido_y. La pendiente es la distancia vertical dividida por la distancia horizontal entre dos puntos cualquiera de la recta, lo que corresponde a la tasa de cambio a lo largo de la línea de regresión.

Sintaxis

PENDIENTE(conocido_y;conocido_x)

Conocido_y. Es una matriz o rango de celdas de puntos de datos numéricos dependientes.

Conocido_x. Es el conjunto de puntos de datos independientes.

Observaciones

Los argumentos deben ser números o nombres, matrices o referencias que contengan números. Si el argumento matricial o de referencia contiene texto, valores lógicos o bien celdas vacías, estos valores se pasan por alto; sin embargo, se incluirán las celdas con el valor cero. Si los argumentos conocido_y y conocido_x están vacíos o contienen un número diferente de puntos de datos, PENDIENTE devuelve el valor de error #N/A.

K.ESIMO.MENOR

Devuelve el k-ésimo menor valor de un conjunto de datos. Utilice esta función para devolver valores con una posición relativa específica dentro de un conjunto de datos.

Sintaxis

K.ESIMO.MENOR(matriz;k)

Matriz. Es una matriz o un rango de datos numéricos cuyo k-ésimo menor valor desea determinar.

K. Es la posición, dentro de la matriz o del rango de datos, de los datos que se van a devolver, determinada a partir del menor de los valores.

Observaciones

Si el argumento matriz esta vacío, K.ESIMO.MENOR devuelve el valor de error #¡NUM! Si el argumento k = 0 o si k es superior al número de puntos de datos, K.ESIMO.MENOR devuelve el valor de error #¡NUM! Sea n el número de puntos de datos del argumento matriz, K.ESIMO.MENOR(matriz;1) devuelve el valor más pequeño y K.ESIMO.MENOR(matriz;n) el valor más grande.

NORMALIZACION

Devuelve un valor normalizado de una distribución caracterizada por los argumentos media y desv_estándar.

Sintaxis

NORMALIZACION(x;media;desv_estándar)

X. Es el valor que desea normalizar.

Media. Es la media aritmética de la distribución.

Desv_estándar. Es la desviación estándar de la distribución.

Observaciones

Si desv_estándar = 0, NORMALIZACION devuelve entonces el valor de error #¡NUM!

DESVEST

Calcula la desviación estándar en función de un ejemplo. La desviación estándar es la medida de la dispersión de los valores respecto a la media (valor promedio).

Sintaxis

DESVEST(número1;número2; ...)

Número1, número2, ... Son de 1 a 30 argumentos numéricos correspondientes a una muestra de una población. También se puede utilizar una matriz única o una referencia matricial en lugar de argumentos separados con punto y coma.

DESVESTA

Calcula la desviación estándar en función de un ejemplo. La desviación estándar es la medida de la dispersión de los valores respecto a la media (valor promedio). Se incluyen en el cálculo los valores de texto y lógicos como VERDADERO y FALSO.

Sintaxis

DESVESTA(ref1;ref2;...)

Ref1, ref2, ... Son de 1 a 30 valores correspondientes a una muestra de una población. También puede utilizar una matriz única o una referencia matricial en lugar de argumentos separados con punto y coma.

DESVESTP

Calcula la desviación estándar de la población total determinada por los argumentos. La desviación estándar es la medida de la dispersión de los valores respecto a la media (valor promedio).

Sintaxis

DESVESTP(número1;número2; ...)

Número1, número2, ... Son de 1 a 30 argumentos numéricos correspondientes a una población. También puede utilizar una matriz única o una referencia matricial en lugar de argumentos separados con punto y coma. Se pasan por alto los valores lógicos, como VERDADERO y FALSO, y de texto. Si los valores lógicos y el texto no se deben pasar por alto, utilice la función de hoja de cálculo DESVESTA.

DESVESTPA

Calcula la desviación estándar en función de toda la población dada como argumentos incluyendo texto y valores lógicos. La desviación estándar es la medida de la dispersión de los valores respecto a la media (valor promedio).

Sintaxis

DESVESTPA(ref1;ref2;...)

Ref1, ref2, ... Son de 1 a 30 valores correspondientes a una población. También puede utilizar una matriz única o una referencia matricial en lugar de argumentos separados con punto y coma.

ERROR.TIPICO.XY

Devuelve el error típico del valor de y previsto para cada x de la regresión. El error típico es una medida de la cuantía de error en el pronóstico del valor de y para un valor individual de x.

Sintaxis

ERROR.TIPICO.XY(conocido_y;conocido_x)

Conocido_y. Es una matriz o un rango de puntos de datos dependientes.

Conocido_x. Es una matriz o un rango de puntos de datos independientes.

DISTR.T

Devuelve los puntos porcentuales (probabilidad) de la distribución t de Student, en donde un valor numérico (x) es un valor calculado de t para el que deben calcularse los puntos porcentuales. La distribución t de Student se utiliza para la comprobación de pruebas de hipótesis cuando el tamaño de la muestra es pequeño. Use esta función en lugar de una tabla de valores críticos para la distribución t.

Sintaxis

DISTR.T(x;grados_de_libertad;colas)

X. Es el valor numérico al que debe evaluarse la distribución.

Grados_de_libertad. Es un número entero que indica el número de grados de libertad.

Colas. Especifica el número de colas de la distribución que deben devolverse. Si colas = 1, DISTR.T devuelve la distribución de una cola. Si colas = 2, DISTR.T devuelve la distribución de dos colas.

Observaciones

Si uno de los argumentos no es numérico, DISTR.T devuelve el valor de error #¡VALOR! Si grados_de_libertad < 1, DISTR.T devuelve el valor de error #¡NUM! Los argumentos grados_de_libertad y colas se truncan a enteros. Si el argumento colas es un número distinto de 1 ó 2, DISTR.T devuelve el valor de error #¡NUM!

DISTR.T.INV

Devuelve el valor t de la distribución t de Student como función de la probabilidad y los grados de libertad.

Sintaxis

DISTR.T.INV(probabilidad;grados_de_libertad)

Probabilidad. Es la probabilidad asociada con la distribución t de Student de dos colas.

Grados_de_libertad. Es el número de grados de libertad que caracteriza la distribución.

Observaciones

Ver observaciones función DISTR.T.

TENDENCIA

Devuelve valores que resultan de una tendencia lineal. Ajusta una recta (calculada con el método de mínimos cuadrados) a los valores de las matrices definidas por los argumentos conocido_y y conocido_x. Devuelve, a lo largo de esa recta, los valores y correspondientes a la matriz definida por el argumento nueva_matriz_x especificado.

Sintaxis

TENDENCIA(conocido_y;conocido_x;nueva_matriz_x;constante)

Conocido_y. Es el conjunto de valores de y que se conocen en la relación y = mx+b.

Conocido_x. Es un conjunto opcional de valores x en la relación y = mx+b.

Nueva_matriz_x. Son nuevos valores de x para los cuales se desea que TENDENCIA devuelva los valores de y correspondientes.

Constante. Es un valor lógico que especifica si se ha de forzar a la constante b a ser igual a 0.

Observaciones

Puede utilizar TENDENCIA para ajustar una curva polinómica calculando la regresión respecto a una misma variable elevada a potencias diferentes. Por ejemplo, supongamos que la columna A contiene valores y y la columna B contiene valores x. Podría escribir x^2 en la columna C, x^3 en la columna D y así sucesivamente, y después calcular la regresión entre las columnas B y D en contraposición a la columna A.

MEDIA.ACOTADA

Devuelve la media del interior del conjunto de datos. MEDIA.ACOTADA calcula la media de un conjunto de datos después de eliminar el porcentaje de los extremos inferior y superior de los puntos de datos. Puede utilizar esta función cuando desee excluir del análisis los valores extremos.

Sintaxis

MEDIA.ACOTADA(matriz;porcentaje)

Matriz. Es la matriz o el rango de valores que desea acotar y de los cuales se calculará la media.

Porcentaje. Es el número fraccionario de puntos de datos que se excluyen del cálculo. Por ejemplo, si porcentaje = 0,2, se eliminarán cuatro puntos de un conjunto de datos de 20 puntos (20 x 0,2), dos de la parte superior y dos de la parte inferior.

Observaciones

Si porcentaje < 0 o bien si porcentaje > 1, devuelve el valor de error #¡NUM!

MEDIA.ACOTADA redondea el número de puntos de datos excluidos al múltiplo de 2 más próximo. Si porcentaje = 0,1, el 10 por ciento de 30 puntos de datos es igual a 3 puntos. Para lograr simetría, MEDIA.ACOTADA excluye un solo valor de cada extremo del conjunto de datos.

PRUEBA.T

Devuelve la probabilidad asociada con la prueba t de Student. Utilice PRUEBA.T para determinar la probabilidad de que dos muestras puedan proceder de dos poblaciones subyacentes con igual media.

Sintaxis

PRUEBA.T(matriz1;matriz2;colas;tipo)

Matriz1. Es el primer conjunto de datos.

Matriz2. Es el segundo conjunto de datos.

Colas. Especifica el número de colas de la distribución. Si el argumento colas = 1, PRUEBA.T utiliza la distribución de una cola. Si colas = 2, PRUEBA.T utiliza la distribución de dos colas.

Tipo. Es el tipo de prueba t que se realiza. Si tipo es igual a 1 a prueba se realiza en observaciones por pares. Si es 2, en dos muestras con varianzas iguales (homoscedástica) y si es 3 en dos muestras con varianzas diferentes (heteroscedástica)

Observaciones

Si los argumentos matriz1 y matriz2 contienen un número de puntos de datos diferente y el argumento tipo = 1 (observaciones pareadas), PRUEBA.T devuelve el valor de error #N/A.

Si el argumento colas o si el argumento tipo no es numérico, PRUEBA.T devuelve el valor de error #¡VALOR! Si el argumento colas es distinto de 1 ó 2, PRUEBA.T devuelve el valor de error #¡NUM!

VAR

Calcula la varianza en función de una muestra.

Sintaxis

VAR(número1;número2; ...)

Número1, número2, ... Son de 1 a 30 argumentos numéricos correspondientes a una muestra de una población.

Observaciones

La función VAR parte de la hipótesis de que los argumentos representan una muestra de la población. Si sus datos representan la población total, utilice VARP para calcular la varianza. Se pasan por alto los valores lógicos, como VERDADERO y FALSO, y el texto. Si los valores lógicos y el texto no se deben pasar por alto, utilice la función de hoja de cálculo VARA.

VARA

Calcula la varianza en función de una muestra. Además de números, se incluyen en el cálculo texto y valores lógicos como VERDADERO o FALSO.

Sintaxis

VARA(Ref1;Ref2;...)

Ref1, Ref2, ... Son de 1 a 30 argumentos de valor correspondientes a una muestra de una población.

Observaciones

VARA asume que los argumentos son una muestra de población. Si los datos representan toda la población, debe calcular la varianza utilizando VARPA. Los argumentos que contengan VERDADERO se evaluarán como 1; los argumentos que contengan texto o FALSO se evaluarán como 0 (cero). Si el cálculo no debe incluir texto o valores lógicos, use la función de hoja de cálculo VAR.

VARP

Calcula la varianza en función de toda la población.

Sintaxis

VARP(número1;número2; ...)

Número1, número2, ... Son de 1 a 30 argumentos numéricos correspondientes a una población.

Observaciones

VARP parte de la hipótesis de que los argumentos representan la población total. Si sus datos representan una muestra de la población, utilice VAR para calcular la varianza.

VARPA

Calcula la varianza en función de toda la población. Además de números, se incluyen en el cálculo texto y valores lógicos como VERDADERO o FALSO.

Sintaxis

VARPA(ref1;ref2;...)

Ref1, Ref2, ... Son de 1 a 30 argumentos de valor correspondientes a una población.

Observaciones

VARPA asume que los argumentos son toda la población. Si los datos representan una muestra de la población, debe calcular la varianza utilizando VARA. Los argumentos que contengan VERDADERO se evaluarán como 1; los argumentos que contengan texto o FALSO se evaluarán como 0 (cero). Si el cálculo no debe incluir texto o valores lógicos, utilice la función de hoja de cálculo VARP.

DIST.WEIBULL

Devuelve la distribución de Weibull. Utilice esta distribución en los análisis de fiabilidad.

Sintaxis

DIST.WEIBULL(x;alfa;beta;acumulado)

X. Es el valor con el que desea evaluar la función.

Alfa. Es un parámetro de la distribución.

Beta. Es un parámetro de la distribución.

Acumulado. Determina la forma de la función.

PRUEBA.Z

Devuelve el valor P de dos colas de una prueba z. La prueba z genera una puntuación estándar de x para la serie de datos (matriz) y devuelve la probabilidad de dos colas de la distribución normal. Esta función permite evaluar la probabilidad de que una observación determinada provenga de una población específica.

Sintaxis

PRUEBA.Z(matriz;x;sigma)

Matriz. Es la matriz o rango de datos frente a los que se ha de comprobar x.

X. Es el valor que se va a comprobar.

Sigma. Es la desviación estándar (conocida) de la población. Si se omite, se utiliza la desviación estándar de la muestra.

Observaciones

Si el argumento matriz está vacío, devuelve el valor de error #N/A.

Funciones de texto y de datos

ASC

Para los idiomas que empleen juegos de caracteres de dos bytes (DBCS), convierte los caracteres ingleses de ancho medio (de un byte) en caracteres de ancho completo (de dos bytes).

Sintaxis

ASC(texto)

Texto. Es el texto o la referencia a una celda que contiene el texto que desea reemplazar. Si el texto no contiene caracteres ingleses de ancho completo, no se modifica.

TEXTOBAHT

Convierte un número a texto tailandés y agrega un sufijo de "Baht".

Sintaxis

BAHTTEXT(número)

Número. Es un número que desea convertir a texto, o una referencia a una celda que contiene un número, o una fórmula que da como resultado un número.

CARACTER

Devuelve el carácter especificado por un número determinado. Utilice CARACTER con el fin de pasar a caracteres los números de código de página que se obtengan de archivos en otro tipo de equipo. En el entorno operativo Windows ANSI.

Sintaxis

CARACTER(número)

Número. Es un número entre 1 y 255 que especifica el carácter deseado. El carácter forma parte del conjunto de caracteres empleado por su PC.

LIMPIAR

Elimina caracteres que no se pueden imprimir. Use LIMPIAR en un texto importado de otras aplicaciones que contenga caracteres que posiblemente no se puedan imprimir en su sistema operativo.

Sintaxis

LIMPIAR(texto)

Texto. Es cualquier información en una hoja de cálculo de la que desea quitar caracteres no imprimibles.

CODIGO

Devuelve el número de código del primer carácter del texto. El código devuelto corresponde al conjunto de caracteres utilizado por su equipo. En Windows en ANSI.

Sintaxis

CODIGO(texto)

Texto. Es el texto del cual se desea obtener el código del primer carácter que compone dicho texto.

CONCATENAR

Concatena argumentos de texto.

Sintaxis

CONCATENAR(texto1;texto2; ...)

Texto1, texto2, ... Son de 1 a 30 elementos de texto que se unirán en un elemento de texto único. Los elementos de texto pueden ser cadenas de texto, números o referencias a celdas únicas.

Observaciones

Puede utilizar el operador "&" en lugar de CONCATENAR para unir elementos de texto.

MONEDA

La función descrita en este tema de Ayuda convierte un número a formato de texto y le aplica un símbolo de moneda. El nombre de la función (y el símbolo que aplica) depende de la configuración del idioma. Esta función convierte un número en texto usando un formato de moneda, con el núm_de_decimales redondeado a la posición decimal especificada. El formato que se emplea es $#.##0,00_);($#.##0,00).

Sintaxis

MONEDA(número;núm_de_decimales)

Número. Es un número, una referencia a una celda que contiene un número o una fórmula que evalúa un número.

Núm_de_decimales. Es el número de dígitos a la derecha del separador decimal. Si núm_de_decimales es negativo, el argumento número se redondea hacia la izquierda del separador decimal. Si omite el argumento núm_de_decimales, su valor predeterminado es 2.

Observaciones

La principal diferencia entre dar formato a una celda que contiene un número con el comando Celdas del menú Formato y dar formato a un número directamente con la función MONEDA es que MONEDA convierte el resultado en texto.

IGUAL

Compara dos cadenas de texto y devuelve VERDADERO si son exactamente iguales y FALSO si no lo son. IGUAL reconoce mayúsculas y minúsculas, pero pasa por alto las diferencias de formato. Use IGUAL para comprobar el texto que introduce en un documento.

Sintaxis

IGUAL(texto1;texto2)

Texto1. Es la primera cadena de texto.

Texto2. Es la segunda cadena de texto.

ENCONTRAR

También se aplica a: ENCONTRARB

ENCONTRAR encuentra una cadena de texto (texto_buscado) dentro de otra (dentro_del_texto) y devuelve el número del carácter en el que aparece por primera vez texto_buscado desde el primer carácter de dentro_del_texto. También puede utilizar HALLAR para buscar una cadena de texto dentro de otra pero, a diferencia de HALLAR, ENCONTRAR distingue entre mayúsculas y minúsculas y no admite caracteres comodín.

ENCONTRARB encuentra una cadena de texto (texto_buscado) dentro de otra cadena de texto (dentro_del_texto) y devuelve el número de la posición inicial de texto_buscado, en función del número de bytes utilizado por cada carácter, desde el primer carácter de dentro_del_texto. Esta función se usa con los caracteres de dos bytes. También puede utilizar HALLARB para buscar una cadena de texto dentro de otra.

Sintaxis

ENCONTRAR(texto_buscado;dentro_del_texto;núm_inicial)

ENCONTRARB(texto_buscado;dentro_del_texto;núm_inicial)

Texto_buscado. Es el texto que desea encontrar.

Dentro_del_texto. Es el texto que a su vez contiene el texto que desea encontrar.

Núm_inicial. Especifica el carácter a partir del cual comenzará la búsqueda. El primer carácter de dentro_del_texto es el carácter número 1. Si omite núm_inicial, se asume que es 1.

DECIMAL

Redondea un número al número de decimales especificado, da formato al número con el formato decimal usando comas y puntos, y devuelve el resultado como texto.

Sintaxis

DECIMAL(número;decimales;no_separar_millares)

Número. Es el número que desea redondear y convertir en texto.

Decimales. Es el número de dígitos a la derecha del separador decimal.

No_separar_millares. Es un valor lógico que, si es VERDADERO, impide que DECIMAL incluya un separador de millares en el texto devuelto.

Observaciones

Los números en Microsoft Excel nunca pueden tener más de 15 dígitos significativos, pero el argumento decimales puede tener hasta 127 dígitos. Si decimales es negativo, el argumento número se redondea hacia la izquierda del separador decimal. Si omite el argumento decimales, se calculará como 2.

JIS

La función descrita en este tema de Ayuda convierte letras de ancho medio (de un byte) dentro de una cadena de caracteres en caracteres de ancho completo (de dos bytes). El nombre de la función (y los caracteres que convierte) depende de la configuración del idioma.

Sintaxis

JIS(texto)

Texto. Es el texto o la referencia a una celda que contiene el texto que desea cambiar. Si el texto no contiene caracteres ingleses de ancho medio, no se modifica.

IZQUIERDA

También se aplica a: IZQUIERDAB

IZQUIERDA devuelve el primer carácter o caracteres de una cadena de texto, según el número de caracteres que especifique el usuario.

IZQUIERDAB devuelve el primer carácter o caracteres de una cadena de texto, según el número de bytes que el usuario especifique. Esta función se utiliza con los caracteres de dos bytes.

Sintaxis

IZQUIERDA(texto;núm_de_caracteres)

IZQUIERDAB(texto;núm_bytes)

Texto. Es la cadena de texto que contiene los caracteres que desea extraer.

Núm_de_caracteres. Especifica el número de caracteres que se desea extraer con IZQUIERDA. Núm_de_caracteres debe ser mayor o igual que cero. Si núm_de_caracteres es mayor que la longitud del texto, IZQUIERDA devolverá todo el texto. Si núm_de_caracteres se omite, se calculará como 1.

Núm_bytes. Especifica el número de caracteres que desea extraer mediante IZQUIERDAB, basados en bytes.

LARGO

También se aplica a: LARGOB

LARGO devuelve el número de caracteres de una cadena de texto.

LARGOB devuelve el número de bytes utilizados para representar los caracteres de una cadena de texto. Esta función se usa con los caracteres de dos bytes.

Sintaxis

LARGO(texto)

LARGOB(texto)

Texto. Es el texto cuya longitud desea saber. Los espacios se cuentan como caracteres.

MINUSC

Convierte todas las mayúsculas de una cadena de texto en minúsculas.

Sintaxis

MINUSC(texto)

Texto. Es el texto que desea convertir en minúsculas. MINUSC no cambia los caracteres de texto que no sean letras.

EXTRAE

También se aplica a: EXTRAEB

EXTRAE devuelve un número específico de caracteres de una cadena de texto, comenzando en la posición que especifique y en función del número de caracteres que especifique.

EXTRAEB devuelve un número específico de caracteres de una cadena de texto, comenzando en la posición que especifique y en función del número de bytes que especifique. Esta función se usa con los caracteres de dos bytes.

Sintaxis

EXTRAE(texto;posición_inicial;núm_de_caracteres)

EXTRAEB(texto;posición_inicial;núm_bytes)

Texto. Es la cadena de texto que contiene los caracteres que desea extraer.

Posición_inicial. Es la posición del primer carácter que desea extraer de texto. La posición_inicial del primer carácter de texto es 1 y así sucesivamente.

Núm_de_caracteres. Especifica el número de caracteres que se desea que EXTRAE devuelva del argumento texto.

Núm_bytes. Especifica el número de caracteres de texto que se desea que EXTRAEB devuelva, en bytes.

Observaciones

Si posición_inicial es mayor que la longitud de texto, EXTRAE devuelve "" (texto vacío). Si es menor que 1, devuelve el valor de error #¡VALOR! Si núm_de_caracteres es negativo, EXTRAE devuelve el valor de error #¡VALOR! Si núm_bytes es negativo, EXTRAEB devuelve el valor de error #¡VALOR!

FONETICO

Extrae los caracteres fonéticos (furigana) de una cadena de texto.

Sintaxis

FONETICO(referencia)

Referencia. Es una cadena de texto o una referencia a una sola celda o rango de celdas que contienen una cadena de texto furigana.

Observaciones

Si referencia es un rango de celdas, se devuelve la cadena de texto furigana de la celda de la esquina superior izquierda del rango. Si la referencia es un rango de celdas no adyacentes, se devuelve el valor de error #N/A.

NOMPROPIO

Cambia a mayúscula la primera letra del argumento texto y cualquiera de las otras letras de texto que se encuentren después de un carácter que no sea una letra. Convierte todas las demás letras a minúsculas.

Sintaxis

NOMPROPIO(texto)

Texto. Es el texto entre comillas, una fórmula que devuelve texto o una referencia a una celda que contiene el texto al que desea agregar mayúsculas.

REEMPLAZAR

También se aplica a: REEMPLAZARB

REEMPLAZAR reemplaza parte de una cadena de texto, en función del número de caracteres que especifique, con una cadena de texto diferente.

REEMPLAZARB reemplaza parte de una cadena de texto, en función del número de bytes que especifique, con una cadena de texto diferente. Esta función se utiliza con los caracteres de dos bytes.

Sintaxis

REEMPLAZAR(texto_original;núm_inicial;núm_de_caracteres;texto_nuevo)

REEMPLAZARB(texto_original;núm_inicial;núm_bytes;texto_nuevo)

Texto_original. Es el texto en el que desea reemplazar algunos caracteres.

Núm_inicial. Es la posición del carácter dentro de texto_original que desea reemplazar por texto_nuevo.

Núm_de_caracteres. Es el número de caracteres de texto_original que desea que REEMPLAZAR sustituya por texto_nuevo.

Núm_bytes. Es el número de bytes de texto_original que desea que REEMPLAZARB reemplace por texto_nuevo.

Texto_nuevo. Es el texto que reemplazará los caracteres de texto_original.

REPETIR

Repite el texto un número determinado de veces. Use REPETIR para llenar una celda con una cadena de texto repetida un número determinado de veces.

Sintaxis

REPETIR(texto;núm_de_veces)

Texto. Es el texto que desea repetir.

Núm_de_veces. Es un número positivo que especifica el número de veces que debe repetirse el texto.

Observaciones

Si el argumento núm_de_veces es 0 (cero), REPETIR devuelve "" (texto vacío). Si el argumento núm_de_veces no es un número entero, se trunca.

DERECHA

También se aplica a: DERECHAB

DERECHA devuelve el último carácter o caracteres de una cadena de texto, según el número de caracteres que el usuario especifica.

DERECHAB devuelve el último carácter o caracteres de una cadena de texto, según el número de bytes que el usuario especifica. Esta función se utiliza con los caracteres de dos bytes.

Sintaxis

DERECHA(texto;núm_de_caracteres)

DERECHAB(texto;núm_bytes)

Texto. Es la cadena de texto que contiene los caracteres que desea extraer.

Núm_de_caracteres. Especifica el número de caracteres que desea extraer con DERECHA.

Núm_bytes. Especifica el número de caracteres que desea extraer con DERECHAB, basados en bytes.

Observaciones

Núm_de_caracteres debe ser mayor o igual que cero. Si núm_de_caracteres es mayor que la longitud del texto, DERECHA devolverá todo el texto. Si núm_de_caracteres se omite, se calculará como 1.

HALLAR

También se aplica a: HALLARB

HALLAR devuelve el número del carácter en el que se encuentra inicialmente un carácter específico o una cadena de texto, empezando por núm_inicial. Utilice HALLAR para determinar la ubicación de un carácter o de una cadena de texto dentro de otra cadena de texto, de modo que pueda utilizar las funciones EXTRAE o REEMPLAZAR para cambiar el texto.

HALLARB también encuentra una cadena de texto (texto_buscado) dentro de otra (dentro_del_texto) y devuelve la posición inicial de texto_buscado. El resultado está basado en el número de bytes que utiliza cada carácter, comenzando por núm_inicial. Esta función se utiliza con los caracteres de dos bytes. También es posible utilizar HALLARB para encontrar una cadena de texto dentro de otra.

Sintaxis

HALLAR(texto_buscado;dentro_del_texto;núm_inicial)

HALLARB(texto_buscado;dentro_del_texto;núm_inicial)

Texto_buscado. Es el texto que desea encontrar. Puede usar los caracteres comodines, signo de interrogación (?) y asterisco (*) en este argumento. El signo de interrogación corresponde a un carácter cualquiera y el asterisco equivale a cualquier secuencia de caracteres. Si lo que desea encontrar es un asterisco o un signo de interrogación, escriba una tilde (~) antes del carácter.

Dentro_del_texto. Es el texto en el que desea encontrar texto_buscado.

Núm_inicial. Es el número de carácter en dentro_del_texto donde desea iniciar la búsqueda.

SUSTITUIR

Sustituye texto_nuevo por texto_original dentro de una cadena de texto. Use SUSTITUIR cuando desee reemplazar texto específico en una cadena de texto; use REEMPLAZAR cuando desee reemplazar cualquier texto que aparezca en una ubicación específica dentro de una cadena de caracteres.

Sintaxis

SUSTITUIR(texto;texto_original;texto_nuevo; núm_de_ocurrencia)

Texto. Es el texto o la referencia a una celda que contiene texto en el que desea sustituir caracteres.

Texto_original. Es el texto que desea reemplazar.

Texto_nuevo. Es el texto por el que desea reemplazar texto_original.

Núm_de_ocurrencia. Especifica la instancia de texto_original que desea reemplazar por texto_nuevo. Si especifica el argumento núm_de_ocurrencia, sólo se remplazará esa instancia de texto_original. De lo contrario, todas las instancias de texto_original en texto se sustituirán con texto_nuevo.

T

Devuelve el texto al que se refiere el argumento valor.

Sintaxis

T(valor)

Valor. Es el valor que desea probar.

Observaciones

Si el argumento valor se refiere o es texto, T devuelve valor. Si valor no se refiere a texto, T devuelve " " (texto vacío).

TEXTO

Convierte un valor en texto, con un formato numérico específico.

Sintaxis

TEXTO(valor;formato)

Valor. Es un valor numérico, una fórmula que evalúa un valor numérico o una referencia a una celda que contenga un valor numérico.

Formato. Es un formato de número, en forma de texto, indicado en el cuadro Categoría en la ficha Número del cuadro de diálogo Formato de celdas.

Observaciones

El argumento formato no puede contener un asterisco (*). Al dar formato a una celda con la ficha Número (que se obtiene con el comando Celdas del menú Formato) sólo cambiará el formato y no el valor. La función TEXTO convierte un valor en texto con formato, el cual ya no se calculará como un número.

ESPACIOS

Elimina los espacios del texto, excepto el espacio normal que se deja entre palabras. Use ESPACIOS en texto procedente de otras aplicaciones que pueda contener un separación irregular.

Sintaxis

ESPACIOS(texto)

Texto. Es el texto del que desea quitar espacios.

MAYUSC

Convierte el texto en mayúsculas.

Sintaxis

MAYUSC(texto)

Texto. Es el texto que desea convertir a mayúsculas. El argumento texto puede ser una referencia o una cadena de texto.

VALOR

Convierte una cadena de texto que representa un número en un número.

Sintaxis

VALOR(texto)

Texto. Es el texto entre comillas o una referencia a una celda que contiene el texto que desea convertir.

Observaciones

El argumento texto puede tener cualquiera de los formatos de número constante, fecha u hora reconocidos por Microsoft Excel. Si no tiene uno de estos formatos, VALOR devuelve entonces el valor de error #¡VALOR! Por lo general, no es necesario utilizar la función VALOR en las fórmulas, ya que Excel convierte el texto en números automáticamente. Esta función se proporciona por su compatibilidad con otros programas para hojas de cálculo.

Apéndice C. Contenido del CD-ROM

El CD-ROM que acompaña a esta obra contiene elementos que se han seleccionado especialmente para aumentar la utilidad del libro, programas que le ayudarán a obtener un mayor rendimiento de Excel 2002.

Estas aplicaciones son versiones de evaluación, por lo que las condiciones de utilización vienen definidas por su fabricante. En ningún caso la editorial se hace responsable del mal funcionamiento o uso incorrecto de dichas aplicaciones.

Los nombres de las carpetas son representativos de su contenido.

Contenido del CD-ROM

El CD-ROM que acompaña a este libro consta de las siguientes carpetas:

Carpeta Demo:

Carpeta que contiene una versión de demostración de las novedades y mejoras que aporta Office XP.

Carpeta Documentación:

Esta carpeta contiene información adicional de Excel 2002. Recoge documentos con detalles técnicos de gran utilidad. Incluye:

- Desarrolladores
- Negocio
- Novedades
- Profesionalesit

Carpeta Ejemplos:

Contiene los libros de trabajo y las hojas de cálculo que han servido para ilustrar los ejemplos más significativos del libro.

Carpeta Euro:

Carpeta que aporta algunas utilidades para la gestión del Euro. Incluye:

- Convertidor de Microsoft
- ProEuro

Carpeta Microsoft:

Esta carpeta contiene algunos de los programas imprescindibles de Microsoft. Algunas de estas utilidades permiten sacar un mayor partido a Excel 2002 y trabajan conjuntamente con la hoja de cálculo para aportar algunas otras características. Incluye:

- DirectX 8a
- Internet Explorer 6
- NeetMeeting 3.01
- Windows Media Player 7.1

Carpeta Plus:

Archivos esenciales para aquellos usuarios avanzados que deseen sacar provecho a algunas de las posibilidades específicas de Excel 2002. Incluye:

- Add-in Open Database Connectivity
- Building a Real-Time Data (RTD) Server with Visual Basic .NET

- Ejemplo-Validación de datos
- Office XP Resource Kit for BizTalk Server
- Office XP Update- Service Pack 1 (SP-1)

Carpeta Programación:

Carpeta que contiene utilidades específicas para desarrollar contenido para Excel 2002. Incluye:

- Office XP Smart Tag SDK 1.1

Carpeta Readers y visores:

En esta carpeta podrá encontrar algunas herramientas que le ofrecen la posibilidad de visualizar y ejecutar ficheros estándar de algunas de las compañías de desarrollo de software más importantes. Se trata de los principales programas, en sus versiones de visualización. Podrá ejecutar ficheros nativos de los siguientes productos:

- Adobe Acrobat 5.0
- Apple QuickTime 5.0
- Macromedia Flash Player 5.0
- Microsoft Excel
- Microsoft PowerPoint
- Microsoft Reader 2.1
- Microsoft Word
- RealNetworks RealPlayer 8

Carpeta Utilidades:

Esta carpeta contiene programas y utilidades genéricas, que aportan soluciones a dificultades concretas en el trabajo con Internet. Incluye:

- Antivirus
- Compresores
- Diseño

Todos los contenidos de este CD-ROM (programas, aplicaciones, utilidades, archivos, etc.) son shareware, freeware y demos propiedad de las casas que junto a ellos se describen (en los archivos correspondientes). En ningún caso ANAYA MULTIMEDIA se responsabiliza de su incorrecto funcionamiento.

No obstante, para cualquier consulta puede dirigirse a nuestro soporte técnico, al teléfono (91) 320 90 36, o a nuestra dirección en Internet: http://www.AnayaMultimedia.es

Índice alfabético

A

B

C

D

E

F

G

H

I

L

M

N

O

P

R

S

T

V

W